962577

GLAUBEN UND WISSEN
EIN SYMPOSIUM MIT JÜRGEN HABERMAS

D1734477

Ausgeschieden von den Büchereien Wien

WIENER REIHE
THEMEN DER PHILOSOPHIE

Herausgegeben von
Cornelia Klinger, Herta Nagl-Docekal, Ludwig Nagl
und Alexander Somek

Band 13

R. OLDENBOURG VERLAG · AKADEMIE VERLAG

Glauben und Wissen

Ein Symposium
mit Jürgen Habermas

Herausgegeben von
Rudolf Langthaler und Herta Nagl-Docekal

Büchereien Wien
Am Gürtel
Magistratsabteilung 13
7, Urban-Loritz-Platz 2a
A-1070 Wien

R. OLDENBOURG VERLAG · AKADEMIE VERLAG 2007

Drucklegung gefördert durch den Magistrat der Stadt Wien (Wissenschafts-
und Forschungsförderung), den Otto-Mauer-Fonds sowie den Katholischen
Akademikerverband Wien.

Bibliographische Information der Deutschen Bibliothek

Die Deutsche Bibliothek verzeichnet diese Publikation in der Deutschen
Nationalbibliographie; detaillierte bibliographische Daten sind im Internet über
http://dnb.ddb.de abrufbar.

© 2007. R. Oldenbourg Verlag Ges. m.b.H. Wien.

Das Werk einschließlich aller Abbildungen ist urheberrechtlich geschützt.
Jede Verwertung außerhalb der Grenzen des Urheberrechtsgesetzes ist ohne
Zustimmung des Verlages unzulässig und strafbar. Das gilt insbesondere für
Vervielfältigungen, Übersetzungen, Mikroverfilmungen und die Einspeicherung
und Bearbeitung in elektronischen Systemen.

Datenkonvertierung: Laudenbach, A-1070 Wien
Druck: AZ Druck und Datentechnik, D-87440 Kempten/Allgäu
Umschlaggestaltung: Hofmann & Kraner unter Verwendung einer Zeichnung von
KAFRI

ISBN-10: 3-7029-0549-9, ISBN-13: 978-3-7029-0549-1 R. Oldenbourg Verlag Wien
ISBN-10: 3-05-004291-5, ISBN-13: 978-3-05-004291-6 Akademie Verlag Berlin

INHALT

VORWORT

Zwei internationale Symposien in Wien bilden die Vorgeschichte dieses Buches. Das erste fand anlässlich des 200. Todestages Immanuel Kants von 4. bis 6. März 2004 an der Österreichischen Akademie der Wissenschaften statt. Den Eröffnungsvortrag hielt Jürgen Habermas, der das Thema „Die Grenze zwischen Glauben und Wissen. Zur Wirkungsgeschichte und aktuellen Bedeutung von Kants Religionsphilosophie" gewählt hatte.[1] Dieser Vortrag zog ein breites Publikum an und fand größtes Interesse, weshalb bald der Plan zu einem weiteren Symposium entstand, das einer eingehenden Debatte mit Jürgen Habermas über die religionsphilosophischen Aspekte seines Werkes im Allgemeinen und seines Wiener Vortrags im Besonderen gewidmet sein sollte. Erfreulicherweise nahm Jürgen Habermas unsere Einladung an, und so veranstalteten wir eine philosophisch-theologische Klausurtagung, die vom 23. bis 24. September 2005 an der Universität Wien stattfand. Die dreizehn Referate, die diesbezüglichen Repliken von Jürgen Habermas und die Diskussionen dieser Tagung konzentrierten sich u. a. auf das Thema ‚Religion in der modernen Gesellschaft', wobei insbesondere die Frage nach der Möglichkeit und Notwendigkeit einer ‚rettenden Übersetzung religiöser Sinnpotentiale' angesichts knapp gewordener ‚Sinnressourcen' zur Debatte stand. Einen Themenschwerpunkt bildete auch die von Jürgen Habermas formulierte Konzeption einer ‚post-säkularen Gesellschaft', deren Intention dahin geht, ‚die kulturelle und gesellschaftliche Säkularisierung als einen doppelten Lernprozess zu verstehen, der die Traditionen der Aufklärung ebenso wie die religiösen Lehren zur Reflexion auf ihre jeweiligen Grenzen nötigt'. Auf diese Weise griff unsere Debatte eine Thematik auf, die bereits in der vielbeachteten Münchner Begegnung zwischen dem (damaligen Kardinal) Joseph Ratzinger und Jürgen Habermas erörtert worden war[2]: die Frage, ‚welche kogniti-

---

[1] Die Vorträge dieses Symposiums erschienen im Sonderband 9 der Deutschen Zeitschrift für Philosophie: Recht – Geschichte – Religion. Die Bedeutung Kants für die Gegenwart, hg. v. Herta Nagl-Docekal und Rudolf Langthaler, Berlin: Akademie Verlag 2004.

[2] Vgl. Jürgen Habermas/Joseph Ratzinger, Dialektik der Säkularisierung. Über Vernunft und Religion, Freiburg – Basel – Wien: Herder 2005.

ven Einstellungen und normativen Erwartungen der liberale Staat gläubigen und ungläubigen Bürgern im Umgang miteinander zumuten muss'. Zu den signifikanten Aspekten des Wiener Kolloquiums gehörten auch vielfältige Vorschläge, Elemente der religionsphilosophischen ‚Klassiker' für die Auseinandersetzung mit den aktuellen Problemstellungen fruchtbar zu machen, sowie grundlegende – von Jürgen Habermas angeregte – Überlegungen zur Neubestimmung des Verhältnisses von ‚Glauben und Wissen'.

Der vorliegende Band dokumentiert die Ergebnisse dieser Klausurtagung. Die Autorinnen und Autoren gehen von ganz unterschiedlichen philosophischen und theologischen Denkrichtungen an die zur Debatte stehenden Fragen heran. Darin kommt die leitende Intention zum Ausdruck, eine Schul- und Fachgrenzen überschreitende Diskussion anzuregen – die hoffentlich eine spannende Fortsetzung finden wird.

Für die finanzielle Ermöglichung dieser internationalen Kooperation gilt unser aufrichtiger Dank der Universität Wien sowie dem Otto Mauer Fonds. Für ihre wohlwollende Unterstützung danken wir insbesondere dem Rektor der Universität Wien, Georg Winckler, dem Dekan der Katholisch-Theologischen Fakultät, Paul M. Zulehner, und dem Dekan der Fakultät für Philosophie und Bildungswissenschaft, Peter Kampits.

Dank schulden die Herausgeber nicht zuletzt Frau Mag. Maria Obereder für ihre umsichtige Hilfe bei der Vorbereitung und bei der Durchführung der genannten Tagung sowie für die redaktionelle Betreuung dieses Bandes.

Rudolf Langthaler und Herta Nagl-Docekal

Wien, im Juli 2006

1. RELEKTÜREN DER RELIGIONSPHILOSOPHIE KANTS

CHRISTIAN DANZ

RELIGION ZWISCHEN ANEIGNUNG UND KRITIK
Überlegungen zur Religionstheorie von Jürgen Habermas

In den letzten Jahren ist das Religionsthema verstärkt in den Blickpunkt sowohl des öffentlichen als auch des wissenschaftlichen Interesses gerückt. Die Gründe hierfür sind vielschichtiger Natur. Zunächst ist auf die mit dem ökonomischen und politischen Zerfall des Ostblocks verbundene Wiederbelebung von kulturellen und ethnischen Konflikten zu verweisen. Seit den 90er Jahren des vorigen Jahrhunderts ersetzten Konflikte zwischen unterschiedlichen Kulturen den die Nachkriegsära beherrschenden Ost-West-Gegensatz. In diesem Zusammenhang gewann auch die Frage nach der Religion und ihrer Bedeutung für die Konstruktion von individuellen und kollektiven Identitäten eine neue Bedeutung und verdrängte in den wissenschaftlichen und öffentlichen Debatten die bis dato anhaltende Fokussierung auf Gesellschaftstheorie.[1] An zweiter Stelle sind die mit den ökonomischen Globalisierungsprozessen verbundenen weltweiten Migrationsbewegungen zu nennen. Sie führten dazu, dass in den Ballungszentren der westlichen Welt unterschiedliche Religionen zusammenleben. Mit den unterschiedlichen Religionen sind differente Lebensformen und Lebenseinstellungen verbunden, die ein enormes Konfliktpotential in sich bergen. Diese religiöse und kulturelle Pluralisierung der modernen Lebenswelten stellen vor die Frage nach einem konstruktiven Umgang mit den unterschiedlichen religiösen Lebensformen.[2] Und schließlich ist auf die von der jünge-

---

[1] An diesem Befund hat die von Samuel P. Huntington formulierte These vom „Clash of Civilizations" ihren Anhalt. Vgl. S. P. Huntington, Kampf der Kulturen. Die Neugestaltung der Weltpolitik im 21. Jahrhundert, München 2002. Siehe hierzu v. Vf., Die Partikularität des Universalen. Überlegungen zur Begründung ethischer Normen im Zeitalter des „Kampfes der Kulturen", in: Amt und Gemeinde 55 (2004), S. 229–233.

[2] Siehe hierzu F. W. Graf, Die Wiederkehr der Götter. Religion in der modernen Kultur, München 2004; Vf., Einführung in die Theologie der Religionen, Wien 2005.

ren Religionssoziologie diagnostizierte „Wiederkehr der Religion" zu verweisen. Dadurch gewann die Diskussion um die Frage, ob die modernen westlichen Gesellschaften als säkulare Gesellschaften zu gelten haben, einen erneuten Aufschwung. Nicht nur der Säkularisierungsbegriff wurde in diesem Zusammenhang einer erneuten Reflexion unterzogen, sondern auch der Religionsbegriff.[3]

Die drei genannten Aspekte, die sich freilich noch um andere Gesichtspunkte ergänzen ließen, führten zu einer neuen Aufmerksamkeit auf das Religionsthema. Auch in der protestantischen Theologie, die bis in die 60er und 70er Jahre des vorigen Jahrhunderts die Frage nach der Religion weitgehend ausgeklammert hatte, kam es zunächst in der praktischen und dann auch in der systematischen Theologie zu einer Wiederentdeckung und Neubewertung der Religion. Die Aufnahme des Religionsthemas in der protestantischen Theologie geschah zunächst im Rahmen anthropologischer Religionstheorien.[4] Parallel hierzu wurden in der Religionssoziologie in Absetzung von der älteren Kirchensoziologie funktional-anthropologische Religionstheorien ausgearbeitet, um die Veränderungen der Religion in der Moderne erfassen zu können.[5] Im Vordergrund dieser Diskussionen standen die eingangs angedeuteten Problemzusammenhänge. Deren konstruktive Bearbeitung ist nur im Rückgriff auf eine kulturhermeneutisch und religionswissenschaftlich durchgeklärte Religionstheorie möglich, die sich freilich nicht in einer einseitig funktionalen Religionstheorie erschöpfen kann. Allerdings stellt der religiöse Pluralismus noch weitere Anforderungen an die mit der Religion beschäftigten akademischen Disziplinen. Denn mit dem religiösen und kulturellen Pluralismus sowie religiös motivierten Konflikten trat vor allem in den

---

[3] Zur Diskussion um den Säkularisierungsbegriff siehe D. Pollack, Säkularisierung – ein moderner Mythos? Studien zum religiösen Wandel in Deutschland, Tübingen 2003; J. Dierken, Ist die Säkularisierung am Ende? Religionskulturelle Entwicklungen in theologischer Perspektive, in: Theologische Literatur Zeitung 130 (2005), Sp. 127–142.

[4] Siehe hierzu F. Wittekind, Dogmatik als Selbstbewußtsein gelebter Religion. Zur Möglichkeit theologiegeschichtlicher Beschreibung der reflexiven Transformation der Religion, in: C. Danz/J. Dierken/M. Murrmann-Kahl (Hrsg.), Religion zwischen Rechtfertigung und Kritik. Perspektiven philosophischer Theologie, Frankfurt/Main 2005, S. 123–152.

[5] Vgl. T. Luckmann, Das Problem der Religion in der modernen Gesellschaft, Freiburg 1963; ders., Die unsichtbare Religion, Frankfurt/Main 1991 (= The Invisible Religion, New York 1967. ²1970). Zur Kritik funktionaler Religionstheorien siehe G. Dux, Ursprung, Funktion und Gehalt der Religion, in: Internationales Jahrbuch für Religionssoziologie 8 (1973), S. 7–67.

letzten Jahren auch das Thema der Religionskritik wieder auf die Tagesordnung zurück. Angesichts religiöser Fundamentalismen nicht nur im Islam, sondern auch im Christentum gewann das Problem, welche Formen von Religion zu tolerieren sind, neue Aktualität. In den Blickpunkt der akademischen Debatten rückte nun die Frage, wie kulturhermeneutische und empirische Perspektiven methodisch mit normativen Fragestellungen verbunden werden können.[6]

In diesem Kontext stehen auch die Stellungnahmen von Jürgen Habermas zur Religion.[7] Während Habermas in seinem Hauptwerk *Theorie des kommunikativen Handelns* von 1981 noch in einer gesellschaftsevolutionären Perspektive von einem Verschwinden der Religion in der modernen Gesellschaft sprechen konnte,[8] scheint er diese Sichtweise in seinen jüngeren Publikationen einer Revision unterworfen zu haben. Nicht nur seine Rede zur Verleihung des Friedenspreises des Deutschen Buchhandels von 2001 stellte er unter dem unmittelbaren Eindruck der terroristischen Anschläge auf das World-Trade-Centre unter die Leitfrage eines konstruktiven Umgangs mit kulturellen und religiösen Differenzen,[9] sondern auch in anderen Publikationen trat die frühere These von der Transformation der Religion in Diskursethik auffällig in den Hintergrund. So notierte er in seinem Wiener Vortrag von 2004, der der Fragestellung der Grenzziehung zwischen Glauben und Wissen gewidmet war: „Die reine praktische Vernunft kann sich nicht mehr so sicher sein, allein mit Einsichten einer Theorie der Gerechtigkeit in ihren bloßen Händen einer entgleisenden Mo-

---

[6] Vgl. Graf, Die Wiederkehr der Götter, S. 66 f.

[7] Vgl. J. Habermas, Religion in der Öffentlichkeit. Kognitive Voraussetzungen für den „öffentlichen Vernunftgebrauch" religiöser und säkularer Bürger, in: ders., Zwischen Naturalismus und Religion. Philosophische Aufsätze, Frankfurt/Main 2005, S. 119–154, bes. S. 119 f.

[8] Vgl. J. Habermas, Theorie des kommunikativen Handelns Bd. 2. Zur Kritik der funktionalistischen Vernunft, Frankfurt/Main 1981, S. 140: „Soweit der sakrale Bereich für die Gesellschaft konstitutiv gewesen ist, treten freilich weder Wissenschaft noch Kunst das Erbe der Religion an; allein die zur Diskursethik entfaltete, kommunikativ verflüssigte Moral kann *in dieser Hinsicht* die Autorität des Heiligen substituieren." Vgl. auch ders., Die neue Unübersichtlichkeit, Frankfurt/Main 1985, S. 52. Siehe hierzu sowie zur Aufnahme von Durkheim durch Habermas J. v. Soosten, Kommunikation und Religion. Obsoleszenz und Affirmation von Religion in der Theorie von Jürgen Habermas, in: H. Tyrell/V. Krech/H. Knoblauch (Hrsg), Religion als Kommunikation, Würzburg 1998, S. 273–300.

[9] J. Habermas, Glauben und Wissen, Friedenspreis des Deutschen Buchhandels, Frankfurt/Main 2001.

dernisierung entgegenwirken zu können. Dieser fehlt die Kreativität der sprachlichen Welterschließung, um ein ringsum verkümmerndes normatives Bewusstsein aus sich heraus zu regenerieren."[10] Und seine jüngsten Publikationen kreisen um die Themen Säkularisierung[11] und loten philosophische Perspektiven *Zwischen Naturalismus und Religion*[12] aus. Dieser Umstand und insbesondere auch seine am 19. Januar 2004 mit Joseph Kardinal Ratzinger in der Katholischen Akademie in Bayern geführte Diskussion über „Vorpolitische moralische Grundlagen eines freiheitlichen Staates"[13] führten dazu, dass die Entwicklung der Habermas'schen Sicht der Religion bzw. des Verhältnisses von Philosophie und Religion als Weg von der Ersetzung zur Kooperation gedeutet werden konnte.[14]

Im Folgenden soll es nicht um die werkgeschichtliche Entwicklung von Habermas' Verständnis der Religion gehen, sondern um die systematische Frage nach dem impliziten Religionsverständnis von Habermas.[15] Insofern nimmt sich die Fragestellung meiner Überlegungen

---

[10] J. Habermas, Die Grenze zwischen Glauben und Wissen. Zur Wirkungsgeschichte und aktuellen Bedeutung von Kants Religionsphilosophie, in: H. Nagl-Docekal/R. Langthaler (Hrsg.), Recht – Geschichte – Religion. Die Bedeutung Kants für die Gegenwart, Berlin 2004, S. 141–160, hier S. 142. Dieser Beitrag ist in einer veränderten Form abgedruckt in: Habermas, Zwischen Naturalismus und Religion, S. 216–257. Ich zitiere diesen Beitrag von Habermas im Folgenden nach dem Erstabdruck in dem von Nagl-Docekal und Langthaler herausgegebenen Band *Recht – Geschichte – Religion*. Vgl. auch ders., Nachmetaphysisches Denken. Philosophische Aufsätze, Frankfurt/Main ²1997, S. 23. 60.

[11] J. Habermas/J. Ratzinger, Dialektik der Säkularisierung. Über Vernunft und Religion, Freiburg 2005.

[12] J. Habermas, Zwischen Naturalismus und Religion, Philosophische Aufsätze, Frankfurt/Main 2005.

[13] Siehe hierzu auch T. Assheuer, Auf dem Gipfel der Freundlichkeiten. Jürgen Habermas und Kardinal Ratzinger diskutieren über Religion und Aufklärung, in: Die Zeit 5 (2004).

[14] So A. Trautsch, Glauben und Wissen. Jürgen Habermas zum Verhältnis von Philosophie und Religion, in: Philos. Jb. 111 (2004), S. 180–198. Trautsch rekonstruiert die von Habermas vorgenommene Relationierung von Glauben und Wissen in einer werkgeschichtlichen Perspektive in drei Etappen: Ersetzung, Koexistenz und Kooperation. Eine jüngere Stellungnahme sieht in Habermas gar einen „Verteidiger der Religion". Vgl. M. Striet, Verteidiger der Religion. Zu einem neuen Buch von Jürgen Habermas, in: Herder Korrespondenz 59 (2005), S. 508–512.

[15] Zur Religionstheorie von Habermas siehe H. Düringer, Universale Vernunft und partikularer Glaube. Eine theologische Auswertung des Werkes von Jürgen Habermas, Leuven 1999; K.-M. Kodalle, Versprachlichung des

recht bescheiden aus. Es geht weder um eine Rekonstruktion des viel-
schichtigen Gesamtwerkes von Habermas,[16] noch seiner Diskursethik,[17] sondern lediglich um dessen Beitrag für die religionstheoretische Debatte der Gegenwart und insbesondere um die Frage, wie kulturhermeneutische und normative Perspektiven miteinander verbunden werden können. Diese Frage steht freilich auch im Zentrum des
Interesses von Habermas selbst, wie insbesondere seine jüngeren Publikationen zum Thema erkennen lassen. Die These, welche ich dabei
zu erhärten suche, lautet, dass das Habermas'sche Religionsverständnis sich in den Bahnen der Kantischen Religionsbegründung im Kontext der praktischen Vernunft bewegt. Selbstverständlich schließt Habermas nicht unmittelbar an die Kantische Religionsbegründung an,
sondern diese wird vom subjektivitätstheoretischen zum kommunikationstheoretischen Paradigma transformiert.[18] Erst in dieser problemgeschichtlichen Rekonstruktionsperspektive wird sichtbar, dass auch
die in den jüngeren Veröffentlichungen von Habermas notierte Sicht
der Religion sowie die Bedeutung, welche dieser für die Philosophie
bzw. eine entgleisende Moderne zukommen soll, keine vollständige
Revision der älteren Behauptung von der Transformation der Religion
in Diskursethik darstellt, sondern nur einzelner ihrer Aufbaumo-
mente.[19] Denn auch für den späten Habermas kommt ähnlich wie für

---

Sakralen? Zur religionsphilosophischen Auseinandersetzung mit Jürgen Habermas' „Theorie des kommunikativen Handelns", in: Allgemeine Zeitschrift
für Philosophie 12 (1987), S. 39–66; ders., Die Unnachsichtigkeit des moralischen Blicks. Habermas' Diskursethik und die ‚Impulse' der Religion, in: Religion – Metaphysik(kritik) – Theologie im Kontext der Moderne/Postmo-
derne, hrsg. v. M. Knapp/T. Kobusch, Berlin/New York 2001, S. 253–277;
M. Kühnlein, Aufhebung des Religiösen durch Versprachlichung? Eine religionsphilosophische Untersuchung des Rationalitätskonzeptes von Jürgen
Habermas, in: Theologie und Philosophie 71 (1996), S. 390–409.

[16] Siehe hierzu R. Langthaler, Nachmetaphysisches Denken? Kritische Anfragen an Jürgen Habermas, Berlin 1997.

[17] Siehe hierzu C. Schilling, Moralische Autonomie. Anthropologische und
diskursethische Grundstrukturen, Paderborn 1996; G. Schönrich, Bei Gelegenheit Diskurs. Von den Grenzen der Diskursethik und dem Preis der Letztbegründung, Frankfurt/Main 1994.

[18] Vgl. J. Habermas, Der philosophische Diskurs der Moderne. Zwölf Vorlesungen, Frankfurt/Main 1988; ders., Kommunikatives Handeln und detranszendentalisierte Vernunft, Stuttgart 2001 (jetzt in: ders., Zwischen Naturalismus und Religion, S. 27–83); ders., Wahrheit und Rechtfertigung. Philosophische Aufsätze. Erweiterte Ausgabe, Frankfurt/Main 2004.

[19] Dies betrifft vor allem die in der Theorie des kommunikativen Handelns
ausgeführte gesellschaftsevolutionäre These, nicht jedoch die geltungstheo-

Kant die Religion im Hinblick auf die Geltungsbegründung der Moral nicht in Frage.[20] Allein im Kontext der Realisierung der Moral räumt Habermas der Religion eine Bedeutung ein, und zwar unter dem Leitbegriff der motivationalen Schubkraft. Diese These möchte ich in drei Gedankengängen darlegen. In einem ersten Abschnitt ist knapp der Problemhorizont bei Kant in Erinnerung zu rufen. Daran wird sich eine Rekonstruktion von Habermas' Sicht der Kantischen Zuordnung von Moralphilosophie und Religion, wie sie dieser in seinem bereits erwähnten Wiener Vortrag ausgeführt hat, anschließen. Im Ausgang von dieser Problemexposition sollen dann abschließend in einem dritten Abschnitt einige Schwierigkeiten der Habermas'schen Sicht der Religion notiert und erörtert werden.

1. Moral und Religion bei Kant

Jede Rekonstruktion der Kantischen Religionsphilosophie hat sich mit einer für diese signifikanten Spannung auseinander zu setzen. Diese besteht darin, dass die Moral einerseits der Religion nicht bedürftig sein, aber doch andererseits unumgänglich zur Religion führen soll. Kant notierte gleich im ersten Satz seiner Religionsschrift von 1793: „Die Moral, so fern sie auf dem Begriffe des Menschen, als eines freien, eben darum aber auch sich selbst durch seine Vernunft an unbedingte Gesetze bindenden Wesens, gegründet ist, bedarf weder der Idee eines andern Wesens über ihm, um seine Pflicht zu erkennen, noch einer andern Triebfeder als des Gesetzes selbst, um sie zu beobachten."[21] Behauptet der erste Satz der Religionsschrift die vollständige Unabhängigkeit der Moral von der Religion, so endet Kants in der *Vorrede* der ersten Auflage der Religionsschrift ausgeführte religionstheoretische Skizze nahezu mit einer Revision dieser Ausgangsthese. „Moral also führt unumgänglich zur Reli-

---

retische Frage, dass unter den Bedingungen der Moderne allein die Diskurstheorie zu einer Begründung von geltenden ethischen Normen in der Lage sei.

[20] Vgl. nur J. Habermas, Eine genealogische Betrachtung zum kognitiven Gehalt der Moral, in: ders., Die Einbeziehung des Anderen. Studien zur politischen Theorie, Frankfurt/Main 1996, S. 11–64, bes. S. 16; ders., Vorpolitische Grundlagen des demokratischen Rechtsstaates?, in: ders., Zwischen Naturalismus und Religion, S. 106–118, bes. S. 109.

[21] Ri B III. Kants Schriften werden im Folgenden nach den üblichen Siglen abgekürzt und nach der Ausgabe von W. Weischedel, I. Kant, Werke in 10 Bänden, Darmstadt 1983, zitiert.

gion, wodurch sie sich zur Idee eines machthabenden moralischen Gesetzgebers außer dem Menschen erweitert, in dessen Willen dasjenige Endzweck (der Weltschöpfung) ist, was zugleich der Endzweck des Menschen sein kann und soll."[22] Kants eigene Religionsphilosophie sowie die aus dieser resultierende Stellung der Religion im Kontext der praktischen Vernunft ist nur dann angemessen zu beurteilen, wenn man die angedeutete Spannung einer plausiblen Rekonstruktion unterzieht. Dies kann freilich im Folgenden nur soweit geschehen, dass das Programm der Kantischen Religionsphilosophie in seinen Konturen hervortritt.[23]

Kants in der ‚Analytik' der *Kritik der praktischen Vernunft* durchgeführte Grundlegung der Moral hat bekanntlich ihre Pointe darin, dass bei der Begründung der Moral von allen Zwecken und materialen Bestimmungsgründen des Willens zu abstrahieren sei.[24] Nur dann, wenn der Wille allein durch das Sittengesetz bestimmt ist, liegt eine moralische Willensbestimmung und mithin Freiheit vor. Ein sittlicher und damit autonomer Wille ist also für Kant ein solcher, der sich allein durch das Sittengesetz bestimmt weiß.[25] Der Gehalt des Sittengesetzes als einem Gesetz der Vernunft liegt in der Form der Gesetzlichkeit und mithin in der Verallgemeinerbarkeit von Maximen. „Nur ein formales Gesetz, d. i. ein solches, welches der Vernunft nichts weiter als die Form ihrer allgemeinen Gesetzgebung zur obersten Bedingung der Maximen vorschreibt, kann a priori ein Bestimmungsgrund der praktischen Vernunft sein."[26] In begründungs-

---

[22] Ri B IX f.

[23] Für eine genauere Rekonstruktion des von Kant ausgearbeiteten Zusammenhangs von Moralbegründung und Anwendung der Moral auf sinnlich endliche Vernunftwesen siehe U. Barth, Kants Begriff eines Gegenstandes der praktischen Vernunft und der systematische Ansatz der Religionsphilosophie, in: U. Schnelle (Hrsg.), Reformation und Neuzeit. 300 Jahre Theologie in Halle, Berlin/New York 1994, S. 267–302. Zu Kants Religionsphilosophie siehe R. Wimmer, Kants kritische Religionsphilosophie, Berlin/New York 1990.

[24] Vgl. auch Ri B IV f.: „Denn da ihre Gesetze durch die bloße Form der allgemeinen Gesetzmäßigkeit der darnach zu nehmenden Maximen, als oberster (selbst unbedingter) Bedingung aller Zwecke, verbinden: so bedarf sie überhaupt gar keines materialen Bestimmungsgrundes der freien Willkür, das ist keines Zwecks, weder um was Pflicht sei, zu erkennen, noch dazu, daß sie ausgeübt werde, anzutreiben: sondern sie kann gar wohl und soll, wenn es auf Pflicht ankommt, von allen Zwecken abstrahieren."

[25] Vgl. GMS BA 98.

[26] KpV A 113.

theoretischer Hinsicht fußt somit die Moral weder auf der Religion noch auf anderen Bestimmungsgründen, sondern sie gründet ausschließlich in der Selbstgesetzgebung der praktischen Vernunft. Andernfalls wäre die Autonomie der Moral durch heteronome Bestimmungsgründe, die nicht allgemein bzw. verallgemeinerbar sein können, untergraben. Aus diesem Grund abstrahiert Kant von allen Zweckbestimmungen des Willens. Dies hat Konsequenzen für den Gegenstandsbegriff der praktischen Vernunft. Er bezeichnet nichts anderes als einen allein durch die reine praktische Vernunft bestimmten Willen, dem allein das Prädikat, gut zu sein, zukommt.[27]

Mit der von Kant ausgeführten Begründung der Moral im Sittengesetz ist freilich dessen Moralphilosophie noch nicht vollständig beschrieben. Zur Moral gehört auch deren Realisierung. Kant hat diese Realisierungsdimension der Moral, also die Anwendung der reinen praktischen Vernunft auf das sinnlich endliche Vernunftwesen Mensch, in der ‚Dialektik' der *Kritik der praktischen Vernunft* ausgearbeitet. Kant nimmt in der Dialektik die in der Analytik ausgeblendete Zweckbestimmung unter dem Titel „höchstes Gut"[28] wieder auf. Der Grund für diese Wiederaufnahme des Zweckgedankens ist darin zu sehen, dass der Mensch als sinnlich endliches Vernunftwesen niemals nur durch die reine Vernunft bestimmt, sondern jederzeit auch durch Neigungen affiziert ist. Die Ausblendung dieser Neigungs-Dimension, so sehr sie auch für die Begründung der Moral unabdingbar ist, im Kontext der Realisierung der Moral würde dazu führen, dass sich die Vernunftbestimmtheit des Willens und die Sinnlichkeit ethisch nicht mehr integrieren ließen. Damit kommt jedoch auch die Zweckbezogenheit

---

[27] Vgl. KpV A 114: „Da nun die Begriffe des Guten und Bösen, als Folgen der Willensbestimmung a priori, auch ein reines praktisches Prinzip, mithin eine Kausalität der reinen Vernunft voraussetzen: so beziehen sie sich, ursprünglich, nicht (etwa als Bestimmungen der synthetischen Einheit des Mannigfaltigen gegebener Anschauungen in einem Bewußtsein) auf Objekte [...]; sondern sie sind insgesamt Modi einer einzigen Kategorie, nämlich der der Kausalität, so fern der Bestimmungsgrund derselben in der Vernunftvorstellung eines Gesetzes derselben besteht, welches, als Gesetz der Freiheit, die Vernunft sich selbst gibt und dadurch sich a priori als praktisch beweiset."

[28] Vgl. KpV A 198 ff. Zu Kants Begriff des höchsten Guts siehe auch K. Düsing, Das Problem des höchsten Gutes in Kants praktischer Philosophie, in: Kant Studien 62 (1971), S. 5–42, und C. Dierksmeier, Das Noumenon Religion. Eine Untersuchung zur Stellung der Religion im System der praktischen Philosophie Kants, Berlin/New York 1998, S. 29 ff. Dierksmeiers Rekonstruktion des fraglichen systematischen Zusammenhangs zeichnet sich dadurch aus, dass er bestrebt ist, die Endzwecklehre aus der kantischen Moralphilosophie auszusondern (vgl. a. a. O., S. 50).

des Willens, von der in begründungstheoretischer Absicht abstrahiert wurde, wieder zur Geltung. „So bedarf es zwar für die Moral zum Rechthandeln keines Zwecks, sondern das Gesetz, welches die formale Bedingung des Gebrauchs der Freiheit überhaupt enthält, ist ihr genug. Aber aus der Moral geht doch ein Zweck hervor; denn es kann der Vernunft doch unmöglich gleichgültig sein, wie die Beantwortung der Frage ausfallen möge: *was dann aus diesem unserm Rechthandeln herauskomme*".[29] Um diese Konsequenz zu vermeiden, führt Kant in der ‚Dialektik' der *Kritik der praktischen Vernunft* die Zweckrelation, von der die ‚Analytik' abstrahiert hatte, wieder ein. Beide Dimensionen, so viel lässt sich bereits hier erkennen, haben einen unterschiedlichen systematischen Status, und sie lassen sich nicht aufeinander reduzieren. Auch die für Kants Religionsphilosophie signifikante Spannung, von der wir ausgegangen sind, hat ihren Anhalt an dem unterschiedlichen systematischen Status von ‚Analytik' und ‚Dialektik'. Die Religion kommt nämlich im Kontext der Kantischen Moralphilosophie allein im Hinblick auf die Anwendung der reinen praktischen Vernunft auf sinnlich endliche Vernunftwesen in Betracht. Denn nur diese stehen vor dem Problem, die Sittlichkeit mit ihrer Neigungsaffiziertheit zu vermitteln. Der Übergang von der Moral zur Religion verdankt sich somit weder einem begründungstheoretischen Interesse noch einem begründungstheoretischen Defizit, welches durch die Religion wettgemacht werden müsste, sondern allein dem Anwendungsproblem der reinen praktischen Vernunft.[30]

Kants Religionsphilosophie ist somit eine Theorie der Realisierung der Freiheit und steht in einem engen systematischen Zusammenhang zur Geschichtsphilosophie.[31] In der Religion thematisiert das endliche Bewusstsein nicht die Konstitution der Freiheit, sondern deren Realisierung sowie deren Bedingungen. Religion ist damit eine Form der Selbstdeutung des praktischen Selbstbewusstseins. Der

---

[29] Ri B VI f.

[30] Bereits in der Vorrede der *Kritik der praktischen Vernunft* weist Kant darauf hin, dass die „Ideen von *Gott* und *Unsterblichkeit* [. . .] nicht Bedingungen des moralischen Gesetzes" seien, „sondern nur Bedingungen des notwendigen Objekts eines durch dieses Gesetz bestimmten Willens, d. i. des bloß praktischen Gebrauchs unserer reinen Vernunft" (KpV A 5 f.). Vgl. auch ebd. A 232.

[31] Kant selbst skizziert in der Religionsschrift unter der Überschrift *„Historische Vorstellung* der allmählichen Gründung der Herrschaft des guten Prinzips auf Erden" (Ri B 183) die Konturen einer kritischen Religionsgeschichte, die ihre Pointe in einem Reflexiv-Werden des praktischen Selbstbewusstseins hat. Siehe hierzu E. Troeltsch, Das Historische in Kants Religionsphilosophie.

angedeutete systematische Kontext der Religion im Horizont der ‚Dialektik' der Kritik der praktischen Vernunft hat gewichtige Konsequenzen für den systematischen Status der Postulate der praktischen Vernunft. Sowohl der Unsterblichkeits- wie auch der Gottesgedanke stellen Implikationen der Realisierung der reinen praktischen Vernunft dar. Der Gottesgedanke steht für die Vereinbarkeit von Sittlichkeit und Naturnotwendigkeit, die sich weder aus der Sittlichkeit noch aus der Naturnotwendigkeit ableiten lässt.[32] Der Gottesgedanke Kants hat somit seinen Ort nicht schon in der reinen praktischen Vernunft, sondern erst in der Anwendung der reinen praktischen Vernunft auf sinnlich-endliche Wesen.[33] Der Mensch muss sich nach Kant Gott denken, wenn er in der ihm eigenen Form der Verbindlichkeit die sinnliche Existenzform mit der Moralität des Sittengesetzes zusammenbringen will. Religion ist daher für Kant die Form, unter der sich das jederzeit sinnlich affizierte endliche Vernunftwesen Mensch nicht nur seine sittliche Pflicht repräsentiert, sondern sich auch deren fortschreitender Realisierung vergewissert.[34] Die von Kant vorgenommene kritische Musterung der positiven Religion, wie sie in dessen Religionsschrift vorliegt, baut auf das

---

Zugleich ein Beitrag zu den Untersuchungen über Kants Philosophie der Geschichte, in: Kant-Studien 9 (1904), S. 21–154; A. Habichler, Reich Gottes als Thema des Denkens bei Kant. Entwicklungsgeschichtliche und systematische Studie zur kantischen Reich-Gottes-Idee, Mainz 1991; Dierksmeier, Das Noumenon Religion, S. 142 ff.

[32] Vgl. KpV A 223 ff.

[33] Kants Gottesgedanke unterscheidet sich somit von dem Gottesgedanken der Religionsphilosophie des frühen Fichte, wie sie in dessen Erstlingsschrift Versuch einer Kritik aller Offenbarung (J. G. Fichte, Zur Religionsphilosophie. Fichtes Werke Bd. 5, hrsg. v. I. H. Fichte, Berlin 1971, S. 9–172) ausgeführt ist. Im Unterschied zu Kant behauptet Fichte die Verbindung von Sittlichkeit und Glückseligkeit bereits für die Endzweckvorstellung der reinen praktischen Vernunft. Folglich ist der Gottesgedanke für Fichte nicht nur Resultat der Anwendung der reinen praktischen Vernunft, sondern in dieser Anwendung bereits vorausgesetzt. Vgl. Fichte, Versuch einer Kritik aller Offenbarung, S. 39 ff.

[34] Vgl. KpV A 233: „Auf solche Weise führt das moralische Gesetz durch den Begriff des höchsten Guts, als das Objekt und den Endzweck der reinen praktischen Vernunft, zur Religion, d. i. zur Erkenntnis aller Pflichten als göttlicher Gebote". Zu der deutungstheoretischen Dimension von Kants Religionsbegriff siehe U. Barth, Kants Religionsformel, in: C. Danz/R. Langthaler (Hrsg.), Kritische und absolute Transzendenz. Religionsphilosophie und Philosophische Theologie bei Kant und Schelling, Freiburg/München 2006, S. 30–42.

sich Evident-Werden des sittlichen Bewusstseins hinsichtlich seiner reflexiven Verfassung auf. In dem Maße, in dem sich das sittliche Bewusstsein in der ihm eigenen Reflexivität erfasst, werden diesem die geschichtlichen Formen der Religion zu einer Ausdrucksgestalt des Vernunftglaubens. Allein in dieser Form, die Kant mit dem Christentum in der Geschichte beginnen und in seiner eigenen Zeit zum geschichtlichen Durchbruch gelangt sieht,[35] ist Religion als Selbstdeutung des praktischen Selbstbewusstseins gerechtfertigt. Kant verbindet auf diese Weise in der materialen Durchführung seiner Religionsphilosophie eine Kritik an den sinnlichen Formen der religiösen Selbst- und Weltdeutung mit einer geltungsbezogenen Rekonstruktion der christlichen Religion als Ausdrucksmittel der Deutung der mit dem praktischen Selbstbewusstsein verbundenen sittlichen Handlungsgewissheit.

2. Habermas' Rekonstruktion der Kantischen Religionsphilosophie

In seinem bereits genannten Wiener Vortrag *Die Grenze zwischen Glauben und Wissen* hat Jürgen Habermas die eben skizzierte Grundlegung der Kantischen Religionsphilosophie einer eingehenden Rekonstruktion unterzogen. Leitende Fragestellung ist hierbei für Habermas nicht ein historisches Interesse an Kant, sondern ein systematisches. Es geht angesichts einer entgleisenden Modernisierung und einer damit verbundenen durchschlagenden Ökonomisierung der Lebenswelt um die Frage, welche Potentiale der Religion unter den Bedingungen eines nachmetaphysischen Denkens angeeignet werden können.[36] Die Moraltheorie und der demokratische

---

[35] Vgl. Ri B 189 f. 197 f. Siehe hierzu v. Vf., Historia religii jako historia kościoła. Uwagi dotyczące Kantowskiej interpretacji dziejów chrześcijaństwa, in: Przegląd Filozoficzny 4 (2004), S. 319–331.

[36] In seiner Stellungnahme zu dem von der Katholischen Akademie in Bayern am 19. Januar 2004 veranstalteten Gespräch zwischen Jürgen Habermas und Joseph Ratzinger über „Vorpolitische moralische Grundlagen eines freiheitlichen Staates" hat Habermas das in Frage stehende Problem so formuliert: „In kognitiver Hinsicht bezieht sich der Zweifel auf die Frage, ob politische Herrschaft nach der vollständigen Positivierung des Rechts einer säkularen, das soll heißen: einer nichtreligiösen oder nachmetaphysischen Rechtfertigung überhaupt noch zugänglich ist (1). Auch wenn eine solche Legitimation zugestanden wird, bleibt in motivationaler Hinsicht der Zweifel bestehen, ob sich ein weltanschaulich pluralistisches Gemeinwesen durch die Unterstellung eines bestenfalls formalen, auf Verfahren und Prinzipien beschränkten

Rechtsstaat werden unter den Bedingungen einer reflexiv gewordenen Modernisierung nicht mehr allein mit den Problemen einer entgleisenden Modernisierung fertig, sondern müssen auf Religion,
aber auch auf andere Lebensformen setzen, die ihr auf halbem Weg
entgegenkommen.[37] Aus dieser Problemkonstellation resultiert Habermas' Interesse an Religion einerseits und an der Kantischen Religionsphilosophie andererseits. Denn diese zeichnet sich durch eine
spezifische Differenz zur Religionsphilosophie Hegels aus, die darin
besteht, die religiösen Vorstellungen nicht, wie in dem Hegelschen
Programm, restlos in den philosophischen Begriff aufzuheben. In
diesem Sinne beschreibt Habermas die ihn leitende Intention seiner
Kantlektüre. „Mich interessiert deshalb Kants Religionsphilosophie
unter dem Gesichtspunkt, wie man sich die semantische Erbschaft
religiöser Überlieferungen aneignen kann, ohne die Grenze zwischen den Universen des Glaubens und des Wissens zu verwischen."[38] Damit lässt sich die Fragestellung von Habermas zunächst
so präzisieren, dass es angesichts einer entgleisenden Modernisierung darum zu tun sei, die semantische Erbschaft der religiösen
Überlieferung so anzueignen, dass die Grenze zwischen Glauben
und Wissen nicht verwischt wird. Das Motiv dieser Aneignung der
Religion ist wiederum darin zu sehen, dass nur dadurch die Moral
selbst gestärkt werden könne.
    Für dieses Anliegen ist Kants Religionsphilosophie für Habermas
geradezu paradigmatisch. Sie markiert nicht nur den Beginn der
eigentlichen neuzeitlichen Religionsphilosophie, sondern verbindet
für alle nachfolgenden religionsphilosophischen Programme auf
nahezu exemplarische Weise die Kritik der religiösen Vorstellungs-
gehalte mit einer geltungsbezogenen Konstruktion.[39] Eben diesen

---

Hintergrundeinverständnisses normativ, also über einen bloßen Modus Vivendi hinaus stabilisieren lässt (2)." Habermas, Vorpolitische Grundlagen
des demokratischen Rechtsstaates?, S. 106.

[37] Vgl. Habermas, Die Grenze zwischen Glauben und Wissen, S. 149. Die
Wendung ‚auf halbem Wege entgegenkommen' findet sich in zahlreichen
Publikationen von Habermas. Vgl. etwa J. Habermas, Diskursethik – Notizen
zu einem Begründungsprogramm, in: ders., Moralbewußtsein und kommunikatives Handeln, Frankfurt/Main ⁵1992, S. 53–125, hier S. 119.

[38] Habermas, Die Grenze zwischen Glauben und Wissen, S. 142.

[39] Habermas bringt diesen für die neuzeitlichen Religionsphilosophien
konstitutiven Zusammenhang von Religionskritik und Religionsbegründung
auf die Formel: „Die Religionskritik verbindet sich mit dem Motiv der *rettenden* Aneignung." Mit dieser Programmbeschreibung stellt sich Habermas in
die Tradition der neuzeitlichen Religionsphilosophien. Zu dem Zusammen-

Zusammenhang unterzieht Habermas in fünf aufeinander aufbau-
enden Gedankenschritten einer Rekonstruktion, in deren Zentrum
die Kantische Postulatenlehre steht. Diese markiert gleichsam den
neuralgischen Punkt, an dem die leitende Frage nach einer Grenzziehung zwischen Glauben und Wissen selbst thematisch wird.

So sehr es Kant um eine Kritik der positiven Religionen zu tun sei,
der in der Lesart von Habermas freilich „zentrale Glaubenssätze"[40]
zum Opfer fallen, erschöpft sich dessen Religionsphilosophie nicht in
einer bloßen Religionskritik. „Genau an der Stelle, wo Kant die Theologie daran erinnert, dass ‚das moralische Gesetz für sich . . . doch
keine Glückseligkeit (verheißt)', wird klar, dass die Religionsphilosophie auch den konstruktiven Sinn hat, die Vernunft auf religiöse Quellen hinzuweisen, aus denen wiederum die Philosophie selbst eine Anregung entnehmen und insofern etwas lernen kann."[41] Der Religionsphilosophie kommt damit die Aufgabe zu, die Vernunft auf religiöse
Quellen hinzuweisen, aus denen wiederum die Philosophie selbst lernen kann. Leitend für den Übergang von der Moral zur Religion in
Kants kritischer Religionsphilosophie ist für Habermas nicht die Anwendung der reinen Vernunft auf das neigungsaffizierte sinnliche Vernunftwesen Mensch, sondern das ungerechtfertigte Leiden. Folglich
sieht Habermas auch das Motiv für die Aufnahme der Glückseligkeit
in den Begriff des höchsten Guts nicht in der Realisierungsdimension
der Moral, sondern in dem „Phänomen des ungerecht Leidenden". Es
„beleidigt" ein „tiefes Gefühl".[42] Es sei eine Verheißung, durch die die
religiöse Botschaft „der eigentümlichen Unempfindlichkeit unbedingt
gültiger moralischer Gebote gegenüber den Folgen moralischen
Handelns"[43] begegne. Diese Verheißung motiviert in der Sicht von
Habermas die Einführung des Gottesgedankens und des diesem korrespondierenden höchsten Guts in Kants Religionsphilosophie und
nicht, wie bei Kant selbst, die menschliche Neigungsaffiziertheit, welche mit der ethischen Forderung zu vermitteln ist. Folglich sieht Habermas das ‚Mehr' des Glaubens gegenüber dem Moralbewusstsein

hang von Religionskritik und Religionsbegründung siehe F. Wagner, Was ist
Religion? Studien zu ihrem Begriff und Thema in Geschichte und Gegenwart,
Gütersloh ²1991, bes. S. 555 ff.; H.-W. Schütte, Religionskritik und Religionsbegründung, in: N. Schiffers/H.-W. Schütte (Hrsg.), Zur Theorie der Religion, Freiburg 1973.
[40] Habermas, Die Grenze zwischen Glauben und Wissen, S. 144.
[41] Ebd.
[42] Ebd.
[43] Ebd., S. 145.

in dem „Vernunftbedürfnis, ‚eine Macht anzunehmen, welche diesen [den moralischen Gesetzen und den gesetzestreuen Handlungen] den ganzen, in einer Welt möglichen, zum sittlichen Endzweck zusammenstimmenden Effekt verschaffen kann'."[44]

Durch das Postulat Gottes soll in der Kantischen Religionsphilosophie die „fehlende motivationale Schubkraft"[45] der reinen praktischen Vernunft wettgemacht werden. Allein, so Habermas, Kant gestehe sich in seiner Postulatenlehre „eine beiläufig eintretende Verkehrung im Abhängigkeitsverhältnis zwischen Wissen und Glauben nicht ein".[46] Diese Verkehrung sieht Habermas darin, dass es nicht nur das Postulat Gottes als Garant der Übereinstimmung von Glückseligkeit und Sittlichkeit sei,[47] welches die fehlende motivationale Schubkraft der reinen praktischen Vernunft wettmache, sondern erst der „eschatologische Gedanke eines in die Geschichte eingreifenden Gottes".[48] Die von Habermas vorgetragene Kritik an der Kantischen Postulatenlehre zielt auf den Umstand, dass Kant die geschichtliche Bedingtheit seiner eigenen Transzendental- und Religionsphilosophie nicht reflektiert und sich deshalb eine Abhängigkeit von der Religionsgeschichte nicht eingesteht.[49] So berechtigt diese Kritik ist, so wird man doch fragen können, ob Habermas mit seiner Kritik und der Wendung, die er ihr gibt, den Intentionen der Kantischen Religionsphilosophie gerecht wird. Der von Habermas geltend gemachte Rekurs auf den eschatologischen Gedanken eines in die Geschichte eingreifenden Gottes, welcher allein es sei,

---

[44] Ebd.

[45] Ebd., S. 146.

[46] Ebd.

[47] Siehe hierzu Habermas, Die Grenze zwischen Glauben und Wissen, S. 149: „Eine solche funktionalistische Überlegung, wonach der Glaube an Gott und die Unsterblichkeit der moralischen Gesinnung der Menschen zuträglich sei, ist jedoch selbstdestruktiv. Sie untergräbt nicht nur die Forderung der Moral, aus Achtung vor dem Gesetz allein zu handeln, sondern auch den Modus des Fürwahrhaltens selbst: die moralische Gesinnung könnte ja ebenso gut durch Nietzsches nützliche Illusion befestigt werden."

[48] Habermas, Die Grenze zwischen Glauben und Wissen, S. 146.

[49] Dies hatte bereits Ernst Troeltsch an der Kantischen Religionsphilosophie kritisiert. Vgl. E. Troeltsch, Das Historische in Kants Religionsphilosophie, S. 21–154. Siehe hierzu v. Vf., Ethische Normativität und geschichtliche Relativität. Kantische Elemente in der ethischen Geschichtsphilosophie Ernst Troeltschs. In: G. Schönrich (Hrsg.), Normativität und Faktizität. Skeptische und transzendentalphilosophische Positionen im Anschluß an Kant (= Schriften zur Philosophie und Logik Bd. 1), Dresden 2004, S. 113–128.

der die fehlende motivationale Schubkraft der Moral wettmachen könne, favorisiert nicht nur eine transzendente Lesart der Kantischen Religionsphilosophie, sondern ist seinerseits abstrakt. Denn er trägt gegenwärtige theologische Kriterien an die von der Aufklärung bestimmte theologische Debattenlage zur Zeit Kants heran. Gravierender aber ist der Umstand, dass die Habermas'sche Interpretation der Kantischen Religionsphilosophie mit dem Gedanken eines in die Geschichte eingreifenden transzendenten Gottes genau diejenige Heteronomie wieder einführt, die Kant in der Konstruktion seiner Religionsphilosophie vermeiden will. Im Resultat führt nämlich die von Habermas vorgenommene Rekonstruktion der Kantischen Zuordnung von Moral und Religion in die Schwierigkeit, dass die Religion die Autonomie der Moral untergräbt.⁵⁰

In diesem Sinne versteht Habermas auch die Zweideutigkeit, der Kants eigene Religionsphilosophie verhaftet bleibt, wie sie in *Die Religion innerhalb der Grenzen der bloßen Vernunft* ausgeführt ist. Einerseits soll der positive Geschichtsglaube eine Gestalt von Religion darstellen, die vollständig durch die Moralreligion ersetzt wird, und andererseits kann der Geschichtsglaube aus systematischen Gründen gar nicht ersetzt werden, weil nämlich der Mensch immer ein sinnlich endliches Vernunftwesen bleibt. Bekanntlich finden sich für beide Lesarten Belege in den Kantischen Texten. Habermas versteht diese Zweideutigkeit im Sinne seiner These, dass die Kantische Religionsphilosophie selbst geschichtlich bedingt ist. Da dies Kant nicht bewusst sei, verkenne er das Abhängigkeitsverhältnis von Glaube und Wissen. Damit untergrabe er aber in der Konsequenz auch die Leistung der Religion für die Moral. Wenn nämlich, so die Argumentation von Habermas, die Moral der Religion bedarf, um die fehlende motivationale Schubkraft der Moral wettzumachen, dann kann Religion nicht in einer bloßen Vehikelfunktion aufgehen.⁵¹ Eine funktionale Deutung der Religion, wie sie Habermas in der kantischen Religionsphilosophie vorliegen sieht, werde der Funktion nicht gerecht, welche die Moral in den Augen von Habermas doch faktisch für die Kantische Religionsphilosophie spielen soll. Um eine Funktion für die Moral erfüllen zu können, darf die Religion nicht in ihrer Funktion aufgehen, sondern muss einen Überschuss haben,

---

⁵⁰ Zu diesem in der religionsphilosophischen Diskussion häufig geäußerten Einwand gegen das Kantische Religionsverständnis siehe F. Wagner, Religion und Gottesgedanke. Philosophisch-theologische Beiträge zur Kritik und Begründung der Religion, Frankfurt/Main 1996, S. 25 f.

⁵¹ Habermas, Die Grenze zwischen Glauben und Wissen, S. 146 f.

der sich gerade nicht in Vernunft oder Moral auflösen lässt.[52] „Wenn aber der Vernunftglaube als ‚öffentlicher Religionsglaube' diese Idee [sc. das ethische Gemeinwesen] in sich aufnimmt, ist der Kirchenglaube mehr als nur ein Vehikel, nämlich *eine historische Quelle der Inspiration,* aus der die praktische Vernunft im Hinblick auf die Bestimmung des ‚Endzwecks vernünftiger Weltwesen' schöpfen *muss.*"[53] Habermas' Rede von einer ‚historischen Quelle der Inspiration' nimmt den Bedeutungsüberschuss der Religion gegenüber der Moral auf und hat die Funktion, die Eigenständigkeit der Religion festzuhalten. Die von Habermas gegenüber der Kantischen Konzeption geltend gemachte Eigenständigkeit der Religion gegenüber der Moral zieht jedoch die Frage nach sich, wie dann das Verhältnis von Moral und Vernunft zu bestimmen sei. Die Religion soll in irgendeiner Weise konstitutiv für die Moral sein, dies jedoch wiederum so, dass an der autonomen Begründung der Moral festgehalten werden kann. Denn die große Leistung von Kant soll ja gerade darin bestehen, den Gottesstandpunkt diskursiv eingeholt zu haben.[54]

Der von Habermas herausgearbeitete innere Widerspruch in Kants Religionsphilosophie schlägt sich damit in dessen Postulatenlehre nieder. An ihr zeige sich das „Dilemma, in das sich Kant durch den Widerstreit seiner Absichten, der Religion gleichzeitig als Erbe wie als Opponent gegenüber zu treten, verstrickt".[55] Es ist die von Kant sich selbst nicht eingestandene Abhängigkeit von der Religionsgeschichte, die ihn die Grenzen zwischen Glauben und Wissen verwischen lässt. Dies schlägt sich darin nieder, dass er die Religion für die Moral in Anspruch nimmt, jedoch in der Form, wie dies bei Kant geschieht, ist die Religion für die ihr zugemutete Aufgabe ungeeignet. Kant muss ‚mehr' an Religion in Anspruch nehmen, als es seine eigene Religionsphilosophie im Grunde genommen zulässt bzw. dieser verträglich ist. Der von Kant mit der Religion in Anspruch genommene Bedeutungsüberschuss wird jedoch durch die Kantischen Postulate von Gott und Unsterblichkeit nicht eingeholt. Sie

---

[52] Vgl. Habermas, Die Grenze zwischen Glauben und Wissen, S. 147: Der Endzweck behalte „einen religiösen Bedeutungsüberschuss, der die praktische Vernunft über ihre eigene, rein moralische Selbstgesetzgebung im intelligiblen ‚Reich der Zwecke' hinausweist".

[53] Habermas, Die Grenze zwischen Glauben und Wissen, S. 148.

[54] Vgl. Habermas, Eine genealogische Betrachtung zum kognitiven Gehalt der Moral, S. 16; ders., Die Grenze zwischen Glauben und Wissen, S. 150.

[55] Habermas, Die Grenze zwischen Glauben und Wissen, S. 150.

bleiben ob ihrer Funktionalität fiktional und untergraben schluss-
endlich die Moral selbst.[56] Religionskritik und Religionsbegründung
brechen damit bei Kant auseinander.[57] Damit ergibt sich für eine
gegenwärtige Religionsphilosophie die Aufgabe, die Religionskritik
so mit einer rettenden Aneignung der Religion zu verbinden, dass
die Religion gerade nicht in Vernunft aufgelöst wird. Inwieweit es
Habermas selbst gelingt, die an der Kantischen Religionsphilosophie von ihm diagnostizierten Zweideutigkeiten zu vermeiden, ist
nun in den Blick zu nehmen.

3. Die Zweideutigkeit von Habermas' Religionsverständnis

An der Religionsphilosophie von Kant hatte Habermas kritisiert,
dass sie insofern mit sich selbst im Widerstreit liege, als es ihr nicht
gelingt, zwei gegensätzliche Motive auf einen Nenner zu bringen.
Rettende Aneignung der Religion und Religionskritik treten in Kants
Religionsphilosophie in einen spannungsvollen Gegensatz. Diese
interne Schwierigkeit von Kants moralphilosophischer Konzeption
schlägt sich insbesondere in dessen Postulatenlehre nieder. Sie verwischt die Grenzen von Glauben und Wissen. Eine konstruktive
Weiterführung des Kantischen Anliegens, Religionskritik mit der kritischen Aneignung der Religion zu verbinden, steht damit vor der
Aufgabe, die Postulatenlehre zu ersetzen. „Nicht durch Postulate
von Gott und Unsterblichkeit kann die Vernunft jene übers Sittengesetz hinausschießende Idee einer Annäherung an das Reich
Gottes auf Erden einholen. Vielmehr erinnert die Intuition, die sich
damit verbindet, an den Rückhalt, den das Richtige im konkreten
Guten besserer und verbesserter Lebensformen suchen muss."[58]
Folgt man dieser Korrektur an der Kantischen Religionsphilosophie, dann kann man sagen, dass es Habermas um ein philosophisches Verständnis von Religion zu tun ist, das diese nicht in Vernunft auflöst. Nur dann, wenn die Religion nicht in ihrer Funktion
für die Philosophie bzw. die Moral aufgeht, vermag sie eine Funk-

---

[56] Zu Habermas' Kritik an einem moralphilosophischen Funktionalismus
siehe Habermas, Eine genealogische Betrachtung zum kognitiven Gehalt der
Moral, S. 22.

[57] Vgl. Habermas, Die Grenze zwischen Glauben und Wissen, S. 150:
„Die Vernunft kann den Kuchen der Religion nicht gleichzeitig verzehren und
behalten wollen."

[58] Habermas, Die Grenze zwischen Glauben und Wissen, S. 149.

tion für beide Größen zu spielen. „Deshalb zehrt die Philosophie nur so lange auf vernünftige Weise vom religiösen Erbe, wie die ihr orthodox entgegen gehaltene Quelle der Offenbarung für sie eine kognitiv unannehmbare Zumutung bleibt."[59] Die Philosophie kann nur dann von der Religion lernen,[60] wenn sie nicht selbst Religion sein will, sich also allen Trostbedürfnissen gegenüber asketisch verhält und mithin die Grenze zwischen Glauben und Wissen anerkennt.[61] Gleiches gilt aber auch für die Religion. Sie ist nur dann für die Philosophie relevant, solange sie nicht selbst Philosophie sein will. Die von Habermas geltend gemachte Differenz von Philosophie und Religion, der zufolge die Religion nur dann für die Philosophie in einem gehaltvollen Sinne interessant sein könne, wenn sie die „unüberbrückbare Heterogenität eines Glaubens, der die anthropozentrische Sicht des innerweltlich ansetzenden philosophischen Denkens kompromisslos leugnet",[62] wird jedoch von diesem verbunden mit einer Sicht der Religion, der zufolge diese selbst unter den Bedingungen der Moderne ein reflexives Verhältnis zu ihren eigenen Glaubensgehalten finden müsse. „Das religiöse Bewusstsein muss erstens die kognitiv dissonante Begegnung mit anderen Konfessionen und anderen Religionen verarbeiten. Es muss sich zweitens auf die Autorität von Wissenschaften einstellen, die das gesellschaftliche Monopol an Weltwissen innehaben. Schließlich muss es sich auf die Prämissen des Verfassungsstaates einlassen, die sich aus einer profanen Moral begründen."[63] Ge-

---

[59] Ebd., S. 160.

[60] Vgl. Habermas, Vorpolitische Grundlagen des demokratischen Rechtsstaates?, S. 115.

[61] Siehe hierzu J. Habermas, Zu Max Horkheimers Satz: „Einen unbedingten Sinn zu retten ohne Gott, ist eitel", in: ders., Texte und Kontexte, Frankfurt/Main ²1992, S. 110–126, bes. S. 125; ders., Exkurs: Transzendenz von innen, Transzendenz ins Diesseits, in: ders., Texte und Kontexte, Frankfurt/Main ²1992, S. 127–156, bes. S. 142 ff.

[62] So Habermas, Die Grenze zwischen Glauben und Wissen, S. 160, im Anschluss an Kierkegaard. Vgl. auch ders., Glauben und Wissen, S. 28 f.: „So kann sie [sc. die profane, aber nichtdefaitistische Vernunft] von der Religion Abstand halten, ohne sich deren Perspektive zu verschließen."

[63] Habermas, Glauben und Wissen, S. 14. Vgl. auch ders., Über Gott und die Welt. Eduardo Mendieta im Gespräch mit Jürgen Habermas, in: Jahrbuch Politische Theologie 3 (1999), S. 190–209, hier S. 193: „Deshalb wird der moderne Glaube reflexiv. Er kann sich nämlich nur im selbstkritischen Bewußtsein jener nicht-exklusiven Stellung stabilisieren, die er innerhalb eines vom Profanwissen begrenzten und mit anderen Religionen geteilten Diskurs-

wiss, Habermas versteht dieses Reflexiv-Werden als ein wechselseitiges.[64] Nicht nur die Religion soll ein reflexives Bewusstsein ihrer selbst ausbilden, sondern auch die säkularisierte Tradition der Aufklärung. Allerdings stellt sich die Frage, wie beide Intentionen miteinander in Einklang gebracht werden können. Das in Frage stehende Problem kann auch so formuliert werden: Die Religion kann der Philosophie sowie der Moraltheorie und dem demokratischen Rechtsstaat nur dann auf halbem Weg entgegenkommen und für sie von Interesse sein, wenn sie sich einer Auflösung in Vernunft widersetzt. Nur dann stellt sich für die Philosophie auch die Aufgabe, die in der religiösen Überlieferung aufbewahrten semantischen Potentiale so anzueignen, dass sie ihren Bedeutungsüberschuss bewahren. Stellt man einstweilen noch die Frage zurück, wie eine semantische Aneignung der religiösen Quellen durch die Philosophie diese selbst unverändert lassen kann, so ist in dieser Hinsicht die Autonomie und Eigenständigkeit der Religion gewahrt, freilich um den Preis, dass eine derart autonome Religion ihre semantischen Potentiale auch gegen die moderne Gesellschaft zur Geltung bringen kann. Dies lässt sich nur dann vermeiden, wenn sich die Religion selbst einer Modernisierung unterzieht, und zwar derart, dass sie ein reflexives Bewusstsein ihrer selbst entwickelt, welches ihr eine Selbstkontextualisierung in der ausdifferenzierten modernen Gesellschaft, in der die unterschiedlichsten religiösen Selbst- und Weltdeutungsperspektiven aufeinander prallen, ermöglicht. Die großen christlichen Konfessionen haben dies, wenn auch auf unterschiedliche Weise, seit der Aufklärung unternommen. „Dieses dezentrierende Hintergrundbewußtsein von der Relativierung des eigenen Standorts, die freilich keine Relativierung der Glaubenswahrheiten selbst zu Folge haben darf, zeichnet die moderne Form des religiösen Glaubens aus."[65] Wie freilich ein reflexives Verhältnis des religiösen Bewusstseins zu seinen eigenen Gehalten möglich sein soll, ohne dass Glaubenswahrheiten relativiert werden, wird von Habermas nicht weiter ausgeführt.

---

universums einnimmt." Siehe hierzu auch ders., Israel oder Athen: Wem gehört die anamnetische Vernunft? Johann Baptist Metz zur Einheit in der multikulturellen Vielfalt, in: ders., Vom sinnlichen Eindruck zum symbolischen Ausdruck. Philosophische Essays, Frankfurt/Main 1997, S. 98–111, bes. S. 107 ff.

[64] Vgl. Habermas, Glauben und Wissen, S. 21 ff.; ders., Vorpolitische Grundlagen des demokratischen Rechtsstaates?, S. 107 und 115 f.

[65] Habermas, Über Gott und die Welt, S. 193.

Die beiden dargestellten Aspekte von Habermas' Religionsverständnis stehen nicht nur in Spannung zueinander, sondern scheinen
mir auch der Grund für eine Zweideutigkeit in seinen Äußerungen
zur Religion zu sein. Das von Habermas artikulierte Interesse an einer Eigenständigkeit der Religion, welches sich bereits als leitendes
Motiv seiner Kant-Interpretation zeigte, ist aus dem Grund zweideutig, weil in das zugrunde liegende Verständnis der Religion unterschiedliche Aspekte eingegangen sind. Dem Religionsbegriff wird
zum einen zu viel zugemutet und zum anderen zu wenig. Die Religion soll einerseits der Moral angesichts einer entgleisenden Modernisierung gleichsam unter die Arme greifen. Insofern stellt sie
ähnlich wie die Lebenswelt eine Ressource für die kommunikative,
auf Verständigung angelegte Diskursethik dar. Hierzu muss die
Eigenständigkeit der Religion gewahrt bleiben. Sie muss ihre *holis-
tische* Stellung in der Lebenswelt behaupten".[66] Theologien, welche
die Religion bzw. religiöse Erfahrung nur im Zitat mit sich führen und
sich philosophischen und humanwissenschaftlichen Diskussionen
öffnen, werden deshalb von Habermas der Kritik unterzogen.[67] Sie
bauen die Ressource Religion ab, indem sie ähnlich wie in der Kantischen Religionsphilosophie die semantischen Potentiale der religiösen Überlieferung in humane Vernunft übersetzen. Die dieser Sichtweise zugrunde liegende Auffassung von Religion scheint tendenziell
auf ein cum grano salis substantialistisches Religionsverständnis hin-
auszulaufen.[68] Die Transformation der Religion in der Moderne sowie die Geschichte des modernen Protestantismus ist mit diesem Religionsverständnis lediglich als Verfallsgeschichte zu verstehen. Sie
hat eine theologische Parallele in der Konstruktion der Theologiegeschichte von Karl Barth.[69] Der hohen Fragmentierung innerhalb des

---

[66] Habermas, Exkurs: Transzendenz von innen, Transzendenz ins Diesseits,
S. 147.

[67] Vgl. Habermas, Exkurs: Transzendenz von innen, Transzendenz ins Diesseits, S. 134: „Je weiter sich die Theologie gegenüber den humanwissenschaftlichen Diskursen im allgemeinen öffnet, um so größer wird indessen
auch die Gefahr, den eigenen Status im Geflecht wechselseitiger Vereinnah-
mungsversuche zu verlieren." Siehe auch ebd., S. 136 und 138.

[68] Zumindest wird man sagen können, dass hier ein implizit normatives
Verständnis von Religion mitläuft. Denn die von Habermas an Kants Religionsverständnis geäußerte Kritik, dass dieser zentrale Glaubenssätze verflüs-
sige, setzt ein anderes Religionsverständnis voraus. Siehe Habermas, Die
Grenze zwischen Glauben und Wissen, S. 144.

[69] Vgl. K. Barth, Die protestantische Theologie im 19. Jahrhundert, Berlin
³1961. Zur Würdigung von Barth durch Habermas siehe Habermas, Exkurs:

konfessionellen Christentums wird diese Sicht der Religion nur schwerlich gerecht.[70] In Spannung zu dieser Sicht der Religion steht andererseits ein Verständnis von Religion, das auf Modernisierung der Religion setzt. Unter den Bedingungen einer reflexiv gewordenen Moderne kommt Habermas zufolge auch die Religion nicht umhin, ein reflexives Verhältnis zu ihrer eigenen Tradition und zu ihren religiösen Gehalten auszubilden. Dies führt jedoch in der Konsequenz zu solchen Formen von Religion und deren reflexiver Selbstbeschreibung, die Habermas als Auflösung der Religion in humane Vernunft kritisiert.[71]

Die bisher diskutierte Zweideutigkeit von Habermas' Sicht der Religion scheint sich auch in der von ihm der Philosophie zugewiesenen Aufgabe einer rettenden Aneignung der semantischen Potentiale der religiösen Überlieferung niederzuschlagen. „Auch von außen gesehen, könnte es sich dabei herausstellen, daß die monotheistischen Traditionen über eine Sprache mit einem noch unabgegoltenen semantischen Potential verfügen, das sich in weltaufschließender und identitätsbildender Kraft, in Erneuerungsfähigkeit, Differenzierung und Reichweite als überlegen erweist."[72] Die Religion kommt hier als

---

Transzendenz von innen, Transzendenz ins Diesseits, S. 133 f.; ders., Die Grenze zwischen Glauben und Wissen, S. 156 f.

[70] Diese Problemreduzierung zeigt sich auch an Habermas' Bestimmung der Differenz von römischem Katholizismus und Protestantismus. Diese Differenz bestimmt Habermas mehrfach als Differenz von Vernunft und Offenbarung. Vgl. etwa Habermas, Vorpolitische Grundlagen des demokratischen Rechtsstaates?, S. 107; ders., Exkurs: Transzendenz von innen, Transzendenz ins Diesseits, S. 138. Selbstverständlich ist sich Habermas dessen bewusst, dass die in sich selbst höchst differenzierte Theologie des römischen Katholizismus nicht bruchlos mit einem neuzeitlichen Vernunftverständnis zusammenfällt (so ders., Vorpolitische Grundlagen des demokratischen Rechtsstaates?, S. 113) und auch die Differenziertheit der protestantisch-theologischen Diskussionszusammenhänge werden von ihm wahrgenommen. Gleichwohl fragt sich der Leser der Texte von Habermas, was er eigentlich meint, wenn er von Offenbarung spricht. Geht es um eine religiöse Deutungskategorie oder um einen supranaturalistischen Eingriff Gottes oder um die biblischen Schriften?

[71] Der an Schleiermacher und Kant orientierten Tradition des Protestantismus bescheinigt Habermas denn auch, dass sie Glauben und Wissen um einen zu hohen Preis versöhnt hätte. „Die gesellschaftliche Integration der Kirche und die Privatisierung des Glaubens berauben den religiösen Bezug zur Transzendenz seiner innerweltlichen Sprengkraft." Habermas, Die Grenzen zwischen Glauben und Wissen, S. 154.

[72] Habermas, Exkurs: Transzendenz von innen, Transzendenz ins Diesseits, S. 131. Habermas erläutert diese ‚unabgegoltenen semantischen Potentiale'

ein Reservoir in den Blick, das zugleich auf Anerkennung wie auf dessen rettende Aneignung durch die Philosophie hin angelegt ist. Habermas' Religionsverständnis ist in dieser Hinsicht derselben Zweideutigkeit unterworfen, die auch sein Lebensweltverständnis auszeichnet.[73] Wie die Lebenswelt versteht Habermas die Religion als einen Boden, auf dem sich das kommunikative, verständigungsorientierte Handeln aufbaut. Dieses ist jedoch seinem Begriff nach auf einen Abbau der Religion angelegt. Eine rettende Aneignung der semantischen Potentiale religiöser Überlieferung durch die Philosophie kann folglich auch in der Konzeption von Habermas nur wie bei Kant durch eine Transformation in die humane Vernunft erfolgen. Die bekannte Formulierung von der Koexistenz von Philosophie und Religion, die solange währt, wie sich die religiöse Sprache einer philosophischen Transformation entzieht,[74] scheint mir im Sinne einer faktischen Entzogenheit und nicht im Sinne einer prinzipiellen Uneinholbarkeit der Religion durch die Philosophie zu verstehen sein.[75]

---

religiöser Überlieferungen an späterer Stelle wie folgt: „Dabei geht es um die Erfahrung von nicht-nivellierender Gleichheit und individuierender Gemeinsamkeit, um die Erfahrung einer Nähe über die Distanz zu einem in seiner Differenz anerkannten Anderen hinweg, um die Erfahrung einer Verschränkung von Autonomie und Hingabe, einer Versöhnung, die die Differenzen nicht auslöscht, einer zukunftsorientierten Gerechtigkeit, die solidarisch ist mit dem ungesühnten Leid vergangener Generationen, um die Erfahrung der Reziprozität freigebender Anerkennung, eines Verhältnisses, in dem ein Subjekt dem anderen assoziiert ist, ohne der entwürdigenden Gewalt des Tausches zu unterliegen – einer höhnischen Gewalt, die Glück und Macht des einen nur um den Preis des Unglücks und der Ohnmacht des anderen zuläßt." (ebd., S. 135 f.)

[73] Vgl. Habermas, Theorie des kommunikativen Handelns Bd. 2, S. 182 ff.; ders., Vorstudien und Ergänzungen zur Theorie des kommunikativen Handelns, Frankfurt/Main 1984, S. 35 ff. Zur Kritik an dem Lebensweltverständnis von Habermas siehe M. Moxter, Kultur als Lebenswelt. Studien zum Problem einer Kulturtheologie, Tübingen 2000, S. 310–316.

[74] Vgl. Habermas, Nachmetaphysisches Denken, S. 60: „Solange die religiöse Sprache inspirierende, ja unaufgebbare semantische Gehalte mit sich führt, die sich der Ausdruckskraft einer philosophischen Sprache (vorerst?) entziehen und der Übersetzung in begründende Diskurse noch harren, wird Philosophie auch in ihrer nachmetaphysischen Gestalt Religion weder ersetzen noch verdrängen können."

[75] In dem Gespräch mit Eduardo Mendieta antwortete Habermas auf die Frage, wie dieses ‚vorerst' (siehe Anm. 74) zu verstehen sei: „Ich weiß es nicht. Das wird sich herausstellen, wenn die Philosophie ihre Arbeit am religiösen Erbe mit größerer Sensibilität als bisher fortsetzt." (Habermas, Über Gott und die Welt, S. 204) Habermas fährt in diesem Zusammenhang mit ei-

Fasst man die vorgetragenen Überlegungen zur Sicht der Religion von Habermas zusammen, dann lässt sich zweierlei sagen. Zunächst revozieren auch die jüngeren Äußerungen von Habermas zur Religion nicht die frühere These von der Transformation der Religion in Diskursethik. Im Hinblick auf die Grundlegung einer universalistischen Moral kann die Religion ähnlich wie in der Kantischen Ethik keine Rolle spielen. Eine religiöse Begründung der Moral wäre nicht nur partikular, sondern sie würde auch die Autonomie der Moral untergraben.[76] Auch das Programm einer rettenden Aneignung der semantischen Potentiale religiöser Überlieferung hat nicht den Sinn, ein begründungstheoretisches Defizit der Moral wettzumachen. An der Religion ist Habermas lediglich im Hinblick auf die Anwendung der Moral interessiert bzw. im Hinblick auf ihre Funktion für die Regeneration des normativen Bewusstseins, welches der diskurstheoretischen Moraltheorie auf halbem Wege entgegenkommt. Für diese Funktion ist die Eigenständigkeit der Religion erforderlich. Zum anderen ist nicht zu sehen, wie die von Habermas vorgenommene Bestimmung des Verhältnisses von Philosophie und Religion die Schwierigkeiten überwinden kann, welche er selbst an der Kantischen Konzeption kritisiert hatte. Gewiss, Habermas bemüht sich deutlicher als vielleicht Kant selbst, die Grenzen zwischen Glauben und Wissen zu wahren. Aber das zugrunde liegende Religionsverständnis scheint doch tendenziell auf eine bisher nur noch nicht gelungene Transformation der Religion in Philosophie angelegt zu sein. Mit dieser Sicht ist jedoch eine tendenzielle Revision der These von der Eigenständigkeit der Religion verbunden, insofern Habermas nicht mit einer prinzipiellen Entzogenheit der Religion rechnet, sondern lediglich mit einer faktischen.

---

ner deutlichen Kritik an der von Hans Blumenberg vorgetragenen These einer Irreduziblität des Nichtbegrifflichen fort: „Ich spreche nicht von dem neuheidnischen Projekt einer ‚Arbeit am Mythos' – diese Arbeit haben Religion und Theologie längst verrichtet." (ebd., S. 205)

[76] Habermas weist deshalb völlig zu Recht das von Theologen wie Peukert und anderen vorgetragene Ansinnen einer religiösen Ergänzung der Moral zurück. Vgl. Habermas, Exkurs: Transzendenz von innen, Transzendenz ins Diesseits, S. 140 ff. Siehe hierzu die Beiträge in E. Arens (Hrsg.), Habermas und die Theologie. Beiträge zur theologischen Rezeption, Diskussion und Kritik der Theorie kommunikativen Handelns, Düsseldorf 1989. Auch die These von Magnus Striet in seinem Beitrag *Verteidiger der Religion* (Striet, Retter der Religion) dürfte von diesem Einwand von Habermas betroffen sein. Vgl. Striet, a. a. O., S. 512: „Und als sinnvoll zu vertreten ist dieser Glaube allemal, da spätestens das Bewusstsein des Todes die Einsicht in die Angewiesenheit des Menschen auf einen rettenden Gott provoziert."

RUDOLF LANGTHALER

ZUR INTERPRETATION UND KRITIK DER KANTISCHEN
RELIGIONSPHILOSOPHIE BEI JÜRGEN HABERMAS

Nach Jürgen Habermas verdient Kants Religionsphilosophie nach wie vor Interesse, wenn es darum geht, „was wir, unter Bedingungen nachmetaphysischen Denkens, von der Artikulationskraft der Weltreligionen für den Gebrauch der praktischen Vernunft lernen können" (Grenze 236)[1]. Gleichwohl hat Habermas wichtige Motive und Ansprüche Kants, bei dem er „Religionskritik . . . mit dem Motiv der rettenden Aneignung" verbunden sieht (Grenze 218), einer eingehenden Kritik ausgesetzt. Neben den von ihm auch in Kants Religionsphilosophie festgestellten unbewältigten „ontologischen Hin-

---

[1] So (mit Seitenzahl) wird der in den nachfolgenden Überlegungen im Vordergrund stehende Aufsatz v. Jürgen Habermas, „Die Grenze zwischen Glauben und Wissen. Zur Wirkungsgeschichte und aktuellen Bedeutung von Kants Religionsphilosophie" (In: J. Habermas, Zwischen Naturalismus und Religion. Philosophische Aufsätze. Frankfurt/Main 2005, 216–257) abgekürzt; sein Aufsatz: „Glauben und Wissen. Friedenspreis des Deutschen Buchhandels 2001" (Frankfurt/Main 2001) als „Glauben und Wissen"; der Aufsatz „Kommunikative Freiheit und negative Theologie. Fragen an Michael Theunissen" (in: J. Habermas, Vom sinnlichen Eindruck zum symbolischen Ausdruck. Philosophische Essays. Frankfurt/Main 1997, 112–135) wird als „Kommunikative Freiheit" zitiert; Habermas' Essay: „Zu Max Horkheimers Satz: ‚Einen unbedingten Sinn zu retten ohne Gott, ist eitel" (in: ders., Texte und Kontexte. Frankfurt/Main 1991, 110–126) als „Horkheimer", und der ebenfalls in diesem Band enthaltene „Exkurs: Transzendenz von innen, Transzendenz ins Diesseits" (127–156) als „Exkurs". Kant wird nach der 6-bändigen Weischedel-Ausgabe zitiert.
Dieser Aufsatz expliziert und präzisiert in einigen wichtigen Punkten Einwände gegen Habermas' Kant-Interpretation, die der Verf. gegenüber einer früheren Fassung des Habermas-Aufsatzes „Die Grenze zwischen Glauben und Wissen. Zur Wirkungsgeschichte und aktuellen Bedeutung von Kants Religionsphilosophie" geäußert hat. (Diese ursprüngliche Fassung des Habermas-Aufsatzes ist veröffentlicht in dem anlässlich des 200. Todestages Kants herausgegebenen Band von H. Nagl-Docekal/R. Langthaler (Hg.), Recht – Geschichte – Religion. Die Bedeutung Kants für die Gegenwart. Berlin 2004, 141–160. (Deutsche Zeitschrift für Philosophie. Sonderband 9).

tergrundannahmen der Kantischen Transzendentalphilosophie" und den misslichen Folgen seiner metaphysischen „Zwei-Reiche-Lehre"[2] beziehen sich Habermas' Zweifel jedoch vor allem auch auf die Schlüssigkeit der „Postulatenlehre". Besondere Inkonsistenzen seien, schon im Sinne einer solchen immanenten Kritik, weder in Kants Lehrstück vom „höchsten Gut" (vor allem hinsichtlich der daraus resultierenden Pflicht der „Beförderung" derselben und in den daran anschließenden Begründungen) zu übersehen noch in der daran geknüpften Konzeption des Vernunftglaubens, dessen – allerdings unumgängliche pragmatistische – Transformation indes auch für eine „agnostische Religionsphilosophie" (Grenze 219) von bleibendem Interesse sei.

Um meine Bedenken, die sich vornehmlich auf diese Punkte der Habermas'schen Interpretation und Kritik der kantischen Religionsphilosophie konzentrieren, begründen und kantische Motive auch gegen die von Habermas – und zwar in der jüngeren Fassung seines Kant-Aufsatzes – geäußerten Einwände verteidigen zu können, ist es zunächst erforderlich, einige grundlegende begriffliche Differenzierungen der Kantischen Moraltheorie, seiner Ethik und Religionsphilosophie in ihrem unauflöslichen Zusammenhang – möglichst textnah – zu vergegenwärtigen, die auch in Habermas' Kant-Kritik eine elementare Rolle spielen.

I. Der „Gegenstand der reinen praktischen Vernunft", der „ganze Gegenstand der praktischen Vernunft" – und die „strengste Forderung" derselben

1. Ausgehend von der Bestimmung der Begriffe des „Guten und Bösen" als den „alleinigen Objekte(n) einer praktischen Vernunft" hat Kant deren Gehalt sodann näher differenziert: Vom „Gegenstand der *reinen* praktischen Vernunft" wird der Begriff „eines Gegenstandes der praktischen Vernunft" unterschieden und als die

---

[2] Ob sich diese Kennzeichnung jedoch nicht einer „Ontologisierung" von bloß methodischen Unterscheidungen verdankt und so zu einer „dualistisch"-metaphysischen Trennung führt, ist hier nicht näher zu verfolgen; schon Habermas' wiederholte Kritik an Kants angeblichem „Dualismus zwischen den Welten des Intelligiblen und der Erscheinungen" weist vermutlich in solche Richtung. Vgl. dazu die der Habermas'schen Kant-Kritik gewidmeten Abschnitte in der Studie des Verf., Nachmetaphysisches Denken? Kritische Anfragen an Jürgen Habermas. Berlin 1997, 107 ff.

„Vorstellung eines Objekts als einer möglichen Wirkung durch Freiheit" (IV 174) bestimmt; darauf bezieht sich der Wille (als Willkür:
IV 317) als das „Vermögen der Zwecke" – d. h. zunächst als das
bloße Vermögen, „den Vorstellungen entsprechende Gegenstände
entweder hervorzubringen oder doch sich selbst zur Bewirkung
derselben . . . zu bestimmen" (IV 120). Um die „Zweideutigkeit des
Worts *das Gute*" zu vermeiden (vgl. VI 135), insistierte Kant mit
der Bestimmung des „moralisch Guten" als „Gegenstand der *reinen* praktischen Vernunft" zunächst auf dem unaufgebbaren
Eigensinn des Moralischen als dem allein *Unbedingt*-Guten gegenüber dem bloß „*Wozu*-Guten" des „Nützlichen" bzw. dem „An-
genehmen" (vgl. KU § 4; IV 42) – d. h. eben *relativ* auf den be-
gehrten „Gegenstand" als den jeweiligen Bestimmungsgrund des
Handelns. Demgegenüber wird das „*moralisch* Gute" als „Gegenstand der *reinen* praktischen Vernunft" bekanntlich dadurch charakterisiert, dass darin ausschließlich das moralische Gesetz der
Bestimmungsgrund des Willens ist, der gerade kein erstrebter
„Gegenstand" sein kann, sondern lediglich – und zwar ohne jede
relativierende Bezugnahme auf vorgegebene Zwecke – den allein
das Moralische auszeichnenden „Unbedingtheitsanspruch" begründet, der in der auf die mögliche „allgemeine Gesetzlichkeit" der
Maximen abzielenden „allgemeinen Formel" des kategorischen
Imperativs zum Ausdruck kommt.

In Beachtung der dem Begriff des „Unbedingten" immanenten Differenzierungen sowie im Vorblick auf den besonderen Status bzw. Anspruch der nach Kant gebotenen „*Beförderung* des höchsten Gutes"
(s. u. 41 ff.) ist also davon auszugehen, dass es das Unbedingte des
„moralisch Guten" als „Gegenstand der *reinen* praktischen Vernunft"
ist, das allein in der Befolgung der Rechts- und Tugendpflichten „aus
Pflicht" intendiert werden kann[3]. Bekanntlich ist in Kants „Grundlegung zur Metaphysik der Sitten" im Kontext der Begründung der Achtungspflichten bzw. der „Zweckeformel", eben in einer „negativ"-*einschränkenden* Hinsicht, zunächst einmal nur davon die Rede, dass
„das vernünftige Wesen, als Zweck seiner Natur nach, mithin als

---

[3] Freilich ist darin nach Kant, gegen eine bloße Gesinnungsethik, auch die
Aufbietung aller Mittel und die genaue Abwägung der Umstände und „Berücksichtigung der faktischen Handlungsfolgen in der komplexen Welt der Erscheinungen" (Grenze 233) miteingeschlossen. Der gegen Kant erhobene
Vorwurf einer (abstrakten) „Gesinnungsethik" (den Habermas offensichtlich
als nicht unberechtigt ansieht: Erläuterungen zur Diskursethik. Frankfurt/Main
1991, 100), trifft auf Kant nicht zu.

Zweck an sich selbst, jeder Maxime zur einschränkenden Bedingung aller bloß relativen und willkürlichen Zwecke dienen müsse" – sofern der hier maßgebende Zweck „nicht als ein zu bewirkender, sondern selbständiger Zweck, mithin nur negativ, gedacht werden" müsse, „d. i. dem niemals zuwider gehandelt, der also niemals bloß als Mittel, sondern jederzeit zugleich als Zweck in jedem Wollen geschätzt werden muss" (IV 70 f.). Über die Beschränkung auf diesen bloß vorläufigen Anspruch der negativen „Achtungspflichten"[4] hinaus wird jedoch für Kant in der späten Tugendlehre noch der kategorische Imperativ in der Form des „Imperativs, der die Tugendpflicht gebietet", maßgebend: „handle nach einer Maxime der Zwecke, die zu haben für jedermann ein allgemeines Gesetz sein kann. – Nach diesem Prinzip ist der Mensch sowohl sich selbst als andern Zweck und es ist nicht genug, dass er weder sich selbst noch andere bloß als Mittel zu brauchen befugt ist, sondern den Menschen überhaupt sich zum Zwecke zu machen ist an sich selbst des Menschen Pflicht" (IV 526). In der in diesem „obersten Prinzip der Tugendlehre" begründeten Orientierung

---

[4] Vgl. IV 585 f.: „Auch wird die Pflicht der freien Achtung gegen andere, weil sie eigentlich nur negativ ist (sich nicht über andere zu erheben), und so der Rechtspflicht, niemanden das Seine zu schmälern, analog, obgleich als bloße Tugendpflicht verhältnisweise gegen die Liebespflicht für enge, die letztere also als weite Pflicht angesehn.
Die Pflicht der Nächstenliebe kann also auch so ausgedrückt werden: sie ist die Pflicht, anderer ihre Zwecke (so fern diese nur nicht unsittlich sind) zu den meinen zu machen; die Pflicht der Achtung meines Nächsten ist in der Maxime enthalten, keinen anderen Menschen bloß als Mittel zu meinen Zwecken abzuwürdigen". – In diese Richtung weist auch Reflexion 7251 (AA XIX 294): „Das *regulative* Prinzip der Freiheit: dass sie sich nur nicht widerstreite; das *konstitutive*: dass sie sich wechselseitig befördere, nämlich den Zweck: die Glückseligkeit". In diesem Sinne ist auch Kants frühe Anmerkung zu lesen, Gott wolle die „Glückseligkeit der Menschen, *durch* Menschen" (Eine Vorlesung Kants über Ethik, hg. v. Paul Menzer. Leipzig 1924, 66). Vor allem ist auch die Nähe zu dem „Deus vult habere alios condiligentes" (Duns Scotus, Opus Oxoniense III d. 32 Q. 1 n. 6) beachtenswert; dies legt natürlich in der Sache Bezüge zu der von Kant betonten „Analogie mit der Gottheit" (in seinem Gemeinspruch-Aufsatz) nahe (s. dazu u. 89 f.): „Hiebei denkt sich der Mensch nach der Analogie mit der Gottheit, welche, ob zwar subjektiv keines äußeren Dinges bedürftig, gleichwohl nicht gedacht werden kann, dass sie sich in sich selbst verschlösse, sondern das höchste Gut außer sich hervorzubringen, selbst durch das Bewußtsein ihrer Allgenügsamkeit, bestimmt sei": VI 133 Anm.; vgl. auch IV 629 f.); dies verrät eine Nähe zur Kennzeichnung der Nächstenliebe des Hl. Thomas v. Aquin, wonach diese „keine Fähigkeit des Menschen" sei, „insofern er Mensch ist, sondern insofern er durch Teilhabe Kind Gottes und Gott wird" (De caritate, 2, 15).

an den „Zwecken, die zugleich Pflichten sind" (IV 514 ff.)[5], entfaltete Kant den für seine *Ethik* konstitutiven Zweckbezug und verknüpfte dies mit der Idee der geforderten „Unbedingtheit" – ein Anspruch, der alle bloß „negative Verbindlichkeit" der „Achtungspflichten" transzendiert.

Über diese „oberste einschränkende Bedingung aller bloß relativen und willkürlichen Zwecke" hinaus genügt erst dies den besonderen Maßstäben der positiven Forderung der Tugendpflicht, „den Menschen überhaupt sich zum Zwecke zu machen" (IV 526), und findet sodann in der Forderung, „sich das Wohl und Heil des anderen zum Zweck zu machen" (IV 588), noch eine notwendige Konkretisierung. Ohne diesen „Zweckbezug" wäre der „Gebrauch der praktischen Vernunft", die sich darin als Einheit des „Vermögens der Prinzipien" und des „Vermögens der Zwecke" erweist, auf die kritische Prüfung bzw. Einschränkung der bloß „erlaubten Zwecke" durch die Achtungspflichten eingeschränkt und müsste so paradoxerweise darauf verzichten, sich selbst als ein solches „Vermögen der Zwecke" auch *positiv* zu bestimmen – eine „solche Vernunftabstinenz kann aber keinesfalls Zweck der Vernunft sein"[6]. Während

---

[5] Kant begründet diese Notwendigkeit, „sich einen Zweck, der zugleich Pflicht ist, zu denken" (also einen *unbedingt* gesollten Zweck) bekanntlich durch den Hinweis auf den allem Handeln immanenten Zweckbezug und den andernfalls drohenden – vernunftwidrigen – unendlichen Regress: „Es muss nun einen solchen Zweck und einen ihm korrespondierenden kategorischen Imperativ geben. Denn, da es freie Handlungen gibt, so muss es auch Zwecke geben, auf welche, als Objekt, jene gerichtet sind. Unter diesen Zwecken aber muss es auch einige geben, die zugleich (d. i. ihrem Begriffe nach) Pflichten sind. – Denn gäbe es keine dergleichen, so würden, weil doch keine Handlung zwecklos sein kann, alle Zwecke für die praktische Vernunft immer nur als Mittel zu andern Zwecken gelten und ein kategorischer Imperativ wäre unmöglich; welches alle Sittenlehre aufhebt" (IV 514 f.). – Sie werden sodann als eigene „moralische Vollkommenheit" und „fremde Glückseligkeit" ausgewiesen; in der zu befördernden „fremden Glückseligkeit" (die näherhin bedeutet, „sich das Wohl und Heil des anderen zum Zweck zu machen": IV 588), expliziert Kant begründungstheoretisch auch die in der Grundlegung zur „Metaphysik der Sitten" angeführte „Pflicht der Wohltätigkeit" als „Tugendpflicht"; obwohl diese Thematik auch mit Blick auf das von Habermas (mit Bezug auf Kohlberg) betonte komplementäre Verhältnis von „Gerechtigkeit und Solidarität" Beachtung verdient (vgl. ders., Gerechtigkeit und Solidarität. Zur Diskussion über „Stufe 6". In: J. Habermas, Erläuterungen zur Diskursethik. Frankfurt/Main 1991, 49–76), sind diese Fragen hier nicht näher zu verfolgen.

[6] M. Baum, Probleme der Begründung Kantischer Tugendpflichten. In: Jahrbuch für Recht und Ethik 6 (1998), 41–56. (Irrtümlich heißt es im Text: „eine solche Vernunftabstinenz kann aber keinesfalls nicht Zweck sein"). –

„eigene Vollkommenheit" eben nur „Wirkung von seiner Tat sein kann" (IV 516), trifft dies mit Bezug auf die zu befördernde „fremde Glückseligkeit" nach Kant insofern zu, als eben „Wohl und Heil des anderen" dadurch zu befördern ist, dass ich „deren (erlaubten) Zweck . . . hiemit auch zu dem meinigen mache. Was diese zu ihrer Glückseligkeit zählen mögen, bleibt ihnen selbst zu beurteilen überlassen; nur dass mir auch zusteht, manches [und zwar durchaus mit Rücksicht auf deren „moralische Integrität"] zu weigern, was sie dazu rechnen, was ich aber nicht dafür halte, wenn sie sonst kein Recht haben, es als das Ihrige von mir zu fordern" (IV 518).

Nicht nur müssen sich supererogatorische Aufschwünge und agapistische Höhenflüge von Kants unbestechlicher Nüchternheit indes daran erinnern lassen, dass die „Pflicht, mit andern wegen ihrer Unterdrückung gemeinschaftliche Sache zu machen . . . mehr [ist] als bloß gütige Pflicht"; ebenso mahnte er unbeirrbar zur Sensibilität für einen – gerne übersehenen – besonderen Aspekt „moralischer Selbsterkenntnis" und zu der damit verbundenen Selbstbescheidung: „Man kann mit Anteil haben an der allgemeinen Ungerechtigkeit, wenn man auch keinem nach den bürgerlichen Gesetzen und Einrichtungen ein Unrecht tut. Wenn man um einen Elenden eine Wohltat erzeiget, so hat man ihm nichts umsonst gegeben, sondern man hat ihm das gegeben, was man ihm durch eine allgemeine Ungerechtigkeit hat entziehen helfen. Denn wenn keiner die Güter des Lebens mehr an sich ziehen möchte, als der andere, so wären keine Reiche aber auch keine Arme: Demnach sind selbst die Handlungen der Gütigkeit Handlungen der Pflicht und Schuldigkeit, die aus dem Recht anderer entspringen"[7].

2. Schon hier ist also, der von Kant stets eingeschärften rechten „Ordnung der Begriffe" gemäß, mit Blick auf die von Habermas in Zweifel gezogene Pflicht der „Beförderung des höchsten Gutes"

Zur Struktur, zum (in der Kant-Literatur in der Regel unterschätzten) Stellenwert sowie zu den Problemen in dieser „Begründung Kantischer Tugendpflichten" s. die erhellenden Analysen Baums in diesem Aufsatz.

[7] Kant, AA 27.1.416; vgl. auch Kants nüchterne Bemerkung in pädagogischem Kontext: „Ohne daran zu denken, dass wir in Rücksicht auf Gott nie mehr, als unsere Schuldigkeit tun können, so ist es auch nur unsere Pflicht, dem Armen Gutes zu tun. Denn die Ungleichheit des Wohlstandes der Menschen kommt doch nur von gelegentlichen Umständen her. Besitze ich also ein Vermögen, so habe ich es auch nur dem Ergreifen dieser Umstände, das entweder mir selbst oder meinem Vorgänger geglückt ist, zu danken, und die Rücksicht auf das Ganze bleibt doch immer dieselbe." (VI 752)

darauf zu achten: Wenn Kant in der „Dialektik der reinen praktischen Vernunft" im kritischen Rekurs auf die in den „philosophischen Schulen" bestimmenden Konzeptionen des „höchsten Gutes"
sowie in Aneignung des der „Lehre des Christentums" innewohnenden semantischen Potentials (s. u. 82 ff.) ausdrücklich einräumen
wollte, das Christentum formuliere einen – dem Menschen als „endlichem Vernunftwesen" allein adäquaten – Begriff des „höchsten
Guts" und eröffne überdies eine umfassende Idee eines „Endzwecks
der Schöpfung", der auch „der *strengsten* Forderung der praktischen Vernunft ein Gnüge tut" (IV 259), so bezieht sich dies *zunächst* einmal auf jenes „*praktisch*" zu befördernde „Weltbeste an
uns und anderen" – eben im Sinne der moralischen Erfüllung der
Rechts- und Tugendpflichten – und somit auf die „*Beförderung* des
höchsten, als eines *gemeinschaftlichen* Gutes" (IV 756). Dazu „alles
Mögliche *beizutragen*" (IV 249) besagt ja nichts anderes als die
praktische Orientierung an dem „Endzweck der *reinen* praktischen
Vernunft" – eine Idee, deren moralische Bewährung bekanntlich für
die jungen kantianischen „Tübinger Stiftler" besonders bedeutsam
war. Darin gewinnt also, vornehmlich mit Rücksicht auf die Idee des
Praktisch-Unbedingten selbst, jene „strengste Forderung der praktischen Vernunft" im Sinne einer näheren Differenzierung des „*obersten* Gutes" ihre endgültige Gestalt, weil doch erst einem solchen
Maßstab entsprechend nach Kant das „Gesetz der Moralität in Erfüllung"[8] geht. Dies stimmt nunmehr mit dem „Zweck der Menschheit" auch positiv überein, erlaubt es so – im Sinne der Kennzeichnung des „Praktischen": „Praktisch ist alles, was durch Freiheit mög-

---

[8] Besonders deutlich AA 27.2.1., 652: „In specie ist hier im moralischen
Sinn Vollkommenheit die Übereinstimmung aller seiner Vermögen mit dem
Zweck der Menschheit, d. i. Glückseligkeit; und sind unsre Handlungen darauf gerichtet, dass wir eigene Vollkommenheit zur Glückseligkeit anderer suchen, so stimmen sie mit dem Zweck der Menschheit überein; ja, wenn hiemit [!] das Gesetz der Moralität in Erfüllung geht, so erreichen wir den letzten
Zweck aller Dinge, das höchste Gut, wohin der Mensch es nur dadurch, dass
er sich dazu tauglich machet bringen kann. Um es nun dahin zu bringen hat
er sowohl Pflichten gegen sich selbst, als gegen andere zu beobachten; welche man officia amoris nennt". Dies impliziert auch – infolge des diesen
„Zweck, der zugleich Pflicht ist", auszeichnenden Anspruchsniveaus – die
„aktive Aufopferung legitimer eigener Interessen für das Wohl oder die Min-
derung des Leidens des hilfsbedürftigen Anderen", wie Habermas mit Blick
auf den Anspruch christlicher Liebesethik anmerkt (Über Gott und die Welt.
Eduardo Mendieta im Gespräch mit Jürgen Habermas. In: Jahrbuch Politische Theologie. Band 3 (1999), 206).

lich ist" (II 673) –, das „durch *Freiheit* mögliche Gut in der Welt"
(V 576) noch differenzierter zu bestimmen, und führt auf diesem
Weg zu einer Erweiterung dieser praktischen Vernunftperspektive.
Mit dieser nach Maßgabe der Rechts- und Tugendpflichten bestimmten Beförderung des „Weltbesten an uns und anderen", die
sich dabei (der Idee der „moralischen Welt" [II 681] gemäß) immer auch schon an „Vereinigungspunkten für kooperative Versuche" (Grenze 235) orientiert, brachte Kant zunächst also durchaus
ein denkbar *„starkes Sollen"* zur Geltung, weshalb dem Gebot der
„Beförderung des höchsten Gutes" auch der „Rang einer moralischen Pflicht" (Grenze 226) – d. h. nach „unserem größten Vermögen" (IV 278 Anm.) – zukommt, in solcher Hinsicht also keineswegs ein „übermoralisches" (so Habermas: Grenze 227), sondern
fürwahr ein *„moralisches Gebot"* darstellt. Insofern beruht es wohl
auf einem Missverständnis (und widerspricht auch jener von Kant
eingemahnten Begründungsordnung), wenn Habermas von der
„unter Kants eigenen Voraussetzungen problematische(n) *Ergänzung* des Sittengesetzes durch die Pflicht, an der Realisierung des
Endzwecks mitzuwirken", spricht (Grenze 230); ebenso relativiert
dies offenbar seinen Vorwurf, die von Kant (angeblich) aufgestellte
„Superpflicht, diesen Zustand zu befördern" (Grenze 234), bleibe
„nichtssagend; denn sie kann gar nicht anders als auf dem indirekten Wege der individuellen Befolgung einfacher Pflichten erfüllt
werden" (ebd.).
Nun impliziert im Grunde schon jene „strengste Forderung der
praktischen Vernunft" nach Kant auch die in seiner Religionsschrift
als „Pflicht des Menschengeschlechts gegen sich selbst" ausgewie-
sene Pflicht, in ein „ethisches Gemeinwesen" einzutreten; gleichwohl fügt dies, inhaltlich gesehen, keinerlei neue Verpflichtung hinzu, sondern ist, mit Rücksicht auf die „moralische Bestimmung des
Menschen" und seine Verfasstheit als „vernünftiges, aber *endliches*
Wesen" (IV 133), schon in jener gebotenen Beförderung des „Welt-
beste(n) . . . nach allen Kräften" (V 580) enthalten, weil andernfalls
– eingedenk der „moralischen Gebrechlichkeit", Verführbarkeit und
abstumpfenden Sensibilität, d. h. der auch noch für die „revolutio-
nierte Gesinnung" bedrohlichen „Gefahr des Rückfalls" (IV 752) –
von der Beförderung des „Weltbesten an uns und anderen" ja auch
gar nicht die Rede sein könnte. Kants Forderung, in ein „ethisches
Gemeinwesen" einzutreten und im Verein mit anderen auf ein Ganzes, nämlich „eine allgemeine Republik nach Tugendgesetzen" (vgl.
IV 756) hinzuwirken, verdankt sich somit der vorrangigen Rücksicht-
nahme auf die stets ge- und zerbrechlichen moralischen Sensibilitä-

ten; sofern dies jedoch keine weitere inhaltliche Forderung enthält, ist sie auch nicht von dem Einwand in Frage gestellt, dass mit Kants „monologischer Moralkonzeption" eine Verpflichtung auf Ziele, die nur „kooperativ zu erreichen" sind, nur schwer vereinbar sei (vgl. Grenze 225 f.). Besagt diese „Pflicht des Menschengeschlechts gegen sich selbst" doch lediglich, sich in dem „von der Sittlichkeit selbst [!] diktierten Vertrauen zum Gelingen dieser Absicht" mit Blick auf „das höchste in der Welt zu befördernde Gut" (III 638) wechselseitig zu ermutigen – eine Verpflichtung übrigens, die auch in jener moralisch gebotenen Beförderung der „eigenen Vollkommenheit" und der „fremden Glückseligkeit" (dem „Wohl und Heil des Anderen") in der Tat schon „miteingeschlossen" ist.[9]

Diese Differenzierungen bleiben nun auch für die Einschätzung des Stellenwerts höchst bedeutsam, den Kant jener „Beförderung des höchsten Gutes" beimessen wollte. Eben eine solche (vermeintliche) Pflicht hat Habermas als „überschwänglich" (Grenze 226; 228) bezeichnet und ihren Anspruch somit entschieden in Frage gestellt; und erst im Ausgang von diesem irreführenden Anspruch sei Kant ja bezeichnenderweise auch auf den philosophischen Holzweg der Postulatenlehre geraten: „Die Postulatenlehre verdankt sich der Einführung einer problematischen Pflicht, die das Sollen soweit über menschliches Können hinausschießen lässt, dass diese Asymmetrie mit der Erweiterung des Wissens um den Glauben geheilt werden muss" (Grenze 235). Zudem hat Habermas diese von Kant fälschlicherweise geltend gemachte „überschwängliche Pflicht" – und zwar dem Anspruch nach *mit* dem kritischen („deontologischen") Kant *gegen* den ins postulatorische Dickicht geratenen Kant – mit dem grundsätzlichen Einwand konfrontiert: „Ein solcher, nur indirekt aus der Summe aller moralischen Handlungen hervorgehender Idealzustand allgemeiner Glückseligkeit kann unter Prämissen der Kantischen Moraltheorie eigentlich nicht zur Pflicht gemacht werden [. . .] Weil es dem menschlichen Verstand verwehrt ist, die Komplexität der Folgen sittlicher Kooperation in der von Naturgesetzen gelenkten Welt vorauszusehen, handelt nur der aus Pflicht, der sich nach Ideen richtet und die Wahl seiner Zwecke nach moralischen Gesetzen einschränkt; er kann nicht auf ein überschwängliches, d. h. die moralischen Gesetze überbietendes Ziel [!], die Herbeifüh-

---

[9] Vgl. dazu aber auch Kants Ausführungen zu den „Pflichten gegen sich selbst überhaupt" und zu den „unvollkommenen Pflichten des Menschen gegen sich selbst (in Ansehung des Zwecks)": IV 549 ff. bzw. 580 ff., bes. 582 ff.

rung eines idealen Zustandes in der Welt, wiederum moralisch verpflichtet werden" (Grenze 225 f.; 228).

Indes, ist davon bei Kant wirklich die Rede – trifft denn dieser Vorwurf, in dem Gebot der „Beförderung des höchsten Gutes" artiku-
liere sich, an kritischen Maßstäben bemessen, lediglich eine in ihrem Anspruch unausweisbare (und mit den Grundlagen der kantischen Moraltheorie obendrein unvereinbare) „überschwängliche
Pflicht", tatsächlich zu? Oder unterschätzt Habermas' Kritik vielleicht doch den differenzierten Gehalt der Kantischen Idee des
höchsten Gutes – mit der dann unvermeidlichen Konsequenz, dass
seine Interpretation die in der Beförderung des „höchsten Gutes"
maßgebende „Ordnung der Begriffe" stillschweigend – jedoch auf
folgenschwere Weise – verschiebt? Für die These, dass die bei Kant
bestimmende praktische Vernunft-Orientierung an dem „höchsten
Gut" mit der von ihm eingeschärften genauen Begründungsordnung dieser Kritik Habermas' durchaus standhält, sollen im Folgenden in einigen Hauptpunkten (und textnah) Argumente vorgebracht
werden. Keineswegs soll damit jedoch geleugnet werden, dass
manche Formulierungen Kants einschlägige Missverständnisse in
der Tat begünstigen.

II. *Beruht Kants Begründung des „höchsten Gutes" und die*
   „Pflicht" seiner „Beförderung" tatsächlich auf einem
   Selbstmissverständnis bzw. auf einer „Erschleichung"?

1. Gewiss bleibt zu beachten, dass die Aufforderung: „Wir sollen
das höchste Gut . . . zu befördern suchen" (IV 255 f.), infolge jener
Differenzierung des „obersten Gutes" doch ausschließlich – d. h.
eben „so viel an uns ist" (V 577) – durch die moralische Befolgung
der Rechts- und Tugendpflichten zu erfüllen ist[10] – und nur soweit

---

[10] Eine aufschlussreiche Akzentuierung erfährt Kants Argumentation in einer Vorlesung aus den 90er Jahren: „Moralität ist zwar das oberste, aber
nicht das einzige Gut . . . Sittlichkeit und Glückseligkeit zu befördern, machen das höchste Gut aus. Dem moralischen Gesetze ganz angemessen zu
sein, haben wir in unserer Gewalt, denn es kann kein Sollen auf uns passen,
wenn wir nicht auch das Vermögen haben, es zu tun. Aber in Ansehung der
Glückseligkeit sie zu erreichen, sie in dem Maasse über andere zu verbreiten,
als sie es verdienen, – dies Vermögen hat kein einziges Weltwesen. Sobald
wir nun zur Beförderung des summi boni mundani streben, so müssen wir
doch die Bedingung annehmen, unter der wir es erreichen können, und dies
ist die Existenz eines ausserweltlichen moralischen Wesens. Ist ein höchstes

kann auch von der „*Beförderung* des höchsten, als eines gemeinschaftlichen Guts" (IV 756) die Rede sein. Jedoch macht die Rücksicht auf die besondere Weltstellung des Menschen nach Kant weitere Differenzierungen notwendig, ohne die nun in einer anderen
Hinsicht die „strengste Forderung der reinen praktischen Vernunft"
und auch das Orientierungsbedürfnis dieses „vernünftigen *Weltwesens*"[11] nicht eingelöst bzw. gestillt werden können. Denn obgleich
dieses „vernünftige, aber endliche Wesen" als Subjekt des moralischen Gesetzes – als ein „sich selbst durch seine Vernunft an unbedingte Gesetze bindende(s) Wesen" (IV 649) – dem moralischen
Gesetz als dem „*alleinigen* Bestimmungsgrund des reinen Willens"
untersteht und das „Moralisch-Gute" eben dadurch definiert ist
(d. h. als solches das nicht relativierbare „oberste Gut": „bonum su-
premum" bezeichnet), sucht „reine praktische Vernunft, zu dem
praktisch-Bedingten (was auf Neigung und Naturbedürfnis beruht),
ebenfalls das Unbedingte, und zwar *nicht als Bestimmungsgrund*
des Willens, sondern, wenn dieser auch (im moralischen Gesetze)
gegeben worden, als die *unbedingte Totalität des Gegenstandes*
der reinen praktischen Vernunft, unter dem Namen des *höchsten
Guts*" (IV 235). Eine solche Perspektive verdankt sich nun freilich
schon dem Bezug des „Sittengesetzes" auf „*endliche* Vernunftwesen" – und erst dadurch wird ja auch die Erfüllung des moralischen
Gesetzes als „oberstes Gut" (und damit erst als „*Glückswürdigkeit*")
qualifiziert. Der „*ganze Gegenstand* der reinen praktischen Vernunft" hat so zwar, als die „Idee des *moralischen* Endzwecks"
(IV 805), in der Befolgung des „Grundgesetzes der reinen prakti-

---

Gut erreichbar und nicht bloß Chimäre, so muss ich einen Gott annehmen;
denn der Mensch kann dies allein nicht ausüben . . . Die Erreichbarkeit des
Zwecks des höchsten Guts steht nicht in meiner Gewalt. Dass es Zweck sein
soll, ist ausgemacht" (28,2,1/791 f.). Dahin hat sich nun jene frühe Anmerkung Kants postulatorisch transformiert, Gott wolle die „Glückseligkeit der
Menschen, durch Menschen" (Eine Vorlesung Kants über Ethik, hg. v. Paul
Menzer. Leipzig 1924, 66).

[11] Kants beiläufiger Hinweis, dass der Grund eines möglichen kategorischen Imperativs allein im Dasein des Menschen als Zweck an sich selbst als
einem absoluten Wert liegt (IV 59 f.), enthält vielleicht eine unbemerkte Facette, ohne die auch personale Individualität nicht zureichend gedacht werden kann: Impliziert dieser Gedanke doch, dass solche *An*-Erkennung nicht
auf *bloße Zu*-Erkennung reduziert werden kann, sondern auf ein als unver-
fügbar *Anzuerkennendes* verwiesen bleibt. Letzteres fungiert so gewissermaßen als ‚ratio essendi' der Unbedingtheit des moralischen Imperativs – Kants
„rettende Übersetzung" der Gottebenbildlichkeit des Menschen?

schen Vernunft" seine einschränkende Bedingung, ist doch nur unter der Voraussetzung dieses „vornehmsten Moments" auch gewährleistet, dass es „für die Moral zum Rechthandeln keines
Zwecks" bedarf, „sondern das Gesetz, welches die formale Bedingung des Gebrauchs der Freiheit überhaupt enthält, . . . ihr genug"
ist (IV 650), weil moralisches Handeln in der Tat „seinen Zweck nur
in sich selber hat" (Grenze 229).

Obgleich also, im Sinne der notwendigen Unterscheidung zwischen dem „Bestimmungsgrund" und dem „ganzen Gegenstand
der reinen praktischen Vernunft", bei der Frage nach dem „Prinzip
der Moral" solcher Vorgriff auf die „Totalität des Gegenstandes der
praktischen Vernunft" „ganz übergangen und beiseite gesetzt werden" muss (III 133)[12], verbietet es gleichwohl die der Frage „Was ist
der Mensch?" verpflichtete Rücksicht auf dessen „ganze Bestimmung", davon abzusehen, dass für ein „vernünftiges, aber endliches Wesen" (IV 133) das *höchste* [„oberste"] Gut (mit dem ihm als
Ideal gleichsam innewohnenden „Telos der Heiligkeit") dennoch in
einer *praktisch* unaufhebbaren Spannung zu dem „ganze(n) und
vollendete(n) Gut als Gegenstand des Begehrungsvermögens vernünftiger endlicher Wesen" (IV 238) steht. Damit insistierte Kant lediglich darauf, dass ein „nicht-verfehltes [und insofern „selbstzufrie-
denes"] Leben" zwar an den nicht dispensierbaren Anspruch des
Moralischen gebunden ist; freilich bleibt einer solchen authentischen Lebensführung die spezifische Erfahrung jener „Negativität"
nicht fremd, dass, mit Rücksicht auf die „moralische Lebensgeschichte jedes Menschen" (IV 811), auch ein moralisch nicht verfehltes Leben nicht das gelingende „Ganze seiner Existenz" zu gewährleisten vermag, d. h. eben noch nicht als das „vollendete Gut"
eines freiheits-begabten „vernünftigen *Welt*wesens" gelten darf.
Obgleich die Kritik der praktischen Vernunft zunächst den Nachweis
erbringen muss, dass es auch „reine praktische Vernunft gebe"
(IV 107), eröffnet praktische Vernunft als „Vermögen der Zwecke"
über eine moralische „Selbstzufriedenheit" hinaus den Blick auf ein
„Selbstseinkönnen" – eben „in Ansehung unseres *ganzen* Zustandes" (II 675) – in eminentem Sinne, weshalb auch allein diese Idee
eines solchen das „Ganze seines Daseins" in sich versammelnden
„Zustandes" „Glückseligkeit" – die Kant wohlgemerkt als eine
„*Idee*" von einem „absoluten Ganzen" bestimmt (IV 4) – genannt zu

---

[12] „Mithin mag das höchste Gut immer der ganze Gegenstand einer reinen
praktischen Vernunft, d. i. eines reinen Willens sein, so ist es darum doch
nicht für den Bestimmungsgrund desselben zu halten" (IV 237).

werden verdient[13]: „Glückseligkeit ist der Zustand eines vernünftigen Wesens in der Welt, dem es, *im Ganzen seiner Existenz, alles
nach Wunsch und Willen geht,* und beruhet also auf der *Übereinstimmung der Natur* zu seinem ganzen Zwecke, imgleichen zum *wesentlichen Bestimmungsgrunde seines Willens*" (IV 255; Hervorheb.
v. Verf.)[14]. So beantwortete Kant die „ethikotheologische" Frage,
was denn für ein „endliches vernünftiges Wesen" (VI 131) – gemäß
der „der Beschaffenheit, mit der er wirklich ist" (IV 113) – nicht nur
als das schlechthin durch nichts relativierbare *„oberste"*, sondern
als das *„vollendete"*, d. h. das „höchste in der Welt mögliche Gut"
gelten und folglich auch als der „letzte" bzw. „ganze Zweck seines
Begehrungsvermögens" – eines zuletzt auch mit sich *„verständigten"* und „versöhnten" Lebens – gehofft werden darf.

Die moralisch-praktische Beförderung des „Weltbesten an uns
und anderen", wodurch wir „unsere Bestimmung hier in der Welt . . .
erfüllen" (II 687), ist demnach die unumgängliche Bedingung für
jene Hoffnung auf das „höchste Weltbeste", d. i. die „mit der Befolgung moralischer Gesetze harmonisch zusammentreffende Glückseligkeit vernünftiger Wesen" (V 578) – eine ethikotheologische
Grundfigur, die Kant sodann zu der These verdichtete: „Wir sind a priori durch die Vernunft bestimmt, das Weltbeste, welches in der Verbindung des größten Wohls der vernünftigen Weltwesen mit der
höchsten Bedingung des Guten an demselben, d. i. der allgemeinen
Glückseligkeit mit der gesetzmäßigsten Sittlichkeit besteht, nach allen Kräften zu befördern" (V 580). Auch in den späteren religions-

---

[13] Der Sache nach ist dieses Motiv, dass jener Unbedingtheitsanspruch des
moralisch-nicht-*verfehlten* Lebens noch nicht das *gelingende* Leben „in Ansehung unseres ganzen Zustandes" (II 675) bedeutet, mit den daraus abgelei-
teten Differenzierungen innerhalb des Begriffs des „Unbedingten" schon in
der Methodenlehre der ersten Kritik bestimmend (II 686).

[14] Der „subjektive Endzweck vernünftiger Weltwesen" ist Kant zufolge
noch nicht derjenige, „dem diese von Natur aus nachstreben" (so Habermas: Grenze 223); vielmehr ist dieser selbst immer schon durch das „vollständige Gut", d. h. durch den Bezug auf die „Totalität des Gegenstandes
der praktischen Vernunft" qualifiziert; daran knüpft sich sodann die moralisch begründete Hoffnung, dass dieser – vernunftgemäße – Endzweck nicht
lediglich ein *subjektiver* Endzweck, sondern die „subjektive Realität des Endzwecks" *zugleich* auch „Endzweck der Schöpfung" ist, d. h. „nicht allein wir
einen uns apriori vorgesetzten Endzweck haben", sondern „die objektive
[Realität] hinzutun" dürfen (V 581) – damit diese moralisch begründete
Sinnintention sich gleichsam auch „auf ein Objekt beziehe, und also irgend
was bedeute" (II 273 Anm.).

philosophischen Schriften hat Kant dieses Lehrstück vom „höchsten Gut" keineswegs als bloßen „Zwischenschritt" überwunden oder etwa in Richtung „ethisches Gemeinwesen" hinter sich gelassen (wie Habermas allerdings nahe legt: Grenze 225); zeitlebens hielt Kant daran fest, dass doch auf „dieses höchste vollendete Gut" das „ganze Verlangen im Leben" des Menschen abziele (IV 620), wenngleich solche durchaus legitime Orientierung an der Idee des „höchsten Guts" „praktisch", d. h. „so viel an der freyheit liegt" (Refl. 6857: AA XIX, 181), zunächst auf die moralische Erfüllung der Rechts- und Tugendpflichten bezogen bzw. darauf auch stets rückbezogen bleibt.

Gewiss schließt das „moralische Gesetz" als „Gegenstand der reinen praktischen Vernunft" in seiner „Unbedingtheit" jeden „übergeordneten Zweck" – der etwa noch ein „Wozu der Moral" („Warum überhaupt moralisch sein?": Grenze 227) erklären sollte – notwendigerweise aus; jedoch hat Kants Begründungsfigur dabei nicht einen solchen (fürwahr unhaltbaren) „übergeordneten" Zweck im Sinn, sondern lediglich dies, dass der „ganze Gegenstand der praktischen Vernunft" eines „vernünftigen Weltwesens" zwar unter der nicht relativierbaren Bedingung des Moralischen steht, jedoch „Moral unumgänglich zur Religion führt" (IV 652); ein solcher „Endzweck" kann im Sinne eines darin angezeigten „Voraussetzungsverhältnisses" nicht nur „von der Vernunft gerechtfertigt werden" (IV 651), sondern wird von dieser auch als jene Idee „vorgestellt", die „aus der Moral hervor- und eben nicht vorhergeht, d. h. eben als ein solcher „Zweck" gelten muss, „welchen sich zu machen schon sittliche Grundsätze voraussetzt" (IV 651).

Diesen für Kants Konzeption einer „Ordnung der Begriffe" bzw. der „Zwecke" entscheidenden Sachverhalt verkennt vermutlich der in Rückfragen gekleidete Habermas'sche Einspruch: „Soll man . . . dem Entschluss, sich überhaupt an moralische Gesetze zu halten, statt böse zu sein, einen Zweck zuordnen? Wenn aber alle Zwecke einer moralischen Beurteilung unterliegen, wie soll dann aus dem Ganzen aller legitimen Zwecke noch ein Endzweck ‚hervorgehen' können, der das Moralischsein selber rechtfertigt?" (Grenze 227). Weist solches Bedenken gegen eine – in Kants Argumentationsfigur angeblich insinuierte – erst zu leistende Rechtfertigung des „Moralischseins" indes nicht in eine Richtung, die dem von Kant betonten unauflöslichen Zusammenhang der Fragen „Was soll ich tun?" und „Was darf ich hoffen?" mit Blick auf die darin leitende Frage „Was ist der Mensch?" widerspricht? Und indiziert nicht das „noch" (im letzten Habermas-Zitat) – so wie auch die Vorstellung eines erst zu rechtfertigenden „Moralischseins" – ein Missverständnis jener von Kant geltend gemachten

„moralisch *konsequenten* Denkungsart", zumal letztere doch ausdrücklich den Gedanken verwirft, der „Endzweck, den das moralische
Gesetz zu befördern auferlegt", sei „*Grund* der Pflicht" (V 602 Anm.)?
Es ist deshalb zu bezweifeln, dass Kant in dem von Habermas nahe
gelegten Sinne den Nachweis erbringen wollte, wie aus dem „moralischen Gesetz auch noch ein Endzweck hervorgehen" könne, oder
dass die „moralisch konsequente Denkungsart" etwa – dann unwei-
gerlich einer heteronomen Relativierung des moralischen Anspruchs
verfallend – einen Zweck intendiere, dem „die Moral selber noch einmal untergeordnet" sei. Wären die von Habermas erhobenen Einwände zutreffend, so fiele Kants energischer Protest gegen „die Euthanasie aller Moral" (IV 506) paradoxerweise (und doch unvermeidlich)
auf ihn selbst zurück. Nur dann, wenn dieser „Gegenstand der praktischen Vernunft" (als „letztes Objekt") mit der „Triebfeder" als dem
„Bestimmungsgrund" identifiziert bzw. verwechselt wird, sind ihm zufolge solche Ungereimtheiten unvermeidlich.

2. In dieser Idee des „höchsten [vollendeten] Gutes" tritt somit eine
zwar moralisch *begründete* – weil gerechtigkeits-inspirierte –, zuletzt
aber doch *trans-moralische* Sinndimension in den Vordergrund, die
Kant in jenem Aufweis, wie „Moral unumgänglich zur Religion" führt,
aufhellen und gemäß der „Ordnung der Zwecke" legitimieren wollte. Sofern solche Sinnperspektive nicht nur den „sittlich höchsten
Zwecken *angemessen*" (VI 133), sondern durch diese auch selbst inspiriert ist, erweist sich diese Idee des „höchsten Guts" selbst als gar
kein Gegenstand der Kantischen *Moraltheorie*, sondern ist – eben
„aus der Moral *hervorgehend*" – zwar Gegenstand, jedoch nicht *Bestimmungsgrund* der praktischen Vernunft: Diese allein den praktischen Vernunftprinzipien angemessene Begründungsordnung und
das damit verbundene Sinnpotential hat Kant ausdrücklich als der
„christlichen Sittenlehre" zugrunde liegend gewürdigt, das sich solcherart erst der durch „hergebrachte fromme Lehren" „erleuchteten
praktischen Vernunft" (VI 186) – in Abgrenzung von den „philosophischen Schulen" – erschließt bzw. in einer genealogischen Hinsicht
sich solcher Herkunft eben auch verdankt. Durchaus im Sinne einer
„Aneignung genuin christlicher Gehalte durch die Philosophie"
„entlehnt" (vgl. IV 656; s. u. 82 ff.), indiziert dies, neben dem spezifischen Charakter der „christlichen Vorschrift der Sitten" (insbesondere im Unterschied zu dem „moralischen Begriffe der Stoiker":
IV 258 Anm.), besondere Sinngehalte betreffend den Status der individuellen Person als eines „vollständig individuierten Wesens" (s. u.
77 f.) – Problemaspekte, die übrigens auch eine *nachmetaphysische*

Aneignung des metaphysischen Motivs „individuum est ineffabile" erlauben[15], ja dies sogar nahe legen. Daran knüpfte Kant ebenso unübersehbar den Anspruch, „in praktischer Absicht" auch das der religiösen Tradition entlehnte Motiv des Gerichts im „Ende aller Dinge" als einer rettenden Aneignung fähig auszuweisen[16], zumal dies gleichermaßen der Weltstellung des Menschen und seiner unverwechselbaren individuellen Persönlichkeit („in Ansehung ihres *ganzen Zustandes*", d. h. mit Blick auf das „Ganze ihrer Existenz") entspricht wie auch der gebotenen Rücksicht auf jenes freilich nicht psychologisch kurzzuschließende „Alles, was Menschen widerfährt, trifft auch mich" (s. u. 78) – in einem präzisen (über eine zu enge moralische Bedeutung des Wortes hinausweisenden) Sinne – „*gerecht*", besser wohl: „gerechter", zu werden vermag.[17] Beide Aspekte sind in

---

[15] In einer religionsphilosophischen Akzentuierung dieses metaphysischen Axioms „individuum est ineffabile" käme nicht nur das kritische Motiv der „Nicht-Subsumierbarkeit" der je besonderen Individualität zur Geltung und stünde dem Benjaminschen „Namen-Motiv" wohl durchaus nahe; in einer daran anschließenden religionsphilosophischen Gedankenfigur wäre auch die Lehre von dem – allem diskursiven und „richtenden" Definieren uneinholbaren – „Realwesen" aufzunehmen (auch mit Rücksicht auf die von Habermas in einschlägigem Kontext erwähnte Kategorie der „haecceitas" des Duns Scotus [vgl. J. Habermas, Nachmetaphysisches Denken. Philosophische Aufsätze. Frankfurt/Main 1988, 160; 193]), die sich bezeichnenderweise aus dieser „Substanz des heilsgeschichtlich jüdisch-christlichen Denkens" herleitet und so auch Kant als dieser Traditionslinie zugehörig ausweist; dies findet in seiner Bestimmung Gottes als des „universalen Schöpfergottes", der – zweifellos ein kantisches Motiv – „den Menschen in dem Sinne ,bestimmen'" kann, „dass er ihn zur Freiheit gleichzeitig befähigt und verpflichtet" (Glauben und Wissen 31), sowie in seiner Kennzeichnung als „Herzenskündiger" eine unübersehbare Entsprechung.

[16] Dies wird besonders in Kants spätem Hinweis auf die ganz „unmetaphysische" Verankerung des höchsten Gutes „in praktischer Absicht" deutlich, wonach „der Glaube an ein künftiges Leben eigentlich nicht vorausgeht, um die Strafgerechtigkeit an ihm ihre Wirkung sehen zu lassen, sondern vielmehr umgekehrt aus der Notwendigkeit der Bestrafung auf ein künftiges Leben die Folgerung gezogen wird" (IV 631 Anm.). Deutlicher lässt sich der Sinn dieses bei Kant leitenden „in praktischer Absicht" wohl nicht belegen – ebenso wie die primäre Ausrichtung der Postulatenlehre. In solchem Zugang wären unübersehbare Aporien des kantischen Unsterblichkeitspostulates zu vermeiden, die allerdings auch im Sinne des kantischen Hinweises auf die „Versinnlichung der letzten Dinge" (VI 176 f.) zu korrigieren wären. Sachliche Bezüge und Differenzen zu Platons Gerichtsmotiv (Politeia 608 ff.) sind hier nicht zu verfolgen.

[17] Diesen religionsphilosophischen Motiven (Kants) kommt Habermas in seinem Horkheimer-Aufsatz im Kontext seiner Bezugnahme auf den „morali-

denkwürdiger Weise in jenem noch bei Kant anzutreffenden Begriff
des „Realwesens" vereint[18].

Dass ein „endliches Vernunftwesen" – durch den Blick auf das
„Schicksal der Gattung" „befremdet" (VI 37) – zwar „praktisch" unter der unbedingten Forderung bzw. den Maßstäben des Moralisch-
Guten steht und sich „hoffend" auch an dem „höchsten Gut" als
dem „Endzweck der praktischen Vernunft" orientiert, jedoch fortwährend – prinzipiell trostlos: weil zwar praktisch-*moralisch* sinn-
voll und doch gleichermaßen (letzt-gültig) bedeutungs-*los* – vor Augen geführt bekäme, dass die „Natur . . . darauf nicht achtet"
(V 579): aus solch ernüchterndem Befund lässt sich nun auch Kants
Diktum noch einmal grundsätzlicher verstehen: „Es ist unmöglich,
dass ein Mensch ohne Religion seines Lebens froh werde" (Refl.
8106, AA XIX 649) – ohne dass dies auf einen heteronomen Rückfall bzw. auf eine psychologische Verkürzung hinausliefe und so den
scharfen Messern der Religionskritik ausgeliefert wäre. Andernfalls,
so Kants Argumentation, müsste zwar das moralische Gesetz in seiner „Verbindlichkeit" nach wie vor als die unverzichtbare *Richtschnur*
gelten und entbehrte doch, über jene „Selbstzufriedenheit" hinaus,
in gewisser Hinsicht der „verbindende(n) *Kraft*" (wie Kant gelegentlich betonte: II 684): Als schlechthin durch nichts relativierbarer
„Bestimmungsgrund des Willens" gelten zu müssen, ohne indes
auch „verbindende *Kraft*" zu haben – dies galt Kant nicht so sehr als
eine logische Paradoxie, sondern darin spiegelte sich wohl die un-

---

schen Gehalt des Christentums" offensichtlich besonders nahe und erweist
damit, wenigstens indirekt, Kants Motivlagen nicht zuletzt in solcher Hinsicht
als „anamnetisch inspiriert" – und zwar durchaus im Sinne der von ihm betonten „durch hergebrachte fromme Lehren erleuchtete(n) praktische(n) Vernunft" (VI 186): „Die, die am Jüngsten Tage, in Erwartung eines gerechten
Urteils, einer nach dem anderen, einzeln, unvertretbar, ohne den Mantel
weltlicher Güter und Würden, also als Gleiche, vor das Angesicht Gottes treten, erfahren sich als vollständig individuierte Wesen, die Rechenschaft geben über ihre verantwortlich übernommene Lebensgeschichte. Gleichzeitig
mit dieser Idee müßte die tiefe Intuition verloren gehen, daß das Band zwischen Solidarität und Gerechtigkeit nicht reißen darf" (Horkheimer 121).

[18] Naheliegende religionsphilosophische Implikationen standen Adorno
klar vor Augen: „Noch die christliche Lehre von Tod und Unsterblichkeit, in
der die Konzeption der absoluten Individualität gründet, wäre ganz nichtig,
wenn sie nicht die Menschheit einschlösse. Der Einzelne, der absolut und für
sich allein auf Unsterblichkeit hofft, würde in solcher Beschränkung nur das
Prinzip der Selbsterhaltung ins Widersinnige vergrößern, dem das Wirf weg,
damit du gewinnst, Einhalt gebietet" (Minima Moralia Nr. 97) – eben dies
liefe der „Selbsterhaltung der Vernunft" zuwider.

aufhebbare „Unversöhntheit" dieses „vernünftigen Weltwesens" wider, das so noch vor andere „Abgründe" gerät (s. u. 87 f.) und erlaubt es ihm nicht, sich denkend, handelnd und hoffend – als „mit sich selbst einstimmig" (VI 549), d. h. auch einer „moralisch *konsequenten* Denkungsart" genügend (V 390) – zu orientieren.

Im Ausgang von der Weltstellung dieses „vernünftigen Weltwesens", das als solches in seiner Existenz „Natur und Freiheit" in sich vereint, und in der darin verankerten Lehre vom „höchsten Gut" treten deshalb bei Kant nicht so sehr unbewältigte „metaphysischen Restbestände" ans Licht (auch spiegeln sich darin nicht lediglich obsolet gewordene „ontologische Hintergrundannahmen" der kantischen Transzendentalphilosophie und eine darin begründete verhängnisvolle „Zwei-Reiche-Lehre" wider, wie Habermas offensichtlich meint); eher wohl indiziert jene in Kants Ethik – in den Spuren antiker „Weisheitslehre" – geltend gemachte spannungsvolle Differenz der individuellen, nicht verfehlten „moralischen Lebensgeschichte jedes Menschen" (IV 811) zu dem erhofften unverfügbaren „Glück des Lebens" (IV 622) (eben „im Ganzen seines Daseins" und seines „Endzwecks") einen elementaren Aspekt dieser conditio humana, d. h. eben: mit Rücksicht auf die spezifische „Beschaffenheit, mit der er wirklich ist" (IV 113), und sein „vollständig individuiertes Wesen". Dies stellt freilich das entscheidende Scharnier für jenen gesuchten Aufweis dar, wie „Moral unumgänglich zur Religion" führt und fungiert so auch als die negative (d. h. nicht unterbietbare) Richtschnur, also als Maßstab und „Kompass" (vgl. III 277) für die „Positivität" der geschichtlichen Religionen, die sich selbst der durch „herkömmliche fromme Lehren . . . erleuchteten praktische(n) Vernunft" verdankt (VI 186; s. dazu u. 82 f.).

Es ist demzufolge diese auf den „ganzen Zweck der praktischen Vernunft" abzielende „Weisheitslehre", welche, als ein in kritisch-produktiver Absicht angeeignetes Erbstück antiker Ethik, in der Dialektik der reinen praktischen Vernunft (der „Lehre vom höchsten Gut") über eine – darin vorausgesetzte – bloße „Moraltheorie" im strengen Sinne hinausführt, ohne damit jedoch die „begründete Enthaltsamkeit" gegenüber einem metaphysisch gestützten „vorkritischen" Anspruch des „richtigen" und „guten" Lebens stillschweigend aufzukündigen und den „Vorrang des Gerechten vor dem Guten" widerrufen zu wollen. Sofern die in solcher „Weisheitslehre" maßgebende praktische Vernunftorientierung dergestalt immer schon „über die moralische Gesetzgebung einer rigorosen Pflichtenethik hinaus" (Grenze 223) auf das „ganze" und „letzte Objekt der praktischen Vernunft" verweist, machen diese den praktischen Vernunft-

ansprüchen immanenten Differenzierungen – und zwar ohne eudä-
monistischen Rückfall – gleichermaßen deutlich, weshalb die Auffassung Habermas' nicht unbefragt bleiben darf, dass sich „streng
genommen die Zuständigkeit der praktischen Vernunft nur auf die
moralischen Forderungen" erstreckt, „die sie jeder einzelnen Person
nach Maßgabe des Sittengesetzes zur Pflicht macht" (Grenze 225),
bzw. die „praktische Vernunft" lediglich „auf das Allgemeine" abziele (Grenze 223)[19]. Dagegen bleibt nicht bloß noch einmal daran
zu erinnern, dass die Intentionalität der „praktischen Vernunft"
selbst – d. i. eben der Bezug auf „das ganze und vollendete Gut als
Gegenstand des Begehrungsvermögens vernünftiger endlicher Wesen" (IV 238) – lediglich unter der *einschränkenden* Bedingung des
Anspruchs des „moralischen Gesetzes" steht; vor allem liegt hier die
Frage nahe, ob diese bei Kant maßgebende Begründungsordnung
nicht auch den gegen ihn gerichteten Einwand entkräftet: „Eine deontologisch begründete Ethik, die alles moralische Handeln als ein
Handeln unter moralisch gerechtfertigten Normen begreift, kann
die Selbstbindung des autonomen Willens an moralische Einsichten
nicht noch einmal einem *Zweck unterstellen*" (Grenze 227). Gewiss,
Kants Ethik ist „deontologisch *begründet*" – nicht um ein *Unterstellen* geht es dabei jedoch, sondern ausschließlich darum, dass der
rechten „Ordnung der Begriffe von der Willensbestimmung"
(IV 238) zufolge das „*ganze und vollendete* Gut" wohl zwar das
oberste Gut (als das „moralisch Gute" im strengen Sinne) für die
Vernunftansprüche eines „mit Vernunft begabten Erdwesen(s)"
(VI 399) transzendiert, jedoch dieses in seinen nicht relativierbaren
Ansprüchen dadurch ja keineswegs in Frage stellt.

3. Es hat sich gezeigt: Erst über den Bezug des „moralischen Gesetzes" auf die spezifische Weltstellung bzw. die „ganze Bestimmung
des Menschen" – sowie in Rücksicht darauf, dass der Anspruch dieses moralischen Gesetzes letztendlich doch erst über die „Zwecke,
die zugleich Pflichten sind", in „Erfüllung geht" – erweitert bzw. verwandelt sich der praktische Vernunftanspruch bei Kant folgerichtig
in eine der „moralisch *konsequenten* Denkungsart" entsprechende
– und auch erst durch sie eröffnete – Sinnperspektive, die als Idee
des „Endzwecks der praktischen Vernunft" („als dem eines Ganzen":

---

[19] Im Sinne dieser zu bewahrenden Differenz fällt bei Kant „praktische Vernunft mit Moralität" nicht zusammen (so jedoch Habermas, Vom pragmatischen, ethischen und moralischen Gebrauch der praktischen Vernunft. In:
ders., Erläuterungen zur Diskursethik. Frankfurt/Main 1991, 110).

IV 261) den „ersten" („obersten") und „letzten [ganzen] Zweck" der Vernunft – ihrer eigentlichen „Endabsicht" gemäß – in sich vereint. Schon jene „Idee des Weltbesten" – eine Welt, die selbst „den sittlichen *höchsten* Zwecken angemessen" ist (VI 133 Anm.) – weist über die moralischen Ansprüche (im engeren Sinne) hinaus und geht, in diesem genau bestimmten Sinne, „aus der Moral *hervor*" (IV 651); eben deshalb hat Kant die Hoffnung auf das „höchste Gut" auch nicht unmittelbar als „*moralische*", sondern als eine „moralisch *konsequente* Denkungsart" (V 577 Anm.) bestimmt, die so dem unauflöslichen Zusammenhang der Fragen „Was soll ich tun?" und „Was darf ich hoffen?" entspricht und, erneut „konsequent", allein in solcher Hinsicht auf die Voraussetzung eines „weisen Welturhebers" (als eines „Herzenskündigers") führt, dessen „Dasein anzunehmen also mit dem Bewusstsein unserer Pflicht verbunden ist" (IV 257).

Es ist diese – mit der „*moralischen* Denkungsart" also nicht einfachhin identische – „moralisch *konsequente* Denkungsart", die es nunmehr erlaubt, die in diese erweiterte Sinnperspektive eingerückte Tugendhaftigkeit – als das vorrangige Moment in diesem „Ganzen" – sodann als „*Glückswürdigkeit*" zu charakterisieren, während jenes nicht reduktionistisch bestimmte „Glückseligkeits"moment, mit Blick auf die Weltstellung des Menschen als „vernünftiges Erdwesen", dieser Perspektive zufolge durchaus auch im Sinne eines „Eingedenkens der Natur im Subjekt" (Adorno) wahr-genommen werden darf. Diese in jener „Ordnung der Begriffe" bzw. der „Ordnung der Zwecke" (vgl. IV 86; V 559 Anm.) verankerte Sinn-Verfassung spiegelt so nichts anderes als die (im Sinne seiner „praktischen Bestimmung" zu verstehende) „Natureigenschaft" dieses „vernunftbegabten Erdwesens" nach der „Beschaffenheit, in der er wirklich ist", wider und liegt, der Sinnlogik dieser darin bestimmenden „moralisch konsequenten Denkungsart" gemäß, offensichtlich auch seiner Klarstellung zugrunde: „Es soll damit auch nicht gesagt werden: es ist *zur* Sittlichkeit notwendig, die Glückseligkeit aller vernünftigen Weltwesen gemäß ihrer Moralität anzunehmen; sondern es ist *durch* sie notwendig. Mithin ist es ein subjektiv, für moralische Wesen, hinreichendes Argument" (V 577 Anm.).

Vor dem Hintergrund des durch jene „moralisch *konsequente* Denkungsart" eröffneten trans-moralischen Sinnhorizonts – d. i. dessen, „was er hoffen, aber nicht hervorbringen kann" (IV 851) und dem erst dadurch gewonnenen „besonderen Beziehungspunkt der Vereinigung aller Zwecke": einen „Objektivität jenseits allen Ma-

chens" involvierenden „Begriff des Sinns"[20] gewissermaßen – gewinnt auch Kants Hinweis eine noch präzisere Bedeutung, es könne
„also der Moral nicht gleichgültig sein, ob sie sich den Begriff von
einem Endzweck aller Dinge (wozu zusammenzustimmen zwar die
Zahl ihrer Pflichten nicht vermehrt [!], aber doch ihnen einen besonderen Beziehungspunkt der Vereinigung aller Zwecke verschafft)
mache, oder nicht: weil dadurch allein der Verbindung der Zweckmäßigkeit aus Freiheit mit der Zweckmäßigkeit der Natur, deren wir
[eben als „vernünftige Weltwesen"] gar nicht entbehren können, objektiv praktische Realität verschafft werden kann" (IV 651). In Beachtung jener „Ordnung der Zwecke" (und somit der rechten „Regel der
Verknüpfung" von „Glückswürdigkeit und Glückseligkeit" gemäß)
kann demnach der kantischen Postulatenlehre keineswegs das Gebot zugeschrieben werden, „jedermann solle sich das höchste in der
Welt mögliche Gut – eine generelle Zusammenstimmung von Moralität und Glückseligkeit – zum Endzweck seines Handelns machen";
bezeichnenderweise sieht Habermas ein solches Gebot auch „in
den moralischen Gesetzen selbst nicht enthalten" (Grenze 226), zumal dieses ja auch „mit den Grundlagen der [kantischen] Moraltheorie nicht ohne weiteres zusammenpasst" (Grenze 229). Kommt
so der nach Kant in dem Gebot, das „Weltbeste an uns und anderen
zu befördern", begründete Sachverhalt nicht doch zu kurz, dass die
Frage „Was soll ich tun?" eben nicht auf die Frage „Was *soll* ich hoffen?", sondern auf das „Hoffen-*dürfen*" („Was *darf* ich hoffen?") –
und damit auf die angezeigte meta-praktische Sinndimension – verweist?

Auch dies bestätigt: Weder die jener „moralisch *konsequenten*
Denkungsart" verdankte Orientierung an dem „letzten und vollständigen Zweck" (IV 250; 261) „vernünftiger Wesen" noch der (Ver-
nunft-)„Glaube" an die „Voraussetzungen" der Möglichkeit des
„höchsten Gutes" kann nach Kant deshalb in einem moralischen
Sinne *geboten* werden (IV 278; 652 Anm.); obwohl also die „Beförderung des höchsten Gutes" in solcher Hinsicht demnach nicht als
eine in moralischem Sinne verstandene Pflicht gelten darf (weil dies
doch „über den Begriff der Pflichten in der Welt hinausgeht": IV 654
Anm.), ist die Idee des „höchsten Gutes" dennoch nicht bloß eine
solche, die „von der praktischen Vernunft gerechtfertigt" (IV 651),
sondern – durchaus der maßgebenden „Ordnung der Begriffe" gemäß – in jenem „Bedürfnis der *fragenden* Vernunft" (V 609), als de-

---

20 Th. W. Adorno, Negative Dialektik. Frankfurt/Main 1966, 369.

ren „Endzweck", begründet ist, zumal auch dieser Vernunftanspruch eine „Gleichgültigkeit" gegenüber dem, „was aus dem moralischen Handeln herauskomme", verbieten muss (s. u. 56 ff., 4.)[21]. Die von Habermas beanspruchte Unterscheidung zwischen dem nicht preiszugebenden „Sinn des Unbedingten" und einem (ihm zufolge hingegen obsolet gewordenen) „unbedingten Sinn" aufnehmend (s. Exkurs 110 ff.), wäre also, diesen Punkt zusammenfassend, mit Blick auf Kant zu sagen: Gewiss bleibt der Anspruch des „moralischen Gesetzes" (als „Sinn des Unbedingten") der nicht relativierbare Maßstab, ohne dass sich jedoch jenes „Bedürfnis der fragenden Vernunft" – d. i. dasjenige „vernünftiger endlicher Wesen" (IV 238) – darin schon erschöpfen könnte. So wie, der kantischen Vernunftarchitektonik gemäß, die im moralischen Gesetz „offenbar" werdende Idee der Freiheit (IV 108) erst über die Begrenzung der theoretischen Vernunftansprüche ihre Wirklichkeit erweist, so gewinnt auch die Idee des „praktischen Endzwecks" als terminus ad quem menschlicher Hoffnung über die Vermittlung und Selbstbegrenzung praktischer Sollensansprüche („Was soll ich tun?") erst ihren spezifischen Gehalt – auch in solcher Selbstbegrenzung freilich darum wissend, dass nicht die Philosophie selbst es sein kann, die „Zuversicht einflößen" bzw. „eine zuversichtliche Auskunft" (Kommunikative Freiheit 132) zu erteilen vermag (s. u. 82 f.). Ohne dass sich damit also, Habermas' einleuchtende Mahnung missachtend, die irreleitende Prätention verbinden könnte, einen „unbedingten Sinn" verheißen zu wollen, „der Trost spendet" (Exkurs 125), insistierte Kant mit dieser in jener „moralisch konsequenten Denkungsart" begründeten Sinnperspektive darauf, dass allein bei der Frage nach dem „Prinzip der Moral . . . die Lehre vom höchsten Gut . . . ganz übergangen und beiseite gesetzt werden" kann (VI 133), obgleich sich jene in seiner Ethik – die sich ja in einer „Explikation der Frage nach der Begründung normativer Aussagen" nicht erschöpft – kritisch-grenzbegrifflich eröffneten Sinnansprüche damit nicht begnügen können. Demnach war es Kant nicht darum zu tun, „die Hervorbringung des höchsten Guts in der Welt in den Rang einer moralischen Pflicht zu erheben" (Grenze 226), sondern ausschließlich um die vernünftige Aufweisbarkeit jenes gerechtigkeits- und sinn-orientierten „Endzwecks der praktischen Vernunft" für „ver-

---

[21] Vermutlich nur in diesem Sinne ist Kants Auskunft zustimmungsfähig: „Die Gesinnung nach moralischen Gesetzen führt auf ein Objekt der durch reine Vernunft bestimmbaren Willkür. Das Annehmen der Tunlichkeit dieses Objekts und also auch der Wirklichkeit der Ursache dazu ist ein moralischer Glaube oder ein freies und in moralischer Absicht der Vollendung seiner Zwecke notwendiges Fürwahrhalten" (III 498 Anm.).

nünftige, endliche Wesen" und die daraus vermittelte grenzbegriffliche Idee eines „Endzwecks der Schöpfung". Diese auf die Bestimmung der Idee des „höchsten Gutes" als dem „ganzen Objekt der praktischen Vernunft" abzielenden „Überlegungen von dem, was in Ansehung unseres *ganzen* Zustandes begehrungswert, d. i. gut und nützlich ist" (II 675), wurzeln in dem unabweislichen praktischen „Vernunftbedürfnis", das über den Anspruch des im strengen Sinne moralisch Gebotenen hinausweist und es zugleich verbietet, dieses „Bedürfnis der Vernunft" auf eine Indienstnahme erprobter Lebenstechniken und eines darin in Aussicht gestellten „Glückserwerbs" herabzustufen.

Mit Blick auf Kants „Weltbegriff der Philosophie" und dessen Leitfrage „Was ist der Mensch?" lässt sich dieser systematische Zusammenhang zwischen Moral, Ethik und Religionsphilosophie wohl auch als eine Explikation verschiedener Aspekte des „Praktisch-Unbedingten" verstehen. Gewinnt doch jene Bestimmung des „Praktischen": „Praktisch ist alles, was durch Freiheit möglich ist" (II 673), im Ausgang von der im Kontext der Kantischen Ethik vorgenommenen Differenzierung dieses Praktisch-Unbedingten genauer besehen eine kritisch-einschränkende – d. h. hier: eine über eine bloße „Moraltheorie" hinausweisende – Bedeutung, die solcherart auch dem Programm einer „Kritik der *praktischen* Vernunft" (mit Rücksicht auf das bestimmende Thema des zweiten Teiles dieses Werkes) einen besonderen Akzent verleiht (vgl. auch die diesbezüglich erhellende Vorrede zur zweiten Auflage der Religionsschrift). In jener Differenz zwischen der im moralischen Sinne nicht *verfehlten* „moralischen Lebensgeschichte" und dem „gelungenen und vollendenten Ganzen" menschlicher Existenz werden so die Konturen einer kantischen Version der Unterscheidung zwischen dem „Sinn des Unbedingten" und einem „unbedingten Sinn" sichtbar, die so auch erst den spezifischen Anspruch der Postulatenlehre begründen[22]. Dies macht es in

---

[22] Gerade mit Blick auf die von Habermas eingemahnte Unterscheidung zwischen der obsolet gewordenen Orientierung an „unbedingtem Sinn" und dem demgegenüber zu bewahrenden „Sinn des Unbedingten" verdient ein denkwürdiger Hinweis Kants auf die „Geschichte der reinen Vernunft" besonderes Interesse – und zwar in einem zweifachen, ja geradezu gegenläufigen Sinn: „Es ist merkwürdig genug, ob es gleich natürlicherweise nicht anders zugehen konnte, dass die Menschen im Kindsalter der Philosophie davon anfingen, wo wir jetzt lieber endigen möchten, nämlich, zuerst die Erkenntnis Gottes, und die Hoffnung oder wohl gar die Beschaffenheit einer andern Welt zu studieren. [. . .] Daher waren Theologie und Moral die zwei Triebfedern, oder besser, Beziehungspunkte zu allen abgezogenen Vernunftforschungen, denen man sich nachher jederzeit gewidmet hat" (II 709). Nun darf, als ein

solcher Hinsicht unumgänglich, jene „strengste Forderung der Vernunft" gleichermaßen auf das „oberste" *und* auf das „vollendete Gut" zu beziehen und korrespondiert solcherart, diesen differenzierten praktischen Vernunftansprüchen gemäß, unübersehbar jener Unterscheidung zwischen „moralischer" und „moralisch *konsequenter* Denkungsart".

Gewiss ist einzuräumen, dass Kant in seinen einschlägigen Ausführungen zur strittigen „Pflicht der Beförderung des höchsten Gutes" nicht immer mit hinreichender Klarheit und Stringenz argumentiert hat und manche seiner Äußerungen diesbezügliche Missverständnisse fürwahr begünstigen. Einen diesbezüglichen Anhaltspunkt[23] bietet zweifellos schon Kants Argumentation, wonach das

---

unverkennbares spätes Resultat aus der Entwicklung dieser daraus „abgezogenen Vernunftforschungen", einerseits auch Habermas' eigene (im Kontext sich bezeichnenderweise auf Kant berufende) Diagnose noch in diesem Sinne verstanden werden: „Das Moment Unbedingtheit, das in den Diskursbegriffen der fehlbaren Wahrheit und Moralität aufbewahrt ist, ist kein Absolutes, allenfalls ein zum kritischen Verfahren verflüssigtes Absolutes. Nur mit diesem Rest von Metaphysik kommen wir gegen die Verklärung der Welt durch metaphysische Wahrheiten an – letzte Spur eines Nihil contra Deum nisi Deus ipse" (J. Habermas, Nachmetaphysisches Denken 184 f.). In einem umgekehrten Richtungssinn wäre jedoch Kants kritischer Versuch eines „praktisch-dogmatischen Überschritts zum Übersinnlichen" (III 629 ff.) (in der praktisch unaufhebbaren Differenz von „oberstem" und „vollendete Gut") als Gegenzug zu jenem „zum kritischen Verfahren verflüssigten Absoluten" zu verstehen, der so auf einer notwendigen Differenzierung dieses Begriffs des „Unbedingten" insistiert und – jenseits von „skeptischer Hoffnungslosigkeit und dogmatischem Trotz" – in der Postulatenlehre bestimmtere Gestalt gewinnt.

[23] Habermas' Bedenken gegen die Pflicht der „Beförderung des höchsten Gutes" finden zweifellos auch in der Bemerkung Kants einen Anhaltspunkt: „Es ist Pflicht, das höchste Gut nach unserem größten Vermögen wirklichzumachen; daher muß es doch auch möglich sein; mithin ist es für jedes vernünftige Wesen in der Welt auch unvermeidlich, dasjenige vorauszusetzen, was zu dessen objektiver Möglichkeit notwendig ist. Die Voraussetzung ist so notwendig, als das moralische Gesetz, in Beziehung auf welches sie auch nur gültig ist" (IV 278 Anm.). In den Schlusspassagen der Kritik der Urteilskraft betonte Kant, dass „die Moral . . . zwar mit ihrer Regel, aber nicht mit der Endabsicht, welche eben dieselbe [!] auferlegt, ohne Theologie bestehen" könne (V 619). Noch in der Abhandlung „Über die von der Königl. Akademie der Wissenschaften zu Berlin für das Jahr 1791 ausgesetzte Preisfrage: Welches sind die wirklichen Fortschritte, die die Metaphysik seit Leibnizens und Wolffs Zeiten in Deutschland gemacht hat?" (III 583–652) charakterisierte Kant den „Endzweck der reinen praktischen Vernunft", das höchste Gut, als „übersinnlich; zu ihm als Endzweck fortzuschreiten, ist Pflicht" (III 631). – Indes macht Kant, in einer Antwort an Garve offensichtlich schon um Ausräumung von

„moralische Gesetz" selbst eben nicht nur „zur notwendigen Aufgabe, . . . welche . . . bloß durch reine Vernunft vorgeschrieben
wird, nämlich der notwendigen Vollständigkeit des ersten und vornehmsten Teils des höchsten Guts, der Sittlichkeit", sondern „auch
zur Möglichkeit des zweiten Elements des höchsten Guts, nämlich
der jener Sittlichkeit angemessenen Glückseligkeit . . . aus bloßer
unparteiischer Vernunft" führe (IV 254); dies könnte tatsächlich den
Anschein erwecken, als ob Kant, im Widerspruch zu seiner eigenen
Moralkonzeption, gewissermaßen nach einem „weitergehenden
Zweck für die Befolgung moralisch verpflichtender Normen" fragen
wollte (wie Habermas mit Kant gegen Kant kritisiert). Indes bleibt
von solchen zweifellos missverständlichen Wendungen das kantische Grundanliegen genau zu unterscheiden.

4. Hier sei noch auf einen interessanten Aspekt in Kants Begründung der Idee des „höchsten Gutes" und dem darin bestimmenden
„Logos der Hoffnung" hingewiesen, der solche von ihm selbst pro-
vozierten Missverständnisse jener Pflicht der Beförderung des
höchsten Gutes wiederum korrigiert und auf den spezifischen Sinn
der bezüglich der Hoffnungsfrage angeführten – von Habermas kri-
tisierten – „Willensbestimmung von besonderer Art" verweist
(s. u. 62 f.). Genauer besehen spricht offenbar doch einiges dafür,
dass die gerechtigkeits-verankerte Begründung der Konzeption des
höchsten Gutes bei Kant in gestufter Form verläuft: Zunächst scheint
sich die aus dem „moralischen Lauf der Dinge" gewonnene Konzeption an jener der „Idee der praktischen Vernunft" immanenten
„Strafwürdigkeit" zu orientieren und solcherart den vorrangigen Aspekt dieser „moralisch konsequenten Denkungsart" zu akzentuie-
ren; speist sich solche „Denkungsart" doch zunächst vornehmlich
aus dem unbeirrbaren Widerstand dagegen, „dass das Unrecht,
das die Geschichte beherrscht, endgültig sei"[24], d. h. das zugefügte

---

(durch ihn selbst teilweise begünstigten) einschlägigen Missverständnissen bemüht, in dem noch späteren Rekurs auf die „Willensbestimmung von besonderer Art", deutlich, dass die darin leitende – erweiterte – Gerechtigkeitsper-
spektive (einer durchaus „unparteiischen Vernunft") von dem durch das moralische Gesetz „Gebotenen" genau unterschieden bleiben muss.
[24] M. Horkheimer, Kants Philosophie und die Aufklärung. In: ders., Zur Kritik der instrumentellen Vernunft. Aus den Vorträgen und Aufzeichnungen seit
Kriegsende. Hg. v. A. Schmidt. Frankfurt/Main 1985, 212. – Hier wären mo-
tivlich sehr aufschlussreiche Entwicklungen bei M. Horkheimer nachzuzeich-
nen – ausgehend von seiner frühen Kontroverse mit dem „theologisch infi-
zierten" Walter Benjamin bis hin zu seinen späten (nunmehr in denkwürdiger

bzw. erlittene Unrecht end-gültig „Recht" behielte (s. dazu u. Anm. 38): „Endlich ist noch etwas in der Idee unserer praktischen Vernunft, welches die Übertretung eines sittlichen Gesetzes begleitet, nämlich ihre Strafwürdigkeit. Nun lässt sich mit dem Begriffe einer Strafe, als einer solchen, doch gar nicht das Teilhaftigwerden der Glückseligkeit verbinden. Denn obgleich der, so da straft, wohl zugleich die gütige Absicht haben kann, diese Strafe auch auf diesen Zweck zu richten, so muss sie doch zuvor als Strafe, d. i. als bloßes Übel für sich selbst gerechtfertigt sein, so dass der Gestrafte, wenn es dabei bliebe, . . . selbst gestehen muss, es sei ihm recht geschehen, und sein Los sei seinem Verhalten vollkommen angemessen. In jeder Strafe, als solcher, muss zuerst Gerechtigkeit sein, und diese macht das Wesentliche dieses Begriffs aus . . . Also ist Strafe ein physisches Übel, welches, wenn es auch nicht als *natürliche* Folge mit dem moralisch Bösen verbunden wäre, doch als Folge nach Principien einer sittlichen Gesetzgebung verbunden werden müßte" (IV 150).

Dieser Passus in dem Abschnitt „Von den Grundsätzen der reinen praktischen Vernunft" aus der Analytik der „Kritik der praktischen Vernunft" liegt mit der so akzentuierten Idee der Gerechtigkeit und der darin verwurzelten „Strafwürdigkeit" auch noch jener in der „Dialektik der reinen praktischen Vernunft" vorgelegten Entfaltung der Idee des „höchsten Gutes" zugrunde, stellt also das gerechtigkeits-inspirierte Fundament der Idee des „höchsten Gutes" dar. Besagt die praktische Vernunftidee einer „moralischen Welt" in dieser negativen Akzentuierung zunächst einmal dies, dass „in der Idee unserer praktischen Vernunft" etwas ist, „welches die Übertretung eines sittlichen Gesetzes begleitet, nämlich ihre Strafwürdigkeit" – denn weder *darf* das Unrecht noch *darf* bloße Straflosigkeit die Folge sein –, so scheint es, als ob die Aussicht auf das „Glück des Lebens" und die daran geknüpfte Hoffnung („in Ansehung unseres ganzen Zustandes": II 675) doch lediglich die Kehrseite des „in der Idee unserer praktischen Vernunft" verankerten, „die Übertretung eines sittlichen Gesetzes" begleitenden Bewusstseins der „Strafwürdigkeit" bedeutet (vgl. VI 108 Anm.).

Auch dieser der „Idee der praktischen Vernunft" immanente Aspekt der Strafwürdigkeit sowie solches Hoffen ist ja von der der „moralischen Weltweisheit" innewohnenden negativitäts-sensiblen

---

Weise sich diesen Motiven Benjamins annähernden) religionsphilosophischen Reflexionen und Aphorismen; s. dazu auch u. Anm. 38 sowie die Horkheimer-Bezüge in dem Beitrag von W. Raberger in diesem Band.

Intuition inspiriert, die jene Wahrnehmung selbst, gleichsam im Sinne einer „conscientia concomitans", begleitet; ohnedem sei auch die „Selbsterhaltung der Vernunft" nicht zu denken, weil es eben (diese Stelle zitiert auch Habermas: Grenze 222 f.) „im Ausgange nimmermehr einerlei sein könne, ob ein Mensch sich redlich oder falsch, billig oder gewalttätig verhalten habe, wenn er gleich bis an sein Lebensende, wenigstens sichtbarlich, für seine Tugenden kein *Glück* [Kant sagt offensichtlich mit Bedacht nicht: Lohn!], oder für sein Verbrechen keine Strafe angetroffen habe. Es ist: als ob sie eine Stimme wahrnähmen, es müsse anders zugehen; mithin mußte auch die, obgleich dunkle, Vorstellung von etwas, dem sie nachzustreben sich verbunden fühlten" (V 587)[25]. Jene „Grundsätze der reinen praktischen Vernunft" scheinen nach Kant zu implizieren, dass „(reine) praktische Vernunft" sich für dieses „vernünftige Weltwesen" doch allein im Widerspruch gegen die pure Faktizität dessen, was „der Fall ist", konkretisiert, und dergestalt, im beharrlichen Widerstand dagegen, sich auch selbst „erhält". Demnach scheint es so, dass wohl zwar widerspruchsfrei gedacht werden kann, jedoch nicht auch *„mit Zustimmung"* gedacht – also nicht *gewollt* – werden *darf*, dass das Böse als „übel-würdig" ungesühnt bleibt (also das letzte –

---

[25] Noch in diesem späteren „moralischen Beweis vom Dasein Gottes" erweist sich der Widerstand gegen solche Ungerechtigkeit als der gerechtigkeits-inspirierte „Glutkern" der Postulatenlehre. Diese (zwar nicht konsequent durchgehaltene) Argumentation überwindet in nuce schon mit dieser negativen Akzentuierung (und der darin allein maß-gebenden Nicht-*Un*würdigkeit) alle „Proportionsverhältnisse" und sensibilisiert für den kritisch-überschießenden Sinn des „Dürfens" in der Frage „Was darf ich hoffen?". – In einer Anmerkung seines (kurz nach der Kritik der Urteilskraft veröffentlichten) Theodizee-Aufsatzes (VI 108) hat Kant den diesem „höchsten Gut" immanenten transmoralischen „Sinn-Überschuss" durchaus angedeutet, der den „überschießenden" Sinngehalt der Postulatenlehre insgesamt berührt: „Denn in einer göttlichen Regierung kann auch der beste Mensch seinen Wunsch zum Wohlergehen nicht auf die göttliche Gerechtigkeit, sondern muß ihn jederzeit auf seine Güte gründen: weil der, welcher bloß seine Schuldigkeit tut, keinen Rechtsanspruch auf das Wohltun Gottes haben kann". Vgl. auch Kants Hinweis auf den „rechtskräftige(n) Spruch des Gewissens über den Menschen, ihn loszusprechen oder zu verdammen, der den Beschluss macht; wobei zu merken ist, dass der erstere nie eine Belohnung (praemium), als Gewinn von etwas, was vorher nicht sein war, beschließen kann, sondern nur ein Frohsein, der Gefahr, strafbar befunden zu werden, entgangen zu sein, enthalte und daher die Seligkeit, in dem trostreichen Zuspruch seines Gewissens, nicht *positiv* (als Freude), sondern nur *negativ* (Beruhigung, nach vorhergegangener Bangigkeit) ist, was der Tugend, als einem Kampf gegen die Einflüsse des bösen Prinzips im Menschen, allein beigelegt werden kann" (IV 576).

end-gültige – Wort behielte, s. dazu auch Anm. 24 u. Anm. 38), den vorrangigen Aspekt darstellt; und darin ist zuletzt wohl auch die nicht logische, sondern *moralische* (unnachgiebig auf dem „dass ein Richter sei" insistierende) Überzeugung: „Ich *will*, dass ein Gott sei . . . und lasse mir diesen Glauben nicht nehmen" (vgl. IV 277) verankert, die eben keine „logische, sondern moralische Gewissheit" (II 693) – eben diejenige des von Kant gern in die Zeugenschaft gerufenen „Rechtschaffenen" – zum Ausdruck bringt, also auch diesbezüglich nicht bloß „eine natürliche Empfehlung" (II 449), sondern ein (nicht als bloßes Wunschdenken abzufertigendes) „gewisses praktisches Interesse, woran jeder Wohlgesinnter, wenn er sich auf seinen wahren Vorteil versteht, herzlich Teil nimmt" (II 443), enthält, weil dies zuletzt für ihn die „Selbsterhaltung der Vernunft" berührt (s. u. Anm. 34).

Nach Kant entspricht es eben in diesem Sinne, über jene negative Akzentuierung (der „Strafwürdigkeit") hinaus, einer umfassenden – gerechtigkeits-orientierten – Vernunftperspektive, daran mit Rücksicht auf das „gelingende Ganze der Lebensgeschichte" die Frage zu knüpfen, was für dieses „vernünftige, aber *endliche* Wesen" als das „*vollendete* Gut" gelten darf; schon sein Hinweis auf das „Ideal des höchsten Guts, als einem Bestimmungsgrunde des letzten Zwecks der reinen Vernunft" (in der ersten „Kritik": II 676) thematisiert das „überschießende" Moment dieser (an dem gelingenden „Ganzen seines Zustandes" orientierten) Hoffnungsfrage: „wie, wenn ich mich nun so verhalte, dass ich der Glückseligkeit nicht unwürdig sei, *darf ich auch hoffen*, ihrer dadurch teilhaftig werden zu können? Es kommt bei der Beantwortung derselben darauf an, ob die Prinzipien der reinen Vernunft, welche apriori das Gesetz vorschreiben, auch diese Hoffnung notwendigerweise damit verknüpfen" (II 679 f.)[26]. Darin bringt sich lediglich die auf die „ganze Bestimmung des Menschen" abzielende Perspektive des „Weltbegriffs der Philosophie" zur Geltung, wonach sich die spezifisch ethische Dimension zwar über den „egalitären Universalismus" vermittelt, gleichwohl darüber noch hinausweist (diesen jedoch nicht ersetzt!) – freilich auf eine Weise, die dabei keineswegs eine vorkritische Konzeption des „guten Lebens" als einen möglichen Ausweg anbieten will. Erst daran fügt (und rechtfertigt) sich die weitere, daraus abgeleitete – „überschießende" – Frage, „wie, wenn ich mich nun so verhalte . . .", die nach Kant bezeichnenderweise ledig-

---

[26] D. h. eben, „dass, wenn wir uns nicht selbst der Glückseligkeit unwürdig machen, welches durch Übertretung unserer Pflicht geschieht, wir auch hoffen können, ihrer teilhaftig zu werden" (IV 623).

lich auf die „Nicht-Unwürdigkeit" abzielt: „Die Würdigkeit hat immer auch nur negative Bedeutung (nicht-unwürdig), nämlich der morali-schen Empfänglichkeit für eine solche Güte" (IV 814 Anm.).

Sofern solcher Hinweis auf diese „nur negative Bedeutung (nicht un-würdig)" doch wenigstens „ex negativo" eine Sinndimension of-fen hält, darf diese negative Akzentuierung also als Indiz für ein überschießendes kritisches Motiv aufgenommen werden, das nicht zuletzt darauf abzielt, jede noch so subtile „Logik des Tausches", sei es auch in Gestalt (eschatologischer) Äquivalenz-Kalküle, zu durch-brechen. Im Verbund mit der darin enthaltenen, „obgleich dunkle(n) Vorstellung von etwas, dem sie nachzustreben sich verbunden fühl-ten" (V 587), bringt sich darin eine Intuition zur Sprache, die sich aus jener − dem „Gott in uns" verdankten − „Stimme, es müsse anders zugehen" speist, und gleichsam „via negationis" in der dunkel-ver-hüllten Vernunftidee des aus der erfahrenen Negativität des „Etwas fehlt" ihren Ausdruck findet. Erneut wird aus dieser durch einen ge-rechtigkeits-sensiblen Stachel irritierten Stimme jene „moralisch konsequente Denkungsart" vernehmbar, die, obgleich in dieser „ne-gativen Gestalt", die Selbsterhaltung der Vernunft (eines endlichen „Vernunftwesens") allein zu gewährleisten vermag. Kaum eine an-dere Stelle verleiht Kants Verweis auf die durch hergebrachte from-me Lehren „erleuchtete praktische Vernunft" schärfere Konturen als jenes unbeirrbare „es müsse anders zugehen" und die daran ge-knüpfte „obgleich (dunkle) Vorstellung von etwas" (im letzten Kant-Zitat), und lässt eben darin die leitende Grundintuition seiner Hoff-nungskonzeption erkennen. Ist es vielleicht diese durch religiöse Tra-ditionen „erleuchtete praktische Vernunft", die diese Vernunft so-dann auch erst als eine „fragende Vernunft" im Sinne Kants inne werden lässt, weil in ihrem Licht Menschen, auch noch jene von Ha-bermas angeführten „ungläubigen Söhne und Töchter der Mo-derne" (Glauben und Wissen 25), ebenso in ihrer moralischen Be-währung selbst noch einmal Erfahrungen machen − und eben dar-aus „fragende Vernunft" ihre besondere Stoßrichtung gewinnt? In solcher Hinsicht weist Habermas' Befund zweifellos noch einmal auf ein Anliegen Kants zurück: „Religiöse Überlieferungen leisten bis heute die Artikulation eines Bewusstseins von dem, was fehlt. Sie halten eine Sensibilität für Versagtes wach. Sie bewahren die Dimen-sionen unseres gesellschaftlichen und persönlichen Zusammenle-bens, in denen noch die Fortschritte der kulturellen und gesellschaft-lichen Rationalisierung abgründige Zerstörungen angerichtet ha-ben, vor dem Vergessen. Warum sollten sie nicht immer noch ver-schlüsselte semantische Potentiale enthalten, die, wenn sie nur in begründende Rede verwandelt und ihres profanen Wahrheitsgehaltes entbunden würden, eine inspirierende Kraft entfalten können?"[27] Vermutlich gehören zu diesen noch unerschöpften „Sinnpotentialen" der Kantischen Religionsphilosophie auch noch un-entdeckte Aspekte einer – über den theoretischen Vernunfthorizont hinausweisenden – „negativen Theologie", welche die hierfür maßgebende praktische Vernunftkategorie des „Vermissens" und der Trauer – als die in die „praktische Weltweisheit" eingeschriebenen „negativen Größen" gleichsam – in sich birgt und auch als solche, erst recht in einer nahe liegenden ethikotheologischen Transformation, entsprechend jener kantischen Begründung der Hoffnungsthematik nicht einfach darauf verzichten will, „religiöse Inhalte begrifflich ein[zu]holen" (Grenze 230). Indes, wenn eine daran orientierte Lesart Kants nicht von vornherein abwegig ist – verliert dann nicht auch Habermas' Distanzierung der Kantischen Idee des „höchsten Gutes" als ein „kraftlos durchscheinende(s), jedenfalls moralisch unverbindliche(s) Ideal(s)" (Grenze 226)[28] an Gewicht, zumal damit doch zweifellos der von ihm eingemahnten Grenzziehung der „theologisch-philosophischen Diskurse" entsprochen wäre: „Die philosophischen erkennt man daran, ob sie diesseits der Rhetorik von Verhängnis und Verheißung verharren" (Kommunikative Freiheit 135)?

5. Jene unterschiedenen Aspekte der „strengsten Forderung der praktischen Vernunft" erlauben es nun, Kants Begründung des Stellenwerts der von ihm betonten Pflicht der „Beförderung des höchsten Gutes" noch näher zu präzisieren und führen so auf eine erweiterte Lesart der Kantischen These: „Die Lehre des Christentums, wenn man sie auch noch nicht als Religionslehre betrachtet, . . . gibt einen Begriff des höchsten Guts (des Reichs Gottes), der allein der strengsten Forderung der praktischen Vernunft Genüge tut" (IV 258 f.). Bedeutete dies zunächst (s. o. 34 ff.), dass „diese

---

[27] J. Habermas, Einleitung zu: ders., Zwischen Naturalismus und Religion. Philosophische Aufsätze. Frankfurt/Main 2005, 13.

[28] Zu Habermas' Bemerkung: „,Ideale' nennt Kant auch im abwiegelnden Sinne ,platonisch'" (Grenze 226), sei noch einmal auf den wichtigen Sachverhalt hingewiesen, dass nach Kant „das Ideal" „noch weiter, als die Idee . . . von der objektiven Realität entfernt zu sein" *scheint* (II 512) – ein nicht zuletzt für Kants Begründung des „Primats der praktischen Vernunft" wichtiger Gedanke, zumal ja dieses „Ideal" – als das „Übersinnliche in uns" – „durch die Tat" als „positive Freiheit" wirklich ist und auf solche Weise auch erst den „Primat des Praktischen" begründet.

strengste Forderung" erst über das Anspruchsniveau der Tugendpflichten als der „Zwecke, die zugleich Pflichten sind", zureichend
bestimmt werden kann, so weist die Orientierung an der ethikotheologisch verankerten Idee des „Weltbesten, welches in der Verbindung . . . der allgemeinen Glückseligkeit mit der gesetzmäßigsten
Sittlichkeit . . . besteht" (V 580), – und zwar gemäß dieser „unparteiischen praktischen Vernunft" – folgerichtig darauf hin, dass in jenem „Begriffe des höchsten Guts, *als dem eines Ganzen*" (IV 261),
auch die je *„eigene* Glückseligkeit *mit* enthalten ist" (ebd.)[29]. Nicht,
weil andernfalls trivialerweise nicht von einer *„allgemeinen* Glückseligkeit" die Rede sein könnte, sondern vornehmlich deshalb, weil,
einer entsprechend akzentuierten *„moralisch* konsequenten Denkungsart" (V 577 Anm.) zufolge, erst die darin maß-gebende Idee
einer „moralischen Welt" wirklich *allen* sittlichen Gesetzen gemäß"
ist (II 679); mit der Forderung, das „Weltbeste an uns und anderen
nach allen Kräften zu befördern", bliebe so auch der „ganze und
vollständige Zweck" eines „vernünftigen Naturwesens" noch unbe-
rücksichtigt.

Eben diese (auf die lediglich *„mitenthaltene"* eigene Glückseligkeit abzielende) „Willensbestimmung" rechtfertigte Kant in behutsa-
mer Beachtung der Begründungsordnung (d. i. der „Ordnung der
Begriffe" gemäß), als eine Rücksicht „von besonderer Art", deren
spezifische Intentionalität sich durchaus einer von bloßer „Privatabsicht freien Vernunft" (II 683) verdankt: „Eine Willensbestimmung
aber, die sie selbst und ihre Absicht, zu einem *solchen Ganzen zu
gehören,* auf diese Bedingung einschränkt, ist nicht eigennützig" (VI
133 Anm., Hervorheb. v. Verf.). Im Grunde besagt solche „Un-

---

[29] Bezüglich jenes auf die „Natureigenschaft" (d. i. den „Zweck"-Bezug
menschlichen Handelns) rekurrierenden Arguments Kants, es könne „der Vernunft doch unmöglich gleichgültig sein, wie die Beantwortung der Frage ausfallen möge: was dann aus diesem unsern Rechthandeln herauskomme, und
worauf wir, gesetzt auch, wir hätten dieses nicht völlig in unserer Gewalt,
doch als auf einen Zweck unser Tun und Lassen richten könnten, um damit
wenigstens zusammen zu stimmen" (IV 651; vgl. ebd. 652 ff. Anm.), darf
nicht vergessen werden, dass diese Argumentation *sowohl* bezüglich der
praktischen Intentionalität im Sinne der Achtungs- und Tugendpflichten als
auch mit Rücksicht auf die darin „mitenthaltene" „eigene Glückseligkeit" in
die Orientierung an dem „durch reine Vernunft aufgegebenen, das Ganze
aller Zwecke unter einem Prinzip befassenden Endzweck (eine [moralische]
Welt als das höchste auch durch unsere Mitwirkung mögliche Gut" (III 132 f.
Anm.) eingebunden ist, und dies auch erst den spezifischen Charakter der
Hoffnung bestimmt.

eigennützigkeit" lediglich, dass der Bezug auf die „eigene Glückseligkeit" keineswegs die vorrangige Absicht darstellt – d. h. „nicht die eigene dabei beabsichtigte Glückseligkeit" maß-gebend ist (VI 133 Anm.) –, sondern in der notwendigen Orientierung am „allgemeinen höchsten Gut" als „in dem Begriffe des höchsten Guts, als dem eines *Ganzen*" (IV 261) lediglich „*mit enthalten*" gedacht und erhofft wird; „eigene Glückseligkeit" ist somit keineswegs einfachhin „*Bestimmungsgrund* des Willens" (s. dazu IV 237), sondern erweitert bzw. modifiziert noch einmal die „Ordnung der Begriffe von der Willensbestimmung" (IV 238) – eben nach Maßgabe jener „moralisch *konsequenten* Denkungsart". Begründet ist diese „Willensbestimmung von besonderer Art" demnach darin, dass der unbedingte Sollensanspruch des Sittengesetzes (a) auf die Weltstellung des Menschen als „vernünftiges *Welt*wesen" bezogen bleibt und dies ja auch erst die Tugend als „Glückswürdigkeit" qualifiziert; in dieser meta-praktischen Sinn-Perspektive verbindet sich (b) die Frage „Was soll ich tun?" sodann mit dem Aspekt der Glückswürdigkeit und stellt (c) mit der daraus resultierenden Frage „Was *darf* ich hoffen?" die Beantwortung der Frage nach der „praktischen Bestimmung des Menschen" auf eine Weise in Aussicht, die den notwendigen Differenzierungen jener „strengsten Forderung der praktischen Vernunft" genügt.

Eine solche „Willensbestimmung" sah Kant in dem späten (schon auf einschlägige Missverständnisse reagierenden) Gemeinspruch-Aufsatz dadurch legitimiert, dass darin ja keineswegs eine wunschbesetzt-illusorische „Aussicht in Glückseligkeit schlechthin, sondern nur eine Proportion zwischen ihr und der Würdigkeit des Subjekts, welches es auch sei" (VI 133 Anm.), maßgebend ist, dies also durchaus dem Anspruch jener „moralisch konsequenten Denkungsart" genügt, zumal „Glückswürdigkeit" ohnehin nicht mehr als „Nicht-*Unwürdigkeit*" meint (s. o. 59 f.). Damit ist ihm zufolge geltend gemacht, dass die Beförderung des „Weltbesten an uns und anderen" über die moralisch-praktische Orientierung an den Rechts- und Tugendpflichten hinaus sich von einem *Vernunftinteresse* (bzw. der darin verankerten „Idee des Ganzen aller Zwecke" als „Endzweck") leiten lässt, das lediglich die gerechtigkeitsorientierte und „selbst-bescheidende" Absicht artikuliert, auch selbst „zu einem *solchen Ganzen zu gehören*"; eben dies ist auch in jener Idee „der allgemeinen Glückseligkeit", bzw. in der „Idee des Weltbesten" angesprochen. Sofern solche Orientierung „im Begriffe des höchsten Guts das moralische Gesetz, als oberste Bedingung", notwendig miteinschließt, entspricht dies solcherart auch der notwendigen

„Ordnung der Begriffe von der Willensbestimmung" (IV 238)[30] und ist insoweit durchaus auch als ein „moralisch gewirkte(s) Bedürfnis" (IV 652) zu legitimieren. Allein darauf – also keineswegs auf eine vermeintliche „Superpflicht" der „Beförderung des höchsten Gutes" (wie Habermas unterstellt: Grenze 234) – ist nun diese „Willensbe-stimmung von besonderer Art" begründet, worin es eben nicht „nur [apriori] auf das [moralische] Wollen ankommt" (IV 120). Noch das auch von Habermas angeführte (ihn allerdings ebenfalls nicht über-zeugende) Argument Kants, es könne „der Vernunft doch unmöglich gleichgültig sein, . . . was dann aus diesem unserm Rechthandeln herauskomme" (IV 651), besagt doch ausschließlich diese (erlaub-te) Rücksicht auf das die „eigene Glückseligkeit" einschließende „Ganze aller Zwecke" jenes „moralischen Weltbegriffs", ohne dass darin die bloße „Besorgtheit um die fehlende individuelle Glücksga-rantie" (Grenze 223) das heimlich Maßgebende wäre[31].

Die für Kants Ethikotheologie bestimmende Verknüpfung der Fra-gen „Was soll ich tun?" und „Was darf ich hoffen?" ist im Sinne jener

---

[30] „Die Glückseligkeit eines Geschöpfs kann nur insofern stattfinden, wie-fern seine Handlungen aus der allgemeinen Glückseligkeit abgezogen sind und mit der allgemeinen Glückseligkeit übereinstimmen" (I. Kant, Vorlesun-gen über Metaphysik, ed. Pölitz. Erfurt 1821, 192).

[31] Diese auch in der „Willensbestimmung von besonderer Art" (und der „Idee des Ganzen aller Zwecke") sich artikulierende Sinnperspektive und ihr „Sollen" weist so über die von Habermas selbst angezeigte trans-moralische Sollensperspektive noch hinaus: „Allein, das ‚Sollen' erhält einen anderen Sinn, wenn wir nicht mehr aus einer inklusiven Wir-Perspektive nach den Rechten und Pflichten fragen, die alle einander gegenseitig zuschreiben, son-dern wenn wir aus der Perspektive der ersten Person um unser eigenes Leben besorgt sind und uns fragen, was zu tun ‚für mich' oder ‚für uns' auf lange Sicht – und alles in allem betrachtet – das Beste ist. Denn solche ethischen Fragen nach dem eigenen Wohl und Wehe stellen sich im Kontext einer be-stimmten Lebensgeschichte oder einer besonderen Lebensform. Sie sind mit Fragen der Identität verschwistert: Wie wir uns verstehen sollen, wer wir sind und sein wollen" (J. Habermas, Die Zukunft der menschlichen Natur. Auf dem Weg zu einer liberalen Eugenik? Frankfurt/Main 2002, 14). Vielleicht hätte Kant gegen die – unter den Vorzeichen einer nachmetaphysischen Phi-losophie stehende – „gut begründete Enthaltsamkeit" (ebd. 15) geltend ge-macht, dass sein Anliegen ja keineswegs die an Fragen der Gerechtigkeit orientierte Moral- und Rechtstheorie unterbietet bzw. unterläuft, sondern – und zwar jenseits einer inhaltlich qualifizierten Konzeption des „guten Le-bens" – die Frage nach dem gelingenden Ganzen einer moralischen Lebens-geschichte und des „Selbsteinkönnens" miteinschließt, die über die Perspek-tive des „,für mich' oder ‚für uns' [auch] auf lange Sicht Besten" gleichwohl noch hinausweist.

„Willensbestimmung von besonderer Art" wohl so zu verstehen, dass die auch der *ethischen* Gesetzgebung" genügende Erfüllung der Rechts- und Tugendpflichten zunächst zwar den primären Orientierungspunkt darstellt, d. h. in der Beförderung des „Weltbesten" die eigene „moralische Vollkommenheit" praktisch maßgebend ist; erst daran knüpft sich – mit Blick auf die Idee der allgemeinen Glückseligkeit – die erlaubte Hoffnung („was *darf ich* hoffen?"), dass die eigene Glückseligkeit darin „mitenthalten" – auch hier also „aus der Moral *hervorgehend*", nicht „die Grundlage derselben" (IV 651) – ist. Davon abzusehen stünde nicht nur im Widerspruch zu dem – freilich unter der Bedingung des „moralischen Gesetzes" bleibenden – „Begehrungsvermögen" eines „vernünftigen Erdwesens" bzw. zu den für solche praktische Vernunftorientierung maß-gebenden „Prinzipien der Gerechtigkeit"[32], sondern wäre überdies ohnehin dem unvermeidlichen Verdacht purer Verstellung und Heuchelei ausgesetzt.

Demnach ist es die praktische Vernunft als Einheit des „Vermögens der Prinzipien" und der „Zwecke" selbst, die in dieser umfassenden Sinnperspektive, jener „Willensbestimmung von besonderer Art" gemäß, konsequenterweise darauf führt, dass auch das erhoffte „gelingende Ganze der Existenz" des vernünftigen Weltwesens in der Vernunftidee eines „umfassenden Ganzen" aufgehoben ist – und allein in solcher Hinsicht war bei Kant von der „durch die Achtung fürs moralische Gesetz notwendige(n) Absicht aufs höchste Gut" (IV 265) die Rede. Der vernunft-begründeten „Ordnung der Begriffe von der Willensbestimmung" zufolge ist also die Frage „Was *darf* ich hoffen?" in der Frage „Was soll ich tun?" *und* in dem darin enthaltenen, „von der Sittlichkeit *selbst* diktierten Vertrauen in das Gelingen dieser Absicht" (III 638) verankert, d. h. aus der vorrangigen pflichtgemäßen Orientierung daran auch legitimiert. Also nur in diesem Sinne geht das „höchste Gut" „aus der Moral *hervor*" – und wohl nur in solcher Hinsicht ist die zweifellos missverständliche

---

[32] Solche Begründung variiert ohnehin lediglich die andernorts (über die Liebespflichten geltend gemachte) Gedankenfigur Kants, wonach gilt, dass „die gesetzgebende Vernunft, welche in ihrer Idee der Menschheit überhaupt die ganze Gattung (mich also mit) einschließt, nicht der Mensch, schließt als allgemeingesetzgebend mich in der Pflicht des wechselseitigen Wohlwollens nach dem Prinzip der Gleichheit alle andere neben mir mit ein, und erlaubt es dir, dir selbst wohlzuwollen, unter der Bedingung, dass du auch jedem anderen wohl willst; weil so allein deine Maxime (des Wohltuns) sich zu einer allgemeinen Gesetzgebung qualifiziert, als worauf alles Pflichtgesetz gegründet ist" (IV 587).

Auskunft Kants zu retten, wonach das „moralische Gesetz" nicht allein auf die Sittlichkeit als den „ersten und vornehmsten Teil des
höchsten Guts" abzielt, sondern „dieses Gesetz . . . auch zur Möglichkeit des zweiten Elements des höchsten Guts, nämlich der jener
Sittlichkeit angemessenen Glückseligkeit, eben so uneigennützig,
. . . aus bloßer unparteiischer Vernunft, nämlich auf die Voraussetzung des Daseins einer dieser Wirkung adäquaten Ursache führen,
d. i. die Existenz Gottes . . . postulieren" müsse (IV 254 f.).

In der Tat scheint es so, als ob Kant selbst mit dieser (in einer erhellenden Anmerkung seines späten Gemeinspruch-Aufsatzes vorgenommenen: VI 132 f. Anm.) Bezeichnung einer „Willensbestimmung
von besonderer Art" ein Missverständnis derselben – eben im Sinne
einer als *Pflicht* verstandenen „Willensbestimmung", d. h. als in einem
moralischen Sinne geboten – abwehren wollte, zumal deren Besonderheit die genaue „Ordnung der Begriffe von der Willensbestimmung" (s. o. 41 ff.) voraussetzt. Beruht der von Habermas geäußerte
Einwand: Kant müsse bezüglich der (vermeintlichen) Pflicht der „Beförderung des höchsten Gutes" eine „Willensbestimmung von besonderer Art *einführen*" bzw. „schließlich *zugeben*", dass eine solche „Willensbestimmung" mit „‚Pflichten', wie er sie üblicherweise versteht,
nicht auf eine Stufe gestellt werden kann" (Grenze 228), insofern nicht
doch auf einem Missverständnis? Dieser Hinweis auf die notwendige
Abgrenzung dieser „Willensbestimmung" von „Pflichten", wie Kant
„sie üblicherweise versteht", trifft zweifellos zu – indes muss Kant dies
weder „zugeben" noch führt er diese „Willensbestimmung von besonderer Art" für jene vermeintliche „Superpflicht der Beförderung des
höchsten Gutes" etwa erst ein; seine diesbezügliche Begründungsfigur weist vielmehr lediglich darauf hin, dass diese „Willensbestimmung von *besonderer* Art" eine solche doch allein durch den Bezug
auf „die Idee des Ganzen aller Zwecke" (VI 133) wird, deren *praktische* Verfolgung (im Sinne einer „moralischen Denkungsart") zunächst
einmal fürwahr Pflicht ist – und dass erst von daher auch die Hoffnung
auf die darin „*mitenthaltene*" eigene Glückseligkeit als eine durchaus
„uneigennützige" mitaufgenommen werden darf. Diese *hierfür* maßgebende Intentionalität „von besonderer Art" ist somit weder eine
pflicht-orientierte Willensbestimmung (im Sinne des Anspruchs des
kategorischen Imperativs, d. i. eine Willensbestimmung im *streng* moralischen Sinne) noch ein bloß neigungs-bestimmtes Wünschen – und
dennoch auch kein in moralischer Hinsicht bloß *legitimierbarer*
Zweck: Zwar aus moralischen Intuitionen gespeist, steht sie doch in einem denk-würdigen Bezug auf eine nur grenzbegrifflich intendierbare
„Idee des Ganzen aller Zwecke" (VI 133 Anm.), d. h. auf einen

„Gegenstand der praktischen Vernunft". Daran nehmen – an morali-schen Ansprüchen orientierte – „vernünftige Weltwesen" notwendiger-weise Interesse, sofern das „Bedürfnis der fragenden Vernunft" in sol-cher Erweiterung des Vernunftraumes über das Bedürfnis der prakti-schen Vernunft hinaus zugleich einen gleichsam trans-moralischen Sinnhorizont eröffnet, obgleich sich dieser durchaus den Intuitionen und den beharrlichen moralischen Impulsen einer „Transzendenz von innen" verdankt.

Die „Besonderheit" dieser „Willensbestimmung" orientiert sich mithin an dem Anspruch, dass sie aus der Verbindung der – gewis-sermaßen proflexiv-praktischen – Orientierung des „vernünftigen Weltwesens" an jenen „moralischen Pflichten" und der – reflexiven – Rücksicht auf die in der zu befördernden „allgemeinen Glückselig-keit" lediglich mit-enthaltene „eigene Glückseligkeit" erst ihre spe-zifische Intentionalität gewinnt – zweifellos eine „Willensbestimmung von besonderer Art". Solcherart nimmt sie an der „Idee des Ganzen aller Zwecke" Maß, die in der „Idee des Weltbesten" als einer Welt, welche selbst „den sittlichen höchsten Zwecken angemessen" wäre, gleichsam „letztbegründet" ist – wie gesagt: ohne in solchem Aus-gang auf eine vorkritische „substanzielle" „Anthropologie des Gu-ten" als einer „affirmativen Theorie des richtigen Lebens" oder blo-ßes Wunschdenken zurückzufallen. Dieserart ist vermutlich Kants Rekurs auf diese „Willensbestimmung von besonderer Art" gegen die Einwände Habermas' zu verteidigen.

Vielleicht liegt ein Grund dafür, dass die bezüglich des „höchsten Gutes" und der damit verbundenen „Willensbestimmung von beson-derer Art" vorgenommenen kantischen Begründungsversuche Ha-bermas „nicht recht überzeugen" (Grenze 227), vor allem auch dar-in, dass er die in dieser „Willensbestimmung von besonderer Art" maßgebende gestufte „Begründungsordnung" nicht hinreichend berücksichtigt, d. h. die Sinnlogik jener „moralisch konsequenten Denkungsart" und deren Bezug auf das „Ganze aller Zwecke" als den letzten „Vereinigungspunkt" ausgeblendet bleibt bzw. von ihm als für „nachmetaphysisches Denken" obsolet geworden angesehen wird. Diese Vermutung, dass die für Kants Begründung der Beförde-rung des „höchsten Gutes" (d. i. der „allgemeinen Glückseligkeit") maßgebende Begründungslogik – wonach die im Sinne der Beför-derung des „Weltbesten" verstandene Frage „Was sollen wir hof-fen?" erst in der angezeigten Weise auf die Frage „Was darf ich hof-fen?" führt – von Habermas indes nicht ausreichend beachtet wird, wird durch seinen Einwand wohl noch einmal bestätigt: „Auch wenn der ideale Zustand der Konvergenz von Tugend und Glückseligkeit

nicht nur [!] auf das persönliche Heil, sondern auf ‚das Weltbeste'
für alle bezogen wird, bleibt die Superpflicht, diesen Zustand zu befördern, nichtssagend" (Grenze 234). Liegt solchem Einspruch nicht
eine Verkehrung der von Kant selbst eingeschärften Begründungsordnung zugrunde? Darin ist jedenfalls der (für jene maßgebende
„Willensbestimmung von besonderer Art" entscheidende) Sachverhalt nicht mehr erkennbar, dass die eigene Glückseligkeit, jener von
Kant verfolgten Begründungsordnung zufolge, eben lediglich als
mitenthaltene" erhofft wird („Was *darf* ich hoffen?"); insofern enthält die gebotene Beförderung des „höchsten Gutes" weder ein bloß
„schwaches Sollen" (Grenze 224), noch fügt sie der moralischen
Verbindlichkeit der Rechts- und Tugendpflichten gar eine (hierfür
fälschlich eine „Willensbestimmung von besonderer Art" reklamie-
rende) „Superpflicht" (Grenze 234) hinzu, sondern zielt in der angezeigten Weise allein auf das „letzte" (und so erst „ganze") „Objekt
der praktischen Vernunft" eines „vernünftigen Weltwesens". Dies
entspricht so durchaus jenem *„moralischen* Wunsch" („Wunsch und
Willen", d. h. „im Ganzen seiner Existenz": IV 260), worin Kant die
beiden Momente des „summum bonum" begrifflich gewissermaßen
„konzentriert" und zugleich vor bloßem Projektions- bzw. Illusions-
verdacht (einer „leeren Sehnsucht": VI 100; V 208 f. Anm.; V 249 f.
Anm.) bewahren will (vgl. dazu vor allem auch IV 278 Anm.).
     Es sind vor allem die (in Habermas' Kant-Interpretation allerdings
ausdrücklich ausgeblendeten: Grenze 224, Anm. 24) auf eine kritische Begründung der Idee einer „moralischen Teleologie" abzielenden Überlegungen in Kants dritter Kritik, die verdeutlichen, dass die
von der – in dem „Bedürfnis der fragenden Vernunft" verankerten –
Frage nach dem „Endzweck des Daseins einer Welt, d. i. der Schöpfung selbst" geleitete transmoralische Sinnperspektive nicht dahingehend missverstanden werden darf, als wollte Kant dieserart
gleichsam nach einem „weitergehenden Zweck" für die Befolgung
moralisch verpflichtender Normen fragen, d. h. Moralität in ihrem
unbedingten Anspruch daraufhin etwa relativieren – ein Ansinnen,
das Habermas zu Recht als mit Kants Moraltheorie unvereinbar distanziert. Indes, tritt in solchem Einwand nicht ebenfalls ein Missverständnis des spezifischen Stellenwerts bzw. der Zielrichtung jener
„Willensbestimmung von besonderer Art" hervor, die offensichtlich
auch der Kantischen Kennzeichnung von "fides" [V 603 Anm.] zugrunde liegt[33] und es vielleicht als geboten erscheinen lässt, von

---

[33] Diese Kennzeichnung der „fides" als „Vertrauen auf die Verheißung des
moralischen Gesetzes" hat Kant in der Religionsschrift aufgenommen und in

dem „Bedürfnis der Vernunft in ihrem praktischen Gebrauch" sodann noch jenes „Bedürfnis der *fragenden* Vernunft" und deren umfassende Sinnperspektive – einen „Endzweck der Schöpfung" überhaupt (vgl. V 581 ff.; IV 629 f.) – in der angezeigten Weise zu unterscheiden?

III. Zu Habermas' Verständnis und Kritik der Postulatenlehre und des „Vernunftglaubens" im engeren Sinne

1. Die in der Einheit jener „moralisch konsequenten Denkungsart"
und der „Willensbestimmung von besonderer Art" begründete Sinndimension führt unumgänglich auf die Frage nach dem „Endzweck
der praktischen Vernunft" und dessen Ermöglichungsgrund, ohne
den das umfassende „höchste Gut" als das „letzte Objekt der praktischen Vernunft" weder als möglich gedacht noch gewollt werden
könnte (s. o. 48 f.). Es sind bekanntlich die Postulate „des Daseins
Gottes" und der „Unsterblichkeit der Seele" sowie deren Kennzeichnung als unumgängliche – insofern *zugleich* gedachte" (III 387
Anm.) – „Voraussetzung(en) der Vernunft in subjektiver, aber abso-
lutnotwendiger praktischer Absicht" (III 498 Anm.), die so als „terminus ad quem" des Vernunftglaubens fungieren; dies ist eben jener
„moralische Glaube oder ein freies und in moralischer Absicht der
Vollendung seiner Zwecke notwendiges Fürwahrhalten" (ebd.),
durch den allein nach Kant die „Selbsterhaltung der Vernunft" ge-

---

(nicht zuletzt mit Bezug auf jenes Motiv der „vollständig individuierten Person", s. o. 46 f.) denkwürdiger Weise noch näher bestimmt: „Ein solcher
Glaube ist also, wenn er überall etwas bedeuten soll, eine bloße Idee von
der überwiegenden Wichtigkeit der moralischen Beschaffenheit des Menschen, wenn er sie in ihrer ganzen Gott gefälligen Vollkommenheit (die er
doch nie erreicht) besäße, . . . mithin ein Grund, vertrauen zu können,
dass, wenn wir das *ganz* wären, oder einmal sein würden, was wir sein sollen, und (in der beständigen Annäherung) sein könnten, die Natur unseren
Wünschen, die aber selbst alsdenn nie unweise sein würden, gehorchen
müßte" (IV 873 Anm.). Dieser späte Passus aus der Religionsschrift ist auch
deshalb von besonderem Interesse, weil er gleichsam als das religionsphilosophische Scharnier zu Kants ästhetischen Reflexionen über die Erfahrung
des Naturschönen gelesen werden darf; vgl. die frühe Reflexion 1820 a (AA
XVI 127): „Die Schöne Dinge zeigen an, dass der Mensch in die Welt passe
und selbst seine Anschauung der Dinge mit den Gesetzen seiner Anschauung stimme" (und ihr Nachhall in § 42 der Kritik der Urteilskraft, bzw.
V 615 f. Anm.).

währleistet ist[34] und dessen Sinnimplikationen – als diejenigen eines „Hoffnungsglaubens" – in den Postulaten freigelegt werden.

Unermüdlich – und für die drohende Gefahr einer „Euthanasie der Moral" gerade auch in religiösem Kontext bekanntlich besonders sensibel – schärfte Kant ein: Es bedarf dieses Vernunftglaubens zwar nicht „zum Handeln nach moralischen Gesetzen", „aber wir bedürfen der Annahme einer höchsten Weisheit zum Objekt unseres moralischen Willens, worauf wir außer der bloßen Rechtmäßigkeit unserer Handlungen nicht umhin können, unsre Zwecke zu richten" (III 497 Anm.), weil das „vollendete Gut" in der als „höchstes ursprüngliches Gut" verstandenen Gottesidee allein seine „ratio essendi" hat, denn: „Diese praktisch notwendige Voraussetzung eines Objjekts ist die der Möglichkeit des höchsten Guts als Objjekts der Willkür, mithin auch der Bedingung dieser Möglichkeit (Gott, Freiheit und Unsterblichkeit). Dieses ist eine subjektive Notwendigkeit, die Realität des Objekts um der notwendigen Willensbestimmung halber anzunehmen. Dies ist der casus extraordinarius, ohne welchen die praktische Vernunft sich nicht in Ansehung ihres notwendi-

---

[34] „Das Prinzip der Selbsterhaltung der Vernunft ist das Fundament des Vernunftglaubens, in welchem das Fürwahrhalten eben den Grad hat als beim Wissen, aber von anderer Art ist, in dem es nicht von der Erkenntnis der Gründe im Objekt, sondern von der wahren [!] Bedürfnis des Subjekts in Ansehung des theoretischen sowohl als praktischen Gebrauchs der Vernunft hergenommen ist. Es bleibt immer Glauben, niemals wirds Wissen und ist auch als das erstere für Geschöpfe am zweckmäßigsten." (Refl. 2446, AA XVI 371 f.). – Der Kantianer J. Ebbinghaus hat diese „Selbsterhaltung der Vernunft" und ihren Zusammenhang mit dem Kantischen Gottespostulat so buchstabiert: „Man darf nur darauf achten, wie Gott sich auf diesem Grunde dem Menschen ursprünglich darstellt. Einfach als dasjenige Wesen, durch dessen Dasein bewirkt wird, dass ich durch meinen Gehorsam gegen ein Gesetz, dem zu gehorchen eine mit meiner Personalität unverbrüchlich verbundene Notwendigkeit für mich ist, nicht in die Lage komme, das Schicksal vernünftiger Wesen in die Hand eines blinden Zufalls zu spielen. Ich glaube an Gott, heißt hier nichts anderes als: ich lasse mir unter gar keinen Umständen denjenigen als nichtexistierend ausreden, bei dessen spekulativ gar nicht erweisbarer Nichtexistenz ich verzweifeln müßte, nicht weil mir diese oder jene Absicht verunglückt ist, verunglücken kann und verunglücken wird, sondern weil ich gewissermaßen als ein eine vernünftige Natur habendes Wesen selbst verunglückt wäre. Indem mir alsdann der Befehl der reinen praktischen Vernunft nicht durch sich selbst, sondern durch den Zufall der Konstruktionsgesetze des Universums zum Befehl des Verzichtes auf etwas wird, worauf ich für mich und meinesgleichen mit Vernunft nur verzichten könnte, wenn ich selber Gott wäre" (Luther und Kant. In: J. Ebbinghaus, Ges. Schriften, Bd. 3. Hg. v. H. Oberer u. G. Geismann. Bonn 1990. 39–75, hier 67).

gen Zwecks erhalten kann, und es kommt ihr hier favor necessitatis zu statten in ihrem eigenen Urteil" (III 498 Anm.).

Diese erst im kritischen Rekurs auf die „Postulate der praktischen Vernunft" begründete „Selbsterhaltung der Vernunft" – diejenige eines „endlichen Vernunftwesens" – verleiht nun dem Programm einer „Kritik der praktischen Vernunft" noch einen besonderen Akzent, sofern sich in solcher „Kritik" eben auch eine „Grenzziehung praktischer Vernunftansprüche" zur Geltung bringt und den Rekurs auf „Voraussetzungen in notwendig praktischer Rücksicht" (IV 264) unumgänglich macht. Mit Rücksicht auf diese in den Postulaten vollzogene Selbstbegrenzung praktischer Vernunftansprüche (im strengen Sinne) ist es wohl missverständlich, der Kantischen Postulatenlehre die Intention zuzuschreiben, sie versuche „den Gebrauch der praktischen Vernunft über die moralische Gesetzgebung einer rigorosen Pflichtenethik hinaus auf die präsumtiv vernünftigen Postulate von Gott und Unsterblichkeit zu erweitern" (Grenze 223 f.); problematisch ist dies wohl schon deshalb, weil der „praktische Vernunftgebrauch" sich zwar auf den „ganzen Gegenstand der praktischen Vernunft" bezieht, jedoch keineswegs sich selbst auf die Postulate „erweitert"; ist es in diesen Postulaten – eher im Sinne einer „Einschränkung praktischer Vernunftansprüche" – doch um „theoretische Voraussetzungen" und insofern darum zu tun, „gewisse Sätze behauptend festzumachen" (IV 251). Widerspricht jener Habermas'schen Charakterisierung nicht auch Kants Kennzeichnung des Postulats als eines „theoretischen, als solchen aber nicht erweislichen Satz(es)" (IV 252 f.), dessen Sinnhaftigkeit und Verbindlichkeit freilich allein „in praktischer Absicht" auszuweisen ist – und ist nicht deshalb auch die Hoffnungsfrage als „praktisch und theoretisch zugleich" charakterisiert, weil dieser Hoffnungsglaube eben darauf gründet, „dass etwas sei . . ., weil etwas geschieht" (II 677)?

Kants Kennzeichnung des Gottespostulates stellt die von Habermas vorgeschlagene Interpretation noch in einer anderen Hinsicht in Frage: „Gewiss, Kant wollte die Metaphysik aufheben, um für den Glauben Platz zu machen. Aber um den ‚Glauben' geht es ihm eher als Modus, denn als Inhalt" (Grenze 229) – ebenso die von Habermas bei Kant vermutete Absicht, „ein Moment der Verheißung unter Abzug ihres sakralen Charakters beizubehalten" (Grenze 230). Trifft denn solche Kennzeichnung nicht doch eher die Intentionen der Kant-Nachfolger Forberg und Fichte (und deren „moralischen Glauben" an den ‚Vernunftzweck' bzw. an eine „göttliche Weltregierung") im Kontext des Atheismus-Streits? Noch der späte Kant hat jedenfalls den „Endzweck der Metaphysik" als „von der Erkennt-

nis des Sinnlichen zu der des Übersinnlichen fortzuschreiten"
(III 590) bestimmt und dabei unbeirrt „Gott, Freiheit und Unsterblichkeit" – also jene „unvermeidlichen Aufgaben der reinen Vernunft
selbst" (II 49) – als die unabweislichen „Themen" benannt, „daran
die Vernunft ein praktisches Interesse nimmt" (III 594); wenn er dabei nach wie vor die Transzendentalphilosophie für die Gründung
einer solchen „kritischen Metaphysik" als unentbehrlich ansah – wobei letztere sich vornehmlich an der Aufgabe orientiert, den „Überschritt vom Sinnlichen zum Übersinnlichen" ohne Rückfall in „dog-
matistische Denkungsart" und auch ganz ohne „gefährlichen
Sprung", zu eröffnen (vgl. z. B. III 604 f.) –, so ist damit die von Habermas vertretene Sichtweise indes nicht so ohne weiteres vereinbar: „Die Transzendentalphilosophie hat im Ganzen den praktischen Sinn, den transzendenten Gottesstandpunkt in eine funktional
äquivalente *innerweltliche* Perspektive zu überführen und als moralischen Gesichtspunkt zu bewahren" (Grenze 236). Dagegen bleibt
nicht nur daran zu erinnern, dass Kants „*Kritik* der praktischen Vernunft" auch jene beabsichtigte Einschränkung praktischer Vernunftansprüche impliziert, „um zum *Hoffen* Platz zu bekommen"; auch
Kants Konzeption des „Vernunftglaubens" lässt sich wohl nicht so
ohne weiteres auf die Zielsetzung reduzieren, „den pragmatischen
Sinn des religiösen Glaubens*modus* als solchen der Vernunft zu integrieren" (Grenze 230) und solcherart, gegen die Gefahr einer
lähmenden „defätistischen Gleichgültigkeit" (Grenze 237), im Sinne einer notwendigen Ermutigung zum moralischen Engagement zu
transformieren. Besonders wird dies daraus deutlich, dass Kant den
„Vernunftglauben" ja keineswegs dem „*religiösen* Glauben" ent-
gegensetzte, sondern ihn – als maßgebend „innerhalb der Grenzen
der bloßen Vernunft" – explizit (auch an der von Habermas [Grenze
229] angeführten Stelle) lediglich vom religiös-„historischen" bzw.
vom Offenbarungs-„Glauben" abgrenzen und näherhin als einen
„Hoffnungsglauben" (eine „fides spei" gewissermaßen) ausweisen
wollte: „Ein reiner Vernunftglaube ist also der Wegweiser oder Kompass, wodurch der spekulative Denker sich auf seinen Vernunftstrei-
fereien im Felde übersinnlicher Gegenstände orientieren, der
Mensch aber seinen Weg, so wohl in theoretischer als praktischer
Absicht, dem ganzen Zwecke seiner Bestimmung völlig angemessen
vorzeichnen kann; und dieser Vernunftglaube ist es auch, der jedem
anderen [!] Glauben, ja jeder Offenbarung, zum Grunde gelegt
werden muss" (III 277).
        Vielleicht darf man die maßgebende Begründungsfigur der Kanti-
schen Postulatenlehre gegen diese von Habermas geäußerten Ein-

wände auch so verteidigen: Erst aus der Verknüpfung des Unbe-
dingtheitsanspruchs des moralischen Gesetzes (als dem „Übersinnlichen in uns") und der spekulativen Nichtbeweisbarkeit Gottes entsteht nach Kant das Gefüge einer kritischen „moralischen Teleologie", in der – über diese aus der spekulativen „Einschränkung der
reinen Vernunft und praktische(n) Erweiterung derselben" errichtete
Balance – die Vernunft erst „in dasjenige Verhältnis der Gleichheit"
kommt, worin sie „überhaupt zweckmäßig gebraucht werden kann"
(IV 275), und dergestalt als diejenige eines „endlichen Vernunftwesens" (durchaus im zweifachen Wortsinn) erst sich „selbst erhält":
Grundfigur der von Kant so bezeichneten „teleologia rationis humanae", die im „Weltbegriff der Philosophie" zur Entfaltung kommt.
Deshalb zielt Kants Postulatenlehre vornehmlich auf die Beantwortung der Frage ab, wie aus der notwendigen Differenzierung der
Idee des „höchsten Gutes" als dem „Gegenstand der reinen praktischen Vernunft" das „vollendete Gut" als ein „abgeleitetes" begründet werden kann – „abgeleitet" in dem dreifachen Sinne, dass es
(a) das „oberste Gut" voraussetzt, (b) gemäß der von jeder bloßen
„Privatabsicht freien Vernunft" (II 683) in der Idee der „allgemeinen
Glückseligkeit" lediglich „mit enthalten" ist und (c) allein in Gott als
dem „höchsten ursprünglichen Gut" seine „ratio essendi" hat. Auf
solche Weise soll der Begriff des höchsten Guts „objektive Realität"
gewinnen und, im Sinne jener „moralisch konsequenten Denkungsart", zugleich verhindern, „dass es zusamt der ganzen Sittlichkeit
nicht bloß für ein bloßes Ideal gehalten werde, wenn dasjenige nir-
gend existierte, dessen Idee die Moralität unzertrennlich begleitet"
(III 274).

Erst dieses Gefüge der Vernunftideen konstituiert den Orientie-
rungshorizont des „vernünftigen, aber endlichen Wesens" und führt
auf die in einem Vernunftbedürfnis verankerte Nachfrage nach einem
Gott der Hoffnung (der nicht zuletzt deshalb ein „Herzenskündiger"
sein muss), in dem dieses durch „Vernunft, Herz und Gewissen"
(IV 813) orientierte „vernünftige Weltwesen" sich – eben auch als ein
solches anerkannt – wiederzufinden vermag. Insbesondere bleibt in
diesem Kontext auch Kants ausdrückliche Mahnung erinnernswert,
„den Begriff von einer Gottheit" nicht leichtfertig „an jedes von uns
gedachte verständige Wesen" zu verschwenden (V 562). Folglich lässt
sich, in solchem Ausgang, dieser von Kant postulatorisch begründete
Hoffnungsbezug ohne Sinnverlust auch nicht einfach darauf reduzieren, dass praktische Vernunft dazu auffordere, „mit der Möglichkeit
einer höchsten Intelligenz zu rechnen" (darauf sieht Habermas allerdings Kants Gottespostulat gestützt: Grenze 228), zumal dies dem

Hoffnungs-„Logos" einer spes fidei – in der diese „fides" auszeichnenden unauflöslichen Einheit des „Hoffens *für*" und „Hoffens *auf*" – wohl
kaum genügt (ja diesen sogar verzerrt)[35], und der darin sich artikulierende Anspruch eines „Bedürfnis(ses) der fragenden Vernunft" (V 609)
durch ein solches (eher kompensatorisches) „Kalkül" nicht befriedigt
werden kann. Kants postulatorisch begründeter Anspruch, gegenüber
einer bloß metaphysischen Konzeption des „Absoluten" auch aufzuweisen, „wodurch Gott der Gegenstand der Religion *wird*" (IV 263
Anm.), setzt einerseits die in theoretischen Vernunftansprüchen verankerte „theologische Idee" schon voraus, führt darüber freilich noch
hinaus und lässt sich dabei durchaus von der Absicht leiten, „religiöse
Inhalte begrifflich ein[zu]holen" (Grenze 230). Noch einmal bestätigt
sich: Aus jenem unbeirrbarem „Ich *will*, dass ein Gott . . . sei . . . und
lasse mir diesen Glauben nicht nehmen", spricht weder blinder Dezi-
sionismus noch Kants unbelehrbarer Trotz, sondern verrät den moralischen Impetus dieses „Bedürfnis(ses) in schlechterdings notwendiger
Absicht", der es geradezu gebietet, den Rekurs auf die unumgängliche Voraussetzung dieses „Bedürfnisses" (d. i. das „Dasein Gottes")
„nicht bloß als erlaubte Hypothese, sondern als Postulat in praktischer
Absicht" (IV 277 f.) zu rechtfertigen bzw. erst zur Geltung zu bringen.

---

[35] Für dieses religionsphilosophische Motiv bietet jener unscheinbare frühe
Vorlesungs-Passus über die „Glückseligkeit" (s. o. Anm. 4) mehr als einen
bemerkenswerten Anknüpfungspunkt. – Der diese Hoffnungsstruktur aus-
zeichnende „Logos" steht offenbar einem viel zitierten – nicht zufällig im Kontext seiner Bezugnahme auf Kants Postulatenlehre formulierten – Motiv Adornos nahe. Eine unübersehbare Nähe zu diesem (im genauen Sinne) „ethikotheologisch" transformierten Motiv ist auch in Adornos berühmtem Brief an
M. Horkheimer (in der dort angesprochenen Bezugnahme auf W. Benjamins
Motiv der „Rettung des Hoffnungslosen") erkennbar: „Denn die verzweifelte
Hoffnung, in der allein das an Religion mir zu sein scheint, worin sie mehr ist
als verhüllend, ist nicht sowohl die Sorge um das eigene Ich als vielmehr die,
daß man Tod und unwiederbringliches Verlorensein des geliebten Menschen
– oder Tod und Verlorensein derer, denen Unrecht geschah, nicht denken
kann, und selbst heute kann ich oft nicht verstehen, wie man ohne Hoffnung
für jene auch nur einen Atemzug zu tun vermöchte. Benjamin hat im dritten
Kapitel der Wahlverwandtschaften . . . ausgesprochen, daß die Hoffnung allein für den anderen gilt und nie für den Hoffenden, und so glaube ich, hält
es auch die jüdische Theologie. Vielleicht ist es nur dieser winzige Zug, der es
mir nicht gestattet, hier alles dem Erdboden gleichzumachen." (Brief an
M. Horkheimer v. 25. 1. 1937, in: M. Horkheimer, Gesammelte Schriften
Band 16: Briefwechsel 1937–1940. Hg. v. Gunzelin Schmid-Noerr, Frank-
furt/Main 1995, 34 f.).

Daraus wird ebenso deutlich, dass auch Kants späte Konzeption des Vernunftglaubens sich nicht mit der von Habermas zugeschriebenen Absicht begnügen wollte, „den pragmatischen Sinn des religiösen Glaubensmodus *als solchen* der Vernunft [zu] integrieren" (Grenze 230). Gegenüber der von Habermas vertretenen Ansicht, es sei lediglich dem „unauffälligen Vorgriff auf die welterschließende Kraft der religiösen Semantik zu verdanken, dass sich Kant zu einer Postulatenlehre vorantasten kann, die der praktischen Vernunft paradoxerweise doch noch die Kraft verleiht, Vertrauen auf eine ‚Verheißung des moralischen Gesetzes' einzuflößen" (Grenze 225), spricht auch in diesem Kontext einiges dafür, dass Kants Religionsphilosophie sich im Sinne einer grenzbegrifflichen Anerkennung – wiederum im Ausgang von einer „moralisch konsequenten Denkungsart" – den „semantischen Potentialen" „religiöser Gehalte" keineswegs verschließen wollte, sondern in solcher Hinsicht, in expliziter Anknüpfung und durchaus nicht bloß „unauffällig", auf die „moralische Lehre des Evangelii" (IV 209) bzw. auf die Lehre des Christentums als „Sitten- und Religionslehre" (IV 258 f.) rekurrierte. Findet Kants Kennzeichnung der „kritischen Denkungsart" – zwischen „skeptischer Hoffnungslosigkeit und dogmatischem Trotz" – nicht auch auf solche Weise ihre Bestätigung, die gleichwohl, auf diesem „allein noch offenen kritischen Weg", den Irrweg einer „religiösen Philosophie" entschieden vermeidet?

2. Kants Lehrstück vom „höchsten Gut" erlaubt indes noch eine besondere motivliche Zuschärfung. Zeigt sich doch an der Schnittstelle von Geschichts- und Religionsphilosophie, dass sich diese Idee des „höchsten Guts" (als des „vollendeten Gutes") keineswegs mit dem Unabgegoltenen vergangener *Hoffnungen* – als gleichsam „subjektlos" geworden Vernunftideen – begnügt; der darin maßgebenden Begründungsordnung zufolge rührt die darin verankerte Hoffnungsperspektive – im „Glückseligkeits-Moment" des „höchsten Gutes" eben auch der „Natur im Subjekt eingedenkend" (Adorno) – vielmehr an das Leid und Schicksal dieser „vernunftbegabten Erdwesen" (VI 399) selbst. In solchem Ausgang wäre wohl, und zwar in einer gleichermaßen geschichts- wie auch religionsphilosophischen Zuspitzung, eine kantische Perspektive einer „Transzendenz von innen" zu entwickeln; diese wäre schon durch jenes „Befremden"[36] Kants

---

[36] Vgl. Kants geschichtsphilosophisches „Befremden" darüber, „dass die ältern Generationen nur scheinen um der späteren willen ihr mühseliges Geschäft zu treiben" (VI 37) und über die damit verbundenen Aporien.

auch für dessen Anliegen sensibilisiert, dass „die Existenz der Vernunft kein diktatorisches Ansehen hat, sondern deren Ausspruch jederzeit nichts als die Einstimmung freier Bürger ist, deren jeglicher seine Bedenklichkeiten, ja sogar sein Veto, ohne Zurückhalten muß äußern können" (II 631) – auch in dem Sinne, dass Hoffnungen in Trugbilder zerfallen, d. h. „Ideale" sich als „Idole" entpuppen, aber auch eine dem „Eingedenken" zugemutete gewissermaßen „virtuelle Versöhnung" wenn schon nicht das konkrete Leid dieser „vernünftigen Erdwesen" verrät, so doch wenigstens daran nicht heranreicht?

Eine auch geschichtsphilosophisch akzentuierte Lesart jenes denkwürdigen Verweises auf die „Existenz der Vernunft" und des ihr immanenten „Veto-Rechtes" legt es nahe, jene abgründigen Erfahrungen einer negativitäts-sensiblen praktischen Vernunft auch mit religionsphilosophisch-theologischen Motiven zu verknüpfen. Vieles spricht in solchem Ausgang dafür, darin auch Habermas' Verweis auf jenen „unsentimentalen Wunsch, das anderen zugefügte Leid ungeschehen zu machen" sowie die durch die „Irreversibilität vergangenen Leidens" ausgelösten Fragen (Glauben und Wissen 24 f.) wiederzuerkennen und aufzunehmen, die Habermas' Denkweg fortwährend begleiten; es sind diese – durchaus „anamnetischen Vernunftpotentialen" verpflichteten – Irritationen, die ihn auch, jenes „Befremden" Kants aufnehmend und zugleich „radikalisierend", zu den bohrenden Fragen veranlassten: „Wie können wir aber dem diskursethischen Grundsatz, der jeweils die Zustimmung *aller* fordert, genügen, wenn wir nicht in der Lage sind, das Unrecht und den Schmerz, den frühere Generationen um unseretwillen erlitten haben, wieder gutzumachen – oder wenigstens ein Äquivalent für die erlösende Kraft des Jüngsten Gerichts in Aussicht zu stellen? Ist es nicht obszön, dass die nachgeborenen Nutznießer für Normen, die im Lichte ihrer erwartbaren Zukunft gerechtfertigt erscheinen mögen, posthum von den Erschlagenen und Entwürdigten eine kontrafaktische Zustimmung erwarten?"[37]. Zweifel-

---

[37] J. Habermas, Treffen Hegels Einwände gegen Kant auch auf die Diskursethik zu? In: ders., Erläuterungen zur Diskursethik. Frankfurt/Main 1991, 29. – Vgl. dazu auch schon seine ganz ähnliche Bezugnahme auf Lenhart und Peukert in seiner „Replik auf Einwände" (in: ders., Vorstudien und Ergänzungen zur Theorie des kommunikativen Handelns. 3. Aufl., Frankfurt a. M. 1989, 514 ff., zitierter Passus 515 f.). Es wäre freilich ein Missverständnis, wollte man das (in indirektem Bezug auf Kant geltend gemachte) theologische Anliegen von H. Peukert, den „‚Begriff' Gottes, der in dem zeitlichen, endlichen, sich selbst überschreitenden intersubjektiven Handeln in der Form einer hoffenden Frage entworfen wird", auf das Motiv einer bloßen „Wunscherfüllung" zurückstufen (vgl. H. Peukert, Kommunikatives Handeln, Systeme

los ist auch darin, wie in jenem „Befremden", Kants Bewusstsein von jener abgründigen „Negativität" wiederzuerkennen, für die jene „moralische Weltweisheit" sensibilisiert: „Es ist, als ob sie in sich eine Stimme wahrnähmen, es müsse anders zugehen . . ." (V 587)[38]. Speist sich daraus, verbunden mit seiner Idee einer „authentischen Theodizee", nicht auch das eigentliche Kernmotiv seiner Ethikotheologie?

Kants Hinweis, dass „alles Hoffen . . . auf Glückseligkeit" geht (II 677), gewinnt nun in solchem geschichtsphilosophischen Gegenlicht jedenfalls noch einmal neue Akzente, die dieser Begründungsordnung zufolge auch den Sinn-Gehalt dieses – so erst wirklich ethikotheologisch verankerten – Hoffnungs-Logos noch differenzierter und auch radikaler zu bestimmen erlauben – dies aber gleicherweise unumgänglich macht. Dank seiner besonderen Weltstellung übernimmt dieses einer solchen Wahrnehmung abgründiger Negativität allein fähige „vernünftige Weltwesen" – ohne das, Kants denkwürdiger Bemerkung zufolge, „die ganze Schöpfung eine bloße Wüste, umsonst und ohne Endzweck" bliebe (V 567) – gleichsam die Rolle einer „conscientia mundi" und stellt die Frage nach dem „Endzweck des Daseins einer Welt, d. i. der Schöpfung selbst" (V 557) – freilich auf eine Weise, die der in praktischen Vernunftan-

---

der Machtsteigerung und die unvollendeten Projekte Aufklärung und Theologie. In: E. Arens (Hg.), Habermas und die Theologie. Düsseldorf 1989, 61; zu seinem diesbezüglichen Bezug auf Kants Postulatenlehre vgl. ders., Wissenschaftstheorie, Handlungstheorie, Fundamentale Theologie. Analysen zu Ansatz und Status theologischer Theoriebildung. Frankfurt/Main 1978, 343, Anm. 13.

[38] Einer solchen geschichts- und religionsphilosophisch akzentuierten Lesart steht das in diesen postulatorischen Kontext einzufügende Motiv Horkheimers offensichtlich besonders nahe: „‚Wenn es keinen Gott gibt, braucht es mir nichts ernst zu sein', argumentiert der Theologe. Die Schreckenstat, die ich verübe, das Leiden, das ich bestehen lasse, leben nach dem Augenblick, in dem sie geschehen, nur noch im erinnernden Bewußtsein fort und erlöschen mit ihm. Es hat gar keinen Sinn zu sagen, daß sie dann noch wahr seien. Sie sind nicht mehr, sie sind nicht mehr wahr: beides ist dasselbe. Es sei denn, daß sie bewahrt blieben – in Gott. – Kann man dies zugestehen und doch im Ernst ein gottloses Leben führen? Das ist die Frage der Philosophie." (M. Horkheimer, Notizen 1950 bis 1969 und Dämmerung. Notizen in Deutschland. Hg. v. W. Brede. Frankfurt/Main 1974, 11). Horkheimer problematisierte darin offenbar selbst in aufschlussreicher Weise noch einmal sein eigenes frühes (von Habermas angeführtes: Exkurs 115; 119) Motiv: „Zugleich mit Gott stirbt auch die ewige Wahrheit" bzw. den Gedanken, „Wahrheit" sei „nirgends mehr aufgehoben als in den vergänglichen Menschen selbst und so vergänglich wie sie". S. dazu auch die Aphorismen „Der Trug des Glücks", „Mit offenen Augen" (ebd. 127 f.; 193).

sprüchen verankerten kritischen Selbstreflexion: „Ich bin ein
Mensch. Alles was Menschen widerfährt, trifft auch mich" (IV 598)
genügt und gleichermaßen der personalen Individualität („als vollständig individuierte(m) Wesen")[39] unverkürzt – und d. h. nun eben
„im Ganzen seiner Existenz" (IV 255) – „gerecht" zu werden vermag[40].

---

[39] Dafür bietet – eben „sub specie individuationis" – nicht zuletzt Kants Hinweis auf den Gedanken „eines völligen [!] Bewußtseins seiner selbst" einen
unübersehbaren Anknüpfungspunkt (Heinze, Vorlesungen Kants über Metaphysik aus drei Semestern. Leipzig 1894, 692, AA 28.2.1/760). – Auch dies
ruft noch einmal den von Habermas in seiner Bezugnahme auf Rousseau (im
Kontext des Themas „Individualität") erwähnten „religiösen Hintergrund" in
Erinnerung – jedoch, im Sinne der Untiefen „moralischer Selbsterkenntnis",
gewissermaßen in „gegenläufigem" Richtungssinn dazu, dass die „profanen
Äquivalente . . . den Sinn der religiösen Rechtfertigung in den Wunsch" ver-
kehren, „vor dem Forum aller Mitmenschen als der anerkannt zu werden, der
man selbst ist und sein will" (Nachmetaphysisches Denken 205). – Vielleicht
wird in solchem religionsphilosophischen Kontext, im Sinne der von Habermas angezeigten „Intuitionen" (vgl. u. 82), auch eine Dimension des Verge-
bens und Verzeihens – „an den Grenzen der bloßen Vernunft" gleichsam –
thematisierbar, die über alle interpersonal-moralischen Gestalten von Schuld
und Versagen noch hinausweist und so, über die verwandelnde Sinndimension des „coram deo", auch die von Habermas erwähnte „verloren gegan-
gene" Sinndifferenz von „Schuld und Sünde" berührt (vgl. J. Habermas,
Glauben und Wissen 24). – Kants Bezugnahme auf den Spruch des „sterben-
den Menschen": „er gehe aus der Zeit in die Ewigkeit" (VI 175) und die daran
geknüpfte Gerichts-Vorstellung – ein „Sich-erkennen, wie man erkannt ist"
gewissermaßen – wäre wohl im Sinne jenes „völligen Bewusstseins seiner
selbst" – nicht, wie „ich mir erscheine", sondern „im Ganzen meiner Existenz"
„an sich bin" – zu nehmen, besser: zu übersetzen und verbindet sich in denkwürdiger Weise mit jenem von Kant erwähnten hoffenden Vorgriff, „vertrauen
zu können, dass, wenn wir das ganz wären, oder einmal sein würden, was wir
sein sollen, und sein könnten, die Natur unseren Wünschen, die aber selbst
alsdenn nie unweise sein würden, gehorchen müßte" (IV 873 Anm.; s. o.
Anm. 33).

[40] Nur nebenbei: Wäre nicht auch – einer Annäherung „innerhalb der
Grenzen der bloßen Vernunft" zufolge und mit Kant gegen Kant – der performative Sinn des Bittgebets – jenseits bloßen „Gunsterwerbs", bloß „erklär-
te(m) Wünschen" (IV 870), „Unterwürfigkeitsbezeigungen" (IV 763) und Heuchelei – „aneignend" zu retten? Kants (späte) solidaritäts-bedachte Version
jenes „Alles, was Menschen widerfährt, trifft auch mich", eröffnet in der Hoffnung auf einen „Herzenskündiger" einen Sinn des Bittgebets – auf eine Weise
freilich, dass auch darin genauer besehen etwas über das Verhältnis des
Menschen zu Gott, nicht über das Verhältnis Gottes zum Menschen ausge-
sagt ist (was ohnehin genau Kants „symbolischem Anthropomorphismus"
entspricht).

Darin spiegeln sich demzufolge die Erfahrungen des von Kant wiederholt angeführten „Rechtschaffenen" wider, der in Anbetracht des „moralischen Laufs der Dinge in der Welt" (VI 176) sich jener unbestechlichen Stimme des „es müsse anders zugehen" (V 587) erinnert; auch Kant dachte wohl bei den daraus gespeisten Intuitionen an „Antworten auf Grenzsituationen des Ausgeliefertseins, des Selbstverlustes oder der drohenden Vernichtung, die uns ‚die Sprache verschlagen'"[41] – gerät doch auch ihm zufolge angesichts der „Menge von schreienden Beispielen" (IV 680) dieser Erfahrungen der Negativität die „Vernunft ins Stocken" (s. u. 86) und hält dergestalt in diesem „Rechtschaffenen" unbestechlich das „Bedürfnis der fragenden Vernunft" an den Grenzen eines moralisch nicht verfehlten Lebens wach – Grundgestalt der Kantischen Idee einer „authentischen Theodizee"? Dem verdankt sich letztendlich auch deren Impetus, der sich allein aus dem „Gott in uns" (VI 315) als „conscientia mundi" speist – ungetröstet, gleichwohl nicht einfach trostlos. Einer solchen Perspektive zufolge buchstabiert Kants „Ethikotheologie" gleichsam „Reflexionen aus einem negativitäts-sensiblen Leben", welches (jenseits einer privatistischen Engführung) um das drohende Auseinanderfallen von „subjektivem" und „objektivem" Endzweck" weiß, sich dennoch an der moralischen Gewissheit jenes „Es müsse anders zugehen" orientiert und im Ausgang von dieser irritierenden Divergenz: zwar „sinn-voll" und doch „bedeutungs-los", sodann jene Bedingungen „in notwendig praktischer Rücksicht" expliziert, unter denen allein solche Gewissheit vor dem Schicksal bewahrt bleibt, einer end-gültigen Bedeutungslosigkeit und Absurdität zu verfallen. In dem Motiv eines „Endzwecks der Schöpfung", der das „System der Zwecke" (gemäß der „teleologia rationis humanae": II 700) gleichsam „abschließt und krönt", hat Kant diese Fragen in „grenzbegrifflicher" Behutsamkeit thematisiert.

3. Zweifellos findet die Ansicht, dass Kant „der moralischen Denkungsart die Dimension der Aussicht auf eine bessere Welt um der Moral selbst willen hinzugefügt hat" (Grenze 229)[42], im Kontext sei-

---

[41] J. Habermas, Über Gott und die Welt 205 (s. Anm. 8).

[42] Das von Habermas (Grenze 229) in diesem Kontext angeführte Diktum Adornos, das „Geheimnis der kantischen Philosophie" sei die „Unausdenkbarkeit der Verzweiflung", enthält einen noch unerschöpften Mehrwert an Sinngehalt, der sich jedenfalls mit den geschichtsphilosophisch leitenden Fortschritts-Perspektiven nicht begnügt, wie ja auch der Kontext dieses Diktums verdeutlicht: „Dass keine innerweltliche Besserung ausreiche, den To-

ner geschichtsphilosophischen Konzeption unübersehbare Anknüp-
fungspunkte (nicht zuletzt in seiner kritischen Beantwortung der Frage: „Ob das menschliche Geschlecht im beständigen Fortschreiten
zum Besseren sei": VI 351); ebenso wird aus seiner Beantwortung
der Frage, wie weit sich angesichts „des so verworrenen Spiels
menschlicher Dinge" bezüglich des „geschichtlichen Fortschritts zum
Besseren" dennoch „mit Grunde hoffen" lässt (VI 49), der Widerstand dagegen vernehmbar, „dass alle moralischen Handlungen zu-
sammengenommen in der Welt nichts vermöchten, um den desaströsen Zustand des Zusammenlebens der Menschheit insgesamt zu
bessern" (Grenze 223). Ungeachtet dieser in Kants kritischer Ge-
schichtskonzeption maßgebenden Perspektiven hielt er jedoch zeitlebens an der Unterscheidung zwischen „oberstem" und „vollendetem
Gut" fest und grenzte die religionsphilosophische Perspektive – im
Sinne einer kritischen Differenzierung des Vernunfthorizontes – strikt
von jenem geschichtsphilosophisch relevanten Hoffnungsbegriff
(und dem darin maßgebenden „höchsten politischen Gut") ab[43].

Noch dieses in seinen späten Schriften bestimmende Anliegen,
die religiöse Hoffnungsdimension („Was *darf* ich hoffen?") von der
geschichtlichen Hoffnungsperspektive „Was *sollen* wir (mit Grunde)
hoffen"? (vgl. VI 49; 170) zu unterscheiden sowie das eben genau
diese Differenz widerspiegelnde „Befremden", verrät Kants unbeirr-
bares Bewusstsein davon, dass die religionsphilosophische Perspektive derart nicht geschichtsphilosophisch absorbiert bzw. überlagert
werden darf. Demgegenüber zielen jene Vernunftpostulate als „Voraussetzungen in notwendig praktischer Rücksicht" einer solchen kritischen Hinsicht zufolge vornehmlich auf den Nachweis ab, dass die
von Habermas in Kants „Vernunftglauben" identifizierte Suche nach

---

ten Gerechtigkeit widerfahren zu lassen; dass keine ans Unrecht des Todes
rührte, bewegt die Kantische Vernunft dazu, gegen Vernunft zu hoffen. Das
Geheimnis seiner Philosophie ist die Unausdenkbarkeit der Verzweiflung."
(Negative Dialektik, Frankfurt/Main 1966, 378). Doch diese Fragen sind hier
nicht weiter zu verfolgen.

[43] Es ist in diesem Kontext auch terminologisch nicht uninteressant, dass
Kant die „allgemeine und fortdauernde Friedensstiftung" nicht bloß als „einen Teil, sondern [als] den ganzen Endzweck der Rechtslehre innerhalb der
Grenzen der bloßen Vernunft" (IV 479) ausweist (und das „Recht der Menschen" als „das Heiligste, was Gott auf Erden hat" – als „Augapfel Gottes"
bezeichnet: VI 207 Anm.); die korrespondierende Idee des „ewigen Friedens" wird hier als das höchste *politische* Gut bestimmt, auf das sich – im
Sinne des Rechtsfortschritts und nicht zuletzt der Entwicklung des „Völker-
rechts" – „mit Grunde hoffen" (VI 170) lässt.

„guten Gründen gegen einen Defaitismus der Vernunft" – solche, „die der um ihre Gewißheiten gebrachten Praxis zwar keine Zuversicht geben können, aber doch eine Hoffnung lassen" (Exkurs 145) – doch nur dann auf wirklich „gute Gründe" führt, wenn sich aufweisen lässt, dass dies auch noch über die am „Fortschritt zum Besseren" (im Sinne des „höchsten politischen Gutes") orientierte „fallible, von einer skeptischen, aber nicht-defaitistischen Vernunft belehrte Hoffnung" (Kommunikative Vernunft 116) hinausweist, sofern die daran geknüpften Intuitionen von einem „nicht-verfehlten Leben" (und auch von „vollständig individuierten Wesen") zwar aus „moralischen Wünschen" inspiriert sind, ohne dass deren Impulse einfach als infantile Illusionen abgetan werden dürfte.

Habermas' Einwände gegen die kantische Konzeption des „ethischen Gemeinwesens" sind hier nicht näher zu verfolgen[44], eine kurze Anmerkung dazu muss hier genügen: Weil das von Habermas so bezeichnete „blasse metaphysische Erbstück des höchsten Gutes" (Grenze 232) dem kantischen Selbstverständnis zufolge offenbar von „seinem religiösen Erbe" zehrt, impliziert dieses der „christlichen Sittenlehre" verdankte Motiv ebenso sein unnachgiebiges Bewusstsein davon, dass das „höchste mögliche Gut in einer Welt" (IV 261; vgl. 132) jedoch nicht einfachhin als „höchstes Gut in dieser Welt" missverstanden werden darf. Durchaus wiederum in „aneignender Absicht" sei aus der „jüdisch-christlichen Überlieferung" doch vor allem auch dies zu lernen, dass das „Reich Gottes auf Erden" nicht in eine utopische Perspektive zu transformieren[45] und infolgedessen die Verwirklichung dieses „Reichs Gottes auf Erden", als ein „inwendiges in uns", auch nicht lediglich als ein „Ergebnis

---

[44] S. dazu den Beitrag v. H. Nagl-Docekal in diesem Band. – Einer vermutlichen diesbezüglichen Nähe der Habermas'schen Kant-Interpretation zu derjenigen Max Adlers ist hier nicht nachzugehen (vgl. M. Adler, Das Soziologische in Kants Erkenntniskritik. Ein Beitrag zur Auseinandersetzung zwischen Naturalismus und Kritizismus. Aalen 1924).

[45] „Der Lehrer des Evangeliums hatte seinen Jüngern das Reich Gottes auf Erden nur von der herrlichen, seelenerhebenden, moralischen Seite, nämlich der Würdigkeit, Bürger eins göttlichen Staates zu sein, gezeigt, und sie dahin angewiesen, was sie zu tun hätten, nicht allein, um selbst dazu zu gelangen, sondern sich mit andern Gleichgesinnten, und, wo möglich, mit dem ganzen menschlichen Geschlecht dahin zu vereinigen. Was aber die Glückseligkeit betrifft, die den andern Teil der unvermeidlichen menschlichen Wünsche ausmacht, so sagte er ihnen voraus: dass sie auf diese sich in ihrem Erdenleben keine Rechnung machen möchten. Er bereitete sie vielmehr vor, auf die größten Trübsale und Aufopferungen gefasst zu sein" (IV 801).

der kooperativen Anstrengung der Menschengattung" (Grenze 232) zu bestimmen ist. Ausdrücklich schärfte Kant ein: „Wenn wir uns nun genötigt sehen, die Möglichkeit des höchsten Guts, dieses durch die Vernunft allen Menschen ausgesteckten Ziels aller ihrer moralischen Wünsche, in solcher Weite, nämlich in der Verknüpfung mit einer intelligibelen Welt, zu suchen, so muss es befremden, dass gleichwohl die Philosophen, alter so wohl, als neuer Zeiten, die Glückseligkeit mit der Tugend in ganz geziemender Proportion schon *in diesem Leben* (in der Sinnenwelt) haben finden, oder sich ihrer bewusst zu sein haben überreden können" (IV 244).

Dass auch Kants Rekurs auf das biblische Motiv des „Reichs Gottes *in uns*" nicht im Sinne einer „Gottesherrschaft *auf Erden*" aufzufassen ist, weil doch auch dieses Lehrstück das „höchste Gut" (als die „Zusammenstimmung von Moral und Glückseligkeit") nicht als einen „Zustand *in* der Welt entwirft", ist zuletzt wohl in jener Einsicht begründet, die auch seiner Unterscheidung zwischen „höchstem politischen Gut" und „höchstem Gut" zugrunde liegt – ohne dadurch freilich die gebotene rechtlich-politische Orientierung und entsprechende kooperative Anstrengungen für das „Zusammenleben der Menschheit insgesamt" auch nur irgendwie relativieren zu wollen. Daran, dass jeder „Einzelne . . . zum Sittengesetz ‚unmittelbar'" (Grenze 234) sei, ändert wohl auch der spätere Bezug auf das „ethische Gemeinwesen" nichts, zumal auch in den darin intendierten „kooperativen Versuchen" niemand an der Stelle des je anderen „Gewissen haben" kann.

IV. Einige abschließende Anschlussfragen: Ignoriert Kant tatsächlich die „epistemische Abhängigkeit" seiner Religionsphilosophie von der religiösen Tradition?

1. Im Ausgang von der vorgestellten Differenzierung der Frage „Was darf ich hoffen?" werden bei Kant die Konturen eines aus moralischen Impulsen gespeisten „Hoffnungsglaubens" (einer „fides spei" gleichsam) sichtbar, in denen unschwer – obgleich „innerhalb der reinen Vernunft" – die in den religiösen Überlieferungen „durchbuchstabierten" und „hermeneutisch wach gehaltenen" „Intuitionen von Verfehlung und Erlösung, vom rettenden Ausgang aus einem als heillos erfahrenen Leben"[46] wiederzuerkennen sind. Mit Rück-

---

[46] J. Habermas, Vorpolitische Grundlagen des demokratischen Rechtsstaates?. In: ders., Zwischen Naturalismus und Religion. Philosophische Aufsätze. Frankfurt/Main 2005, 115.

sicht auf die Architektonik der Vernunftkritik sowie auf Kants „Weltbegriff der Philosophie" und die darin leitenden Fragen, bleibt mit
Blick auf die Weltstellung des Menschen als eines „vernünftigen,
aber endlichen [und d. h. eben auch: geschichtlichen] Wesens" zudem noch dies zu vergegenwärtigen: So wie Kant die Vernunft in
Anbetracht der ihren „theoretischen Gebrauch" überfordernden,
obgleich „unabweislichen Fragen" auf ein ihr erst durch die „praktische Vernunft" (die „positive Freiheit") eröffnetes „fremdes Angebot" verwiesen sah, so wäre nun „in Ansehung ihres praktischen
Gebrauchs" gleichermaßen für ein ihr „fremdes Angebot" in grenzbegrifflicher Behutsamkeit „Platz verschafft" – für ein „Angebot",
das sie in nach-denkender Aneignung der geschichtlich vorgegebe-
nen religiösen Traditionen, d. h. ohne assimilierende Gewaltsam-
keit, als ein ihr unverfügbares Sinnpotential, nicht eigentlich „entlehnt", sondern auch in ihrem Eigen-Sinn durchaus anerkennt; mit
Rücksicht auf die geschichtliche Verfassung dieses „endlichen vernünftigen Wesens" (VI 131) gewinnt dieses Angebot in dem zweifachen Sinne eines „trans-moralischen Sinn*überschusses*" wie auch
eines uneinholbaren „geschichtlichen Sinnvorschusses" genauere
Konturen[47].

Kant anerkannte also durchaus „*an den Grenzen der bloßen Vernunft*" die „welterschließende Kraft" religiöser – keinesfalls auf bloße „historische Gelehrsamkeit" zu reduzierender – Sinngehalte, die
jener darin vorausgesetzte „Anspruch des Moralischen" weder
selbst auszufüllen (bzw. einzuholen) vermag noch diese so ohne
weiteres ignorieren bzw. abweisen darf. Solcherart verknüpfte er
eine begründete philosophische Enthaltsamkeit mit der respektvol-
len grenzbegrifflichen Anerkennung von Sinnpotentialen, die sie
selbst bzw. die ersehnte „Befriedigung eines Vernunftbedürfnisses"
(VI 271) weder ohne Verlust zu „entlehnen" bzw. zu „übersetzen"
vermag – ebenso wenig freilich als vernunftwidrig einfachhin verabschieden kann. Jene kantische Grenzziehung praktischer Vernunftansprüche indiziert – auch dies impliziert das in dem Programm einer „Religion innerhalb der Grenzen der bloßen Vernunft" eröffnete

---

[47] Diese hier angesprochenen Themen dürfen wohl auch als Beispiele dafür angeführt werden, wie eine solche der Vernunftkritik gleichermaßen ab-
verlangte „Selbstbegrenzung der praktischen Vernunftansprüche" verdeutlichen kann, dass Kants Religionsphilosophie zweifellos „auch den konstruktiven Sinn hat, die Vernunft auf religiöse Quellen hinzuweisen, aus denen wiederum die Philosophie selbst eine Anregung entnehmen und insofern etwas
lernen kann" (Grenze 222).

kritische „Grenzbewusstsein" – also eine Aneignung von Sinnpotentialen, die sich, obgleich daraus vermittelt, um ihrer Authentizität und ihres zu bewahrenden Eigen-Sinns willen, gleichwohl einer linearen „Übersetzung" in moralische Kategorien entziehen. Daraus gewinnt auch Kants These, wonach „Moral . . . unumgänglich zur Religion" führe (IV 651) neue Akzente – ebenso wie sein Hinweis auf die durch „hergebrachte fromme Lehren . . . erleuchtete praktische Vernunft" (VI 186)[48].

Schon der ausdrückliche Hinweis Kants (s. o. Anm. 25), dass jene Hoffnung freilich nicht „auf göttliche Gerechtigkeit, sondern . . . auf seine Güte" gegründet sein muss (VI 108), lässt seine Sensibilität für die prinzipielle Ausweglosigkeit menschlicher Existenz erkennen, was die darin zutage tretenden Fragen „Verdienst, Schuld, Erwählung und Verwerfung" auch mit Blick auf ein solches „Stückwerk-Wissen" und das daraus resultierende „tiefe Stillschweigen unserer Vernunft" (Kant, AA XXVIII 1120 f.) betrifft, – Themen, die nicht zuletzt mit dem „abgründigen" Problem der „moralischen Selbsterkenntnis" – einem unentbehrlichen Scharnier zu Kants Religionsphilosophie – unauflöslich verwoben sind und vor allem auch seine Lehre vom „höchsten Gut" um wichtige Facetten bereichern. Auch darin bleibt noch sein kritisches Bemühen vernehmbar, „religiöse Inhalte begrifflich einzuholen", ohne dabei indes gegen Habermas' plausible Forderung zu verstoßen, „die theologisch-philosophischen Diskurse erst einmal zu entmischen" (Kommunikative Freiheit 135). Ist es doch diese zwar über praktische Vernunftansprüche eröffnete und diese gleichermaßen transzendierende Sinndimension, die unter den Vorzeichen des geschichtlichen Vorschusses einer durch „herkömmliche fromme Lehren erleuchteten praktischen Vernunft" (VI 186) – gemäß jenem kritischen „Grenzwissen" einer „docta ignorantia" – eine vernunft-gemäße Orientierung für ein endliches Vernunftwesen „in Ansehung seiner ganzen Existenz" auch an den Grenzen moralischer Praxis ermöglichen soll. Seinem

---

[48] Das gilt in diesem Kontext nicht zuletzt bezüglich des „fatum christianum", an das Kant hier (wohl über Leibniz) anschließt: „Die Entsagung (Resignation) in Ansehung des göttlichen Willens ist unsere Pflicht. Wir entsagen unserem Willen, und überlassen etwas einem anderen, der es besser versteht und es mit uns gut meint. Folglich haben wir Ursache, Gott alles zu übergeben, und den göttlichen Willen schalten zu lassen; das heißt aber nicht: wir sollen nichts thun und Gott alles thun lassen, sondern wir sollen das, was nicht in unserer Gewalt stehet, Gott abgeben und das unsrige, was in unserer Gewalt stehet, thun. Und dies ist die Ergebung in den göttlichen Willen." (AA 27.1, 320)

eigenen bemerkenswerten Hinweis zufolge soll dies vor Augen führen, dass und wie „eben diese Freiheit . . . auch allein [!] dasjenige" ist, „was . . . uns unvermeidlich [!] auf heilige Geheimnisse
führt" (IV 805)[49], zumal dies auch von der Frage nach unserer „moralischen Bestimmung" und dem darin leitenden Interesse einer
„moralischen Teleologie" an dem, „was den letzten Zweck unseres
Daseins ausmacht" (V 399), nicht abzulösen ist. Dahin weist auch,
wiederum an den „Grenzen der bloßen Vernunft", Kants später
Hinweis, die „Verwirklichung" des höchsten Gutes besage den Zustand „ausgeteilter Gerechtigkeit", den „Anfang der (seligen oder
unseligen) Ewigkeit, in welcher das jedem zugefallne Los so bleibt,
wie es in dem Augenblick des Spruchs . . . ihm zuteil ward" (VI
176; s. allerdings Kants negative Akzentuierung als bloß „nicht-unwürdig", s. o. 59 f.). Erst recht gilt dies sodann für Kants Bemerkung, dass wohl zwar die Freiheit selbst „kein Geheimnis" sei, jedoch „der uns unerforschliche Grund" derselben bzw. die uns „un-
erforschlichen Gründe zu dem Moralischen" (IV 805)[50] – Wendun-

---

[49] Diese Bemerkung Kants bezieht sich zwar zunächst auf den Zusammenhang von „Moralität und Gnade" (und den diesbezüglichen „Abgrund eines
Geheimnisses": IV 806; ebd. Anm.), lässt sich jedoch in diesem Geheimnis-
bezug im Sinne einer „mit der praktischen Bestimmung des Menschen" verbundenen „docta ignorantia" erweitern: „Die christliche Religion sagt: wir
können niemals hoffen, durch eigen Verdienst die Würdigkeit zu erlangen.
Sie fordert die größte Reinigkeit des Herzens" (Refl. 6838, AA XIX 175); „Das
Christentum hat dieses Besondere an sich, daß, da alle andre vorgeben, der
Mensch könne aus eignen Kräften dahin gelangen, dasselbe die Schwäche
der menschlichen Natur nicht vorschützt, sondern zur Schärfe der Selbstprü-
fung braucht und von Gott Hülfe" (Refl. 6832, AA XIX 174 f.). Diese auch in
späteren Schriften bewahrte Problemsicht darf jedenfalls durch Habermas'
Behauptung nicht verdeckt werden: „Hinter der Pflicht zur innerweltlichen
moralischen Anstrengung treten der heilsgeschichtliche Kontext von Sünde,
Buße und Versöhnung und damit auch das eschatologische Vertrauen auf die
retroaktive Macht eines Erlösergottes zurück" (Grenze 221).

[50] Auch Kants denkwürdige Reflexion, „dass ich zwar die Handlungen
durch freyheit, aber die freyheit selbst nicht in meiner Gewalt habe"
(Refl. 7171, AA XIX 263), fügt sich – auch mit Blick auf Kierkegaard – gut in
diesen Kontext. – Es ist auch das in dieser Reflexion anklingende Motiv, das
mit dem von jener Idee der „vollständig individuierten Person" unablöslichen
Gedanken des identitäts-stiftenden „Mit-sich verständigt-seins" über das „Telos der Verständigung" hinausweist und die – gegenüber Kierkegaards Rekurs auf die „selbst-gründende" Macht vorgeschlagene – eben in Verweis auf
den „Logos der Sprache" angebotene „deflationistische Deutung des ‚ganz
Anderen'" und den darin gewahrten „fallibilistischen und zugleich anti-skep-
tischen Sinn von ‚Unbedingtheit'" noch transzendiert, weil sich das negativi-

gen, die wohl auch mit Blick auf Kierkegaard – ohne dessen „teleologische Suspension des Ethischen" und im Widerstand gegen jedwede „Abdankung der Vernunft" (Grenze 246) vor religiösen Autoritäten – zu denken geben.

Obwohl in diesen thematischen Bezügen bei Kant eine gewisse Zweideutigkeit wiederum nicht zu leugnen ist, spricht zuletzt doch einiges dafür, dass er auch mit solchem Verweis auf „Geheimnisse, auf welche die Freiheit unvermeidlich führt" und die dennoch nicht ohne Verlust einfachhin „in moralische Begriffe verwandelt werden" können (IV 661), in gebotener grenzbegrifflicher Behutsamkeit eine Antwort auf die Frage vor Augen hatte, wie – in bloßer „historischer Gelehrsamkeit" sich ja keineswegs erschöpfende – „religiöse Inhalte" aneignend einzuholen sind; wohlgemerkt: ohne dass sich dabei einfach „die religiösen Überlieferungen . . . auf ihren rein moralischen Gehalt reduzieren lassen" (Grenze 222) – und doch auf eine Weise, dass diese gleichwohl „einen Sinn zulassen müssen und nicht etwa dabei alles Denken ausgehe" (IV 812 Anm.)? Besagt diese Forderung Kants denn etwas anderes als die notwendige Ausweisbarkeit bzw. Legitimierung dieses „religiösen Sinnpotentials" in „begründender Rede", ohne dieses dabei lediglich in die universalistischen Prinzipien einer „profanen Moral" aufzulösen?

Dergestalt werden praktische Vernunftansprüche nicht einfach negiert, sondern bleiben – und zwar über den in die „Glaubenssätze" hineingetragenen „moralischen Sinn" (VI 304) hinaus, und auch jenseits bloß „motivationaler" Relevanz – darin aufgehoben, und zwar durchaus in dem zweifachen Sinne des von Habermas betonten „zugleich erschließende(n) und begrenzende(n) Horizont(s) des Handelns" (Grenze 235). Hier, wo nach Kant die „Vernunft ins Stocken geräth" (AA XXVIII 1120 f.), sieht sie sich zugleich auf ein ihr vorgegebenes „fremdes Angebot" verwiesen und wird so – jenseits einer bloß ideengeschichtlichen Rezeption – für „anamnetische Sinnpotentiale" *an den Grenzen der (praktischen) Vernunft"* sensibilisiert, ohne welche die Nachfrage der menschlichen Vernunft nicht befriedigt wäre (und die deshalb auch nicht als bloße „Parerga" abzutun sind). Kants Vernunftkritik zerstörte ja nicht nur den überschwänglichen Vernunftgebrauch hinsichtlich der „Reichweite des eigenen Erkenntnisvermögens" (Grenze 217), ebenso entlarvte sein Programm einer „Kritik der praktischen Vernunft" Illu-

---

täts-sensible Bewusstsein des Unverfügbaren und des „Etwas fehlt" damit noch nicht begnügt. Noch Kants postulatorischer Rekurs auf den „Herzenskündiger" indiziert individualitäts-bedacht das Problem.

sionen, die praktische Vernunftansprüche betreffen, die freilich nicht nur einen praktischen „Überschwang", sondern ebenso eine Überforderung derselben bedeuten. Über solches „praktisches Grenzwissen" wäre mit Kant ein Weg eröffnet, worin die Frage „Was darf ich hoffen?" noch einen präziseren Sinn und gleichermaßen dieser „Hoffnungsglaube" bestimmtere Gestalt gewinnt; daraus wird aber auch deutlich, dass solche „Glaubensbezüge" sich auch bei Kant nicht auf das Vorhaben reduzieren lassen, „die göttliche Gnade in einen Imperativ zur Selbsttätigkeit um[zu]interpretieren" (Grenze 221).

Gewiss wollte Kant sich keinen „philosophischen Schattenriß der evangelischen Botschaft" (Kommunikative Freiheit 132) – weder „innerhalb der Grenzen der bloßen Vernunft" noch an den Grenzen derselben – anmaßen; gleichwohl orientierte sich das im Kontext seines „Weltbegriffs der Philosophie" (und den darin leitenden Fragen) erweiterte ethiko-theologische „Bedürfnis der fragenden Vernunft" an einer über moralische Praxis und deren „höchste Zwecke" hinausweisenden Sinndimension – wohl darum wissend, was kritisches Grenz-Bewusstsein, zwar selbst „an moralische, mithin an Vernunftideen" anschließend (IV 846), auch bezüglich der „Religion innerhalb der Grenzen der bloßen [!] Vernunft" in der angezeigten Weise „einräumen" muss. In einer solchen Hinsicht – und zwar mit Blick auf die Sphäre „innerhalb der Grenzen der bloßen Vernunft" (vgl. IV 659 f.) und doch an den Grenzen derselben[51] – wird sie sich in ihrer Selbstbescheidung wohl auch mit der Heranziehung religiöser Traditionen „zur Bestätigung und Erläuterung ihrer Sätze" (IV 655) nicht begnügen. Lediglich im Sinne eines solchen (grenzbegrifflich anerkennenden) Verweises lässt sich doch beispielsweise ohne unerlaubte Grenzüberschreitung der Anspruch formulieren (der das „moralische Prinzip der Religion" respektiert und es zugleich transzendiert): „Die Vernunft [!] läßt uns . . . in Ansehung des Mangels eigener Gerechtigkeit (die vor Gott gilt) nicht ganz ohne Trost" (IV 842). Über jenes „Bedürfnis der Vernunft",

---

[51] Ganz im Sinne der von Habermas in Adornos berühmtem Diktum: „Nichts an theologischem Gehalt wird unverwandelt fortbestehen; ein jeglicher wird der Probe sich stellen müssen, ins Säkulare, Profane einzuwandern" (Th. W. Adorno, Vernunft und Offenbarung, in: ders., Stichworte. Frankfurt/ Main 1969, 20), diagnostizierten „überforderten", „überanstrengten Vernunft" (Glauben und Wissen 27) hätte vermutlich auch Kant selbst an dieser Stelle Anlass dazu gesehen, Adorno an seine eigene – treffsichere – Kennzeichnung zu erinnern: „Kants System ist eines von Haltesignalen" (Th. W. Adorno, Negative Dialektik. Frankfurt/Main 1966, 380).

„sich im Denken im unermeßlichen und für uns mit dicker Nacht erfül-
leten Raume des Übersinnlichen, lediglich durch ihr eigenes Bedürfnis
zu orientieren" (III 271), weist das „Bedürfnis der *fragenden* Vernunft"
– gleichsam an „die Grenzen der (praktischen) Vernunft" anstoßend –
insofern noch hinaus, indem sie, als die alles Denken, Handeln und
Hoffen orientierende Vernunft, *in* solchen Erfahrungen (und „Wider-
fahrnissen") *mit* sich selbst noch eine Erfahrung macht und insofern
keinesfalls etwa bloß „praktisch leer" (VI 314) zurückbleibt und daraus
nicht nur ihrer Grenzen, sondern auch ihrer Abgründe inne wird. Bestätigt nicht auch dies – indirekt – Kants Bewusstsein davon, wie weit
sein religionsphilosophisches Programm sich der philosophischen
Übersetzung *und* der Anerkennung von „semantischen Potentialen"
der religiösen Überlieferungen verpflichtet und d. h. eben zugleich:
sich davon auch abhängig wusste?

Gibt Kants Einsicht, dass Grenzen eben nicht bloße „*Verneinun-
gen*" (III 227) sind, weil doch „in allen Grenzen . . . auch etwas
Positives" ist (III 229), nicht auch in diesem religionsphilosophischen Kontext zu denken – werden diese „Grenzen" somit nicht
selbst gewissermaßen zum indirekten grenzbegrifflichen *Verweis*
der „ins Stocken geratenen Vernunft" auf jene an die „Grenzen der
reinen Vernunft" „anstoßenden" Fragen (IV 704), die so auch noch
einmal den Blick und die Nachdenklichkeit der Philosophie in der
kritischen Rolle des Interpreten schärft? Freilich bleibt es für ein
philosophisch *kritisches* Bewusstsein mit Kant – und mit Adornos
Hinweis auf Kants „Haltesignale" (s. Anm. 51) – dabei, dass eine
Grenze *als* Grenze zu wissen, ja keineswegs so ohne weiteres
schon bedeutet, „darüber hinaus zu sein", sondern zunächst lediglich dies, sich erst einmal „*auf dieser Grenze*" zu halten (III 232).
Insofern mag dies selbst durchaus auch dazu beitragen, „Sensibilitäten, Gedanken und Motive zu erneuern, die zwar aus anderen
Ressourcen stammen" (Grenze 249). Dies bestätigt lediglich, dass
menschliche Vernunft, die sich dieserart ihrer Grenzen (ihrer Endlichkeit und Geschichtlichkeit) bewusst wird, eben darin auch erst
zu sich selbst kommt, d. h. dergestalt sich selbst gleichermaßen er-
wirbt *und* vor unkritischem „Überschwang" bewahrt. Ohnedem ist
das von Kant wiederholt angesprochene Motiv der „Selbsterhaltung der Vernunft" nicht zu begreifen. Eben in einer solchen kritischen Selbstreflexion „relativiert" Vernunft – und zwar im Sinne einer „In-Beziehung-Setzung" wie auch einer Selbstbegrenzung – erneut sich selbst: nämlich *zu* und *an* den „Grenzen der Vernunft",
ohne sich damit indes dem Vorwurf auszuliefern, dass notwendige
Grenzziehungen unversehens porös werden und eine haltlos ge-

wordene Vernunft zunehmend „ins Schwärmen" gerate (Grenze 252), sondern vielmehr nur in solcher Selbstrelativierung menschliche Vernunft bleibt.

2. Kants kritisch-„grenzbegriffliche" Eröffnung wäre so vielleicht auch dahingehend aufzunehmen bzw. zu resümieren, dass für (bzw. durch) jene „durch hergebrachte fromme Lehren erleuchtete Vernunft" als Sinnanspruch für den Menschen etwas „zur Sprache kommt", was er, als geschichtlich existierendes „vernünftiges Weltwesen", weder von sich selbst her aussagen noch sich selbst zusprechen kann und auch die Dimension des dem „Logos der Sprache" innewohnenden „Unverfügbaren" und „Unbedingten" – aber auch das in diesem Sprach-Logos „selbst angelegten Versprechen" (so Habermas: Horkheimer 122) noch transzendiert – obgleich eine undogmatische Philosophie (in Modifikation einer berühmten Wendung aus Kants „erster Kritik") auch hier „zu solcher Erweiterung immer doch wenigstens Platz verschafft", den sie selbst freilich als solche durchaus „leer lassen muss" (II 28)[52]. Darin wird jenes aus dem „Gott in uns" gespeiste „Bedürfnis der *fragenden* Vernunft" „an den Grenzen der bloßen Vernunft" auf ein auch der *praktischen* Vernunft „fremdes Angebot" (IV 251) verwiesen – im Sinne eines aus der gleichermaßen unumgänglichen Ausmessung des praktischen Vernunftraumes resultierenden „Angebotes", welches, einen Rückfall in *praktischen* Dogmatismus vermeidend, dieserart für einen (von Kant selbst so genannten) „reflektierenden Glauben" (IV 704 Anm.) „Platz bekommt"[53]. Jedenfalls darf der von Kant erhobene ironisch-

---

[52] Auf solche Weise träfe jener Hinweis Habermas' auf den „traditionsaneignenden Philosophen" offensichtlich recht genau auf Kant selbst zu, „der in performativer Einstellung die Erfahrung macht, dass sich Intuitionen, die längst in religiöser Sprache artikuliert worden sind, weder abweisen noch ohne weiteres rational einholen lassen" (Exkurs 141), also durchaus „nicht einfach das Denken ausgehe" (IV 812). Auch Kants Verweis auf die „moralische Liebenswürdigkeit, welche das Christentum bei sich führt" (VI 189), darf wohl in diesem Sinne eines solchen „Sinnüberschusses" verstanden werden und weist so jedenfalls über eine bloße pädagogische „Vehikel"-Funktion hinaus.

[53] Hier wären, nicht zuletzt mit Blick auf die Kant-Interpretation Derridas, die von Kant erwähnten „Parerga der Religion innerhalb der Grenzen der reinen Vernunft" näher zu verfolgen, die zwar, so Kants merk-würdige Formulierung, nicht „innerhalb dieselben" gehören, „aber doch an sie" anstoßen (IV 704 Anm.), d. h. offensichtlich: „angrenzen", ohne indes einfachhin „anstößig" zu sein, zumal dabei ja keineswegs „alles Denken ausgehe". – So ist

selbstbewusste Anspruch, es sei ja keineswegs ausgemacht, ob die Philosophie als Magd der Theologie „ihrer gnädigen Frau die Fackel vorträgt oder die Schleppe nachträgt" (VI 228), jene – wirkungsgeschichtlich wache und anamnetisch sensible – kritische Selbstbescheidung nicht übersehen lassen, die sein Hinweis auf die durch „herkömmliche fromme Lehren erleuchtete praktische Vernunft" sowie sein Rekurs auf den „reflektierenden Glauben" durchaus impliziert; dies gilt wohl ebenso für seine bemerkenswerte Bezugnahme auf jene „unvermeidlich auf heilige Geheimnisse" führende Freiheit, auf die „Lehre des Christentums" (und dessen „Begriff des höchsten Guts": IV 258 f., in Abgrenzung von den „philosophischen Schulen") sowie auf die „wundersame Religion" (mit der darin enthaltenen Kennzeichnung der „fides": s. o. Anm. 33, vgl. auch III 498), die „in der größten Einfalt ihres Vortrages die Philosophie mit weit bestimmteren und reineren Begriffen der Sittlichkeit bereichert hat, als diese bis dahin hatte liefern können, die aber, wenn sie einmal da sind, von der Vernunft frei gebilligt, und als solche angenommen werden, auf die sie wohl von selbst hätte kommen und sie einführen können und sollen" (V 603 Anm.)[54].

Vielleicht zeigt sich Kants durchaus vorhandenes Gespür für die „epistemische Abhängigkeit" sowie für die damit verbundene Aneignungsaufgabe und „Nach-denklichkeit" jedoch am eindrucksvollsten in seinem späten – die religionsphilosophische Gedankenfigur der „Analogie" ja in denkwürdiger Weise geradezu umkehrenden! – Verweis auf den sich „nach der Analogie mit der Gottheit" denkenden Menschen (VI 133) und die von daher inspirierte Idee

---

auch in einem Entwurf zur Vorrede der Religionsschrift von dem eigentlichen „Geschäft" des „biblischen Theologen" die Rede, den Sinn der Schriftstellen „als einer Offenbarung zu bestimmen, der vielleicht etwas enthalten mag, was gar keine Philosophie jemals einsehen kann als auf welche Art Lehren jene auch ihr eigentliches Hauptgeschäfte gerichtet hat." (AA XX 434) In wohl ähnlicher Blickrichtung bezeichnete Kant das Evangelium als den „unvergänglichen Leitfaden der wahren Weisheit, mit welchem nicht allein eine ihre Speculation vollendende Vernunft zusammentrifft, sondern daher sie auch ein neues Licht in Ansehung dessen bekömmt, was, wenn sie gleich ihr ganzes Feld durchmessen hat, ihr noch immer dunkel bleibt und wovon sie doch Belehrung bedarf" (Brief Kants an Jung-Stilling v. März 1789: AA XXIII, 494).

[54] Obgleich Kant (wie Habermas mit Recht anmerkt) im späten „Streit der Fakultäten" den Ton „verschärft" (Grenze 221), so bleibt bei ihm dennoch das durchaus vorhandene „wirkungsgeschichtliche" Bewusstsein bestimmend, dass der „Gott in uns" als authentischer „Ausleger" der Schrift in „Begriffe(n) unserer Vernunft" (VI 315) eben doch durch diese religiöse Tradition selbst vermittelt ist.

des „Gott wohlgefälligen Menschen" (im Kontext der Begründung
des „höchsten Gutes"). Es sind dies wohl Themen, deren „Sinnüberschuss" jedenfalls über eine bloß „genealogische" Würdigung des
Christentums als hilfreiches „historisches Vehikel" hinausweisen und
sich offensichtlich auch nicht einfachhin auf das Vorhaben einer
„schrittweisen Ersetzung der positiven Religionen durch den reinen
Vernunftglauben" (Grenze 237) reduzieren lassen.

Auch diese in kritisch-grenzbegrifflicher Würdigung vorgenommenen religionsphilosophischen Bezüge, die sich doch nicht auf die
„engere Sphäre des Glaubens" (IV 659) einfach beschränken, sind
wohl ein Indiz dafür, dass Kant für die unaufhebbare „epistemische
Abhängigkeit der philosophischen Begriffs- und Theoriebildung von
der Inspirationsquelle der religiösen Überlieferung" (Grenze 234)
prinzipiell durchaus sensibel blieb. Ist in diesem Sachverhalt nicht
auch Kants ausdrückliche (obgleich nicht immer konsequent durchgehaltene) Unterscheidung des Programms einer „Religion innerhalb der bloßen Vernunft" von einer „Religion aus bloßer Vernunft"
(s. VI 267 f. Anm.) begründet, die es im Grunde – konsequenter
zweifellos, als Kant selbst dies befolgt hat – auch verbieten muss,
„der positiven Religion und dem Kirchenglauben eine [bloß] instrumentelle Funktion" einzuräumen (Grenze 231)?

Gleichwohl sind auch hier wiederum jene Züge nicht zu übersehen, durch die Kant selbst einschlägige reduktionistische Tendenzen
mit seiner – in ihrer unüberhörbaren Vagheit wenigstens missverständlichen – These von der „Zusammenstimmung" des Christentums „mit dem reinsten moralischen Vernunftglauben" (VI 272)
zweifellos begünstigte – so etwa, wenn dies besagt, „dass zwischen
Vernunft und Schrift nicht bloß Verträglichkeit, sondern auch Einig-
keit anzutreffen sei" und „Offenbarung, als historisches System . . .
zu demselben reinen Vernunftsystem der Religion zurück führe"
(IV 659). Gegenüber solchen Engführungen, die allerdings zu Recht
auf den moralisch-praktischen Fundamenten und dem Vernunftanspruch (vgl. VI 338) der Religion insistieren (d. h. zeigen, wie „Moral
unausbleiblich zur Religion" führe: IV 655 Anm.), lässt der von Kant
dem biblischen Theologen ja ausdrücklich eingeräumte – und mit
dem kritisch-grenzbegrifflichen Anspruch jenes „innerhalb der
Grenzen der bloßen Vernunft" auch durchaus verträgliche – Einspruch dagegen, dass der Philosoph in die religiösen Lehren „etwas
hineinträgt, und sie dadurch auf andere Zwecke richten will, als es
dieser ihre Einrichtung verstattet" (IV 656), seine Zustimmung zu
Habermas' Skepsis darüber erkennen, ob nicht „die religiösen Diskurse . . . ihre Identität" verlieren müssten, „wenn sie sich einer Art

von Interpretation öffneten, die die religiösen Erfahrungen nicht mehr *als* religiöse gelten läßt", sodass infolgedessen der Zweifel darüber tatsächlich unabweislich wäre, ob so „das religiöse Sprachspiel intakt bleibt" bzw. „wer sich in dieser Interpretation wiedererkennt" (Exkurs 138 f.)? Eine solche Vorgangsweise wäre mit dem Anspruch des kantischen „Weltbegriffs der Philosophie" wie auch mit der kritischen Intention der von Habermas der Philosophie zugedachten Rolle als kritischer Interpret und „Vermittler zwischen Expertenkultur und Lebenswelt" gleichermaßen unvereinbar.

Philosophierende Zeitgenossen, die auch an religionsphilosophischen Themen Interesse nehmen, dürfen neugierig bleiben. Spricht doch vieles dafür, dass auch für eine nicht bloß in apologetischer Absicht betriebene, sondern „agnostische Religionsphilosophie" das von Habermas bekundete Interesse an „Kants Religionsphilosophie unter dem Gesichtspunkt, wie man sich die semantische Erbschaft religiöser Überlieferungen aneignen kann, ohne die Grenze zwischen den Universen des Glaubens und des Wissens zu verwischen" (Grenze 218), eine Fortsetzung des Gesprächs mit Kant nahe legt, ja dies sogar notwendig macht.

HERTA NAGL-DOCEKAL

EINE RETTENDE ÜBERSETZUNG?

Jürgen Habermas interpretiert Kants Religionsphilosophie

Gibt es im Kontext heutiger philosophischer Anstrengungen einen triftigen Grund, die religionsphilosophischen Überlegungen Kants neu zu bedenken? Jürgen Habermas hat in einem an der Österreichischen Akademie der Wissenschaften gehaltenen Vortrag[1] einen solchen Grund benannt. Es ist die „Perspektive einer Bedrohung des normativen Gehalts der im Westen entstandenen Moderne" (H 157), unter der ihm eine solche Re-Lektüre angezeigt erscheint. Ausschlaggebend ist folgende Diagnose zur Lage im „europäischen Westen" (H 142): „Die Arbeitsteilung zwischen den integrativen Mechanismen des Marktes, der Bürokratie und der gesellschaftlichen Solidarität ist aus dem Gleichgewicht geraten und hat sich zugunsten wirtschaftlicher Imperative verschoben, die einen am je eigenen Erfolg orientierten Umgang der handelnden Subjekte miteinander prämieren. . . . Diese Erschütterung des Normbewusstseins manifestiert sich auch in schwindenden Sensibilitäten für gesellschaftliche Pathologien und verfehltes Leben überhaupt." (H 157)[2]. Zugleich trete eine Leistungsgrenze der Gegenwartsphilosophie deut-

---

[1] Jürgen Habermas, „Die Grenze zwischen Glauben und Wissen. Zur Wirkungsgeschichte und aktuellen Bedeutung von Kants Religionsphilosophie", in: Herta Nagl-Docekal und Rudolf Langthaler (Hg.), Recht – Geschichte – Religion. Die Bedeutung Kants für die Gegenwart, Berlin: Akademie Verlag 2004, 141–160. Zitate aus diesem Aufsatz werden im Folgenden im laufenden Text in Klammern – unter Nennung der Seitenzahl nach dem Buchstaben H – ausgewiesen.

[2] Habermas beschreibt diesen Prozess näher als die „Verwandlung der Bürger wohlhabender und friedlicher liberaler Gesellschaften in vereinzelte, selbstinteressiert handelnde Monaden, die nur noch ihre subjektiven Rechte wie Waffen gegeneinander richten. Evidenzen für ein solches Abbröckeln der staatsbürgerlichen Solidarität zeigen sich im größeren Zusammenhang einer politisch unbeherrschten Dynamik von Weltwirtschaft und Weltgesellschaft." Jürgen Habermas, Zur Diskussion mit Kardinal Ratzinger, in: Information Philosophie, 4/2004, 10.

lich hervor: „Eine nachmetaphysisch ernüchterte Philosophie kann diesen Mangel nicht kompensieren" (H 157)[3]. Diese beiden Befunde sind bestimmend für die von Habermas vorgeschlagene Neubesichtigung der philosophischen Auseinandersetzung mit Religion bei Autoren, die sich zugleich dem Anspruch der Aufklärung stellten. Lässt sich, so lautet die Fragestellung, ein Modus philosophischer Aneignung entdecken, durch den „die suggestiven Bilder und die dichten Narrative der großen Weltreligionen . . . für ein verkümmerndes normatives Bewusstsein regenerative Kraft gewinnen" können (H 158 f.)[4]? Aus diesem Blickwinkel rückt zunächst das Denken Kants in das Zentrum der Aufmerksamkeit, wobei Habermas sich von folgender These leiten lässt: „Die Transzendentalphilosophie hat im ganzen den praktischen Sinn, den transzendenten Gottesstandpunkt in eine funktional äquivalente innerweltliche Perspektive zu überführen und als moralischen Gesichtspunkt zu bewahren." (H 150) Als charakteristisch für diese Art der ‚Überführung' – und als für heute besonders relevant – erscheint Kants Konzeption des ‚ethischen gemeinen Wesens'[5]: „Die innerhalb der Grenzen bloßer Vernunft angeeignete Idee der Annäherung an das Reich Gottes . . . weckt in uns allgemein ein Bewusstsein kollektiver Verantwortung für unterlassene kooperative Anstrengungen" (H 159).

---

[3] Zum Begriff ‚nachmetaphysisch' vgl. Jürgen Habermas, Nachmetaphysisches Denken, Frankfurt am Main: Suhrkamp 1988. Dass dieser Begriff im Habermas'schen Werk ab 1981 einen gewissen Bedeutungswandel erfahren hat, zeigt: Michael Kühnlein, Aufhebung des Religiösen durch Versprachlichung? Eine religionsphilosophische Untersuchung des Rationalitätskonzeptes von Jürgen Habermas, in: Theologie und Philosophie, 71 (1996), 3, 390 ff.

[4] Habermas knüpft hier an eine bereits früher formulierte These an: „. . . ohne eine sozialisatorische Vermittlung und ohne eine philosophische Transformation irgendeiner der großen Weltreligionen könnte eines Tages dieses semantische Potential unzugänglich werden: dieses muß sich jede Generation von neuem erschließen, wenn nicht noch der Rest des intersubjektiv geteilten Selbstverständnisses, welches einen humanen Umgang miteinander ermöglicht, zerfallen soll: Jeder muß in allem, was Menschenantlitz trägt, sich wiedererkennen können." Jürgen Habermas, Nachmetaphysisches Denken, a. a. O., 23.

[5] Habermas setzt hier, wie er festhält (H 152 f.), eine aus der marxistischen Denktradition bekannte Schwerpunktsetzung fort. Für eine Überblicksdarstellung dieser Tradition der Kant-Lektüre siehe: Alfred Habichler, Reich Gottes als Thema des Denkens bei Kant, Mainz: Matthias-Grünewald-Verlag 1991, 62 ff.

Habermas sondiert also, welche Möglichkeit einer „rettenden Aneignung" (H 142) religiöser Gehalte Kant aufzeigt[6]. Die Metaphorik des ‚Rettens' lässt sich in zweifachem Sinn verstehen: Es soll wohl untersucht werden, ob eine Errettung der heute unter säkularisierten Bedingung lebenden Menschen aus dem Leidensdruck der „entgleisenden Modernisierung" (H 142) durch eine „vernünftige Aneignung" (H 142) von Schätzen aus dem gekenterten Schiff der Religion möglich ist. Zugleich sucht Habermas nachzuweisen, dass der von Kant eingeschlagene Weg letztlich nicht gangbar ist. In seinem Wiener Vortrag beschließt Habermas seine Rekonstruktion der Überlegungen Kants mit einer Kritik, die ihm eine Hinwendung zu Hegel als angezeigt erscheinen lässt[7]. Er moniert, „dass Kant mit dem Konzept des Vernunftglaubens der Religion mehr an Substanz entwenden wollte als die praktische Vernunft im Ernst verträgt" (H 158). Demnach zeige sich bei Kant ein unüberbrückbarer Konflikt zwischen dem „Versuch einer reflexiven Aneignung religiöser Gehalte" einerseits und dem „religionskritischen Ziel" andererseits (H 150) – ein Konflikt, den Habermas unter Anspielung auf die bekannte Redewendung veranschaulicht, wonach es nicht möglich ist ‚to have the cake, and eat it'. Doch vielleicht liegt die diagnostizierte Widersprüchlichkeit nicht an Kant selbst, sondern an diesem interpretierenden Zugriff? Im Folgenden soll die These vertreten werden, dass Kant weder eine ‚Übersetzung' noch eine ‚Religionskritik' im hier unterstellten Sinn zu leisten suchte. Dabei wird auch zu sondieren sein, ob sich Kants Religionsphilosophie heute vielleicht in anderer als der von Habermas vorgeschlagenen Weise als anschlussfähig erweisen könnte.

---

[6] An anderer Stelle spricht Habermas von einer „rettenden Übersetzung religiöser Gehalte" (H 150). In einem 1999 publizierten Interview hatte er freilich den mit dem Begriff „übersetzen" verbundenen Anspruch deutlich eingeschränkt: Die Philosophie könne „vielleicht der Theologie einige Begriffe ‚entwenden' (wie Benjamin das in seinen Thesen zur Geschichtsphilosophie ausgedrückt hat), aber es wäre der schiere Intellektualismus, wenn man von der Philosophie erwartete, dass sie sich auf dem ‚Übersetzungswege' die in der religiösen Sprache aufbewahrten Erfahrungsgehalte mehr oder weniger vollständig aneignen könnte." Über Gott und die Welt. Eduardo Mendieta im Gespräch mit Jürgen Habermas, in: Jürgen Manemann (Hg.), Befristete Zeit (Jahrbuch Politische Theologie, Bd. 3), Münster – Hamburg – London: LIT 1999, 205.

[7] Die Fragen, die sich bezüglich der für diese Wendung maßgeblichen Hegel-Deutung ergeben, können hier nicht aufgenommen werden.

1. An den Grenzen des Rechts

In seiner Diagnose eines schwindenden Normbewusstseins nimmt Habermas auch darauf Bezug, dass sich dieser Verfallsprozess gegenwärtig im Kontext von Lebensverhältnissen vollzieht, die durch Prinzipien des modernen Rechtsstaats geregelt sind. Damit werde eine Leistungsgrenze desselben offenkundig: „Die reine praktische Vernunft kann sich nicht mehr so sicher sein, allein mit Einsichten einer Theorie der Gerechtigkeit in ihren bloßen Händen einer entgleisenden Modernisierung entgegenwirken zu können" (H 142). Doch wie ist die Wendung „nicht mehr" zu verstehen? Für wen galt es bislang als „so sicher", dass einem verkümmernden normativen Bewusstsein allein mittels einer Theorie der Gerechtigkeit beizukommen wäre? Das Habermas'sche Problemexposé lässt verschiedene Deutungen zu. Da auf die „reine praktische Vernunft" Bezug genommen wird, könnte Kant gemeint sein. In diesem Fall wäre geltend zu machen: Die Konzeption der reinen praktischen Vernunft ist weder auf eine Theorie der Gerechtigkeit eingeschränkt, noch hat sie darin ihre ultimative Pointe. Vielmehr impliziert sie ein komplexes Verhältnis von Recht, Moral und Religion, in dem der Moral eine Vorrangstellung zukommt. An dieser Stelle können freilich nur zwei Elemente kurz in Erinnerung gerufen werden. Erstens: Aus dem kategorischen Imperativ leitet sich eine moralische Verpflichtung zur Etablierung rechtlich geregelter Verhältnisse ab. Wenn wir uns die Frage stellen, was genau es bedeutet, alle Menschen als selbst Zwecke Setzende zu respektieren, dann gelangen wir zunächst zur Einsicht, dass alle Einzelnen über einen Freiraum verfügen müssen, weil sie sonst ihre Kompetenz zu handeln nicht umsetzen können. An diesem Punkt setzt Kants moralphilosophisch begründete Formulierung der Vertragskonzeption ein[8]. Unter der Perspektive der ersten Person be-

---

[8] Kant zeigt außerdem einen über den Antagonismus der Partikularinteressen vermittelten Weg zur Vertragskonzeption auf. Vgl. Immanuel Kant, Idee zu einer allgemeinen Geschichte in weltbürgerlicher Absicht, Kant's gesammelte Schriften, hg. von der Preußischen, später Deutschen Akademie der Wissenschaften, Berlin 1910–1968 (im Folgenden zitiert mit AA), Band VIII, 15–31. (Weitere Zitate aus dieser Schrift werden im laufenden Text in Klammern – unter Nennung der Seitenzahl nach dem Buchstaben I – ausgewiesen). Dass diese beiden Begründungsformen in einem komplexen, in sich stringenten Argumentationszusammenhang verbunden sind, erläutert – in kritischer Auseinandersetzung mit der These, Kant sei an diesem Punkt zweideutig geblieben – Herta Nagl-Docekal, „Autonomie zwischen Selbstbestimmung und Selbstgesetzgebung oder Warum es sich lohnen könnte, dem Ver-

trachtet, bin ich in Bezug auf das Recht in dreifacher Weise verpflichtet: Die Moral gebietet, dass ich mich überhaupt in das „Gehege"(I 22) des Rechts begebe; dass ich auf die Einhaltung der jeweils geltenden Gesetze achte (was nicht nur bedeutet, dass ich selbst den Gesetzen Folge zu leisten habe); und dass ich mich für Veränderungen engagiere, wo das geltende Recht mit den Implikationen des Vertragsgedankens nicht in Einklang steht[9]. Zweitens: Diese dreifache Aufgabe umfasst nur einen Teil der Verpflichtungen, die uns der kategorische Imperativ auferlegt; sie stellt einen ersten, auf die äußeren Bedingungen des Handelns beschränkten Schritt der Implementierung des moralisch Gesollten dar. (Auf darüber hinaus gehende Verpflichtungen wird im Folgenden noch einzugehen sein.)

Die Habermas'sche Einschätzung, dass Philosophie „allein mit den Einsichten einer Theorie der Gerechtigkeit in ihren bloßen Händen" nicht in der Lage wäre, der grassierenden Verkümmerung des normativen Bewusstseins wirksam entgegen zu treten, kann indessen auch auf die zeitgenössische Tendenz bezogen werden, dem Recht Priorität gegenüber der Moral zuzuschreiben. Aus der Perspektive des modernen Staates ist die Moralität der Bürgerinnen und Bürger deren Privatsache. Wenn die vorzügliche Aufgabe des liberalistisch konzipierten Staates darin besteht, die Autonomie aller einzelnen Bürgerinnen und Bürger so weit als möglich zu gewährleisten, dann geht es um die Sicherung eines Freiraums. Zugespitzt formuliert, haben die Einzelnen das Recht, unmoralisch zu handeln, so lange sie damit kein Gesetz übertreten. Eine fragwürdige Entwicklung zeichnet sich dann ab, wenn in der praktischen Philosophie ein rechtsphilosophischer Kurzschluss auftritt. Suggeriert wird in diesem Fall, dass die Moralphilosophie, da sie sich auf eine ‚Privatsache' bezieht, nur marginale Bedeutung hat, während die eigentlich relevanten Handlungskontexte im Bereich einer am Vertragsgedanken orientierten Rechtsphilosophie erörtert würden. Die Problematik dieser Sichtweise wird offenkundig, wo die Marginalisierung von Moral ihren Niederschlag in verbreiteten motivationa-

---

hältnis von Moral und Recht bei Kant erneut nachzugehen", in: Herlinde Pauer-Studer und Herta Nagl-Docekal (Hg.), Freiheit, Gleichheit und Autonomie, Wien: Oldenbourg/Berlin: Akademie Verlag 2003, 296–326. Vgl. Jürgen Haberms, Faktizität und Geltung, Frankfurt a. M.: Suhrkamp 1992, 118.

[9] Vgl. Paul Guyer, „Civic Responsibility and the Kantian Social Contract", in: Herta Nagl-Docekal und Rudolf Langthaler (Hg.), Recht – Geschichte – Religion, a. a. O., 27–48.

len Haltungen findet. In diesem Kontext sind die von Habermas be-
obachteten Zeit-Phänomene aufschlussreich, etwa dass „wirtschaft-
liche Imperative . . . einen am je eigenen Erfolg orientierten Umgang der handelnden Subjekte miteinander prämieren" (H 157)
und damit gesellschaftliche Solidarität zurück drängen. Werbeslo-
gans, die dazu aufrufen, ‚gnadenlos' und ‚geizig' zu sein, illustrieren diese Vorgänge. (Signifikant ist in diesem Zusammenhang der
Bedeutungswandel des Begriffs ‚Autonomie' – von der moralischen
Selbstgesetzgebung bei Kant zur Privatangelegenheit einer Selbstbestimmung, die ebenso gut unmoralisch wie moralisch sein kann,
im liberalistischen Kontext der Gegenwart).

In seiner Suche nach einem Ausweg bezieht Habermas sich offenbar darauf, dass in öffentlichen Diskursen oft mit dem Begriffs-
paar ‚Recht/Religion' operiert wird. Darin drückt sich die Vorstellung
aus, dass die mit den Mitteln des modernen Rechtsstaats nicht auf-
recht zu erhaltenden, oder gar zu erzeugenden, Werthaltungen
möglicherweise durch Anleihen bei den Weltreligionen (wieder-)ge-
wonnen werden könnten. So würde sich erklären, dass Habermas
sich der Religionsphilosophie Kants im Zeichen der Frage zuwendet,
ob sie ein Modell für eine solche Aneignung bereit hält. Doch führt
dies in eine Widersprüchlichkeit: Gerade bei Kant wird deutlich,
dass für eine differenzierte praktische Philosophie keine Notwendigkeit besteht, angesichts der in normativer Hinsicht limitierten Möglichkeiten des liberalen Rechtsstaats Zuflucht in einer Übersetzung
religiöser Gehalte zu suchen. Kants Konzeption der reinen praktischen Vernunft steht durchaus nicht mit „bloßen Händen" da, wenn
es um die Frage geht, wie die Theorie des modernen Staates mit
moralischen Imperativen überzeugend vermittelt werden könne.

2. ‚Ein System wohlgesinnter Menschen'[10]

Dass der Staat hinsichtlich der Moralität seiner Bürgerinnen und
Bürger machtlos ist, lässt sich kaum deutlicher darlegen als in den
von Kant selbst gewählten Formulierungen – etwa in dieser: „In einem schon bestehenden politischen gemeinen Wesen befinden sich
alle politische Bürger, als solche doch im ethischen Naturstande,

---

[10] Immanuel Kant, Die Religion innerhalb der Grenzen der bloßen Vernunft, AA VI, 98. (Weitere Zitate aus dieser Schrift werden im laufenden Text
in Klammern – unter Nennung der Seitenzahl nach dem Buchstaben R – ausgewiesen.)

und sind berechtigt, auch darin zu bleiben . . . Der Bürger des politischen gemeinen Wesens bleibt also . . . völlig frei: ob er . . . im
Naturzustande dieser Art bleiben wolle." (R 95 f.) Klar ist freilich,
dass hier allein vom Staatsbürgerstatus die Rede ist. Dass wir als
„politische Bürger" berechtigt sind, „im ethischen Naturzustande
. . . zu bleiben", besagt keineswegs, dass wir auch als Menschen,
die durch ihre reine praktische Vernunft mit dem Sittengesetz konfrontiert sind, berechtigt sind, in diesem Zustand zu verbleiben. Kant
erläutert vielmehr, dass sich am Ort der Unterscheidung von Bürger
und Mensch eine Auffächerung der Verpflichtungen, die im kategorischen Imperativ angelegt sind, als notwendig erweist: Zwei Formen der Gemeinschaftsbildung sind zu bewerkstelligen.

Der Begriff ‚Naturzustand' hat bei Kant eine gesellschaftstheore-
tische Bedeutung: Er bezieht sich auf eine ungeregelte Form des Zusammenlebens. Kant unterscheidet einen „juridischen" und einen
„ethischen" Naturzustand (R 96), deren Vergleichbarkeit darin liegt,
dass es sich in beiden Fällen um einen „Zustand des Krieges" (R 96)
handelt. Den Ausgangspunkt für den gesamten Gedankengang bildet ein anthropologischer Befund, der in Kants Schrift ‚Idee zu einer
allgemeinen Geschichte in weltbürgerlicher Absicht' näher expliziert
ist. Kant beobachtet einen Antagonismus in der menschlichen Ver-
anlagung: „Ich verstehe hier unter dem Antagonismus die ungesellige Geselligkeit der Menschen; d. i. den Hang derselben, in Gesellschaft zu treten, der doch mit einem durchgängigen Widerstan-
de, welcher diese Gesellschaft beständig zu trennen droht, verbunden ist. Hiezu liegt die Anlage offenbar in der menschlichen Natur.
Der Mensch hat eine Neigung, sich zu vergesellschaften; weil er in
einem solchen Zustande sich mehr als Mensch . . . fühlt. Er hat aber
auch einen großen Hang sich zu vereinzeln (isolieren); weil er in
sich zugleich die ungesellige Eigenschaft antrifft, alles bloß nach
seinem Sinne richten zu wollen, und daher allerwärts Widerstand erwartet, so wie er von sich selbst weiß, daß er seiner Seits zum Wider-
stande gegen andere geneigt ist. Dieser Widerstand ist es nun, welcher ihn dahin bringt, . . . getrieben durch Ehrsucht, Herrschsucht
oder Habsucht, sich einen Rang unter seinen Mitgenossen zu verschaffen, die er nicht wohl leiden, von denen er aber auch nicht lassen kann." (I 20 f.) Den vielfältigen durch das Aufeinanderprallen
der Partikularinteressen generierten Übeln können wir Kant zufolge
nur dann wirksam entgegen treten, wenn wir uns einer doppelten
Aufgabe stellen. Zum einen haben wir einander „Freiheit unter äußeren Gesetzen" (I 22) zuzusichern – durch Begründung bzw. Beförderung des Rechtsstaats und die Auseinandersetzung mit dem „Pro-

blem eines gesetzmäßigen äußeren Staatenverhältnisses" (I 23)[11]. Doch ist das Phänomen der ,ungeselligen Geselligkeit' damit nicht beseitigt. Die rechtliche Regelung des Zusammenlebens kann gewissermaßen nur den gröberen Schaden – in Form einer Bedrohung des äußeren Handlungsspielraumes der Einzelnen – abwehren. Im übrigen behalten „die Unvertragsamkeit, . . . die missgünstig wetteifernde Eitelkeit, . . . die nicht zu befriedigende Begierde zum Haben, oder auch zum Herrschen" (I 21)[12], da sie in unserer Natur als ,Hang' verankert sind, ihre Wirksamkeit als Antriebe zum Handeln. Aus diesem Grund ist noch eine weitere, über die Begründung von Rechtsverhältnissen hinausgehende Dimension der Gemeinschaftsbildung erforderlich.

Wenn Kant festhält, dass die Bürger im ,ethischen Naturzustande' verbleiben, so ist damit nicht gesagt, es sei charakteristisch für Bürger, ihre Partikularinteressen zum Prinzip ihres Handelns zu machen. Das zeigt eine hypothetische Zuspitzung: Nehmen wir an, so Kants Vorschlag, alle Einzelnen würden sich redlich bemühen, ihr Handeln am kategorischen Imperativ zu orientieren – gerade dann würde der labile Zuschnitt ihrer Moralität deutlich. Solange wir mit unserem guten Willen nur auf uns selbst gestellt sind, finden wir uns im sozialen Kontext allzu leicht bereit, vom moralischen Weg abzuweichen. „Es ist nicht einmal nötig, dass diese [anderen Menschen] schon als im Bösen versunken, und als verleitende Beispiele vorausgesetzt werden; es ist genug, dass sie da sind, dass sie ihn [den Einzelnen] umgeben, und dass sie Menschen sind, um einander wechselseitig in ihrer moralischen Anlage zu verderben, und sich einander böse zu machen." (R 94). Der ,ethische Naturzustand' ist eine „öffentliche, wechselseitige Bedrohung der Tugendprinzipien" (R 97). Kant würde (wie Habermas) keineswegs ausschließen, dass es selbst im Kontext des modernen Staates zu einer moralischen Katastrophe kommen kann.

Der einzige Ausweg, den Kant sieht, ist der Form nach bereits bekannt – er liegt abermals in einer Vereinigung aller Einzelnen in ei-

---

[11] Zur Lösung dieser Aufgabe leitet uns sowohl unsere moralisch praktische Vernunft als auch unser pragmatischer Verstand an. Vgl. Fußnote 8.

[12] Eine ähnliche Aufzählung findet sich in Kants Schrift zur Religion, in der von Neid, Herrschsucht und Habsucht gesprochen wird (R 93). Es scheint nahe liegend zu vermuten, dass Kant hier die von Platon unterschiedenen Verfallsformen des gerechten Staates – Timokratie, Oligarchie und Demokratie/Tyrannis – re-interpretiert. Vgl. Platon, Politeia 543a–576b. Dazu siehe: Reinhard Brandt, Antwort auf Bernd Ludwig: Will die Natur unwiderstehlich die Republik? In: Kant-Studien 88 (1997), 230.

ner öffentlich geregelten Weise. Dass die Moralität, als bloße Privatsache aufgefasst, in höchstem Maße bedroht ist, geht Kant zufolge
auf den „Mangel eines sie vereinigenden Prinzips" (R 97) zurück.
Nur wenn die Menschen sich mit der expliziten Intention zusammen-
tun, ihre moralische Entfaltung gemeinsam zu befördern, können
sie dieser Bedrohung wirksam entgegen treten. Damit ist die Notwendigkeit aufgezeigt, sich auf ein „ethisches gemeines Wesen"
(R 94) einzulassen. Die Analogie zur Begründung von Rechtsverhältnissen liegt auf der Hand: So wie die äußere Freiheit erst dann Bestand hat, wenn die Menschen „gemeinschaftlich unter öffentlichen
Rechtsgesetzen leben" (R 95), so kann auch die innere Freiheit nur
gemeinsam abgesichert werden. „Wenn nun keine Mittel ausgefun-
den werden könnten, eine ganz eigentlich auf die Verhütung dieses
Bösen und zur Beförderung des Guten im Menschen abzweckende
Vereinigung, als eine . . . bloß auf die Erhaltung der Moralität angelegte Gesellschaft zu errichten, welche mit vereinigten Kräften
dem Bösen entgegenwirkte, so würde dieses, so viel der einzelne
Mensch auch getan haben möchte, um sich der Herrschaft desselben zu entziehen, ihn doch unabläßlich in der Gefahr des Rückfalls
unter dieselbe erhalten." (R 94)
     Unsere Pflicht, ein ‚ethisches gemeines Wesen' anzustreben, wird
bei konsequenter Ausbuchstabierung der Implikationen des kategorischen Imperativs deutlich. Dass wir alle Menschen jederzeit als
Selbstzweck zu behandeln haben, beinhaltet – im Blick auf die unausweichliche ‚Geselligkeit' des Menschen –, dass Bedingungen zu
schaffen sind, die es allen erlauben, diese Pflicht auch möglichst
weitgehend zu erfüllen. Entscheidend ist dabei, dass wir nicht nur
verpflichtet sind, uns als Einzelne so zu verhalten, als ob wir Mitglieder eines ethischen Gemeinwesens wären, sondern auch dazu,
ein solches tatsächlich zu stiften.[13] „Es ist von der moralischgesetz-
gebenden Vernunft außer den Gesetzen, die sie jedem Einzelnen
vorschreibt, noch überdem die Fahne der Tugend als Vereinigungspunkt für alle, die das Gute lieben, ausgesteckt." (R 94) Die Überwindung des ‚ethischen Naturzustands' ist also Kant zufolge „nicht
anders erreichbar, als durch Errichtung und Ausbreitung einer Gesellschaft nach Tugendgesetzen . . ., die dem ganzen Menschenge-
schlecht . . . durch die Vernunft zur Aufgabe und zur Pflicht gemacht wird" (R 94). Demnach ist es „eine freiwillige, allgemeine

---

[13] Freilich ist diese Pflicht, wie Kant betont, „der Art und dem Prinzip nach,
von allen andern unterschieden" (R 98); davon später.

und fortdauernde Herzensvereinigung" (R 102), nach der wir streben sollen. Klaus Düsing kommentiert: „Die Allgemeingültigkeit
und Strenge des Sittengesetzes verbietet es dem Menschen, . . .
nach sittlicher Vollkommenheit als privater innerer Vollendung unabhängig von den anderen zu streben, und verweist ihn an die Gemeinschaft."[14] Um diesen Gedankengang Kants weiter aufzuhellen,
wären Zusammenhang und Differenz zwischen dem ‚Reich der
Zwecke' und dem ‚ethischen gemeinen Wesen' näher zu untersuchen[15]. Doch geht ein Aspekt bereits aus dem Bisherigen klar hervor: Kant denkt hier nicht, wie Habermas unterstellt, an ein bloß
„schwaches Sollen", und er gelangt nicht nur zu „einem kraftlos
durchscheinenden, aber moralisch unverbindlichen Ideal eines sittlich verfassten Gemeinwesens" (H 146).

Wie er zu der eben zitierten Lesart gelangt, macht Habermas
nachvollziehbar, wenn er schreibt: „Das rein moralische Gemeinwesen ist einer Verwirklichung in der Welt nicht bedürftig, weil der
Sinn jener Gesetzgebung, in der wir als freie intelligible Wesen
unseren Willen binden, im kategorischen Sollen − ohne Ansehung
der tatsächlichen Folgen in der komplexen Welt der Erscheinungen
− aufgeht." (H 147) Habermas lässt sich offenkundig von der Hegel'schen Kritik leiten, wonach Kants Moralphilosophie nur zu einem ‚leeren Sollen' gelangt sei. (Dass Habermas mehrfach den Begriff ‚Innerlichkeit'[16] zur Kennzeichnung der Limitiertheit der Kantischen Position gebraucht, verstärkt den Eindruck, dass seine Kant-

---

[14] Klaus Düsing, „Das Problem des höchsten Gutes in Kants praktischer
Philosophie", in: Kant-Studien, 62 (1971), 17 f. Düsing unterstreicht an dieser Stelle, dass in der Kritik der reinen Vernunft das höchste Gut als „moralische Welt" bestimmt ist (A 808; B 863); er hält fest: „Im Unterschied zu den
Idealen der Alten, in denen die Vollendung des einzelnen Menschen vorgestellt wird, ist damit das höchste Gut ein ethischer Weltbegriff. Es wird als ein
Ganzes vernünftiger Wesen gedacht." (Ebd.)

[15] Anderson-Gold resümiert ihre Analyse der Differenzen zwischen diesen
beiden Konzeptionen wie folgt: „The unity of the ethical commonwealth is
more complex than the abstract unification of the kingdom of ends. The pur-
posive striving of individuals to create conditions that will make virtue pos-
sible not merely for themselves but for the entire species transcends the individual's capacity to clearly vision the outcomes." Sharon Anderson-Gold,
Unnecessary Evil. History and Moral Progress in the Philosophy of Immanuel
Kant, New York: SUNY Press 2001, 49. Siehe auch: Philip Rossi S. J., Evil
and the Moral Power of God, in: Proceedings of the Sixth International Kant
Congress, Lanham, Md.: Center for Advanced Research in Phenomenology
and University Press of America 1989, vol. 2, 376.

[16] Vgl. H 143.

Lektüre von Hegel inspiriert ist.) Doch wären hier unterschiedliche thematische Ebenen zu differenzieren: Zum einen ist – gegen die Hegel'sche Deutung – festzuhalten, dass Kant zufolge zur Achtung vor dem Sittengesetz selbstverständlich auch gehört, dass wir unsere konkreten Taten (‚in der komplexen Welt der Erscheinungen') unter Bedachtnahme auf ihre Auswirkungen auf die Autonomie aller einzelnen Betroffenen planen und durchführen. Zum anderen gilt es die Unverfügbarkeit der Folgen unseres Handelns zu bedenken. Diese resultiert aus dem interaktiven Charakter von Handlung und ist daher unumgehbar – wir haben weder unsere individuelle Zukunft im Griff, noch können wir ‚Geschichte machen'. Diese Unverfügbarkeit ist kennzeichnend für die Endlichkeitsbedingungen, die unsere gesamte Handlungssphäre definieren; sie ist nicht das spezifische Defizit der Idee einer Vereinigung unter Tugendgesetzen. Dass die Zukunft in dieser Weise offen ist, heißt freilich nicht, dass unsere Planungen nur von einem ‚schwachen Sollen' getragen sein könnten. Andernfalls hätte – da diese Offenheit alle Handlungen betrifft – die Konzeption eines ‚starken Sollens' ihre praktische Relevanz verloren. In diesem Kontext wäre u. a. zu bedenken, dass auch ein praktisches Engagement für gerechtere Verhältnisse moralisch unbedingt geboten ist, obwohl wir stets im Risiko des Scheiterns stehen.

Dass Kant die Errichtung einer Gemeinschaft unter Tugendgesetzen nach dem Modell der Begründung von Rechtsverhältnissen denkt, zeigt sich v. a. an der gesetzlichen Regelung des ‚ethischen gemeinen Wesens' (R 94) sowie darin, dass diese Regelung öffentlichen Charakter hat. Doch sind hier auch zwei entscheidende Differenzen zu beachten: Erstens, während ein „rechtlichbürgerlicher (politischer) Zustand" durch Zwangsgesetze geregelt ist, hat der „ethischbürgerliche Zustand" sein Kennzeichen darin, dass das Verhältnis der Menschen untereinander auf „zwangsfreien, d. i. bloßen Tugendgesetzen beruht" (R 95). Daher könne ein solcher „ethischer Staat" auch als „ein Reich der Tugend (des guten Prinzips)" (R 95) bezeichnet werden. Zweitens, eine Begrenzung des Geltensbereichs in Analogie zu den einzelnen Staaten erweist sich als undenkbar: „[W]eil die Tugendpflichten das ganze menschliche Geschlecht angehen, so ist der Begriff eines ethischen gemeinen Wesens immer auf das Ideal eines Ganzen aller Menschen bezogen, und darin unterscheidet es sich von dem eines politischen. Daher kann eine Menge in jener Absicht vereinigter Menschen noch nicht das ethische gemeine Wesen selbst . . . heißen" (R 96).

Wenn Habermas sich mit der Frage an Kant wendet, was gegen heutige Tendenzen zu einer Verkümmerung des moralischen Bewusstseins unternommen werden könnte, dann liegt hier die erste entscheidende Weichenstellung der Antwort Kants: Die von Habermas gesuchte ‚Regeneration' kann Kant zufolge nur durch die Begründung eines zweiten, vom Rechtsstaat unterschiedenen ‚ethischen Staates' angestrebt werden. An diesem Punkt ist nun zu prüfen: Erstens, leuchtet diese Argumentation Kants ein? Wenn nicht, dann wäre ein anderes Modell der moralischen Regeneration zu entwerfen, das aber nicht mehr bei Kant gesucht werden könnte. Wenn ja, dann erhebt sich, zweitens, die Frage: Wie soll man sich im heutigen Kontext ein solches ethisches Gemeinwesen vorstellen? Im Zeichen dieser Frage kann man mit der Kant-Lektüre fortfahren, um der näheren Bestimmung des zweiten, ‚ethischen Staates' nachzugehen. Dies soll im Folgenden geschehen. In diesem Kontext – hier erst – wird das Thema Religion virulent.

3. Über die ‚Gottheit', die Hoffnung und die Geschichte

Für Kant ist die Konzeption des ‚ethischen Staates' ohne Bezugnahme auf Religion nicht konsistent zu exponieren. Erhellend ist es, diese Gedankengänge vor der Folie der Geschichtsphilosophie Kants zu interpretieren; es geht ja in beiden Fällen um eine Aufgabe der Gattung. Zwar kennt jeder Einzelne durch die praktische Vernunft die Idee des ‚ethischen gemeinen Wesens' ebenso wie die ‚der vollkommenen bürgerlichen Vereinigung' (I 29), doch kann die Umsetzung dieser Ideen nicht von Einzelnen, auch nicht von einer einzigen Generation geleistet werden. „Am Menschen . . . sollten sich diejenigen Naturanlagen, die auf den Gebrauch seiner Vernunft abgezielt sind, nur in der Gattung, nicht aber im Individuum vollständig entwickeln." (I 18) Kant spricht daher von einer „Pflicht von ihrer eigenen Art, nicht der Menschen gegen Menschen, sondern des menschlichen Geschlechts gegen sich selbst" (R 97). Was bedeutet dies nun aus der Perspektive der Einzelnen? Kant thematisiert, dass wir unsere Situation als absurd erleben könnten: Wir wissen uns verpflichtet, die Umsetzung der Ideen der Gerechtigkeit und des ethischen Staates anzustreben, doch erscheinen die Aussichten auf Erfolg höchst zweifelhaft. Da es nicht allein auf unsere wohlmeinenden Taten ankommt, sondern auf das Zusammenwirken von Generationen von Menschen, ist es nahe liegend zu erwarten, dass die intendierte Sinnstiftung am Antagonismus der Partikularinteressen scheitern wird. Der empirische Befund der bisherigen Geschichte lässt es angezeigt erscheinen zu resignieren[17]. Doch ist dies das letzte Wort? Sind wir in der Tat moralisch zu einem Handeln verpflichtet, von dessen Aussichtslosigkeit wir zugleich ausgehen müssen? Wenn es so wäre, hätte dies, wie Kant zeigt, katastrophale Folgen sowohl für unser theoretisches Erkennen als auch für unser Handeln[18]. Gefragt ist also eine Hoffnungsperspektive, die es als möglich erscheinen lässt, dass sich unsere praktischen Ideen allmählich und zumindest annäherungsweise umsetzen lassen. Kant sucht für beide Zielsetzungen eine „tröstende Aussicht in die Zukunft" (I 30) zu eröffnen und damit zu zeigen, dass wir keinen guten Grund haben, das moralisch gebotene Engagement zu unterlassen. Im Einzelnen gehen die beiden Argumente freilich auseinander[19].

Bezüglich des Reichs der Tugend setzt Kant auf das „Bedürfnis" (R 98) unserer reinen praktischen Vernunft nach einem Sinnganzen. Er geht dabei von jener Konzeption eines auf Pflicht gegründeten, notwendigen Bedürfnisses aus, die für seine Postulatenlehre maßgeblich ist[20]. Bereits in einer in der sog. ‚vor-kritischen' Zeit gehaltenen ‚Vorlesung zur Moralphilosophie' hatte Kant dargelegt, dass wir das Bedürfnis haben, „Gott . . . als einen heiligen Gesetzgeber, gütigen Weltregierer und gerechten Richter" zu erkennen, „ohne solches logisch beweisen zu können."[21] Er erläutert dort: „[D]as moralische Gesetz befiehlt doch aber und ich sehe auch ein daß solches gut ist, demselben gehorsam zu sein, welches aber

---

[17] Vgl. 326.

[18] Siehe unten, Fußnoten 27 und 32.

[19] Für eine Rekonstruktion der – anthropologisch fundierten – Beweisführung Kants, dass wir auf eine künftige Verbesserung der Implementierung von Prinzipien der Gerechtigkeit „mit Grunde hoffen" können (AA 30, 14), siehe: Herta Nagl-Docekal, „Zukunft als Schlüsselkategorie der Geschichtsphilosophie", in: Friedrich Stadler und Michael Stoeltzner (Hg.), Time and History. Zeit und Geschichte, Frankfurt a. M. – Lancaster – Paris – New Brunswik: Ontos 2006, 543–558.

[20] Vgl. Immanuel Kant, Kritik der praktischen Vernunft, AA V, 142 f. Eine eingehende Erläuterung findet sich in: Aloysius Winter, Der andere Kant. Zur philosophischen Theologie Immanuel Kants, Hildesheim – Zürich – New York: Olms, 2000, 312 ff.

[21] Immanuel Kant, Vorlesung zur Moralphilosophie, hg. v. Werner Stark, Berlin: de Gruyter 2004, 126. (Dem Herausgeber zufolge geht diese Nachschrift „auf Vorlesungen aus dem Winter-Semester 1773/74 oder allenfalls des Winters 1774/75 zurück". Ebd., IX.)

ohne einen obersten Regierer von keinem Wert und Gültigkeit ist; ich werde also nicht spekulative Gründe, sondern meine Bedürfnis fragen und ich kann mir kein Gnüge thun als solches anzunehmen."[22] Was nun die Idee des ethischen gemeinen Wesens anbelangt, so führt eben dieses Bedürfnis uns dazu, diese Idee unter „Voraussetzung einer anderen Idee" zu verstehen, „nämlich der eines höheren moralischen Wesens . . ., durch dessen allgemeine Veranstaltung die für sich unzulänglichen Kräfte der Einzelnen zu einer gemeinsamen Wirkung vereinigt werden" (R 98). Die Vernunft gelangt so zum Begriff von Gott als einem Weltregierer, der die Ergebnisse unseres endlichen Bemühens ergänzt, wo dessen Zielsetzung unerreicht geblieben ist. „Eigentlich entspringt der Begriff von der Gottheit nur aus dem Bewusstsein dieser [der moralischen] Gesetze und dem Vernunftbedürfnisse, eine Macht anzunehmen, welche diesen den ganzen, in einer Welt möglichen, zum sittlichen Endzweck zusammen stimmenden Effekt verschaffen kann." (R 104)[23]

Habermas moniert, dass es diesen Überlegungen Kants an Stringenz ermangele. Kant selbst habe ja, z. B. im Blick auf Spinoza, klar gestellt: „Von der Verbindlichkeit des Sittengesetzes können wir uns auch ohne Aussicht auf die effektive Beförderung eines höchsten Gutes und ohne die Annahme der entsprechenden Postulate überzeugen." (H 149) Die Postulatenlehre sei ein Versuch, „motivationalen Halt" zu vermitteln, der sich aber als kontraproduktiv erweise: „Eine solche funktionalistische Überlegung, wonach der Glaube an Gott und die Unsterblichkeit der moralischen Gesinnung der Menschen zuträglich sei, ist jedoch selbstdestruktiv. Sie untergräbt nicht nur die Forderung der Moral, aus Achtung vor dem Sittengesetz allein zu handeln, sondern auch den Modus des Fürwahrhaltens selbst." (H 149) Doch geht dieser Einwand den Intentionen Kants nicht in vollem Umfang nach: Kant sucht möglichst

---

[22] Ebd., 127. (Wie weit diese dreifache Bestimmung Gottes einen Ansatzpunkt für Kants Trinitätsdeutung bildet, kann hier nicht erkundet werden.)

[23] Auch diesen Gedanken einer Ergänzung hatte Kant bereits in der vorkritischen Periode formuliert: „Der Mensch findet sich . . . nach dem moralischen Gesetz sehr fehlerhaft. Allein der Glaube an eine himmlische Ergäntzung unserer Unvollständigkeit in der Moralität ersetzt unsern Mangel. Wenn wir nur gute Gesinnungen hegen und uns aus allen unsern eigenen Kräften bemühen das moralische Gesetz zu erfüllen, so können wir hoffen, daß der Himmel Mittel haben werde solcher Unvollständigkeit abzuhelfen." Ebd., 135.

präzise zu rekonstruieren, was es für endliche Wesen heißt, moralisch zu handeln. Im Zeichen dieser Fragestellung werden zwei Themenbereiche unterschieden. Da ist zum einen die in unserer Vernunft verankerte Verbindlichkeit des kategorischen Imperativs, die – wie Habermas zu Recht hervorhebt – keineswegs der Religion bedarf[24]. Zum anderen untersucht Kant, woher Menschen überhaupt den Mut und die Kraft beziehen, ungeachtet der meist düsteren Aussichten an dem moralisch begründeten Menschheitsprojekt zu arbeiten.[25] Im Zuge der Ausdifferenzierung dieser beiden Ebenen unterscheidet Kant zwischen ‚Vernunft' und ‚Gesinnung' – er erörtert nicht nur das Sittengesetz und die sich daraus ableitenden Anforderungen, sondern auch die subjektiven Bedingungen der Umsetzung derselben. In der ‚Kritik der praktischen Vernunft' erläutert er diese Spannung so: „Aber der subjektive Effekt dieses Gesetzes, nämlich die ihm angemessene und durch dasselbe auch notwendige Gesinnung, das praktisch mögliche höchste Gut zu befördern, setzt doch wenigstens voraus, daß das letztere m ö g l i c h sei, widrigenfalls es praktisch-unmöglich wäre, dem Objekte eines Begriffes nachzustreben, welcher im Grunde leer und ohne Objekt wäre."[26] Kants These lautet demnach: Erst dadurch, dass die reine praktische Vernunft zum „Begriff von der Gottheit" gelangt, können wir die „Welt" als ein konsistentes Ganzes[27] auffassen, und unsere Bemühungen um einen ethischen Staat erscheinen nicht von vorneherein als sinnlos. Wenn man hingegen diesen Begriff „bey Seite legt, so kann man sich von nichts einen Begriff machen, weder der Ordnung der Natur, noch des Zwekmässigen,

---

[24] Die Argumentation der Grundlegung zur Metaphysik der Sitten fortführend, hält Kant am Beginn der Vorrede zur ersten Auflage seiner Religionsschrift fest: „Die Moral . . . bedarf also zum Behuf ihrer selbst (sowohl objektiv, was das Wollen, als auch subjektiv, was das Können betrifft) keineswegs der Religion, sondern, vermöge der reinen praktischen Vernunft, ist sie sich selbst genug." (R 3)

[25] In seinen anthropologischen Überlegungen hat Kant den Begriff ‚moralischer Mut' näher erörtert. Vgl. Immanuel Kant, Anthropologie in pragmatischer Hinsicht (VI, 583).

[26] Immanuel Kant, Kritik der praktischen Vernunft, AA V, 143.

[27] Dass nur „Moraltheologie" – im Unterschied zu einer spekulativen Theologie – den Begriff einer systematischen Einheit entwickeln kann, hat Kant bereits in der Kritik der reinen Vernunft dargelegt. „Die Welt muß als aus einer Idee entsprungen vorgestellt werden, wenn sie mit demjenigen Vernunftgebrauch, ohne welchen wir uns selbst der Vernunft unwürdig halten würden, nämlich dem moralischen, zusammenstimmen soll." (B 844; A 816)

noch auch den Grund einsehen, warum man dem moralischen
Gesetz gehorsam sein soll."[28]

Das bedeutet: Nur unter der Voraussetzung von Glauben in diesem Sinn kann eine im Laufe der Geschichte fortschreitende Morali-
sierung der Menschheit zustande kommen. Kant kennzeichnet diesen Glauben durch den Begriff „einer reinen moralischen Religion"
(R 103)[29]. Freilich lässt sich Kant zufolge die erhoffte Ergänzung der
stets unvollkommenen Effekte menschlicher Anstrengung zu einem
beglückenden Ganzen nicht als eine innerhalb der geschichtlichen
Zeit – „noch hier auf Erden" (R 135) – eintretende Vollendung vorstellen[30]. Demgemäß interpretiert Kant die Apokalypse „als eine
bloß zur größeren Belebung der Hoffnung und des Muts . . . abge-
zweckte symbolische Vorstellung" (R 134). Aus philosophischer Perspektive könne die „vollendete Errichtung des göttlichen Staates"
nur grenzbegrifflich, als das Ende der Geschichte – „womit dann alles Erdenleben ein Ende hat" (R 135) – aufgefasst werden[31]. (Von
der Frage der ‚vollendeten Errichtung' ist indes jene nach einer – innerhalb der Geschichte – möglichen schrittweisen Annäherung zu
unterscheiden, auf die im Folgenden noch einzugehen sein wird.)

Wichtig ist es, den Status von Kants Konzeption der ‚reinen moralischen Religion' zu beachten. Es geht Kant nicht um eine Beweisfüh-

---

[28] Kant, Vorlesung zur Moralphilosophie, a. a. O., 127.

[29] Wird auf diese Weise der Zusammenhang von Religion, Hoffnung und
Moralität dargelegt, so kann dies zugleich als eine Deutung der Kardinaltu-
genden – Glaube, Hoffnung und Liebe – verstanden werden. An anderer
Stelle bezieht Kant sich explizit auf den ersten Korintherbrief (1 Kor.13, 13):
R 145. Dazu siehe das Bibelstellenregister in der von Bettina Stangneth edier-
ten Ausgabe: Immanuel Kant, Die Religion innerhalb der Grenzen der bloßen Vernunft, Hamburg: Felix Meiner 2003, 305–323.

[30] Vgl. Kants Ausführung zu diesem Punkt in der Kritik der praktischen Vernunft: „Wenn wir uns nun genötigt sehen, die Möglichkeit des höchsten Guts,
dieses durch die Vernunft allen Menschen ausgesteckten Ziels aller ihrer moralischen Wünsche, in solcher Weite, nämlich in der Verknüpfung mit einer
intelligiblen Welt, zu suchen, so muß es befremden, daß gleichwohl die Philosophen alter und neuer Zeiten die Glückseligkeit mit der Tugend in ganz
geziemender Proportion schon in diesem Leben (in der Sinnenwelt) haben finden, oder sich ihrer bewusst zu sein haben überreden können." AA V, 115.

[31] Kant formuliert diese These unter Berufung auf die in der Apokalypse in
Aussicht gestellte „Scheidung der Guten von den Bösen". Seines Erachtens
bedeutet diese Scheidung die Auflösung eines konstitutiven Elements der
menschlichen Endlichkeitsbedingungen: Für das Leben auf Erden, insbesondere für die der Gattung aufgetragenen „Fortschritte" sei „die Vermischung
beider untereinander geradezu . . . nötig" (R 135).

rung – etwa mit der Zielsetzung, Ungläubige unter den Lesern seiner Schriften von der Notwendigkeit einer religiösen Orientierung zu überzeugen. Es geht ihm auch nicht um eine „funktionalistische Überlegung", die religiöse Überzeugungen als moralisch „zuträglich" erscheinen lässt. Er spricht vielmehr aus der Perspektive der Vernunftanalyse: Was hier philosophisch in Teilschritten aufgeschlüsselt ist, hat unsere praktische Vernunft immer schon geleistet. Sobald wir uns handelnd für ein moralisch geprägtes Zusammenleben engagieren, ist das Sinnganze bereits (praktisch notwendig) vorausgesetzt – andernfalls hätten wir keinen guten Grund, in dieser Weise tätig zu sein[32]. Das bedeutet, dass Kant zufolge jeder Mensch im Grunde gläubig ist – im Sinne der ‚reinen moralischen Religion'. Dies lässt sich auch so charakterisieren, dass Kant von einer anima naturaliter religiosa[33] ausgeht. Religionslosigkeit, auch der Atheismus, ist von hier aus gesehen ein sekundäres Phänomen: Wir können uns einreden, dass wir diese praktische Voraussetzung nicht machen. Demnach hat der „Unglaube" seine Wurzel darin, dass Menschen sich „die Maxime der Unabhängigkeit der Vernunft von ihrem eigenen Bedürfnis" zu Eigen machen[34].

Festzuhalten ist daher, dass Kant kein ‚Religionskritiker' ist. Er sucht vielmehr zu zeigen, dass in der moralisch-praktischen Vernunft, mit der alle Einzelnen begabt sind, auch die Religion angelegt ist. Damit ist eine weitere Weichenstellung erreicht: Offenkundig ist in der heutigen akademischen Philosophie kaum jemand bereit, die von Kant angezeigte Richtung einer so umfassenden Konzeption von Religiosität einzuschlagen. Mit dieser Abkehr sind freilich die Problemstellungen, mit denen Kant sich auseinander setzte,

---

[32] In einer nicht genau datierbaren Reflexion (Nr. 4256) erläutert Kant die desaströsen Folgen, die eine Verweigerung dieser praktischen Annahme für unser Selbstverständnis hätte: „Wenn ich das Dasein Gottes läugne, so muß ich mich entweder wie einen Narren ansehen, wenn ich ein Ehrlicher Mann seyn will (oder bin), oder wie einen Bösewicht, wenn ich ein kluger Mann seyn will. Es giebt Beweise per deductionem contrarii ad absurdidatem oder turpitudinem." AA XVII, 484 f. Dazu: Josef Schmucker, Die primären Quellen des Gottesglaubens, Freiburg – Basel – Wien: Herder 1967, 152.

[33] Dieser Begriff ist in Anlehnung an die theologische Konzeption der ‚anima naturaliter Christiana' formuliert.

[34] Immanuel Kant, Was heißt: Sich im Denken orientieren? AA VIII, 146. Bereits in seiner Vorlesung zur Moralphilosophie (a. a. O., 125) hatte Kant festgehalten: „Der Atheismus kann in der puren Speculation sein, aber in der praxi kann ein solcher ein Theist oder ein Verehrer Gottes seyn; dessen Irrtum erstreckt sich auf die Theologie und nicht auf die Religion."

nicht überwunden. Klärungsbedürftig bleibt etwa, woher Menschen – als endliche Wesen – den Mut und die Kraft für ein öffentliches Engagement im Zeichen moralischer Anforderungen beziehen können (bzw. de facto beziehen). Ferner bleibt die Frage nach dem Ursprung des kultur- und epochenübergreifenden Phänomens ‚Religion' virulent, i. e. die Frage: Gibt es einen Ort der Religion in den Einzelnen, an den die vielfältigen historisch gewordenen Bekenntnisse anknüpfen konnten?

4. Einheit der Religion und Pluralität der Kirchen

Die nächsten Schritte in Kants Gedankengang gehen in Richtung eines philosophischen Begriffs von Kirche. Zunächst legt Kant dar, dass das ethische Gemeinwesen als „Volk Gottes" zu bestimmen ist. Die Gesetzgebung in diesem Gemeinwesen könne ja nicht als eine menschliche gedacht werden. Ginge es nämlich um Gesetze, die das Volk sich selbst gibt, so könnten wieder nur Regelungen der äußeren Freiheit – i. e. juridische Gesetze – zustande kommen. „Es muß also ein Anderer, als das Volk sein, der für ein ethisches gemeines Wesen als öffentlich gesetzgebend angegeben werden könnte . . . Also kann nur ein solcher als oberster Gesetzgeber eines ethischen gemeinen Wesens gedacht werden, in Ansehung dessen alle wahren Pflichten, mithin auch die ethischen zugleich als seine Gebote vorgestellt werden müssen" (R 99). Auf diese Weise kommt Kant zu dem Schluss: „Also ist ein ethisches gemeines Wesen nur als ein Volk unter göttlichen Geboten d. i. als ein Volk Gottes, und zwar nach Tugendgesetzen, zu denken möglich." (R 99)

Doch was folgt daraus konkret für das Handeln der moralisch Gesinnten? Hier greift Kant den Begriff ‚Kirche' auf: „Die Idee eines Volks Gottes ist (unter menschlicher Veranstaltung) nicht anders als in Form einer Kirche auszuführen." (R 100) Wir sind damit erneut an einer entscheidenden Weichenstellung angelangt. Es muss uns klar sein: Kant sucht nachzuweisen, dass zu den Konsequenzen unserer moralischen Selbstgesetzgebung die Aufgabe gehört, uns auf eine kirchliche Organisationsform einzulassen. „Der Wunsch aller Wohlgesinnten ist also: ‚daß das Reich Gottes komme, daß sein Wille auf Erden geschehe'" (R 101). Freilich ist zu beachten, dass und wie Kant diesen Grundgedanken nuanciert. Er greift hier die theologische Unterscheidung von unsichtbarer und sichtbarer Kirche auf und deutet sie folgendermaßen: Handelt es sich bei der ersten um „eine bloße Idee von der Vereinigung aller Rechtschaffenen unter der göttlichen . . . moralischen Weltregierung" (R 101), so ist die sichtbare Kirche „diejenige, welche das (moralische) Reich Gottes auf Erden, soviel es durch Menschen geschehen kann, darstellt" (R 101). Kant nennt sie eine „bloße Repräsentantin eines Staates Gottes" (R 102), und er benutzt die aus der ‚Kritik der reinen Vernunft' bekannte Konzeption des ‚Schemas', um diesen Zusammenhang zu erläutern (R 96 und R 131).

Habermas sucht sich diesem Gedankenduktus durch den Einwand zu entziehen, Kant hätte sich die „epistemische Abhängigkeit" (H 146) seiner Überlegungen nicht eingestanden. Unter Berufung auf eine „Intuition Hegels" macht er geltend: „Ohne den historischen Vorschuss, den die positive Religion mit ihrem unsere Einbildungskraft stimulierenden Bilderschatz leistet, fehlte der praktischen Vernunft die epistemische Anregung zu Postulaten, mit denen sie ein bereits religiös artikuliertes Bedürfnis in den Horizont vernünftiger Überlegungen einzuholen versucht." (H 146) Das Thema ‚Übersetzung' wird hier in Gestalt des Befundes artikuliert, dass Kant die historisch überlieferten religiösen Bilder in die Sprache einer philosophischen Vernunftkonzeption übertragen – und diesen Vorgang zugleich unsichtbar gemacht – habe, wodurch eine „Verkehrung im Abhängigkeitsverhältnis zwischen Wissen und Glauben" (H 146) eingetreten sei. Doch ist dieser Befund überzeugend? Jedenfalls ist zu beachten, dass hier unterschiedliche thematische Ebenen im Spiel sind. Zunächst dürfte – unter Bedachtnahme auf Kants geschichtsphilosophische Überlegungen – außer Streit stehen, dass Kant sich darüber im Klaren war, dass seine Vernunftkonzeption erst an diesem Punkt der europäischen Entwicklung möglich geworden ist. Zugleich ist zu unterscheiden zwischen dem philosophisch entfalteten Begriff der ‚praktischen Vernunft' und dieser selbst. Gerade hinsichtlich dieser Form der Unterscheidung scheint es keine grundlegende Differenz zwischen Kant und Hegel zu geben – einem analogen Muster folgt Hegels These, dass die Menschen von Beginn an ‚an sich frei' sind, aber sich das ‚Bewusstsein der Freiheit' erst im Laufe der Geschichte zu erarbeiten haben. Vor diesem Hintergrund lassen sich nun in Kants Argumentation weitere Frage-Dimensionen differenzieren.

Mit dem Begriff der ‚reinen moralischen Religion' sucht Kant zunächst zu zeigen, wo Gläubigkeit überhaupt ihren Sitz im Menschen hat; es geht, wie gesagt, um die Bedingung der Möglichkeit jeder konkreten Kirchengemeinschaft. Kant sagt demgemäß über jedweden „Volksglauben", dass „lange vor diesem letzteren die Anlage zur moralischen Religion in der menschlichen Vernunft verborgen lag"

(R 111)[35]. Damit hat er zunächst eine Erklärung dafür gewonnen, warum das Phänomen Religion ubiquitär anzutreffen ist. Darüber hinaus kann er durch die Verankerung der ‚reinen moralischen Religion' im ‚Bedürfnis' der Vernunft ein weiteres Element einsichtig machen: den Modus der felsenfesten Überzeugung – und damit des Wahrheitsanspruchs –, der ebenfalls einen (allen differenten Glaubensinhalten voraus liegenden) Grundzug von Religiosität ausmacht. „Das Kennzeichen der wahren Kirche ist ihre Allgemeinheit; hiervon ist aber wiederum das Merkmal ihre Notwendigkeit und ihre nur auf eine einzige Art mögliche Bestimmbarkeit" (R 115). Kant gibt uns damit ein Deutungsinstrument an die Hand, das sich gerade heute als leistungsfähig erweisen kann, wenn es darum geht, die Schubkraft konfligierender Absolutheitsansprüche zu verstehen.

Im weiteren setzt Kant sich mit der gegebenen Vielfalt auseinander. Das Faktum der historisch-kontingenten Pluralität von Glaubensgemeinschaften signalisiert seines Erachtens eine entscheidende Limitierung; demnach „hat der historische Glaube, (der auf Offenbarung, als Erfahrung gegründet ist), nur partikuläre Gültigkeit, für die nämlich, an welche die Geschichte gelangt ist, worauf er beruht" (R 115). Diese Partikularität werde aber dadurch unterlaufen, „daß in den mancherlei sich, der Verschiedenheit ihrer Glaubensarten wegen, von einander absondernden Kirchen dennoch eine und dieselbe wahre Religion anzutreffen sein kann" (R 107 f.). Hier erweisen sich erneut Parallelen zu Kants rechts- und geschichtsphilosophischen Überlegungen als aufschlussreich. Da ist zum einen der Fortschrittsaspekt: Während zunächst nur „die ersten rohen Äußerungen" der „Anlage zur moralischen Religion" (R 111) zustande kommen konnten, lassen historisch spätere Formen des Kirchenglaubens – insbesondere die auf „[e]in heiliges Buch" (R 107) gegründeten – eine zunehmend angemessenere Umsetzung dieser Anlage erkennen. Das von Kant erläuterte Verhältnis zwischen dem Naturrecht einerseits und den diversen im Lauf der Geschichte entstandenen Rechtsverhältnissen andererseits lässt sich hier als Strukturmodell heranziehen. (Zur Erinnerung: Das „Naturrecht" ist bei Kant „das nicht-statutarische, mithin lediglich das a priori durch jedes Menschen Vernunft erkennbare Recht"[36], das den Maßstab für die kritische Beurteilung der jeweils gegebenen Ge-

---

[35] Dass Kant hier den Begriff ‚Anlage' verwendet, lässt annehmen, dass er einen Zusammenhang mit der „ursprünglichen Anlage zum Guten in der menschlichen Natur" (R 26) vor Augen hat.

[36] Immanuel Kant, Die Metaphysik der Sitten, AA VI, 296 (Rechtslehre § 36).

setzeslage bildet und von dem in jedem historischen Kontext erneut
ein Impuls zur Schaffung gerechterer Verhältnisse ausgeht.) In analo-
ger Weise kann auch die ‚Pflicht des menschlichen Geschlechts gegen
sich selbst' – i. e. die Pflicht zur Errichtung eines ‚ethischen gemeinen
Wesens' – nur schrittweise eingelöst werden. Die bisherige Geschichte
rechtfertigt für Kant die These, man könne „mit Grunde annehmen,
der göttliche Wille sei: daß . . . ob die Menschen zwar manche Form
einer Kirche mit unglücklichem Erfolg versucht haben möchten, sie
dennoch nicht aufhören sollen, nötigenfalls durch neue Versuche, . . .
diesem Zwecke nachzustreben" (R 105). Die Geschichte stellt sich so
im Blick auf die vielfältigen Kirchen – wie auf die Staaten – als ein fortschreitender Bildungsprozess dar. „Der Kirchenglaube geht also in der
Bearbeitung der Menschen zu einem ethischen gemeinen Wesen, natürlicherweise vor dem reinen Religionsglauben vorher. [Fußnote:]
Moralischerweise sollte es umgekehrt zugehen." (R 106)

Ungeachtet der im Laufe der Zeit bereits erfolgten ‚Bearbeitung'
der Menschen blieb aber ein entscheidendes Defizit bestehen: Die gegebene Vielzahl von Glaubensgemeinschaften konfrontiert uns erneut
mit dem Problem des Naturzustandes. Kant betont, dass „jede par-
tiale Gesellschaft . . . selbst wiederum im Verhältnis auf andere dieser
Art als im ethischen Naturzustande, samt allen Unvollkommenheiten
desselben, befindlich vorgestellt werden kann: (wie es mit verschiedenen politischen Staaten, die in keiner Verbindung durch ein öffentliches Völkerrecht stehen, eben so bewandert ist)" (R 96). Signifikant ist
nun die Lösung, die Kant vorschlägt. Die Unterscheidung von unsichtbarer und sichtbarer Kirche gewinnt hier ihre Brisanz: Kein ‚historischer Glaube' kann sich unmittelbar auf Gott berufen; jeder geht auf
die uns Menschen gestellte Aufgabe zurück, „dass wir die Vernunftidee eines solchen gemeinen Wesens selbst ausführen" (R 105). Daher sind, wie Kant unterstreicht, „die sogenannten Religionsstreitigkeiten, welche die Welt so oft erschüttert und mit Blut bespritzt haben, nie
etwas anderes, als Zänkereien um den Kirchenglauben gewesen" (R
108). Dies ist freilich nicht so zu verstehen, als würde Kant den Begriff
‚Offenbarung' rundweg zurückweisen. Er macht vielmehr geltend,
dass die ‚Vernunftidee' den Menschen jeweils in einem bestimmten
kulturellen Kontext vermittelt wurde[37]. Mit dieser Differenzierung

---

[37] Im ‚Streit der Fakultäten' schreibt Kant: „Die Göttlichkeit ihres moralischen Inhalts entschädigt die Vernunft hinreichend wegen der Menschlichkeit
der Geschichtserzählung, die, gleich einem alten Pergamente hin und wieder
unleserlich, durch Akkomodationen und Korrekturen im Zusammenhange
mit dem Ganzen müssen verständlich gemacht werden." AA VII, 41.

kommt ein Ausweg aus den Konflikten in Sicht: Kant fordert zu einer genauen philosophischen Interpretationsarbeit innerhalb aller Religionsgemeinschaften auf. Da die Weltreligionen auf ein und derselben Basis beruhen, könne eine vernünftige Deutung ihrer vielfältigen Glaubensinhalte den identischen Kern in jeder von ihnen frei legen. Demnach „wird eine Auslegung der uns zu Händen gekommenen Offenbarung erfordert, d. i. durchgängige Deutung derselben zu einem Sinn, der mit den allgemeinen praktischen Regeln einer reinen Vernunftreligion zusammenstimmt" (R 110). Kants These lautet also: „Der Kirchenglaube hat zu seinem höchsten Ausleger den reinen Religionsglauben." (R 109) Nur eine solche Zugangsweise zu einer „an uns ergangenen Lehre" sei „eigentlich authentisch, d. i. der Gott in uns selbst ist der Ausleger, weil wir niemanden verstehen, als den, der durch unsern eigenen Verstand und unsere eigene Vernunft mit uns redet."[38] Diese Art der Auslegung erfordert allerdings eine schonungslose Abrechnung mit den jeweiligen statutarischen Bestimmungen, die den Blick auf den gemeinsamen Kern oft verstellen, bzw. mit jenen Personen, die ihren Machtanspruch über die Gläubigen dadurch zu legitimieren suchen, dass sie die statutarischen Bestimmungen als unmittelbar von Gott gegeben und als jeglicher Interpretation enthoben darstellen[39].

Es fällt auf, dass Kant den Ausweg aus den ‚Religionsstreitigkeiten' nicht primär in einem Dialog zwischen den verschiedenen Kirchen sieht, sondern in einer für alle Glaubensgemeinschaften notwendigen innerkirchlichen Auseinandersetzung um das, „was das Wesentliche aller Religion ausmacht" (R 110)[40]. Paradox formuliert:

---

[38] Kant, Streit der Fakultäten, a. a. O., 48. Wie Habermas anmerkt, ist die Wendung „der Gott in uns" auf „den protestantischen Grundsatz der individuellen Laienexegese" bezogen (H 143 f.). Doch warum sollten wir diese Bezugnahme als „ironisch" betrachten, wie Habermas vorschlägt (ebd.)?

[39] Kant unterstreicht: „Man hat also nicht Ursache, zur Gründung und Form irgend einer Kirche die Gesetze geradezu für göttliche statutarische zu halten, vielmehr ist es eine Vermessenheit, sie dafür auszugeben, um sich der Bemühung zu überheben, noch weiter an der Form der letztern zu bessern, oder wohl gar Usurpation höhern Ansehens, um mit Kirchensatzungen durch das Vorgeben göttlicher Autorität der Menge ein Joch aufzuerlegen." (R 105)

[40] Die von Kant hier eingeforderte Re-Interpretation wurde — in einem anderen Kontext — von Habermas als heute bereits in Gang befindlich beobachtet. Demnach habe der Prozess der „‚Modernisierung' des Glaubens", der zunächst „im Abendland mit der Reformation einsetzte . . . hat", mittlerweile „auch die anderen Weltreligionen erfasst". Über Gott und die Welt, a. a. O., 192.

Gerade deshalb, weil in jedem Kirchenglauben der Gedanke der Allgemeinheit angelegt ist, kann eine sorgfältige Interpretation dazu dienen, eine Überwindung der konfligierenden Partikularitäten einzuleiten. Kant illustriert die Aufgabe einer solchen Re-Interpretation mittels der Philosophiegeschichte: „Die Moralphilosophen unter den Griechen und nachher den Römern machten es nachgerade mit ihrer fabelhaften Götterlehre eben so. Sie wussten den gröbsten Polytheismus doch zuletzt als bloße symbolische Vorstellung der Eigenschaften des einigen göttlichen Wesens auszudeuten, und den mancherlei lasterhaften Handlungen . . . einen mystischen Sinn unterzulegen, der einen Volksglauben . . . einer allen Menschen verständlichen und allen ersprießlichen moralischen Lehre nahe brachte." (R 111)

In sehr langfristiger Perspektive kann Kant zufolge aus einer derartigen Interpretationsarbeit eine einzige, wahrhaft allgemeine Kirche entstehen. Die Strukturanalogie zur ‚wahrsagenden Geschichte' liegt auf der Hand: So wie die einzelnen Staaten allmählich in einen ‚weltbürgerlichen Zustand' eingehen werden[41], sollten auch die unterschiedlichen Kirchen schließlich Raum geben für die eine „alles vereinigende" Kirche (R 115, vgl. R 131).

Dass diese Perspektive im Singular formuliert ist, indiziert für Habermas ein grundlegendes Problem. Wohl schweben uns, notiert er, „[d]ie orientierenden Bilder von nicht verfehlten Lebensformen . . . vor – aber nicht wie Kants ethisches Gemeinwesen im Singular und nicht in der festen Kontur des Gesollten" (H 149 f.). Es scheint freilich angezeigt, dieses Argument in seinem weiteren Kontext zu betrachten, wodurch deutlich wird, dass Habermas zwei – für diese Fragestellung gleichermaßen legitime – Themen ins Spiel bringt. Zum einen geht es darum, auf der Rettung des Besonderen[42] zu insistieren und die Gefahren einer Nivellierung kultureller Pluralität hervorzuheben. Freilich steht dieses Anliegen nicht im Widerspruch zu Kants Überlegungen, liegt doch eine Pointe rechtlich geregelter

---

[41] Wie Pauline Kleingeld zeigt, nimmt Kant nicht bloß – wie die Standardinterpretation unterstellt – das mittelfristige Ziel eines Bundes selbständiger Einzelstaaten in den Blick, sondern darüber hinaus, in langfristiger Perspektive, auch einen Völkerstaat. Vgl. Pauline Kleingeld, „Kants Argumente für den Völkerbund", in: Herta Nagl-Docekal und Rudolf Langthaler (Hg.), Recht – Geschichte – Religion. Die Bedeutung Kants für die Gegenwart, a. a. O., 95–106.

[42] Vgl. die „Utopie des Besonderen" bei Theodor W. Adorno, in: ders., Gesammelte Schriften, Frankfurt a. M.: Suhrkamp 1970, Bd. 7, 521.

Verhältnisse für Kant darin, dass sie die Bedingung der Möglichkeit für die Entfaltung kultureller Vielfalt bilden[43]. Zweitens liegt auf der Hand, dass der in der Ausprägung von Besonderem angelegte Gestus der Abgrenzung gegenüber dem bzw. den jeweils Anderen konfliktträchtig ist. Damit wird die Frage nach übergreifenden, alle Menschen einschließenden Formen der Achtung, Hilfe und Förderung virulent, die Habermas in Zusammenhang mit Konzeptionen wie ‚Menschenrechte' und ‚Solidarität' entfaltet. Eben dieser Gesichtspunkt einer allen Einzelnen zustehenden Einbindung bestimmt auch den Singular bei Kant – für den allerdings diese umfassende Gemeinschaft letztlich nur als eine ‚alles vereinigende' Kirche denkbar ist. (Insofern steht das ‚ethische gemeine Wesen' Kants über den vielfältigen Ausprägungen des als sittliche Substanz bestimmten Staates bei Hegel. Eine mögliche Konsequenz kann hier nur angedeutet werden: Da sich diese übergeordnete Positionierung des ethischen Gemeinwesens als Ansatzpunkt für die Überwindung bedrohlicher Antagonismen darstellt, erhebt sich die Frage, ob der von Habermas vorgeschlagene Weg von Kant zu Hegel nicht – in dieser Hinsicht – in umgekehrter Richtung zu beschreiten wäre.)

Unter der langfristigen Perspektive einer umfassenden Gemeinschaft betrachtet Kant jeglichen historischen Kirchenglauben als „ein Leitmittel", das der Menschheit ermöglicht, „dem reinen Religionsglauben sich kontinuierlich zu nähern", bis sie so weit gelangt ist, „jenes Leitmittel endlich entbehren zu können" (R 115). Kant sucht also die Erwartung zu begründen, dass Religion „endlich von allen empirischen Bestimmungsgründen, von allen Statuten, welche auf Geschichte beruhen, und die vermittelst eines Kirchenglaubens provisorisch die Menschen zur Beförderung des Guten vereinigen, allmählich losgemacht werde, und so die reine Vernunftreligion zuletzt über alle herrsche" (R 121). Heißt das, dass Kant für eine Auflösung der Organisationsform ‚Kirche' plädiert? Dem generellen Argumentationsduktus Kants folgend, gilt es hier zu unterscheiden zwischen einer endzeitlichen Perspektive, einerseits, und den Pflichten und Verantwortlichkeiten des Handelns jetzt und hier, andererseits. Die erstgenannte Perspektive ist nicht als eine konkrete Handlungsanweisung zu verstehen, sondern als „eine Idee der Vernunft, deren Darstellung in einer ihr angemessenen Anschauung uns unmöglich ist, die aber doch als praktisches regulatives Prinzip objektive Realität hat" (R 123). Am Beispiel der Staaten erläutert, heißt das: Zwar sind wir moralisch verpflichtet,

---

[43] Vgl. I, fünfter Satz (22–31).

„einen weltbürgerlichen Zustand"[44] längerfristig anzustreben, doch leitet sich daraus weder die Pflicht noch das Recht ab, gegebene mangelhafte Rechtsverhältnisse einfach zu zerschlagen. Im Gegenteil: Im Blick auf Staaten wie Kirchen hält Kant die behutsame Vorgangsweise einer immanenten Reform für den einzigen gangbaren Weg. Wie sich „das zu frühe . . . Zusammenschmelzen der Staaten" als geradezu „schädlich" (R 123) erweisen würde, wäre es auch kontraproduktiv, die historisch gewachsenen Religionsgemeinschaften zu zerstören, ehe die Menschen gelernt haben, die reine moralische Religion unmittelbar ins Werk zu setzen. „Das alles ist nicht von einer äußeren Revolution zu erwarten, die stürmisch und gewaltsam ihre von Glücksumständen sehr abhängige Wirkung tut" (R 122) und primär bedeuten würde, dass die Menschen des „Leitmittels", dessen sie so dringend bedürfen, verlustig gehen[45]. Der „Überschritt zu jener neuen Ordnung der Dinge" müsse daher „durch allmählich fortgehende Reform zur Ausführung gebracht" werden (R 122). Der Weg der Reform ist allerdings – wie Kant in seiner Konzeption von ‚Aufklärung' erläutert hat – nur über eine genaue und öffentlich artikulierte Kritik möglich. Kant präzisiert daher die Aufgabe, die philosophische Interpretation in der Gegenwart mit Bezug auf die bestehenden Kirchengemeinschaften zu erfüllen hat, so: „Dem Kirchenglauben kann, ohne dass man ihm weder den Dienst aufsagt, noch ihn befehdet, sein nützlicher Einfluß als eines Vehikels erhalten, und ihm gleichwohl als einem Wahne von gottesdienstlicher Pflicht aller Einfluß auf den Begriff der eigentlichen (nämlich moralischen) Religion abgenommen werden." (R 123)

5. Eine unzeitgemäße Alternative

An Kants Religionsphilosophie springt ihr – aus heutiger Sicht – unzeitgemäßer Charakter ins Auge: Die von Habermas gehegte Erwartung, eine „Übersetzung religiöser Gehalte" in eine „funktional äquivalente innerweltliche Perspektive" (H 150) vorzufinden, wird von Kant gründlich enttäuscht. Ganz deutlich zeigt sich dies auch im Blick auf ein Beispiel gelungener Übersetzung, das Habermas benennt: „Die Übersetzung der Gottebenbildlichkeit des Menschen in die gleiche und unbe-

---

[44] Vgl. I 44.

[45] Vgl. Hans Michael Baumgartner, Das ‚ethische gemeine Wesen' und die Kirche in Kants Religionsschrift, in: Friedo Ricken und François Marty (Hg.), Kant über Religion, Stuttgart – Berlin – Köln: Kohlhammer 1992, 143–155.

dingt zu achtende Würde aller Menschen ist eine solche rettende Übersetzung."[46] Kant sieht einen genau umgekehrten Zusammenhang: Für ihn verhält es sich so, dass ich glaube, dass ein Gott ist, w e i l ich mich verpflichtet weiß, die Menschenwürde zu respektieren (i. e. das Sittengesetz zu befolgen). Dieser Zusammenhang zwischen Moral und Religion bestimmt auch Kants Stellung zu den historisch gewachsenen Kirchen: Ungeachtet seiner radikalen Abrechnung mit den entmündigenden Aspekten dieser Kirchen plädiert Kant nicht für eine Auflösung derselben, sondern für eine Binnenreform, die zu initiieren er im spezifischen als eine Aufgabe der philosophischen Deutung betrachtet. Und auch die langfristige Perspektive, die das regulative Prinzip für gegenwärtige Anstrengungen abgibt, ist bei Kant nicht ohne Religion gedacht. Da ist zum einen die Überlegung, wonach „eine besondere Schwäche der menschlichen Natur" (R 103) die Vermutung nahe legt, es könne auf den historischen Offenbarungsglauben als ein „Leitmittel" nie ganz verzichtet werden. In diesem Sinn formuliert Kant den Leitgedanken der Bemühungen um eine Binnenreform vorsichtig: „Nicht, dass der Kirchenglaube aufhöre (denn vielleicht mag er als Vehikel immer nützlich sein), sondern dass er aufhören könne", sei das Ziel, „wohin wir dann schon jetzt . . . fleißig arbeiten sollen" (R 135). Doch selbst dann, wenn der Kirchenglaube dereinst seine Funktion als Leitmittel erfüllt haben sollte, würde dies nicht das Ende von Religion bedeuten – im Gegenteil: dann würde es möglich geworden sein, dass „reine Vernunftreligion über alle herrsche, ‚damit Gott sei alles in allem'" (R 121)[47].

Eine heutige Re-Lektüre Kants konfrontiert Philosophierende offenbar mit folgender Alternative: Entweder man lässt sich auf den von Kant vorgeschlagenen Weg ein. In diesem Fall würde der Begriff ‚rettende Übersetzung' eine andere Bedeutung gewinnen als bei Habermas: Es ginge dann um eine philosophische Ausdeutung der tradierten Lehren der vielfältigen Glaubensgemeinschaften im Zeichen des Anliegens, die sichtbare(n) Kirche(n) als Vehikel zu einem ethischen gemeinen Wesen zu erneuern. (Kant denkt bei dieser Interpretationsaufgabe nicht an ein beliebiges, eklektisches Verfahren[48]. Er knüpft

---

[46] Jürgen Habermas, „Vorpolitische Grundlagen des demokratischen Rechtsstaates?" in: Ders. und Joseph Ratzinger, Dialektik der Säkularisierung. Über Vernunft und Religion, Freiburg – Basel – Wien: Herder 2005, 32.

[47] Vgl. 1 Kor. 15, 28: „. . . auf daß Gott sei alles in allem".

[48] Habermas gibt zu bedenken, dass Kants „rationale Hermeneutik viele Glaubenssätze, wie etwa die leibliche Auferstehung, als historisches Beiwerk beiseite schieben" müsse (H 144). Doch ist nicht im tradierten Begriff des

vielmehr daran an, dass es zu allen Zeiten ein Vorhaben theologischer Arbeit war, die überlieferten Schriften im Blick auf den jeweils gegenwärtigen Verständnishorizont zu plausibilisieren – dass Theologie immer schon auf eine ,rettende Übersetzung' abzielte.[49]) – Oder dieser Weg wird als heute nicht mehr gangbar betrachtet – im Sinne der Metapher vom Kuchen, der bereits gegessen ist. In diesem Fall können Kants religionsphilosophische Überlegungen nicht mehr als modellhaft herangezogen werden. Philosophie muss dann nach einem neuen Ansatz suchen, um dem gegenwärtigen Problem einer Privatisierung der Moral entgegen zu treten. Sie steht vor der Frage, wie anders eine öffentlich artikulierte, moralische Gemeinschaft zu begründen ist. Unter dieser Prämisse ist eine Bezugnahme auf die ,Narrative' der verschiedenen Weltreligionen nur mehr ,von außen' möglich. Damit erhebt sich aber die Frage, wie dadurch jene Verbindlichkeit gewonnen werden sollte, die für eine „freiwillige, allgemeine und fortdauernde Herzensvereinigung" (R 102) Voraussetzung ist.

Vielleicht ist Jürgen Habermas doch – frei nach Adorno – solidarisch mit der Religion „im Augenblick ihres Sturzes"[50]?

,verklärten Leibes' immer schon das Interpretationsdilemma angesprochen, dass die Auferstehung, die nur leiblich gedacht werden kann, zugleich als eine Befreiung vom empirisch gegebenen, krankheitsanfälligen und sterblichen Leib verstanden werden muss? Lazarus ist ein ,case in point', da er ungeachtet seiner Erweckung erneut sterben musste (der Ort, an dem sein Grab vermutet wird, liegt in der Krypta der Lazarus-Kirche in Larnaka auf Zypern).

[49] Die These, dass die ,Originalsemantik' des ursprünglichen Textes überhaupt erst in seiner Interpretation entsteht, vertritt: Wilhelm Lütterfelds, „Zur Dialektik von schriftlichem Original und verstehender Auslegung", in: Klaus Dethloff, Rudolf Langthaler, Herta Nagl-Docekal und Friedrich Wolfram (Hg.), Orte der Religion im philosophischen Diskurs der Gegenwart, Berlin: Parerga 2004, 29–42.

[50] Auf die Metaphysik bezugnehmend hat Habermas diese Wendung Adornos in einem Interview zitiert. Im Zuge einer Auseinandersetzung mit „neuheidnischen" Tendenzen einer „Abkehr vom universalistischen Sinn unbedingter Geltungsansprüche" hielt er fest: „Gegen diesen regressiven Sog . . . hat sich Adorno gesträubt, wenn er der Metaphysik ,im Augenblick ihres Sturzes' die Treue halten wollte. . . . In dieser Intention bin ich mit Adorno . . . ganz einig." Über Gott und die Welt, a. a. O., 201.

2. ZUR AKTUALITÄT NACHKANTISCHER RELIGIONSBEGRIFFE

WILHELM LÜTTERFELDS

DER PRAKTISCHE VERNUNFTGLAUBE UND DAS PARADOX DER KULTURELLEN WELTBILDER

Die folgenden Überlegungen gehen einigen zentralen Thesen von J. Habermas nach, die er in seiner Arbeit „Die Grenze zwischen Glauben und Wissen"* vorgelegt hat. Sie betreffen zunächst seine kritische Rezeption der Kantischen Moral- und Religionsphilosophie und setzen sich mit seiner These auseinander, dass sich eine autonome Vernunft-Moral ohne einen praktischen Vernunftglauben ausbilden und begründen lässt. Anschließend wird Habermas' Versuch diskutiert, Kants Theorie eines praktischen Vernunftglaubens auszuweiten und auf den postmodernen Pluralismus konkurrierender kultureller Lebensformen zu beziehen. Mit Rekurs auf Wittgensteins spätes Konzept eines kulturellen Weltbild-Glaubens versuchen die Überlegungen schließlich, das paradoxe Verhältnis der kulturellen Lebensformen auf dem Hintergrund ihres praktischen Glaubens herauszuarbeiten.

I. Vom moralischen Wissen der Vernunft zum Vernunftglauben: das immanente Bedürfnis, Interesse und Vertrauen der Vernunft

Habermas plädiert für eine klare begriffliche Abgrenzung des Wissens von einem quasi-religiösen Glauben; ferner des praktischen Vernunftgebrauchs von positiver Religion und generell des Universums des Glaubens vom Universum des Wissens (vgl. S. 141 f., S. 150). Nur dadurch scheint es ihm möglich zu sein, Kants moralischen Glauben an die Existenz Gottes und an eine Unsterblichkeit der Seele nicht mehr – wie Kant es tut – zumindest als notwendige Bedingungen für die Moral aufzufassen sowie für eine Vernunft, die

---

* Die Seitenzahlen im Text beziehen sich auf diesen Beitrag, in: Deutsche Zeitschrift für Philosophie, Sonderband 9: Recht – Geschichte – Religion. Die Bedeutung Kants für die Gegenwart, Berlin 2004. Vgl. dazu auch J. Habermas, Glauben und Wissen, Frankfurt/Main 2001.

sich frei und autonom aus sich selber an die eigenen, unbedingten Gesetze bindet. Für Habermas sind die Gegenstände des moralischen Vernunftglaubens schließlich auch keine notwendigen Bedingungen für die Erkenntnis des Sittengesetzes und für das Wissen um dessen unbedingte Geltung sowie für dessen Anerkennung, so dass das moralische Gesetz als ausschließliche Triebfeder seiner Anerkennung gilt – ohne jeden weiteren Motivationsgrund.

Natürlich hängt die Geltung dieser Thesen davon ab, ob und wie sie sich – vielleicht gerade auch mit Hilfe eigener Argumente Kants – begründen lassen, bzw. ob sie sich in Folge einer berechtigten Kant-Kritik als eine vernünftige moralische Alternative erweisen. Aber umgekehrt gilt es selbstverständlich auch zu prüfen, inwieweit eine vom Glauben entkoppelte moralische Vernunft ihrerseits tragfähig ist, oder ob auch sie wiederum auf Überzeugungen und deren Für-wahr-Halten fußt, dessen epistemischer Status nur als der eines Glaubens gekennzeichnet werden kann.

Nach Habermas soll es schließlich auch möglich sein, den Bedeutungsgehalt der christlichen Religion, so vor allem ihre „Idee" einer Annäherung an das „Reich Gottes" (der kantische „Endzweck" des menschlichen Lebens), in eine Moderne zu integrieren, zu deren vernünftigem Selbstverständnis die Bindung an einen religiösen Glauben nicht mehr gehört, schon gar nicht als ihr eigenes Fundament. Eine solche Fundierung kann – so Habermas' Vorwurf an Kant – dessen Religionsphilosophie nur deshalb durchführen, weil sie die „Grenze zwischen den Universen des Glaubens und des Wissens" verwischt (S. 142). Denn genau dies geschehe in Kants Konzept des moralischen Vernunftglaubens an Gott und an die Unsterblichkeit der Seele.

1. Die Kategorie des moralischen Vernunftglaubens

Gewiss, Kant hat in seiner „Kritik der reinen Vernunft" drei Modelle des Führ-wahr-Haltens unterschieden, nämlich Meinen-Glauben-Wissen (vgl. S. 148). Und das Unterscheidungskriterium ist die darin unterschiedlich vorliegende Art der subjektiv und objektiv hinreichenden Begründung. Doch die Frage ist natürlich, ob es dieser Glaubensbegriff ist, der im moralischen Vernunftglauben vorliegt, oder ob letzterer nicht eine ganz andere Kategorie des Glaubens darstellt. Wenn Habermas feststellt, der Vernunftglaube habe einen paradoxen Charakter, weil er einerseits ein Moment des moralischen Wissens impliziere, nämlich dass er auf überzeugenden Gründen basiert, und andererseits ein Moment des Glaubens, nämlich das praktisch-existentielle Moment eines Interesses daran, dass die Hoffnungen des Lebens erfüllt werden (vgl. ebd.), so hat er sich hier eines anderen Glaubensbegriffes bedient.

Dieser Vernunftglaube ist nicht der alltägliche Glaube eines bloß subjektiven Für-wahr-Haltens, das über keine objektiv gültigen, intersubjektiv akzeptierten Gründe verfügt, wohl aber über solche, die für es subjektiv hinreichend sind. Aber jener existentielle Glaube kann auch nicht ein Moment des religiösen Glaubens sein, falls dessen Ursprung die überlieferte Offenbarung Gottes in der Geschichte ist. Denn die Faktoren, die zu einem moralischen Vernunftglauben nötigen, sind das existentielle „Bedürfnis" und „Interesse" der Vernunft selber. Nämlich ein Bedürfnis danach und Interesse daran, dass die im Sittengesetz logisch implizierten Ideen eines summum bonum, einer Existenz Gottes und einer Unsterblichkeit der Seele auch eine praktisch objektive Realität haben. Dieser insofern wahre Glaube an eine definitive (jenseitige) Realisierung des höchsten Gutes und Endzwecks des menschlichen Lebens stellt sich gerade deshalb ein, weil er die Konsequenz des Sittengesetzes ist; ein Glaube, der der moralischen praktischen Vernunft selber entspringt bzw. damit begrifflich verknüpft ist, wobei auch Gott und Unsterblichkeit sowie die Freiheit als Ideen eines Unbedingten bereits in der theoretischen Vernunft ihren Ursprung haben[1]. Dass für Kant ein notwendiger begrifflicher Zusammenhang besteht zwischen der Würdigkeit zum Glück und dessen tatsächlicher Realisierung, wobei dieser Zusammenhang einer der Gegenstände des Vernunftglaubens ist, lässt sich deshalb nicht auf eine vernunftexterne Quelle zurückführen, wie etwa auf ein religiöses „Reich Gottes" (S. 145). Der praktische Glaube der Moral ist vernunftintern, er gründet in ihren eigenen Ideen, aber vor allem in ihrem eigenen „Bedürfnis" und „Interesse", ihrem „Vertrauen" auf das Sittengesetz und dessen aus moralischen Gründen unterstellte „Verheißung"[2]. Insofern stellt er eine dritte Kategorie des Glaubens dar – im Unterschied zum bloß subjektiv hinreichenden, alltäglichen Glauben und zum religiösen Glauben als einem historischen Offenbarungsglauben.

Kant konzipiert die moralische Vernunft des Menschen allerdings bisweilen auch selbstwidersprüchlich als eine religiöse Instanz bzw.

---

[1] Vgl. I. Kant, Kritik der Urteilskraft, B 457 ff., in: Werke in sechs Bänden, hrsg. von W. Weischedel, Darmstadt 1966, Band V.

[2] Vgl. Kritik der praktischen Vernunft, A 255 ff., in: Werke in sechs Bänden, hrsg. von W. Weischedel, Darmstadt 1966, Band IV. Kritik der Urteilskraft, B 462 f.

im religiösen Kontext. Dafür geben all jene Aussagen Kants hinreichend Zeugnis, wo er von einer Heiligkeit des Sittengesetzes spricht oder von einem Gott als dem Urheber desselben (Pflichten als „göttliche[] Gebote") und dies auch als Befolgungsgrund auffasst, während er zugleich an der absoluten moralischen Autonomie der Vernunft festhält, die sich ihr Sittengesetz in Freiheit selber gibt und sich auch in Freiheit an dessen unbedingte Geltung in Selbstverpflichtung bindet, und schließlich Harmonisierungsversuche unternimmt[3]. Wenn schließlich Kants Programm von Anfang an von der Grundidee geleitet ist, er müsse das „Wissen aufheben, um zum Glauben Platz zu bekommen"[4], dann ist auch darin die Vernunft-Paradoxie dieses Programms unverkennbar. Denn eine solche Begrenzung nimmt die Vernunft selber und mit ihrer eigenen Hilfe vor. Begrenzt sie sich darin aber selber, so ist noch das von ihr Unterschiedene, der Glaube, ihr eigenes Moment – eine Religion „innerhalb" der Vernunftgrenzen. Man kann in dieser paradoxen Struktur Hegels dialektischen Begriff von Wissen und Glauben wiederfinden, worin das Moment des Wissens immer auch eine Einheit von sich und seinem Gegenteil ist. Insofern legt bereits Kants Konzept des Vernunftglaubens ein Fundament für das dialektische Verhältnis von Glauben und Wissen. Im Glauben, der für die Vernunft und ihre Begrenzung unentbehrlich ist, weiß sich die Vernunft gleichwohl selber. Freilich kann, ja muss man mit Adornos „Negativer Dialektik" gegen diese vernunftimmanente dialektische Begrenzung der Religion kritisch geltend machen, dass diese Begrenzung immer auch vernunftextern durch das Nicht-Begriffliche einer Religion und ihres Glaubens geschieht, das sich nicht auf seinen vernünftigen Begriff reduzieren lässt, sondern das – ähnlich wie in Derridas Konzept der différance und des daraus resultierenden Religionsverständnisses – Begriff, Vernunft und Sprache prinzipiell entzogen ist. Deshalb spricht Derrida von einer Religion „an den Grenzen der bloßen Vernunft" und nicht „in den Grenzen" derselben[5].

---

[3] Kritik der praktischen Vernunft, A 236 ff., 232. Die Religion innerhalb der Grenzen der bloßen Vernunft, in: Werke in sechs Bänden, hrsg. von W. Weischedel, Darmstadt 1966, Band IV, B 230, 277. Kritik der Urteilskraft, B 477. Der Streit der Fakultäten, in: Werke in sechs Bänden, hrsg. von W. Weischedel, Darmstadt 1966, Band IV, A 44 f. Die Metaphysik der Sitten, in: Werke in sechs Bänden, hrsg. von W. Weischedel, Darmstadt 1966, Band IV, A 181.

[4] Kritik der reinen Vernunft, in: Werke in sechs Bänden, hrsg. von W. Weischedel, Darmstadt 1966, B XXX.

[5] J. Derrida, G. Vattimo, Die Religion, Frankfurt/Main 2001, S. 9 ff.

2. Zur Struktur des moralischen Vernunftglaubens

Wenn aber die These, Kant verwische den Unterschied von Wissen und Glauben sowie den Unterschied ihrer Universen für den moralischen Vernunftglauben nicht zuzutreffen scheint, weil es sich bei diesem Vernunftglauben um eine eigenständige Kategorie ebenso gegenüber dem epistemischen Glauben wie dem religiösen historischen Offenbarungsglauben handelt, so dass der Unterschied des Vernunftglaubens gegenüber einem religiösen Glauben gerade nicht eingeebnet wird, auch wenn die Offenbarungsreligion die moralischen Prinzipien des Vernunftglaubens notwendig enthält[6] –, worin liegt dann seine eigentümliche Struktur? Es scheint, dass diese sich nur dann hinreichend bestimmen lässt, wenn man einen moralischen Pragmatismus Kants zugrunde legt.

Der moralische Vernunftglaube ist zunächst keine Variante des epistemischen Glaubens, der sich von Meinen und Wissen unterscheidet. Ebenso ist er natürlich von einem religiösen Glauben zu trennen, dessen Quelle für Kant die historische Offenbarung ist, dessen Herkunft aber auch die Gnade Gottes und dessen Ursprung eine vernunfttranszendierende Art mystischer Erfahrung sein kann. Er entspringt demgegenüber der Vernunft selber, ihren ureigenen Ideen von Gott, Freiheit und Unsterblichkeit, wie aber vor allem auch ihrer Idee des Endzwecks und des höchsten Gutes und dem gleichzeitigen Wissen darum, dass dieses höchste Gut, Glück und Moral, in dieser Welt aus vielfältigen Gründen nicht realisierbar ist. Gleichwohl hält aber die Vernunft an der objektiven Realität dieser Ideen und deren Wahrheit fest. Denn diese objektive Realität entspringt einem „Interesse" und „Bedürfnis" ihrer selbst. Und sie setzt auf die entsprechenden „Verheißungen" bzw. Versprechungen des höchsten Gutes ihr „Vertrauen". Dass sie all dies tut, bedeutet, dass sie notwendig einen Glauben an diese objektive Realität der Ideen ausbildet[7].

---

[6] Vgl. Die Religion innerhalb der Grenzen der bloßen Vernunft, B 233 f.

[7] Vgl. Kritik der reinen Vernunft, B 377 ff. Kritik der Urteilskraft, B 457 ff. – Für Habermas wird der „Mangel" einer innerweltlich nicht möglichen Realisierung des Endzwecks der Schöpfung und des summum bonum bei Kant als Vernunftbedürfnis formuliert, das durch seine Postulate Gott und Unsterblichkeit diesen „Mangel" „kompensier[t]" (S. 146). Aber für Kant liegt in diesem „Mangel" eine radikale Infragestellung und Entwertung der Moral selber. Denn falls dieser „Mangel" nicht behebbar ist, ist auch das Sittengesetz „phantastisch und auf leere eingebildete Zwecke gestellt" (Kritik der prakti-

Im Gegensatz zum epistemischen Glauben ist dieser Vernunftglaube kein bloß subjektiv hinreichend begründetes Für-wahr-Halten, dem die intersubjektiv akzeptierten Gründe für eine objektive
Wahrheit fehlen. Denn das summum bonum, die Existenz Gottes
und eines ewigen Lebens samt dessen Verwirklichung des Glücks
haben für den moralischen Vernunftglauben eine objektive Realität,
was beim epistemisch Geglaubten nicht der Fall ist. Aber diese objektive Realität der Ideen beruht auch nicht wie beim Wissen auf allgemein akzeptierten, substantiellen Gründen. Sondern sie ist pragmatisch in der moralischen Praxis der Vernunft begründet. Sofern
die menschliche Vernunft sich notwendig moralische Autonomie zuschreibt und in Freiheit die unbedingte Geltung ihres Sittengesetzes
anerkennt, und insofern sie deshalb ein unaufgebbares Interesse
daran hat, das Sittengesetz in ihrem eigenen Handeln zu realisieren, ist sie durch ihre eigene moralische Praxis genötigt, einen vernünftigen Glauben daran auszubilden, dass nicht nur in dieser Welt
bereits die Möglichkeit besteht, trotz all der natürlichen und sozialen
Hindernisse und Einwirkungen in ihren Handlungen den Pflichten
des Sittengesetzes zu folgen, sondern auch daran, dass die damit
verknüpften Ideen eines Endzwecks, eines summum bonum, einer
Existenz Gottes und einer Unsterblichkeit der Seele eine objektive
Realität haben, also nicht nur praxisleitende, aber realitätsoffene
Ideen sind, sondern wirklich existierende Gegenstände. Deren Existenz ist freilich keine kognitive Realität des Wissens, keine von objektiv und intersubjektiv gültigen Argumenten und Beweisen abhängige. Vielmehr ist sie eine objektive Realität, die mit der Wirklichkeit
des moralischen Selbstverständnisses der Vernunft und ihres entsprechenden Handelns begrifflich notwendig verknüpft ist. Nur von
dieser hängt sie ab. Aber sofern sie von ihr abhängt, ist sie ebenso
objektiv real wie diese selber[8].

---

schen Vernunft, A 205). Deshalb hat die Vernunft daran, dass die Moral selber objektiv real und durch einen Endzweck bestimmt ist sowie durch die erforderlichen Postulate, ein „Interesse", deshalb hat sie ein „Bedürfnis" danach.

[8] Natürlich enthält eine solche begriffliche Konstruktion Probleme. So ist
darin z. B. die Wahrheit der Idee „Gott", und d. h. seine objektiv reale Existenz, vom moralisch-vernünftigen Selbstverständnis des Menschen abhängig,
der jedoch – wie die gesamte Natur – zugleich ein Geschöpf dieses Gottes ist.
Diese Paradoxie wird noch dadurch verschärft, dass für Kant die Existenz der
Ideen wie „Gott" und deren Wahrheit von der Freiheit des „ich w i l l " und von
einem subjektiven freien Für-wahr-Halten des Vernunftglaubens abhängt (vgl.
Kritik der reinen Vernunft, B 857; Kritik der praktischen Vernunft, A 258; Kritik

Dass dieser Vernunftglaube ein pragmatisches Realitäts-Fundament in der moralischen Praxis hat, woraus er all seine objektive Sicherheit und Gewissheit bezieht, die Kant selbst bisweilen der Sicherheit und Gewissheit des Wissens vorzieht[9], ist für Kant eine begriffliche Konstruktion, die keineswegs für das nichtmoralische, alltägliche Handeln ohne Bedeutung ist. Denn auch das nichtmoralische Handeln des Alltags beruht auf einem vernünftigen Glauben, der zwar kein objektiv abgesichertes Wissen ist, der aber auch nicht über bloß subjektiv hinreichende Gründe verfügt, sondern auch über solche, die eine Realität des Geglaubten garantieren – allerdings nur in einem pragmatischen Handlungskontext. Kants Beispiel[10], ein Kaufmann, der im Falle des Verkaufs seiner Waren an einen Gewinn glaubt, hat zwar keine hinreichend objektiven Gründe, wie im Falle eines Wissens, für diesen Gewinn. Aber gleichwohl hat dieser Gewinn für ihn eine objektive Realität, wenn auch in deren Antizipation. Es ist der pragmatische Glaube der kaufmännischen Praxis, der diese objektive Realität begründet. Denn ohne diesen Glauben würde kein Kaufmann ein ökonomisches Risiko eingehen. Als „Erkenntnis" hat dieser Glaube „ein Verhältnis . . . zum Handeln". Man kann zwar kritisch einwenden, dass es gewisse ökonomische Gesetze und soziale Regeln gibt, die eine objektive Realität des Gewinns wahrscheinlich machen. Aber selbst dann ist die tatsächliche objektive Realität des antizipierten Gewinns Inhalt eines praktischen Glaubens. Natürlich ist es im Falle des pragmatischen Glaubens im alltäglichen Handeln prinzipiell möglich, dass dieser Glaube sich als ein Irrtum herausstellt, sich also nicht erfüllt, und dass also die geglaubte objektive Realität einer Sache oder eines Ereignisses tatsächlich nicht eintritt. Das pragmatische Glaubensrisiko ist hier nicht nur sinnvoll, sondern auch notwendig und einkalkuliert.

---

der Urteilskraft, B 463; Logik, in: Schriften zur Metaphysik und Logik, in: Werke in sechs Bänden, hrsg. von W. Weischedel, Darmstadt 1966, A 107). Eine derartige Wahrheit der Ideen ist dann aber mit ihrer sinnvollen Verneinung (begrifflich) verträglich, was dann selbst für die Existenz Gottes gilt.

Auch ist der im freien Willen begründete praktische Vernunftglaube für Kant – widersprüchlich – bisweilen nicht mitteilbar und ohne allgemeinen Geltungsanspruch (Logik, A 107; vgl. dagegen: Die Religion innerhalb der Grenzen der bloßen Vernunft, B 145, 207 f., 232 f.; Der Streit der Fakultäten, A 73 f.), wodurch er jedoch zu einem Privat-Glauben der Vernunft wird – mit allen Folgen für eine objektive und universelle Geltung des Sittengesetzes.

[9] Vgl. Logik, A 110.
[10] Vgl. Logik, A 102.

Kant will nun diese Unsicherheit bezüglich der wirklichen objektiven Realität eines ideellen summum bonum, einer Existenz Gottes und einer Unsterblichkeit der Seele a priori ausschließen – eine Unsicherheit, die auch den hinsichtlich der Gewissheit und der Interessen graduellen „pragmatische[n] Glauben" an ein Mittel zur Erreichung eines Zweckes kennzeichnet[11]. Insofern ist der moralische Vernunftglaube für ihn mit einer unbedingten Sicherheit über die objektive Realität dieser Ideen verknüpft. Der Grund dafür liegt wiederum darin, dass andernfalls die moralische Selbstachtung der Vernunft beschädigt würde – sie wäre in ihren „eigenen Augen verabscheuungswürdig" – und dass die Verpflichtung des moralischen Gesetzes nicht absolut wäre, was jedoch die Moral und das Sittengesetz selber bzw. deren unbedingte Geltung nicht nur einschränken, sondern zerstören würde[12]. Denn eine bedingte und relative Geltung der Sittlichkeit untergräbt deren unbedingtes Sollen und beeinträchtigt deren ausschließliche Motivation, nämlich die Achtung vor dem Gesetz. Wenn die gebietende und verpflichtende Kraft des moralischen Gesetzes geschwächt ist, warum sollte man diesem Gesetz in der eigenen moralischen Praxis unbedingt folgen? Wenn ferner die in ihm logisch implizierten Ideen wie das höchste Gut, die Existenz Gottes oder die Unsterblichkeit der Seele bestenfalls handlungsregulative Ideen sind, weil die Wirklichkeit dieser Gegenstände und die Wahrheit dieser Ideen zumindest prinzipiell offen bleiben muss, warum sollte man sich an diesen Ideen im Leben orientieren? Welchen nicht nur moralischen, sondern bereits begrifflichen und kognitiven Wert hat schließlich ein Sittengesetz, dessen logische Voraussetzungen (Unsterblichkeit) und Konsequenzen (Gott) bloße Fiktionen sind, ja, selbst wenn sie dies nur möglicherweise sind?

3. Unbedingte Moral ohne Vernunftglaube?

Genau diese These der Trennung einer unbedingten Gültigkeit des Sittengesetzes und einer absoluten Verbindlichkeit desselben von einem moralischen Vernunftglauben an das höchste Gut, an Gott und die Unsterblichkeit der Seele wird von Habermas vertreten. Und er kann sich dabei – so scheint es – auf eine entschiedene Aussage Kants berufen. Nämlich auf die Aussage, dass selbst dann, wenn

---

[11] Vgl. Kritik der reinen Vernunft, B 852 f.
[12] Vgl. Kritik der reinen Vernunft, B 856.

ein Mensch sich überreden würde, dass Gott nicht existiere, er „in
seinen eigenen Augen ein Nichtswürdiger" sei, wenn er aus diesem
Sachverhalt auch den Schluss zöge, die Gesetze der Moral samt ihren Geltungs- und Verbindlichkeitsansprüchen seien „bloß eingebil-
det, ungültig, unverbindlich"[13]. Denn dann scheint es in der Tat
möglich zu sein, mit Kant die unbedingte Gültigkeit des Sittengesetzes anzuerkennen und für überzeugend zu halten, etwa auf Grund
der freien moralischen Autonomie der Vernunft, ohne dass es sich
dabei auch um ein Sittengesetz handelt, das integraler Bestandteil
eines höchsten Gutes ist, und zwar in seiner Einheit mit dem Glück,
und das deshalb auch praktisch dazu nötigt, an dessen Verwirklichung zu glauben sowie an die Existenz Gottes und an eine Unsterblichkeit der Seele. In dieser Argumentation Kants ist die Würde
eines Agnostikers lediglich noch davon abhängig, dass er dem Sittengesetz eine unbedingte Geltung und verpflichtende Kraft zu-
spricht und sie in seinem Handeln anerkennt.

Allerdings stellt sich dann für diese Würde ein Problem: Wenn das
Sittengesetz seiner eigenen freien, autonomen Vernunft entspringt und
wenn darin seine Würde liegt, dann besitzt der Agnostiker die Würde
der menschlichen Vernunft bereits, kann sie also gar nicht verlieren
oder auch erst gewinnen – es sei denn, die autonome praktische Vernunft wird in ihrer Freiheit so gedacht, dass sie sich nicht notwendig
das moralische Gesetz gibt, bzw. dass sie selbst dann, wenn sie dies
tut, keineswegs notwendig auch dessen Verpflichtung und Geltung
anerkennt – was eine merkwürdige Selbstwidersprüchlichkeit der Vernunft implizierte. Dann kann man diesen Sachverhalt in der Tat auch
so beschreiben, dass die Vernunft dadurch ihre eigene Würde wiederum verliert, ein „Nichtswürdiger" wird.

Doch dies ist nur der erste Teil der Kantischen Überlegungen.
Und nur soweit verfolgt Habermas die Kantische Argumentation
(vgl. S. 149 f.). Denn Kant spielt das Problem einer Trennung von
unbedingt gültiger Moral und Vernunftglauben auch für den Fall
durch, dass man die Habermas'sche Position einnimmt; also jene,
worin man zwar keinen Vernunftglauben an das summum bonum,
an Gottes Existenz und die der Seele hat, worin man aber die unbedingte Geltung und Verpflichtung des moralischen Gesetzes ohne
Wenn und Aber für einen selbst anerkennt. Und hier scheinen Kants
Aussagen jedoch einen eindeutigen Zweifel an der Möglichkeit einer derartigen Trennung zu artikulieren.

---

[13] Kritik der Urteilskraft, B 426 ff.

Dies heißt nicht, dass letztere nicht logisch oder begrifflich möglich und sinnvoll sein könnte. Aber sie hätte für Kant faktisch zwei nicht akzeptable Konsequenzen. Nämlich zum einen, dass das einzige moralische Motiv, die alleinige Achtung vor dem Sittengesetz, dadurch geschwächt würde. Ein Sittengesetz, das zwar nicht begrifflich in sich defizient ist, dessen Logik es aber zulässt, dass es nur in begrifflichen Zusammenhängen – des summum bonum, der Existenz Gottes und der Unsterblichkeit der Seele – existiert, die in keiner Weise objektiv hinreichend als real gelten können, sondern bestenfalls als lediglich subjektive Ideen, ein solches Sittengesetz ist keine unbedingte und ohne jede Relativierung anzuerkennende Größe und kann keine Achtung als unbedingtes Motiv seiner Befolgung verlangen. Denn ihm selber haftet dann auch der Mangel eines bloß subjektiv-ideellen „Faktums der Vernunft" an. Ein solches Sittengesetz bedürfte zusätzlicher Gründe, etwa der pragmatischen Klugheit. Aber dann wären die Geltung und Verbindlichkeit der Moral wie auch deren bestimmte Inhalte wiederum von eben dieser pragmatischen Klugheit abhängig und von ihren Zwecksetzungen, etwa dem anthropologisch-universalen Zweck des Glücks. Und auch die moralische Motivationslage würde sich verschieben, sofern dann auch Zwecküberlegungen der pragmatischen Klugheit mögliche und berechtigte Elemente einer moralischen Motivation darstellen.

Für Habermas findet zwar die moralische Gesinnung im subjektiv gewissen Vernunftglauben an Gott und an eine unsterbliche Seele durchaus noch eine zusätzlich motivierende Kraft (vgl. S. 149 f.), aber notwendig ist sie nicht. Die Existenz Gottes und einer unsterblichen Seele auch als objektiv real im praktischen Kontext zu glauben –, dieser objektiv sichere Vernunftglaube ist für die moralische Motivation dann nicht erforderlich. Doch selbst die motivationale Kraft eines bloß subjektiv gewissen Glaubens ist fragwürdig, wenn für diesen geltend zu machen ist, dass die Existenz seiner Glaubensgegenstände nicht nur zweifelhaft und nicht einmal wahrscheinlich ist, sondern bestenfalls nur die Funktion einer handlungsregulativen Idee hat, die aber nichts über den Status einer objektiven Realität ihrer Gegenstände beinhaltet. Inwiefern können bloße Ideen motivieren?

Zum anderen zieht Kant aus der Trennung der Anerkennung der Geltung und Verbindlichkeit des Sittengesetzes von einem Vernunftglauben an Gott und die Unsterblichkeit der Seele die radikale Konsequenz, dass dies zu einem „Abbruch" der „moralischen Gesinnung" führen würde, also keineswegs zu einer bloßen Abschwächung oder Einschränkung derselben. Was sind die Gründe dafür? Kant fragt sich, wie ein Mensch, der eine derartige Trennung in seinen Überzeugungen für vernünftig und wahr hält, „seine eigene innere Zweckbestimmung durch das moralische Gesetz" beurteilt. Kant sieht einen solchen Menschen und dessen moralisches Leben gleichsam unter dem objektiven Gesichtspunkt des Welt-Ganzen – sub specie aeternitatis. In dieser Perspektive ist ein solcher Mensch zwar an einer vorurteilslosen und uneigennützigen Verwirklichung des moralisch „Gute[n]" interessiert. Er weiß aber um die Grenzen seiner Realisierung etwa durch Einschränkungen und Hindernisse der „Natur" oder auch durch die faktische Unmoralität in seiner Welt sowie vor allem auch dadurch, dass alle Menschen unabhängig von ihrer moralischen Qualität und unabhängig von all ihrer Glückswürdigkeit und ihrem Selbstverständnis, „Endzweck der Schöpfung" zu sein, gleichermaßen ein natürliches Ende finden, ihren alles einebnenden Tod, indem sie unterschiedslos „in den Schlund des zwecklosen Chaos der Materie" zurückgeworfen werden. Der an eine Verwirklichung des moralisch „Gute[n]" interessierte Mensch muss insofern dessen eigene Zwecklosigkeit eingestehen[14].

Angesichts dieses Tatbestandes bleibt dem agnostischen Menschen nur die scheinbar nichtabsurde Möglichkeit, den von ihm beabsichtigten „Zweck", die Realisierung des Guten als des summum bonum als irreal aufzugeben, obwohl er seine moralische Verpflichtung durch das Sittengesetz entsprechend nach wie vor unbedingt akzeptiert und unbeirrt danach handelt. Doch dieses sein moralisches Verhalten ist – wie die Moral selber – in einer zwecklosen Welt auch selber zwecklos. Oder aber der Agnostiker neigt dazu, auch diese moralische Verpflichtung und damit die Geltung des Sittengesetzes zu negieren und abzutun. Denn ein Gesetz, dessen Zweck im Unterschied zu den vom Gesetz vorgeschriebenen Handlungen selber nicht realisierbar ist, gilt und verpflichtet nicht zu diesen dann auch selber zwecklosen Handlungen; bzw. seine Verpflichtung dennoch anzuerkennen, heißt, diese von dem „Zweck" des Gesetzes, der Realisierung des höchsten Gutes, zu trennen. Doch dann sind die moralischen Handlungen, die nicht zu dessen Realisierung führen, obwohl sie es im Sittengesetz anerkennen, auch nicht mehr ein Mittel zur Realisierung des höchsten Gutes. Und fallen sie deshalb als solche weg, dann eben nicht nur auch der „Endzweck" des sum-

---

[14] Kritik der Urteilskraft, B 426 ff.

mum bonum, sondern das Sittengesetz selbst als Realisierungsmittel sowie dessen unbedingte Geltung und Verpflichtung; und nicht zuletzt eben auch seine Anerkennung in der moralischen Praxis. Deshalb führt für Kant die Trennung des Sittengesetzes vom Vernunftglauben an ein summum bonum, an Gott und an die Unsterblichkeit der Seele, zu einem „Abbruch" der „moralischen Gesinnung" selber[15].

4. Gibt es relativ gute Lebensformen in einer unbedingt verpflichtenden Moral?

Habermas möchte die „Intuition", die sich als „Idee einer Annäherung an das Reich Gottes auf Erden" mit dem moralischen Gesetz verbindet, relativ auf das „konkrete[] Gute[] besserer und verbesserter Lebensformen" beziehen. Dass wir von „nicht-verfehlten Lebensformen" wissen, die als „Bilder" der „Moral auf halbem Wege entgegenkämen" –, dies verlangt für Habermas keinen moralischen Vernunftglauben an das höchste Gut als Endzweck, an Gott oder an die unsterbliche Seele (S. 149).

Doch Kants Fragen an eine derartige moralische Binnenperspektive eines geglückten Lebens scheint die zu sein, von welchem Wert das „konkrete Gute" der „besseren und verbesserten Lebensform" selber ist. Und welchen Zweck stellen die „nicht-verfehlten Lebensformen" dar, die ja mehr sein müssen als die Moral, wenn sie dieser in irgendeiner Form entgegenkommen, sollen sie nicht doch letztlich in einem Kantischen „Endzweck" münden? Relative Kriterien

---

[15] Die von Habermas so stark gemachte These Kants, allein aus Achtung vor dem Gesetz zu entscheiden und zu handeln, erfährt dann bei Kant schon eine entschiedene Abschwächung. Denn wenn diese Achtung vor dem moralischen Gesetz als einzige moralische Motivation dadurch geschwächt werden kann, dass der diesem Gesetz zugrunde liegende Zweck, die Realisierung des Guten, nicht real möglich ist, sondern nur dann – trotz aller bleibenden unaufhebbaren Effizienz der Realisierung desselben in der Welt –, wenn Gott der Garant dieser Realisierung in einem ewigen Leben ist, dann gehört zu einer nicht geschwächten motivationalen Achtung vor dem Gesetz auch das Wissen um diesen Sachverhalt, als essentieller Teil der Motivation. Aus Achtung vor dem Gesetz handeln, ist dann aber nicht das alleinige moralische Motiv. Denn sie impliziert auch ein Wissen um den Glücksgaranten Gott. Bisweilen ist für Kant der „kategorische Imperativ" denn auch ein Gebot Gottes. Und dann ist auch dies neben der Achtung für das Gesetz ein weiterer Grund der Anerkennung seiner (des Gesetzes) Verbindlichkeit (vgl. dagegen S. 143): die Achtung für das Gesetz der Vernunft als Gesetz Gottes – was natürlich die Autonomie der Vernunft erheblich einschränkt.

reichen zur Beantwortung dieser Frage nicht aus. Denn relative Kriterien guter und besserer Lebensformen hängen selber von anderen, wieder relativen Moralkriterien und bedingten Formen des Gesollten ab. Bleibt schließlich eine solche kriterielle Abhängigkeit auch als Ganze immer nur wert-relativ, also ohne letzten „Endzweck" eines summum bonum und eines entsprechenden Vernunftglaubens, dann ist die Sittlichkeit bzw. das moralische Gesetz samt ihrer Geltung und Verbindlichkeit in der Binnenperspektive des Lebens zwar nur von der autonomen Vernunft selber abhängig. Aber eine Rechtfertigung dieser moralisch autonomen Vernunft selber und ihrer Binnenperspektive, soll sie sich nicht in einer Antizipation eines moralischen „Endzwecks" einer Lebensform finden, also aus der Außenperspektive sub specie aeternitatis, scheint dann nur zirkulär aus dieser relativen Vernunft selber heraus möglich zu sein –, d. h. nur innerhalb ihres internen faktischen Selbstverständnisses, das selber keinem unbedingten Kriterium mehr unterliegt[16].

Doch die Gegenfrage ist, ob man nicht auch dann, wenn man mit Kant an einer „festen Kontur des Gesollten" festhält (S. 149 f.), also an einem moralisch vorgeschriebenen „idealischen Endzweck[]"[17] wie das summum bonum, dieses nur in einer moralischen Praxis verwirklichen kann, die ihren Maßstab von gutem oder schlechtem Handeln, von geglückter oder verfehlter Lebensform auch nur immanent aus konkreten, gelebten Formen des Guten und Schlechten gewinnen kann. Denn dann ist es durchaus die kontingent-faktische, unhintergehbare Praxis der Vernunft selber, die Tatsache oder das „Faktum", dass eine bestimmte Art und Weise der Praxis und der Lebensform als moralisch gut oder verfehlt gilt, die bestimmt, was es heißt, das summum bonum in der Welt zu verwirk-

---

[16] Wenn der „Sinn" der autonom-freien Selbstgesetzgebung der praktischen Vernunft, deren Wille darin dieses moralische Gesetz anerkennt, im bloßen „kategorischen Sollen" besteht, ohne jede Rücksicht auf irgendwelche realen Folgen in der Welt (S. 147), dann ist diese Sittlichkeit nicht nur aus dem summum bonum, dem höchsten Gut herausgelöst, als einer Einheit von Glück und Moral, deren Verwirklichung gerade deshalb nicht völlig unerheblich sein kann, weil das Sittengesetz und die Moral ein Teil des höchsten Gutes darstellen. Sondern es bleibt dann auch die Frage nach dem Wert, nach dem Zweck des „kategorischen Sollens" völlig offen, so dass es moralisches Handeln geben kann, das diesem „kategorischen Sollen" durchaus entspricht und es verwirklicht, das aber letztlich selber zwecklos und wertlos ist, weil Sinn und Bedeutung des „kategorischen Sollens" selbst völlig in der Luft hängen.

[17] Kritik der Urteilskraft, B 428.

lichen. Kants Beispiele der konkreten Anwendung der Universali-
sierbarkeits- und Zweckformel des „kategorischen Imperativs"
(Selbstmord, Versprechen, soziale Hilfe, Bildung) zeigen dies deutlich, wenn sie utilitaristisch auf kulturell bestimmte, materiale Werte
von Lebensformen zurückgreifen müssen, um die kriterielle Anwendung des „kategorischen Imperativs" zu ermöglichen[18].

Gewiss, einen Begriff des Guten nur aus der immanenten Lebens-
perspektive und deren konkreten Formen des autonom Gesollten, des
guten und schlechten Lebens zu entwerfen, d. h. ohne den Begriff eines externen „Endzwecks", eines summum bonum, heißt, begrifflich
den Unterschied zwischen dem, was in einer moralischen Praxis de
facto als gut und schlecht gilt, und dem, was an sich gut und schlecht
ist, einzuziehen. Obwohl dieser Unterschied begrifflich unverzichtbar
ist, ist aber auch nicht zu übersehen und zu übergehen, dass alle Begriffe vom an sich Guten, vom an sich geglückten Leben immer nur
durch die faktische moralische Praxis im Leben inhaltlich gefüllt werden können, wodurch jene Differenz vom an sich Guten und dem
konkreten Guten fürs Leben wiederum eingezogen wird. Dann ist aber
die Praxis eines moralisch guten Lebens gerade auch dann, wenn sie
sich an einem unbedingten Moralkriterium misst, durch eine bestimmte Paradoxie bzw. Dialektik gekennzeichnet.

Wenn man mit Habermas davon spricht, dass Kant sich „für den
intrinsischen Wert der moralische[n] Lebensweise" entscheidet, und
wenn dies besagen soll, dass eine solche Lebensweise einem Menschen „keine Gewissheit darüber verschaffen" kann, auch wirklich
glückselig zu werden (S. 144), so gibt es für Kant zwar nur eine Gewissheit darüber, dass ein moralisches Leben eine bloße Glückswürdigkeit erzeugt. Aber Kant ist auch davon überzeugt, dass dieses
Glück einmal seine Verwirklichung erfährt. Zwar lässt sich im moralischen Gesetz selber ein solcher „notwendige[r] Zusammenhang'
zwischen . . . Glückswürdigkeit" und angemessener Glückseligkeit
nicht entdecken (vgl. ebd.). Ein solcher stellt sich aber dann ein,
wenn das Sittengesetz nur in der Einheit des Endzwecks, des höchsten Gutes und der mit ihm notwendig verbundenen Postulate existiert. Doch das Für-wahr-Halten dieser Überzeugung ist ein moralischer Glaube der Vernunft. Nur mit dieser Einschränkung kann man
mit Kant von einem „intrinsischen Wert der moralischen Lebensweise" sprechen.

---

[18] Vgl. Grundlegung zur Metaphysik der Sitten, in: Schriften zur Ethik und
Religionsphilosophie, in: Werke in sechs Bänden, hrsg. von W. Weischedel,
Darmstadt 1966, Band IV, B 52 ff., 67 ff.

Für Habermas geht freilich das „Vernunftbedürfnis" nach einer Endzweck-realisierenden Instanz über das Moralbewusstsein hinaus, wodurch dieses „zum Glauben" wird. Denn Moralbewusstsein sei zwecklos, weil andernfalls mit der Annahme eines moralintegrierenden Endzwecks die Unbedingtheit der sittlichen Verpflichtung geschwächt würde (S. 145). Aber: Eine Unbedingtheit der Moral, die sich nicht an (letzte) Zwecke bindet, verfügt über keine inhaltlichsachlichen Kriterien ihres moralischen Handlungsbewusstseins – oder über beliebige. Ohne die Sachwerte von Zwecken kann die Universalisierungs- und Zweckformel des „kategorischen Imperativs" nicht kriteriell greifen, wobei die Zwecke dieser Formel gerade nicht entnommen werden können. Der Inhalt des Sittengesetzes ist ohne diese absolute Zweckabsicherung offen, weshalb Kant in der „Metaphysik der Sitten" bereits in seinem Konzept der Tugend die Pflicht begrifflich an den Zweck (Vollkommenheit, Glückseligkeit) bindet. Eine derartige absolute Zweckabsicherung ist allerdings als Idee des Endzwecks eine Sache des moralischen Vernunftglaubens und in der Tat keine theoretische Erkenntnis der praktischen Vernunft (vgl. S. 148). Kants Idee vom Reich der Zwecke bestimmt insofern bereits das individuelle Handeln, und deswegen dann auch das sozial-öffentliche (vgl. dagegen S. 145 f.).

5. Praktischer Vernunftglaube – keine notwendige Bedingung moralischen Wissens?

Man kann den epistemischen Status des moralischen Wissens um das moralische Gesetz bzw. um die Sittlichkeit im Ausgang von Kants Feststellung so bestimmen, dass der „kategorische Imperativ" ein „synthetisch-praktischer Satz a priori" ist. Darin drückt sich aus, dass das moralische Wissen erfahrungsunabhängig und erfahrungsvorgängig ist, indem es z. B. a priori aus den bloßen Begriffen einer Handlung, eines praktischen, vernünftigen Willens, seiner Maximen und eines Gesetzes gewonnen und konstruiert werden kann[19]. Ein derartiges moralisches Wissen liegt aller moralrelevanten Praxis als Möglichkeitsbedingung zugrunde. Zwar handelt es sich bei diesem apriorischen moralischen Wissen, worin die Begriffe nicht analytisch und vor aller moralischen Erfahrung miteinander verknüpft sind, um ein praktisches Wissen darum, wie wir handeln müssen, wenn unsere Handlung als moralisch gelten soll. Aber dass es sich beim Inhalt

---

[19] Grundlegung zur Metaphysik der Sitten, B 50 f.

dieses Wissens um eine kategorisch gebotene Handlungsweise handelt, die begrifflich vor aller moralischen Praxis antizipiert wird, ohne dass sie auch schon konkret und real gegeben ist, relativiert nicht den epistemischen Status dieses Wissens und schränkt ihn nicht ein.

Nun möchte Habermas dieses moralische Wissen vom praktischen Vernunftglauben entschieden trennen. Um dieses Wissen ausbilden und um darüber verfügen zu können, soll es eines Glaubens an das summum bonum, an Gott und Unsterblichkeit nicht bedürfen. Gottesglaube der Vernunft ist nicht „erforderlich, um das Sittengesetz zu erkennen". Denn nach Kants Worten gründe sich Moral „‚auf dem Begriffe des Menschen'", d. h. auf einer sich frei und autonom das moralische Gesetz gebenden und sich darauf selber verpflichtenden Vernunft (S. 143).

Dies ist nun zweifellos der Fall[20]. Gleichwohl sollte dieser Sachverhalt eines nicht übersehen lassen: Eine derart vernunftautonome Moral hat sich auch selber die Frage zu stellen, welchem „Zweck" sie und damit auch die freie, praktische Vernunft noch unterliegt. Und wenn Kant diese Frage negativ beantwortet, weil die Moral selber „Endzweck[]" ist, dann ist sie dies allerdings nur in der Form, dass sie integrativer Teil des summum bonum als des „idealischen Endzwecks" ist. Dies kann sie aber nur dann sein, wenn sie nicht nur ihre eigene Anerkennung moralisch selber fordert. Sondern die Beförderung des summum bonum ist auch der Inhalt des moralischen Gebotes, was nicht heißt: Motiv des Bestimmungsgrundes seiner Befolgung, und die vom moralischen Gesetz selber vorgeschriebene Praxis. Letztere ist also keineswegs bloß eine Praxis, in der formal die Universalisierbarkeit der Maximen geboten ist oder die Behandlung des Menschen als Zweck an sich selbst. Habermas dagegen möchte die Beförderung des höchsten Gutes „nicht zum Inhalt eines deontologischen Gebotes" erheben (vgl. S. 148), was Kant aber in der „Kritik der praktischen Vernunft" dezidiert formuliert[21] – auch wenn dies im Widerspruch zur Verpflichtung auf die

---

[20] Kants einleitende Feststellung in seiner Religionsschrift, dass die freie, autonome Moral der sich selber auf das Gesetz verpflichtenden Vernunft keiner Gottesidee bedarf und keiner anderen Motivationskraft als dem Gesetz, ist freilich darauf bezogen, dass beides nicht erforderlich ist, „um seine Pflicht zu erkennen" (B III). Diese Einschränkung auf die Erkenntnis der Pflicht und des Sittengesetzes schließt es aber begrifflich nicht aus, dass die Moral der Idee Gottes und der Unsterblichkeit aus anderen Gründen als ihrer Erkennbarkeit durchaus bedarf.

[21] Vgl. Kritik der praktischen Vernunft, A 196 f., 205, 226, 235.

formale Universalisierbarkeit der subjektiven Materie im „kategorischen Imperativ" steht. Aber selbst die Pflicht zur Beförderung des höchsten Gutes stellt nach Habermas' Meinung nur ein „schwache[s] Sollen" dar, wobei Kant dessen vernünftigen Ursprung lediglich suggeriere (vgl. 146). Denn die Verwirklichung einer derartigen Pflicht überfordert nach Habermas „menschliche[] Klugheit", sofern diese z. B. niemals alle Handlungsfolgen überblickt. Praktische Vernunft verfüge zwar über den Begriff einer Welt der „geistigen Zwecke". Aber dieser Begriff stelle nur ein „moralisch unverbindliche[s] Ideal eines sittlich verfassten Gemeinwesens dar" (ebd.).

Nun hat Kant ähnliche Argumente gegen die mögliche Realisierung eines summum bonum in der Welt vorgebracht und gleichwohl die Konsequenz eines moralisch wenig verbindlichen „Ideals" nicht gezogen, also nicht die Konsequenz eines bloß „schwachen Sollens" und einer geringen Verpflichtung zur Beförderung des höchsten Gutes in der Welt.

Dass moralisches Wissen begrifflich von einem praktischen Vernunftglauben zu trennen ist –, dieses Projekt lässt sich demnach sinnvoller Weise nur verfolgen, wenn man anti-kantisch das summum bonum zwar als „Ideal" der moralischen Praxis auffasst, ihm aber seinerseits keinerlei unbedingte moralische Verbindlichkeit beilegt. Doch selbst wenn ein derartiges „Ideal" bloß eine „schwache" Sollens-Funktion für die moralische Praxis des Menschen hat, wird es immer durch die moralische Handlung (zumindest anfänglich und bruchstückhaft) verwirklicht. Kant verneint zwar, dass man eben auch aus diesem Grund moralisch handelt und sich dazu verpflichtet weiß. Aber das höchste Gut ist gleichwohl trotz seines fehlenden Motivationsgrundes und trotz seiner Realisierungsdefizienz ein unbedingt gebotener und zu verwirklichender Gegenstand. Denn das kategorische Sollen des Sittengesetzes hat es zum gegenständlichen Inhalt. Und ohne diesen gegenständlichen Inhalt wäre das unbedingte Sollen, was seinen Endzweck betrifft, leer. Es ist insofern nie nur ein moralisch wenig verbindliches „Ideal". Umgekehrt, ob Gott oder die Vernunft moralischer Gesetzgeber ist, ist für den Inhalt des Sittengesetzes nur dann irrelevant, wenn dieser nicht das höchste Gut und Endzweck ist (vgl. dagegen S. 143).

Habermas spricht dagegen von einer Assimilierung des aus Pflicht „Gesollte[n]" an den zu realisierenden Endzweck des höchsten Gutes, womit Kant einen „teleologischen Fehlschluß" begehe (S. 149). Unabhängig davon, ob dies der Fall ist, was fraglich ist –, ohne eine solche Assimilierung und umgekehrt mit einem lediglich hypothetisch-heuristischen Endzweck der Schöpfung (vgl.

S. 148) wird die verpflichtende Kraft des unbedingten kategorischen Sollens dadurch entscheidend geschwächt, dass aller sachliche Inhalt dieses Sollens in sich selber wertoffen, sinnoffen und
zweckoffen ist. Dieses Defizit kann das kategorische Sollen allein
nicht beheben.

Nun ist das höchste Gut, Glück und Moral bzw. eine sittliche und
vollkommene Lebensform, Inhalt eines moralischen Vernunftglaubens, wie auch die in ihm begrifflich implizierte Existenz Gottes und
die Unsterblichkeit der Seele. Die Verwirklichung dieses Inhaltes
wird wiederum vom Sittengesetz kategorisch gefordert; von einem
Sittengesetz, das in einem moralischen Wissen vorliegt. Das Sittengesetz ist aber Teil des höchsten Gutes, und als solches dann auch
Gegenstand des Vernunftglaubens. Auch moralisches Wissen ist
dann jedoch in die Einheit eines Für-wahr-Haltens eingebunden,
das ein praktischer Vernunftglaube an das summum bonum ist. Nur
innerhalb eines solchen Glaubens kann sich moralisches Wissen
selber ausbilden. Moralisches Wissen gibt es also nur unter der begrifflich notwendigen Bedingung, dass es ein Element des Für-wahr-
Haltens eines praktischen Vernunftglaubens an das höchste Gut ist.
Sein Fundament ist der vernünftige Glaube.

Wie Kant in der „Kritik der praktischen Vernunft" feststellt, ist das
moralische Gesetz und das entsprechende Wissen darum, ohne
dass es eine Verwirklichung eines summum bonum gibt samt einem
entsprechenden glaubenden Für-wahr-Halten, „phantastisch und
auf leere eingebildete Zwecke gestellt, mithin an sich falsch"[22]. Damit beruht aber auch die Wahrheit des moralischen Wissens auf der
Wahrheit eines praktischen Glaubens der Vernunft[23].

---

[22] Kritik der praktischen Vernunft, A 205.

[23] Insofern geht das „historische Ziel" der sozialen Verwirklichung der Moral in der Welt keineswegs über den sachlichen Gehalt der Sittlichkeit hinaus
sowie über das, was praktische Vernunft aus sich heraus zu wissen vermag.
Der moralische Vernunftglaube ist auch seine eigene epistemische Verwirklichung im moralischen Wissen (vgl. dagegen S. 148). – Dass sittliche Grundsätze nur in einem Vernunftglauben an Gott und den Endzweck der Schöpfung Bestand haben, ist für Habermas „selbstdestruktiv"; zum einen, weil dies
die Motivation der Achtung vor dem Gesetz schwäche, und zum anderen,
weil Nietzsches „nützliche Illusion" dasselbe leiste (S. 149). Aber man kann
genauso gut umgekehrt geltend machen: Wenn Kant den Vernunftglauben
nicht einführt, destruiert er die Sittlichkeit. Denn dann kann er nicht ausschließen, dass diese auf „phantastisch[e]", „leere" und fiktive „Zwecke gestellt" ist
– eben auf eine „Illusion". Freilich kann auch diese „nützlich[]" sein, was aber
nur auf der Basis eines Glaubens an den „Willen zur Macht" sinnvoll ist.

Wenn der praktische vernünftige Glaube an das höchste Gut, an seine Bedingungen und Folgen, an die Unsterblichkeit der Seele und an die Existenz Gottes, seinerseits nicht schon in dem Sinne wahr ist, dass seinen Ideen eine objektive praktische Realität zukommt, dann ist das moralische Wissen des Sittengesetzes – als Teil des höchsten Gutes – nicht nur de facto „falsch", während durchaus die Möglichkeit bestünde, ein anderes moralisches Wissen auszubilden, das dann wahr wäre. Sondern es ist dann begrifflich ausgeschlossen, dass es jemals wahr sein könnte. Es ist begrifflich notwendig „falsch". Das moralische Wissen und die in seinem Inhalt gegebenen Zwecke sind dann unvermeidlich rein fiktive Größen.

Die Wahrheit des praktischen Vernunftglaubens ist Voraussetzung eines sinnvollen und wahren moralischen Wissens. Sie besteht darin, dass seinen Ideen objektive Realität zukommt; allerdings nur in dem Sinne, dass es eine objektive Realität ist, die nicht intersubjektiv begründet gewusst, sondern die im pragmatischen subjektiven und intersubjektiven Kontext geglaubt wird. Insofern liegt aller Wahrheit, aber auch aller Falschheit des moralischen Wissens die praxeologische Wahrheit und Falschheit eines praktischen Glaubens der Vernunft zugrunde. Dass der moralische Glaube neben dem moralischen Wissen „keinen plausiblen Platz" (S. 148) finden kann, lässt sich deshalb schwerlich vertreten.

Es ist also keineswegs so, dass Kant sich im moralischen Vernunftglauben eine Umkehr des Abhängigkeitsverhältnisses zwischen Wissen und Glauben nicht eingesteht, weil – so nach Habermas – hier das Wissen vom religiösen Glauben abhängig sei. Vielmehr hat der moralische Glaube seinen Ursprung in der Vernunft selber, und die objektive Realität des von ihm Geglaubten ist nicht vernunftextern, sondern in der moralischen Praxis der Vernunft selber begründet (vgl. S. 146). Es gibt insofern keine epistemische Abhängigkeit des Wissens von einem religiösen Glauben, die Kant sich eingestehen müsste, was er jedoch nicht tue. Denn in diesem Glauben hängt die Vernunft von sich selber ab. Ihr Glaube ist ihr nicht transzendent, sondern immanent. Und dies ist durchaus mit einer „instrumentelle[n] Funktion" einer „positiven Religion" vereinbar (S. 146). Denn die Offenbarung kann dann ein instrumentelles Mittel dafür sein, den moralischen Vernunftglauben auch auf nicht-vernünftige Weise, d. h. nicht auf unvernünftige Weise, den Menschen nahe zu bringen und zu begründen.

Interessant ist, dass Kant nicht in Erwägung zieht, ob dieses veritative Abhängigkeitsverhältnis des Wissens vom moralischen Handeln und von dessen vernünftigem Glauben nicht auch für das nichtmoralische Wissen der synthetischen Sätze a priori über die Struktur der empirischen Welt und entsprechend für die darauf beruhenden empirischen Sätze der Erfahrung gilt. Doch diese Brücke lässt sich leicht schlagen. Denn soll ein Handeln der nichtmoralischen, also der epistemischen Vernunft überhaupt möglich sein, muss sie mit begrifflichen Voraussetzungen und damit verknüpften begrifflichen Einsichten beginnen, für die sie ihrerseits das rationale Begründungspotential nicht mehr bereitstellen kann, also weder subjektiv noch objektiv zureichende Gründe dafür hat, so dass sie berechtigt wäre, für dieses begriffliche Potential auch geltend zu machen, dass sie darin um Sachverhalte mit Wahrheit wüsste. Doch dann liegt auch dem epistemischen Vernunfthandeln ein pragmatischer Glaube zugrunde. Bei Kant gibt es Hinweise auf einen derartigen pragmatisch-epistemischen, aber nicht moralischen Wahrheitsbegriff, wenn er alle epistemischen Gewissheiten letztlich von unmittelbaren Evidenzen abhängig sein lässt, die deshalb diesen Status einer unmittelbaren Evidenz haben, weil sie das kognitive Handeln der Vernunft überhaupt erst ermöglichen. Und sofern für derartige Evidenzen objektiv zureichende Gründe nicht beigebracht werden können, ist ihr Für-wahr-Halten eine Sache des Glaubens. Kants Philosophie enthält insofern auch bereits Hinweise auf einen pragmatischen Wahrheitsbegriff des nichtmoralischen Wissens[24].

II. Der Pluralismus der Weltbilder, ihr praktischer Vernunftglaube und das interkulturelle Paradox

Trotz aller Kritik an Kants Konzept des praktischen Glaubens der Vernunft kann man mit Habermas einen derartigen Vernunftglauben reformulieren, um den Pluralismus kultureller Lebensformen und

---

[24] Die pragmatische Basis gerade auch der klassischen Logik mit ihrem Satz des Widerspruchs kommt sehr schön in der „Metaphysik" des Aristoteles zum Ausdruck (IV. Buch, 1006a). Zwar ist kein Geltungsbeweis dieses Satzes möglich. Aber seine notwendige Geltung lässt sich doch dadurch aufzeigen, dass dann, wenn jemand diese Geltung in einer Aussage bestreitet, diese entweder sinnlos ist, weil sie sich selbstwidersprüchlich zugleich selber negieren müsste; oder aber eine sinnvolle Aussage darstellt, was jedoch die Anerkennung der Geltung des Satzes vom Widerspruch impliziert. Soll es also überhaupt zu einem sinnvollen sprachlichen Aussage-Handeln kommen können, muss die notwendige Geltung des Satzes vom Widerspruch akzeptiert werden. Dann hat aber diese Geltung eine pragmatische Basis. – Kant stellt einmal lapidar in der „Kritik der praktischen Vernunft" fest, dass „alles Interesse" der Vernunft „zuletzt praktisch ist" (A 219).

Weltbilder samt ihren Überzeugungstraditionen verständlich zu machen, so dass dieses Vernunftkonzept auch in diesem Pluralismus durchaus einen „plausiblen Platz" zwischen dem Wissen und dem religiösen Glauben erhält. Sofern die kulturellen Lebensformen sich freilich nicht nur aus religiösen Traditionen speisen, sondern auch durch nichtreligiöse Überlieferungen und Lebensformen sowie durch säkulare Wertesysteme und Sinn- bzw. Endzweckvorstellungen vom menschlichen Leben bestimmt sind, ist Kants praktischer Glaube der Vernunft aus seinem engen metaphysisch-moralischen Kontext herauszunehmen und auch auf die nichtmetaphysischen, nichtmoralischen, nichtreligiösen fundamentalen Überzeugungen einer kulturellen Lebensform zu beziehen.

Es stellt sich dann mit dem späten Wittgenstein die Frage, ob das „Bezugssystem" einer kulturellen Lebensform samt ihrem Weltbild und ihren Sprachspielen sowie ihren Darstellungsnormen der Wirklichkeit nicht generell in einem pragmatischen Glauben der Vernunft wurzelt, also keineswegs beanspruchen kann, Inhalt eines basalen propositionalen Wissens zu sein, das berechtigterweise einlösbare Wahrheitsansprüche erhebt, über Argumentationsformen der Begründung dieser Wahrheit verfügt und sich insofern rational zu rechtfertigen vermag. Bekanntlich hat Wittgenstein in „Über Gewißheit" in seiner Kontroverse mit Moore all dies entschieden bestritten[25]. Kulturelle Sprachspiele und Weltbildüberzeugungen basieren nicht auf Wissenssystemen, sondern auf einem Bezugsgeflecht von sprachlichen und nichtsprachlichen Handlungsweisen, für die die Frage nach deren rationaler sprachlicher und begrifflicher Begründung nicht mehr gestellt werden kann: „Was ich weiß, das glaube ich"[26].

Dieser Glaube ist wie bei Kant ein pragmatischer Glaube der Vernunft, sofern sprachliche und nichtsprachliche Handlungen des vernünftigen Lebens das de facto unhintergehbare Fundament des menschlichen Lebens darstellen, und zwar trotz all ihrer Kontingenz, und sofern die das Leben und sein Handeln leitenden Überzeugungen Inhalte eines pragmatischen Glaubens sind. Deshalb ist für Wittgenstein auch alles subjektiv wie objektiv (und intersubjektiv) hinreichend begründete Wissen von pragmatischen Glaubens-Voraussetzungen eines kognitiven, vernünftigen Handelns abhängig, die durch die Prozesse der Vernunft selber nicht begründet und ge-

---

[25] L. Wittgenstein, Über Gewißheit, in: Werkausgabe Band 8, Frankfurt/ Main 1989, § 83.
[26] Ebd., § 177.

rechtfertigt werden können, und die gleichwohl eine fraglose, feste und sichere Basis aller vernünftigen Handlungen darstellen, also keineswegs nur subjektiv begründet sind und objektiv unsicher. Was für eine Überzeugung ein substantielles Argument ist, das bestimmt sich entsprechend vom System von Glaubensinhalten eines kulturellen Weltbildes her, nicht umgekehrt[27]. Insofern ist der Glaube der pragmatischen Vernunft vorargumentativ. Wittgenstein geht immerhin auch so weit, sein „Weltbild" samt dessen naturwissenschaftlichen Überzeugungen als eine „Art Mythologie" aufzufassen[28].

Dass alles Wissen durch einen pragmatischen Glauben begründet ist, hängt wiederum davon ab, dass alle rationale, argumentative Rechtfertigung und Begründung notwendig an ein Ende kommt. Und dies ist deshalb kein dogmatischer Abbruch des Rationalitätsverfahrens, weil alle Rechtfertigungen und Begründungen derart endlich sind, dass es zu einem derartigen Abbruch de facto und begrifflich keine Alternative gibt. Die Vorstellung eines unendlichen Begründungsregresses ist fiktiv und dessen faktisches Ende deshalb kein Abbruch. Am „Grunde" eines Sprachspiels liegt insofern immer eine „unbegründete [rationale und sprachliche] Handlungsweise"[29]. Und das heißt eben ein Glaube. Auch „nachmetaphysisches" und „diskursives Denken" wurzelt in diesem pragmatischen Glauben.

Nun weiß Wittgenstein natürlich, dass es kuturäußere bzw. sprachspielexterne Tatsachen, Erfahrungen und Argumente gibt, die die Sprachspiele eines kulturellen „Bezugssystems" radikal verändern (können). Aber das Problem ist eben, dass derartige Faktoren immer auch in ein existierendes kulturelles „Bezugssystem" integrierbar sind – durch Modifikation der Anwendungsregeln seiner „grammatischen Sätze". Dadurch werden kulturelle Lebensformen aber veränderungsimmun: Man kann „im Sattel" eines Weltbildes bleiben, „auch wenn die Tatsachen noch so sehr bockten"[30].

---

[27] Vgl. Ebd., § 105, 142; zum Begriff des Glaubens vgl. § 141, 144, 159, 166, 175, 209, 242, 251, 253, 284.

[28] Vgl. Ebd., § 93 ff. – Für K. Jaspers ist die „grenzenlose Kommunikation . . . der umgreifende Wesenswille des philosophischen Glaubens", also des Glaubens „an die Möglichkeit in uns Menschen, wirklich miteinander zu leben, miteinander zu reden, durch dieses Miteinander in die Wahrheit zu finden und erst auf diesem Wege eigentlich selbst zu werden" – eine Art existentielle Modifikation des Kantischen Begriffes vom Vernunftglauben (Der philosophische Glaube, München 1974⁶, S. 135 f.).

[29] Vgl. Ebd., § 110.

[30] Vgl. Ebd., § 616.

1. Verschlossenheit und Öffentlichkeit der semantischen Kultur-Potentiale

Wenn Habermas nun den pragmatischen Glauben der Vernunft auf den postmodernen globalen Pluralismus rivalisierender und konkurrierender kultureller Lebensformen und Weltbilder bezieht, und insofern noch einmal Kants Engführung des praktischen Vernunftglaubens durch die Idee eines summum bonum, einer Existenz Gottes und der Unsterblichkeit der Seele relativiert und diesen Vernunftglauben in ein Universum höchst gegensätzlicher Weltbilder und Lebensformen situiert, dann stellt sich die Frage, welche Konsequenzen es für diesen Pluralismus hat, wenn ihm letztlich ein pragmatischer, moralischer und nichtmoralischer, religiöser und nichtreligiöser Vernunftglaube der jeweils einzelnen Kulturen und ihrer Sprachspiele in ihren Traditionen, Lebensformen, Überzeugungssystemen und Weltbildern zugrunde liegt. Habermas spricht von „verschlossene[n] semantische[n] Potentiale[n]" der unterschiedlichen kulturellen Lebensformen und ihrer „Sondersprachen" (S. 158).

Es ist dieser Gedanke, den auch Wittgenstein in „Über Gewißheit" formuliert, wenn er zwischen unterschiedlichen kulturellen Sprachspielen dadurch eine unaufhebbare interkulturelle Verstehens- und Akzeptanzgrenze gegeben sieht, dass Menschen im Verständnis und vor allem auch in der Beurteilung fremder Lebensformen und deren Weltbilder notwendig von ihren eigenen kulturellen Sprachspielen ausgehen. Menschen unterschiedlicher kultureller Lebensformen verstehen dann deshalb einander nicht, weil sie sich in fremden kulturellen Lebensformen nicht wiederfinden können, bzw. sie verstehen diese nur in dem Maße, in dem sie ihren eigenen ähnlich sind – eine radikal eigenkulturzentrische Position[31]. Sind sprachliche Kulturen in dieser

---

[31] Vgl. Ebd., § 609; Philosophische Untersuchungen, in: Werkausgabe Band 1, Frankfurt/Main 1995², S. 568. Vgl. dazu E. Husserl: „So ist, sehen wir, auch die Kulturwelt ‚orientiert' gegeben in Beziehung auf ein Nullglied, bzw. auf eine ‚Personalität'. Hier sind Ich und meine Kultur das Primordiale gegenüber jeder ‚fremden' Kultur. Diese ist mir und meinen Kulturgenossen nur zugänglich in einer Art Fremderfahrung, einer Art Einfühlung in die fremde Kulturmenschheit und ihre Kultur, und auch diese Einfühlung fordert ihre intentionalen Untersuchungen" (Cartesianische Meditationen, Hamburg 1977, S. 137 f.). R. Rorty formuliert dazu in „Eine Kultur ohne Zentrum" (Stuttgart 1993, S. 10) die Alternative: „Denk dir alles so, als sei es durch seine Beziehungen zu allem übrigen konstituiert; hör auf zu fragen, was dasjenige ist, das da in diesen Beziehungen steht und in allem Wandel konstant bleibt; versuch keinen Unterschied zu machen zwischen den inneren, zentra-

Weise semantisch „geschlossene" Lebensformen, dann sind auch alle diskursiven, interkulturellen Überzeugungsversuche a priori vergeblich; aber nicht, weil sie faktisch häufig, sondern weil sie notwendig misslingen, sofern sie gar nicht sinnvoll sind. Denn alles, was in diskursiven Argumentationen als Grund für oder gegen eine bestimmte kulturelle Überzeugung angeführt wird, ist dies jeweils nur innerhalb des eigenen Sprachspiels und seiner Lebensform, auf der Basis bereits als gültig unterstellten eigenen Weltbildkriterien, und betrifft schließlich das fremde kulturelle Sprachspiel gar nicht, sofern dieses sich prinzipiell anders versteht. Es bleibt bei dieser gegenseitigen Geschlossenheit der Lebensformen und der „Grundanschauungen" dann nur ein Es-dabei-bewenden-Lassen[32].

Auf der anderen Seite spricht Habermas zu Recht von einer „öffentlich-diskursiven Aneignung" (S. 158) der fremden kulturellen Sprachspiele und deren Weltbilder. Darin ist deren semantische Geschlossenheit aber nicht nur von vornherein aufgebrochen und die Möglichkeit interkultureller Übersetzung unterstellt. Sondern es ist darin auch unterstellt, dass es so etwas wie überkulturelle, anthropologisch konstante und universale Lebensformen, Sprachspiele und Weltbilder gibt, die die diskursive Öffentlichkeit der einzelnen kulturellen Lebensformen ermöglichen und garantieren. Mit Wittgenstein kann man von einer „gemeinsamen menschlichen Handlungsweise" als dem „Bezugssystem" sprechen, wodurch die Inkommensurabilität der vielfältigen und gegensätzlichen kulturellen Sprachspiele zugleich negiert wird – zugunsten einer gegenseitigen Kommensurabilität[33]. Soziale, rechtliche, moralische, generell anthropologische Konstanten bestimmen diese interkulturelle „Handlungsweise". Und sofern am Grunde aller kulturellen Sprachspiele ein pragmatischer, vernünftiger Glaube, der diese „Handlungsweise" fundiert, liegt, ist dieser Glaube dann nicht mehr nur sprachspielrelativ und sprachspielintern innerhalb einer kulturellen Lebensform anzusiedeln. Auch existiert dann eine durch ihn begründete, überkulturelle gemeinsame Rationalität, die interkulturelle Diskurse möglich und sinnvoll macht und damit auch gegenseitige Überzeugungsversuche mit vernünftigen Argumenten.

---

len, zum ‚Kern' gehörenden Eigenschaften eines Gegenstands und seinen ‚bloß' akzidentellen, relationalen Eigenschaften". Doch Rorty nimmt hier selbstwidersprüchlich in Anspruch, was er auszublenden versucht: das eigene – mein – Denken von allem.

[32] Vgl. Über Gewißheit, § 238.

[33] Philosophische Untersuchungen, § 206.

2. Das interkulturelle Paradox

Mit all dem scheint Wittgenstein wie auch Habermas freilich in eine bestimmte Paradoxie der Interkulturalität zu geraten. So ist zum einen in der Vielfalt der Kulturen und ihrer Sprachspiele der universale Begriff eines überkulturellen, vernünftigen Weltbild- und Lebensform-Glaubens zu unterstellen, so dass es die Öffentlichkeit eines interkulturellen Diskurses überhaupt geben kann. Und zum anderen ist diese überkulturelle, universale Gemeinsamkeit eines vernünftigen Glaubens der kulturellen Sprachspiele immer nur aus der Binnenperspektive der eigenen Sprachspiel-Kultur und ihres Vernunft- bzw. Glaubensbegriffes zu bestimmen. Kulturelle Lebensformen sind insofern paradoxerweise ebenso durch eine Inkommensurabilität ihrer Sprachspiele und Lebensformen bestimmt wie durch eine Kommensurabilität.

Wittgenstein schildert dies in seinen „Vorlesungen über den religiösen Glauben", worin es um die Möglichkeit eines Verstehens und eines gegenseitigen Beurteilens von Personen geht, die zum einen eine religiöse Überzeugung wie etwa die christliche haben, und die zum anderen Agnostiker sind oder Atheisten. Denn für ihn lässt die Teilnehmer in einem solchen Diskurs die normale Sprachtechnik bzw. die „gewöhnliche Sprachfähigkeit . . . im Stich"[34]. Warum? In einer harmlosen Lesart könnte dies ja besagen, dass Christen und Nicht-Christen religiöse Aussagen wie die, dass Gott existiert, dass die Welt eine Schöpfung ist und dass Gott den Menschen erlöst hat, von den Diskurspartnern durchaus in einem kontrollierbaren Sinne verstanden werden, indem sich etwa gegenseitige Missverständnisse ausräumen sowie semantischer Konsens feststellen lassen, und dass ihre Inkommensurabilität darin besteht, dass sie diese Aussagen in ihren Geltungs- und Wahrheitsansprüchen jeweils bejahen oder verneinen. Ihre Kontroverse trägt sich insofern auf dem Boden einer gemeinsamen, kommensurablen Semantik eines interkulturellen Sprachspiels aus. Und nur unter dieser Voraussetzung ist überhaupt ein strittiger interkultureller Diskurs möglich und sinnvoll – so scheint es.

Doch man kann mit Wittgenstein dies zugleich radikal bestreiten und auch mit Habermas von einem „verschlossene[n] semantische[n] Potential[]" der kulturellen Lebensweisen und Sprachspiele

---

[34] Vorlesungen über den religiösen Glauben, in: Vorlesungen und Gespräche über Ästhetik, Psychoanalyse und religiösen Glauben, Düsseldorf und Bonn 1994, S. 80.

sprechen. Wenn es denn so ist, dass die „Perspektiven, die entweder in Gott oder im Menschen zentriert sind, . . . sich nicht ineinander überführen" lassen (S. 160), dann bedeutet dies mit Wittgenstein, dass dann auch völlig divergierende kulturelle Sprachspiele vorliegen. Und obwohl sie z. B. über dieselbe deutsche Sprache verfügen können und sich darin artikulieren, sind ihre „grammatischen Sätze", in denen die Bedeutung und die Wirklichkeitsreferenz ihrer Ausdrücke festgelegt werden, wie z. B. für die Wörter „Gott", „Welt", „Erlösung", radikal verschieden. So verwendet ein christlich-religiöser Mensch das Wort „Gott" in einer völlig anderen Weise als ein nichtreligiöser, sofern es für ihn überhaupt keinen sinnvollen Gebrauch dieses Wortes geben kann, wie er etwa in einem agnostischen Sprachspiel vorliegt, worin Sätze durchaus sinnvoll sind, die die Existenz Gottes bezweifeln oder zumindest offen lassen. In einem religiösen Sprachspiel sind diese Operationen logisch nicht möglich oder begrifflich und sprachlich ausgeschlossen – es sein denn, man spricht nicht von Gott, sondern von der „Existenz von Göttern"[35]. Trotz aller Gemeinsamkeit der sprachlichen Zeichen liegt eine semantische Inkommensurabilität dieser Zeichen in den unterschiedlichen kulturellen Sprachspielen vor, derart, dass sich gerade kein gemeinsames „semantisches Potential" mehr angeben lässt, worin beide diskursiven Sprachspiele übereinkommen oder eben nur dieses gemeinsame negative, so dass die Frage nach einem gegenseitigen Verstehen zumindest offen bleiben muss; bzw. wird eine solche semantische Gemeinsamkeit derselben angegeben, dann immer nur aus der Bedeutungsperspektive eines der jeweiligen kulturellen Diskursteilnehmer. Der Diskurs der Sprachspiele und deren Kommunikation ist durch eine Paradoxie gekennzeichnet, worin alle Kommensurabilität ihre eigene Negation darstellt.[36]

---

[35] Ebd., S. 85.

[36] Natürlich impliziert eine derartige semantische Inkommensurabilität auch selber ihre eigene Negation. Denn zumindest in diesem begrifflichen Merkmal sind die divergenten Lebensformen miteinander kompatibel. Es enthält also umgekehrt nicht nur die Kommensurabilität ihre eigene Aufhebung, sofern das begriffliche Gemeinsame der konträren kulturellen Sprachspiele ihr jeweils eigenes ist, so dass sie sich gerade darin unterscheiden. – Für I. U. Dalferth und Ph. Stoellger tritt dieses Paradox nicht auf. Denn man „kommuniziert" „in der jeweils eigenen Perspektive mit dem anderen, in jeweils seiner Perspektive . . . und vice versa. Kommunikation ist das Mittel, die eigene Perspektive zu erweitern und zu verändern, ohne sie zu verlassen, und die Perspektive des Anderen wahrzunehmen und zu würdigen, ohne sie sich selbst zu überlassen oder sich einverleiben zu wollen. Kommunikation erlaubt, Wahr-

3. Die Unmöglichkeit einer Auflösung des interkulturellen Dissenses: wechselseitige Anerkennung?

Die Problematik einer „öffentlich-diskursiven Aneignung partikula-ristischer, in Sondersprachen verschlossener semantischer Poten-tiale" verschärft sich nun dadurch noch einmal, dass es keine interkulturelle Praxis einer vernünftigen Auflösung dieser Paradoxie oder mit Habermas dieses „Dissens[es]" zu geben scheint und da-mit auch einer „öffentlich-diskursiven Aneignung semantisch [zu-gleich] geschlossener Potentiale" (S. 158). Wenn alle interkulturel-len „Überzeugungs"-Versuche nach Wittgenstein wegen ihrer eigenkulturellen Zentrik im Verstehen und Beurteilen fremder Le-bensformen scheitern müssen, so bleibt nach ihm nur das rhetori-sche Mittel der „Überredung", wenn es nicht zu einer Bekehrung kommen soll[37]. Und auch Habermas spricht von einer all dem vor-gelagerten „stummen Gegnerschaft", ja einer „Gewalt", die sich nur vermeiden lasse, wenn der interkulturelle „Dissens" „in öffentli-chen Diskursen zur Sprache gebracht" wird. Doch die Frage ist, ob es aufgrund der skizzierten interkulturellen Paradoxie der vielfälti-gen und gegensätzlichen Sprachspiele und Lebensformen so etwas wie einen unstrittigen „Dissens" und dann auch seine unstrittige Auflösung im Konsens, also eine „moralische, rechtliche und poli-tische Eintracht" überhaupt geben kann, deren Förderung nach Habermas Aufgabe der Philosophie ist. Denn wenn jene interkultu-relle Paradoxie tatsächlich vorliegt, wie soll sich die in ihr impli-zierte Widersprüchlichkeit auflösen lassen? Faktische eigene kultu-relle Dominanzansprüche gegenüber den anderen Weltbildern und Lebensformen sind ebenso unvermeidlich, stehen aber auch eben-so unvermeidlich im Widerspruch mit dem (möglichen) Wissen ei-

---

heit zu teilen, ohne sie aus der Bindung an die je eigene Perspektive zu lösen oder zum selbstverfügbaren Besitz zu pervertieren". (Perspektive und Wahr-heit, in: Wahrheit in Perspektiven, hrsg. von I. U. Dalferth und Ph. Stoellger, Tübingen 2004, S. 27 f.). Die Paradoxie dieser Formulierung wird nicht re-flektiert: Kommunikation geschieht innerhalb der je eigenen Perspektive, ge-rade auch dann, wenn man die Perspektive des Anderen wahrnimmt und übernimmt. Und doch soll die Perspektive des Anderen nicht eine Perspektive in der je eigenen sein. Denn man weiß zugleich um den symmetrischen Unterschied von eigener und fremder Perspektive. Indem man jedoch beides in einem Satz formuliert, formuliert man einen paradoxen Sachverhalt. Und es ist der Begriff dieses paradoxen Sachverhaltes, der die fragliche Kommuni-kation kennzeichnet.

[37] Über Gewißheit, § 612.

ner jeden spezifisch kulturellen Lebensform darüber, dass sie über eine „gemeinsame menschliche Handlungsweise" derart symmetrisch mit anderen kulturellen Sprachspielen und Weltbildern verknüpft ist, dass darin in der Tat eine „selbstkritische Zurückhaltung einer grenzenziehenden Vernunft" geboten ist – so Habermas (S. 158). Doch bereits die interkulturelle Ausbildung dieses anthropologischen Konstanten-Wissens ist in vielen Kulturen höchst fragwürdig, geschweige denn, dass die unvermeidlichen eigenzentrischen kulturellen Dominanzansprüche, die jeweils vorherrschen sowie entsprechende Abwehrreflexe, reflexiv bewusst gemacht werden; und ganz zu schweigen von dem Versuch, diese Paradoxie zu begreifen.

So wie dasjenige, was „praktischer Glaube der Vernunft" heißt, von den „grammatischen Sätzen", den sprachlichen „Norm[en]" der Wirklichkeitsdarstellung kultureller Sprachspiele abhängt und von der damit verknüpften Lebensform und Handlungsweise, so auch die (sprachspielinterne) Bedeutung von „vernünftig" und „unvernünftig". Dabei ist der pragmatische Vernunftglaube an das „Bezugssystem" eines kulturellen Sprachspiels und an dessen „Norm[en] der Darstellung" seinerseits selber nicht „vernünftig". Denn – so Wittgenstein – legt er doch allererst fest, was als „vernünftig" zu gelten hat. Aber dies bedeutet eben nicht, dass er „unvernünftig" ist[38]. Denn das Vernunft-Kriterium findet auf ihn überhaupt keine Anwendung. Habermas scheint freilich dies als sinnvoll zu unterstellen, wenn sich für ihn die Frage stellt, „wie vernünftig der Vernunftglaube ist" (S. 148). Genau dies gilt dann auch für kulturell fremde Lebensformen, so dass es keine „vernünftige" Kritik an ihnen geben kann.

Doch Wittgenstein weiß natürlich auch, wie er in seinen „Vorlesungen über den religiösen Glauben" einmal feststellt, dass es so etwas wie eine die religiösen und nichtreligiösen kulturellen Sprachspiele übergreifende gemeinsame „Vernunft" gibt, etwa aufgrund der „gemeinsamen menschlichen Handlungsweise" als anthropologisch universale „Lebensform". Und er ist sich auch darüber im Klaren, dass es der zugleich unvermeidbare sprachspielinterne Begriff der „Vernunft" ist, auf dessen Basis allein sich diese gemeinsame „Vernunft" wiederum formulieren kann. Doch dann gerät man interkulturell in eine gleichzeitige Vernunft-Inkommensurabilität, die die „Vernunft" selber auf Grund ihres internen „großen Unterschied[es]"

---

[38] Vgl. Ebd., § 167, 321; 559.

– wie Wittgenstein in den Vorlesungsschriften eingeräumt hat – „unterminier[t]"[39]. Es ist diese Vernunft-Paradoxie, die den Begriff der interkulturellen „Vernunft" in den vielfältigen gegensätzlichen Sprachspielen und Lebensformen prägt. Für das Problem eines den kulturellen Pluralismus der Sprachspiele übergreifenden, universalen Vernunftbegriffes hat dieser Sachverhalt zur Folge, dass ein solcher zwar auf Grund der „gemeinsamen menschlichen Handlungsweise" a priori unterstellt werden muss. Und die menschliche Vernunft ist insofern auch immer kulturell sprachspielextern. Was aber „Vernunft" und was „vernünftig" bzw. „unvernünftig" inhaltlich heißt und bedeutet, das lässt sich nur kulturzentrisch im Ausgang vom eigenen kulturellen Sprachspiel und dessen Vernunftverständnis bestimmen. Der Konflikt im interkulturellen Diskurs ist gerade auch für den Vernunftbegriff unaufhebbar – er ist nicht dessen Lösung.

Insofern kann in der Tat die Leistung der Philosophie nur darin bestehen, diese interkulturelle Paradoxie „ans Licht der öffentlichen Vernunft" zu ziehen (S. 158), die freilich selber auch strittig bleibt. Und gewiss, es ist ein Versprechen Hegels: Dadurch, dass diese interkulturelle Paradoxie in das Bewusstsein der kulturellen Diskursteilnehmer gehoben wird, wird nicht nur ein Verständnis der konfliktären Situation möglich, sondern auch ein erster Schritt, zwar nicht zu ihrer vernünftigen Auflösung, aber doch dazu, in einer gegenseitigen Praxis wechselseitiger Anerkennung die „stumme Gegnerschaft" ebenso zu überwinden wie „Gewalt" zu vermeiden, aber auch ebenso auf gegenseitige „Überredung" Verzicht zu leisten wie erst recht auf Missionierung[40].

Zwar stellt sich dadurch gerade nicht einfach die gewünschte „Eintracht" her. So aber doch eine Form des interkulturellen Miteinander-Lebens, in der sich die unvermeidlichen eigenzentrischen Universalisierungs- und Dominanzansprüche einer kulturellen Lebensform immer auch selber relativieren. Und zwar durch das Wissen darum, dass diese Ansprüche berechtigterweise zugleich von fremden, entgegengesetzten kulturellen Lebensformen erhoben werden und dass man sich gleichermaßen an deren Kriterien messen lassen muss. Und erst recht durch die Einsicht, dass die kulturellen Sprachspiele und Weltbilder immer auch symmetrisch durch eine „gemeinsame menschliche Handlungsweise" in einer universalen Vernunft miteinander verbunden sind.

---

[39] Vorlesungen über den religiösen Glauben, S. 91.
[40] Vgl. Über Gewißheit, § 612.

Alle interkulturelle „Eintracht", die sich im öffentlichen Diskurs herstellt und herstellen lässt, ist infolge dieser paradoxen Struktur fragil, prinzipiell und nicht nur de facto dissensanfällig und in einen offenen Prozess von Konsens und Dissens eingebunden, weil dasjenige, was darin „Konsens" heißt, als Übereinstimmung immer eigenzentrisch aus der Binnenperspektive der eigenen Kultur verstanden, beurteilt und bewertet wird. So sehr auch eine solche wechselseitige kulturelle Anerkennung als praktizierbare Problemlösung gilt, so sehr bleibt sie deshalb das Problem: Verlangt sie doch, die unvermeidliche eigene kulturelle Dominanz mit einem universalen, gemeinsamen, humanen Selbstverständnis zu verbinden, das jeden eigenzentrisch kulturellen Dominanzanspruch von vornherein unterbindet.

Diese Paradoxie der gegenseitigen Anerkennung lässt sich durch integrierende Assimilierung der anderen Kultur nicht abschwächen – im Gegenteil! Und auch durch wechselseitige kulturelle Angleichung wird sie nicht gemildert. Denn was darin „Angleichung" heißt, dies wird durch das jeweilige kulturelle Zentrum bestimmt. Und selbst eine „Verschmelzung" der Kulturen bleibt asymmetrisch – das darin erreichte kulturell neue Gemeinsame ist und bleibt auch das je eigene.

4. Gibt es erfolgreiche Strategien zur Vermeidung der interkulturellen Paradoxie?

Diese Paradoxie und der in ihr wurzelnde Konflikt der Weltbilder und Kulturen lässt sich natürlich mit Habermas dann vermeiden, wenn man unterstellt, dass bei den „verschiedene[n], gleichermaßen authentische[n] Lebensweisen . . . Gewissheit und Wahrheitsgeltung . . . auseinander klaffen". Und dies soll bei „verallgemeinerbaren moralischen Überzeugungen (oder gar theoretischen Aussagen)" nicht der Fall sein (S. 158), sondern nur bei nicht-verallgemeinerbaren kulturellen Weltbildüberzeugungen, also bei gleichsam kulturprivaten Sprachspielen einer Lebensform.

Beide Trennungen werden wiederum von Wittgenstein bestritten. Kann denn eine kulturelle Lebensform wie etwa auch eine religiöse Überzeugung gewiss sein, indem man „von deren Wert überzeugt" ist (S. 158), wenn man für sie zugleich einen Wahrheitsvorbehalt macht, also ihre subjektive Gewissheit von ihrer objektiven Wahrheit trennt und letztere offen lässt? Welchen Wert hat dann noch die entsprechende Überzeugung für die eigene Existenz? Zwar besteht letztere in einer Art praktischen Glauben. Aber heißt dies, dass der geglaubte subjektive Wert einer Lebensform gerade nicht auch eine objektiv-praktische Realität hat? Ist darin also die subjektive Gewissheit nicht begrifflich mit einer praktischen Art zu handeln und mit konkreten Lebensweisen verknüpft, worin für die subjektive Gewissheit auch eine objektive Wahrheitsgeltung in Anspruch genommen wird? Und zum anderen: Gehören nicht auch „moralische Überzeugungen" wie auch religiöse zum „semantischen Potential" kultureller Lebensformen und ihren prägenden Traditionen, wobei auch dieses „Potential" innerkulturell geschlossen ist, also gerade nicht über eine selbstverständliche interkulturelle Öffentlichkeit verfügt? Auch die moralischen Überzeugungen sind Werteüberzeugungen. Insofern stellt sich für die Verallgemeinerbarkeit von Überzeugungen einer kulturellen Moral gleichfalls die Problematik einer interkulturellen Paradoxie.

Es ist also fraglich, ob man für existentiell bedeutsame „Wertorientierungen" deshalb „nicht den Anspruch auf universelle Anerkennungswürdigkeit" (S. 158) erheben kann, weil sie nur subjektiv gewiss sind und keinen berechtigten Wahrheitsanspruch erheben. Aber erst recht dann, wenn man auch letzteren für sie geltend macht, wird ihre „universelle Anerkennungswürdigkeit" dadurch in Frage gestellt, dass das berechtigte Geltendmachen von Wahrheitsansprüchen und deren Überprüfung den kulturellen Sprachspielen und Weltbildern intern ist. Wird es gegenüber „Wertorientierungen" kulturell fremder Lebensformen geltend gemacht, ist gerade die dazu erforderliche Basis von gemeinsamen Wertüberzeugungen fraglich und damit auch das Gelingen eines konsensorientierten, argumentativen Diskurses.

Dies gilt schließlich auch für „theoretische Aussagen". In „Über Gewißheit" problematisiert Wittgenstein den Sachverhalt, dass man die Wahrheit bzw. Falschheit von empirischen Aussagen in einer Kultur z. B. dadurch überprüft, dass man feststellt, ob und inwieweit sie mit Sätzen einer Naturwissenschaft übereinstimmen, etwa mit Sätzen der Physik; und dass man dabei unterstellt, dass in diesem Vorgehen ein objektives, allgemein gültiges Überprüfungsverfahren vorliegt. Wittgensteins Einwand dagegen lautet: Die Verifikation bzw. Falsifikation der fraglichen Aussagen besteht nicht darin, festzustellen, ob sie mit den Sätzen der Naturwissenschaft innerlich übereinstimmen oder nicht – gewiss, dies immer auch. Sondern derartige empirische Sätze verifizieren bzw. falsifizieren heißt, sie überhaupt mit Sätzen der Naturwissenschaft, wie etwa der Physik, in einen Zusammenhang zu bringen oder aber dies nicht zu tun, und sie auf nicht naturwissenschaftliche Sätze verifizierend zu beziehen[41]. Die Grundlagen der Naturwissenschaften als Verifikationsinstanz gehören selber zu einem kulturellen Weltbild und seinem pragmatischen Vernunftglauben, etwa an die Realität der „physikalischen Gegenstände", des experimentellen „Apparates" oder der Konstanz der „Ziffern auf dem Papier" bei einer „Rechnung" als das „Bezugssystem" allen Erkennens, Handelns und Sprechens[42]. Und auch dieses naturwissenschaftliche „Bezugssystem" stellt – selbst in Form seiner universalen Wissenschaftsvernunft – ein „geschlossenes semantisches Potential" dar. Denn es kann sich nur auf der Basis seiner eigenen Voraussetzungen gegenüber fremden kulturellen „Bezugssystemen" der Welterklärung, etwa der religiösen Mythologien oder einer evolutionsbiologischen Schöpfungsgeschichte vom „intelligent design" als überlegen erweisen.

Dass die theoretischen Aussagen eines anderen Sprachspiels falsch sind, lässt sich nur nachweisen, wenn man die Wahrheit seines eigenen „Bezugssystems" bereits unterstellt. Insofern stellt sich auch für „theoretische Aussagen" das Problem einer interkulturellen Universalisierbarkeit und deren Paradoxie. Die Problematik des interkulturellen Diskurses der verschiedenen, entgegengesetzten kulturellen Geltungs- und Wahrheitsansprüche von Lebensformen lässt sich deshalb nicht durch einen Rekurs auf die Überprüfung dieser Ansprüche aus der Welt schaffen. Und zwar deshalb nicht, weil man sich mit der Frage nach der Wahrheit einer Aussage als „Übereinstimmung" mit den Tatsachen „schon im Kreise" bewegt. Denn „Tatsachen" liegen ihrerseits nur als wahrer Gedanke und als wahres Wissen innerhalb eines Sprachspiels vor, deren Geltungsansprüche es jedoch gerade zu überprüfen gilt[43]. Es gibt insofern

---

[41] Vgl. Über Gewißheit, § 108, 170, 602, 608 f.

[42] Ebd., § 35 ff., 337. – K. R. Popper spricht von einem „irrationalen Glauben an die Vernunft" (Die offene Gesellschaft und ihre Feinde, Bern 1975[4], S. 284). Und E. Tugendhat vertritt die These, dass es „keinen absoluten Aufhänger außerhalb der Vernunft" gibt, mit dessen Hilfe man die Vernunft und das Interesse an ihr begründen könnte (Vorlesungen zur Einführung in die sprachanalytische Philosophie, Frankfurt/Main 1976, S. 120). Positiv kann man dies mit Wittgenstein so beschreiben, dass der fragliche „Aufhänger" ein grundloser Glaube ist. Wenn Tugendhat eine „richtige Erziehung" anführt, die dies leisten könnte, dann ist es nach Wittgenstein der Glaube der zu Erziehenden, aber auch der Erzieher, an die Vernünftigkeit der von ihnen übernommenen kulturellen Gehalte, der dieser Vernunft zugrunde liegt.

[43] Vgl. Über Gewißheit, § 191, 203. – Dies setzt voraus, dass Tatsachen – wie dieser Ausdruck schon zeigt – „Tatsachen" sind, d. h. die Bedeutung eines ontologischen Vokabulars. A. Kreiner bestreitet in einer verbreiteten Ar-

für Wittgenstein auch nur sprachspielinterne Kriterien für die durch „Tatsachen" abgesicherte Wahrheit einer Aussage. Und sie bestehen in einer bestimmten pragmatischen Form des Gebrauchs von (theoretischen) Aussagen. Nämlich darin, dass deren Gebrauch faktisch über jeden Zweifel erhaben ist, selbstverständlich praktiziert wird und so etwas wie ein festes Fundament für den Gebrauch anderer Sätze und für den Vollzug von Handlungen darstellt, also für das Spielen eines Sprachspiels. Und es ist ein pragmatischer Glaube, der diesen Gebrauch legitimiert. Sofern schließlich auch eine Diskurstheorie der Wahrheit auf die Beziehung der Aussagen auf Tatsachen der Welt ihrerseits nicht verzichten kann, vermag auch sie diese Schwierigkeit nicht zu umgehen.

5. *Selbstbegrenzung des Wissens im Glauben – die säkulare „Erbschaft"?*

Wenn Wittgenstein mit seiner These nicht nur einer partiellen, sondern einer prinzipiellen Inkommensurabilität der religiösen und nichtreligiösen kulturellen Sprachspiele Recht hat, wie sich auch für Habermas religiöse und nichtreligiöse „Perspektiven" „nicht ineinander überführen" lassen, kann dann eine „Grenze zwischen Glauben und Wissen" – so ein Versuch von Habermas, die kulturelle Geschlossenheit „semantischer Potentiale" aufzubrechen – „porös"

---

gumentation, „daß Tatsachen irgendwie sprachlich konstituiert oder konstruiert sind oder daß es sich bei Tatsachen generell um linguistische Entitäten handelt. William Alston hat zutreffend bemerkt, aus der Tatsache, daß Begriffe verwendet werden, um Kohlköpfe als Gemüse zu klassifizieren, folge nicht, daß Kohlköpfe etwas Begriffliches oder Sprachliches sind" (Wahrheit und Perspektivität religiöser Rede von Gott, in: Wahrheit in Perspektiven, hrsg. von I. U. Dalferth und Ph. Stoellger, S. 54). Nun hat Alston aber schon einen begrifflichen Ausdruck („Kohlköpfe") gebraucht, um überhaupt auf eine Tatsache – Kohlköpfe – Bezug nehmen zu können. Und dies liegt seiner weiteren begrifflich klassifizierenden Feststellung über Kohlköpfe, nämlich dass sie „Gemüse" sind, zugrunde. Wahrheit hängt in der Tat „von der Beschaffenheit der Wirklichkeit" ab. Aber daraus zu folgern, dass sie „nicht gleichzeitig auch noch" von der Möglichkeit unserer Übereinstimmungsfeststellung abhängt (Quine) (ebd.), geht fehl. Denn diese Möglichkeit ist ja schon in einer derartigen Feststellung vorausgesetzt und benützt, wenn und weil die „Beschaffenheit der Wirklichkeit" bereits eine derartige Übereinstimmungsfeststellung darstellt. Andernfalls hätte eine derartige Feststellung über die Abhängigkeit der Wahrheit von der Wirklichkeitsbeschaffenheit ihrerseits noch keine Wahrheit und Übereinstimmung mit der Wirklichkeit –, sie wäre selber wahrheitsoffen.

werden; und sei es, dass „religiöse Motive *unter falschem Namen* in die Philosophie [bzw. das Wissen] eindringen" (S. 160)? Denn die Frage ist natürlich, ob ein solches Eindringen überhaupt möglich ist, ohne dass die „religiöse[n] Motive" auch selber, ob *„unter falschem Namen"* oder nicht, sich verändern und durch diese Quasi-Säkularisierung gerade ihren religiösen Gehalt verlieren. Damit steht das Programm einer postmodern-säkularen „semantische[n] Erbschaft religiöser Überlieferungen" selber in Frage, was die Möglichkeit seiner Durchführbarkeit betrifft sowie eine entsprechende *„rettende[]* Aneignung"* der „zentrale[n] Gehalte der Bibel in eine[m] Vernunftglauben" (S. 142). Denn wenn darin die „Grenze zwischen den Universen des Glaubens und des Wissens" gerade nicht verwischt werden soll, was deren Porösität ausschließt, kann es eine säkulare „Aneignung" und „Erbschaft" der religiösen Semantik nicht geben oder aber nur insoweit, als die „religiöse[] Überlieferung[]" ihres eigentlichen religiösen Bedeutungsgehaltes entkleidet wird (S. 142). Ob „nachmetaphysisches", „nachchristliches" Denken nicht doch „unchristlich[]" ist (S. 141), ist dann die Frage. Denn wie ist eine derartige „Erbschaft" möglich, ohne die fragliche „Grenze" zu verwischen? Lässt sich ein „transzendente[r] Gottesstandpunkt" in eine funktional entsprechende *innerweltliche* Perspektive [der Moral] . . . überführen" (S. 150), wenn die religiöse Perspektive – negativ – gerade darin besteht, dass genau diese Möglichkeit bestritten wird?[44]

Andererseits: Trotz aller semantischen „Verschlossenheit" sind religiöse und nichtreligiöse Sprachspiele paradoxerweise immer auch durch eine „gemeinsame" menschliche Lebensform und „Handlungsweise" miteinander verknüpft, insofern kommensurabel und nicht nur in Folge von existentiell-persönlichen Erfahrungen füreinander offen, sondern auch in rationalen Überzeugungen, in „öffentlich diskursive[r] Aneignung". Sie sind eben füreinander „porös". Es ist dann in der Tat philosophisches Wissen, das in diesem rationalen Diskurs die gegensätzlichen Positionen miteinander vermitteln kann, ohne dass es allerdings eine säkulare „Erbschaft" der Religion anzutreten vermag. Denn dieses Wissen begrenzt sich mit Kant und Hegel im „Glauben" als der „Grenze" seines Wissensuniversums selber.

---

[44] Es ist dann fraglich, ob die Feststellung von K. Jaspers zutrifft: „Wer keiner Offenbarung als solcher zu glauben vermag, kann doch die biblische Quelle sich zu eigen machen, von ihrer Wahrheit ohne Offenbarung als Mensch sich durchdringen lassen" (Der philosophische Glaube, S. 34).

Nun ist es aber auch die eigene Begrifflichkeit des philosophischen Wissens selbst, die es als Gemeinsames mit dem Glauben verbindet. Nur unter dieser Voraussetzung können in der Tat „religiöse Motive . . . in die Philosophie eindringen" (S. 160). Allerdings ist dann die philosophische „Erbschaft" der „religiöse[n] Motive" und „Überlieferung" deren verkürzende Rationalisierung. Soll genau dies nicht geschen, wird das philosophische Wissen immer auch zu seinem eigenen religiösen Vernunftglauben. Es ist es selber, das der Vernunfttranszendenz der „religiöse[n] Motive", „Überlieferungen" und „Lebensweisen" zugleich Rechnung trägt[45].

Diese Einsicht einer widersprüchlichen Selbstbeziehung und Selbstbegrenzung des Wissens im Glauben, kann man mit Habermas nicht einseitig auflösen, indem man das Programm einer Kantischen Religionsphilosophie verabschiedet (vgl. S. 160, S. 142), den Versuch dagegen für sinnvoll und notwendig hält, eine „semantische Erbschaft religiöser Überlieferungen" im Diskurs der Philosophie anzutreten.

---

[45] Auch Th. W. Adornos Feststellung: „Vernunft muß versuchen, die Rationalität selber, anstatt als Absolutes sie sei es zu setzen, sei es zu verneinen, als ein Moment innerhalb des Ganzen zu bestimmen, das freilich diesem gegenüber auch sich verselbständigt hat", formuliert ein Programm, dessen Einlösung offenbar noch offen ist (Gesammelte Schriften, Band 10 · 2, Frankfurt/ Main 1977, S. 611).

HANS JULIUS SCHNEIDER

,WERTSTOFFTRENNUNG'?

Zu den sprachphilosophischen Voraussetzungen
des Religionsverständnisses von Jürgen Habermas

1. Einleitung

Wer sich länger mit einem Thema beschäftigt, dem ,denkt ES', zu
Zeiten und an Orten, an denen jeder Vorsatz fehlt. So ging es mir,
als ich an der FU Berlin die Ringvorlesung zum Thema ,Atheismus'
besuchte und in der Cafeteria mein Blick auf ein Schild fiel, auf dem
das Wort ,Wertstofftrennung' stand. Es sollte den umweltbewussten
Gast auf die Möglichkeit verweisen, seinen Porzellanteller, sein Me-
tallbesteck, seinen Plastikbecher und seine Papierserviette beim
Weggehen in verschiedene Behälter zu geben, um so das Wertvolle
auszusortieren und vom weniger Wertvollen zu trennen. Das ist es
doch, ging mir durch den Sinn, was Jürgen Habermas mit Blick auf
die religiöse Überlieferung intendiert: Diejenigen vermuteten propositionalen Gehalte, die philosophisch respektabel sind, sollen
aus ihren ,Verkapselungen'[1] befreit und damit dem philosophischen
Denken zugänglich gemacht werden. Ein Hymnus oder ein Gebet
scheint (bei aller Wertschätzung, zu der wir in anderen Kontexten
bereit sind) in den philosophischen Diskurs schlecht Eingang zu finden, wohl aber ein Satz, der eine Proposition zum Ausdruck bringt,
der also wahr oder falsch sein kann.

Die damit ausgedrückte Wertschätzung des Religiösen ist mir nicht
fremd. Anders als eine meiner Studentinnen in Potsdam, die nach der

---

[1] Jürgen Habermas, Die Grenze zwischen Glauben und Wissen, in: Herta
Nagl-Docekal, Rudolf Langthaler (Hrsg.), Recht – Geschichte – Religion. Die
Bedeutung Kants für die Gegenwart, Berlin 2004, S. 141–160, hier: 158.
Zum hier zugrunde gelegten Verständnis des Projektes der *Übersetzung* Vgl.
auch Jürgen Habermas, Exkurs: Transzendenz von innen, Transzendenz ins
Diesseits, in: Jürgen Habermas, Texte und Kontexte, Frankfurt 1991,
S. 127–156, hier: 131, 137, sowie: Jürgen Habermas, Glauben und Wis-
sen, Frankfurt 2001, S. 21, 25, 29.

Wende mit erstaunlichem Selbstbewusstsein erklärte, die Religion sei eine Weltanschauung aus einer vorwissenschaftlichen Zeit, die für uns allenfalls noch historisch von Interesse sei, teile ich die Einschätzung von Habermas, dass in den religiösen Überlieferungen Fragen verhandelt werden, die heute noch wichtig sind und die mit den Anliegen der Philosophie (vorsichtig gesagt) ‚etwas zu tun' haben. Ich begrüße also den Dialog zwischen Philosophie und Theologie.

Meine Zweifel betreffen die Vorstellungen, die Habermas von der Art der für einen solchen Dialog zu leistenden Arbeit hat, insbesondere die Eignung der Begriffe ‚Proposition' und ‚Übersetzung'. Welches Bild von der Sprache steckt hinter der Idee, an religiösen Texten müsse sich eine Art Zerlegung und Sortierung so durchführen lassen, dass das Ergebnis eine Trennung von übersetzbaren propositionalen Gehalten einerseits und deren Einkleidungen (Verpackungen, Verkapselungen) andererseits wäre, so dass die rational behauptbaren semantischen Gehalte dem philosophischen Denken zugänglich werden könnten, während zumindest der Philosoph keinen Fehler macht, wenn er die vielleicht hübschen, für sein Fach aber irrelevanten Muschelschalen und Schneckenhäuser, die diese Gehalte umgeben hatten, ebenso entsorgt wie etwa angetroffene nicht-begriffliche sprachliche Mittel wie Bilder und Metaphern? Dabei verstehe ich den von Habermas immer wieder gebrauchten Begriff der Übersetzung in einem wörtlichen Sinne: Niemand wird bezweifeln, dass religiöse Vorstellungen in unserer Geistesgeschichte auf vielerlei Weisen *anregend* gewesen sind für das philosophische Denken. Was mir nicht einleuchtet ist die für die Anwendung des Übersetzungsbegriffs nötige inhaltliche (semantische, propositionale) *Äquivalenz* zwischen ‚eingekleideten' religiösen Aussagen auf der einen Seite und begrifflichen, ihrer Einkleidung beraubten Aussagen auf der anderen.

Mir scheint, dass der Hintergrund dieses Programms im Organonmodell der Sprache von Karl Bühler[2] liegt und in der Weiterentwicklung dieses Modells durch die Theorie der Sprechakte von John Searle.[3] Ich will hier zeigen, dass es auch diese Sprachmodelle sind, die zu den Schwierigkeiten einer Annäherung an das religiöse Sprechen führen. Positiv möchte ich dann skizzieren, wie man das Bühler/Searle-Modell durch ein breiteres Sprachverständnis ersetzen

[2] Karl Bühler, Sprachtheorie. Die Darstellungsfunktion der Sprache, Stuttgart 1982.

[3] John R. Searle, Sprechakte. Ein sprachphilosophischer Essay. Frankfurt 1971.

kann, das am späten Wittgenstein[4] orientiert ist. Dieses bildet, wie ich meine, eine bessere Grundlage sowohl für ein Erfassen der Eigenart religiösen Redens als auch für eine Klärung der Frage, von welcher Art die zu leistende sprachphilosophische Arbeit sein wird, auch wenn dieser Blick auf die Sprache, wie wir sehen werden, seine eigenen Möglichkeiten bereit hält, die Religion aus dem Forum der Vernunft auszuschließen.

2. Die Grundzüge von Bühlers Organonmodell

In der ersten Zeichnung, die Bühler zur Einführung seines Modells benutzt, befindet sich die sprachliche Äußerung in der Mitte eines Dreiecks, an dessen Eckpunkten unten der Sprecher und der Hörer stehen (Bühler trägt ein ‚der eine' und ‚der andere'), während am oberen Eckpunkt das zu denken ist, wovon die Rede ist (das ‚Dargestellte'); hier trägt Bühler zunächst ein: ‚die Dinge'.[5] Wie der Untertitel seines Buches verrät, geht es ihm trotz der Breite seiner Sicht doch in erster Linie um die Darstellungsfunktion der Sprache und diese denkt er sich in durchaus traditioneller Weise als Funktion von Namen: Ein Name steht für ein Ding, ob es sich um einen Eigennamen handelt, der nur *einem* Ding zukommt (‚Platon', ‚Athen'), oder um einen so genannten ‚Allgemeinnamen' (einen Begriffsausdruck wie ‚Mensch' oder ‚Stadt'), der mehreren Dingen mit Recht zugesprochen werden kann. Es ist die Funktion eines Ausdrucks ‚für ein Ding zu stehen', die ihn zu einer ‚Darstellung' macht.

Dieser erste Entwurf wird wenig später von Bühler modifiziert. Wiederum haben wir die sprachliche Äußerung, das Zeichen, in der Mitte. An den unteren Eckpunkten steht jetzt ‚Sender' und ‚Empfänger', und dort, wo vorher ‚die Dinge' stand, trägt Bühler nun ein: ‚Gegenstände und Sachverhalte'.[6] Die Notwendigkeit dieser wichtigen Modifikation erläutert er durch den Hinweis, dass die Sprache

---

[4] Ludwig Wittgenstein, Philosophische Untersuchungen/Philosophical Investigations, New York 1953. Zur Klarstellung: Ich vertrete bezüglich der ‚Sprachspiele' Wittgensteins keine Inkommensurabilitätsthese. Vgl. Hans J. Schneider, Offene Grenzen, zerfaserte Ränder: Über Arten von Beziehungen zwischen Sprachspielen, in: Wilhelm Lütterfelds, Andreas Roser (Hrsg.), Der Konflikt der Lebensformen in Wittgensteins Philosophie der Sprache. Frankfurt 1999, 138–155.

[5] Bühler, S. 25.

[6] Ebd., S. 28.

nicht nur aus einzelnen lexikalisch erfassbaren ‚Namen' besteht, sondern dass mit ihrer Hilfe *Sätze* gebildet werden, deren komplexer Sinn sich nicht erfassen lässt, wenn man sie als bloße Verkettungen von Namen auffasst. Bühler ist hier nicht sehr genau; er sagt, man müsse den ‚Syntax-Konventionen' gerecht werden, durch die der Bereich der ‚Zuordnungsrelationen' erweitert werde.[7] Es gehe also nicht nur um die Zuordnung von (Eigen- oder Allgemein-)*Namen* zu *Dingen*, sondern auch von *Sätzen* zu *Sachverhalten*. Die Darstellungsrelation wird offenbar als dieselbe aufgefasst: Sätze stellen Sachverhalte so dar, wie Namen Dinge (Gegenstände) darstellen. Was Sachverhalte sind und was es heißt, hier werde wie bei den Namen eine Zuordnung zwischen (nunmehr *komplexen*) Teilen der Sprache und (komplexen) ‚Teilen der Welt' getroffen, bleibt an dieser Stelle offen. Wir können in Bühlers ungeklärten ‚Sachverhalten' aber unschwer den Vorläufer des heute so genannten ‚propositionalen Gehalts' erkennen. Mit dem Begriff der Proposition haben wir ein neues Etikett, aber noch keine Antwort auf die gestellten Fragen, denn dieser Begriff ist trotz seiner Geläufigkeit ebenfalls klärungsbedürftig.[8]

Zentral für das Thema der Anwendung des Organonmodells auf religiöse Äußerungen ist nun die Unterscheidung von drei semantischen Relationen, die sich an ihm ablesen lassen: Zwischen Zeichen und Sender besteht laut Bühler die semantische Relation des *Ausdrucks* (früher von ihm als ‚Kundgabe' bezeichnet), zwischen Zeichen und Empfänger besteht die Relation des *Appells* (früher ‚Auslösung'), und zwischen dem Zeichen und den ‚Gegenständen und Sachverhalten' besteht die gerade erörterte semantische Beziehung der *Darstellung* (die auch früher so hieß).[9]

Sobald wir den Versuch machen, religiöse Rede in diesem Modell unterzubringen, geraten wir in Schwierigkeiten: Sollen wir die Semantik solchen Redens ganz und ausschließlich dem *Ausdruck* zuordnen? Bühler erläutert, unter dem Gesichtspunkt des Ausdrucks sei ein Zeichen „. . . *Symptom* (Anzeichen, Indicium) kraft seiner Abhängigkeit vom Sender, dessen Innerlichkeit es ausdrückt".[10] Als paradigmatisch für die Ausdrucksfunktion nennt er die Lyrik,[11] und

---

[7] Ebd., S. 30.
[8] Vgl. dazu unten, Anm. 25.
[9] Bühler, S. 28 f.
[10] Bühler, S. 28.
[11] Bühler, S. 32.

dies erinnert an Rudolf Carnaps These, die Metaphysik, die er selbst als sinnlos erweisen möchte, werde von manchen Autoren dazu benutzt, ihr ‚Lebensgefühl' auszudrücken.[12] Das Lebensgefühl wäre nach diesem Verständnis etwas ‚Inneres', das der Sprecher auf verschiedene Weisen (z. B. mit einem strahlenden Gesicht, einer niedergeschlagenen Körperhaltung, einem Psalm oder einer musikalischen Komposition) zum Ausdruck bringen könnte. Würde man nun den religiösen Äußerungen *ausschließlich* eine Ausdrucksfunktion zuschreiben, dann könnte die Frage nach ihrer Wahrheit nicht auftreten, allenfalls die nach ihrer Wahrhaftigkeit. Religiöses Reden würde herabgestuft zu einem bloßen Symptom für den inneren Zustand des Sprechers. Damit wird sich ein Freund solchen Redens aber nicht zufrieden geben: Er will nicht *von sich* etwas zu erkennen geben, sondern etwas über die Welt sagen, in der er lebt, und zwar etwas Entscheidendes, das (wie man zu Recht sagt) einen Unterschied ‚ums Ganze' ausmacht. Diese Intuition kann man durch die These auszudrücken versuchen, dass religiöses Reden zwar Ausdrucksmomente enthalte, dass es darüber hinaus aber auch etwas Wahres zu sagen beanspruche. Terminologisch legt es sich nahe, hier von einem ‚propositionalen Moment' zu sprechen und darin das zu suchen, was an der Religion für die Philosophie relevant ist. Die Ausdrucksfunktion allein scheint dem religiösen Reden jedenfalls nicht gerecht werden zu können.

Nicht besser erscheint die Lage, wenn wir die *Appell*funktion betrachten, die Bühler durch die Angabe erläutert, damit werde das „äußere und innere Verhalten" des Hörers so gesteuert wie bei anderen (von Bühler so genannten) ‚Verkehrszeichen'. Diese Deutung religiösen Redens erschiene sogar dann wenig glaubhaft, wenn man an der alten Theorie vom ‚Priesterbetrug' festhalten wollte: Die ‚Steuerung', so scheint es, kann ebenso wenig wie der ‚Ausdruck' der *ganze* Witz religiösen Sprechens sein, es müsste sich bei religiösen Äußerungen sonst durchweg um so etwas wie verkleidete Befehle oder Drohungen handeln.

Wenn man dem religiösen Reden Gewicht geben will, dann scheint dafür im Modell von Bühler also nur die Funktion der Darstellung übrig zu bleiben, die, wie ich ausgeführt habe, an der Namensrelation und den benannten ‚Dingen' orientiert ist. Aus den Dingen wurden bei Bühler die ‚Gegenstände', und diese wurden

---

[12] Rudolf Carnap, Überwindung der Metaphysik durch logische Analyse der Sprache, *Erkenntnis* 2 (1931), S. 238 ff.

dann um die ‚Sachverhalte' ergänzt, die so etwas wie Komplexe von Gegenständen zu sein scheinen. Gelangen wir so zu einem Wahrheitsanspruch und einem propositionalen Gehalt, mit dem für das Gebiet der Religion etwas anzufangen ist? Hierzu ist zweierlei zu bemerken:

(1) Wer die gemeinte semantische Relation möglichst klar ins Auge fassen möchte, wird (wie Bühler im ersten Anlauf) dazu neigen, sich auf diejenigen ‚Dinge' zu beschränken, denen wir Namen geben und die wir mit Hilfe von Begriffsausdrücken sortieren. Wir hätten es dann bei der ‚Darstellung' ausschließlich mit dem zu tun, was Charles Taylor (mit einer ironischen Anspielung auf Quine) die „mittelgroßen trockenen Güter" genannt hat.[13] Je entschiedener wir in diesem Sinne auf der Klarheit unserer Semantik bestehen (und uns als Philosophen die Beschränkungen des postmetaphysischen Denkens auferlegen), desto ferner bleiben wir aber den Themen der Religion, die sich auf die gewöhnlichen ‚Dinge' und deren Klassifikation oder wissenschaftliche Modellierung offensichtlich nicht beschränkt, auch wenn es sich um ‚Komplexe' solcher Dinge (um ‚Sachverhalte') handelt.

Um sich die Eigenart einer solchen Beschränkung vor Augen zu führen, kann man an den *Tractatus* von Wittgenstein denken.[14] Er sieht in der Sprache ein Abbildungs- (oder besser: ein Notations-) System,[15] auch wenn er nicht die *vertrauten* Dinge als das primär Benannte ansieht, sondern (von ihm nur postulierte, für den Leser rätselhaft bleibende) ‚einfache Gegenstände'. Trotz dieser Schwierigkeit können wir feststellen, dass es im Lichte der Einschränkung auf Gegenstände und ihre Konstellationen plausibel ist, dass Wittgenstein behauptet, die Gesamtheit dessen, was sich sinnvoll sagen lasse, sei die Gesamtheit der Aussagen der Naturwissenschaften, zu denen die Religion offensichtlich nicht gehört. Daher ist es nur konsequent, wenn es im *Tractatus* heißt, die Sprache könne

---

[13] Charles Taylor, Bedeutungstheorien, in: Charles Taylor, Negative Freiheit? Zur Kritik des neuzeitlichen Individualismus. Frankfurt 1988, S. 52–117; hier: S. 91.

[14] Ludwig Wittgenstein, Tractatus logico-philosophicus, Frankfurt 1963.

[15] Vgl. Hans J. Schneider, Satz – Bild – Wirklichkeit. Vom Notationssystem zur Autonomie der Grammatik im ‚Big Typescript'. In: Stefan Majetschak (Hrsg.), Wittgensteins ‚große Maschinenschrift'. Untersuchungen zum philosophischen Ort des Big Typescript (TS 213) im Werk Ludwig Wittgensteins. *Wittgenstein Studien*, hrsg. Deutsche Ludwig Wittgenstein Gesellschaft e. V., Band 12, 2006, S. 79–98.

nichts Höheres ausdrücken. Seine eigenen ‚Winke' in Richtung dieses ‚Höheren' bezeichnet Wittgenstein bekanntlich als unsinnig.[16]

(2) Nun kann man versuchen, eine solche Beschränkung auf die ‚Dinge', die Bühler in seiner ersten Annäherung macht, zu vermeiden. Man würde dann den neu eingesetzten Ausdruck ‚Gegenstände und Sachverhalte' so weit verstehen wollen, dass *religiöse* Gegenstände und Sachverhalte (z. B. die ‚Erlösung' einer Person oder die Erschaffung der Welt durch Gott) von vornherein einbezogen sind.

Dieser Schritt hätte aber zur Folge, dass mit dem Titel der ‚Darstellung' nichts mehr gesagt wäre. Zu den ‚Dingen' in der (dann weit verstandenen) Welt, die sprachlich ‚dargestellt' werden, gehörte in diesem Fall nämlich alles und jedes, für das man in der Sprache einen Subjektausdruck bilden kann: Engel, Wunder, Qualia, Zahlen, etc., etc. Der Begriff der Darstellung bezeichnete dann keine fassbare semantische Relation zwischen einem sprachlichen Bereich einerseits und einem nicht sprachlichen Bereich andererseits mehr, bei dem die Gegenstände des nicht sprachlichen Bereichs der Art nach klar überschaubar wären, vielmehr könnte man von *allem* sagen, es werde ‚dargestellt', dessen Ausdruck als Subjekt eines Satzes fungieren kann.

Unser Resultat ist also, dass die beiden ersten semantischen Relationen (Ausdruck und Appell) für das religiöse Reden nicht hinreichend sind (die Annahme, nur sie kämen in diesem Reden vor, wird von den Sprechern nicht akzeptiert). Wenn man dagegen die Darstellungsrelation betrachtet, dann tut sich das folgende Dilemma auf: Orientiert man sich streng an der Namensrelation, dann lässt sich zwar klar sagen, was ‚Darstellung' heißt, man wird dem religiösen Sprechen aber nicht gerecht, weil es bei ihm um mehr und anderes geht als um ‚mittelgroße trockene Güter'. Entschließt man sich andererseits zu einer philosophisch nicht eingeschränkten Ausweitung des Darstellungsbegriffs über die Namensrelation hinaus, dann erhält man unüberschaubar verschiedenartige ‚Gegenstände und Sachverhalte' und die Relation der Darstellung wird ungreifbar und vage. Bühlers semiotisches Dreieck erweist sich als unbrauchbar, wenn es als Filter oder Sieb dienen soll, mit dem der philosophisch akzeptable Gehalt des religiösen Redens von seinen philosophisch irrelevanten oder abzulehnenden Beimischungen getrennt werden soll.

---

[16] Ludwig Wittgenstein, Tractatus 6.54.

3. Zur Sprechakttheorie von John R. Searle

Eine wichtige Neuerung der Sprechakttheorie von Austin[17] und Searle[18] ist die Einführung des Begriffs des ‚illokutiven Aktes' als Ergänzung der semantischen Funktionen des Ausdrucks und des Appells. Eine sprachliche Äußerung als illokutiven Akt zu beschreiben, heißt, sie als einen ‚Zug im Sprachspiel' zu beschreiben, d. h. als eine Handlung innerhalb eines sozialen Systems von Handlungen. Das Neue gegenüber Bühler ist nun, dass dieses Handlungssystem ein System ‚eigenen Ranges' in dem Sinne ist, dass seine sozialen Funktionen nicht in den von Bühler genannten Funktionen des Ausdrucks, des Appells und der Darstellung aufgehen. Zwar leben umgekehrt gewisse Aspekte dieser Funktionen in Searles illokutivem und perlokutivem Akt fort, aber Austin und Searle steuern eine wichtige Ergänzung bei. Es ist z. B. klar, dass Worte der Begrüßung oder Entschuldigung nicht oder nicht nur ein ‚Inneres' des Sprechers widerspiegeln oder die Handlungsfortsetzung des Hörers steuern wollen; man entschuldigt sich auch dann, wenn einem der Träumer, mit dem man wegen seiner unberechenbaren Langsamkeit zusammengestoßen ist, nicht leid tut; es geht bei dieser Sprechhandlung gar nicht darum, sein Inneres auszudrücken. Die Rede von der illokutiven Rolle eröffnet also insofern eine neue Perspektive auf das religiöse Reden, als sie die Frage ermöglicht: Um was für ‚Züge im Sprachspiel' handelt es sich dabei, über Ausdruck, Appell und Darstellung (im engeren Sinne) hinaus?

Ich stelle diese Frage vorläufig zurück und betrachte zunächst, wie es sich mit Searles Fortführung von Bühlers Darstellungsfunktion verhält, also der Relation, die sprachliche Äußerungen zu den ‚Dingen' und dann zu den ‚Gegenständen und Sachverhalten' haben. Searle spricht hier vom ‚propositionalen Akt' bzw. vom ‚propositionalen Gehalt' einer sprachlichen Äußerung, ansonsten sehen wir bei ihm aber keine Veränderungen gegenüber dem Stand bei Bühler. Er hat keine Kriterien, um akzeptable von problematischen ‚Propositionen' zu unterscheiden. Dass die Zahl 13 ungerade und Gott barmherzig ist, sind bei Searle gleichermaßen propositionale Gehalte, die wahr oder falsch sein können. Er verfügt über keine sprachphilosophischen Werkzeuge, mit denen man die Besonder-

---

[17] John L. Austin, Zur Theorie der Sprechakte (How to do things with Words), Stuttgart 1972.
[18] John R. Searle, Sprechakte.

heiten dieser ‚Propositionen' und die Unterschiede zwischen den beiden genannten Beispielen sichtbar machen könnte.

Wenn wir uns nun fragen, wie dieses Festhalten an einer nicht weiter differenzierten Darstellungsfunktion unter dem Interesse eines Verständnisses religiöser Äußerungen zu bewerten ist, so erscheint die Antwort zwiespältig: Wem im oben angedeuteten Sinne daran gelegen ist, den Wert solchen Redens zu bewahren, wer also (im Rahmen Bühlers gesprochen) vermeiden will, dass die Funktionen solchen Sprechens auf Ausdruck und Appell reduziert werden, der könnte (nun im Rahmen von Searle gedacht) das Insistieren auf einem propositionalen Anteil als positiv begrüßen wollen. Denn damit begegnete er der Gefahr, dass der allgemeine Begriff des Sprachspiels oder des illokutiven Aktes dazu benutzt wird, das religiöse Sprechen zwar als ein ‚Sprachspiel eigenen Ranges' anzuerkennen, das eine Existenzberechtigung hat wie andere auch, dass dieser Schritt aber für den Religiösen eine böse Überraschung birgt. Denn wenn man den neuen Begriff des illokutiven Aktes mit der These verbindet, es könne solche Akte auch ohne propositionalen Gehalt geben, dann kann man (ganz im Sinne der oben zitierten ‚Lebensgefühl'-Deutung der Metaphysik von Carnap) das religiöse Reden zwar mit einer großzügig erscheinenden Geste als Sprachspiel besonderer Art anerkennen, es mit demselben Schritt aber für kognitiv so belanglos erklären wie das Singen eines Wanderliedes oder das Pfeifen im Keller. Einer solchen ‚Entsorgung' scheint das Bestehen auf einem ‚propositionalen Bestandteil' im religiösen Reden entgegenwirken zu können. Die Vermutung von Habermas, es gebe im religiösen Reden propositionale Gehalte, um die sich der Philosoph kümmern sollte, kann daher als ein Entgegenkommen gegenüber seinen theologischen Gesprächspartnern gelesen werden, als eine Geste des Schutzes vor dieser Art einer nur scheinbar wohlwollenden Entsorgung.

Auf der anderen Seite hatten wir aber bereits gesehen, dass die Rede vom propositionalen Gehalt in der Gefahr ist, auf eine rein formale Bedeutung reduziert zu werden, wenn man sie nicht auf die „mittelgroßen trockenen Güter" (oder großzügiger, mit dem Wittgenstein des *Tractatus*, auf den Bereich des wissenschaftlichen Redens) beschränken will. An einer solchen Beschränkung kann einem Verteidiger religiöser Aussagen aber nicht gelegen sein. Das für Bühlers Ansatz diagnostizierte Problem, was denn alles unter einer ‚Darstellung von Gegenständen und Sachverhalten' zu verstehen ist, bleibt in der Sprechakttheorie also bestehen. Der Begriff des propositionalen Gehalts ist ohne weitere Erläuterungen als Kriterium zur Auswahl des philosophisch Bedeutungsvollen zu unspezifisch; insofern ist er nicht besser als Bühlers Begriff der Darstellung.

4. Wittgensteins Kritik des Propositionsbegriffs und die Vielfalt der Arten möglicher ‚Gehalte'

Es gehört zu den Kuriositäten der neueren Philosophiegeschichte, dass eine Kritik am Darstellungsmodell und ein Nachweis des nur oberflächengrammatischen Charakters der Struktur von ‚Propositionen' 1953 in Wittgensteins *Philosophischen Untersuchungen* veröffentlicht wurden, in denen es Passagen gibt, die sich so lesen, als seien sie direkt gegen Searles Sprechakttheorie gerichtet, die aber mehr als fünfzehn Jahre später erschienen ist. Diese Kritik blieb unter Bedeutungstheoretikern meist unbemerkt oder unverstanden. Bemerkt wurde sie immerhin von Michael Dummett;[19] er hat sie zutreffend durch die Feststellung charakterisiert, Wittgenstein leugne eine allgemeine semantische Ebene des ‚Sinns' im von Frege etablierten Verständnis dieses Wortes. Der Sinn eines *Satzes* heißt bei Frege ‚Gedanke' und ist das, was heute ‚Proposition' genannt wird. Dummett erkennt also, dass Wittgenstein den üblichen Propositionsbegriff in Frage stellt. Allerdings lässt er uns zugleich wissen, er habe diese Leugnung nie verstanden. Und er ist darüber hinausgehend der Auffassung, Wittgensteins These müsse unzutreffend sein, denn wenn sie es nicht wäre, könne es keine systematische Bedeutungstheorie mit philosophischem Anspruch geben. Dummetts letztlich erfolgloses Ringen um eine solche Theorie hat dann Autoren wie Richard Rorty[20] und John McDowell[21] dazu gebracht, das Projekt einer anspruchsvollen Bedeutungstheorie aufzugeben und sich mit einer ‚bescheidenen' Version zu begnügen, die sich bezüglich eines Verständnisses der Sprachstruktur mit den Einsichten von Frege, Tarski und Davidson zufrieden gibt, die Searle in seiner traditionellen Lehre vom propositionalen Gehalt ja nur fortschreibt. Das seit geraumer Zeit zu beobachtende erneute Aufblühen eines auf die

---

[19] Michael Dummett, Frege and Wittgenstein, in: Irving Block (Hrsg.), Perspectives on the Philosophy of Wittgenstein, Oxford 1981, S. 31–42.

[20] Richard Rorty, Philosophy and the Mirror of Nature, Oxford 1980.

[21] John McDowell, In Defence of Modesty, in: John McDowell, Meaning, Knowledge, and Reality. Cambridge Mass. 1998; S. 87–107 und: John McDowell, Another Plea for Modesty, ebd., S. 108–131.

Hirnforschung schielenden Psychologismus hat dann heute einige entscheidende Einsichten des späten Wittgenstein, die nie widerlegt wurden, in die Gefahr gebracht, vergessen zu werden.[22]

Gemäß einer solchen bescheidenen Bedeutungstheorie ist die inhaltliche Seite einer sprachlichen Äußerung stets nach dem Muster aufzufassen, dass von einem bestimmten Gegenstand (bei Bühler war das ursprünglich ein ‚Ding') behauptet werde, er falle unter einen bestimmten Begriff, oder, im mehrstelligen Fall, dass von einer gewissen Anzahl von Gegenständen gesagt werde, sie stünden in einer bestimmten Relation zueinander. Ein ‚Sachverhalt' ist dann das, was ‚gegeben' oder ‚realisiert' sein muss, damit der Satz wahr ist. Will man dazu Genaueres erfahren, erhält man auf Nachfrage als Antwort meist nur eine vage Geste, die in die Richtung von ‚Komplexen von Gegenständen' deutet. Diese Antwort befindet sich in einer erstaunlichen, meist nicht wahrgenommenen Kontinuität zu Wittgensteins auf die Sprache der Wissenschaften beschränktem *Tractatus*, und damit ist sie weit entfernt von den Einsichten, die dieser Autor uns in seinem *Spätwerk* vermitteln wollte. Die Alternative zu diesem auf die ‚Gesamtheit der Naturwissenschaften' eingeschränkten Blick ist die bereits erörterte unterschiedslose Anerkennung von allem und jedem, worüber man sprechen kann, als ‚Gegenstand' und die Anerkennung jedes ‚Inhalts' eines Behauptungssatzes als ‚Sachverhalt'. Die Aufgabe, hier Unterscheidungen und Bewertungen zu treffen, wird ‚lokalen Ontologien' zugeschoben.

Wir können leicht sehen, dass ein solches Verständnis der semantischen Struktur sprachlicher Inhalte in einem christlich geprägten religionsphilosophischen Kontext sofort zu den Fragen führt, die David Hume in seinen ‚Dialogen über natürliche Religion'[23] erörtert hat: Wie hat der unvoreingenommene, sich nicht auf Offenbarungswahrheiten stützende Philosoph die ‚religiöse Hypothese' zu beurteilen, ein dem Menschen wohlgesonnener Gott habe die Welt nach einem weisen Plan erschaffen? Nach der skizzierten Bedeutungstheorie haben wir hier mit ‚Gott' und ‚Welt' zwei Gegenstandsnamen vor uns, und in der Hypothese wird angenommen, die zugeordneten Gegenstände stünden in einer bestimmten, durch das

---

[22] Vgl. aber Severin Schroeder (Hrsg.), Wittgenstein and Contemporary Philosophy of Mind, Basingstroke 2001 und Maxwell R. Bennett/Peter Michael Stephan Hacker, Philosophical Foundations of Neuroscience, Oxford 2003.

[23] David Hume, Dialoge über natürliche Religion, Stuttgart 1981.

Wort ‚Schöpfung' ausgedrückten Relation. Wenn diese Semantik unbestritten bleibt, kann man ohne Umschweife zu den von Hume erörterten Anschlussfragen übergehen: Wie sieht die empirische Evidenz für diese Hypothese aus? Gibt es den mit ‚Gott' bezeichneten Gegenstand tatsächlich und steht er wirklich in der fraglichen Relation zu unserer Welt? – Das Ergebnis der Untersuchung ist für jemanden, der die Religion wichtig nimmt, niederschmetternd; in Humes Worten lautet es: „Die Ursache oder Ursachen der Ordnung im Universum besitzen wahrscheinlich irgendeine entfernte Ähnlichkeit mit menschlicher Intelligenz."[24]

Ich will hier keine bessere Stützung der von Hume so genannten ‚religiösen Hypothese' versuchen, sondern statt dessen (mit Argumenten des späten Wittgenstein) seine sprachphilosophische Grundannahme in Frage stellen. Die These, gegen die ich mich wende, lautet: Wenn es einen der Philosophie zugänglichen Gehalt religiöser Aussagen geben solle, also etwas an ihrem ‚Inhalt', das weder ‚Ausdruck' (‚Lyrik') noch Appell (‚Auslösung') sei, dann müsse dies etwas Propositionales sein in dem Sinne, dass einem identifizierbaren Gegenstand eine Eigenschaft zugeschrieben werde. Nur unter dieser Voraussetzung kann es auch als eine Selbstverständlichkeit erscheinen, dass die Hauptaufgabe der Religionsphilosophie in der Beantwortung der Frage besteht ‚existiert Gott?'.

Soll eine solche Propositionalitätsthese philosophisch interessant sein, dann kann damit nicht gemeint sein, dass der fragliche Gehalt sich *im Deutschen* durch Sätze der *grammatischen* Subjekt-Prädikat Form ausdrücken lässt, denn dies wäre eine Aussage über die Möglichkeiten der deutschen Grammatik, deren philosophische Irrelevanz sich schon an so einfachen Sätzen zeigt wie ‚es regnet': Hier haben wir ein Subjekt, aber keinen Gegenstand. Vielmehr muss die These gemeint sein, ein philosophisch akzeptabler Inhalt, über den es eine argumentative Auseinandersetzung geben kann, sei stets von der Art, dass ein Gegenstand oder mehrere Gegenstände, deren Existenz behauptet werde, durch *logische* Eigennamen herausgegriffen würden, um ihn dann unter einen Begriff zu subsumieren (um sie dann als in einer Relation stehend zu behaupten). Das Referieren und das Prädizieren, die zusammen das Formulieren einer Proposition ausmachen, sind bei Searle (dem Gewährsmann von Habermas) in dem Sinne als *eigenständige* (d. h. als über-einzelsprachliche) Sprechakte konzipiert, dass sie die Berechtigung, so

---

[24] Hume, S. 141.

bezeichnet zu werden, nicht allein dem Umstand verdanken, dass sie in der zufällig gerade betrachteten Sprache eine bestimmte oberflächengrammatische Erscheinungsform haben.[25]

Auf die Religion bezogen heißt die Propositionalitätsthese daher: Der Bereich der Gegenstände mag groß sein und z. B. abstrakte Gegenstände wie die Zahlen und transzendente Gegenstände wie Gott umfassen, wenn jemand etwas mit Geltungsanspruch behauptet, dann heißt das immer, dass er einen solchen Gegenstand benennt und ihn dann klassifiziert. Wenn sich ein der Religion aufgeschlossener Philosoph den dort anzutreffenden Sätzen daher mit dem Interesse zuwendet, ihm zugängliche semantische Gehalte zu finden und zu untersuchen, dann erscheint es plausibel, dass es darauf ankommt, jene Gehalte, wie auch immer sie in unphilosophischen Sprachformen wie in Muschelschalen und Schneckenhäusern verborgen oder ‚verkapselt' sein mögen, aus diesen Hüllen zu befreien und sie in propositionaler Form (im gerade erörterten präzisen Sinn) vor Augen zu stellen. Die nächsten Fragen können dann nur wie bei Hume heißen: Gibt es diese Gegenstände tatsächlich und haben sie wirklich diese Eigenschaften (stehen sie in den behaupteten Relationen)?

5. Wittgensteins Grundgedanke am Beispiel der Frage: In welchem Sinne ‚gibt es' Zahlen?

Ich will nun einen Blick auf Wittgensteins oberflächlich zwar bekannte, in ihren Konsequenzen aber unterschätzte Parallelisierung von *Sprache* und *Schachspiel* werfen, um zu sehen, ob sich aus der von ihm im Anschluss an Frege aufgeworfenen Frage ‚in welchem Sinne existieren Zahlen' etwas lernen lässt für ein Verständnis der Frage ‚in welchem Sinne existiert Gott'. Wittgensteins Frage lautet, ob Ausdrücke für Zahlen, also Zählzeichen oder Ziffern, nur dann Bedeutung haben, wenn Gegenstände existieren, von denen wir sa-

---

[25] Vgl. dazu: Hans J. Schneider, Ist die Prädikation eine Sprechhandlung? Zum Zusammenhang zwischen pragmatischen und syntaktischen Funktionsbestimmungen. In: Kuno Lorenz (ed.), Konstruktionen versus Positionen. Beiträge zur Diskussion um die Konstruktive Wissenschaftstheorie, Bd. 2, Berlin 1979, 23–36, sowie: Hans J. Schneider, Die sprachphilosophischen Annahmen der Sprechakttheorie; in: Marcelo Dascal, Dietfried Gerhardus, Kuno Lorenz, Georg Meggle (Hrsg.), Sprachphilosophie. Ein internationales Handbuch zeitgenössischer Forschung, 1. Halbband, Berlin 1992, 761–775.

gen, sie würden durch diese Zeichen benannt, auf sie würde im ersten Teil eines propositionalen Aktes in einem sprachphilosophisch ernst zu nehmenden, nicht nur an der Oberflächengrammatik orientierten Sinne referiert.

Frege hatte bekanntlich gemeint, mit Bezug auf die Existenz der Zahlen vor der Alternative zu stehen, entweder die materiellen Zählzeichen, d. h. die Tintenspuren auf dem Papier bereits als die Zahlen ansehen zu müssen oder ein den Zeichen jenseitiges eigenes Reich geistiger Wesenheiten postulieren zu müssen, in dem u. a. auch die Zahlen als immaterielle Gegenstände ihren Platz hätten.[26] Da das erste Horn des Dilemmas im mathematischen Fall offensichtlich absurd ist, weil Tintenspuren keine mathematischen Eigenschaften haben können, hat Frege sich für die zweite Möglichkeit entschieden.

Hierzu sagt nun Wittgenstein: „Für Frege stand die Alternative so: Entweder wir haben es mit den Tintenstrichen auf dem Papier zu tun, oder diese Tintenstriche sind Zeichen *von etwas,* und das, was sie vertreten, ist ihre Bedeutung. Dass diese Alternative nicht richtig ist, zeigt gerade das Schachspiel: Hier haben wir es nicht mit den Holzfiguren zu tun, und dennoch vertreten die Figuren nichts, sie haben in Freges Sinn keine Bedeutung. Es gibt eben noch etwas drittes, die Zeichen können verwendet werden wie im Spiel."[27]

Wenn wir nun eine Parallele zum Fall der Religion ziehen, dann entspricht dem ersten, entwertenden Horn des Dilemmas (‚Zahlen sind Tintenstriche auf dem Papier') die oben erwähnte These, religiöse Sätze seien nicht eigentlich Aussagen, sondern nur Symptome für Ereignisse im Bereich der ‚Innerlichkeit' des sprechenden Subjekts. In diesem Sinne bestehe der ‚Inhalt' der Religion allenfalls aus ‚mentalen Episoden' und er sei daher den Träumen und ‚bloßen Phantasien' gleichzustellen. Im System der Wissenschaften gehörte eine Untersuchung darüber in die Psychologie oder in die Psychopathologie.

Es ist klar, dass sich ein Anhänger einer Religion zu einer solchen Position so wenig entschließen kann wie ein Mathematiker zu der These, in seiner Wissenschaft gehe es um Dinge wie Tinten- oder Bleistiftspuren. Daher optieren viele Verteidiger der Religion (parallel zu Freges Option auf mathematischem Gebiet) für die Existenz

---

[26] Gottlob Frege, Funktion und Begriff, in: Gottlob Frege, Kleine Schriften, Hrsg. von Ignacio Angelelli, Hildesheim 1990, S. 125–142

[27] Friedrich Waismann, *Wittgenstein und der Wiener Kreis,* Frankfurt 1984 (Wittgenstein Werkausgabe, Bd. 3), S. 105.

einer transzendenten Welt; sie entscheiden sich für die sprachphilosophisch so genannte ‚realistische' Lösung, nach der sprachliche Zeichen für ‚reale Dinge' (‚Gegenstände und Sachverhalte') stehen müssen, um Bedeutung zu haben, d. h., um überhaupt Zeichen zu sein, gleichgültig in welchem ‚ontologischen Bereich' diese Gegenstände und Sachverhalte zu Hause sind. Wir hatten gesehen, zu welchen Gedankengängen dies bei David Hume führte: Sie waren für die Religion alles andere als förderlich.

Für Wittgenstein sind interessanterweise *beide* Alternativen inakzeptabel, und zwar sowohl für die Mathematik als auch für die Religion. Seine Analogie mit dem Schach war dafür gedacht, für die Mathematik einen dritten Weg aufzuzeigen, jenseits der Alternative, ein Zeichen sei entweder ein Vertreter für etwas außerhalb seiner selbst Existierendes oder eine bloße grafische Marke. Wittgensteins dritter Weg sieht, etwas ausgeführt, so aus: Zahlzeichen sind (wie ein Blick auf die Praxis zeigt) unbestreitbar bedeutungsvoll, aber dies verdanken sie nicht den Zahlen als Referenzgegenständen, die in einer transzendenten Welt existieren und von den Ziffern so bezeichnet werden wie Stadtnamen Städte bezeichnen. Vielmehr liegt die Bedeutung der Zahlzeichen in der Rolle, die sie in unseren Aktivitäten spielen. Ihre Bedeutung ist vollständig durch diese Rolle bestimmt. Wenn es eine den Zeichen zugeordnete Praxis gibt, die für uns bedeutungsvoll in dem Sinne ist, dass sie mit wichtigen Seiten unseres Lebens verbunden ist (in deren Kontext dann auch ihre Verwendung vermittelt werden kann), dann haben wir bereits alles, was wir brauchen, um sagen zu können, die Zeichen hätten eine Bedeutung. Die Art des Auftretens eines solchen Zeichens in unserer Praxis ist demnach das Kriterium dafür, ob es im jeweils vorliegenden Fall eine Bedeutung hat oder z. B. ein Nachplappern ist von der Art, wie Kinder Zahlausdrücke sagen können, bevor sie das Zählen begriffen haben. Der Begriff der sprachlichen Bedeutung nähert sich so dem der Bedeutsamkeit und entfernt sich vom Fall der Referenz. Der Bezug auf einen bezeichneten Gegenstand ist nicht mehr das einzige Modell, nach dem Bedeutung gedacht wird.

Wittgenstein dehnt hier das, was er schon im *Tractatus* als seinen ‚Grundgedanken' bezeichnet hatte,[28] nämlich dass es Wörter gibt, die Bedeutung haben, ohne ‚für etwas zu stehen', über den dort im Zentrum stehenden Bereich der logischen Zeichen aus. An der oben zitierten Stelle tut er dies für die Zahlzeichen. Es ist für unsere Frage-

---

[28] Wittgenstein, Tractatus, 4.0312.

stellung interessant, dass er später dasselbe für den Ausdruck ‚Schmerz' tut, auch dieser bezeichnet nach seinem Verständnis „kein Etwas aber auch kein Nichts".[29] Wenn wir ihm hier folgen, können wir mit Bezug auf den Schmerz von einer ‚ungegenständlichen Erfahrung' sprechen, die trotz ihrer Ungegenständlichkeit drastisch und einschneidend sein kann. Zugleich sehen wir, dass es sehr verschiedenartige Zeichen geben kann, deren Bedeutsamkeit nicht darin liegt, dass sie für einen Gegenstand stehen.[30]

Können wir aus solchen Überlegungen etwas für die Bedeutung religiöser Ausdrücke lernen? Könnte man z. B. auch vom christlichen Gott sagen, er sei ‚kein Etwas aber auch kein Nichts', so dass damit zu rechnen wäre, dass der Ausdruck ‚Gott' ebenfalls eine *Bedeutung* hätte, ohne für einen *Gegenstand* zu stehen? Es ergäbe sich dann die folgende Parallele: Aus der Tatsache, dass Zahlwörter als Subjektausdrücke von Sätzen auftreten können, so dass wir von der ‚Proposition' sprechen können, dass 25 größer ist als 14, sollten wir nach Wittgenstein nicht schließen, es müsse Zahlen als transzendente Gegenstände geben. Zu überlegen wäre daher, ob wir aus der Tatsache, dass es eine etablierte Praxis ist, ‚Aussagen von Gott' zu machen (und sie gegebenenfalls wahr zu nennen), ebenfalls nicht schließen müssen, Gott sei ein ‚Etwas', jedenfalls nicht in dem Sinne, wie wir das von den ‚mittelgroßen trockenen Gütern' sagen. Wenn jemand also darauf besteht, dass der Ausdruck ‚Gott' der Name eines ‚transzendenten Gegenstandes' ist, dann wäre die Besonderheit der hier behaupteten Namensrelation, die mit dem Wort ‚transzendent' angedeutet ist, erst noch zu klären. Ebenso muss die Rolle der Ziffern geklärt sein, damit die Aussage ‚Ziffern stehen für abstrakte Gegenstände, nämlich für Zahlen' verstanden werden kann.

Für den Fall der Arithmetik können wir sagen, die propositionale Struktur alltagssprachlich formulierter mathematischer Aussagen sei zur Rede über unsere Alltagsdinge oder über Personen nur *analog*. Was oberflächengrammatisch als Referenzakt erscheint, ist eine Sache der Grammatik und spiegelt nicht ein ‚Nennen' eines ‚Dinges' wider.[31] Die

---

[29] Wittgenstein, Philosophische Untersuchungen, § 304.

[30] Vgl. dazu: Hans J. Schneider, Reden über Inneres. Ein Blick mit Ludwig Wittgenstein auf Gerhard Roth. *Deutsche Zeitschrift für Philosophie* 53 (2005), S. 743–759.

[31] Vgl. dazu: Hans J. Schneider, ‚Syntaktische Metaphern' und ihre begrenzende Rolle für eine systematische Bedeutungstheorie, *Deutsche Zeitschrift für Philosophie* 41 (1993), S. 477–486, sowie: Hans J. Schneider: Phantasie und Kalkül, Über die Polarität von Handlung und Struktur in der Sprache; Frankfurt 1992.

Gleichheit der propositionalen Struktur von ‚17 ist ungerade' und ‚Fritz ist hungrig' ist nicht als Ausdruck für eine wiederkehrenden Sache zu lesen (etwa einer wiederkehrenden ‚Sachverhaltsstruktur'); das kann nur so erscheinen, so lange man nicht genau hinsieht und die Unterschiede mit der Aussage zuschüttet, man würde an ein jenseitiges Reich platonischer Zahlen ‚glauben'. Der Ort, an dem die fraglichen Redeweisen nach Wittgensteins Auffassung verwurzelt sind, ist die Praxis des Zählens, Vergleichens, Addierens, etc. Wer an dieser Praxis nicht teilnimmt (oder sie nicht wenigstens verstehend beobachtet), wird nicht begreifen können, was Zahlen ‚sind' und in welchen Sinne es eine Primzahl ‚gibt', die größer als 7 ist. Wir haben in der Arithmetik also Ausdrücke an der Subjektstelle von wahren Sätzen, aber keine ‚Gegenstände' vom Typus ‚mittelgroßer trockener Güter'. Die Rede von ‚abstrakten Gegenständen' ist nach dieser Deutung eine an der grammatischen Form orientierte Ausdrucksweise, die inhaltlich nichts hinzufügt. Ihre genaue Bedeutung kann nur unter Rekurs auf die einschlägige Praxis (hier: der Arithmetik) begriffen werden. Nachdem dieser genauere Blick getan und die Funktion präzise verstanden ist, spricht dann in einem zweiten Schritt auch nichts mehr dagegen, wegen der hier möglichen Wahrheit und Falschheit auch die Rede vom propositionalen Gehalt auf den mathematischen Fall auszudehnen. Um Scheinprobleme und Verwirrungen zu vermeiden muss man allerdings die Differenz zu den ‚mittelgroßen trockenen Gütern' sorgfältig im Visier behalten.

Können wir auch im religiösen Sprechen wahre Aussagen finden, von denen man insofern sagen dürfte, sie redeten über ‚religiöse Gegenstände' als sie in ihrer Oberflächenstruktur den Aussagen über ‚Dinge und Sachverhalte' entsprechen, bei denen wir aber nur verstanden hätten, was das heißen soll, wenn wir geklärt hätten, auf welche Weise sie mit Momenten einer zu ihnen gehörenden Praxis verbunden sind und sich von der Rede über ‚mittelgroße trockene Güter' deutlich unterscheiden? Erst damit wären wir über eine oberflächengrammatische Ähnlichkeit und einen leeren Begriff der Darstellung hinausgelangt und könnten (ähnlich wie im Fall der mathematischen und der mentalen ‚Gegenstände') in einem dann *verstandenen* Sinne sagen, hier gehe es zwar um ‚kein Etwas' (keinen Gegenstand im dinglichen Sinne; daher könnten wir vermeiden, auf den Holzweg von Hume zu geraten), aber es gehe auch keinesfalls ‚um nichts', denn die fraglichen Aussagen seien, ist ihre praktische Einbettung durchschaut, genau so wenig ‚ohne Gehalt' wie die zitierten mathematischen Aussagen. Um mich an diese Möglichkeit für den Bereich des Religiösen heranzutasten, betrachte ich zunächst ein sowohl die Philosophie als auch die Religion berührendes Grenzland, das Gebiet der Weisheit.

6. Die Semantik von Weisheitssprüchen als Brücke zu religiösen Aussagen

Wenn wir nämlich Wittgensteins Hinweis ernst nehmen, dass mit ganz verschiedenen *Arten* zu rechnen ist, auf die sprachliche Ausdrucksweisen Bedeutung haben, dann können wir uns an einem weiteren Beispiel, das nun aber dem Bereich der Religion näher steht als die arithmetischen Aussagen, klarmachen, wie sprachliche Züge aussehen können, die nicht zu einem propositionalen Wissen im einfachsten Sinne des Sortierens von Dingen mit Hilfe von Begriffsausdrücken führen und die (zumindest auf ihren höheren Stufen) gleichwohl in einem noch zu klärenden, über Bühlers ‚Ausdruck' und ‚Appell' hinausgehenden Sinne sachhaltig sind. Hier geht es um Redeweisen, die eine enger oder weiter gefasste Lebenssituation zur Sprache bringen und dadurch dazu beitragen können, ein gemeinsames Verständnis dieser Situation zu erzeugen, das von bescheidenen ‚Alltagsweisheiten' bis zu Aussagen über das ‚Leben im Ganzen' reichen kann. Es ist diese zuletzt genannte Funktion, die ich den Mythen und Weisheitslehren zuschreiben will; sie können als Ausdrucksformen eines Sich Auskennens verstanden werden, das *nicht* notwendig im Verfügen über einfache propositionale Gehalte im Sinne des Klassifizierens oder Sortierens von Gegenständen besteht. Diese Funktion kann in ihrer einfachsten Gestalt bereits auf einer sehr frühen Stufe der Sprachentwicklung auftreten, und zwar auch der Form nach auf eine nicht propositionale Weise, was auf ihren besonderen Charakter verweist. Woran hier zu denken ist, möchte ich an einem Beispiel von Charles Taylor erläutern, der dafür den sehr allgemein zu verstehenden Ausdruck ‚Artikulation' benutzt. Dies Beispiel ist ein weiterer aber ganz anders gelagerter Fall, an dem sich die schon bei der Arithmetik beobachtete Tatsache studieren lässt, dass sprachliche Ausdrücke Bedeutung haben können, ohne für etwas zu stehen.

Taylors Beispiel ist das Folgende:[32] Man stelle sich vor, man würde als sprachunkundiger Ausländer in einem heißen Land in ein Eisenbahnabteil zusteigen, in dem schon jemand sitzt. Es kommt also zu einer Begegnung, es fehlen aber die Mittel, sie den Normen des einen oder anderen Mitspielers entsprechend konventionell zu gestalten. Taylor beschreibt es nun als eine für den sprachlich behinderten Fremden naheliegende Handlung, mit hör-

---

[32] Taylor, Bedeutungstheorien, S. 68 und 75.

barem Ausatmen sein Gepäck abzustellen, sich den Schweiß von der Stirn zu wischen und einen Laut des betonten Ausatmens von sich zu geben, während man dem fremden Mitfahrer freundlich ins Gesicht blickt: ‚Puh'.

Eine Artikulation dieses Typus steht nicht *für etwas*, weder für die Hitze, noch für den Koffer, noch für den Schweiß. Obwohl sie als eine ‚Interjektion' sogar ins Wörterbuch aufgenommen wurde, könnte man bezweifeln, ob sie schon als ‚sprachlich' bezeichnet werden soll, aber gewiss hat sie eine Bedeutung, und zwar nach Taylor eine solche, die Bühlers Ausdrucksfunktion zwar enthält, über diese aber deutlich hinausgeht und eher einem illokutiven Akt im Sinne Searles nahe kommt. Anders als der Schweiß oder das rote Gesicht des Reisenden ist sie nämlich mehr als nur ein *Symptom* für dessen Zustand. Sie erzeugt, wie Taylor ausführt, eine ausdrückliche Gemeinsamkeit im Verständnis der Situation, einen geteilten, für die beiden Betroffenen ‚öffentlichen' Raum, und dies wird ihnen die weitere Reise angenehmer machen als sie es ohne diese kommunikative Handlung wäre. Die beiden reisen jetzt in einem Sinne *zusammen*, der über die räumliche Nachbarschaft der Körper hinausgeht; es hat eine (wenn auch sehr begrenzte) *Verständigung* stattgefunden.

Es lassen sich leicht andere (untereinander durchaus verschiedengestaltige) Kommunikationsspiele finden, in denen verbale oder quasi verbale Handlungen geteilte Situationsverständnisse in diesem allgemeinen Sinn ‚artikulieren' (zur Sprache bringen), ohne dass die dabei auftretenden Ausdrücke auf Gegenstände referieren würden, etwa das rhythmische ‚Hauruck' mit dem an einem Seil gezogen wird. Wir haben hier sehr einfache Exemplare von Sprachformen, die nach der Klassifikation Bühlers zwar Ausdrucks- und Appellfunktionen erfüllen, die aber, indem sie ein Situationsverständnis artikulieren, über diese beiden Funktionen hinausgehen. In der Terminologie Searles könnten wir hier von einem illokutiven Akt sprechen, der sogar ohne propositionalen Gehalt auskommt, obwohl auf einer späteren Stufe dem gleichen kommunikativen Zweck sehr viel umfangreichere sprachliche Formen dienen können. Diese werden dann auch propositional strukturierte Äußerungen enthalten, sie haben aber als *ganze*, ähnlich wie das ‚puh' im Beispiel Taylors, eine nicht bloß berichtende oder ‚darstellende' Funktion.

Mit Recht spricht sich Taylor dafür aus, dass eine nicht von vornherein auf wissenschaftliches Sprechen verengte Theorie der Bedeutung diesen Aspekt nicht vergessen sollte. Und man kann den Begriff *Artikulation* für den Hinweis auf die Tatsache benutzen, dass einfachste Äußerungshandlungen ohne die Vermittlung durch einen Bezug auf Gegenstände einen sozial geteilten ‚öffentlichen Raum' erzeugen können, sie schaffen in diesen Fällen eine Verständigung, sie artikulieren ein situationsbezogenes Sich-Auskennen.

Man kann beobachten, wie sich solche Verständigungshandlungen dort, wo die Handlungspartner dieselben bleiben, wiederholen und darüber hinaus sogar ritualisiert werden, was für das Thema Religion von Interesse sein könnte. Wenn wir an das Ritual des Badens kleinerer Kinder denken, können wir uns leicht vorstellen, dass zu seinem ‚richtigen' Ablauf nicht nur eine bestimmte Schwimmente gehört, sondern auch, dass es jedes Mal beginnt mit einem Spiel nach dem Muster ‚das Wasser ist viel zu heiß'! – Das ‚richtige' Zubettgehen kann verlangen, dass ein Lied gesungen, ein Gebet gesprochen oder ein Gutenachtkuss gegeben wird, etc. Wie auf der tropischen Zugfahrt sind wir hier nicht auf Wörter angewiesen, die für Gegenstände stehen, damit die sich einspielenden artikulierenden Ausdrücke Bedeutung haben. Sprachliche Elemente dieser Art sind aber auch nicht auf Bühlers Ausdruck- und Appellfunktion zu reduzieren, weil sie ein sozial geteiltes Situationsverständnis artikulieren. Von den Ziffern unterscheiden sie sich dadurch, dass sie nicht unmittelbar einer praktischen Handlungskoordination dienen. Gleichwohl sind sie den Zählzeichen insofern ähnlich, als sie eine Orientierungsleistung erfüllen, ohne für Dinge oder Ding-Komplexe im Sinne der ‚mittelgroßen trockenen Güter' zu stehen, die jenseits und unabhängig von den Zeichen existierten. Es geht bei ihnen also um ‚kein Etwas', aber das Wenige, was sich über sie schon feststellen ließ, reicht auch hin zu der Aussage, es gehe auch nicht um ‚nichts'.

Nun ist im Kontext der Frage nach der Religion der bereits erwähnte Umstand von Interesse, dass eine solche Artikulation auf den *höheren* Stufen des Spracherwerbs auch Ausdrücke benutzen kann, die auf die übliche Weise für Gegenstände stehen; man kann zum zu Bett Gehen auch eine Rückschau auf den Tag halten oder ein Märchen erzählen, ohne dass sich der Charakter einer gemeinsamen Vergewisserung über die Situation verändern müsste. Der Blick auf die vorsprachlichen, nur sprach*ähnlichen* Artikulationsweisen legt aber den Gedanken nahe, dass die auf der höheren Kompetenzstufe auftretenden Ausdrücke, die sonst vielleicht eine sortierende Funktionen erfüllen, im jetzt betrachteten Kontext die eben erörterte Artikulationsfunktion haben könnten, und dies bedeutet: Sie könnten eine Verständigung über die Situation ermöglichen, für die ihr Bezug nicht oder nur auf vermittelte Weise von Bedeutung ist.

Einfach gesagt: Das Märchen erfüllt seine Verständigungsfunktion auch dann, wenn es den Froschkönig nie gegeben hat; um es (‚lexikalisch') zu *verstehen*, muss man aber die Sortierfunktion (das, was wir alltäglich ihre ‚Bedeutung' nennen) von Wörtern wie ‚Frosch' und ‚König' kennen. Dies Verständnis ist notwendig aber nicht hinreichend.

Daraus wird ersichtlich, dass auch dort, wo der Spracherwerb abgeschlossen ist, so dass im Prinzip über die verschiedenartigsten ‚Dinge und Sachverhalte' auf alltägliche oder sogar auf wissenschaftliche Weise gesprochen werden kann, die von Taylor herausgearbeitete sprachliche Funktion der Artikulation eines Situationsverständnisses nicht überflüssig wird. Die Funktion, einen öffentlichen Raum zu schaffen, in dem sich die Partner orientieren, indem sie eine spezifische Sicht auf ihre Situation teilen, ist keine primitive Funktion, die bei fortgeschrittener Sprachkompetenz entfällt. Es liegt vielmehr auf der Hand, dass diese Art der Verständigung sogar auf einer Stufe, auf der es bereits hoch spezialisierte *Naturwissenschaften* und ein ausgebildetes technisches Wissen gibt, immer noch als eine besondere Funktion vorkommt und vorkommen muss, die (so meine These) von den Wissenschaften allein (von einer ‚Beschreibung der Welt' im Sinne des *Tractatus*, von der ‚Gesamtheit der Naturwissenschaften') nicht erfüllt werden kann. Wenn also bei solchen Arten der Sprachverwendung ein Referieren auf Gegenstände gar keine oder eine im angedeuteten Sinne nur vermittelnde Rolle spielt, dann wäre es ein Missverständnis, diese Teilfunktionen nach dem Muster von Funktionen zu verstehen, die sie in *wissenschaftlichen* Zusammenhängen haben. Daher bleibt man an der Oberfläche der Sprache, wenn man hier nur von ‚Darstellung' und ‚propositionalem Gehalt' spricht.

Um welche Art von Differenz es hier geht, lässt sich am Beispiel verschiedener Arten von Verallgemeinerungen studieren. In den Naturwissenschaften ist das Ziel die Formulierung von Naturgesetzen. Wenn wir dagegen noch einmal das abendlichen Kinderbad betrachten, dann können wir uns leicht vorstellen, dass das Töchterchen, das immer wieder kein Ende finden mag, empört sagt ‚immer muss man schlafen!' Wer diesen Satz durch die erkenntnistheoretische oder wissenschaftliche Brille betrachtet, wird ihn auf offensichtliche Weise falsch finden. Der Satz wird aber trotzdem verstanden und von den Älteren als sinnvoll akzeptiert, ja, wir können davon ausgehen, dass die Erwachsenen mit Äußerungen dieses Typs vorangegangen sind, z. B. mit Sätzen wie ‚morgen ist auch noch ein Tag!' (der sich im vorliegenden Fall als Antwort anbieten würde) oder mit dem früher bei kleineren Verletzungen verbreiteten Trost ,bis du heiratest ist alles wieder vorbei!'. Obwohl also der Satz ,immer muss man schlafen' falsch ist, obwohl der Satz ,morgen ist auch noch ein Tag' nicht beansprucht, auf fehlerlosen Induktionsschritten zu beruhen oder eine Hypothese oder ein Naturgesetz zu formulieren, obwohl Sätze wie ,versprochen ist versprochen' oder ,Krieg ist Krieg' tautologisch und in diesem Sinne inhaltsleer sind, können sie in Taylors Sinn ein jeweiliges Situationsverständnis artikulieren und ein Sprecher kann sie benutzen, um sein Verständnis, seine Sichtweise der Lage zum Ausdruck zu bringen und zur Diskussion zu stellen. Auch diese Unterschiede illustrieren Wittgensteins These, die Vorstellung eines uniformen ,propositionalen Gehalts' (mit Dummett gesprochen: eines allgemeinen Begriffs eines an Frege orientierten ,Sinns' eines Satzes) könne leicht die Tatsache verdecken, dass die Sprache durchaus nicht immer auf *eine* Art und Weise funktioniere.

Meine These ist, dass wir es hier mit keiner der drei Funktionen Bühlers zu tun haben, weder mit der des Ausdrucks, noch mit der des Appells, noch mit der der Darstellung oder des Formulierens eines propositionalen Gehalts, wenn damit mehr gemeint sein soll als ein Verweis auf die Oberflächengrammatik. Mir scheint, dass wir es hier mit den frühen Stufen einer Art von Sprachgebrauch zu tun haben, mit dem auch Weisheiten artikuliert werden, und dies heißt für mich, Aussagen, die zu einem geteilten Verständnis unserer ,Situation als Menschen' führen können, ähnlich wie Taylor dies im kleinen Maßstab am Beispiel des tropischen Zugabteils vorgeführt hat.

Hierin sehe ich eine enge Verwandtschaft mit der Funktion der Religionen. Demnach gibt es Sprachformen, deren Äußerungen mit dem Ziel vorgebracht werden, unsere Situation als Menschen zu artikulieren, durchaus auf teilbare, Adäquatheit beanspruchende und in diesem Sinn ,rationale' Weise, die wir aber nicht nach den Kriterien wörtlicher oder gar wissenschaftlicher Rede, d. h. nach dem Schema des propositionalen Aktes beurteilen sollten. In diesem Sinne kann man auch von den antiken philosophischen Weisheitslehren (bis hin zum Christentum) sagen, sie seien als Artikulationen zu verstehen, die eine bestimmte Sicht auf das Leben zur Sprache bringen. Anders als unsere heutige akademische Philosophie wollten sie aber auch eine Hilfe dabei sein, die jeweilige Sicht und die zugehörige Kompetenz, das Leben zu meistern, von Generation zu Generation praktisch weiterzugeben. Diese Aufgabe hat die Philosophie in unserem Kulturbereich an die Religion verloren, als sie zur Magd der Theologie gemacht wurde, und man hat den Eindruck, die Religion verliere diese Aufgabe in unseren Tagen zunehmend an die Psychotherapie.

7. Sprache und religiöse Erfahrung

Wenn ich nun den Versuch mache, den Bogen von den schlichteren
Formen der Weisheit zur Religion zu schlagen, dann muss die weiterführende Frage nach der Logik des bisher zurückgelegten Weges
lauten: Welches ist die religiöse Praxis, in deren Kontext die zugehö-
rigen Sprachspiele ihre Bedeutung auf vergleichbare Weise bekommen, wie das Schachspiel den Spielfiguren, das Zählen den Ziffern
und wie eine geteilte Situation den von Taylor erörterten ,Artikulatio-
nen' eine Bedeutung verschafft, ohne dass die jeweiligen sprachlichen Äußerungen, um ihre jeweilige Funktion erfüllen zu können
,für etwas stehen' müssten? Ich greife für ihre Beantwortung auf William James[33] zurück mit der Auskunft: Religionen artikulieren (wie
Weisheitslehren) menschliche Selbstverständnisse, die letztlich auf
das zurückgehen, was James uns als ,religiöse Erfahrung' vorstellt.
Zugleich zeichnen sich Religionen nach meinem Verständnis dadurch aus, dass sie den von ihnen Angesprochenen die praktische
Kompetenz vermitteln wollen, das so verstandene Leben auch zu
meistern. Dem entsprechend lautet meine Arbeitsdefinition: Religionen sind historisch gewachsene Artikulations- und Praxisformen, die
ihrem Selbstverständnis und Anspruch nach eine wahrhaftige und
angemessene Einstellung zum Leben im ganzen zugleich artikulieren und ihren Angehörigen als ein Können ermöglichen, wobei das
,Ganze' sich mit den Stichworten Geburt, Liebe, Sexualität, Schuld,
Krankheit und Tod andeuten lässt. Diese Erfahrungen, ihre Artikulation und Pflege ist das Praxisfeld, das der religiösen Sprache Bedeutung verleiht. So weit stimme ich mit James überein.

Meine Orientierung am späten Wittgenstein erlaubt es mir nun
aber, im Unterschied zu James auf transzendente Gegenstände
oder Personen als die kausalen Auslöser solcher Erfahrungen zu
verzichten, ohne sagen zu müssen, solche Erfahrungen seien selbst-
gemacht. Ihr von James deutlich betonter Widerfahrnischarakter
bleibt unbestritten. Die Erfahrungen können ferner bedeutsam, un-
erwartet und umwälzend im von James intendierten Sinne und doch
zugleich ,ungegenständlich' sein, sie brauchen aus der hier entwi-
ckelten philosophischen Perspektive trotz des oft bildhaften Charakters der zu ihrer Artikulation dienenden Sprache nicht als ,Erfahrun-
gen von etwas' (d. h. hier: von transzendenten Wesen oder ,Gegen-
ständen', die ,dargestellt' würden) verstanden zu werden. Gleich-

---

[33] William James, Die Vielfalt religiöser Erfahrung, Olten 1979.

wohl geht es bei ihnen (wie schon im Fall der Artikulation von Weisheiten, aber auch im Fall der Schmerzen) nicht ‚um nichts'. Die Orientierung an der Sprachphilosophie des späten Wittgenstein hat auf diese Weise den doppelten Vorteil, dass sie den Irrweg von Hume (den im engen Sinne ‚propositional', d. h. an ‚Dingen' orientierten Weg) zu vermeiden hilft und dass sie es damit zugleich möglich macht (was durchaus im Sinne der Intentionen von James ist), den für Philosophen schon immer reizvollen Buddhismus als eine nicht-theistische Religion in die Erörterung einzubeziehen. Ich zähle im Folgenden die aus meiner Sicht wichtigsten der Merkmale auf, durch die James den Begriff der religiösen Erfahrung bestimmt.

Erstens: Sie betrifft kein einzelnes ‚Ding' *in* der Welt, sondern die Haltung des betroffenen Menschen zum ‚Ganzen' seines Lebens und der ihn umgebenden Welt. Zentral ist dabei ein erlebnismäßiges Ganzes, nicht ein räumliches oder zeitliches Ganzes im Sinne einer wissenschaftlichen Kosmologie. Dies ist auch dort der Fall, wo bei James (ich meine: irreführenderweise) Wörter wie ‚Kosmos' oder ‚Universum' auftreten.

Zweitens: Dies Ganze schließt ausdrücklich die leidhafte Seite und die Übel des Lebens ein (wie Misserfolg, Verlust, Krankheit, Tod). Die nüchterne, nicht verleugnende Wahrnehmung, die Akzeptanz und die Integration dieser leidhaften Seite in die Haltung oder ‚Einstellung' zum Ganzen ist der Kern der eigentlichen religiöse Erfahrung. Diese hat es also immer mit einer positiven Wendung in der Art und Weise zu tun, in der die leidhafte Seite des Lebens erlebt und aufgefasst wird, wobei das Minimum dieses positiven Moments darin besteht, ein Weiterleben zu ermöglichen.

Drittens: Betrachtet man diese Wendung genauer, zeigt sich nach James eine Abfolge von drei Schritten:

(a) Ihr *Ausgangspunkt* ist die Erfahrung der eigenen Machtlosigkeit dem Leid und dem Übel gegenüber, oft verbunden mit einer ‚Entzauberung' oder völligen Sinn-Entleerung der Welt, wozu häufig auch ein Gefühl der eigenen Unvollkommenheit oder Wertlosigkeit gehört, das bei James selbst zu einer längeren persönlichen Krise geführt hatte, zu extremer Antriebslosigkeit und Depression.

(b) Das volle Eingestehen dieser Machtlosigkeit als einer Realität des Lebens führt in einem *zweiten* Schritt dazu, dass die Person ihre Bemächtigungsversuche, d. h. den Impuls, ihr Leben doch noch (wie wir heute sagen) ‚in den Griff zu bekommen', schließlich aufgibt.

(c) Der sich anschließende *dritte* Schritt ist dann der entscheidende, nämlich die subjektiv überraschende Erfahrung (ein Widerfahrnis), durch diese Selbstaufgabe nicht unterzugehen, nicht endgültig ins Bodenlose zu fallen. Die Person erlebt sich vielmehr als aufgehoben in einer „unsichtbaren Ordnung", in der ihren Platz einzunehmen sie nicht als (moralisches) Joch empfindet, sondern als „höchstes Gut".[34]

Dafür, dass wir solche Erfahrungen ‚religiös' nennen, scheint mir wichtig, dass der Umstand, dass gerade die Aufgabe des eigenen Handlungsimpulses das bringt, was die Person als ihre Rettung empfindet, typischerweise erlebt wird als etwas, das ihr geschieht. Daher legt sich die Redeweise nahe, hier gehe es um ‚Kräfte' außerhalb des eigenen Ich. Es ist durchaus bedeutsam, dass wir uns, entgegen den verbreiteten Illusionen von universaler Machbarkeit, der wichtigen Rolle dieser ‚Widerfahrnisse' bewusst bleiben.[35] Es besteht aber keine Notwendigkeit, sie gegenständlich oder personal zu deuten. Auch das Heilen einer Wunde ist etwas, das einem geschieht, das sich nicht der eigenen praktischen Tätigkeit oder dem eigenen Nachdenken verdankt. Die religiöse Erfahrung ist auch von dieser Art, sie ist aber viel umfassender und kann daher weniger leicht im abwertenden Sinne als ‚bloß psychologisch' abgetan werden.[36] Sie wird oft als Schritt vom unwirklichen (naiven, verblendeten, von Täuschungen durchzogenen) zum realen Leben erfahren. In seiner höchsten Form hat dieser Schritt als Resultat (wie James sich ausdrückt) eine „höhere Art von Glückseligkeit und eine Standfestigkeit der Seele, mit der sich nichts anderes vergleichen kann".[37] Entscheidend für das hier im Vordergrund stehende Thema des propositionalen Gehalts religiöser Redeweisen scheint mir nun die Tatsache zu sein, dass solche Erfahrungen in einem wichtigen Sinne als ‚ungegenständlich' zu bezeichnen sind, obwohl auf der anderen Seite sowohl sie selbst als auch die Versuche, sie zu kommunizieren, durchaus bildliche ‚Inhalte' haben können, etwa dass eine engelhafte Person den Betroffenen durch einen leeren Raum führt, und dergleichen. Aus James' Berichten wird aber deutlich, dass nicht die eventuell erfahrenen Begegnungen mit besonderen ‚Wesen' das

---

[34] James, S. 63.

[35] Vgl. Wilhelm Kamlah, Philosophische Anthropologie, Mannheim 1973, S. 34 ff.

[36] Man trifft auch auf positiv gemeinte aber gleichfalls an der Sache vorbeigehende Versuche, solche Erfahrungen durch einen Verweis auf ihre neurologischen Korrelate als ‚real' zu erweisen. Eine solche Stützung ist im Fall der Religion genau so entbehrlich wie im Fall der Mathematik.

[37] James, S. 349.

Zentrale sind, sondern der veränderte Blick auf ‚das Ganze'. Dieser und seine praktische Bewährung sind es auch, an denen sich der Wert dieser Erfahrungen (im Unterschied zu vorübergehenden ‚schönen Träumen') erweisen muss.

Diese Art der ‚Ungegenständlichkeit' der Erfahrungen lässt sich im Kontext unserer Frage nach der Propositionalität durch die folgende Analogie erläutern. Denken wir uns eines der im Kontext der Wahrnehmungspsychologie erörterten Kipp-Bilder, etwa die bekannte Federzeichnung, die man sowohl als ‚altes Weib' als auch als ‚elegante junge Frau' sehen kann, ohne dass dafür an der Zeichnung selbst irgendetwas verändert werden müsste. ‚Dasselbe *Ding*' kann als dies oder als jenes *Bild* gesehen werden. Als ein Darstellungssystem, das dem präzisen aber engen Verständnis von Bühlers Redeweise von den ‚Gegenständen und Sachverhalten' (und insbesondere auch Wittgensteins *Tractatus*) entsprechen würde, können wir nun einen Scanner betrachten, der ein Netz von Bildpunkten definiert, die er als schwarz oder weiß bestimmt, so dass er die Federzeichnung (mit begrenzter Genauigkeit) vollständig reproduzieren (‚darstellen') kann. Er scheint (von der Feinheit der Auflösung einmal abgesehen) alles zu ‚sehen', und alles wiederzugeben, was vorhanden ist. Für dieses Darstellungssystem gibt es als Gegenstände nur die einzelnen Bildpunkte; die ‚Sachverhalte' sind (wie bei Bühler) Komplexe dieser Gegenstände. In der Welt dieses Darstellungssystems kommt der Unterschied zwischen den Zuschreibungen ‚dies ist ein Bild einer alten Frau' und ‚es ist ein Bild einer jungen Frau' nicht vor. Ich erinnere an die oben erwähnte These Wittgensteins, die von ihm im *Tractatus* entworfene Sprache könne ‚nichts Höheres ausdrücken'. Das ‚Höhere' ist im Rahmen dieser Analogie die gestalthafte Ganzheit, die sich in der Sprache der schwarzen oder weißen Bildpunkte nicht ausdrücken lässt.

Mir scheint nun, dass das Entscheidende an den von James herausgearbeiteten religiösen Erfahrungen dem entspricht, was im Fall der Kippbilder der Gestaltwandel ist. Trotz der Bemühungen von James um einen ‚Überglauben' ginge es dann im Kern nicht darum, einen weiteren ‚Gegenstand' (eine Anzahl vorher nicht vorhandener oder nicht bemerkter Bildpunkte) zur bisherigen Wahrnehmung hinzuzunehmen. Die Frage ist nicht (wie bei Hume), ob es Götter in dem Sinn ‚gibt', in dem es Menschen, Tiere und Spiralnebel gibt, und die von James geschilderten religiösen Erfahrungen müssen von solchen ‚Gegenständen' auch keineswegs handeln, obwohl sie es bei Menschen, die mit religiösen Bildern aufgewachsen sind, häufig tun. Das Entscheidende an der religiösen Erfahrung wäre vielmehr der Umschlag, die Veränderung der Sehweise, bei der ‚die Welt wie wir sie kennen' als *Dingwelt* völlig unverändert bleibt, so wie die Striche der Zeichnung unverändert bleiben, wenn das, was wir sehen, von der alten zur jungen Frau ‚kippt'. Trotz des völlig gleichbleibenden Charakters der Dingwelt ist dann die Aussage begreiflich, wir lebten vorher und nachher in einer ‚völlig anderen Welt', so wie es auch durchaus nachzuvollziehen ist, wenn jemand sagt, er sehe nun ein ‚ganz anderes Bild', obwohl sich der materielle Gegenstand der Federzeichnung nicht verändert hat. Das Bild und der materielle Gegenstand sind zwar für die Brandversicherung, nicht aber für die Kunstgeschichte identisch, und dies gilt, ohne dass für ein Verständnis des Bildcharakters ein zusätzlicher, gespenstartiger Gegenstand postuliert werden müsste, der wie eine abtrennbare ‚Bild-Seele' in den ‚materiellen' Linien verborgen ist.

Das Umschlagen in der Sehweise wäre also das, worauf es in der religiösen Erfahrung ankommt, nicht die besonderen Inhalte von Erzählungen, mit deren Hilfe manche religiösen Traditionen ein solches Umschlagen zu befördern versuchen. Dem entsprechend wäre z. B. die Schöpfungsgeschichte nicht als eine auf der Ebene der Naturwissenschaften zu lesende Hypothese über die Weltentstehung zu verstehen, wie Hume es getan hat, sondern als ein sprachliches Gefäß, das die Aufgabe hat, eine bestimmte Sehweise auf unsere Welt zu vermitteln. Eines der interessanten Merkmale am Zen-Buddhismus, der ‚besonderen Überlieferung außerhalb der Schriften'[38] lässt sich dann als der Versuch verstehen, ein solches Umschlagen unter weitgehendem Verzicht auf *jegliche* Art von Lehrinhalt (‚propositionalem Gehalt') auf ‚direktem Weg' durch eine Methode praktischen Übens zu ermöglichen.

8. Schlussfolgerungen

Was folgt aus den vorgetragenen Überlegungen für das Projekt der ‚Wertstofftrennung': Können wir (manchen) religiösen Aussagen propositionale Gehalte von einer Art zusprechen, die sie dazu geeignet macht, in den Diskurs der Philosophie aufgenommen zu werden? Ist es (im positiven Fall) dafür nötig (und ist es möglich), die tradierten sprachlichen Formen religiösen Redens zu verändern im

---

[38] Hans Wolfgang Schumann, Handbuch Buddhismus, Kreuzlingen 2000, S. 285.

Sinne des Bildes einer Herauslösung eines Gehaltes aus seiner für
die Philosophie fremden Umhüllung oder im Sinne einer Übersetzung von einer religiösen in eine philosophische Sprache?

Unter den Prämissen, dass (1) das Religionsverständnis von James etwas Wichtiges trifft, und dass es (2) unter systematischem Interesse legitim ist, das von James selbst gemachte Angebot anzunehmen, auf seinen persönlichen ‚Überglauben' als nicht entscheidende Zutat zu diesem Verständnis zu verzichten (d. h. auf seine
Auffassung, es gebe transzendente Gegenstände, die kausal auf
unser ‚subliminales Bewusstsein' einwirken und die geschilderten religiösen Erfahrungen verursachen), so dass (3) der aus dem Buddhismus vertraute Gedanke einer nicht-theistischen Religion nicht
von vornherein als eine *contradictio in adjecto* abgelehnt wird, können
wir unsere Ausgangsfrage jetzt so stellen: Wollen wir von Aussagen,
die eine Sichtweise auf die *conditio humana* (oder ein Umschlagen
von einer Sichtweise in eine andere) artikulieren, sagen, sie hätten
einen ‚propositionalen' Gehalt, dessen argumentative Erörterung
sich die Philosophie zutrauen sollte? Hat unser Blick auf die Arithmetik, auf Taylors ‚Artikulation', auf die Semantik der Weisheitssprü-
che und auf James' Begriff einer ungegenständlichen religiösen Erfahrung zu einem mehr als oberflächengrammatischen Propositionsbegriff geführt, der sich dem Bereich des religiösen Redens
leichter annähern kann als der des Redens über ‚mittelgroße trockene Güter'?

Meine Antwort auf diese Frage ist negativ; ein solcher Propositionsbegriff ließ sich nicht ausmachen. Dies zwang uns andererseits
aber nicht zu der These, die entsprechenden Aussagen seien nicht
sachhaltig. Das lässt sich in Form einer Selbstanwendung deutlich
machen: Wenn wir die hier vorgeführte sprachphilosophische Argumentation als zulässig und für die Philosophie nicht untypisch ansehen dürfen, dann ist es offenbar philosophisch legitim, Argumente
vorzutragen, die (wie oft bei Wittgenstein) die Form haben: ‚Sieh die
Sache doch einmal so an', z. B.: Sieh die Sprache doch einmal nicht
als eine Menge von Namen an, sondern als eine Menge von Spiel-
steinen wie sie zum Schachspiel gehören. Man wird kaum bezweifeln wollen, dass die Veränderung der Sehweise in diesem Fall zu
wichtigen Verbesserungen in unserem Verständnis der menschlichen
Sprachfähigkeit geführt hat; sie bedeutete in so weit einen kognitiven Fortschritt, sie hat einen Gehalt.

Ich möchte nun vorschlagen auch religiöse Aussagen nach diesem Muster verstehen, z. B. christliche Aussagen wie ‚betrachte die
Welt als eine Schöpfung' oder ‚betrachte jeden Menschen als von

Gott geschaffen und geliebt'. Oder die buddhistischen Aussage ,betrachte das Ich des Egoismus als eine Illusion', und auch die Aussage Wittgensteins, die als ein Beispiel für das gelten kann, was man nach der Sprachauffassung des *Tractatus* nicht sagen kann, nämlich ,es kann mir nichts geschehen'.[39] Hume war der Auffassung, es gehe im Hintergrund solcher Aussagen um Hypothesen, die *zunächst* als wahr erwiesen werden müssten, damit *auf dieser Basis* allenfalls eine bestimmte ,Sicht' (nämlich die Sicht auf die dann als real erwiesenen Sachverhalte) gerechtfertigt sei. Dieses Prioritätsverhältnis möchte ich umkehren durch die These, die Erfahrung selbst, der Umschlag in der Sehweise, sei als primär anzusehen, die sprachliche Formung eines Versuchs der Weitergabe eines solchen Umschlags sei dagegen sekundär. Der Zen-Buddhismus zeigt uns, dass solche Formulierungen nicht zu einem Überglauben führen *müssen* (das war bei James der Glaube an transzendente Verursacher der einschlägigen Erfahrungen, die dann propositional als Aussagen über ,reale Sachverhalte' verstanden werden).

Wie dargestellt, erlaubt die Sprachphilosophie des späten Wittgenstein die Aussage, die Erfahrungen der von James geschilderten Art führten nicht zu einer Bekanntschaft mit einem ,Etwas' (das folglich demjenigen unbekannt bleiben müsse, dem die Erfahrung fehle, so dass er außerhalb des religiösen Bereichs bleibe). Das soll durch die Redeweise ausgedrückt werden, es gehe um ,ungegenständliche' Erfahrungen, was aber, wie wir gesehen haben auch für die Erfahrungen mit den eigenen Schmerzen und mit dem Rechnen gilt. Wittgensteins ergänzende Aussage, das, worum es gehe, sei auch ,kein Nichts' lässt sich verstärken zu der These, es gehe in der Religion (nicht aber in der Arithmetik und beim Schmerz) ,um alles', insofern es nämlich um eine ,Sicht auf das Ganze' gehe. Es geht nicht um zusätzliche transzendente Gegenstände, sondern um das Licht (oder das Dunkel), in das *alles* getaucht ist. Die überlieferten religiösen Ausdrucksformen beziehen sich daher nicht im strikten Sinn auf einzelne Gegenstände oder Dinge, sondern die zu ihnen gehörenden sprachlichen Handlungen haben primär die Funktion, die gewonnene Sicht zu kommunizieren. Man kann leicht sehen, dass hier mit einer großen Vielfalt von Traditionen von Sprechweisen zu rechnen ist, in denen eine Vielfalt von Gegenständen im grammatischen Sinne vorkommen werden, die das Reden über die Dinge im Sinne

---

[39] Vgl. Norman Malcolm, Ludwig Wittgenstein. A Memoir, new ed., Oxford 1984, S. 58 und: Joachim Schulte, *Wittgenstein*, Stuttgart 1989, S. 100.

der ‚mittelgroßen trockenen Güter' weit hinter sich lassen wird, mit der erörterten Folge, dass die Rede vom propositionalen Gehalt auf Oberflächenformen bezogen bleibt und insofern inhaltsleer ist.

Kann man über eine ‚Sicht aufs Ganze' philosophisch argumentieren? Haben die Artikulationen einer solchen Sicht einen argumentativ zugänglichen Gehalt? Ist es nötig (und ist es möglich), die religiösen Sprachformen für die Zwecke der Philosophie zu verlassen, müssen wir die Aussagen der Religion so übersetzen, dass sie eine propositionale Form erhalten, die nicht nur eine Sache der Oberfläche ist?

Mir scheint, dass wir die erste Frage (nach dem Gehalt) jetzt bejahen können. Wenn wir z. B. darüber argumentieren, ob es angemessen ist, einen Menschen als eine Maschine oder als ein Ersatzteillager anzusehen oder die so genannte ‚Umwelt' als Vorrat von Verbrauchsmaterial, dann sind die dabei vorkommenden Aussagen weder bloße Symptome für das jeweilige ‚Innenleben' des Sprechers (‚Ausdruck', Lyrik), noch beschränken sie sich auf ein Beschreiben oder wissenschaftliches Modellieren von ‚Dingen' (Darstellung im engen Sinn, einschließlich wissenschaftliche Darstellungen), noch sind sie bloße Handlungsaufforderungen (Appelle). Eine Auseinandersetzung über diese Fragen ist sachhaltig, weil es konkurrierende Sehweisen gibt, über deren bessere oder schlechtere Angemessenheit man sich oft einigen kann, auch wenn dies nicht so verlässlich geschieht wie bei den an begrenztere Praxisformen gebundenen Sprachformen des Klassifizierens oder Zählens. Die Philosophie sollte sich daher zutrauen, die Verständigung auch in diesem Bereich voranzutreiben. Dazu muss sie sich allerdings von zu einfachen Sprachmodellen verabschieden; sie muss z. B. bereit sein, auch solche Sprachformen in ihren spezifischen Charakteristika ernst zu nehmen, die sich im geschilderten Sinne als ‚Artikulationen einer Sicht' verstehen lassen. Die oben beispielhaft genannten religiösen Artikulationen gehören für mich ohne Zweifel dazu.

Bezüglich der zweiten Frage führen die vorgetragenen Überlegungen, wie schon erwähnt, zu einer negativen Antwort. Ich bezweifle, dass es (selbst dort, wo es möglich ist) einen philosophischen Gewinn bringt, eine religiös formulierte ‚Sicht aufs Leben' in eine sprachliche Form zu übersetzen, die von den vielfältigen tradierten Formen dadurch abweicht, dass sie deren ‚Gehalt' propositional fasst, als das Fallen von Gegenständen unter einen Begriff. Andersherum formuliert: Es hat sich aus den hier angestellten Überlegungen kein Begriff eines propositionalen Gehalts ergeben, der substantieller wäre als der oberflächengrammatische und zugleich den besonderen semantischen Funktionen, die zum religiösen Reden hinführen, so gerecht werden würde, dass er in Aussicht stellen könnte, sie ließen sich in propositionales Reden in diesem Sinne übersetzen. Aber auch ein negatives Resultat ist von Nutzen. Es scheint mir etwas gewonnen zu sein, wenn man die Äußerungen der Religionen weder nach dem Muster wissenschaftlichen Redens noch nach dem Muster von Ausdrucksphänomenen (geschweige denn nach dem Muster des Appells) zu verstehen sucht. Die Artikulationen unserer Sicht auf ‚das Ganze' gehören keinem der genannten Typen an. Aber das allein muss sie dem philosophischen Denken nicht unzugänglich machen.

LUDWIG NAGL

DIE UNERKUNDETE OPTION: PRAGMATISTISCHE DENKANSÄTZE IN DER RELIGIONSPHILOSOPHIE

Anmerkungen zur Habermas'schen Skizze nachkantischer Religionsbegriffe (Hegel, Schleiermacher, Kierkegaard)

Im zweiten Teil seines Vortrags „Die Grenze zwischen Glauben und Wissen"[1] beschäftigt sich Jürgen Habermas mit einigen Konstituen-tien der nachkantischen Religionskritik und Religionsphilosophie. Alle Denkbewegungen in diesem Diskursraum stehen – indirekt – im Zeichen der Kantischen Erwägungen zur Religion, gelten zugleich aber dem Versuch, zentrale Elemente der Kantischen Grenzziehung zwischen Glauben und Wissen zu revidieren: drei der „wirkungs-mächtigsten Figuren" in diesem Argumentationsgefüge – Hegel, Schleiermacher und Kierkegaard – waren (in je differenter Weise) „davon überzeugt, dass der Religionskritiker Kant einer abstrakten Aufklärung des 18. Jahrhunderts verhaftet geblieben ist und die reli-giöse Überlieferung ihrer eigentlichen Substanz beraubt hat." (H 151) Diese Doppelstruktur von Kantbeerbung und Kantdistanz kennzeichnet freilich nicht nur jene drei (von Habermas, wie er sagt, „in allergröbsten Strichen" analysierten) Hauptpositionen postkan-tianischer Religionsphilosophie, sondern – mutatis mutandis – auch eine weitere, im heutigen Diskurs zunehmend einflussreicher wer-dende Konfiguration religionsphilosophischen Denkens: dessen *pragmatische und neopragmatische* Variante. Im Folgenden soll der Versuch unternommen werden, in stetem Rückbezug auf Elemente der Habermas'schen Erwägungen zur postkantischen Situation, die-se von ihm hier nicht thematisierte, sehr facettenreiche Option pragmatistischer Religionsphilosophien – d. h. der philosophieren-den Erkundungen von Religion bei James und bei Dewey, vor allem

---

[1] Jürgen Habermas, „Die Grenze zwischen Glauben und Wissen", in: *Recht – Geschichte – Religion. Die Bedeutung Kants für die Gegenwart,* her-ausgegeben von Herta Nagl-Docekal und Rudolf Langthaler, Berlin: Akade-mie Verlag, 2004, S. 141–160 [im Folgenden = H].

aber (in vielfach dazu konträrer und problemdifferenzierender Form) bei Peirce und bei Royce – in ein Gespräch mit Habermas zu bringen (dessen „universalpragmatisch" dimensionierte Theorie dem Programm *pragmatistischer Theoriebildung* wohl am Denkort der *kognitiven* und der *praktischen Vernunft,* aber – wie es scheint – noch nicht an demjenigen der Religionsphilosophie verbunden ist).

Dieser Zugang zu Habermas hat, so scheint mir, den Vorteil, auch einige der rezenten Wortmeldungen zum angesprochenen Themenkreis (vor allem Rortys Diskussion mit Vattimo über „The Future of Religion"[2] und – im Vortragstext selbst zwar nur *en passant* [etwas ausführlicher jedoch in den Fußnoten angesprochene] – einschlägige Erwägungen von Hilary Putnam und von Charles Taylor) in dieses Gespräch miteinbeziehen zu können.

Die folgenden Ausführungen gliedern sich in drei Teile: Zunächst (1) wird Rortys Problemskizze zeitgenössischer Debatten am Denkort von Religion – die in manchen Segmenten eine Art „Gegenbild" zu Habermas ist – vorgestellt. Im zweiten, dem Hauptabschnitt meiner Ausführungen (2), wird Habermas' differenter Blick auf die Argumentkonstellation der heutigen Religionsphilosophie zur Darstellung gebracht (und dabei jeweils mit Gedankenfiguren des pragmatistischen religionsphilosophischen Diskurses in Verbindung gesetzt): der Unterabschnitt 2.1 beschäftigt sich mit Habermas'schen Äußerungen zu Hegels Versuch, „den Wahrheitsgehalt der Religion nach Maßstäben der Vernunft zu rechtfertigen", der Abschnitt 2.2 mit Elementen seiner Einschätzung des Schleiermacherschen religionsphilosophischen Projekts und der Abschnitt 2.3 mit Aspekten der Habermas'schen Kierkegaardlektüre. Der kurze Schlussteil 3, „Coda und Ausblick", votiert für das Projekt, Kants und Hegels Religionsphilosophien weder „philologisch" zu neutralisieren, noch sie in den Transfigurationsprozessen und Kritikfiguren ihrer unmittelbaren Wirkungsgeschichte aufgehen zu lassen, sondern sie auf pragmatistische Weisen – d. h. in der Optik von Peirce, von James und von Royce – neu zu durchdenken.

Zunächst beschäftigen wir uns freilich, wie angekündigt, mit einem „neopragmatischen" Votum zum Denkraum Religion.

---

[2] Richard Rorty, „Anticlericalism and Atheism", in: Richard Rorty/Gianni Vattimo: *The Future of Religion,* edited by Santiango Zabala, New York: Columbia University Press, 2005, S. 29–41 [im Folgenden = R].

1. Rortys Problemskizze der religionsphilosophischen Debatte – ein Gegenbild zu Habermas?

In seinem religionsphilosophischen Text „Atheism and Anticlericalism" aus dem Jahr 2002 hat Richard Rorty jenen *Abschied vom dogmatischen Atheismus,* der den Neuerkundungsversuchen des Feldes der Religion, die sich in der Gegenwartsphilosophie finden, in der Regel voraufging, wie folgt beschrieben: „Philosophers who do not go to church are now less inclined to describe themselves as believing that there is no God. They are more inclined to use such expressions as Max Weber's ‚religiously unmusical'. One can be tone-deaf when it comes to religion just as one can be oblivious to the charms of music. People who find themselves quite unable to take an interest in the question of whether God exists have no right to be contemptuous of people who believe passionately in his existence or who deny it with equal passion. Nor do either of the latter have a right to be contemptuous of those to whom the dispute seems pointless." (R 30 f.)

Diese „neue Toleranz", welche den älteren, gesellschaftspolitisch motivierten (oft auch szientistisch bestückten) Diskreditierungsversuchen *religiöser Rede* (zugleich jedoch jedem *metaphysisch auftretenden* Zurückweisungsversuch von religions*distant* bleibenden, „ungläubigen" Selbstverständigungen) kritisch entgegentritt – eine „neue Toleranz", der auch Jürgen Habermas sich verpflichtet weiß[3] –, ist, wie Rorty zeigt, *zum einen,* philosophiehistorisch, *das Resultat der Hume'schen und Kantischen Einsprüche* gegen jede theoretizistisch argumentierende „natürliche Theologie"[4], *zum anderen* – in ihrer kontemporären Form – *das Ergebnis „pragmatistischer" Einsprüche* gegen den aufgeblähten Geltungsanspruch szientistischer Theorien, die ein Privileg auf „Rationalität" beanspru-

---

[3] Wie Richard Rorty analysiert auch Jürgen Habermas diese „neue Toleranz", z. B. im 5. Abschnitt seines Diskussionsbeitrags zur Debatte mit Joseph Ratzinger, „Vorpolitische Grundlagen des demokratischen Rechtsstaates?", der den Titel trägt „Wie gläubige und säkulare Bürger miteinander umgehen sollten". Auch Habermas verwendet dabei zur Charakterisierung der zweiten Gruppe die Webersche Wendung „religiös unmusikalische Bürger". (Vgl. Jürgen Habermas, „Vorpolitische Grundlagen des demokratischen Rechtsstaates?", in: Jürgen Habermas/Joseph Ratzinger, *Dialektik der Säkularisierung. Über Vernunft und Religion,* Freiburg/Basel/Wien: Herder, 2005 [im Folgenden = VG], S. 35.)

[4] „I agree with Hume and Kant" – so Rorty – „that the notion of ‚empirical evidence' is irrelevant to talk about God." (R 33)

chen, d. h. vorgeben, dass ihre Realitätsentwürfe die Dignität einer gesicherten „Ontologie des Wirklichen" haben.[5] Das zeitgenössische Denktableau am Ort der Religion ist somit doppelt kodiert: *post-kantianisch* zum einen, und (unter dem Primat einer *historisierten* Vernunft) zugleich auch: *(neo)pragmatisch.*

Ähnlich wie Habermas zeichnet Rorty eine Skizze – die freilich viel knapper ausfällt als die Habermas'sche – dieser *postkantischen Konstellation.* Hegel, so schreibt Rorty (dessen Darstellung des Problemraums dauernd mit Blick auf Gianni Vattimos Traktat *Credere di credere*[6] geschieht), *historisiert* zwar – gegen Kant – die philosophische Erkundung von Religion und gibt seinen Analysen somit *reicheren materialen* Gehalt, er fokussiert den „Begriff" der Geschichte dabei aber zugleich – zentral – in einem philosophisch reinterpretierten christlichen Theologumenon: „Hegel [. . .] saw human history as constituting the Incarnation of the Spirit, and its slaughter-bench at the cross." (R 35) Rorty liest dieses Zentrum der Hegel'schen Dialektik nicht wie Hegel selbst: als die – in begriffslogischen und realphilosophischen Analysen konkretisierte – Ausdifferenzierungsgestalt jenes Liebesbegriffs, um den Hegels Denken ab den frühesten Systementwürfen kreiste. Er sieht in Hegels System vielmehr die methodische Abkehr von diesem Projekt. „Hegel", so Rorty, „was unwilling to put aside truth in favor of love. So Hegel turns human history into a dramatic narrative that reaches its climax in an epistemic state: absolute knowledge." (R 35) Mit dieser Lektüre deutet Rorty die Hegel'sche „Begriffsstruktur", eher umstandslos, als *„kognitivistisch"* (obwohl diese, *ihrem eigenen Anspruch nach,* immer schon im Raum einer *Vermittlung* von Theorie und Praxis angesiedelt ist, d. h.: keineswegs nur *an einem* der „Pole" dieses dialektischen Spannungsverhältnisses). Er liegt damit

---

[5] Diese zweite, *anti-positivistische* Denkkonfiguration, „that has weakened the grip of the idea that scientific beliefs are formed rationally, whereas religious beliefs are not", hat viele Väter (die – in der Interpretation Rortys – alle entweder Pragmatisten sind oder auf signifikante Weise mit dem Pragmatismus kommunizieren): Dazu zählen nicht nur William James, John Dewey, Thomas Kuhn und Bas van Fraassen, sondern auch der Heidegger von *Sein und Zeit,* der Wittgenstein der *Philosophischen Untersuchungen* und – neben Rortys Schüler Robert Brandom – Terry Pinkard (von dem Rorty sagt, dass er „Hegel's doctrine of the *sociality* of reason" mit Nachdruck herausgearbeitet habe) sowie Jürgen Habermas, dessen Theorie einer „kommunikativen Vernunft" ebenfalls der Genealogie dieser neuen, pragmatistischen Denkkonfiguration zugehöre. (R 30)

[6] Dt.: Gianni Vattimo, *Glauben – Philosophieren,* Stuttgart: Reclam, 1997.

ganz auf der Linie der diskursiven Entwicklungen des neunzehnten
Jahrhunderts – d. h. auf der Linie jener schneidenden Kritik, die
Hegels Dialektik als eine Denkform distanziert, in deren *spekulati-
ver Konfiguration* der – *jederzeit praktisch-hoffnungslogisch verfasste* (bei Schleiermacher im Medium *kultureller „Symbolisierung"*
und bei Kierkegaard *existentiell*: d. h. über die individuelle Erfahrung der „Konversion" zu ergreifende) Status des Religiösen – auf
„logizistische" Weise verkannt sei. Durch diese Distanznahmen von
Hegels „begrifflicher" Vermittlung und „Aufhebung" der „Vorstel-
lungsgestalt" des Absoluten, ist Religion, so Rorty, aufs Neue „out
of the epistemic arena" (R 34). Aus dem (zunächst durch Hegel dis-
tanzierten und spekulativ überformten), nunmehr jedoch, post-he-
gelsch, re-aktualisierten Kantischen Ansatz – den Rorty mit den
Worten zusammenfasst: „that we view God as a postulate of pure
practical reason rather than an explanation of empirical phenome-
na" (R 34) – resultiert *im weiteren Argumentationsgang,* Rorty zufolge, (zumindest) *viererlei*:

　　Kants Postulatenlehre macht *erstens* den Weg frei „for thinkers
like Schleiermacher to develop what Nancy Frankenberg has called
‚a theology of symbolic forms'" (R 34). Sie ermöglicht, *zweitens*,
spezifische Reakzentuierungsmodi einer (nunmehr existentialistisch
bestückten) „negativen Theologie", d. h.: die Re-situierung des Religiösen im nachtheoretischen Feld einer Hoffnungslogik ermutigte,
so Rorty, „thinkers like Kierkegaard, Barth and Lévinas to make
God wholly other – beyond the reach not only of evidence and argument but of discursive thought." (R 34) Beide dieser philosophischen Neuansiedlungsversuche der Religion verwirft Rorty jedoch
(mit Vattimo) als – wie er sagt – *unhappy* post-Kantian initatives"
und stellt ihnen eine *dritte* Option gegenüber – diejenige von Gianni Vattimo selbst – die er von den Projekten Schleiermachers und
Kierkegaards abgrenzt wie folgt: [Vattimo], so Rorty, „has no use for
notions like ‚symbolic', or ‚emotional' [. . .]. Nor does he have any
use for what he calls [. . .] ‚existentialist theology' – the attempt to
make religiosity a matter of being rescued from sin by the inexpli-
cable grace of a deity wholly other than man." (R 34 f.) *Gegen
Schleiermachers* – modifiziert „transzendentales" – Religionsprojekt
(das Habermas, wie im Folgenden, 2.2., gezeigt werden wird –
über einige Strecken mit Interesse rekonstruiert) und *gegen Kierkegaards* aufklärungs- und vernunftdistante Zuspitzung der „Gnade"
zum unbegreifbaren Konstituens des religiösen Subjekts, das –
paradox – im „religiösen" Stadium individueller Existenz zur Erfahrung kommt (sowie gegen einige der Weiterungen dieses Ansatzes:

den in manchen Versionen gegen den „Ebenbildlichkeitsbegriff"
[auch theologisch] prekär zugespitzten[7] „Alteritätstheorien", in denen das Absolute nicht mehr in differenzhaltiger „Analogie", sondern als das „ganz Anderen" bestimmt wird) geht Rorty – zunächst
(drittens) also, scheinbar umstandslos, eine gewisse Strecke des
Weges mit Vattimo. Dieser setzt in Credere di credere auf ein
(durch Nietzsches Nihilismusanalysen instradiertes und „säkularis-
tisch" ausgedeutetes) Konzept der „kenosis" (Rorty erklärt diesen
Term als „the act in which God turned everything over to human
beings", R 35). Dieses Konzept soll es (folgt man der Deutung Vattimos) erlauben, den paulinischen Liebesbegriff (1. Korinther, 13) –
freilich in „ironischer" Rekonfiguration – auf eine solch anti-paulini-
sche Weise zu beerben, dass daraus die (weitgehend inhaltsent-
leerte) formale Schlüsselkategorie einer – (wie Rorty meint, durchgängig „privatisierten") Religion entsteht; d. h. in der unmodifiziert
paulinischen Begrifflichkeit gesprochen: eine „lauwarme" Variante
religiöser Praktiken, die Rorty (im Anschluss an Vattimo) freilich als
positive Ausdifferenzierungsgestalt des Religiösen zu lesen sucht
und auf folgende Weise charakterisiert: „His [Vattimo's] theology is
explicitly designed for those whom he calls ‚half-beliefers', the
people whom St. Paul called ‚lukewarm in the faith' – the sort of
people who only go to church for weddings, baptisms, and fune-
rals". (R 35)
    Diese schwache, postmodern dissoziierte Lesart von Religion
(die, Vattimos Theorie zufolge, freilich erst die volle – durch eine
antimetaphysische Demaskierungsgeschichte, die von Nietzsche
und Heidegger in Gang gebracht wurde, vermittelte – Implementierung des Grundgehalts des Christentums zu Tage fördert), vergleicht
und verbindet Rorty, viertens, mit Deweys Konzept einer – nunmehr
gattungsgeschichtlich gewendeten, d. h. – in einem sehr weiten Sinn
„linkshegelianisch" verfassten – säkularen Hoffnungslogik, in der

---

[7] Auf substantielle Schwierigkeiten der Alteritätstheologie verweist z. B. Nicholas Wolterstorff in seiner Auseinandersetzung mit dem Derridaschen, alte-
ritätstheortisch gefaßten Konzept des „Messianismus": „The Hebrew Bible/
Old Testament", so Wolterstorff, „tells us that we are created as icons of the
Holy One; God is not ganz anders, this by divine design. And the New Testament, as interpreted in conciliar Christianity, tells us that in Jesus of Nazareth
God has dwelt among us, to the extent of joining our nature with his in that
person, who was and is Jesus Christ." (Nicholas Wolterstorff, „The Religious
Turn in Philosophy and Art", in: Religion nach der Religionskritik, hg. v. Lud-
wig Nagl, Wien/München: Oldenbourg, Berlin: Akademie Verlag, 2003,
S. 278.)

die Energien der „institutionalisierten" Religionen geschwächt, ja –
in einem „menschheitlich" gerichteten Hoffnungskonzept – tenden-
tiell überwunden werden sollen.[8] Diese letzte, und für Rorty span-
nendste, *pragmatistische* Rekonfigurations- und *Transformationslo-
gik des Religiösen* terminiert keineswegs mehr in Vattimos *antimeta-
physisch-dekonstruktiv geschwächter* Religion selbst, sondern *in einem immanenten Humanismus,* der zugleich seinen institutionenkri-
tischen – oder wie Rorty sagt: seinen „antiklerikalen" – Stachel nicht
abgeworfen hat.

Rorty beschreibt diese *vierte* Perspektive der Aneignungs- und
Auflösungsgeschichte von Religion wie folgt: „My sense of the holy,
insofar as I have one, is bound up with the hope that someday, any
millennium now, my remote descendents will live in a global civili-
zation in which love is pretty much the only law [. . .]." (R 40) Freilich: wie wir – die Menschengattung – das *selbst zu bewerkstelligen
in der Lage sein könnten:* bzw. *wie dieses imaginierte Resultat –
„kontingent", d. h. aus den Würfelspielen einer Zufallslogik „von
selbst" – entstehen könnte* – das bleibt, so Rorty, in diesem gattungsgeschichtlich dimensionierten Bild der „Hoffnung" gänzlich im
Unklaren: „I have no idea, how such a society could come about.
It's, one might say, a mystery." (R 40) Dennoch will Rorty an diesem
Punkt – den er *zum Endpunkt* jeglicher Argumentation erklärt – *einfach innehalten:* d. h. innerhalb dieser als *unergründlich* bestimmten Fusion von (unausdenkbarer) *Hoffnung* und (an den realen
Handlungsgrenzen, allenfalls, durch die „lauwarme" Bindung an
eine institutionalisiere Religion oder durch einen „vague romantic

---

[8] Anders als Charles Taylor dies in seinem „triangulären" Modell einer (die
zeitgenössischen Debatten charakterisierenden) *Interrelation* von „Humanismus", „Antihumanismus" und „Glauben" beschreibt – d. h. in „jener seltsamen triangulären Beziehung zwischen Gläubigen, modernen Humanisten
und Antihumanisten, in der jedes Paar sich über etwas gegen den Dritten verständigen kann" – polarisiert Rorty „Gläubigkeit" (die freilich – modo Vattimo
– die radikale Vernunftkritik schon integrieren kann) und das (Haupt-)Gegen-
modell, die humanistische Säkularität. D. h. aber: die Positionsanalyse der
radikalen „Gegenaufklärung", die Taylor in seinem Modell auch vorzunehmen versucht, bleibt bei Rorty nur in domestizierter Gestalt (im Blick auf eine
„schwache", „nihilistisch" informierte *Gläubigkeit)* erhalten. Rorty bedient
sich somit einer (im Vergleich zu Taylor) *vereinfachten* Analysestrategie, welche die *volle* Erkundung der komplexen Problemlagen am heutigen Denkort
von Religion und Religionskritik m. E. nicht erlaubt. (Siehe: Charles Taylor,
„Die immanente Gegenaufklärung: Christentum und Moral", in: *Religion
nach der Religionskritik,* hg. v. Ludwig Nagl, a. a. O., S. 60–85.)

pantheism: that we are part of a larger whole" [R 78] gestützter) *Liebe.* Alle Varianten der Hoffnungslogik – die religiös tingierten (und dabei ganz unterschiedlich verfassten) von Schleiermacher, von Kierkegaard und von Vattimo ("whose sense of what transcends our present condition is bound up with a feeling of dependence" [R 40]), aber auch die humanistisch strukturierte Hoffnungskonzeption Deweys ("for whom this sense consists simply in hope for a better human nature" [R 40]) – sind für Rorty zuletzt – in der (freilich, wie es scheinen mag, immer noch *vom Szientismus mitbestimmten* Dichotomie zwischen *[säkular] „rechtfertigbar"* und *[transzendenzbezogen] „unrechtfertigbar")* – als „unrechtfertigbar" verortet. Zugleich bleibt für Rorty jedoch eine *signifikante Differenz* erhalten: im Zentrum der – auf *absolute Transzendenz* (d. h.: nicht nur auf eine endlichkeitsreflexive „Transzendenz von innen") hingespannten – Hoffnungslogiken von Schleiermacher bis Vattimo steht der Rekurs auf eine „unjustifiable gratitude", im Zentrum des Deweyschen und Rortyschen immanenten Humanismus aber die Bezugnahme auf eine „unjustifiable hope". An diesem (zweifellos *differenzhaltigen,* zugleich aber – so Rorty – argumentations*entzogenen) privaten* Ort, bleibt freilich – bei aller Zusicherung von Toleranz – aus der Perspektive des „Säkularismus" und der „religiösen Unmusikalität" – gegenüber den *transzendenzhaltigen* Optionen der Hoffnungslogik ein deutlicher Vorbehalt im Raum: Religion – zumindest in vielen ihrer institutionellen Ausprägungen – steht für Rorty (mit Dewey) im Verdacht, eine potentiell handelns*hemmende* Pazifikationsinstanz zu sein. Denn obzwar der „Atheismus" in seinen *dogmatisch-kognitivistischen* Modi schon seit Hume und Kant, neuerdings aber auch durch die szientismuskritischen Pointen der Pragmatisten und Neopragmatisten an Überzeugungskraft verloren hat, gibt es, so *Rorty,* für eine *„anti-klerikal"* dimensionierte Kritik religiöser Institutionen weiterhin valide Gründe: „Of course, we anticlericalists who are also leftists in politics [. . .] hope that institutionalized religion will eventually disappear. We think otherworldliness dangerous because, as John Dewey put it, ,Men have never fully used the powers they possess to advance the good in life, because they have waited upon some power external to themselves and to nature to do the work they are responsible for doing.'" (R 40 f.)[9]

---

[9] (Rorty zitiert hier Deweys „A Common Faith", in: *Later Works of John Dewey,* vol. 9, Carbondale and Edwardville: Southern Illinois University Press, 1986, S. 31.) Etwas vorsichtiger, wenngleich zuletzt mit identischer Pointe,

Freilich: Deweys Erwägungen zur Religion – auf die sich Rorty in seiner Kurzbeschreibung jener *vierten* religionsphilosophischen Position, für die er selbst Partei ergreift, stützt – sind weder das Einlässigste noch das Beste, was im Diskursraum des amerikanischen Pragmatismus und Neopragmatismus zu religionsphilosophischen Fragen geschrieben worden ist. Denn sie marginalisieren – anders als dies bei James, bei Peirce und bei Royce geschieht – einige der zentralen kantischen Einsichten, die die Argumentationsstruktur seither bestimmen: vor allem diejenige, dass die Hoffnungslogik der Religion – philosophisch richtig gelesen – jederzeit *erst an der realen Handlungsgrenze* (d. h. am Rande des – als unverzichtbar vorausgesetzten – autonomen Selbstbestimmungsversuchs der Handelnden) einsetzt, und dass sie nicht als eine (quasi)religiös konfigurierte, de-aktivierende „faule Vernunft" gelesen werden kann. Dass Rortys Analysen vor allem auf Dewey – und innerhalb der Deweyrezeption primär auf die in einem weiten Sinne linkshegelianisch tingierten Elemente in dessen Religionsbegriff – fokussiert sind, dabei aber die breitere Erkundung des Religiösen, die sich bei Peirce, beim James der *Varieties of Religious Experience*[10], vor allem aber beim Protopragmatisten Josiah Royce finden, ab- wenn nicht gar ausblenden, schwächt die Überzeugungskraft seiner Hinweise auf

---

umschreibt Rorty diese Transformations- und Aufhebungshoffnung im Gespräch mit Vattimo (und im Blick auf dessen Theorie) auch so: „The gradual movement within Christianity in recent centuries in the direction of the social ideals of the Enlightenment is a sign of the gradual weakening of the worship of God as power and its gradual replacement with the worship of God as love. I think of the decline of the metaphysical Logos as a decline in the intensity of our attempt to participate in power and in grandeur. The transition from power to charity and that from the metaphysical Logos to postmetaphysical thought *are both expressions of a willingness to take one's chances, as opposed to attempting to escape one's finitude by aligning oneself with infinite power*." (Richard Rorty/Gianni Vattimo, *The Future of Religion*, a. a. O., S. 56, Kursivierung L. N.) Rorty affirmiert in dieser an Vattimo angelehnten Passage zuletzt freilich wiederum die (immanent) humanistische Option einer „tapferen" (sich selbst stabilisierenden) Endlichkeit und grenzt sie ab gegen die andere Möglichkeit, jene wirkliche, handelnd ungestaltbare Endlichkeitsgrenze – an der, so Kant, *Religion im eigentlichen Sinn* erst beginnt – im Blick auf eine „unendliche Macht" „gläubig" zu bestimmen.

[10] Mit Elementen aus Williams James' Aufsatz „The Will to Believe" hat sich Rorty freilich – auf interessante Weise – in seinem Aufsatz „Religious faith, intellectual responsibility, and romance" auseinandergesetzt (In: *The Cambridge Companion to William James*, edited by Ruth Anna Putnam, Cambridge: Cambridge University Press 1997, S. 84–102).

die zentrale Rolle, die in der Gegenwart der *pragmatistische Zugang* bei den (Re)lektüreversuchen des Religiösen (direkt oder indirekt) spielt. Rorty, so zeigt sich, öffnet zwar einen – in der Habermas'schen Religionstheorie noch vergleichsweise wenig analysierten – Diskursraum, doch betritt er ihn selbst kaum.

2. Habermas' Blick auf die Problemkonstellationen der kontemporären Religionsphilosophie

Obzwar Richard Rorty sein Projekt, das er als „liberal ironisch" beschreibt, von dem, was er Habermas' „metaphysisch liberales" Projekt nennt, *deutlich abgrenzt*[11], spricht er hin und wieder – eher erstaunlich – von der *großen Nähe* seiner Denkposition zur Habermas'schen, *was den Themenkreis Religion betrifft,* z. B. im Aufsatz auf dem Jahre 1994, „Religion as a Conversation Stopper"[12]. Dort nimmt Rorty an, sich mit Habermas in einem – nicht weiter problematisierten – *„säkularen"* Aufklärungskonzept einig zu sein, wenn er schreibt: „[Intellectuals] who, like me, agree with Habermas, typically see the *the secularization of public life* as the Enlightenment's central achievement, and see our job as the same as our predecessors': getting our fellow citizens to rely less on tradition, and to be more willing to experiment with new customs and institutions." (186, Kursivierung L. N.) Vor dem Hintergrund von Rortys Zustimmung zu Deweys humanistisch konfigurierten Hoffnungsbegriff, der (in Rortys Lektüre) auch die Erwartung inkludiert, dass die institutionellen Religionen nicht nur geschwächt werden, sondern – in the long run – absterben, nimmt sich Rortys Aufklärungskonzept freilich – verglichen mit den rezenten Re-evaluationsversuchen des Verhältnisses von Glauben und Wissen, die Habermas vornimmt – eigentümlich linear, ja in mancher Hinsicht antiquiert aus. Schon in den 1980er Jahren hat ja Habermas – der Theoretiker des „unvollendeten Projekts der Moderne" – zugleich mit seinem sprachanalytisch-geltungslogisch dimensionierten Versuch einer Ausdifferenzierung

---

[11] Vgl. Richard Rorty, „Private Ironie und liberale Hoffnung", in: ders., *Kontingenz, Ironie und Solidarität,* Frankfurt am Main: Suhrkamp, 1989, S. 127–161. Für eine kritische Auseinandersetzung mit Rortys „Kontextualismus", der seine „ironische" Distanznahme vom Wahrheitsbegriff bestimmt, siehe: Ludwig Nagl, *Pragmatismus,* Frankfurt: Campus, 1998, S. 160–180.

[12] In: Richard Rorty, *Philosophy and Social Hope,* London: Penguin Books, 1999, S. 168–174.

des Aufklärungsbegriffs begonnen, „die Aufklärung der Aufklärung über sich selbst" zu einem wichtigen Thema zu machen. Ohne dabei je der *regressiven* (und zumeist sich *radikal vernunftkritisch* gerierenden) Idee einer „zerknirschten Moderne"[13] nahe zu treten, hat er in diesem Selbstreflexionsprozess nicht gezögert, das „semantische Potential" der Religionen – anders als er dies in seinen älteren Schriften tat – im Blick auf mögliche, noch ausstehende philosophische „Übersetzungen" und reflexive Aneignungen (potentiell) positiv zu bewerten. Habermas schlug, ganz auf dieser Linie, jüngst in seinem Gespräch mit Joseph Ratzinger vor, „die kulturelle und gesellschaftliche Säkularisierung als einen *doppelten Lernprozess* zu verstehen, der die Traditionen der Aufklärung ebenso wie die religiösen Lehren zur Reflexion auf ihre jeweiligen Grenzen nötigt."[14] Dieser *doppelte Lernprozess* mutet *den „gläubigen Bürgern"*, a) zu, sich wachsam zu verhalten gegenüber den „Pathologien in der Religion" – d. h. gegenüber jedem religionsinduzierten Fanatismus, den es im Lichte der Vernunft zu kontrollieren gilt[15] – und soll in ihnen, b) „im Umgang mit Ungläubigen und Andersgläubigen" die Einsicht erzeugen, „dass sie vernünftigerweise mit dem Fortbestehen eines Dissenses zu rechnen haben." (VG 35) Zum anderen legt dieser Lernprozess aber den *„säkularen Bürgern"* die „Einübung in den selbstreflexiven Umgang mit den Grenzen der Aufklärung" nahe (VG 35) (d. h. – in der Formulierung von Joseph Ratzinger – den Einblick in „die Pathologien der Vernunft").[16]

Dieser *„postsäkular"* dimensionierte – der internen „Dialektik der Säkularisierung" Rechnung tragende – *Argumentationsschub* in der Habermas'schen Religionstheorie markiert m. E. einen signifikanten Unterschied zur Denkposition Rortys. Der Charakter dieser *Differenz* wird deutlicher sichtbar, wenn wir – was im Folgenden versucht werden soll – die Art, wie Rorty das post-kantische Diskurstableau am Ort der Religionsphilosophie bestimmt, damit vergleichen, wie Habermas die Entwicklungsgeschichte von Hegel über Schleiermacher zu Kierkegaard darstellt. Freilich: obgleich Habermas, wie zu zeigen sein wird, an nahezu allen Punkten komplexere Positionsbeschreibungen und Evaluationen der nach-kantischen religionsphilosophi-

---

[13] VG, S. 27.

[14] VG, S. 17.

[15] Joseph Ratzinger, „Was die Welt zusammenhält. Vorpolitische moralische Grundlagen eines freiheitlichen Staates", in: Jürgen Habermas/Joseph Ratzinger, *Dialektik der Säkularisierung*, a. a. O., S. 56.

[16] Ebd.

schen Denkansätze vorlegt, bringt Rorty *in einer Hinsicht* im Vergleich zu Habermas *einen neuen Aspekt* ins Spiel. Rorty akzentuiert – obzwar dies allemal auf sehr knappe, ja verkürzende Weise geschieht – mit Nachdruck *den Eigenwert der pragmatistischen Positionen* im zeitgenössischen religionsphilosophischen Diskurs: d. h. den innovativen Status jener *de-transzendentalisierten* „klassisch amerikanischen" Zugänge zum Phänomen Religion, deren zentrale, *pluralistische* Hauptpointe jederzeit in die zeitgenössische Theoriebildung an diesem Denkort miteingeht.[17]

2.1 Habermas über Hegels Versuch, „den Wahrheitsgehalt der Religion nach Maßstäben der Vernunft zu rechtfertigen" (H 151): Erwägungen zu einigen der Motive im ersten Teil von Habermas' Skizze des postkantischen religionsphilosophischen Diskurses

Obzwar Habermas bei seiner kurzen Beschäftigung mit Hegel sofort zwei gravierende Einsprüche gegen das Projekt einer „absoluten Dialektik" erhebt (dass es einen „Rückfall in Metaphysik" darstelle und dass es, nolens volens [hier folgt Habermas der hegelkritischen These von Karl Löwith] in einem neuen Unmittelbarkeitsmodus, d. h.: in „Natur", terminiere), bringt er zugleich zum Ausdruck, dass Hegels „Blickwinkel" auf die historischen Konfigurationsmodi von Religion einen Komplexitätsgrad besitzt, der bis jetzt in vieler Hinsicht *unangeeignet* ist: „Hegels genealogischer Blick entschlüsselt die suggestiven Bilder und die dichten Narrative der großen Weltreligionen als Geschichte eines Geistes, der auf die reflexive Aneignung durch die Arbeit des Begriffs wartet. Aus diesem Blickwinkel begegnen der Philosophie in unverstandenen religiösen Überlieferungen und in unbegriffenen Praktiken des Gemeindelebens *auch heute noch* Einsichten, Intuitionen, Ausdrucksmöglichkeiten, Sensibilitäten und Umgangsformen, *die zwar der öffentlichen Vernunft nicht von Haus aus fremd, aber zu enigmatisch sind, um in den Kommunikationskreislauf der Gesellschaft im ganzen aufgenommen zu werden.* Diese Gehalte können für ein verkümmerndes normatives Bewusstsein regenerative Kraft gewinnen, wenn es gelingt, perspektivenbildende Begriffe aus diesem Fundus zu entwickeln." (H 159)

Unterhalb der – eher pauschalen und in mancher Hinsicht durchaus der kritischen Nachbesichtigung bedürftigen – Charakterisie-

---

[17] Zweifellos hat Habermas Recht: In der *postkantischen* Diskurslage ist *der Pluralismus* am Ort der Entwürfe von Hoffnungslogiken *zentral auf der Agenda* jeder sich *stimmig* explizierenden Religionsphilosophie.

rung des Hegel'schen Projekts als einer neo*metaphysischen* Denkkonfiguration, die – in ihrer absolut-dialektischen „closure" – die
Tendenz habe, wiederum auf „Natur" zu regredieren[18] (d. h. unterhalb jener *allgemeinen Distanznahmen* von Hegels „absolut dialek-
tischer Methode", denen – umstandslos – auch Rorty zustimmen
würde), findet sich also bei Habermas – anders als bei Rorty – der
Verweis, dass die mikrologischen Analysen, die Hegel in seinen Vorlesungen zur Religionsphilosophie präsentiert, ein Forschungsinter-
esse artikulieren, das es ermöglicht, noch unerschlossene Bedeutungsgehalte von Religion philosophisch zu befragen und – in ver-
allgemeinerter Transposition – für das gegenwärtige Handeln
fruchtbar zu machen. Hegel interessiert Habermas, anders als Rorty,
somit nicht bloß als ein Denker, der die Vernunft auf eine säkulare –
d. h. *zum Begriff des Absoluten weitgehend Distanz wahrende* –
Weise *historisiert* und *sozialisiert*. Er beschäftigt ihn *nicht bloß* in jener – *im Vergleich mit dem Hegel'schen Projekt selbst reduktiven* –
Lektüreform, in welcher der „Geist" – Hegels Zentralkategorie –
endlich-„interaktionistisch" als „conversation" (im Brandomschen
Sinn)[19] bestimmt ist, d. h. als der soziohistorisch auszudifferenzie-
rende Prozess intersubjektiven Argumentierens und der öffentlichen

---

[18] Beide Kritikpunkte sind erläuterungsbedürftig. Denn *erstens* bestimmt
Kant das Ziel seiner Transzendentalphilosophie keineswegs als ein „nachmetaphysisches", sondern als (methodisch solidifizierte) Metaphysik, so dass
die Trennlinie Kant-Hegel nicht entlang dieser Distinktion gezogen werden
kann. Und *zweitens* ist die Rückkehr des „Begriffs" zur „Natur" *bei Hegel
selbst* eine Konfiguration am Ende des ersten Teils seiner „Logik", an dem die
naturphilosophische Theoriebildung anhebt, und keineswegs eine Konfiguration am Ende seines Systems. Die *starke, hegelkritische* These Löwiths (die als
Konsequenz der „closure" des Systems einen *zyklischen* Rückfall in die Unmittelbarkeit der Natur imputiert) geht – anders als Hegel selbst dies entwickelt –
davon aus, dass die „absolute" Explikationsgestalt des Wissens *auch materi-
aliter* erreicht ist und dass somit jede weitere „Entwicklung" nur im regressiven
Rückfall auf den Ausgangspunkt bestehen könne. Diese Konsequenz zieht
Hegel selbst *weder in der Rechtsphilosophie noch in der Religionsphilosophie:* bleibt doch an beiden Orten Platz für die Entfaltung und *ausspezifizie-
rende Weiterentwicklung* der (formaliter freilich als weitgehend erreicht beschriebenen) vernünftigen Grundstruktur.

[19] Rorty schließt sich diesem Brandomschen Übersetzungsvorschlag explizit
an: „Robert Brandom has a commentary on Hegel's *Phenomenology* coming
out soon, and one of the fundamental thoughts in that book is that the best
translation of *Geist*, in the sense in which Hegel uses that word, is conversation." Ganz auf der Linie dieser Relektüre der Konzeption des „Geistes" charakterisiert Rorty sein „liberal ironisches" Denkprojekt als eine „conversatio-
nal philosophy." (R 68)

Begründungspflicht.[20] Denn in dieser reduktiven Substitution von (durchgängig „immanentistisch" verfasster) „conversation" für „Geist" wird – ironischerweise (und in vollständigem Bruch mit Hegel) – aller *inhaltsbezogene* Diskurs *über die Schnittstelle endlich/ unendlich*, d. h. jede begriffliche *Inhalts*analyse von Religion zu einem (wie Rorty zustimmend sagt) „conversation *stopper*" (d. h. zu einem einzuklammernden und zuletzt: voll zu „privatisierenden" Nicht[„Gesprächs"]Thema).

Anders als Rortys „halbierter" Hegel dies tut, versucht Hegel selbst *als Religionsphilosoph* die religiösen Bilder in einlässiger Zuwendung *zu deren Inhalten* philosophisch aufzuschlüsseln und er bewegt sich dabei – stets in einem *fundamentalismusdistanten*, d. h. *denkend-argumentierenden* Erkundungsmodus – *in einem Argumentgefüge, das von Säkularität (= „Verstand") durchdrungen ist, nirgendwo aber in Säkularität aufgeht*: d. h. *an der prekären und widerspruchshaltigen Grenze von* „endlich" *und* „absolut"[21]. Er tut dies zugleich als ein Denker, der der „Vielfalt" historisch konfigurierter religiöser Handlungsräume in aufwändigen Mikroanalysen Rechnung trägt, ohne diese je (z. B. durch dekonstruktive „Inhaltsentleerungen") auf formal-„relativistische" Weise (etwa durch einen „schwachen", nihilistisch instradierten „Liebesbegriff", der sich inhaltlich nicht mehr spezifizieren lassen will) zu egalisieren.

Für Rorty ist Hegel, zuletzt, nur als jener Denker interessant, der die *Historisierung*, d. h. *die Malleabilität* der weltinterpretierenden „Vokabularien" vorbereitet: was an ihm „lebendig" ist, geht ein in eine pragmatistische Gesellschaftstheorie im Stile Deweys bzw. in eine Argumentationstheorie wie Brandom sie entwickelt. Bei aller Wertschätzung für diese beiden Projekte zeigt – im Unterschied dazu – Habermas Interesse *auch* an Elementen der Hegel'schen *Reli-*

---

[20] Zu dieser Engführung Hegels bei Rorty siehe: Ludwig Nagl, „Hegel, ein ‚Proto-Pragmatist'? Rortys halbierter Hegel und die Aktualität von Royces ‚absolute pragmatism'", *Kongressakten des Internationalen Hegelkongress, Stuttgart 2005* (in Druck).

[21] Eine kurze Skizze über „dreierlei Verhältnisse" zwischen Endlichem und Absoluten gibt Hegel z. B. am Anfang seines Spinoza-Kapitels in den *Vorlesungen über die Geschichte der Philosophie III.* Ders., *Werke in zwanzig Bänden*, Bd. 20, Frankfurt am Main: Suhrkamp, 1971, S. 162. Hegels *dialektische* Bestimmung dieses Verhältnisses unterscheidet sich *toto genere* von den späteren *immanent-„humanistischen"* Reduktionen an diesem Denkort: „Das philosophische Bedürfnis ist [. . .], die Einheit dieser Unterschiede zu fassen, so dass der Unterschied nicht weggelassen werde, so dass er ewig aus der Substanz hervorgehe, aber nicht zum Dualismus versteinert werde."

gionsphilosophie *im unverkürzten Sinne.* Seine *breiter angelegte Zugangsperspektive* zu Hegel eröffnet – im Prinzip – die Möglichkeit, den philosophischen Blick am Denkort der postkanischen Erkundungen unserer Hoffnungslogiken über Deweys de-dialektisierten und sozial gewendeten – d. h. „immanent humanistisch" gelesenen – Hegel hinaus auf jene Fragen zu richten, die in der religionsphilosophischen Tradition des Pragmatismus (von Royce bis Putnam) insgesamt verhandelt werden, und zu sondieren, was von Hegels religionsphilosophischen Motiven hier – in transponierter Gestalt – bedeutsam geblieben ist.

Freilich: Rorty, Habermas und die klassischen amerikanischen Pragmatisten klammern alle Hegels *starke philosophische* Entwicklungstheorie der Religion, die im Christentum als der „offenbaren Religion" terminiert, *ein* (diese Einklammerung betrifft, genauerhin, sofort auch das Zentrum der Hegel'schen Spekulation, derzufolge *die dialektische Methode selbst* als die Explikations*form* des Glaubensgehalts der christlichen Offenbarung gelesen wird: als jene „Bewegung", in der *die trinitarische Struktur* des Absoluten auf den Begriff gebracht ist – auf einen „Begriff" im übrigen, der sich zur Erläuterung der *philosophisch* gelesenen Theologumena *weiterhin religiöser Bilder bedient,* wie z. B. Hegels zentrale Metapher vom „spekulativen Karfreitag" zeigt.) Dieser *spekulative* Thesenset, demzufolge die „absolute Dialektik" als eine „Dialektik des Absoluten" lesbar ist, wird (auf unterschiedliche Arten und oft eher umstandlos: d. h. durch Themenwechsel und *ohne genauere Argumentation) im nachhegelschen Denken ad acta* gelegt. Zugleich aber bleiben einige wichtige Gedankenfiguren und Interessenslagen aus Hegels philosophierendem Erkundungsgang der Religionen im Raum.

Das ist – bisher nur wenig beachtet – der Fall auch in jenem Diskurssegment, dem wir hier unsere Aufmerksamkeit widmen: in den religionsphilosophischen Erwägungen der amerikanischen Protopragmatisten und Pragmatisten, die das Erbe Hegels *insofern* antreten, als sie – obgleich jederzeit in de-dialektisierter Gestalt – *den Hegel'schen Blick für die Divergenz und den historischen Reichtum der Formen des Religiösen übernehmen.* Am wenigsten gilt dieser Zugang freilich für Dewey – Rortys pragmatistischen Hauptgesprächspartner – dessen Rekonzeptualisierungsversuch der religiösen Rede dem Paradiga einer nachhegelsch religions*kritischen* Dekompositionslogik näher steht als den genauen Erkundungen des Phänomens der Religion in anderen Texten des frühpragmatistischen Diskurses. Er gilt aber sehr wohl – und paradoxerweise (d. h.:

trotz des massiven und expliziten Anti-Hegelianismus seines Denkens[22]) – für William James, der ein (u. a. von Wittgenstein, Putnam und Taylor bewundertes) Sensorium für *die „Vielfalt" religiöser Phänomene* an den Tag legte, d. h. eine – Hegel in der Lust am Detail nicht unvergleichbare – Energie der Erkundung verschiedener, am Ort der Relation von „endlich" und „unendlich" sich konfigurierender Lebensweisen. Und es gilt auch – wie näher zu zeigen sein wird – für die Religionsphilosophie von Josiah Royce, die – *in einer anderen Beerbungsform Hegels* – den Zentralbegriff von Hegels Theorie der „offenbaren Religion", „Gemeinde", auf semiotisch-pragmatizistische Weisen re-situiert und (im Blick auf die – handelnd anzustrebende – „universal community") *pluralismussensibel* zu spezifizieren beginnt.

William James widmete jener Gleichzeitigkeit des Differenten (der *Vielfalt* religiöser Identitätsbildung in plural strukturierten Gesellschaften und ihrer Relation zu den Geltungsansprüchen der neuzeitlichen Wissenschaft) früh seine Aufmerksamkeit. Er fokussiert sein religionsphilosophisches Denken auf die komplexen, modernespezifischen Motivlagen, die für die Situation multiethnisch strukturierter moderner Verfassungsstaaten als charakteristisch gel-

---

[22] William James gilt zurecht (auch) als der Hauptgegner Hegels im sich formierenden Pragmatismus. Nicht nur „the Battle of the Absolute" – jene Auseinandersetzung um die *methodologische* Verknüpftheit von „endlich" und „unendlich", die er mit Josiah Royce führte –, sondern auch sein Angriff auf den Begriff des Absoluten in den „Pragmatismus"-Vorlesungen war zentral für die Distanznahme von Hegel in der amerikanischen Philosophie des beginnenden zwanzigsten Jahrhunderts. Das neue amerikanische Denken war – ab James – u. a. dadurch charakterisiert, dass es von all jenen Fragestellungen, die *auch nur in die Nähe* einer *(theoretisch-spekulativ erkundbaren)* „Dialektik des *Absoluten*" führen, Abstand nahm. Diese Distanz zu Hegels *„Begriff"* – die auch James' (in anderer Hinsicht, im mikrologischen Interesse an den *differenten* Konfiguration des Religiösen, *Hegel beerbende)* Philosophie „religiöser *Erfahrung*" bestimmt – ist *einerseits* epistemologisch motiviert: als ein insistentes (beim späten James „radikal empiristisch" verfasstes) *Festhalten am Endlichkeitsmodus des Denkens* (unter *Immunisierung* der semantisch jederzeit miterzeugten *Grenzbegriffe* für die *Erkundbarkeit durch eine „spekulativ" konfigurierte Theorie);* sie kulminiert *zum andern* alsbald – bei Dewey (anders als bei James) – in einer *ethisch-„humanistisch"* ausspezifizierten Hoffnungslogik mit *immanentistischer* Pointe. Zur Hegeldistanz von James und zu seiner Auseinandersetzung mit Royce siehe Ludwig Nagl, „Hegel, ein ‚Proto-Pragmatist'? Rortys halbierter Hegel und die Aktualität von Royces ‚absolute Pragmatism'" (speziell Teil 2, „The ‚Battle of the Absolute' und die Aktualität von Josiah Royces Pragmatismus"), in: *Kongressakten des Internationaler Hegelkongresses, Stuttgart 2005* (in Druck).

ten können[23]. Freilich: in James' Interpretationsversuchen dieser ‚Pluralität' ist *als kategorialer Bezugsrahmen* – anders als bei Hegel – nicht die Idee eines (sich historisch ausdifferenzierenden) *institutionell-gesellschaftlichen* Allgemeinen leitend: James versucht den sozialen Aspekt von Religion (Glaubensgemeinschaften, „Kirchen") vielmehr einzuklammern und konzentriert sich auf die mikrologische Analyse der Motivationen differenter, sich auf „Authentizität" hin entwerfender *Individuen* (deren religiöse Identitätsbildung im Kontext der Moderne in der Tat oft *unter Distanznahme von der institutionellen Dimension von Religion,* d. h. als ein hoch „subjektivierter" Prozess geschieht).

Dieser Zugang hat – wie Taylor zeigt – für die Analyse des zeitgenössischen, *beschleunigten Experimentierens* am Ort der religiösen und postreligiösen Sinn- und Authentizitätssuchen heuristisch großen Wert[24]. Freilich: der Rekurs auf die Leitkategorie ‚Individuum' ist auch der Grund dafür, dass „James bei seiner Sicht der Religion gewisse blinde Flecken nicht vermeiden kann".[25]

Dass an diesem methodischen Zentralpunkt eine Schwachstelle des James'schen Projekts besteht: darauf hat als Erster Josiah Royce, der im Diskurskontext des sich herausbildenden klassischen Pragmatismus eine wichtige (wenngleich bis heute nur wenig erkundete) Rolle spielt, hingewiesen: jener Philosoph, den seine Zeitgenossen als den letzten Hegelianer Harvards bezeichneten, der sich selbst aber (in der für seine Religionsphilosophie relevanten Spätphase seines Denkens) als „absoluter Pragmatist" verstand. Royces religionsphilosophisches Denken kreist in seinem Spätwerk *The Problem of Christianity*[26] – in Weiterentwicklung der semiotischen Zentralbegriffe von Charles Sanders Peirce – um einen komplexen (mindestens *vierfach* ausgedeuteten) Begriff der „community", der Hegels Begriff der „Gemeinde" auf eine *zeichentheoretisch* dimensionierte Weise aufnimmt und posthegelsch situiert.[27] Royce inter-

---

[23] Siehe Hilary Putnam, „Plädoyer für eine Verabschiedung des Begriffs ‚Idolatrie'", in: *Religion nach der Religionskritik,* hg. v. Ludwig Nagl, a. a. O., S. 49–59.

[24] Vgl. Charles Taylor, *Die Formen des Religiösen in der Gegenwart,* Frankfurt: Suhrkamp 2002.

[25] Ebd., S. 11.

[26] Josiah Royce, *The Problem of Christianity,* with a new introduction and a revised and expanded index by Frank M. Oppenheim, Washington: The Catholic University of America Press, 2001 (im Folgenden zitiert als = PC).

[27] Für eine einführende Darstellung und Würdigung des Royceschen Projekts siehe: Ludwig Nagl, „Beyond ‚absolute pragmatism': the concept of

pretiert dabei ein Grundkonzept, das in der Semantik religiöser Rede (z. B. im Begriff „Kirche") auf vielfache Weisen aufgeladen ist, philosophisch. Von (1) der „community of investigators", die den modernen Wissenschaftsprozess trägt, zu (2) den „hermeneutischen Interpretationsgemeinschaften", in denen sozialer Sinn formuliert und reformuliert wird[28], über (3) *die religiösen „Gemeinden" im engeren Sinn* (in denen am Erfahungsort *des fürs Handeln Unverfügbaren* Hoffnungslogiken formuliert sind), bis hin zur Leitidee einer (4) „universal community" (d. h. zur semiotisch rekonfigurierten Idee eines „ethischen gemeinen Wesens", die als ein regulatives Ideal für die Ausgestaltung und Ameliorisation der differenten „Kirchen"begriffe dienen kann), lässt sich, so Royce, der Begriff der „community" – in dem das *„transindividuell" Absolute* (freilich auf sehr unterschiedliche Weisen) *jederzeit* als *Horizont* des endlichen Handelns mit-imaginiert ist – in seiner Relevanz für die philosophische Theoriebildung aufweisen.

Dass der Pragmatismus den (Grenz)*Begriff* des Absoluten nicht (wie James argumentiert) einklammern muss, dass er vielmehr die Präsuppositionen seines eigenen Denkansatzes erst im Blick auf das instrumentalistisch-operational und „subjektivistisch" Unverfügbare, d. h. auf das im Erfolgs- und Zukunftsgerichtetheitsmodell „logisch" jederzeit Vorausgesetzte erkunden kann – das ist die antijamesche und antideweysche Hauptpointe von Royces „absolute pragmatism", der sich als ein notwendiges Komplementum zum – sonst defizitär bleibenden – *engeren* Pragmatismus versteht. Royce hat die-

,community' in Josiah Royce's mature philosophy", in: *Cognitio. Revista de filosofia,* Centro de estudos do pragmatismo, São Paulo: Brazil, volume 5/1, 2004, S. 44–74. (Eine deutsche Übersetzung dieses Aufsatzes erschien unter dem Titel „Jenseits des ‚absoluten Pragmatismus': ‚Community' in der Spätphilosophie von Josiah Royce" im *Wiener Jahrbuch für Philosophie,* Band XXXV, Wien: Braumüller, 2003, S. 215–250.) Siehe auch: Ludwig Nagl, Anmerkungen zur Religionsphilosophie von Josiah Royce, in: *Philosophische Perspektiven. Beiträge zum VII. Internationalen Kongress der Österreichischen Gesellschaft für Philosophie,* hg. v. Otto Neumeier, Clemens Sedmak und Michael Zichy, Frankfurt am Main/Lancaster: Ontos, 2005, S. 453–458.

[28] Bis zu diesem Punkt in Royces Hierarchie der „community"-Begriffe hat Karl-Otto Apel – ausgehend von Peirce – dessen Denkposition in Ansätzen rekonstruiert. Den dritten, religionsphilosophischen und (soweit er damit in Zusammenhang steht) auch den *vierten* der Royceschen „community"-Begriff (die „universal community") hat Apel freilich weitgehend aus seiner Analyse ausgeschlossen. Vgl. Karl-Otto Apel, *Der Denkweg des Charles Sanders Peirce. Eine Einführung in den amerikanischen Pragmatismus,* Frankfurt am Main: Suhrkamp, 1975.

ses Argument („that pragmatism needs a supplement") *gegen James* – zur selben Zeit wie dieser: bei der ersten Präsentation des amerikanischen Pragmatismus in Europa am Heidelberger Weltkongress für Philosophie 1908 – vorgetragen. James hat auf Royces facettenreiche Einsprüche gegen das operationalistische Modell des Pragmatismus bis zu seinem Tode nicht mehr geantwortet. Und auch in den späteren Pragmatismusdebatten ist Royces – selbst *pragmatistisch angelegter* – Einspruch gegen die Standardversionen des klassischen Pragmatismus weder genau rekonstruiert, noch ausführlicher diskutiert worden.[29]

Wenn, wie Royce argumentiert, Religion jederzeit (auch) „kommunal" verfasst ist (d. h. sich in einem Verhältnis *der Affirmation oder Abgrenzung* von „Church" – bzw. „Beloved Community", wie Royce sagt – bewegt), dann stellt sich die Frage, wer legitimerweise in Anspruch nehmen kann, diese kommunale Idee zu repräsentieren. Royce nähert sich diesem Problem mit großer Vorsicht: Die „wahre Kirche" ist nirgendwo (voll) implementiert, ihr universaler Gehalt (die Darstellung ihrer Idee in nicht-repressiver Inklusivität) nirgendwo präsent. Die Geschichte der christlichen „communities", z. B., ist vom blutigem Verrat an ihren besten Idealen durchzogen. „The true Church is still a sort of ideal challenge to the faithful, rather than an already finished institution [. . .]. ‚Create me' – this is the word that the Church, viewed as an idea, addresses to mankind." (PC 77) Royce fordert seine Leser auf, die Idee der „Beloved Community" – die er in seinem auf die „religiöse Gemeinde" bezogenen, dritten „community"-Begriff philosophisch erläutert – nicht in einer realen Institution (die es nur noch zu „generalisieren" gälte) verwirklicht zu sehen. Er drückt das so aus: „Look forward to the human and visible triumph of no form of the Christian church. Still less look to any sect, new or old, as the conqueror." (PC 404) Die Annäherung an die *universelle Gemeinschaft* aller Menschen ist vom Erfolg oder Misserfolg *dieser oder jener* expansionistisch operierenden „sichtbaren" Kirche nicht abhängig. Unsere künftige Aufgabe ist vielmehr „the task of inventing and applying

---

[29] Einleitendes zu Royces – gegen James' und Deweys Engführung des Pragmatismus gerichteter – These, dass erst ein „absolute pragmatism" die neue amerikanische Denkposition schlüssig machen kann, findet sich im Teil 2.1, „Mit Hegel gegen den enggefassten Pragmatismus: Royces peirceanische Kritik an ‚Instrumentalismus'", des Aufsatzes von Ludwig Nagl, „Hegel, ein ‚Proto-Pragmatist'? Rortys halbierter Hegel und die Aktualität von Royces ‚absolute pragmatism'", in: *Kongressakten des Internationalen Hegelkongresses, Stuttgart 2005* (in Druck).

the arts which shall win men over to unity, and which shall overcome their original hatefulness." (PC 404)

Wie Royce vorführt, kann die philosophisch „übersetzende" Aneignung religiöser Gehalte – die sich, so Habermas, an vielen Orten (z. B. an der Karriere des gesellschaftstheoretischen Leitbegriffs der „Entfremdung") aufzeigen lässt[30] – *auch an solchen Konzepten auf belangvolle Weise vorangetrieben werden, die, wie der Begriff der „community", weit in „säkulare" Sprachspiele* (d. h. ins Zentrum der Forschungslogik der Natur- wie auch der Kulturwissenschaften) *hineinragen, zugleich aber religiös hoch aufgeladen bleiben.* Diese Übersetzung – die nirgendwo endgültige Statur hat, sondern jederzeit nur einer (von vielen möglichen) Übersetzungs*versuchen* bleiben wird – ist freilich *kein ruhiger, unilinearer Prozess,* in dem sich die (zugleich als potentiell antiquiert gesetzten) religiösen Bedeutungsgehalte *entweder entlarvend dekonstruieren lassen oder – totaliter – in säkulare Kategorien (den reduktiven „termini ad quem") „auflösen".* Die Lage ist viel komplizierter. Das lässt sich an Royce zeigen: wer hofft, dass sich die semantischen Energien des „community"-Begriffs zuletzt – so weit sie „rational" sind – *gänzlich* in ihre säkularen Komponenten – in die Idee der „community of investigators" und die Idee der hermeneutischen „community" – transkribieren lassen, der klammert jenen interessanten Zentralbereich der Royceschen Theorie ein, in dem am Spannungsort von „säkular" und „transsäkular" die Gemeinde-Begriffe 3 („Church") und 4 („universal community") in den Raum gebracht werden. Ähnliches gilt für viele „rettende Übersetzungen". Z. B.

---

[30] In seiner Diskussion mit Joseph Ratzinger nennt Habermas eine lange Reihe von „Aneignungen genuin christlicher Gehalte" durch die Philosophie, in der u. a. auch der Schlüsselbegriff von Royce, „Gemeinschaft", enthalten ist. „Diese Aneignungsarbeit hat sich in schwer beladenen normativen Begriffsnetzen wie Verantwortung, Autonomie und Rechtfertigung, wie Geschichte und Erinnerung, Neubeginn, Innovation und Wiederkehr, wie Emanzipation und Erfüllung, wie Entäußerung, Verinnerlichung und Verkörperung, Individualität und Gemeinschaft niedergeschlagen. Sie hat den ursprünglich religiösen Sinn zwar transformiert, aber nicht auf eine entleerende Weise deflationiert und aufgezehrt." (VG 32) Freilich: bei Royce ist dieser Transformationsprozess jederzeit *doppelt* codiert und in *einem* seiner Aspekte anders bestimmt, als Habermas „Übersetzung" beschreibt: wird doch der religiös konnotierte Begriff der „community" nicht einfach in ein anderes Medium „transponiert". Royce refokussiert die „religious community" zwar (im Blick auf die „universal community") reflexiv, zugleich jedoch bleibt „Gemeinde" *im religiösen Primärsinn* erhalten: gut kantianisch gehen die „Kirchen" bei Royce *nicht* auf in einem *allgemeinen* (ethisch zu dimensionierenden) „Gesellschaftlichen".

lässt sich – wie Jürgen Habermas in seinem Gespräch mit Joseph Ratzinger argumentiert – die Gottesebenbildlichkeit des Menschen in ge-
wichtigen Teilen in „die gleiche und unbedingt zu achtende Würde aller Menschen" übersetzen.[31] Diese Re-semiotisierung ist gut begründet. Zugleich jedoch ist in dieser „säkularisierenden Entbindung" –
anders als Habermas dies anzunehmen scheint – das „semantische
Potential" des Ausgangskonzepts *keineswegs in allen wichtigen Teilen
(oder gar: gänzlich)* abgegolten. Die Rede von der *(jederzeit auch differenzhaltigen) Analogie Gott – Mensch* (die sowohl Hegel als auch
Kierkegaard, spekulativ und „paradox", aufs einlässigste beschäftigt
hat) ist nirgendwo bedeutungsident mit der (aus ihr *stimmig* herleitba-
ren) universellen Rechtsform der Anerkennung aller als Menschen-
rechtssubjekte. In der Semantik der *religiösen* Rede von der Gottesebenbildlichkeit des Menschen bleibt somit – auch nach der Herleitung der Menschenrechte aus ihr – ein signifikanter Bedeutungs„rest"
(oder -kern?) unabgegolten bestehen, den jede nichtreduktiv operie-
rende Religionsphilosophie präsent halten muss, wenn sie versucht,
nicht bloß dem *öffentlich-säkularen Minimalkonsens* am Ort der sta-
bilisierungsbedürftigen Verfassungsstaaten (in Zeiten der „entgleisenden Moderne") zuzuarbeiten, sondern demjenigen gerecht zu werden, was religiöse Menschen glauben (und was Philosophien von den
Griechen bis weit hinein in die Moderne denkend zu untersuchen bemüht waren.)

2.2 Schleiermacher: Leistungen und Grenzen einer „transzendentalen Analyse des Gefühls der Frömmigkeit" (H 154). Zu einigen Aspekten von Teil zwei der Habermas'schen Skizze

Ist Religion, nach Kants und Hegels aufwändigen (und bis heute im
Detail nur wenig angeeigneten) philosophischen Erkundungen *und
in Überbietung beider Projekte* als das „Gefühl schlechthiniger Abhängigkeit" bestimmbar? Kann Religion, wie Schleiermacher vorschlägt, als ein *formaliter außerhalb* der kantischen transzendentalen Modi *theoretischer* und *praktischer* Vernunft liegender, dabei
aber *selbst noch „transzendental"* bestimmter *dritter Modus* gedacht
werden: als *der Gefühlsmodus der Frömmigkeit,* d. h. als ein unmit-
telbares (Gefühls)Wissen, „in Beziehung mit Gott zu sein"[32], gleich-

---

[31] VG 32.
[32] Friedrich Schleiermacher, *Der christliche Glaube nach den Grundsätzen der evangelischen Kirche,* Berlin: Reimer, 1830, Erster Band, Einleitung,
Par. 4.

sam als eine basale Emotion (deren *formal bestimmbare* Grundstruktur freilich sogleich, jederzeit, in einem weiteren *konkretisieren-
den Schritt* – wie Rorty sich mit Blick auf die Schleiermachersche Religionstheorie ausdrückt – „symbolisiert" werden muss)? Habermas
verfolgt – mit einigem Interesse und in größerem Detail als Rorty –
dieses (im protestantischen Raum überaus einflussreiche) Projekt.
Schleiermacher, so Habermas, „erweitert die kantische Architektonik der Vernunftvermögen, aber er sprengt sie nicht, wenn er dem
religiösen Glauben neben Wissen, moralischer Einsicht und ästheti-
scher Erfahrung einen transzendentalen Ort verschafft." (H 153)

Ist diese These überzeugend? Angesichts des additiven (dabei
aber *kompromisshaften)* Charakters von Schleiermachers Aufsto-
ckungs- und Ergänzungsformel des kantischen, transzendentalen
Projekts mag man Bedenken haben. *Zum einen* steht sogleich die
Gefahr einer „emotivistischen" Aushöhlung (und das heißt gerade
nicht mehr nur: Komplettierung) des Vernunftkonzepts selbst im
Raum, die aus dem Rückführungsversuch *der komplexesten, ans
paradoxe Limit der Vernunft heranführenden Relation – der Relation
endlich/unendlich* – auf ein *vorreflexiv-instinktuelles* Niveau resultiert (eine Gefahr, auf die mit Blick auf die Limitiertheit eines Ansatzes beim „Gefühl" und beim „unmittelbaren Wissen" schon Hegel in
der Einleitung zur *Enzyklopädie der philosophischen Wissenschaften*
– vor allem aber, mit einer indirekten Referenz auf Schleiermacher,
in der *Vorrede zu Hinrichs Religionsphilosophie*[33] – hingewiesen
hat). Zum anderen aber droht die – nach dem *historisch dimensionierten Dynamisierungsschub,* den Hegels Erkundung religiöser
Phänomene zu bewerkstelligen in der Lage war erstaunliche – Wie-
dereinführung einer *quasi-anthropologischen Konstante* „religiöses
Gefühl": einer Grundstruktur, die von Schleiermacher – auf fast
neuplatonische Weise – als „die *höchste Stufe* des Selbstbewusstseins" bestimmt wird (d. h. als eine *Überbietungsform* zweier vorge-

---

[33] Hegel schreibt dort: „Soll das Gefühl die Grundbestimmung des Wesens
des Menschen ausmachen, so ist er dem Tiere gleichgesetzt, denn das Eigene des Tieres ist es, das, was seine Bestimmung ist, in dem Gefühle zu haben und dem Gefühle gemäß zu leben. Gründet sich die Religion im Menschen nur auf ein Gefühl, so hat solches richtig keine weitere Bestimmung,
als das *Gefühl seiner Abhängigkeit* zu sein, und so wäre der Hund der beste
Christ, denn er trägt dieses am stärksten in sich und lebt vornehmlich in diesem Gefühle. Auch Erlösungsgefühle hat der Hund, wenn seinem Hunger
durch einen Knochen Befriedigung wird." (G. W. F. Hegel, „Vorrede zu Hinrichs' Religionsphilosophie" in: Ders., *Werke in zwanzig Bänden,* Bd. 11,
Frankfurt/M.: Suhrkamp, 1970, S. 58.)

lagerter Stufen, der Stufe „thierartig verworrenen Selbstbewusstseins" und derjenigen eines nur „sinnlichen Selbstbewusstsein").[34]
    Zwar tritt das Abhängigkeitsgefühl, das für Schleiermacher „der
Vollendungspunkt des Selbstbewusstseins" ist (und auf dessen Hintergrund „eine ununterbrochene Folge frommer Erregungen als
Forderung aufgestellt werden kann"[35]), *materialiter-konkret* (d. h.
nicht bloß als „transzendentale" Form betrachtet), jederzeit schon
spezifiziert auf: „Das anthropologisch allgemeine Gefühl der
schlechthinigen Abhängigkeit", so fasst Habermas Schleiermacher
zusammen, „muss sich in verschiedenen Traditionen verzweigen,
sobald das fromme Gefühl über die Schwelle irgendeines symbolischen Ausdrucks tritt." (H 154) Dieses Diversifikationstheorem,
demzufolge die (neo)transzendental verfasste (Gefühls)Konstante
inhaltlich *auf unterschiedliche Weisen bestimmbar* wird, hat, so Habermas, – modernetheoretisch betrachtet – „den Vorzug, dem *religiösen Pluralismus* in Gesellschaft, Staat und Universität Rechnung
tragen zu können, ohne der Positivität eigensinniger religiöser Überlieferungen ihr Recht beschneiden oder gar abzusprechen zu müssen." (H 154) Es ermöglicht „Schleiermachers besänftigende Analyse der frommen, mit der Moderne versöhnten Existenz." (H 155)
    Genauer betrachtet, so scheint mir, überzeugt die (um ein Fröm-
migkeitssegment erweiterte) „transzendentale Begründungslogik"
Schleiermachers freilich nur wenig, ja sie gerät in den Verdacht,
*unterhalb des kantischen Niveaus einer (durch plausible Argumen-
tationsketten entfalteten) „Architektonik der Vernunft"*, „das religiöse
Gefühl" einfachhin als ein *formaliter ident strukturiertes (noch in-
haltleeres) „Humanum" ins Tableau* einer (zuletzt platonistisch verfassten) Ideenhierarchie des Wahren und des Guten *einzuweben*,
ohne für diesen starken Erweiterungsanspruch eine nicht-derivative,
d. h. *eigenständig entfaltete* Methode entwickeln zu können. Trotz
dieser gravierenden Schwierigkeit bleibt Schleiermachers Ansatz
freilich schon allein deshalb attraktiv, weil seine Theorie *aufgrund
ihrer These von der inhaltlichen Spezifizierbarkeit* des religiösen Ab-
hängigkeitsgefühls das Thema der *unaufkündbaren Vielfalt* des Religiösen mit Deutlichkeit in den Raum bringt – eine religionsphilosophische Erkundungsrichtung, die sich aus dem (quasi)transzenden-
talen Gehäuse, in das sie bei Schleiermacher selbst noch verpackt
wird, gut herauslösen lässt.

---

[34] Schleiermacher, *Der christliche Glaube,* Par. 5.
[35] Ebd. Par. 5 Abschnitt 5.

Befreit man Schleiermachers Konstruktion von ihrem methodologischen Gepäck, dann wird der Blick dafür frei, dass sich sowohl zu seinem Versuch, eine *allgemeine* Charakteristik „des Religiösen" herauszuarbeiten, als auch zu seinem *Spezifizierungsmotiv* bisher kaum erkundete Parallelen in der pragmatistischen Religionsphilosophie finden – *freilich ohne direkte Bezugnahmen auf Schleiermachers Theorie.*

Die Suche nach einer formalen *Allgemeinheit* im Medium der Religion kehrt, z. B., wieder bei Royce, der eine *semiotisch gefasste* Strukturlogik des (nolens volens jederzeit stattfindenden) Re-interpretationsgeschehens entwickelt, in dem religiöse „communities" – mit Blick aufs Absolute – ihre Identität bilden und *lernend ausgestalten:* er entwickelt dies in seinem an Peirce anknüpfenden Projekt, mit zeichentheoretischen Mitteln die *kommunale Anreicherungslogik von Sinn* zur Darstellung zu bringen, – eine Logik, der zufolge frühere Interpretamentebenen (im Christentum z. B. das, was Jesus gelehrt hat) in kommunalen Resemiotisierungsprozessen überformt werden durch spätere (durch die Schriften des Apostel Paulus, z. B., in denen Ereignisse, die in Jesu Lehre selbst noch außer Ansatz bleiben mussten – vor allem dessen Tod und die Berichte über seine Auferstehung – ins Zentrum religiöser Sinnerschließung rücken).[36] Und sie kehrt wieder als die Suche nach einem allgemein-formalen (zuletzt für eine künftige „Religionswissenschaft" belangvoll werdenden) Konzept „religiöser Erfahrung" bei William James.

Das *Spezifizierungsmotiv* tritt – de-transzendentalisiert – im Medium des Pragmatismus nicht nur mit James' einlässigem Blick auf die Variationsbreite des (die „sick soul" und das „healthy-minded temperament" unterschiedlich motivierenden) Religiösen[37] wieder in den Raum, sondern es inspiriert, in neopragmatischer Aktualisierungsgestalt, z. B. auch Hilary Putnams Plädoyer für einen über alternative religiöse Identitätsbildungen wohlinformierten, zugleich aber nicht-relativistisch verfassten religiösen Pluralismus[38]. Dies

---

[36] Einführendes zu Royces semiotischer Theorie der „religious communities" findet sich in Ludwig Nagl, „Jenseits des ‚absoluten Pragmatismus': ‚Community' in der Spätphilosophie von Josiah Royce", Abschnitt 2, „Die zeichentheoretische Wende", a. a. O., S. 225–246.

[37] Siehe dazu „The Religion of Healthy-mindedness" sowie „The Sick Soul", in: William James, *The Varieties of Religious Experience,* Middlesex: Penguin, 1982, S. 78–165.

[38] Dieser Rechtfertigungsversuch des religiösen *Pluralismus* endet bei Putnam, wie schon bei Schleiermacher, *keineswegs im Relativismus.* Ein religiö-

zeigt u. a. Putnams interessanter Versuch, mithilfe Levinasscher Kategorien „the value of judaism (for gentiles)" mit dem „value of judaism (for jews)" zu vergleichen.[39]

Schleiermachers Versöhnungsprojekt von Moderne und Religion wird somit – unerwarteterweise – gerade dort *in wichtigen Aspekten* weitergeführt, wo sein „transzendentaler" Ansatz – der das Kantische Projekt methodisch „komplettieren" sollte – *als ein „transzendentaler"* verabschiedet ist. Auch dieses Segment einer Genese- und Differenzierungsgeschichte des kontemporären religionsphilosophischen Diskurses[40] ist bisher, wie mir scheint, weder bei Habermas noch bei Rorty mit größerer Ausführlichkeit analysiert worden.

2.3 Kierkegaards „Konversion der Vernunft als Abdankung vor der Autorität des sich selbst mitteilenden christlichen Gottes" (H 156): Zu Aspekten von Teil drei der Habermas'schen Skizze

Kierkegaard, dessen Vernunftkritik Rorty vor allem im Blick auf die moderne Entfaltungsgeschichte des „negativ theologischen" Alteritätsdiskurses liest, wird bei Habermas – einlässiger und genauer –

---

ser Pluralist zu sein bedeutet nicht, „dass man die eigenen Tradition oder die eigenen Ansichten darüber, wie diese Tradition zu interpretieren sei, aufgeben muss, es sei denn, es handelt sich um Ansichten, die ihrer inneren Natur nach intolerant sind. Denn wäre das so, dann würde der religiöse Pluralismus eine neue universalistische Religion sein." (Hilary Putnam, „Plädoyer für die Verabschiedung des Begriffs ‚Idolatrie'", in: *Religion nach der Religionskritik,* hg. v. Ludwig Nagl, a. a. O., S. 58.)

[39] Hilary Putnam, „Levinas and Judaism", in: *The Cambridge Companion to Levinas,* edited by Simon Critchley and Robert Bernasconi, Cambridge: Cambridge University Press 2002, S. 45–53.

[40] Mit Blick auf William James zeigt auch Charles Taylor, dass das Motiv des (individualisierten) Pluralismus heute im Zentrum religiöser Erfahrungen steht. (Vgl. Charles Taylor, *Die Formen des Religiösen in der Gegenwart,* Frankfurt am Main: Suhrkamp, 2002, insbesondere Kapitel 3, „Religion heute".) Taylor unterstreicht – ähnlich wie Hilary Putnam – die Reflexionsgewinne, die sich aus dieser neuen Situation ergeben: „Die spirituellen Familien differenzieren und multiplizieren sich in unserem post-durkheimschen Zeitalter [. . .]. Die Tatsache, dass man in einer Welt mit anderen Menschen lebt, die nicht bösen Willens sind, die genauso intelligent, genauso scharfsinnig sind, wie man selbst, und dass man trotzdem tiefe Differenzen der spirituellen Option lebt, diese Tatsache selbst kann nicht ohne Wirkung bleiben." (Charles Taylor, „Die immanente Gegenaufklärung: Christentum und Moral", in: *Religion nach der Religionskritik,* hg. v. Ludwig Nagl, a. a. O., S. 82 f.)

als jener Denker gesehen, der – im Rückzug vom *institutionell Allgemeinen* in Staat und Kirche – seine Erkundungen auf die Erfah-
rungs- und Reflexionsgeschichte des *Einzelnen* fokussiert, welcher
durch *Überspringen* der – als Verstellungsgeschichte gedeuteten –
Geschichte des „Christentums" in der *unmittelbaren* „Nachfolge
Christi" einen „gnädigen Gott" sucht. In diesem radikalen Rückzug
wird Schleiermachers „besänftigende" Analyse des Verhältnisses
von Religion und gesellschaftlicher Moderne zerrissen. In Kierkegaards Denken bleibt die Offenbarung eine „kognitiv unannehmbare Zumutung." (H 160) Vor allem Hegels philosophische Lektüre
des Theologumenons der „Ebenbildlichkeit", in der die spekulative
Vernunft der Vermittlungsort von Gott und Mensch ist, wird von
Kierkegaard (in schneidender Distanz zur Hegelschen Dialektik) als
eine perfide *Reduktionsgeschichte* des Absoluten *aufs Endliche* gelesen und aufs schärfste zurückgewiesen. Damit der Glaube real
werden kann, müssen die Hegelisch gefasste Vernunft, der wissenschaftliche Verstand, ja kognitive Rede insgesamt, soweit sie sich
religiös verbrämt, ins *Paradox* geführt werden.

Diese starke und wirkungsmächtige These macht nicht nur jene
kontemporären „Alteritätstheorien" möglich, die um ein (unserem
Sprechen sich jederzeit *entziehendes*) Absolutes kreisen. Sie bereitet überdies – wie Rorty richtig sieht – das Vorfeld für die postmoderne Spielvariante eines vernunftdistanzierenden Glaubensbe-
griffs, der sich im „Glauben zu Glauben" anzusiedeln sucht (d. h.
in einer *ironisch vergrößerten Distanz* zum propositionalen Gehalt
des Glaubens, der als ein „zu Glauben nur mehr Geglaubtes"
schwach – und nur gelegentlich [bei Begräbnissen, etc.] belebt –
dahindämmert). Ein solches Nachspiel zum Kierkegaard'schen
Projekt entfernt sich zweifellos weit von dessen ursprünglicher Statur, die dem ultimativen Ernst authentischer Entscheidung verpflichtet war. Freilich: die – ernster oder ironischer ausgelegten – ver-
nunftkritisch-„*postnihilistischen*" Glaubensbegriffe sind nicht die
einzige Kierkegaardsche Erbschaft im zeitgenössischen religionsphilosophischen Diskurs.

Auch im Pragmatismus und Neopragmatismus gibt es ja eine –
bisher nur wenig untersuchte – Beerbungs– und Transformations-
geschichte Kierkegaardscher Motive: (inexplizite) Anknüpfungen, die
freilich nirgendwo in eine radikal konfigurierte Vernunftkritik (oder
gar: in deren postmodernes Nach- und Satyrspiel) führen. Die
Hauptbelegquelle für das pragmatistische Interesse an (Elementen
der) Kierkegaard'schen Reflexion ist William James's Analyse der
Entscheidungsoptionen am Denkort Religion, die er in seinem Auf-

satz „The Will to Believe" vorgelegt hat.[41] An der Argumentationsstruktur dieser Arbeit lässt sich gut zeigen, wie der Pragmatismus
Diskurselemente aus der „klassischen" postkantischen Religionsphilosophie *beerbt und temperiert.*[42]

James' Erwägung zur (rationalen) Diskontinuität unseres „Entschei-
dens" am Denkort der Religion – dass wir in der Frage der Religion
„wie bei allen wichtigen Verrichtungen des Lebens *einen Sprung ins
Dunkle* wagen müssen" (und d. h. unter anderem auch: dass, „wenn
wir uns entschließen, das Rätsel unbeantwortet zu lassen", dies ebenso „eine Wahl" ist, wie wenn wir „schwanken"[43]) – reartikuliert zentrale
Motive Kierkegaards, ohne dabei freilich, wie Kierkegaard selbst, die
(für die James'sche Problemsituierung jederzeit konstitutive) Verbindung zur Moderne durchzuschneiden. James' „lebendige, unabding-
bare, unumgängliche" Frage – die Option des Glaubens *entweder* zu
ergreifen *oder* auf Distanz zu halten – ist jederzeit *am Rande* eines *entfalteten* (und *dabei nicht diskreditierten*) Paradigmas moderner Ratio-
nalitätsformen in Wissenschaft und Ethik angesiedelt. Es setzt die neuzeitliche Positionierung der ratio voraus und loziert in diesem diskursiven Raum den eigenen Entscheidungshorizont, in dem eine aktuelle
Wahl (nicht-theoretizistischer, sondern *praktischer* Art) *an der Grenze
des (kalküllogisch) Unentscheidbaren* in Gang zu bringen ist.

Auf ähnliche Weise argumentierte schon Charles S. Peirce. Auch
für seine religionsphilosophischen Reflexionen – die um das, was er
„God hypothesis" nennt, kreisen – ist die Forschungslogik des modernen Experimentalismus jederzeit, affirmiert, vorausgesetzt. Peirce's religiöse Hypothese – dass sich der Kosmos „in the long run" als ein gro-
ßes, nicht von uns gewirktes, unserer (partiellen) Aufschlüsselung of-
fenstehendes Zeichen (dem wir selbst angehören) erweisen könnte:

---

[41] Hilary Putnam hat die logische Dignität dieser argumentativen Erkundungen vor kurzem, gegen ihre Verächter, mit Nachdruck als schlüssig verteidigt. Im Rahmen seiner Re-lektüre der entscheidungslogischen Zentralpassa-
gen von William James' „The Will to Believe" schreibt Putnam: „Von der Kritik ist dieser Essay zwar häufig angefeindet worden, doch nach meiner Überzeugung ist seine Logik wirklich präzise und unanfechtbar." (Hilary Putnam,
Für eine Erneuerung der Philosophie, Stuttgart: Reclam, 1997, S. 241.)

[42] Zu einigen Elementen dieser James'schen Beerbung Kants siehe Ludwig Nagl, „‚Reality is still in the making'. Die Zukunftsorientiertheit des
James'schen Pragmatismus", in: *Die Renaissance des Pragmatismus. Aktuelle Verflechtungen zwischen analytischer und kontinentaler Philosophie,* hg.
v. Mike Sandbothe, Weilerswist: Velbrück, 2000, S. 213–233.

[43] William James, „Der Wille zum Glauben", in: *Pragmatismus. Ausgewählte Texte,* hg. v. Ekkehard Martens, Stuttgart: Reclam, 1992, S. 158.

die *Hypothese* der „objektiven" Gedankenartigkeit („Thirdness") der Welt, auf die hin wir unser Leben einrichten können oder auch nicht (eine Hypothese, die – nebenher erwähnt – in ihrer „trinitarischen" Tiefenstruktur auf interessante Weisen mit Hegels Projekt korrespondiert), hat den Status eines „experimentellen (Total)Entwurfs". Sie partizipiert somit, *zum einen,* an der offen bleibenden, theoretizistisch nicht abschließbaren Forschungs- und Argumentationslogik der Moderne – dies freilich, *zum anderen,* jederzeit *auf eine qualifizierte* (die abstrakte Kontinuität mit einem *in toto* naturwissenschaftlich verfassten „Experimentalismus" *einklammernde*) Weise. Denn Peirce's „God hypothesis" hat *einen Spezialcharakter,* der sie von jeder wissenschaftlichen Hypothese explizit unterscheidet: „Die ,God hypothesis'", so heißt es in Peirce's zentraler religionsphilosophischer Schrift ,Ein vernachlässigtes Argument für die Realität Gottes', ist „insofern ein besonderer Fall, als sie ein unendlich unbegreifliches Objekt annimmt, während doch jede Hypothese als solche schon die Voraussetzung macht, dass sie ihr Objekt auch wirklich begrifflich erfasst."[44] Wie komplex die Mikrostruktur pragmatischer Religionskonzeptionen aufgebaut ist, das wird, wie dieser auf Differenzierung dringende Verweis zeigt, erst sichtbar, wenn die – so gängige wie falsche – Identifikation dieses Denkansatzes mit den szientistischen Varianten eines *operationalistisch verfassten* (abstrakt auf „Nützlichkeit" fokussierten) Instrumentalismus/Experimentalismus *kritisch durchbrochen* wird.[45] Die „God hypothesis", so Peirce, ist nicht einfachhin „Argumentation" in einem logisch-technischen entfalteten Sinn, sondern ein allen Menschen (potentiell) einsichtiges „Argument", das – unverzichtbar – *immer auch* einen *untechnischen Status* behalten muss, um *allen* Menschen zugänglich zu sein.[46] Dieses „Argument" *partizipiert somit an Rationalität, ohne je den Charakter einer theoretisch validen „Herleitung" erlangen zu können.*

---

[44] Charles Sanders Peirce, *Religionsphilosophische Schriften,* hg. v. Hermann Deuser, Hamburg: Meiner Verlag, 1995, S. 339.

[45] Dieses *Missverständnis* des Pragmatismus als ein Theorieprogramm und eine Lebensform, die – abstrakter- ja fahrlässigerweise – in toto einem *nutzenorientieren „Operationalismus"* verpflichtet seien, bestimmt auch die Pragmatismusinterpretation der päpstlichen Enzyklika „Fides et Ratio": erst auf dem Hintergrund *dieses Missverständnisses* erklärt sich die radikale Kritik, die hier an dieser zentralen Denkkonfiguration der Gegenwartsphilosophie geübt wird. Siehe dazu: Ludwig Nagl, „Die Enzyklika ,Fides et Ratio'. Philosophische Erwägungen nach einer ersten Lektüre" (Teil 1), in: *actio catholica,* Jg. 43/1999, Heft 1, S. 8–13.

[46] Ebd. S. 331 f.

3. Coda und Ausblick: Das Projekt, Kants und Hegels Religionsphilosophien auf pragmatistische Weise(n) neu zu lesen

Habermas und Rorty, so scheint es, haben *in Grenzen* beide recht. *Denn zum einen* geht es – im Umfeld eines (eher noch tastend und unbestimmt sich artikulierenden) *philosophischen Diskurses „nach der Religionskritik"* (d. h.: im Kontext der rezenten Problematisierungen der klassischen Einsprüche gegen die Religion) – *so wie Habermas es vorführt*, darum, die großen, postkantischen Konfigurationen des Religionsbegriffs von Hegel bis Kierkegaard nochmals – d. h. in Distanz zu den als ergebnishaft fixierten und damit von der Denkagenda genommenen Thesen der posthegelschen (Feuerbachschen, Marxschen, Nietzscheschen) Dekompositionslogiken des Religiösen – nachzuvermessen[47]. *Zum anderen* aber ist – *worauf*

---

[47] Adorno und Derrida sind, wie Habermas *en passant* in seiner „Friedenspreisrede 2001" zeigt, wichtige Denker, die – vor dem Hintergrund der Einsicht in den unbefriedigenden Status der standardisierten Religionskritik des neunzehnten Jahrhunderts – andere Denkexperimente am Ort von Glauben und Wissen beginnen: Projekte, die Habermas freilich angesiedelt sieht in einem *unauflösbar konfligierenden* „doublebind": Denn, *zum einen*, trägt „das Pathos einer entsublimierenden Verwirklichung von Gottes Reich auf Erden die Religionskritik von Feuerbach und Marx bis zu Bloch, Benjamin und Adorno". *Zum anderen* freilich verweilen Adorno (und auch Derrida) keineswegs an diesem Punkt der Analyse, denn: „[i]nzwischen hatte der historische Verlauf gezeigt, dass sich die Vernunft mit einem solchen Projekt überfordert. Weil die derart überanstrengte Vernunft *an sich selbst verzweifelt,* hat sich Adorno, wenn auch nur in methodischer Absicht, der Hilfe des messianischen Standpunkts versichert: ‚Erkenntnis hat kein Licht als das von der Erlösung her auf die Welt scheint'. Auf diesen Adorno trifft der Satz zu", so Habermas, „den Horkheimer auf die Kritische Theorie insgesamt gemünzt hat: ‚Sie weiß, dass es keinen Gott gibt, und doch glaubt sie an ihn.' Unter anderen Prämissen bezieht heute Jacques Derrida eine ähnliche Stellung [. . .]; zurückbehalten will er vom Messianismus nur noch ‚das kärgliche Messianistische, das von allem entkleidet sein muss." (Jürgen Habermas, „Glauben und Wissen. Friedenspreisrede 2001", in: ders., *Zeitdiagnosen*, Frankfurt am Main: Suhrkamp, 2003, S. 260.) Freilich: einer der Aspekte dieser Habermas'schen Analyse stimmt nachdenklich. Weder Adorno noch Derrida haben ihre *stets ambivalent bleibenden* Erkundungen – in deren erstem Pol – zur definitiven (und in ihrer Apodiktizität hinter Kants *theoretischen Agnostizismus* zurückfallenden) Aussage abgespannt, „dass es keinen Gott gibt". Das wäre für das Denken beider ein viel zu theorie-affirmativer (und zugleich reduktiver) Einstieg in jenes *Paradox* gewesen, das es, weiterdenkend, einzukreisen gilt. (Zur Debatte um Derridas Religionsphilosophie siehe *Religion nach der Religionskritik*, hg. v. Ludwig Nagl, a. a. O., Teil IV: The Turn to Religion. Dekonstruktive Erwägungen zur ‚Wiederkehr des Religiösen'; sowie Ludwig Nagl, „This

Rorty hinweist – wichtig, dass der Fluchtpunkt dieser denkenden Re-
sondierungen *im fundamentalismusdistanten* Paradigmengefüge
von *Pragmatismus und Neopragmatismus* angesiedelt bleibt. Freilich: sowohl die Tiefenstruktur des Pragmatismus selbst, vor allem
aber die beeindruckende Extension *des religionsphilosophischen
Subsegments* dieses Diskurses, sind heute – zumindest in Europa –
noch wenig bekannt. Der Rückgriff auf *Deweys Version* einer pragmatistisch verfassten Religionstheorie und Religionskritik – der Rortys Lektüren primär informiert – *kann freilich allein nicht* genügen,
das Differenzierungspotential, das diese Diskurskonstellation bietet,
in Sicht zu bringen. Wie mir scheint, geht es um mehr: um das viel-
versprechende Projekt, in der Optik der beiden *differenten* von Kant
und Hegel eröffneten Perspektiven – d. h. der *zwei Leitfragen,* was
an religiösen Geltungsansprüchen sich in einen unverkürzten Vernunftbegriff *einholen* und was an ihnen sich durch rationale Argumente *limitativ „approximieren"* lässt – den Reichtum der religionsphilosophischen Schriften der amerikanischen Protopragmatisten
und Pragmatisten im Detail zu besichtigen.

Die *bifokale Struktur* dieses Projekts erlaubt es zum einen, Kant
und Hegel aus der Falle der Kant- und Hegel*philologie* zu befreien.
Und sie macht es *umgekehrt* möglich, die (so komplexen wie differenten) religionsphilosophischen Erkundungen von Peirce (die um
eine semiotisch dimensionierte Re-lektüre des „objektiven Idealismus" kreisen), die Analysen von James (der dem *Wahl*charakter und
der *Pluralität* am Ort der Hoffnungslogiken auf der Spur ist), vor allem aber die – jederzeit schon pragmatizistisch temperierten – religionsphilosophischen Entwürfe, die Josiah Royce in der Sequenzlo-
gik seiner „community"-Begriffe vorgelegt hat, in ein lebendiges,
kritisch-affirmatives Verhältnis zu den zwei klassischen Hauptpositionen moderner Religionsphilosophie zu setzen.

---

phenomenon, so hastily called the ‚return of religions'. Derrida über ‚Faith
and Knowledge: The Two Sources of ‚Religion', at the Limits of Reason
Alone'", in: *Essays zu Jacques Derrida und Gianni Vattimo, ‚Religion',* hg. v.
Ludwig Nagl, Frankfurt et al.: Peter Lang, 2001, S. 9–29; und Ludwig Nagl,
„‚Wie würde ein Buch aussehen, das heute – wie jenes von Kant – den Titel
Religion innerhalb der Grenzen der bloßen Vernunft tragen könnte?' Derrida
über Kants Religionsphilosophie", in: *Zwischen Verzückung und Verzweiflung. Dimensionen religiöser Erfahrung,* hg. v. Florian Uhl und Arthur R. Boel-
derl, Dortmund: Parerga, 2001, S. 183–210.)

KLAUS MÜLLER

BALANCEN PHILOSOPHISCHER TOPOGRAPHIE

Jürgen Habermas über Vernunft und Glaube

1. Eine kleine Kontroverse als Treibsatz

Tertullians (ca. 160–230) symbolische Geographie erweist sich nach wie vor als unverbraucht, wenn es darum geht, im Problemkomplex des Vernunft-Glaube-Verhältnisses prinzipielle Positionen zu markieren. Tertullian, der wohl erste namhafte christliche Theologe lateinischer Sprache, war sehr skeptisch gegenüber der Philosophie, um es vorsichtig zu formulieren (wenngleich er natürlich selbst durchaus argumentierte). Jedenfalls trug sie aus seiner Sicht für den rechten Glauben nichts aus, und das reichte, um sie mit einer rhetorischen Breitseite einer Grundsatzkritik zu unterwerfen: In seinem Werk *De praescriptione haereticorum* führt er sämtliche damals bekannten Häresien unter Namensnennung auf einzelne Philosophen zurück. Und den Schluss dieser binnentheologischen Instrumentalisierung der Philosophiegeschichte bildet die suggestive Fragenkaskade:

„Quid ergo Athenis et Hierosolymis? quid academiae et ecclesiae? quid haereticis et Christianis? [. . .] Was also haben Athen und Jerusalem miteinander zu schaffen? Was die Akademie mit der Kirche? Die Häretiker mit den Christen? Unsere Unterweisung kommt aus der Säulenhalle Salomos, der ja selbst überliefert hatte, daß man den Herrn in der Einfalt des Herzens suchen müsse. Wir haben nach Jesus Christus keine Neugier nötig, und nach dem Evangelium auch keine Forschung."[1]

Die Athen-Jerusalem-Formel hat es erst vor wenigen Jahren wieder zu einer zunächst versteckten Karriere gebracht – versteckt deswegen, weil wohl nur wenige dabei an ihre Herkunft und deren polemischen Horizont gedacht und auch das Prinzipielle zur Kenntnis genommen haben, das dergestalt verhandelt wurde. Begonnen hatte die Sache völlig harmlos: Der Fundamentaltheologe Johann

---

[1] Tertullian: De praesc. 7, 9–12.

B. Metz hatte sich mit einem lediglich sechs Seiten langen Beitrag an der Festschrift zum 60. Geburtstag von Jürgen Habermas beteiligt. Metz' kleiner Essay trug den unspektakulären Titel *Anamnetische Vernunft. Anmerkungen eines Theologen zur Krise der Geisteswissenschaften.*[2] Der Inhalt der paar Seiten freilich war brisant. Metz trug da nämlich die These vor, die eigentümliche Schwäche des gegenwärtigen Christentums rühre von einer früh einsetzenden Halbierung seines Geistes her, und die wurzle darin, dass – im Übrigen bis heute – in Voten, denen es um eine argumentative Entfaltung des universalen Anspruchs des Christentums gehe, der Anteil des Glaubens Israel zugeschlagen werde, der Part des Geistes Athen. Metz beruft sich dafür auf ein aus seiner Sicht idealtypisches Votum aus der Feder Joseph Kardinal Ratzingers:

„Das Christentum ist die in Jesus Christus vermittelte Synthese zwischen dem Glauben Israels und dem griechischen Geist."[3]

Dem hält Metz die Frage entgegen, ob denn Israel dem Christentum nicht ein eigenes Denkangebot zu machen habe. Seine Antwort:

„[E]s gibt ein originäres Denk- und Geistangebot für das Christentum auch aus Israel. Es handelt sich dabei um das – gerade in der traditionellen christlichen Theologie selbst hartnäckig verborgene – Denken als Andenken, als geschichtliches Eingedenken. Es handelt sich also um jene anamnetische Grundverfassung des Geistes, die [. . .] nicht identifiziert werden kann mit der zeit- und geschichtsenthobenen platonischen Anamnesis."[4]

Diese These vom halbierten, weil seinen jüdischen Anteil vergessen habenden Geist, die Metz an sich seiner eigenen Zunft – der Theologie – vorhält, muss den damals mit ihr geehrten Habermas in gewissem Sinn provoziert haben, so dass er seinerseits die Einladung zum Emeritierungssymposion für Metz zu einer Replik nutzte – und die war noch brisanter als ihr ursprünglicher Auslöser. Denn Habermas bestreitet schlichtweg die Teilung – hier Geist, dort Glaube –, die Metz' These von der halbierten Vernunft voraussetzt. Die abend-

---

[2] In: Honneth, Axel u. a. (Hgg.): Zwischenbetrachtungen. Im Prozeß der Aufklärung. FS J. Habermas. Frankfurt a. M. 1989, 733–738.

[3] Ratzinger: Europa – verpflichtendes Erbe für die Christen. In: König, Franz – Rahner, Karl (Hgg.): Europa. Horizonte der Hoffnung. Graz – Wien – Köln 1983, 61–74, hier 68.

[4] Metz, Johann B.: Anamnetische Vernunft. Anmerkungen eines Theologen zur Krise der Geisteswissenschaften. In: Honneth, Axel u. a. (Hgg.): Zwischenbetrachtungen (Anm. 2), hier 734.

ländische Philosophie sei nie einfach eine Geschichte des Platonismus gewesen, sondern immer auch eine der Proteste gegen ihn.
Und diese Proteste, jedenfalls die meisten und die wichtigen, seien
nicht innerhalb der Philosophie selbst aufgebrochen, sondern wur-
zelten in der Unterwanderung des griechischen Philosophierens und
seiner Transformationen durch Motive aus den jüdisch-christlichen
Traditionssträngen. Gerade Grundbegriffe der modernen und selbst
der gegenwärtigen Philosophie hätten sich ohne diesen Einfluss niemals so entwickelt, wie wir sie heute kennen. Habermas wörtlich:

„Ich meine den Begriff der subjektiven Freiheit und die Forderung des gleichen Respekts für jeden – auch und gerade für den Fremden in seiner
Eigenheit und Andersheit. Ich meine den Begriff der Autonomie, einer
Selbstbindung des Willens aus moralischer Einsicht, die auf Verhältnisse reziproker Anerkennung angewiesen ist. Ich meine den Begriff des vergesell-
schafteten Subjekts, das sich lebensgeschichtlich individuiert und als unvertretbar Einzelner zugleich Angehöriger einer Gemeinschaft ist, also nur im
solidarischen Zusammenleben mit Anderen ein authentisch eigenes Leben
führen kann. Ich meine den Begriff der Befreiung – sowohl als Emanzipation
aus entwürdigenden Verhältnissen wie als utopischer Entwurf einer gelingenden Lebensform. Der Einbruch des historischen Denkens in die Philosophie hat schließlich die Einsicht in den befristeten Charakter der Lebenszeit
gefördert, hat die Erzählstruktur der Geschichten, in die wir uns verstricken,
den Widerfahrnischarakter der Ereignisse, die uns zustoßen, zu Bewußtsein
gebracht. Dazu gehört auch das Bewußtsein von der Fallibilität des menschlichen Geistes, von der Kontingenz der Bedingungen, unter denen dieser
gleichwohl unbedingte Ansprüche erhebt. Die Spannung zwischen dem
Geiste Athens und dem Erbe Israels hat sich innerhalb der Philosophie nicht
weniger folgenreich ausgewirkt als innerhalb der Theologie."[5]

Das heißt natürlich, dass sich die Klage über die Hellenisierung des
Christentums, mit der Metz seine These von der halbierten Vernunft
eröffnet, ihrerseits der Halbierung der Vernunft schuldig macht.
Denn sie verschweigt, dass es neben dieser Hellenisierung der
Theologie genauso eine „Judaisierung" und „Christifizierung" der
Philosophie gegeben hat, ohne welche diese nie die Wege gegangen wäre, die sie faktisch gegangen ist.[6] Das schließt sogar mit ein,
dass selbst dann, wenn Theologie bestimmte Vernunftressourcen ihrer Herkunftskontexte vernachlässigt oder vergessen haben sollte,

---

[5] Habermas, Jürgen: Israel und Athen. Wem gehört die anamnetische Ver-
nunft? Johann Baptist Metz zur Einheit in der multikulturellen Vielfalt. In:
Ders.: Vom sinnlichen Eindruck zum symbolischen Ausdruck. Philosophische
Essays. Frankfurt am Main 1997, 98–111, hier 103 f.

[6] Ich verwende diese wenig eleganten Kunstwörter, weil alle möglichen Be-
nennungsalternativen anderweitig besetzt sind.

Vieles davon im Gang des philosophischen Denkens aufbewahrt worden und virulent geblieben wäre. Das bündelt Habermas in der These, dass die anamnetische Vernunft, also die des rettenden Eingedenkens, der Passion, der Gerechtigkeit für den Einzelnen usw., – dass solche anamnetische Vernunft keineswegs nur allein den Theologen gehört. Nicht umsonst erinnert Habermas gerade an den Unterstrom einer für Negativität sensiblen Philosophie als Parallele zum jüdisch-christlichen Theodizee-Problem. Oder aber – Habermas' zweites Beispiel: Das durch das II. Vatikanische Konzil initiierte Verständnis der Kirche als polyzentrischer Weltkirche wird im Fundament von Motiven der europäischen Aufklärung und namentlich deren politischer Philosophie gespeist, die ihrerseits wieder nicht allein durch, aber auch nicht ohne bestimmte Motive aus der christlichen Metaphysik aufgekommen sind, man denke nur daran, welchen Einfluss etwa der Barockscholastiker Francisco Suárez auf die moderne Staats- und Rechtstheorie gehabt hat. Ein drittes Indiz für den tiefreichenden Einfluss jüdisch-christlicher Denkfiguren auf die Philosophie – namentlich die der Gegenwart – gilt es über Habermas hinaus noch eigens zu markieren: Die gravierenden Unterschiede zwischen verschiedenen Formen so genannten postmodernen Philosophierens gewinnen eine verblüffende Tiefenschärfe, wenn man wahrnimmt, dass postmoderne Konzeptionen im Grunde entweder in einer jüdischen oder in einer katholischen Konturierung auftreten – nur so lassen sich z. B. die Unterschiede zwischen Jacques Derrida, Jean-François Lyotard einerseits, Gianni Vattimo andererseits begreifen.[7]

2. Kritische Rückkoppelung

Habermas hatte seine Antwort auf Metz mit *Israel und Athen oder: Wem gehört die anamnetische Vernunft?* betitelt; das wichtigste Wort dabei war ihm ausweislich seiner Erwägungen das „und" zwischen den beiden geographischen Chiffren gewesen. Metz hat das so wenig akzeptieren können, dass er 1995 seinerseits nochmals in

---

[7] In diesen Zusammenhang gehört auch, dass und wie Vattimo ein sehr kritisches Verhältnis zu der gerade von etlichen Theolog(innen) so hoch geschätzten Rede vom „(ganz) Anderen" bei Poststrukturalisten und bei Levinas einnimmt. Vgl. dazu Vattimo, Gianni: Jenseits des Christentums. Gibt es eine Welt ohne Gott? Aus dem Italienischen von Martin Pfeiffer. München 2004, 60–62.

einem kurzen, seither mehrfach veröffentlichten Text auf Habermas
replizierte – und zwar mit dem Ziel, genau jenes „und" aus dem Ha-
bermas-Titel obsolet zu machen. Sein Titel: *Athen versus Jerusalem?*
Was das Christentum dem europäischen Geist schuldig geblieben
ist.[8] Metz wiederholt unverkürzt seine von Habermas kritisierte These von der Halbierung des Geistes des Christentums: Nicht Jerusalem, sondern Athen und Rom hätten die geistige Landschaft Europas definiert. Und er verschärft sie sogar: Hatte er in seinem ersten
Beitrag der Platonischen Anamnesis Zeit- und Geschichtsenthoben-
heit attestiert,[9] so heißt es jetzt, die christliche Theologie habe sich
den Geist aus hellenistischen Traditionen geholt – jetzt wörtlich –,

„also aus einem subjektlosen und geschichtsfernen Seins- und Identitäts-
denken, für das Ideen allemal fundierender sind als Erinnerungen."[10]

Dieser Vorwurf aber scheint mir geradezu performativ eben das zu
tun, was er kritisiert: Der ganze Diskurs über den Vernunft-Glaube-
Zusammenhang heute kann nämlich nicht adäquat geführt werden,
wenn er innerhalb eines ersichtlich geschichtslos bleibenden Rück-
sprungs in die spätantike Konstellation Athen – Jerusalem entfaltet
wird, so als ob zwischen damals und heute in Sachen Vernunft versus Glaube nichts geschehen sei. Vielmehr will berücksichtigt sein,
dass die Verbindungslinie von Jerusalem nach Athen und zurück seit
gut 250 Jahren unumgehbar über ein damals kleines mitteldeut-
sches Städtchen läuft. Der Ort steht genauso wie Athen und Jerusalem symbolisch für einen einzigartigen Denkraum: Ich spreche von
Jena und verstehe es als Chiffre für jenes Zusammenlaufen philosophischer, theologischer und literarischer Debattenstränge, aus denen sich im letzten Jahrzehnt des 18. Jahrhunderts der Knoten des
Frühidealismus schürzt.[11]
　　Unter Frühidealismus ist – sehr knapp gesagt – der Versuch zu verstehen, auf die von Kant ausgehenden grundstürzenden philosophischen Herausforderungen und ihre Einwirkungen auf die Theologie

---

[8] In: Orientierung 60 (1996), 59 f. Dann auch in: Stegemann, Ekkehard W.
– Marcus, Marcel (Hgg.): „Das Leben wieder leise lernen". Jüdisches und
christliches Selbstverständnis nach der Schoah. FS Friedländer. Stuttgart –
Berlin – Köln 1997, 149–152.

[9] Vgl. Metz: Anamnetische Vernunft (Anm. 4), 734.

[10] Metz, Johann B.: Athen versus Jerusalem? Was das Christentum dem europäischen Geist schuldig geblieben ist. In: Orientierung 60 (1996), hier 59.

[11] Vgl. zur weiträumigen Orientierung Sandkühler, Hans J. (Hg.): Handbuch Deutscher Idealismus. Stuttgart – Weimar 2005.

mit Kantischen Mitteln so zu reagieren, dass die Defizite des Kantischen Programms behoben werden und dieses sozusagen über sich
hinausgeführt werden kann. Zu einer entsprechenden Konstellation
kommt es geographisch gesehen in Jena. Sie wird vor allem dadurch
erzeugt, dass sich dort Impulse aus dem Tübinger Stift, die von den
jungen Theologiestudenten Hegel, Schelling, Hölderlin und einiger
ihrer jüngeren Lehrer ausgehen, zunächst mit dem Wirken des damals
für seine Zeit berühmtesten deutschen Philosophen, dem begeisterten
Kantianer Karl Leonhard Reinhold, und später mit den Jenaer Lehrtä-
tigkeiten Fichtes und auch Schellings, sowie von Weimar her mit An-
stößen Herders, Wielands, Goethes und Schillers verweben (um nur
die wichtigsten Namen zu nennen). Eingebettet ist diese Jenaer philosophisch-theologische Höhenlage in die im Grunde nur der attischen
Klassik vergleichbare Sattelzeit der modernen Philosophie, die ihre alles durchherrschende Mitte in der Frage des Verhältnisses von Absolutem und Endlichen hat und überzeugt ist, dass sie zu Antworten auf
diese Frage nach Kant nur noch im Ausgang mit Gedanken des Subjekts kommen kann: Die vergleichsweise kurze Epoche erstreckt sich
von 1781 – Todesjahr Lessings und Erscheinen der ersten Auflage von
Kants *Kritik der reinen Vernunft* – bis 1831/32 – den Todesjahren Hegels und Goethes. In diesen gut 50 Jahren verweben sich philosophische und theologische Innovationen in derart rascher Folge und solcher Komplexität, dass bislang trotz ausgreifender Forschungspro-
gramme nur ein Bruchteil der genetischen und systematischen Zusammenhänge aufgeklärt werden konnte.[12]
  Man muss sich klar machen, dass die grundlegenden Fragen der
Theologie, die in der Folgezeit bis heute – und derzeit besonders
dramatisch – auf der Agenda stehen, nur im Horizont der damals
freigesetzten Frage und ihrer avisierten Lösungsmöglichkeiten zureichend verstanden werden können: Monotheismus versus Kosmotheismus (weniger glücklich ist in diesem Zusammenhang der Begriff des Pantheismus), Universalismus versus Kulturalismus, Be-
gründungswilligkeit versus Fundamentalismus und was solcher
Antagonismen mehr sind – das alles sind Herausforderungen, die
im Bann jener Sattelzeit der Moderne stehen. Als Gegenprobe für

---

[12] Vgl. bes. die von Dieter Henrich initiierten Projekte einer Konstellations-
forschung. Vgl. dazu u. a. Henrich, Dieter: Konstellationen. Probleme und
Debatten am Ursprung der idealistischen Philosophie (1789–1795). Stuttgart
1991. – Ders.: Der Grund im Bewußtsein. Untersuchungen zu Hölderlins
Denken (1794–1795). Stuttgart 1992. – Ders.: Grundlegung aus dem Ich.
Untersuchungen zur Vorgeschichte des Idealismus. Tübingen – Jena
(1790–1794). 2 Bde. Frankfurt a. M. 2004.

diese gewiss weit reichende These mag gelten, dass gegenwärtige
Theologien, die diese Reflexionsstandards vergessen oder gezielt
abweisen, meist ziemlich rasch in ein seltsames Zwielicht tauchen,
das schwer macht zu entscheiden, ob es sich bei ihnen um rechte
oder linke Fundamentalismen oder aber um nach dem ökonomischen Gesetz der Attraktivität „starker Produkte" feilgehaltene Deu-
tungsangebote auf dem Markt der Sinnstiftungen handelt.[13]

Für unseren Zusammenhang nun nimmt sich brisant aus, dass
Habermas zwar auf Metz' soeben erläuterte Verschärfung nicht
nochmals eigens eingeht, dass ihn aber offenkundig das Athen-Je-
rusalem-Problem bis dato weiterhin und in wachsender Intensität
beschäftigt – und dass er die Ressourcen für eine angemessene Verhältnisbestimmung zwischen Athen und Jerusalem bei Kant und von
ihm her in gewissen Strängen nachkantischen Philosophierens, also
symbolisch-topographisch gesprochen, in Jena findet.

3. Stabile Balance oder: Athen, Jerusalem und die deutsche Philosophie

Man muss Habermas' Denken nicht eine strikt lineare Fortentwick-
lung oder eine progressive Annäherung an das Thema Religion
unterstellen, um dennoch zum Befund zu kommen, dass sich seine
explizite Einschätzung von Religion, Glaube und Theologie auf eine
Weise modifiziert hat, die es erlaubt, im Verhältnis von Glauben und
Wissen nach einer Phase der „Ersetzung" des Ersteren durch das
Letztere und einer solchen der „Koexistenz" beider nunmehr von
„Kooperation" zu sprechen, wie das A. Trautsch tut.[14] Abgezeichnet
hat sich diese Tendenz bereits in dem langen Interview *Ein Gespräch
über Gott und die Welt*[15], das Habermas im Sommer 1999 mit dem
befreiungstheologisch geprägten Philosophen Eduardo Mendieta

---

[13] Idealtypisch ist das etwa am Ansatz Thomas Rusters zu beobachten. Vgl.
etwa die geradezu inquisitorische Rahnerkritik in Ruster, Thomas: Der ver-
wechselbare Gott Rahners oder Die Einheit der Unterscheidung und das
unterscheidend Christliche. In: Klauke, Heinrich (Hg.): 100 Jahre Karl Rahner. Nach Rahner post et secundum. Köln 2004 (Karl Rahner Akademie),
63–71.

[14] Vgl. Trautsch, Asmus: Glauben und Wissen. Jürgen Habermas zum Verhältnis von Philosophie und Religion. In: Philosophisches Jahrbuch 111
(2004), 180–198.

[15] Habermas, Jürgen: Ein Gespräch über Gott und die Welt. In: Ders.: Zeit
der Übergänge. Kleine politische Schriften IX. Frankfurt a. M. 2001,
173–196. Ich zitiere nachfolgend nach dieser Ausgabe.

geführt hatte und das bei seiner zweiten Veröffentlichung 2001 (anders als bei der Erstveröffentlichung[16]) als einziger Beitrag unter einen eigenen Rubriktitel *Jerusalem, Athen und Rom*[17] gestellt wurde. Ihre Fortsetzung fand die Thematik dann im Licht einer breiten Öffentlichkeit dadurch, dass Habermas sich ihr in seiner Frankfurter Paulskirchen-Rede anlässlich der Entgegennahme des Friedenspreises des deutschen Buchhandels widmete.[18] Zu einer erneuten Welle öffentlicher Aufmerksamkeit kam es, als Anfang 2004 bekannt wurde, dass die Katholische Akademie in München – beinahe als Geheimtreffen inszeniert – einen Disput zwischen Jürgen Habermas und Joseph Kardinal Ratzinger organisiert hatte.[19] Dort hat Habermas seine Position aus der Frankfurter Rede nochmals zugespitzt: Die Verlustgeschichte der Moderne bedürfe um deren Fortschreibung willen der Konterkarierung durch die – wie ein Kommentator zusammenfasste –

„[. . .] säkularisierende[n] Entbindung religiös verkapselter Bedeutungspotentiale [auf eine Weise, dass dabei] der ursprünglich religiöse Sinn [. . .] nicht auf eine entleerende Weise deflationiert und ausgezehrt werde."[20]

Ende 2004 schließlich erschien im Druck ein zuvor mehrfach öffentlich gehaltener Vortrag Habermas' über Kants Religionsphilosophie[21], in dem er detailliert offen legt, wie sich die Spannung zwischen Athen und Jerusalem, die nicht aufgelöst werden dürfe, wenn

---

[16] In: Jahrbuch für Politische Theologie 3 (1999), 190–211.

[17] Habermas: Gespräch (Anm. 15), 171.

[18] Vgl. Habermas, Jürgen: Glauben und Wissen. Friedenspreis des deutschen Buchhandels 2001. Laudatio: Philipp Reemtsma. Frankfurt a. M. 2001.

[19] Vgl. „Vorpolitische moralische Grundlagen eines freiheitlichen Staates". Gesprächsabend in der Katholischen Akademie Bayern am Montag, 19. Januar 2004. In: zur debatte. 34 (2004). Heft 1/2004, 1–7. Habermas' Part des Dialogs vgl. auch unter dem Titel „Zur Diskussion mit Kardinal Ratzinger". In: Information Philosophie 32 (2004), 7–15.

[20] Kissler, Alexander: Die Entgleisungen der Moderne. Wie Habermas und Ratzinger den Glauben rechtfertigen. In: Süddeutsche Zeitung. Nr. 16. 21.01.2004, 11. Vgl. auch den Wiederabdruck in: zur debatte 34 (2004). Heft 1/2004, 5. – Vgl. auch Assheuer, Thomas: Auf dem Gipfel der Freundlichkeiten. Jürgen Habermas und Kardinal Ratzinger diskutieren über Religion und Aufklärung. In: Die Zeit Nr. 5, 22.01.04, 38.

[21] Vgl. Habermas, Jürgen: Die Grenze zwischen Glauben und Wissen. Zur Wirkungsgeschichte und aktuellen Bedeutung von Kants Religionsphilosophie. In: Nagl-Docekal, Herta, Langthaler, Rudolf (Hgg.): Recht – Geschichte – Religion. Die Bedeutung Kants für die Gegenwart. Berlin 2004 (Deutsche Zeitschrift für Philosophie; Sonderbd. 9), 141–160. – Veränderte Fassung in:

das Netz des interkulturellen Diskurses nicht reißen solle[22], in Orientierung an Kantischen Potentialen stabilisieren lasse.

In dieser mehrschrittigen Fortschreibung der Problemanzeige, die sich m. E. aus der kleinen Metz-Habermas-Kontroverse ergeben hat, bleibt durchgängig präsent, dass Habermas keineswegs der zu Lasten der Philosophie gehenden Metz'schen Differenz-These gegenüber einer Art Harmonismus von Glauben und Wissen das Wort redet. Auch er sieht durchaus die Problematik der so genannten Hellenisierung, die zumal dann religiös prekär und im Letzten politisch gefährlich wird, wenn Assimilationsprozesse in „symbiotische Fehlentwicklungen"[23] führen und das Proprium der jüdisch-christlichen Tradition temperieren.[24] Er sieht aber – anders als Metz – auch die andere Seite eines Eingehens jüdisch-christlicher Substanz in die Philosophie, gerade in die moderne Philosophie deutscher Provenienz. Habermas nimmt in dem genannten Interview die Frage des Gesprächspartners, ob man nicht beinahe sagen könne, dass das Christentum in den Hallen der deutschen Philosophie überlebt habe[25], in einer aufschlussreichen Differenzierung auf, von der letztlich auch Licht auf seine eigene Verortung zurückfällt: Auf dem Hintergrund der Französischen Revolution hätten sich die jungen Tübinger Theologiestudenten Hegel, Schelling und Hölderlin an das Projekt gemacht,

„Athen mit Jerusalem und beide mit einer Moderne zu versöhnen, die ihr normatives Selbstverständnis wesentlich aus dem egalitär-universalistischen Geist der jüdischen und christlichen Überlieferung schöpft."[26]

Dieser Ausgangskonstellation schließt Habermas eine doppelte Differenzierung an: Zum einen habe von diesem Programm der jungen Tübinger Stiftler eine eher ästhetisch-platonische und eine primär sozial- und geschichtsphilosophische Wirklinie ihren Ausgang genommen. Innerhalb der Letzteren sei aber nochmals in besonderer Weise die Denkform des dialektischen Denkens hervorzuheben, die sich markant an Namen wie Jakob Böhme, Friedrich Oetinger,

---

Habermas, Jürgen: Zwischen Naturalismus und Religion. Philosophische Aufsätze. Frankfurt a. M. 2005, 216–257. (Nachfolgend Angaben für beide Versionen).

[22] Vgl. die einschlägige Formulierung in Habermas: Gespräch (Anm. 15), 182.

[23] Habermas: Gespräch (Anm. 15), 182.

[24] Vgl. Habermas: Gespräch (Anm. 15), 181 f.

[25] Vgl. Habermas: Gespräch (Anm. 15), 182.

[26] Habermas: Gespräch (Anm. 15), 183.

Friedrich W. J. Schelling, Georg W. F. Hegel, Karl Marx, Ernst Bloch, Walter Benjamin und in gewissem Sinne auch Michel Foucault festmachen lasse.[27]

„In dieser Tradition arbeitet sich die Philosophie ernsthaft am Theologoumenon der Menschwerdung Gottes ab – an der Unbedingtheit des moralischen Sollens angesichts der Radikalität des Bösen, an der Endlichkeit der menschlichen Freiheit, an der Fallibilität des Geistes und der Sterblichkeit des individuellen Lebens. Die Dialektik nimmt die Frage der Theodizee ernst – das Leiden an der Negativität einer verkehrten Welt."[28]

Und es ist – wenn je einer – dann dieser in die Philosophie eingewanderte Traditionsstrang, in dessen durch die Moderne gebrochener Erbfolge sich Habermas einsetzend mit seiner Schelling-Dissertation von 1954[29] lokalisiert. Eigens herausgestellt wird dabei von Habermas die Bedeutung von Böhmes Lehrstück von der durch Kontraktion in Gott entstandenen Schöpfung, die ihr unabhängiges Pendant in der kabbalistischen Lehre vom Zimzum findet, und die beide in den Idealismus nach Fichte eingegangen sind. Was Habermas an diesen Überlegungen, die ja nichts anderes sind als moderne Versuche, das Verhältnis von Vielem und Einem und darin eingebettet dasjenige von Absolutem und Endlichem konsistent zum Austrag zu bringen, derart fasziniert, dass sie zu einer Art theologischem Subtext seiner Universalpragmatik werden, ist ihre Erhellungskraft innerhalb menschlicher Selbstverständigung:

„Dieser Mythos, und darum ist er mehr als ein bloßer Mythos, beleuchtet zwei Aspekte der menschlichen Freiheit: die intersubjektive Verfassung der Autonomie und den Sinn der Selbstbindung der Willkür an unbedingt geltende Normen".[30]

Worin dieses „mehr als ein bloßer Mythos" an religiösen oder theologischen Traditionen besteht und ob es sich dabei um kognitive Gehalte handelt, ist dabei natürlich die zentrale Frage, die sich unmittelbar anschließt. Und genau ihr ist ein erheblicher Teil des er-

---

[27] Vgl. Habermas: Gespräch (Anm. 15), 184.

[28] Habermas: Gespräch (Anm. 15), 184 f. – Dass all diese Motive, die der Neuen Politischen Theologie zu Recht so wichtig sind, anders als von dieser unterstellt, bereits seit Kant innerhalb der Philosophie präsent sind, zeigt im Detail Langthaler, Rudolf: Gottvermissen – eine theologische Kritik der reinen Vernunft? Regensburg 2000 (ratio fidei 4).

[29] Vgl. Habermas, Jürgen: Das Absolute und die Geschichte. Von der Zwiespältigkeit in Schellings Denken. Diss. Bonn 1954.

[30] Habermas: Gespräch (Anm. 15), 188.

wähnten Münchener Dialogs gewidmet. Es ging dabei von der Themenstellung her thematisch um so etwas wie vorpolitische Quellen, „aus denen sich das Normbewusstsein und die Solidarität von Bürgern speist"[31], und von denen Habermas meint, eine Gesellschaft wie die gegenwärtige okzidentale, im Blick auf die ein Verdacht auf entgleisende Säkularisierung nahe liege[32], täte gut daran, mit ihnen schonend umzugehen.[33] Aus der Perspektive der Philosophie nimmt solch schonender Umgang für Habermas die Gestalt des Respekts, aber auch der Lernbereitschaft gegenüber religiösen Traditionen an, die darin besteht, diese „[. . .] als eine kognitive Herausforderung ernst zu nehmen."[34] Der Respekt umfasst dabei durchaus auch Weisen einer nachhegelschen philosophischen Theologie, die sich um die Zentren des Gedankens eines umfassenden Bewusstseins, eines soteriologischen Ereignisses oder einer messianischen Utopie entfalten. Die Lernbereitschaft dagegen bringt Philosophie begründet durchaus aus der Stellung als fehlbare Vernunft säkularen, öffentlichen Charakters gegenüber als Offenbarungswahrheiten gekennzeichneten semantischen Gehalten auf. Denn:

„Aus der Asymmetrie der epistemischen Ansprüche lässt sich eine Lernbereitschaft der Philosophie gegenüber der Religion begründen, und zwar nicht aus funktionalen, sondern – in Erinnerung ihrer erfolgreichen ‚hegelianischen' Lernprozesse – aus inhaltlichen Gründen."[35]

Solches der Philosophie angesonnene Lernen vollzieht sich heute für Habermas jenseits des noch von einem Kant oder Hegel erhobenen Anspruchs auf Geltungsurteile hinsichtlich religiöser Traditionen als „rettende Übersetzung"[36], die darin besteht, den seman-

---

[31] Habermas: Diskussion (Anm. 19), 13.

[32] Vgl. Habermas: Diskussion (Anm. 19), 7, 10. – Ders.: Grenze (Anm. 21), 142 (Version 2004), 218 (Version 2005).

[33] Vgl. Habermas: Diskussion (Anm. 19), 13 f.

[34] Habermas: Diskussion (Anm. 19), 12. Vgl. 12 f.

[35] Habermas: Diskussion (Anm. 19), 13.

[36] Habermas: Diskussion (Anm. 19), 13. – In Habermas: Glauben, 29 (Anm. 18) ist von „rettende[r] Formulierung [. . .] im Modus der Übersetzung" die Rede. – Habermas: Grenze 142 (Anm. 21) (Version 2004), 218 (Version 2005): „[. . .] Motiv der rettenden Aneignung." – Beiläufig sei bemerkt, dass sich auch Jan Assmann für sein Projekt einer kritischen Monotheismusrevision aus monistisch-kosmotheistischen Ressourcen auf Habermas' Paradigma der rettenden Übersetzung beruft. Vgl. Assmann, Jan: Pythagoras und Lucius. Zwei Formen „Ägyptische Mysterien". In: Ders., Bommas, Martin (Hgg.): Ägyptische Mysterien? München 2002, 59–75. – Vgl. dazu: Müller, Klaus:

tischen Gehalt religiöser Termini und Bilder nicht-entleerend über den Kreis der sie bewahrenden Glaubensgemeinschaft hinaus allgemein zugänglich zu machen. Über die Beispiele hinaus, die Habermas bereits in der Debatte mit Metz aufgerufen hatte[37], verweist er seit der Paulskirchen-Rede besonders auch auf den Gedanken der Gottebenbildlichkeit des Menschen als Sicherungsressource von menschlicher Freiheit und Würde im Horizont der Gentechnik.[38] Im Kant-Aufsatz von 2004 erinnert er zudem daran, dass gerade auch Grundbegriffe der kritischen Theorie wie Positivität und Entfremdung oder Reifizierung sich solch rettender Übersetzung von Kernen der biblischen Bilderverbot- und Sündenfallerzählung verdanken.[39]

4. Prekäre Grenzziehungen

Die kritische Demarkationslinie bei diesen Übersetzungsprozessen verläuft bei Habermas dort, wo Kant „[. . .] nicht nur religiöse *Inhalte* begrifflich einholen, sondern auch noch den pragmatischen Sinn des religiösen Glaubens*modus* als solchen der Vernunft integrieren"[40] will. Damit sieht er den Trennstrich zwischen Vernunft und Glaube verunklart und Philosophie in die Gefahr des Schwärmerischen driften.[41] Für das reziproke Ernstnehmen selbst noch kognitiver Ansprüche in komplementären Lernprozessen kann man seiner Ansicht mit weniger auskommen und muss man nicht – wie Kant – versuchen, mehr an religiöser Substanz zu rezipieren, als

---

Gewalt und Wahrheit. Zu Jan Assmanns Monotheismuskritik. In: Walter, Peter (Hg.) Das Gewaltmonopol des Monotheismus und der Dreieine Gott. Freiburg; Basel; Wien 2005. (QD; 216), 74–82.

[37] Vgl. oben Anm. 5.

[38] Vgl. Habermas: Glauben 29–31 (Anm. 18). – Ders.: Diskussion (Anm. 19), 13.

[39] Vgl. Habermas: Grenze (Anm. 21), 159 (Version 2004), 250 (Version 2005).

[40] Habermas: Grenze (Anm. 21), 148 (Version 2004), Vgl. 230 (Version 2005). – Systematisch zu diesem Übersetzungsproblem vgl. auch Ders.: Religion in der Öffentlichkeit. Kognitive Voraussetzungen für den „öffentlichen Vernunftgebrauch" religiöser und säkularer Bürger. In: Ders.: Zwischen Naturalismus und Religion. Philosophische Aufsätze. Frankfurt a. M. 2005, 119–154.

[41] Vgl. Habermas: Grenze (Anm. 21), 160 (Version 2004). Vgl. ausführlicher 255–257 (Version 2005).

mit einer als dezidiert autonom begriffenen praktischen Vernunft zusammengeht[42]:

„Die orientierenden Bilder von nichtverfehlten Lebensformen, die der Moral auf halbem Weg entgegenkämen, schweben uns auch ohne die Gewissheit göttlichen Beistandes als ein zugleich erschließender und begrenzender Horizont des Handelns vor – aber nicht wie Kants ethisches Gemeinwesen im Singular und nicht in der festen Kontur des Gesollten. Sie inspirieren und ermutigen uns zu der Art – und zur hartnäckigen Wiederholung von der Art – von umsichtigen Kooperationsversuchen, die so oft erfolglos verlaufen, weil sie nur unter *glücklichen* Umständen gelingen können."[43]

Genauem Hinhören bleibt dabei nicht verborgen, dass Habermas in der soeben zitierten Passage mit der Wendung von den der Moral *auf halbem Weg entgegen kommenden* orientierenden Bildern sozusagen seitenverkehrt auf eine Formulierung aus William James' *Will to Belief* anspielt, der gemäß es Bereiche gibt, in denen uns eine Wahrheit verborgen bliebe, wenn *wir ihr* nicht gleichsam *auf halbem Wege entgegen kämen* [Herv. K. M.].[44] Charles Taylor kommentiert diesen Gedanken von James mit Beispielen, etwa:

„Magst du mich oder nicht? Wenn ich darauf festgelegt bin, dies herauszufinden, indem ich eine Haltung einnehme, die ein Maximum an Distanz und Argwohn beinhaltet, besteht die Gefahr, dass ich die Möglichkeit einer bejahenden Antwort verwirke. Ein entsprechendes Phänomen auf der Ebene der Gesamtgesellschaft ist das soziale Vertrauen; wird man es von vornherein in Frage stellen, dann wird man es zerstören."[45]

Dass Habermas die Intuition James' zwar aufnimmt, aber Subjekt und Objekt im Prozess des Entgegenkommens austauscht, lese ich als Indiz dafür, dass sich der Kantische Konnex von Inhalt und Glaubensmodus möglicherweise methodisch doch nicht so glatt separieren lässt, wie es Habermas' Vorsicht in religiosis entgegen käme.

---

[42] Vgl. Habermas: Grenze (Anm. 21), 157 f. (Version 2004), 247–249 (Version 2005).

[43] Habermas: Grenze (Anm. 21), 149 f. (Version 2004), 235 (Version 2005).

[44] Vgl. James, William: The Will to Belief. In: Ders.: The Will to Belief and other essays in popular philosophy. New York 1956. 1–31. Hier 23: „Do you like me or not? [. . .] Whether you do or not depends, in countless instances, on whether I meet you half-way [. . .]." – Habermas erwähnt (ohne Bezug auf die Halbe-Weg-Formulierung) James' Klassiker in einer unmittelbar der oben zitierten Passage vorausgehenden Anm.; vgl. Habermas: Grenze (Anm. 21), 149 Anm. 30 (Version 2004). In Version 2005 entfallen.

[45] Taylor, Charles: Die Formen des Religiösen in der Gegenwart. Frankfurt a. M. 2002, 44.

Das reziproke Ernstnehmen von Vernunft und Glaube aus kognitiven Gründen[46] ist in der Tat ein Unterfangen, das auf „vermintes Gelände"[47] führt. Von der für eine Fortsetzung des Projekts der Aufklärung nötigen posttraditionalen Aneignung religiöser Überlieferungsbestände hat Habermas ja schon sehr viel länger gesprochen.[48] Seit der Paulskirchen-Rede aber geschieht das unter ausdrücklicher Lozierung der religiösen Option als einer vernunftfähigen Position sui generis im Horizont pluralistischer Vergesellschaftung, wenn folgende Bedingungen erfüllt sind:

„Das religiöse Bewusstsein muss erstens die Begegnung mit anderen Konfessionen und anderen Religionen kognitiv verarbeiten. Es muss sich zweitens auf die Autorität von Wissenschaften einstellen, die das gesellschaftliche Monopol an Weltwissen innehaben. Schließlich muss es sich auf Prämissen eines Verfassungsstaates einlassen, der sich aus einer profanen Moral begründet. Ohne diesen Reflexionsschub entfalten die Monotheismen in rücksichtslos modernisierten Gesellschaften ein destruktives Potential."[49]

Noch spannender nimmt sich der Fortgang der Rede aus: Nicht nur, dass die etwaige Ablösung eines personalen Selbstverständnisses durch eine objektivierende Selbstbeschreibung im Sinn einer szientistischen Option als „schlechte Philosophie"[50] apostrophiert wird. Habermas macht sich darüber hinaus stark für Gründe. Für Gründe theologischer Provenienz, wohl gemerkt. Die Gläubigen seien es schließlich, die ihre religiösen Überzeugungen in säkulare Sprache übersetzen müssten, um öffentliche Zustimmung von Mehrheiten für ihre Argumente zu finden. Und dann charakterisiert Habermas die vorausgehend eingeforderte wie gleichermaßen als erbracht anerkannte Begründungsleistung seitens der Religionen auf folgende Weise:

„Die Suche nach Gründen, die auf allgemeine Akzeptabilität abzielen, würde nur dann nicht zu einem unfairen Ausschluss der Religion aus der Öffentlichkeit führen und die säkulare Gesellschaft nur dann nicht von wichtigen Ressourcen der Sinnstiftung abschneiden, wenn sich auch die säkulare Seite ein Gespür für die Artikulationskraft religiöser Sprachen bewahrte. Die

---

[46] Vgl. Habermas: Gespräch (Anm. 15), 14.

[47] Habermas: Glauben (Anm. 18), 28.

[48] Habermas, Jürgen: Metaphysik nach Kant. In: Theorie der Subjektivität. Hrsg. von Konrad Cramer u. a. (FS Dieter Henrich). Frankfurt a. M. 1987, 425–443.

[49] Habermas: Glauben (Anm. 18), 14.

[50] Habermas: Glauben (Anm. 18), 20.

Grenze zwischen säkularen und religiösen Gründen ist ohnehin fließend. Deshalb sollte die Festlegung dieser umstrittenen Grenze als eine kooperative Aufgabe verstanden werden, die von *beiden* Seiten fordert, auch die Perspektive der jeweils anderen einzunehmen."[51]

Und die Richtschnur für die Vermessung der damit gestellten Herausforderung lässt sich Habermas dabei unübersehbar von Kants über sich selbst aufgeklärtes aufklärerisches Projekt vorgeben – auch noch gegen die bisweilen überzogen angelegten Hoffnungen auf die versöhnende Kraft der Kategorie des Eingedenkens.[52]

Habermas' Münchener Gesprächspartner Ratzinger hat sich durch die fugenlos an die Frankfurter Rede anschließenden Überlegungen seines Gegenübers in einer seiner Grundüberzeugungen bestätigt gesehen, ohne darum in triumphalistische Selbstzufriedenheit zu verfallen – und so seinerseits Habermas Vorschlag reziproken Ernstnehmens aufgenommen: Ratzinger artikuliert ja schon lange, manchmal auch sehr plakativ, seine Zweifel an der Zuverlässigkeit des modernen Denkens und tendiert dazu, der angeblich durch und durch aporetischen neuzeitlichen Vernunft den christlichen Weg als gangbare Alternative in Gestalt eines „Wissen[s] aus der Taufe"[53] entgegen zu stellen. Aber er sagt nunmehr auch klar dazu, dass Religion genauso missbrauchbar ist, etwa unter dem Vorzeichen des Terrorismus, und deswegen unter die Kuratel der Vernunft gestellt werden müsse. Erfahrungen wie der 11.09.2001 einerseits und etwa naturalistische Aufspreizungen der Humangenetik, die den Menschen zum Industrieprodukt machen, andererseits bringen Ratzinger und Habermas in der Überzeugung zusammen, dass Vernunft und Glaube in einem universalen Prozess der Reinigung und des komplementären Lernens aneinander verwiesen sind. Beide stellen sich damit strukturell gesehen in die Perspektive jener dialektischen Verhältnisbestimmung von Glauben und Wissen, Philosophie und Theologie, die bleibend mit dem Namen Anselms von Canterbury verbunden ist, der bereits im 11. Jahrhundert das Programm einer „Fides quaerens intellectum" verfolgte – bloß von den beiden differenten Brennpunkten der Diskursellipse her: Denn na-

---

[51] Habermas: Glauben (Anm. 18), 22.

[52] Vgl. Habermas: Glauben (Anm. 18), 25.

[53] Ratzinger, Joseph: Theologische Prinzipienlehre. Bausteine zur Fundamentaltheologie. München 1982, 347. – Vgl. dazu Sottopietra, Paolo G.: Wissen aus der Taufe. Die Aporien der neuzeitlichen Vernunft und der christliche Weg im Werk von Joseph Ratzinger. Regensburg 2003. (Eichstätter Studien).

türlich bleibt dabei eine Differenz hinsichtlich des Wahrheitsbegriffs, von dem her beide argumentieren: Habermas tut das von einer diskurstheoretisch-prozedural zu gewinnenden Wahrheit her, zu der wir „in the long run" (Charles S. Peirce) – also de facto für immer – unterwegs sind, Ratzinger von einer Wahrheit mit menschlichem Antlitz her, die „Ich bin . . ." sagen kann (vgl. Joh 14,6) und sich durch ihre Existenz und ihr Geschick für eine nicht nochmals zu hintergehende Tragfähigkeit verbürgt.

In welcher Dringlichkeit diese antifundamentalistische Herausforderung gerade gegenwärtig wahrgenommen wird, ist dadurch offenkundig geworden, dass Ratzinger Anfang Juni 2004 in seiner Ansprache anlässlich der Feierlichkeiten zum 60. Jahrestag der Landung der Alliierten in der Normandie den Kern einer humanen Weltordnung vom adäquat austarierten Verhältnis von Vernunft und Religion abhängen sah und dabei – unüblich für das Lehramt – sogar namentliche Kritik äußert. Gegenüber einem – notabene! – Kant, dem noch am Guten als solchen gelegen gewesen sei, tendierten Dekonstruktionsprogramme wie etwa diejenigen eines Jacques Derrida dazu, „alles Stehen zur Wahrheitsfähigkeit der Vernunft als Fundamentalismus"[54] zu denunzieren. Den Christen sei demgegenüber aufgetragen, gegen instrumentelle Verengungen um deren Sensibilität für Gott und das Gute Sorge zu tragen, weil damit umgekehrt auch einer Pathologisierung von Gottesbegriff und Religion widerstanden werden könne. Für Christen stelle sich darum die Aufgabe,

„die Vernunft umfassend zum Funktionieren zu bringen, nicht nur im Bereich der Technik und der materiellen Entwicklung der Welt, sondern vor allem auch auf die Wahrheitsfähigkeit hin, die Fähigkeit, das Gute zu erkennen, das die Bedingung des Rechts und damit auch die Voraussetzung des Friedens in der Welt ist. Es ist die Aufgabe von uns Christen in dieser Zeit, unseren Gottesbegriff in den Streit um den Menschen hineinzustellen. [. . .] Gott selbst ist Logos, der rationale Urgrund alles Wirklichen, die schöpferische Vernunft, aus der die Welt entstand und die sich in der Welt spiegelt. Gott ist Logos – Sinn, Vernunft, Wort, und darum entspricht ihm der Mensch durch die Öffnung der Vernunft und das Eintreten für eine Vernunft, die für die moralischen Dimensionen des Seins nicht blind sein darf."[55]

Die homiletische Version dieses Plädoyers für den Gott-Logos hat Ratzinger dann einen Tag später bei einer Messe zum Dreifaltig-

---

[54] Ratzinger, Joseph: Auf der Suche nach dem Frieden. Zit. nach Deutsche Tagespost. Nr. 407 vom 12.06.2004. Nach einem Online-Ausdruck vom 12.06.2004. 6 Seiten, hier 5.

[55] Ratzinger: Frieden (Anm. 54), 5.

keitsfest in der Kathedrale von Bayeux geliefert – wenn auch etwas kontaminiert von seinem notorisch schwarz gemalten Neuzeitklischee;[56] gleichwohl sieht er die erlösende Kraft der christlichen Mission dadurch verbürgt, dass sie in Jesus Christus den Gott zeigen konnte, „der Vernunft und Liebe ist [. . .] und; K. M.] der stärker ist als alle dunklen Mächte, die es in der Welt geben mag [. . .]."[57]

Deutlicher kann eine mit dem Glauben verschwisterte Vernunft kaum mehr als Wurzel der christlichen Botschaft zur Geltung gebracht werden.

Um so aufregender ist natürlich die Debatte, die dann um die Glaubwürdigkeit einer solchen Wahrheitsgestalt und ihrer Bezeugung zu führen ist – natürlich auch religionstheologisch, aber nichtsdestoweniger und zuvor auch schon philosophisch. Es ist ohnehin nicht zu fassen, wie in manchen Theologenkreisen dieser Herausforderung regelrecht aus dem Weg gegangen wird, nachdem Erich Auerbach bereits vor mehr als 60 Jahren mit rein literaturwissenschaftlichem Instrumentar den Nachweis geführt hat, dass jede Lektüre der biblischen Traditionen zwangsläufig fehlgeht, die nicht beachtet, dass diese (anders als etwa die Homerische Dichtung) einen geradezu „tyrannisch"[58] zu nennenden Wahrheitsanspruch mit sich führen. Nur so kann es ja auch zu einem Spannungsverhältnis zwischen Vernunft und Glaube kommen (womit dieses seinerseits als Probe auf Auerbachs These zu gelten hat). Ausgetragen wird die Debatte darüber seit einigen Jahren vor allem in der 1997/98 von Jan Assmann angestoßenen Debatte über Monotheismus versus Kosmotheismus und die etwaige strukturelle Tendenz zur Gewaltförmigkeit seitens der Monotheismen.[59] Mittlerweile hat auch Gianni Vattimo nochmals eine Fort-

---

[56] Vgl. dazu Sottopietra: Wissen aus der Taufe (Anm. 53).

[57] Ratzinger, Joseph: Die Welt braucht Gottes Anwesenheit. Predigt des Präfekten der römischen Glaubenskongregation am 06. Juni 2004 in der Kathedrale zu Bayeux. Zit. nach Deutsche Tagespost. Nr. 407 vom 12.06.2004. Nach einem Online-Ausdruck vom 12.06.2004. 3 Seiten. Hier 1.

[58] Auerbach, Erich: Mimesis. Dargestellte Wirklichkeit in der abendländischen Literatur (1946). 10. Aufl. Tübingen; Basel 2001, 17. Vgl. 5–27.

[59] Vgl. Assmann, Jan: Moses der Ägypter. Entzifferung einer Gedächtnisspur. München – Wien 1998. – Ders.: Die Mosaische Unterscheidung oder der Preis des Monotheismus. München – Wien 2003. – Vgl. dazu Müller, Klaus: Der Monotheismus im philosophischen Diskurs der Gegenwart. In: Söding, Thomas (Hg.): Ist der Glaube Feind der Freiheit? Die neue Debatte um den Monismus. Freiburg i. Br. – Basel – Wien 2003. (QD 196),

schreibung seiner Thesen in *Glauben – Philosophieren* von 1996[60] vorgelegt, die die ganze Thematik unter Rekurs auf Friedrich Nietzsche, Wilhelm Dilthey und vor allem den frühen (religionsphilosophischen)[61] Martin Heidegger im Sinn eines fundamentalen, aber reziprok sich bestimmenden Antagonismus zwischen griechischer Philosophie (Metaphysik) und der Hermeneutik als der in Wahrheit christlichen Theorie der Moderne ausbuchstabiert und deren Charakteristikum in der Schwächung von Machtdispositiven und starken Ligaturen ausmacht, die sich aus einer von Augustinus bis Kant reichenden subjektphilosophischen Ressource nährt.[62]

Ich bin mir vor diesem Hintergrund einer Rückkehr religiöser Gehalte ins Zentrum philosophischer Diskurse nicht sicher, wie entschieden Habermas' Verdikt aus dem Gespräch von 1999, dass eine Philosophie, die trösten wolle, keine Philosophie sei[63], das letzte Wort in der Sache bleiben kann und wird. Im Kant-Aufsatz von 2004 ist an die Stelle des normativen Vorbehalts eine konstatierende Bilanz getreten, Philosophie „[. . .] verfüg[e] nicht mehr über die Art von Gründen, die ein einziges motivierendes Weltbild vor allen anderen auszeichnen könnten, und zwar ein Weltbild, das existentielle Erwartungen erfüllt, ein Leben im ganzen verbindlich orientiert oder gar Trost spendet."[64]

Dem steht ganz unmittelbar entgegen, dass eben dies das seit Jahrzehnten leitende Anliegen im Denken des in vielfältigem Zu-

---

176–213. – Ders.: Monotheismus unter Generalverdacht. Philosophisches zu einem aktuellen, aber nicht ganz neuen Phänomen. In: Religionsunterricht an höheren Schulen 45 (2002), 339–350 – Ders.: Gewalt und Wahrheit (Anm. 36).

[60] Vgl. Vattimo, Gianni: Glauben-Philosophieren. Aus dem Italienischen übers. v. Christiane Schultz. Stuttgart 1997.

[61] Bezug genommen wird damit vor allem auf Heideggers Vorlesungen zu den beiden Thessalonicherbriefen (den ältesten Teilen des Neuen Testaments) und zum Galaterbrief aus dem WS 1920/21. Vgl. Heidegger, Martin: Phänomenologie des religiösen Lebens. 1. Einleitung in die Phänomenologie der Religion. 2. Augustinus und der Neuplatonismus. 3. Die Philosophischen Grundlagen der mittelalterlichen Mystik. Frankfurt a. M. 1995 (GA; 60).

[62] Vgl. Vattimo: Jenseits des Christentums (Anm. 7), besonders 142–166. – Vgl. auch Vattimo, Gianni: Christentum im Zeitalter der Interpretation. In: Ders. – Schröder, Richard – Engel, Ulrich: Christentum im Zeitalter der Interpretation. Hrsg. v. Thomas Eggensperger. Wien 2004, 17–32.

[63] Vgl. Habermas: Gespräch (Anm. 15), 192.

[64] Habermas: Grenze (Anm. 21), 157–158 (Version 2004), 248 (Version 2005).

spruch und Einspruch mit Habermas verbundenen Dieter Henrich ausmacht und dort sehr wohl eben jene Art von Gründen entfaltet wird, von der Habermas behauptet, die Philosophie verfüge nicht mehr über sie.[65] Allerdings sind diese Gründe solche, die nur aus jener zu Habermas' sozial- und geschichtsphilosophischer Verortung alternativen Perspektive gewonnen werden können, die er als „eher ästhetisch-platonische"[66] apostrophiert. Diesbezüglich begegnen sich Habermas und Henrich in einer bislang zwischen beiden nie explizit gemachten Kontroverskonstellation, die strukturell verblüffend mit derjenigen zwischen Henrich und Michael Theunissen konvergiert. In einem großen Vortrag bei einem Symposion anlässlich des 75. Geburtstags Henrichs hatte Theunissen den Denkweg des Jubilars nachgezeichnet und die Skizze mit der Anfrage abgeschlossen, ob Henrich denn das endliche Subjekt mit der ihm aus einem bewusst geführten Leben zugetrauten Einbergung der Lebensbilanz in letzte Gedanken eines großen Ganzen und Einen, einer wenn auch nur inchoativ präsentischen Versöhntheit mit sich, nicht überfordere.[67] In seiner freien Replik auf Theunissen nahm Henrich genau dazu Stellung und erklärte in bewegendem Ernst, er habe deswegen nicht Theologe sein können, weil es ihm unmöglich war, in einer solchen Exklusivität wie – so Henrich wörtlich – „der christliche Theologe Theunissen" den Gedanken geglückten Lebens an ein (biblisch-christlich gedachtes) Eschaton zu binden. Die Rückfrage, die er diesbezüglich

---

[65] Vgl. Müller, Klaus: Aufgaben eines bewusst geführten Lebens. Zu Dieter Henrichs Projekt einer metaphysischen Existenzdeutung. In: Philotheos 4 (2004), 82–97. Ders.: „. . . was überhaupt wirklich und was ein erstes Wirkliches ist." Mit Dieter Henrich unterwegs zu letzten Gedanken. In: Hoff, Gregor M. (Hg.): Auf Erkundung. Theologische Lesereisen durch fremde Bücherwelten. Mainz 2005, 149–165. – Ders.: Zwischen Ichgewissheit und Fiktion. Über die Grenzlogik religiöser Wahrheit. In: Oberhammer, Gerhard (Hg.): Glaubensgewissheit und Wahrheit in religiösen Traditionen. Wien 2005 [Im Erscheinen].

[66] Habermas: Gespräch (Anm. 15), 183. – Vgl. dazu auch die ausführliche Skizze dieser Option in Habermas: Grenze (Anm. 21), 252–253 (nur Version 2005).

[67] Vgl. Theunissen, Michael: Der Gang des Lebens und das Absolute. Für und wider das Philosophiekonzept Dieter Henrichs. In: Deutsche Zeitschrift für Philosophie 50 (2002), 343–362, hier 360. – Vgl. mittlerweile auch die systematische Vertiefung des Problems in: Ders.: Philosophischer Monismus und christliche Theologie. In: Zeitschrift für Theologie und Kirche 102 (2005), 397–408.

zeitnah zu dieser Replik schriftlich an Theunissen richtete, der eine angemessene Antwort auf die Frage, was der Mensch sei, im Ende chronotheologisch an die durch die christliche Tradition vergegenwärtigte Dimension eschatologischer Hoffnung bindet, präzisiert das:

„Ich denke, daß doch alles dafür spricht, die Bahn des Zeitdenkens nicht so zu fixieren, daß den Menschen angesonnen werden muß, ihr gesamtes Dasein in eine Zukunftserwartung zu konzentrieren, deren Erfüllung ein Leben nach dem Tode voraussetzt und die schon deshalb für sie niemals schlechthin gewiß werden kann. Die Erwartung könnte beruhigter aus einer Gegenwart des Lebens und der in ihr gelegenen Gewißheit hervorgehen, die auch von Erfahrungen bestimmt ist, welche nicht in einer letzten Analyse vor dem Bild wahrhafter Erfüllung als eitel und nur notbeladen abzuwerten sind."[68]

Spätestens seit 1982 lässt Henrich keinen Zweifel mehr daran, dass er eine im beschriebenen Sinn wirkliche Versöhnung endlicher Vernunft mit sich aus der Logik der Selbstbeschreibung selbstbewusster Subjektivität primär der spekulativen Philosophie zutraue und eine Konvergenz zwischen dieser und der monistischen Grundstruktur fernöstlicher Religionen erkenne, dagegen die theistischen Traditionen im Wesentlichen für verschlissen halte[69] (es sei

---

[68] Henrich, Dieter: Zeit und Gott. Anmerkungen und Anfragen zur Chronotheologie. In: Angehrn, Emil u. a. (Hgg.): Der Sinn der Zeit. Weilerswist 2002, 15–39, hier 39. – Kritische, wenn auch wohl nicht radikal genug durchgehaltene Anfragen an Theunissen vgl. diesbezüglich bei Scharf, Susanne: Zerbrochene Zeit – Gelebte Gegenwart. Philosophisch-theologische Analyse und Transformation der „Negativen Theologie der Zeit" Michael Theunissens. Regensburg 2004 (ratio fidei, Band 27). – Wie sich der Ausschluss jeglichen präsentischen Versöhntseins ohne ein theologisches Widerlager wie bei Theunissen ausnimmt, vgl. in Gestalt der tragizistischen „theoria negativa" (27) einer schwarzen Absenz-Metaphysik bei Hindrichs, Gunnar: Metaphysik und Subjektivität. In: Philosophische Rundschau 48 (2001), 1–27, hier 25–27. Wohin aber in ihr mit jenem Hauch von Versöhntheit, der doch auch zu bewusst gelebtem Leben – selbst noch in Situationen der Not oft – gehört? – Eine frappante und philosophisch folgenreiche Parallele zu Henrichs Votum für das Präsens geglückten Lebens findet sich im Werk von Leo Strauss und seinem lebenslangen Ringen um das Verhältnis von Offenbarung und Philosophie. Vgl. dazu Meier, Heinrich: Das theologisch-politische Problem. Zum Thema von Leo Strauss. Stuttgart 2003, hier bes. 69 f.

[69] Vgl. Henrich, Dieter: Das Selbstbewußtsein und seine Selbstdeutungen. In: Ders.: Fluchtlinien. Philosophische Essays. Frankfurt a. M. 1982, 125–181.

denn, würde ich im Blick auf einschlägige jüngere Erwägungen
Henrichs ergänzen, wenn sie sich darauf verstünden, an die Potenziale ihrer eigenen, oft verdeckten monistischen Implikate praktisch
und theoretisch Anschluss zu finden[70]).

Bei dieser existenzphilosophischen Ortsbestimmung und ihren
religionsphilosophischen Konsequenzen handelt es sich keineswegs um eine mehr oder weniger dezisionistische Option.[71] Vielmehr ergibt sich diese Wendung in Henrichs Subjektmetaphysik
aus deren Genesis und dem Aufkommen einer auf die Selbstbeschreibung in „letzten Gedanken" bezogenen Wahrheitsfrage, die
so lange unabweislich ist, als ein Subjekt seinem Dasein in der
Welt in der Instanz autonomer Vernunft auf irgend eine Weise Be-
wandtnis zuerkennt.[72] Zwar wird diese Denkform von eben den
Vorbehalten getroffen, die Habermas auch gegen die Weise, wie
Karl Jaspers das Erbe Kierkegaards antritt, vorbringt: nämlich den
Geltungsanspruch philosophischer Aussagen in eine Familienähn-
lichkeit mit dem Status von Glaubenswahrheiten zu überführen.[73]
Ein triftiges Gegenargument ist das aber nicht, denn abgesehen
davon, dass hinter der Operation Jaspers' ein Verständnis von Philosophie steht, das bis zu Platon zurückreicht, lässt das umgekehrt
auch die Frage aufkommen, ob nicht Habermas unbeschadet aller
Säkularisierungsdynamik so tief in das jüdisch-christlich Erbe verstrickt ist, dass ihm dadurch die scharfe Sicht auf jenes andere
Paradigma, was dessen Verständigungskraft betrifft, verstellt ist –
die auffällig glatte Rede vom durch die Kirchen überwundenen
(vorchristlich-kosmotheistischen) „Heidentum"[74] und von der Lüf-
tung des Geheimnisses durch bestimmte Religionen machen hell-

---

[70] Vgl. dazu Müller, Klaus: Streit um Gott. Politik, Poetik und Philosophie
im Ringen um das wahre Gottesbild. Regensburg 2006.

[71] Vgl. dazu auch Henrich, Dieter: Religion und Philosophie – letzte Gedanken – Lebenssinn. Drei Versuche, auf Rückfragen von Ulrich Barth zu antworten. In: Korsch, Dietrich – Dierken, Jörg (Hgg.): Subjektivität im Kontext.
Erkundungen im Gespräch mit Dieter Henrich. Tübingen 2004 (Religion in
Philosophy and Theology; 8), 211–231.

[72] Vgl. Henrich, Dieter: Versuch über Kunst und Leben. Subjektivität – Welt-
verstehen – Kunst. München 2001 (Edition Akzente), 40.

[73] Vgl. Habermas: Grenze (Anm. 21), 157 (Version 2004). 247 (Version 2005). – Vgl. dazu auch Henrich, Dieter: Der Mensch als Subjekt in
den Weisen seines Mitseins. In: Hügli, Anton – Kaegi, Dominik – Wiehl,
Reiner (Hgg.): Einsamkeit – Kommunikation – Öffentlichkeit. Basel 2004,
26–50.

[74] Habermas: Gespräch (Anm. 15), 178.

hörig.[75] Nicht zuletzt würde sich daraus auch erklären, warum Habermas neben Hans-Georg Gadamer und dann später Emmanuel Levinas – und wie in deren Fällen ohne Rücksicht auf etwaige damit verbundene Hypotheken[76] – zu einer privilegierten Referenzadresse zeitgenössischer Theologie geworden ist.

---

[75] Vgl. Habermas: Glauben (Anm. 18), 28.

[76] Vgl. dazu Möres, Cornelia: Das kommunizierende Ich? Eine Untersuchung zum Kommunikationsbegriff in der Theologie in Auseinandersetzung mit der theologischen Rezeption von Jürgen Habermas. Diss. Münster 2005.

3. JÜRGEN HABERMAS ALS KRITISCHER GESPRÄCHSPARTNER DER ZEITGENÖSSISCHEN THEOLOGIE

Walter Raberger

„ÜBERSETZUNG" – „RETTUNG" DES HUMANEN?

1. „Unter den modernen Gesellschaften wird nur diejenige, die wesentliche Gehalte ihrer religiösen, über das bloß Humane hinausweisenden Überlieferung in die Bezirke der Profanität einbringen kann, auch die Substanz des Humanen retten können."[1]

Es sei dem Theologen gestattet, mit einem von J. Habermas zitierten Wort Th. W. Adornos zum Thema „Wozu noch Philosophie?" den Beitrag zu eröffnen, weil eine sich selbst reflektierende Theologie darin Kriterien der Identität und der Differenz mit der sie allenthalben kritisch richtenden und auch vereinnahmend rettenden Vernunft festmachen kann. „Philosophie," – so Adorno – „wie sie nach allem allein zu verantworten wäre, dürfte nicht länger des Absoluten sich mächtig dünken, ja müßte den Gedanken daran sich verbieten, um ihn nicht zu verraten, und doch vom emphatischen Begriff der Wahrheit nichts sich abmarkten lassen. Dieser Widerspruch ist ihr Element. Es bestimmt sie als negative."[2] Die Kritik, die hier gegen den Anspruch einer affirmativen Metaphysik auftritt, mag wohl ebenso einer mit „Metaphysik verschmolzenen Theologie"[3] gelten, wird doch in ihr als identifizierbares Kontinuum gerade jener Anspruch entdeckt, sich die Zuständigkeit für die Darstellung und „Übersetzung" des Absoluten ins Alltägliche und Profane anmaßen zu dürfen.

---

[1] Habermas, J., Die verkleidete Tora. Rede zum 80. Geburtstag von Gershom Scholem (1978). In: ders., Politik, Kunst, Religion. Essays über zeitgenössische Philosophen. Stuttgart 1989, 141.

[2] Adorno, Th. W., Wozu noch Philosophie: Kulturkritik und Gesellschaft (Gesammelte Schriften 10/II, 461); vgl. dazu: Habermas, J., Wozu noch Philosophie? (1971). In: ders., Philosophisch-politische Profile. Erweiterte Ausgabe. Frankfurt 1987, 15.

[3] Habermas, J., Zu Max Horkheimers Satz: „Einen unbedingten Sinn zu retten ohne Gott, ist eitel". In: ders., Texte und Kontexte. Frankfurt 1991, 113.

Freilich, eine Beschäftigung mit der Genese dogmatischer Reflexionsprozesse eröffnet auch andere Horizonte. So zeigt die Formel des Konzils von Chalzedon eine ganz und gar nicht eindimensionale Konfiguration: weil nämlich einerseits nichts vom *Humanen* – exemplarisch an der Lebensgeschichte Jesu ausgewiesen – gelingen werde, wenn dieses Humane sich nicht selbst einer Idealität guten und gültigen Lebens vergewissern sollte, weil andererseits der unbedingte Sinn des Humanen aber letztlich nicht ohne das Rettende einer Transzendenz (Inkarnation) gedacht werden könnte. Demnach wäre „Christologie" im Sinne der transzendentalen Theologie K. Rahners jenes Einbekenntnis, dass es keine Theologie ohne Anthropologie, aber eben auch keine Anthropologie ohne Theologie gibt.

Die Geschichte des so genannten abendländischen Beziehungsverhältnisses zwischen der philosophischen Selbstpositionierung und der jüdisch-christlichen Orientierungskultur empfiehlt für eine Reflexion dieses Prozesses wohl mit einigem Recht die Bezugnahme auf die Begriffe „Vernunft" und „Offenbarung". Unter dem Gesichtspunkt eines nachmetaphysischen Denkens plädiere ich jedoch für eine andere Differenzierung, für eine von J. Habermas übernommene Unterscheidung zwischen einer „Transzendenz von innen" und einer „Transzendenz ins Diesseits"[4]. Ich lese diese Differenzierung im Kontext einer Auseinandersetzung mit jenem bekannten Diktum M. Horkheimers: „Einen unbedingten Sinn zu retten ohne Gott, ist eitel."[5] In diesem Diktum wird eine Spannung greifbar, die aus den in Religion und Philosophie unterschiedlich eingeschriebenen Motivationen für eine Annäherung an gelingende Lebensformen eingeschrieben sein dürfte. Die veränderte religionskritische Einstellung des späten Horkheimer greift auf einen Theismus zu, wohl nicht zuletzt in der Absicht, das im Selbstverrat der Aufklärung zerstörte Humane wiederum in den Blick zu bringen, um Wege zu dessen Rettung aufzuweisen. „Wahrheit als emphatische, menschlichen Irrtum überdauernde, läßt aber vom Theismus sich nicht schlechthin trennen. Sonst gilt der Positivismus, mit dem die neueste Theologie bei allem Widerspruch verbunden ist. Nach ihm heißt Wahrheit Funktionieren von Berechnungen, Gedanken sind Organe, Bewußtsein wird jeweils so weit überflüssig, wie die zweckmäßigen Verhaltens-

---

[4] Habermas, J., Exkurs: Transzendenz von innen, Transzendenz ins Diesseits. In: ders., Texte und Kontexte. Frankfurt 1991, 127.

[5] Habermas, J., Zu Max Horkheimers Satz: „Einen unbedingten Sinn zu retten ohne Gott, ist eitel". In: ders., Texte und Kontexte. Frankfurt 1991, 110.

weisen, die durch es vermittelt waren, im Kollektiv sich einschleifen. Einen unbedingten Sinn zu retten ohne Gott ist eitel . . . Ohne Berufung auf ein Göttliches verliert die gute Handlung, die Rettung des ungerecht Verfolgten ihre Glorie . . . Zugleich mit Gott stirbt auch die ewige Wahrheit."[6]

In Zeiten wie diesen, die ohne Zweifel einer Feststellung zuarbeiten, dass „die Masse der Bevölkerung . . . in den fundamentalen Schichten der Identitätssicherung erschüttert ist"[7], scheint M. Horkheimers These ins Zentrum der theologischen Betroffenheit zu zielen. Die Betroffenheit reicht freilich nicht aus, um sich der Gewissheit des Behaupteten zu versichern. Nicht alles, was sich der theistischen Begründung des Humanen verweigert, optiert für die Geltung des Positivismus, nicht jede säkulare Erkenntnis schlägt um in Technik, weil sie ihre Begründungsmuster nicht mehr aus den Geltungskriterien der jüdisch-christlichen Tradition ableitet.[8] Mit dem neuzeitlichen Epochenbruch wird dieses Problem jedenfalls höchst virulent. I. Kant scheint ein interessantes Beispiel für die Reflexion des Ambivalenten abzugeben. In der Vorrede zur Religionsschrift klingt es wie ein Leitmotiv: „Die Moral, so fern sie auf dem Begriff des Menschen, als eines freien, eben darum aber auch sich selbst durch seine Vernunft an unbedingte Gesetze bindenden Wesens, gegründet ist, bedarf weder der Idee eines andern Wesens über ihm, um seine Pflicht zu erkennen, noch einer anderen Triebfeder als des Gesetzes selbst, um sie zu beobachten."[9] Bei der Frage nach den Bedingungen der Unbedingtheit des Verpflichtetseins sowie bei der Frage nach der Rechtfertigung des Vertrauens, dass bei einer faktischen Gebrochenheit von Wissen und Wollen und auch bei gegebener Fallibilität aller Anstrengungen die Absicht der moralischen Vernunft nicht ins Leere und Unerfüllbare ziele, präsentiert sich das autonome Bewusstsein doch wiederum in der Gestalt der Hoffnung und einer postulatorischen Diktion: also ungeachtet dessen, dass

---

[6] Horkheimer, M., Theismus – Atheismus (1963). In: Gesammelte Schriften 7: Vorträge und Aufzeichnungen 1949–1973. Hamburg 1985, 184.

[7] Habermas, J., Wozu noch Philosophie?, 36.

[8] Dies ändert nichts an meiner Zustimmung zu Adornos Wort: „Erkenntnis hat kein Licht, als das von der Erlösung her auf die Welt scheint: alles andere erschöpft sich in der Nachkonstruktion und bleibt ein Stück Technik." (Minima Moralia. Reflexionen aus dem beschädigten Leben. In: Gesammelte Schriften 4. Frankfurt 1996[2] [1951], 283).

[9] Kant, I., Die Religion innerhalb der Grenzen der bloßen Vernunft (Werke in zehn Bänden, hrsg. von W. Weischedel. Darmstadt 1975), VII 649.

„das christliche Prinzip der Moral selbst doch nicht theologisch (mithin Heteronomie), sondern Autonomie der reinen praktischen Vernunft für sich selbst [ist], weil sie Erkenntnis Gottes und seines Willens nicht zum Grunde dieser Gesetze, sondern nur der Gelangung zum höchsten Gute, unter der Bedingung der Befolgung derselben macht,"[10] sieht Kant sich veranlasst zur Forderung, „Gott, Freiheit und Unsterblichkeit voraussetzen" zu müssen, gerade um der Erreichung des höchsten Gutes willen, zumal dessen Erreichung „Pflicht, die Möglichkeit der Ausführung derselben aber für uns nicht e i n - z u s e h e n ist".[11]

M. Horkheimers Diktum mag wohl hinter dieses *Zugleich* von religionskritischer und religionsbeerbender Reflexion zurückgegangen sein. Nicht ohne Grund urteilt J. Habermas, wenn er bemerkt: „Daß es eitel sei, einen unbedingten Sinn retten zu wollen ohne Gott, verrät nicht nur ein metaphysisches Bedürfnis. Der Satz selbst ist ein Stück jener Metaphysik, ohne die heute nicht nur die Philosophen, sondern selbst die Theologen auskommen müssen."[12] Dazu sei freilich die Frage angemerkt, ob Theologen dem unwidersprochen zustimmen können, insofern ja durchaus Gründe anzugeben sind, warum „nachmetaphysisches Denken noch mit einer religiösen Praxis. Und dies nicht im Sinne der Gleichzeitigkeit von Ungleichzeitigem"[13] *koexistiert.* Selbstverständlich ist es angebracht und wohl auch geboten, Merkmale der Unterscheidung zu benennen, doch kann die Knappheit des Schemas über eine Klärung des Verhältnisses hinausschießen, wenn es heißt: „Nachmetaphysisches Denken unterscheidet sich von Religion dadurch, daß es den Sinn des Unbedingten rettet ohne Rekurs auf Gott oder ein Absolutes . . . Der Sinn von Unbedingtheit ist nicht dasselbe wie ein unbedingter Sinn, der Trost spendet."[14] Präziser hinsichtlich des Unterscheidens scheint mir jener Modus der *sprachpragmatischen* und *prozeduralistischen Wendung* zu sein, wenn die Rede ist von der „Wahrheit als die Einlösbarkeit eines Wahrheitsanspruchs unter den Kommunikationsbedingungen einer idealen, d. h. im sozialen Raum und in der historischen Zeit ideal erweiterten Gemeinschaft von Interpreten. Die kontrafaktische Bezugnahme auf eine solche

---

[10] Kant, I., Kritik der praktischen Vernunft, V 260.

[11] Kant, I., Kritik der Urteilskraft, VIII 603.

[12] Habermas, J., Zu Max Horkheimers Satz, 111.

[13] Habermas, J., Nachmetaphysisches Denken. Philosophische Aufsätze. Frankfurt 1988, 60.

[14] Habermas, J., Zu Max Horkheimers Satz, 125.

unbegrenzte Kommunikationsgemeinschaft ersetzt das Ewigkeitsmoment oder den überzeitlichen Charakter von ‚Unbedingtheit'
durch die Idee eines offenen, aber zielgerichteten Interpretations-
prozesses, der die Grenzen des sozialen Raumes und der historischen Zeit von innen, aus der Perspektive einer *in der Welt* verorte-
ten Existenz heraus transzendiert"[15].

Mit den Markierungen „Ewigkeitsmoment" und „überzeitlicher
Charakter von ‚Unbedingtheit'" wird die Einschätzung des semantischen Gehaltes von *Offenbarung* deutlich. Die Wirkungsgeschichte
des jüdisch-christlichen Selbstverständigungsprozesses hat diese
Einschätzung auch mit Nachdruck befördert: weil „Offenbarung" im
religiösen Bewusstsein – nicht ohne institutionelle Vorgaben – als
Einsage aus dem *Jenseits ins Diesseits* oder als Instruktionsaktivität
der Transzendenz verstanden wurde, als kontextüberschreitende
und gegen fallible Orientierungen immune Gewissheit, als heteronome, durch keinerlei Interpretationskompetenz endlicher Weltwesen problematisierbare Unbedingtheit. Im Horizont theologischer
Diskurse chiffriert „Offenbarung" als Reflexionskategorie freilich
auch Momente einer anderen Art von Negation: dass die im Gottesbegriff verankerte Alterität des Glaubens nicht auf eine Entmün-
digung des Subjekts, nicht auf eine Stilllegung des Korrekturbedürf-
nisses hinsichtlich unbedingter Wahrheitsbehauptungen zielt, sondern auf das Faktum der menschlichen Verblendungsgeschichte
und der daraus resultierenden Vernichtung von Opfern, die durch
keinen Akt der Selbstermächtigung gerettet werden können.

Das theologisch nicht reflektierte, sondern religiös praktizierte
Verständnis des Offenbarungsbegriffs konnotiert zweifellos mit der
Gewissheitskategorie einer von jeder Kommunikations- und Argumentationspraxis abgekoppelten Letztbegründung, doch sollte auch
einmal die Umkehrfolie wahrgenommen werden, dass die Affirma-
tionen der jüdisch-christlichen Gotteslehre eigentlich unter den Bedingungen des Bilderverbots zu lesen sind, dass die „Autorität des
Gottesstandpunktes" auch einmal nicht als Waffe gegen das neuzeitliche Autonomiebewusstsein und Emanzipationsverhalten gewertet werden sollte, sondern als Einspruchskategorie gegen jede
Art von Machthypostasierungen und Instrumentalisierung menschlichen Lebens. „Im Gottesbegriff" – so M. Horkheimer – „war lange
Zeit die Vorstellung aufbewahrt, daß es noch andere Maßstäbe
gebe als diejenigen, welche Natur und Gesellschaft in ihrer Wirk-

---

[15] Ebenda, 124.

samkeit zum Ausdruck bringen."[16] Nicht ungern zitiere ich darüber hinaus J. Habermas, insofern ich darin ein Beispiel für eine Rettung religiöser Gehalte im Sinn der Rettung des Humanen erkenne: mit den Theologumena der „Ebenbildlichkeit" und „Geschöpflichkeit" des Menschen könnte durchaus verdeutlicht werden, dass nicht metaphysische Bedürfnisse abgegolten werden, sondern abhanden gekommene Sinnressourcen aufgerufen werden. „Diese Geschöpflichkeit des Ebenbildes drückt eine Intuition aus, die in unserem Zusammenhang auch dem religiös Unmusikalischen etwas sagen kann . . . Gott bleibt nur so lange ein ‚Gott freier Menschen', wie wir die absolute Differenz zwischen Schöpfer und Geschöpf nicht einebnen. Nur so lange bedeutet nämlich die göttliche Formgebung keine Determinierung des Menschen, die der Selbstbestimmung des Menschen in den Arm fällt . . . Die ins Leben rufende Stimme Gottes kommuniziert von vornherein innerhalb eines moralisch empfindlichen Universums."[17]

Die Wahrnehmung dessen, dass die Sprache der jüdisch-christlichen Religion Intuitionen und Visionen artikuliert, die auf humane Sinnressourcen zielen, stellt begreiflicherweise für die Theologie eine Verpflichtung dar, die Refertigungsgründe für die Wahrheitsansprüche dieser Intuitionen zu eruieren. Besondere Impulse zur Reflexion der dogmatischen Gehalte sowie der institutionell organisierten Traditionsbewertungen verdankt die Theologie dabei oftmals gerade jenen Herausforderungen, welche bislang geltende Denk- und Handlungsgewissheiten fundamental irritieren, Herausforderungen, wie sie beispielsweise mit dem Paradigma von Neuzeit und Aufklärung in Verbindung gebracht werden, skizzierbar etwa durch die Formel vom „Wechsel der Perspektiven von Gott zum Menschen"[18]. „‚Gültigkeit' bedeutet jetzt, daß moralische Normen die

[16] Horkheimer, M., Die Sehnsucht nach dem ganz Anderen (1970). In: Gesammelte Schriften VII, 392.

[17] Habermas, J., Glauben und Wissen. Frankfurt 2001, 30. Vgl. dazu: Habermas, J., Zur Diskussion mit Kardinal Ratzinger: zur debatte. Themen der Katholischen Akademie in Bayern 34 (2004/1), 4: „Die Übersetzung der Gottesebenbildlichkeit des Menschen in die gleiche und unbedingt zu achtende Würde aller Menschen ist eine solche rettende Übersetzung. Sie erschließt den Gehalt biblischer Begriffe über die Grenzen einer Religionsgemeinschaft hinaus dem allgemeinen Publikum von Andersgläubigen und Ungläubigen."

[18] Habermas, J., Eine genealogische Betrachtung zum kognitiven Gehalt der Moral. In: ders., Die Einbeziehung des Anderen. Studien zur politischen Theorie. Frankfurt 1996, 52.

Zustimmung aller Betroffenen finden könnten, sofern diese nur in praktischen Diskursen gemeinsam prüfen, ob eine entsprechende Praxis im gleichmäßigen Interesse aller liegt. In dieser Zustimmung drückt sich beides aus: die fallible Vernunft der *beratenden* Subjekte, die sich gegenseitig von der Anerkennungswürdigkeit einer hypothetisch eingeführten Norm überzeugen, und die Freiheit der *gesetzgebenden* Subjekte, die sich zugleich als Urheber der Normen verstehen, denen sie sich als Adressaten unterwerfen. Im Geltungssinn moralischer Normen hinterlassen sowohl die Fallibilität des entdeckenden wie die Konstruktion des entwerfenden menschlichen Geistes ihre Spuren."[19]

Mit der Verabschiedung „der epistemischen Autorität des Gottesstandpunktes"[20] haben sich die Begründungsargumente hinsichtlich der Geltung verbindlicher Normen fürwahr grundlegend verändert. Dennoch: bleibt eine dogmen- und theologiegeschichtliche Erhebung der Genese von lebensorientierenden und handlungsverpflichtenden „Wahrheiten" auf einer beschreibenden Ebene, dann begegnet uns zumal im Kontext der christlichen Lebenswelt eine interessante Diastase von Begründung und Prozedur. Die so genannten hl. Schriften als Gründungsurkunden für Glaubens- und Kommunikationsgemeinschaften enthalten – ausgewiesen durch textkritisch oder redaktionsgeschichtlich agierende Exegese – alle Komponenten von *beratenden* und *gesetzgebenden* Subjekten, von Problematisierungen und Neuschreibungen. Erst recht die dogmenproduktiven Konzilien und Synoden dokumentieren eine Autorschaft, welche selbst im konfliktgeschichtlichen Ambiente – auf der Basis der geltenden Begründungs- und Überzeugungslogik – nicht ohne mehrheitliche Zustimmung und Anerkennung der teilnehmenden Aktoren die Verbindlichkeit der Interpretationen formuliert. Soweit auf der Ebene der *Prozedur*. Auf der Ebene der Selbstverständigungsdiskurse bestehen aber selbst theologisch-rationale Erklärungsmuster auf einer Fundierung der Wahrheitsbehauptung im Modus der Vergewisserung durch Transzendenzbezug[21], artikuliert

---

[19] Ebenda.

[20] Ebenda, 50. Vgl. dazu: „Mit diesem Perspektivenwechsel zu einer ‚Transzendenz von innen' stellt sich die Frage, ob aus der subjektiven Freiheit und der praktischen Vernunft des gottverlassenen Menschen die spezifisch bindende Kraft von Normen und Werten überhaupt begründet werden kann – und wie sich dabei gegebenenfalls die eigentümliche Autorität des Sollens verändert." (ebenda, 16.)

[21] Vgl. dazu die von K. Rahner durchgezogene theologische Konfiguration einer „Selbstmitteilung Gottes".

als *Offenbarung* und *Inspiration*, wodurch das *gesetzgebende* und *beratende* Vermögen der menschlichen Kommunikationsgemeinschaft eigentlich ausgelagert wird.

Die Religionskritik ist je nach spezifischem Hintergrundwissen mit unterschiedlichen Wertungen an dieses epistemische Begründungsdefizit der Religionssysteme herangegangen. Eine grundsätzliche Problematik ist sicherlich damit gegeben, dass religiöse Systeme nicht primär Hantierungswissen zur Aneignung *der* Welt, sondern (soteriologisch) relevantes Wissen zur Orientierung *in* der Welt vermitteln wollen. Wie J. Habermas in einer frühen Studie[22] zitierend aufzeigt, gewann bei der Frage nach der im Orientierungswissen möglicherweise diskursiv angelegten *Anerkennungswürdigkeit* von Geltungsansprüchen eine These Bedeutung, nämlich: „daß lebenspraktisch relevante Entscheidungen, ob sie nun in der Annahme von Werten, in der Wahl eines lebensgeschichtlichen Entwurfs . . . bestehen, einer vernünftigen Beratung nicht zugänglich und eines rational motivierten Konsensus nicht fähig sind", eine These, welche nicht selten als Erklärung dafür herhalten muss, dass die aus der Rationalität entlassenen Weltbilder dadurch motiviert würden, „durch Rückkehr in die geschlossene Welt der mythischen Bilder und Mächte eine sozial verbindliche Vorentscheidung praktischer Fragen institutionell zu sichern."[23]

2. „Nichts an theologischem Gehalt wird unverwandelt fortbestehen; ein jeglicher wird der Probe sich stellen müssen, ins Säkulare, Profane einzuwandern."[24]

Bei der mir unverzichtbar scheinenden Frage nach den Bedingungen einer Chance, die *Substanz des Humanen retten* zu können, gehe ich einmal davon aus, dem jüdisch-christlichen Religionssystem ein ausdrückliches Interesse an jenem Unterfangen der *Rettung* des Humanen unterstellen zu dürfen. Die religionskritisch eingebrachte Infragestellung dieses Interesses sowie die aus der nachmetaphysischen Perspektive behauptete grundsätzliche Sinnlosigkeit

---

[22] Habermas, J., Theorie und Praxis. Sozialphilosophische Studien. Neuwied – Berlin 1963.

[23] Ebenda, zitiert nach der Ausgabe: Frankfurt 1971, 319.

[24] Adorno, Th. W., Vernunft und Offenbarung. In: ders., Stichworte. Kritische Modelle 2. Frankfurt (1969) 1980[5], 20; vgl. dazu: Habermas, J., Glauben und Wissen. Frankfurt 2001, 27.

religiöser und theologischer Wahrheitsbehauptungen forcierte gewiss die Tendenz, eine „Auflösung der dogmatischen Gehalte"[25] als Programm der Moderne im Sinne einer Anwaltschaft zugunsten der Substanz des Humanen zu verstehen. Mit der Reflexion des *Dialektischen der Aufklärung*[26] wurde jedoch die Ambivalenz dieses Programms deutlich: „Seit je hat Aufklärung im umfassendsten Sinn fortschreitenden Denkens das Ziel verfolgt, von den Menschen die Furcht zu nehmen und sie als Herren einzusetzen. Aber die vollends aufgeklärte Erde strahlt im Zeichen triumphalen Unheils."[27] Durch die neuzeitliche Ausdifferenzierung der lebensweltlichen Bereiche (Kultur – Gesellschaft – Persönlichkeit) und deren Modifizierungen durch das kommunikative Handeln von agierenden und interpretierenden Teilnehmern wurden mit den Möglichkeiten des Humanen auch Verzerrungen der Sinnressourcen freigesetzt, welche Störungen J. Habermas als „Sinnverlust", „Anomie" und „Psychopathologien"[28] namhaft macht, wobei er sich mit aller Deutlichkeit gegen die Kurzschlüssigkeit verwehrt, „daß Sinnverlust, Anomie und Entfremdung, daß die Pathologien der bürgerlichen, überhaupt der posttraditionellen Gesellschaft auf die Rationalisierung der Lebenswelt selbst zurückgeführt werden können."[29] Die Tatsache der *Pathologien* verdient damit nicht weniger Aufmerksamkeit, insofern mit der Ausdifferenzierung des Rationalitätspotentials (kognitiv-instrumentell/moralisch-praktisch/subjektiv-expressiv – Wahrheit/Richtigkeit/Wahrhaftigkeit) eben auch die Abkoppelung aus den lebensweltlichen Orientierungszusammenhängen sowie die Verdinglichungs- und sozialen Entfremdungsprozesse innerhalb der sich verselbständigenden Systeme gegriffen haben. Doch dies ist die pathologische Facette der neuzeitlichen Beanspruchung von Vernunft, nicht ihr Potential als solches. Deshalb möge I. Kants Urteil bedacht werden: „eine Religion, die der Vernunft unbedenklich den Krieg ankündigt, wird es auf die Dauer gegen sie nicht aushalten"[30]. Zu-

---

[25] Habermas, J., Wozu noch Philosophie?, 29 f.

[26] Horkheimer, M./Adorno, Th. W., Dialektik der Aufklärung. Philosophische Fragmente. Frankfurt 1992 (New York 1944/Frankfurt 1969).

[27] Ebenda, 9.

[28] Vgl. die Tabelle in: Habermas, J., Theorie des kommunikativen Handelns. Bd. 2: Zur Kritik der funktionalistischen Vernunft. Frankfurt 1982², 214 f.

[29] Ebenda, 222.

[30] Kant, I., Die Religion innerhalb der Grenzen der bloßen Vernunft, VII 657. Zugegeben, es mangelt nicht an Erfahrungen, dass Afterreligionen

gleich mit diesem Wort Kants ist aber auch dessen Einspruch gegen die Anmaßung einer bestimmten Vernunft mitzulesen, welche Vernunft zu wissen beansprucht, was nicht im eigentlichen Sinn zu wissen ist, sodaß es auch nicht im Sinne der Vernunft sein kann, der Religion *unbedenklich den Krieg anzukündigen,* ausgedrückt in dem nicht weniger ernst zu nehmenden Programm einer Metaphysik-Kritik: „Ich mußte also das W i s s e n aufheben, um zum G l a u b e n Platz zu bekommen . . ."[31], d. h. Platz für einen Glauben freilich, der nicht den Weg zur Vernunft verstellt, sondern die Vernunft im Eingeständnis der erschreckenden Erfahrung des Auseinanderbrechens von *Glückswürdigkeit* und *Glückseligkeit*[32] in die Pflicht nimmt, es könnte ihr „doch unmöglich gleichgültig sein, wie die Beantwortung der Frage ausfallen möge: w a s d a n n a u s d i e s e m u n s e r e m R e c h t h a n d e l n h e r a u s k o m m e . . ."[33].

Eine Isolierung der religionskritischen Option hieße, ein Grundelement der religionsphilosophischen Reflexion I. Kants auszublenden: man könnte – gemäß einer Bemerkung von J. Habermas – Kant „nicht ohne das Motiv verstehen, die wesentlichen praktischen Gehalte der christlichen Tradition so zu begreifen, daß sie vor dem Forum der Vernunft Bestand haben können"[34]. Die Vernunft rettet so die Gehalte der Offenbarungsreligion und klärt damit zugleich sich selbst über das eigene Unvermögen auf. Th. W. Adorno scheint hingegen dem Theologischen die Selbstrettung zuzutrauen, allerdings um einen Preis: sich selbst hineinvermitteln zu müssen ins Andere

---

und Fundamentalismen trotz aller Einsprüche seitens der Vernunft in Blüte stehen; vgl.: Höhn, H. J., Gegen-Mythen. Religionsproduktive Tendenzen der Gegenwart. Freiburg 1994; vgl. ferner: Habermas, J., Wozu noch Philosophie?, 36: „Einige Indikatoren sprechen dafür, daß sich als Reaktion auf den massenhaften Verlust religiöser Heilsgewißheit ein neuer Hellenismus abzeichnet, also eine Regression hinter die in den monotheistischen Hochreligionen erreichte Stufe der in der Kommunikation mit dem Einen Gott gebildeten Identität. Die vielen kleinen subkulturellen Ersatzreligionen bilden sich in regional, inhaltlich und sozial außerordentlich differenzierten Randgruppen und Sekten aus".

[31] Kant, I., Kritik der reinen Vernunft, III 33.

[32] Kant, I., Kritik der Urteilskraft, VIII 587: „. . . daß es im Ausgange nimmermehr einerlei sein könne, ob ein Mensch sich redlich oder falsch, billig oder gewalttätig verhalten habe, . . . Es ist: als ob sie in sich eine Stimme wahrnehmen, es müsse anders zugehen . . .".

[33] Kant, I., Die Religion innerhalb der Grenzen der bloßen Vernunft, VII 651.

[34] Habermas, J., Exkurs: Transzendenz von innen, 128.

des Säkularen, um unter den Bedingungen des Anderen die Möglichkeit von Identität zu reflektieren, und zwar unter den Bedingungen der radikalen Profanisierung von Wissensbegründung und der Pluralität von Gesellschaftsordnungen und Religionssystemen. Der um des *Fortbestehens* willen geforderte Preis der neuen (*nicht unverwandelten*) Selbstverortung bedeutet zumal für die jüdisch-christliche Religion darüber hinaus auch die Chance, im säkularen Horizont die Unverzichtbarkeit eines semantischen Potentials, nämlich die Wahrnehmung einer zusehends verspielten Humanität, artikulieren zu können. Bezüglich der Wirkungsgeschichte jener – der Religion auferlegten – Selbstreflexion dürfe auch festgestellt werden, dass diese „Reflexionsleistung einer Religion, die sich mit den Augen der anderen zu sehen lernte, . . . wichtige politische Implikationen gehabt" habe. „Die Gläubigen können nun einsehen, warum sie auf Gewalt . . . zur Durchsetzung ihrer Glaubenssprache verzichten müssen. Erst dieser kognitive Schub hat religiöse Toleranz und die Trennung der Religion von einer weltanschaulich neutralen Staatsgewalt möglich gemacht."[35]

Die an die Religion übermittelte Geste der Anerkennung ihrer Rationalitätsstandards sowie des Einverständnisses mit ihrem Fortbestand vermittelt auf der Kehrseite des philosophischen Wohlwollens auch Momente der Vereinnahmung, welche an den gestellten Bedingungen abzulesen sind: dass die Religion mit den theologischen Reflexionen ihrer Gehalte sich an Standards der weltanschaulich neutralen Säkularität und Profanität zu orientieren hat, dass es gilt, durch Transformation der eigenen Perspektiventradition sich mit den epistemischen Maßstäben eines nachmetaphysischen Wahrheitsdiskurses zu identifizieren[36]. Der Modus des Fortbestehens bindet sich an die Kompetenz des Übersetzens aus der Sprache der eigenen Intuitionen in die Sprache eines *egalitären Universalismus*[37]. Natürlich wird den Religionssystemen nichts Ungebührliches abverlangt, wenn

---

[35] Habermas, J./Derrida, J., Philosophie in Zeiten des Terrors. Zwei Gespräche, geführt, eingeleitet und kommentiert von Giovanna Borradori. Aus dem Englischen und Französischen übersetzt von U. Müller-Schöll. Berlin – Wien 2004, 56.

[36] Habermas, J., Glauben und Wissen, 14: „Das religiöse Bewußtsein . . . muss sich . . . auf die Autorität von Wissenschaften einstellen, die das gesellschaftliche Monopol an Weltwissen innehaben."

[37] Habermas, J., Kulturelle Gleichbehandlung – und die Grenzen des Postmodernen Liberalismus. In: Deutsche Zeitschrift für Philosophie 51 (2003) 367–394, hier: 367.

sie mit den Möglichkeiten diskursiver Verfahren zur Rechtfertigung der als Wahrheit deklarierten Lebensformen und Argumentationspraktiken angehalten werden. Was aber zur Diskussion stehen müsste, ist die weitgehend der Religion allein auferlegte Verpflichtung des „Übersetzens". Daher verdient die von J. Habermas eingeleitete Perspektivenkorrektur einer besonderen Erwähnung, wenn zu lesen ist: „Die Gewährleistung gleicher ethischer Freiheiten erfordert die Säkularisierung der Staatsgewalt, aber sie verbietet die politische Überverallgemeinerung der säkularistischen Weltsicht. Säkularisierte Bürger dürfen, soweit sie in ihrer Rolle als Staatsbürger auftreten, weder religiösen Weltbildern grundsätzlich ein Wahrheitspotenzial absprechen noch den gläubigen Mitbürgern das Recht bestreiten, in religiöser Sprache Beiträge zu öffentlichen Diskussionen zu machen. Eine liberale politische Kultur kann sogar von den säkularisierten Bürgern erwarten, dass sie sich an Anstrengungen beteiligen, relevante Beiträge aus der religiösen in eine öffentlich zugängliche Sprache zu übersetzen."[38]

3. „Bisher mutet ja der liberale Staat nur den Gläubigen unter seinen Bürgern zu, ihre Identität gleichsam in öffentliche und private Anteile aufzuspalten. Sie sind es, die ihre religiösen Überzeugungen in eine säkulare Sprache übersetzen müssen, bevor ihre Argumente Aussicht haben, die Zustimmung von Mehrheiten zu finden."[39]

Mit dem Begriff der bei J. Habermas festgestellten Perspektivenkorrektur soll keine Wertungskategorie, sondern allein die erkenntnisleitende Perspektivität eines systematischen Theologen aufgerufen werden. Im Zugriff dieser Perspektivität fällt nämlich der Blick auf Textpassagen, in denen zugleich mit der Anerkennung der semantischen Bedeutsamkeit des religiösen und theologischen Gehalts nichtsdestoweniger diesen Gehalten in den Konfigurationen der religiösen Sprache nur eine vorläufige Geltung zugesprochen wird. Diese Vorläufigkeit zielt auf eine erforderliche Übersetzung in die kognitiv überlegene, philosophisch-epistemische Sprache, um schließlich wahrheitsfähig werden zu können. So liest man es im Stil der wohlwollenden Ermutigung: „Auch die rhetorische Kraft der religiösen Rede behält ihr Recht,

---

[38] Ebenda, 394.
[39] Habermas, J., Glauben und Wissen, 21.

solange wir für die in ihr konservierten Erfahrungen und Innovationen eine überzeugende Sprache nicht gefunden haben."[40] Im Raster des Koexistierens analysiert J. Habermas zwar mit aller Deutlichkeit das Grenzwertige am philosophischen Vermögen der Wahrheitsdiskurse, markiert ebenso das von der Philosophie nicht aufgegriffene Sinnpotential der Religion, doch scheint das *Noch* der Koexistenz von Religion und Philosophie in dem *vorerst* Unerledigten einer diskursiv gerechtfertigten Übersetzung der Rede vom Außeralltäglichen ins nachmetaphysische Paradigma zu gründen. „Die ihrer Weltbildfunktionen weitgehend beraubte Religion ist, von außen betrachtet, nach wie vor unersetzlich für den normalisierenden Umgang mit dem Außeralltäglichen im Alltag. Deshalb koexistiert auch das nachmetaphysische Denken noch mit einer religiösen Praxis. Und dies nicht im Sinne der Gleichzeitigkeit von Ungleichzeitigem. Die fortbestehende Koexistenz beleuchtet sogar eine merkwürdige Abhängigkeit einer Philosophie, die ihren Kontakt mit dem Außeralltäglichen eingebüßt hat. Solange die religiöse Sprache inspirierende, ja unaufgebbare semantische Gehalte mit sich führt, die sich der Ausdruckskraft einer philosophischen Sprache (vorerst?) entziehen und der Übersetzung in begründende Diskurse noch harren, wird Philosophie auch in ihrer nachmetaphysischen Gestalt Religion weder ersetzen noch verdrängen können."[41]

Die Formulierungen „noch nicht"[42], „vorerst" oder auch „solange" geben der Vermutung Nahrung, dass damit die Koexistenz von Religion und Philosophie asymmetrisch konzipiert ist: nur weil Philosophie „im Medium begründeter Rede für das, was Religion sagen kann, keine besseren Worte findet, wird sie sogar mit dieser, ohne sie zu stützen oder zu bekämpfen, enthaltsam koexistieren."[43] Mit dem Gelingen des Projekts der *Übersetzung* hätte Philosophie schließlich aber doch die religiösen und theologischen Gehalte diskursiv in das „Universum begründender Rede"[44] eingeholt und aufgehoben.

---

[40] Habermas, J., Nachmetaphysisches Denken, 34.

[41] Ebenda, 60.

[42] Habermas, J., Ein Gespräch über Gott und die Welt. In: ders., Zeit der Übergänge. *Kleine Politische Schriften IX.* Frankfurt 2001, 190: „. . . dass in der religiösen Rede unaufgebbare Bedeutungspotentiale aufbewahrt sind, die von der Philosophie noch nicht ausgeschöpft, noch nicht in die Sprache öffentlicher, d. h. präsumtiv allgemein überzeugender Gründe übersetzt worden sind".

[43] Habermas, J., Nachmetaphysisches Denken, 185.

[44] Habermas, J., Exkurs: Transzendenz von innen, 134 f.

Im Horizont dieser Zitate sieht sich nun der Theologe mit neuen Verständigungsmöglichkeiten konfrontiert, wenn von einem Koexistenzmodell auf ein Kooperationsmodell umgestellt wird. Sowohl die Rede anlässlich der Überreichung des Friedenspreises wie die letzten Auseinandersetzungen mit dem Thema „Religion und Öffentlichkeit" überzeugen mich von einer *Perspektivenkorrektur.*

4. *„Die Suche nach Gründen, die auf allgemeine Akzeptabilität abzielen, würde aber nur dann nicht zu einem unfairen Ausschluß der Religion aus der Öffentlichkeit führen und die säkulare Gesellschaft nur dann nicht von wichtigen Ressourcen der Sinnstiftung abschneiden, wenn sich auch die säkulare Seite einen Sinn für die Artikulationskraft religiöser Sprachen bewahrt . . . Deshalb sollte die Festlegung der umstrittenen Grenze als eine kooperative Aufgabe verstanden werden, die von beiden Seiten fordert, auch die Perspektive der jeweils anderen einzunehmen."[45]*

Das Programm: „Kooperative Übersetzung religiöser Gehalte"[46] bestärkt die Überzeugung, dass sich präzisere und weiterführende Kommunikationsprozesse für einen vernünftigen Umgang mit faktisch bestehenden und wohl auch nicht zu eliminierenden Dissensen zwischen „Weltwissen und religiöser Überlieferung"[47] eröffnen. Zum einen wird der Blick für eine Differenzierung zwischen religiösen Erfahrungen und einer sie reflektierenden Theologie geschärft, zum anderen wird die weltbild- und orientierungsproduktive *Eigengestalt* der Religionssysteme nicht mehr als eine in säkulare Weltanschauungsneutralität aufzuhebende begriffen, sondern als eine nicht zu substituierende Identität wahrgenommen. Ich stimme dem Urteil von J. Habermas zu: „Die Theologie würde ihre Identität einbüssen, wenn sie versuchte, sich vom dogmatischen Kern der Religion und damit von jener religiösen Sprache abzukoppeln, in der sich die Gebets-, Bekenntnis- und Glaubenspraxis der Gemeinde vollzieht. In dieser Praxis bezeugt sich erst der religiöse Glaube, den die Theologie nur auslegen kann . . . Sie darf sich nicht verheimlichen, daß ihre Explikationsarbeit den performativen Sinn des gelebten Glaubens niemals ganz ‚einholen' und ‚ausschöpfen kann' . . . Von der Philo-

---

[45] Habermas, J., Glauben und Wissen, 22.
[46] Vgl. die Überschrift, ebenda 20.
[47] Habermas, J., Kulturelle Gleichbehandlung, 393.

sophie gilt das erst recht! Sie kann vielleicht der Theologie einige Begriffe ‚entwenden' . . ., aber es wäre der schiere Intellektualismus,
wenn man von der Philosophie erwartete, daß sie sich auf dem
‚Übersetzungswege' die in der religiösen Sprache aufbewahrten Erfahrungsgehalte mehr oder weniger vollständig aneignen könnte."[48]

Im Lichte einer expliziten Gewichtung wird nun auch jene Thematik angesprochen, welche zwar schon auf eine lange Wegstrecke ihrer Problematisierung zurückschauen kann, aber im Horizont von
„kooperativen" Übersetzungsanstrengungen einen anderen Stellenwert bekommt als in der Verortung einer tolerierten Koexistenz.
Ohne Inszenierungspose von Betroffenheitsäußerungen darf nun
einmal festgemacht werden: es „beunruhigt uns die Irreversibilität
vergangenen Leidens – jenes Unrecht an den unschuldig Misshandelten, Entwürdigten und Ermordeten, das über jedes Maß menschenmöglicher Wiedergutmachung hinausgeht. Die verlorene
Hoffnung auf Resurrektion hinterläßt eine spürbare Leere."[49]

Wie die früheren Bezugnahmen auf dieses Thema zeigen, hat
sich J. Habermas stets dahingehend geäußert, dass sich das diskursiv geleitete, philosophische Argumentieren selbst eine reflexions-
adäquate Zuständigkeit für diese Thematik nicht zutraut, weil sich
Philosophie im Selbstverständnis anders verortet: „Weder verkündet
sie die Trostlosigkeit der gottverlassenen Welt, noch maßt sie sich
selbst an, irgend zu trösten."[50] In dem aus 1971 stammenden Beitrag zur Frage: „Wozu noch Philosophie?" plädiert das Eingeständnis des soteriologischen Unvermögens der Philosophie deshalb
auch für eine Koexistenz mit der Theologie, um bei ihr die Kontin-
genzproblematik zu deponieren: „Philosophie ist, auch nachdem
sie aus der jüdisch-christlichen Überlieferung die utopischen Impulse in sich aufgenommen hat, unfähig gewesen, die faktische
Sinnlosigkeit des kontingenten Todes, des individuellen Leidens, des
privaten Glücksverlustes, überhaupt die Negativität lebensge-
schichtlicher Existenzrisiken durch Trost und Zuversicht so zu überspielen (oder zu bewältigen?), wie es die Erwartung des religiösen
Heils vermocht hat."[51] Die Semantik des Wortes „überspielen" lässt
jedenfalls im Bezugsfeld dieses frühen Textes den Verdacht auf eine
Option aufkommen, dass Philosophie sich durch Religion und

---

[48] Vgl.: Habermas, J., Ein Gespräch über Gott und die Welt, 191.
[49] Habermas, J., Glauben und Wissen, 24 f.
[50] Habermas, J., Nachmetaphysisches Denken, 185.
[51] Habermas, J., Wozu noch Philosophie?, 36.

Theologie in jener Funktion vertreten lassen sollte, deren Ausführung nur mit der Unterstellung einer Transzendenz ins Diesseits angedacht werden könne.

In der Perspektive einer kooperierenden Übersetzung ist jedenfalls die „verlorene Hoffnung auf Resurrektion" nicht mehr nur ein in der theologischen Hermeneutik deponiertes Problem, sondern provoziert ebenso auch das Selbstverständnis der säkularen Gesellschaft, zugespitzt auf die Frage, wie unter den Bedingungen von *Zweckrationalismus, Szientismus* und *Naturalismus* als herrschenden normativen Standards die Nichtinstrumentalisierbarkeit der menschlichen Identität wahrgenommen und artikuliert werden kann. So begegnen wir in der 1936/37 von M. Horkheimer und W. Benjamin engagiert geführten Auseinandersetzung einem Übersetzungsversuch, welcher den Sinngehalt des christlichen Auferstehungsglaubens in eine geschichtstheologische Codierung transformiert und initiativ wird für die Reflexion einer anamnetischen Vernunft.

Die Betroffenheit und Reizbarkeit, welche durch die Übertragung einer religiösen Grundoption in den Horizont säkularer Selbstverständigung ausgelöst werden können, manifestieren sich nicht zuletzt im Dissens: denn M. Horkheimer geht in dieser Phase seiner Auseinandersetzung auf Distanz zur Signatur des christlichen Weltbildes, er setzt *Weltwissen* gegen *religiöse Überlieferung*: „Der Gedanke, daß die Gebete der Verfolgten in höchster Not, daß die der Unschuldigen, die ohne Aufklärung ihrer Sache sterben müssen, daß die letzten Hoffnungen auf eine übermenschliche Instanz kein Ziel erreichen und daß die Nacht, die kein menschliches Licht erhellt, auch von keinem göttlichen durchdrungen wird, ist ungeheuerlich . . . Aber ist Ungeheuerlichkeit je ein stichhaltiges Argument gegen die Behauptung oder Leugnung eines Sachverhalts gewesen, enthält die Logik das Gesetz, daß ein Urteil falsch ist, wenn seine Konsequenz Verzweiflung wäre?"[52] Anders Th. W. Adorno: „Daß keine innerweltliche Besserung ausreichte, den Toten Gerechtigkeit widerfahren zu lassen; daß keine ans Unrecht des Todes rührte, bewegt die Kantische Vernunft dazu, gegen Vernunft zu hoffen. Das Geheimnis seiner Philosophie ist die Unausdenkbarkeit der Verzweiflung."[53]

[52] Horkheimer, M., Kritische Theorie I. Frankfurt 1968, 372 (zitiert aus: Peukert, H., Wissenschaftstheorie – Handlungstheorie – Fundamentale Theologie. Analysen zu Ansatz und Status theologischer Theoriebildung. Düsseldorf 1976, 282).

[53] Adorno, Th. W., Negative Dialektik. Frankfurt 1975 (1966), 378. In diesem Zusammenhang ist ein Textabschnitt in I. Kants (vorkritischer) Schrift

5. „Intuitionen zu retten, die in der Philosophie unabgegolten sind."[54]

Ich gehe davon aus, dass religiöse Gemeinschaften, zumal jene, die mit *dem lumen naturale* nicht auf Kriegsfuß stehen, ein Interesse haben, dass die von ihnen geäußerten Wahrheitsbehauptungen hinsichtlich ihrer Glaubensressourcen in eine Sprache der Öffentlichkeit und der diskursiven Verständigung übersetzt werden können: „Denn ohne eine gelingende Übersetzung besteht keine Aussicht, daß der Gehalt religiöser Stimmen in die Agenden und Verhandlungen staatlicher Institutionen Eingang findet und im weiteren politischen Prozeß ‚zählt'."[55] Die Schwierigkeit des Übersetzens ist mehr oder minder vorprogrammiert, denn die liberale, politische Öffentlichkeit begegnet den pluralen Lebenswelten der Religionsgemeinschaften nicht in den theoretischen Explikationen einer auf Diskurs angelegten Theologensprache, sondern in den Vollzügen der gottesdienstlichen Rituale und Gebetssprache, sodaß der Verdacht auf Perpetuierung vorneuzeitlicher Mentalitäten eher genährt als bereinigt wird. Die im Namen Allahs ausgeführten Attentate liefern erst recht den Befürchtungen die Argumente zu, dass religiöse Fundamentalismen nichts zum Weltfrieden beitragen werden. Umgekehrt sind die Vokabulare des herrschenden Commonsense weitgehend auf ökonomische, szientifische, administrative Semantiken bezogen, welche gerade nicht auf eine Sensibilisierung für religiöse Gehalte angelegt sind.

Im Hinblick auf das Zuordnungsproblem von *Weltwissen* und *religiöser Überlieferung* motivieren die jüngsten Publikationen von J. Habermas freilich zur aufmerksamen Beobachtung des schon oben angedeuteten Umschlagens von einer Koexistenzduldung zur Option einer Kooperative. Die Konstatierung, dass der „liberale Staat . . . ein Interesse an der Freigabe religiöser Stimmen in der po-

---

„Träume eines Geistersehers" (1766) interessant (Viertes Hauptstück), wenn von der Verstandeswaage die Rede ist: „Die Verstandeswaage ist doch nicht ganz unparteiisch, und ein Arm derselben, der die Aufschrift führet: H o f f - n u n g d e r Z u k u n f t, hat einen mechanischen Vorteil, welcher macht, daß auch leichte Gründe, welche in die ihm angehörige Schale fallen, die Spekulationen von an sich größeren Gewichte auf der andern Seite in die Höhe ziehen. Dieses ist die einzige Unrichtigkeit, die ich nicht wohl heben kann, und die ich in der Tat auch niemals heben will." (II 961/A 75)

[54] Habermas, J., Exkurs: Transzendenz von innen, 135.

[55] Habermas, J., Zwischen Naturalismus und Religion. Philosophische Aufsätze. Frankfurt a. M. 2005, 138.

litischen Öffentlichkeit . . ." habe, insofern das sich selbst zur weltanschaulichen Neutralität verpflichtende liberale Verständnis der
Demokratien ein Sensorium für die Frage entwickelt, ob sich nicht
allmählich „die säkulare Gesellschaft . . . von wichtigen Ressourcen
der Sinnstiftung abschneidet".[56] Aus der Perspektive des Dogmati-
kers, dem die Beschäftigung mit der Genese von so genannten
Glaubenssätzen und zugleich die Reflexion ihrer Geltungsgründe
wie auch die Rekonstruktion der Transformationsprozesse obliegt,
gehört diese von J. Habermas initiierte Kommunikation zu den anre-
gendsten Herausforderungen. In diffiziler Analyse der neuzeitlichen
mentalen Strukturen werden zugleich die Bedingungen ihrer Ermöglichung aufgespürt, sodaß die Religionskritik der Moderne selbst
noch einmal zur Aufklärung über die Herkunft und Kontexte der Kri-
tikveranlassung eingeladen bleibt. Dass das reflexionsleitende Interesse als ein der Rettung des Humanen verpflichtetes Interesse wahrgenommen werden kann, treibt den Theologen um so mehr zur
Kommunikation, zumal dieses Interesse deutlich genug artikuliert
wird, wenn es hieß: „So glaube ich nicht, daß wir als Europäer Begriffe wie Moralität und Sittlichkeit, Person und Individualität, Freiheit und Emanzipation . . . ernstlich verstehen können, ohne uns die
Substanz des heilsgeschichtlichen Denkens jüdisch-christlicher Herkunft anzueignen . . . Aber ohne eine sozialisatorische Vermittlung
und ohne eine philosophische Transformation *irgendeiner* der großen Weltreligionen könnte eines Tages dieses semantische Potential
unzugänglich werden; dieses muß sich jede Generation von neuem
erschließen, wenn nicht noch der Rest des intersubjektiv geteilten
Selbstverständnisses, welches einen humanen Umgang miteinander
ermöglicht, zerfallen soll. Jeder muß in allem, was Menschantlitz
trägt, sich wiedererkennen können. Diesen Sinn von Humanität
wachzuhalten und zu klären . . . ist gewiß eine Aufgabe, von der
sich Philosophen nicht ganz dispensiert fühlen dürfen . . ."[57].

Aus dem Horizont des Theologen heraus möchte ich die von
J. Habermas gehaltene Rede „Glauben und Wissen" als Programm-
schrift zu einem Thema lesen, dem ich in privater Notiz den Titel:
„Kritik der Religion im Modus eines genetivus obiectivus und subiec-
tivus" geben möchte. Als Theologe vernehme ich das „Kooperative"
der beiden Genetive aus der Perspektive des „Genetivus subiecti-
vus", wohl auch belastet durch berufsspezifische Parteilichkeit.

---

[56] Ebenda, 137.
[57] Habermas, J., Nachmetaphysisches Denken, 23.

Jedenfalls entdecke ich in dem nachfolgend zitierten Text mehr
Schöpfungstheologie als in den meisten fachtheologischen Hand-
büchern zusammen:

„Wissenschaftliche Erkenntnisse scheinen unser Selbstverständnis umso
mehr zu beunruhigen, je näher sie uns auf den Leib rücken . . . Wenn wir
mit Max Weber den Blick auf die Anfänge der ‚Entzauberung der Welt' lenken, sehen wir, was auf dem Spiel steht. Die Natur wird in dem Maße, wie
sie der objektivierenden Beobachtung und kausalen Erklärung zugänglich
gemacht wird, entpersonalisiert. Die wissenschaftlich erforschte Natur fällt
aus dem sozialen Bezugssystem von erlebenden, miteinander sprechenden
und handelnden Personen, die sich gegenseitig Absichten und Motive zuschreiben, heraus . . . Der Fluchtpunkt dieser Naturalisierung des Geistes
ist ein wissenschaftliches Bild vom Menschen in der extensionalen Begrifflichkeit von Physik, Neurophysiologie oder Evolutionstheorie, das auch unser Selbstverständnis vollständig entsozialisiert."[58]

Ich zitiere einen weiteren Text, in dem ich die Konfiguration einer
Übersetzung zu entdecken meine, wenn es heißt: „Die Sprache des
Marktes dringt heute in alle Poren ein und presst alle zwischen-
menschlichen Beziehungen in das Schema der selbstbezogenen
Orientierung an je eigenen Präferenzen. Das soziale Band, das aus
gegenseitiger Anerkennung geknüpft wird, geht aber in den Begriffen des Vertrags, der rationalen Wahl und der Nutzenmaximierung
nicht auf."[59] Bei der Frage nach einer Zuordnung zu einer entsprechenden theologischen Thematik plädiere ich aus dogmatischem
Interesse für eine sakramentstheologische Anbindung.[60]

---

[58] Habermas, J., Glauben und Wissen, 16 f.

[59] Ebenda, 23.

[60] Vgl. dazu die Arbeit meines theologischen Lehrers: Schupp, F., Glaube –
Kultur – Symbol. Versuch einer kritischen Theorie sakramentaler Sprache.
Düsseldorf 1974, 7 f.: „Die zentralen christlichen Symbole und Symbolhand-
lungen sind antizipierend vermittelnde Zeichen ‚wahren', ‚heilen' Lebens, die
so zugleich die kritische Funktion haben, das Unwahre und Nicht-Heile am
konkreten geschichtlichen Leben aufzuzeigen. Sie wirken, indem sie in solchem Aufzeigen im Menschen eine Umkehr, eine Umwandlung hervorrufen.
Sie sind so selbst praktische Zeichen als Zeichen geforderter Praxis, deren Bedingung sie selbst vermitteln." Vgl. ebenda, 250 f.: „Sonderbar wirkt es, wollte man die Sätze der liturgischen Sprache und der sakramentalen Ausdrücke
als ‚Informationen' über ‚Tatsachen' ansehen. Verführerisch ist dabei der
Sprachgebrauch, der oft solche Tatsachen suggeriert: Ein Mensch wird aus
dem ‚Zustand' der Schuld in den ‚Zustand' des Befreitseins von Schuld überführt; . . . Und doch darf solche Suggestion nicht täuschen. Worum es in
Wirklichkeit in dieser Sprache geht und woraufhin deshalb diese Sprache
auch in ihrem performativen Charakter gestaltet werden sollte, ist gerade die

Ich möchte mich noch auf einen dritten Text beziehen, um das Problem einer *kooperativen Übersetzung religiöser Gehalte* aus theologischem Blickwinkel zu markieren, zumal J. Habermas selbst bereits mit einem Ausdruck aus der religiösen Überlieferung den „Bezugspunkt eines in persona auftretenden Gottes, der am Jüngsten Tage über je individuelle Schicksale zu Gericht sitzt"[61], ins Spiel bringt. Zur Verdeutlichung des Angesprochenen bediene ich mich aber zuvor einer Erörterung K. Rahners über „Theologische Prinzipien der Hermeneutik eschatologischer Aussagen"[62], einer Gastvorlesung aus dem Jahr 1960, in der uns in allzu vertrauter Theologensprache jene Differenzierung zwischen dem mit dem Tod des Menschen verbundenen *Individualgericht* und dem am „Jüngsten Tag" zu erwartenden *Universalgericht* präsentiert wird. Der semantische Gehalt der Differenzierung kann sehr wohl gegenüber der religiös vertrauten (mythologischen) Bildrede mit einem Bedeutungsüberschuss aufwarten. K. Rahners Argumentation ist deutlich genug, wenn er erklärt: „ . . . insofern eschatologische Aussagen nur die Wiederholung der Aussagen der dogmatischen Anthropologie über den einen gemeinten Menschen, in den Modus der Vollendung transponiert, sind, kann die Eschatologie gar nicht anders als denselben doppelten Dualismus an sich tragen, der bei den anthropologischen Aussagen über den einen Menschen unüberholbar ist: sie muß allgemeine und individuelle Eschatologie sein, weil der Mensch immer Individuum und Wesen der Gemeinschaft ist, ohne daß das eine in das andere hinein restlos aufgehoben und in *einer* Aussage allein alles vom Menschen gesagt werden könnte . . . Eschatologie als die im Tod als Ende der individuellen Geschichte eintretende Vollendung des einzelnen als einzelner Geistperson und Eschatologie der Vollendung der Menschheit in der Auferstehung des Fleisches als dem Ende der leibhaftigen Geschichte der Welt meinen je in ihrer Weise den *ganzen* Menschen, können also nicht einfach als zwei Aussagereihen von zwei verschiedenen Din-

---

umgekehrte Frage, nämlich die, *ob die Sprache der ,Tatsachen' das letzte Wort*, der ,eschatos-logos' über den Menschen ist, oder ob diese Sprache der Tatsachen, die selbst eine Wertung enthält, erst einmal zur kritischen Diskussion, zur Prüfung ihres Geltungsanspruchs und ihres Geltungsbereichs gestellt werden müßte."

[61] Habermas, J., Die Einbeziehung des Anderen, 19.

[62] Die folgende Zitation erfolgt nach: Rahner, K., Theologische Prinzipien der Hermeneutik eschatologischer Aussagen: Schriften zur Theologie IV (1964⁴) 401–428.

gen je adäquat für sich allein gelesen werden und meinen doch nicht einfach dasselbe . . .".[63]

Wiederholt wird von K. Rahner und auch von anderen Kollegen die Überzeugung zum Ausdruck gebracht, dass Eschatologie keine Reportagendeponie für Jenseinsjournalismus ist, sondern als eine in jüdisch-christlicher Anthropologie fundierte Intuition auf die durch nichts vertretbare und durch nichts instrumentalisierbare moralische Verantwortung des Menschen (Glückswürdigkeit) zielt sowie auf die jenseits aller Selbstermächtigung geschenkte Hoffnung auf Erlösung (Glückseligkeit) durch Gott. Das ist Glaube und nicht Wissen! Der Wahrheitsanspruch der jüdisch-christlichen Überlieferung wird gewiss der Probe sich stellen müssen, ob er als Glaube der Rettung des Humanen dient; die profane Einwanderungsbehörde für religiöse Intuitionen wird dieser Probe sich ebenso wenig entziehen dürfen, es wäre doch denkbar, dass mit der vom Weltwissen ignorierten Unabgegoltenheit dieser Intuitionen der Mensch sich selbst verliert.

„Jede Person hat eine doppelte kommunikative Beziehung zu Gott, sowohl als Glied in der Gemeinde der Gläubigen, mit der Gott einen Bund geschlossen hat, wie auch als lebensgeschichtlich individuierter Einzelner, der sich vor dem Angesichte Gottes durch niemanden vertreten lassen kann. Diese Kommunikationsstruktur prägt die – durch Gott vermittelte – moralische Beziehung zum Nächsten unter Gesichtspunkten der Solidarität und der (nun in einem engeren Sinn verstandenen) Gerechtigkeit . . . Die auf Mitgliedschaft begründete ‚Solidarität' erinnert an das soziale Band, das alle vereinigt: einer steht für den anderen ein. Der unerbittliche Egalitarismus der ‚Gerechtigkeit' fordert hingegen Sensibilität für die Unterschiede, die das eine Individuum vom anderen trennen; jeder verlangt vom anderen, in seiner Andersheit geachtet zu werden. Die jüdisch-christliche Tradition betrachtet Solidarität und Gerechtigkeit als zwei Aspekte derselben Sache: sie lassen dieselbe Kommunikationsstruktur von zwei verschieden Seiten sehen."[64]

---

[63] Ebenda, 422 f.
[64] Habermas, J., Die Einbeziehung des Anderen, 19.

MAGNUS STRIET

GRENZEN DER ÜBERSETZBARKEIT

Theologische Annäherungen an Jürgen Habermas

Als Jürgen Habermas im Rahmen der Verleihung des Friedenspreises des deutschen Buchhandels seine Rede *Glauben und Wissen* hielt, erzielte diese eine erstaunliche Resonanz. Man könnte hierüber überrascht sein. Es war ja keineswegs so, dass Habermas sich hier zum ersten Mal zum Thema der Religion in den säkularisierten Gesellschaften des Westens äußerte. Aber offensichtlich hatte sich die gesellschaftlich-kulturelle Stimmung geändert. Einerseits standen die 90er Jahre überhaupt unter der Überraschung einer Wiederkehr der Religion. Zunächst waren es die individuellen Sinnbedürfnisse, die trotz oder gerade wegen der permanent beschleunigten Modernisierungsprozesse und des bereits am fernen Horizont flackernden „Stahlgewitters des Kapitalismus" (Thomas Assheuer), die die Sehnsucht nach Religion erweckten. Die Prophetie vom Tod Gottes sah sich überholt von den Entwicklungen. Wer meinte, dass der Verwesungsgeruch Gottes, den Nietzsches Philosophie atmete, zu Beginn des dritten Jahrtausends sich verflüchtigt habe, sah sich getäuscht – oder vorsichtiger: Selbst wenn der Gott, dem Nietzsche die Todesdiagnose stellte, im religionsfreudigen Klima der Gegenwart schweigt, so bedeutete sein Tod noch längst nicht das Ende der Religion. Endgültig auf der Tagesordnung war das Thema Religion dann wieder mit den Attentaten vom 11. September 2001 und den sich hieran anschließenden weltpolitischen Turbulenzen. Vor allem der Islam und mit ihm die Diskussion um das Verhältnis von Religion und Gesellschaft, aber auch das Problem der Gewaltanfälligkeit der monotheistischen Religionen beherrschen seitdem die Debatten der Feuilletons. In diese Stimmungslage fiel die Preisrede von Habermas.

Vor einer voreiligen Verabschiedung des Religionsthemas aus dem gesellschaftlich-kulturellen Dialog hat Habermas schon lange gewarnt. Freilich waren weder die seltsamen Religionsblüten, an denen sich die Transzendenzhungrigen der späten 90er erfreuten, noch war es das Gewaltproblem des Monotheismus, welches ihn

primär interessierte. Sein Augenmerk richtet sich vor allem auf die
jüdisch-christliche Glaubenstradition und deren unausgeschöpftes
semantisches Potenzial für die säkular gewordenen pluralistischen
Gesellschaften, die sich aus den europäischen Aufklärungstraditio-
nen entwickelt hatten.[1] Dies signalisiert auch der Titel der Friedenspreisrede.[2] Daran zu erinnern ist, dass er nicht nur zu einem Programmwort für einen bestimmten Versuch wurde, im epochalen
Selbstverständnis einer reflexiv gewordenen Neuzeit zu einer neuen
Verhältnisbestimmung von Glauben und Wissen zu gelangen, sondern unter Einbeziehung der Religionsgeschichte der Menschheit
das Christentum als die absolute Religion zu erweisen. Hegel war
es, der in seinem philosophischen System den ambitionierten Anspruch erhoben hatte, den christlichen Glauben, auf den die Religionsgeschichte in seiner dialektischen Rekonstruktion kulminiert, in
das Wissen aufzuheben und allererst hierdurch das wahre Wesen
des Glaubens eingesehen zu haben. Erst wenn auf den philosophischen *Begriff* gebracht sei, was das Christentum in der Vorstellung
vom Gottmenschen zuerst zu weltgeschichtlicher Bedeutsamkeit gebracht habe, nämlich die die Gegensätze versöhnende Idee der
Einheit von Gottheit und Menschheit und damit die Idee wahrer
Freiheit, sei das Christentum als die absolute Religion auch *erkannt*.[3] Mit dieser These stilisierte sich Hegel zu einer der wichtigs-

---

[1] Vgl. J. Habermas, Exkurs: Transzendenz von innen, Transzendenz im
Diesseits, in: ders., Texte und Kontexte. Frankfurt a. M. ²1992, 131: „Heute
konkurrieren die kirchlichen mit anderen Interpretationsgemeinschaften, die
in säkularen Traditionen wurzeln. Auch von außen gesehen, könnte es sich
dabei herausstellen, daß die monotheistischen Traditionen über eine Sprache
mit einem noch unabgegoltenen semantischen Potential verfügen, das sich in
weltaufschließender und identitätsbildender Kraft, in Erneuerungsfähigkeit,
Differenzierung und Reichweite als überlegen erweist."

[2] Jürgen Habermas, Glauben und Wissen. Friedenspreis des Deutschen
Buchhandels 2001. Laudatio: Jan Philipp Reemtsma. Frankfurt a. M. 2001,
7–31.

[3] Was für seine gesamte Philosophie Programm ist, findet seinen program-
matischen Ausdruck in Hegels gleichnamiger Schrift „Glauben und Wissen
oder die Reflexionsphilosophie der Subjektivität in der Vollständigkeit ihrer
Formen als Kantische, Jacobische und Fichtesche Philosophie" (= GW; 2).
Frankfurt a. M. 1970, 287–433. Signifikant für Hegel ist der Schluss dieser
Schrift: „Der reine Begriff aber oder die Unendlichkeit als der Abgrund des
Nichts, worin alles Sein versinkt, muß den unendlichen Schmerz [. . .] rein als
Moment, aber auch nicht als mehr denn als Moment der höchsten Idee be-
zeichnen und so dem, was etwa auch entweder moralische Vorschrift einer
Aufopferung des empirischen Wesens oder der Begriff formeller Abstraktion

ten Selbstverständigungsalternativen bewussten Lebens in der Religionsdebatte nach Kant, der der Glaube an geschichtliche Manifestationen eines Gottes, von dem die Bibel spricht, zunehmend obskur geworden war. Ohne diese Alternative hier bereits philosophisch entscheiden zu wollen, so kann für eine Theologie, die sich auf Motive biblischer Traditionen verpflichtet, eines bereits jetzt festgehalten werden: Da in Hegels philosophischer Inszenierung der Weltgeschichte als des Zu-sich-selbst-Kommens des Absoluten die Vorstellung eines von der Welt unterschiedenen Gottes ortlos wird, sollte die Theologie Obacht geben. Es macht das Eigentümliche des Glaubens Israels und damit auch des Glaubens Jesu aus, mit einer radikalen Geschichtskontingenz zu rechnen, die ihren Grund in einer göttlichen Freiheit hat, die das freie Andere ihrer selbst aus unverfügbarem Entschluss heraus will. Diese Fundamentalbestimmungen grundieren eine jüdisch-christliche Schöpfungstheologie, aber auch Eschatologie: Ohne apokalyptischen Zeitindex, ohne den Horizont befristeter Zeit, verliert sich der Glaube Israels. So wie mit diesem Gott im Jetzt der Geschichte zu rechnen ist, so wird dieser Gott kommen zu richten die Lebenden und die Toten.[4] Es ist die-

---

war, eine philosophische Existenz geben und also der Philosophie die Idee der absoluten Freiheit und damit das absolute Leiden oder den spekulativen Karfreitag, der sonst historisch war, und ihn selbst in der ganzen Wahrheit und Härte seiner Gottlosigkeit wiederherstellen, aus welcher Härte allein – weil das Heitere, Ungründlichere und Einzelnere der dogmatischen Philosophien sowie der Naturreligionen verschwinden muß – die höchste Totalität in ihrem ganzen Ernst und aus ihrem tiefsten Grunde, zugleich allumfassend und in die heiterste Freiheit ihrer Gestalt auferstehen kann und muß." Was Hegel hier vor dem Hintergrund der Philosophie seiner Zeit programmatisch als Versöhnung von Endlichem und Unendlichem durch den spekulativen Begriff ankündigt, findet sich durchgeführt in den Vorlesungen über die Philosophie der Religion (= GW; 16 f.: Folgende Zitate 17, 273.305), wo die „Möglichkeit der Versöhnung" „darin" verankert wird, „daß gewußt (!, M. S.) wird die an sich seiende Einheit der göttlichen und menschlichen Natur" – so dass auch „der Schmerz, den das Endliche in dieser seiner Aufhebung" in die „Einheit der göttlichen und menschliche[n] Natur" empfinde, nicht schmerze, „da es sich dadurch zum Moment in dem Prozeß des Göttlichen erhebt". Deshalb kann Hegel das Christentum auch als „die Religion des Geistes" bezeichnen, in der „das Wahrhafte der Bestimmung der Natur des Geistes, die *Vereinigung des unendlichen Gegensatzes* – Gott und die Welt, Ich, dieser *homuncio*", realisiert ist.

4 Vgl. Jacob Taubes, in: F. Rötzer (Hg.), Denken, das an der Zeit ist. Frankfurt a. M. 1987, 318: „Wer christlich zu denken glaubt und dies ohne Frist zu denken glaubt, ist schwachsinnig." Wenn ich mich auf die Andeutung der

ses ‚Wissen', was den Glauben an den Gott Abrahams, Isaaks und
Jakobs im Verlauf seiner geschichtlichen Selbstreflexion immer stärker bestimmen wird und in dem auch Jesus von Nazareth sich be-
wegte. Hegels Übersetzung dieses Glaubens in die philosophische
Vorstellung von der Idee eines Absoluten reagiert auf die wachsende Unglaubwürdigkeit eines solchen, streng an Geschichte gebundenen Glaubens. Die Enttäuschung über die ausbleibende Par-
usie und das nagende Problem der Theodizee provozieren Bewälti-
gungsstrategien, die ohne die Vorstellung des der Geschichtszeit ein
Ende setzenden von der Welt und den Menschen unterschiedenen
Gottes auskommen. Die philosophische Vernunft allein soll nun
nach von ihr als vernünftig einsehbaren Begriffen über den Wahrheitsgehalt religiöser Vorstellungswelten entscheiden: „Der dialektische Gott der Philosophen läßt das Alter ego des Gebets zum anonymen Gedanken des Absoluten verblassen."[5] Der spekulative Begriff selbst leistet die Versöhnung, freilich um den Preis einer rein
präsentisch bleibenden Eschatologie.

Wenn mit diesen Andeutungen bereits an dieser Stelle davor gewarnt wird, sich theologisch auf Hegel einzulassen, so sei doch
auch ein anderes betont: Ohne eine philosophische Denkform, die
den Glauben denkbar sein und ihn hermeneutisch erschließen lässt,
verrät die Theologie die Rechenschaftspflicht des Glaubens. Der
Glaube sucht das Verstehen, auch wenn er insofern heterogen
gegenüber der Vernunft bleibt, als er sich das nur im Glauben zugängliche Faktum vom fleischgewordenen Logos voraussetzt. Ist zugleich die mit Kant vollzogene Wendung der Denkungsart aus phi-

---

theologischen Unverträglichkeit der Hegelschen Philosophie des absoluten
Geistes beschränke, so soll die philosophische Problematik doch auch nicht
verschwiegen werden. Unabhängig von der Frage, ob es der menschlichen
Vernunft überhaupt möglich ist, mittels eines spekulativen Vernunftbegriffs
sich selbst als Moment der Selbstwerdung des Absoluten zu begreifen, so
dass das Absolute im menschlichen Geist zu sich selbst kommt, so empört
sich doch bereits das moralische Gewissen gegen die Vorstellung, die Geschichte in allen ihren Momenten sei eben als diese Selbstwerdung des Absoluten auch gerechtfertigt – und zeigt in dieser seiner Empörung an, dass es
nur als das Gewissen einer in ihrer Formalität unbedingten, durch nichts als
durch sie selbst zu erklärenden und deshalb ursprünglich zu nennenden Freiheit zu begreifen ist. Eine gegenüber Hegel nicht nur positionell bleibende,
sondern sich philosophischen Begründungsansprüchen stellende theologische Kritik wäre von hier aus aufzubauen.
[5] J. Habermas, Exkurs: Transzendenz von innen, Transzendenz ins Diesseits. 135.

losophischen Gründen akzeptiert, wird sich eine jede Theologie, die sich nicht auf das Denken der Neuzeit und ihrer Prinzipien einlässt, den Vorwurf des Dogmatismus gefallen lassen müssen. Zu Hegel bedarf es deshalb einer philosophischen Alternative, die den Ansprüchen der ihre Möglichkeiten und Grenzen auslotenden Selbstreflexivität neuzeitlicher Vernunft standhält und der unausdenkbaren Faktizität des Glaubens Genüge tut. Der Maßstab für die gesuchte philosophische Alternative liegt deshalb im Glauben selbst, auch wenn diese sich in ihrer Rationalität im philosophischen Diskurs der Moderne auszuweisen hat. Soll zudem am Axiom festgehalten werden, dass die Wahrheit Gottes nur dann Wahrheit *Gottes* ist, wenn sie diese für alle Menschen werden kann, dann muss die gesuchte philosophische Denkform universal kommunizierbar sein. Wenn es die Substanz des Glaubens markiert, dass aufgrund von Gottes freiem Gegebensein die verzweifelten Versuche seines Selbstseinwollens, die nicht selten auch auf den anderen Menschen hin eskalieren und in Demütigung und Gewalt enden, nicht mehr das letzte Wort des Menschen über sich selbst sein müssen und in diesem Gegebensein zugleich ein Verheißungspotenzial steckt, welches Versöhnung und Gerechtigkeit verspricht, dann wird die gesuchte Denkform eine der Freiheit sein. Denn weder das Judentum noch das Christentum sind in ihrer fundamentalen Grundüberzeugung Wissen, sondern Glaube an den aus reiner Barmherzigkeit den Menschen erwählenden Gott – der Glaube an eine Erwählung, die Gott aus der Unableitbarkeit seiner Freiheit zusagt und der er treu bleibt. Die Verheißungs- und Exoduserfahrungen widerstreben ihrer gnostischen Beruhigung. Erwählung und Verheißung *sind* indessen nur, *weil* sie aus Freiheit zugesagt sind – *weil* in ihnen *Gott selbst* sich dem Menschen zugesagt *hat*. Die Differenz zu Hegel könnte nicht größer sein. Es geht im Christentum gerade nicht um die „Identität des Göttlichen und Menschlichen", sondern um eine in ursprünglicher und bleibender Differenz zwischen Gott und Mensch gründende freie Anerkennung des Menschen durch Gott, die aus reiner Barmherzigkeit gewährt wird und der der Mensch nun in eigener Freiheit antworten und entsprechen soll. Wie kein anderer Begriff ist es der des Bundes, der dieses von Gott gewollte Beziehungsgefüge zwischen ihm und dem Menschen verstehend erschließt. Man kann deshalb nicht häufig genug betonen, dass sich ein Christentum, das sich zu lange auf Hegel einlässt, in eine Sackgasse begibt – ja schärfer noch: Es begibt sich in die Selbstaufhebungsfalle, weil es den in der Freiheit Gottes und den in der Freiheit des Menschen gründenden Glauben an die offene Geschichte aufgibt zugunsten der Kälte einer ehernen logischen Notwendigkeit. Dagegen macht es die Eigentümlichkeit des jüdisch-christlichen Glaubens aus, im Bilderverbot an eine Freiheit Gottes zu glauben, die nicht ausrechenbar ist, deren Verlässlichkeit aber geschichtlich bewährt wurde. Habermas registriert dies aufmerksam, wenn er schreibt, dass die von Hegel betriebene Aufhebung der religiösen Inhalte in die Form des philosophischen Begriffs „die heilsgeschichtliche Dimension der Zukunft einem *in sich* kreisenden Weltprozess zum Opfer" bringe.[6] Jüdisch-christlich betrachtet, ist die Zukunft offen; sie steht unter einem in Gottes barmherziger Treue und seinem Gerechtigkeitswillen gründenden Verheißungsvermerk.

Vor diesem Hintergrund erweisen sich so manche Motive der Friedenspreisrede als enorm dialogoffen für die Theologie, ohne freilich dabei die Grenzen zwischen Philosophie und Theologie, zwischen Wissen und Glauben zu verletzen. Es geht darum, das philosophisch Verantwortbare auszusagen und so in Kantischer Manier die Ansprüche einer „grenzenziehenden Vernunft"[7] zu wahren. Freilich könnte gerade dieses Verfahren der philosophischen Rechenschaftspflicht des Glaubens enorm entgegenkommen. Dies soll im Folgenden ausgelotet werden. Dabei soll anerkannt bleiben, dass es Habermas selbst immer nur um das Phänomen der Übersetzung von semantischen Gehalten der Religion in säkulare Sprache geht.[8] Es sind ausschließlich bestimmte Intentionen religiöser Sprache, die er, zumal angesichts der in den westlichen Gesellschaften immer

---

[6] J. Habermas, Glauben und Wissen. Zur Wirkungsgeschichte und Aktualität von Kants Religionsphilosophie, 26. Vgl. auch ders., Die Grenze zwischen Glauben und Wissen, in: H. Nagl-Docekal/R. Langthaler (Hg.), Recht – Geschichte – Religion. Die Bedeutung Kants für die Gegenwart (= Deutsche Zeitschrift für Philosophie/Sonderband 9). Berlin 2004, 141–160,152. Modifiziert neu abgedruckt jetzt in ders., Zwischen Naturalismus und Religion. Philosophische Aufsätze, Frankfurt 2005, 216–257. Zur Frage eines Sollens des Menschen über die eigenen Möglichkeiten hinaus [„Die praktische Vernunft kann eine Mitwirkung an der Herbeiführung dieses Ziels (des höchsten Guts, M. S.) nur dann zur moralisch verpflichtenden Aufgabe machen, wenn die Verwirklichung des Ideals nicht von vornherein unmöglich ist.", 228 im Neuabdruck] und der an diesem Punkt praktischer Vernunftreflexion aufbrechenden Gottesfrage vgl. den Beitrag von R. Langthaler in diesem Band sowie meine eigenen Ausführungen weiter unten.

[7] J. Habermas, Die Grenze zwischen Glauben und Wissen, 158.

[8] Vgl. J. Habermas, Glauben und Wissen, 29: „Die postsäkulare Gesellschaft setzt die Arbeit, die die Religion am Mythos vollbracht hat, an der Religion selbst fort. [. . .] Eine Säkularisierung, die nicht vernichtet, vollzieht sich im Modus der Übersetzung."

deutlicher werdenden „Risiken" einer „entgleisenden Säkularisie-rung"[9], in die Selbstverständigung moderner Gesellschaften über-nehmen will – nicht aber das für religiöse Sprache konstitutive Mo-ment einer performativen Anrede Gottes. Habermas hat dies immer wieder betont.[10] Gleichwohl bleibt Habermas meines Erachtens, auch wenn er völlig zu Recht mit Kant alles dafür tut, die Philosophie nicht in den „dogmatischen Schlummer" entgleiten zu lassen, dia-logoffen zur Seite der Theologie, jedenfalls zu einer Theologie, die entschieden den Gedanken der Freiheit ins Zentrum ihres Denkens stellt. Dialogische Offenheit ist aber umgekehrt auch die Vorausset-zung für eine Theologie, die unter den Bedingungen einer plural ge-wordenen Moderne am Projekt einer christlichen Ausdeutung von Geschichte als Offenbarung des einen Gottes festhalten will. Nicht, weil sie, vielleicht selbst bereits am Universalitätsanspruch nicht nur der Vernunft, sondern auch des Glaubens zweifelnd[11], sich dem Be-liebigkeitspluralismus andienen dürfte. Sondern weil im Vergleich zu vergangenen Zeiten die Durchführung dieses Verstehens von Ge-schichte in der Tat komplexer und diffiziler, aber keineswegs aus-

---

[9] Vgl. ebd., 12.

[10] Vgl. J. Habermas, Die Grenze zwischen Glauben und Wissen, 160: „Deshalb zehrt eine Philosophie nur so lange auf vernünftige Weise vom reli-giösen Erbe, wie die ihr orthodox entgegen gehaltene Quelle der Offenba-rung für sie eine kognitiv unannehmbare Zumutung bleibt. Die Perspektiven, die entweder in Gott oder im Menschen zentriert sind, lassen sich nicht inein-ander überführen. Sobald diese Grenze zwischen Glauben und Wissen porös wird und religiöse Motive *unter falschem Namen* in die Philosophie eindrin-gen, verliert die Vernunft ihren Halt und gerät ins Schwärmen."

[11] Aus theologischer Perspektive kritisch dazu vgl. H. Verweyen, Theologie im Zeichen der schwachen Vernunft. Regensburg 2000. Ohne auf eine be-stimmte, historisch gewachsene Gestalt von Metaphysik zu verpflichten fordert auch die viel beachtete Enzyklika *Fides et ratio* von Papst Johannes Paul II. eine „Philosophie von wahrhaft metaphysischer Tragweite" ein (vgl. 83) – und zwar deshalb konsequent auf einer solchen insistierend, weil ansonsten un-weigerlich der universale Wahrheitsanspruch des einen Gottes insofern ge-fährdet wäre, als er in seiner je neuen in der Dimension der Geschichte sich vollziehenden und so seine ganze Bedeutungsfülle erweisenden Weise nicht mehr einsichtig zu machen wäre. Dass schon unter Vorhaltung dieser theolo-gischen Prämisse auch nur die eine philosophische Denkform Wahrheit bean-spruchen kann, traut man sich zwar heutzutage auch in theologischen Kontex-ten kaum noch zu sagen. Wahrheitstheoretisch wird man dann, wenn man an der Wahrheit des einen Gottes festhält, kaum Zweifel daran erheben können, ohne dass damit allerdings, auch dies gilt es mit Nachdruck herauszustrei-chen, die Suche nach der adäquaten Denkform jemals definitiv für beendet erklärt werden könnte, solange die Geschichte währt.

sichtslos geworden ist. Der Versuch eines solchen Dialogs soll nun im Folgenden über einen klassischen Begriff der Theologie gemacht werden. In der Friedenspreisrede ist es der Begriff der Geschöpflichkeit des Ebenbildes Gottes, der im Zentrum des Interesses von Habermas steht – ja mehr noch: von dem er behauptet, dass er auch dem „religiös Unmusikalischen" noch etwas sagen könne.

I.

Kennzeichen des Schaffens von Habermas und damit der Weise, wie er sich in die Gegenwart einbringt, ist die Wachsamkeit für die stetige Bedrohung des Aufklärungserbes. Dem Vernunftideal der Aufklärung verpflichtet, besteht Habermas darauf, dass gesellschaftlich-kulturelle Entwicklungen und technologischer Fortschritt durch Verständigungsprozesse darüber, was sein *soll*, begleitet werden wollen und müssen.[12] Werden gesellschaftlich-kulturelle Prozesse nicht nach diskursiv verständigten und normativ ausgewiesenen Kriterien entschieden, so läuft dies darauf hinaus, der Normativität des Faktischen zu huldigen und damit in die „selbstverschuldete Unmündigkeit" (I. Kant) zurückzufallen. Gerade plural ausdifferenzierte und zunehmend unter dem Druck des Ökonomischen stehende Gesellschaften bedürfen dieser normierenden Verständigung. Vermehrt ins Zentrum seiner philosophischen Reflexion drangen bei Habermas in den letzten Jahren Probleme, die mit den neuen am Zukunftshorizont der Menschheit aufscheinenden biotechnologischen Möglichkeiten gegeben sind. Auch in der Friedenspreisrede hat Habermas dieses Thema aufgegriffen und sich strikt gegen Eingriffe in die menschliche Keimbahn zur Wehr gesetzt. Für die hier angestellten Überlegungen interessant ist das Argumentationsschema, zu dem er hier greift, und dessen religiöse Herkunft. Ganz bewusst schreibt sich Habermas in eine theologische Tradition ein, die den Gedanken der Freiheit in ihrem Zentrum hat. Ich nehme die Grundthese von Habermas vorweg und rekonstruiere sie in ihren von Habermas selbst vermuteten Zusammenhängen mit dem jüdisch-christlichen Schöpfungsglauben.

Die These lautet, dass die durch einen Menschen vorgenommene Festlegung eines anderen Menschen „nach eigenem Belieben

---

[12] Vgl. in jüngerer Zeit etwa J. Habermas, Die Zukunft der menschlichen Natur. Auf dem Weg zu einer liberalen Eugenik? Frankfurt a. M. 2001, 33.

in seinem natürlichen Sosein" dazu führen würde, dass nicht alle in gleicher Weise frei wären – mit der Konsequenz, dass auch nicht mehr „deren Verschiedenheit zu sichern" wäre.[13] Ohne die theologischen Prämissen zu teilen, benennt Habermas den Grund für ein striktes Eingriffsverbot in das genetische Material ungeborenen Lebens, indem er auf Grundintuitionen der christlichen Schöpfungstheologie rekurriert. Ausgehend von der Bestimmung Gottes als Liebe, macht Habermas einsichtig, warum ein Gott, der den Menschen aus Liebe wollte, nur den freien Menschen als sein Ebenbild wollen konnte: „Liebe kann es ohne Erkenntnis in einem anderen, Freiheit ohne gegenseitige Anerkennung nicht geben. Dieses Gegenüber in Menschengestalt muss seinerseits frei sein, um die Zuwendung Gottes erwidern zu können. Trotz seiner Ebenbildlichkeit wird freilich auch dieses andere als Geschöpf Gottes vorgestellt. Hinsichtlich seiner Herkunft kann er Gott nicht ebenbürtig sein."[14] Dies ist exakt die in der biblischen und dann dogmatisch vertieften Gottebenbildlichkeitsaussage ausgesprochene Intention christlicher Schöpfungstheologie und Anthropologie.[15] Denn wenn das Ziel von Gottes Schöpfertätigkeit ein Wesen war, dem er sich als der freie Bundesgott würde zuwenden können, wenn Gottes Schöpfungsabsicht in der liebenden Zuwendung zu diesem seinem Geschöpf bestand, dann bedurfte Gott hierzu eines *freien* Menschen. Im Ursprung der Schöpfung steht unter den Voraussetzungen dieses

---

[13] J. Habermas, Glauben und Wissen, 31.

[14] J. Habermas, Glauben und Wissen, 30.

[15] Ohne in die exegetische Diskussion nach der historisch ursprünglichen Semantik der Gottebenbildlichkeitsaussage in Gen 1,26 f. eingreifen zu wollen, die vermutlich bescheidener zu fassen ist, als die dogmatische Lehrtradition ausführte [zur exegetischen Diskussion vgl. W. Groß, Die Gottebenbildlichkeit des Menschen nach Gen 1,26.27 in der Diskussion des letzten Jahrzehnts (1993), in: ders., Studien zur Priesterschrift und zu alttestamentlichen Gottesbildern (= Stuttgarter biblische Aufsatzbände/Band 30). Stuttgart 1999, 37–54], so stellt sich mit Verlaub doch die Frage, ob die biblische Tradition, die die Funktion des Menschen in der Schöpfung bestimmt, nicht dennoch anthropologisch dahingehend vertieft werden darf, dass Gottebenbildlichkeit eben auch die Ansprechbarkeit des Menschen für den frei sich offenbarenden Gott meint. Hierzu bedürfte es dann aber einer Theologie der Geschichte, die die Geschichte als die eine Dimension, in der Gott sich dem Menschen verstehend erschließt, und die diesen Erschließungsprozess seinerseits als kontingenten Prozess begreifen lässt. Die biblischen Schriftwerdungen, auch die Kanonisierungsprozesse wären dann Teil des einen geschichtlichen Erschließungsprozesses des gleichwohl in ursprünglicher und bleibender Differenz zum Menschen existierenden Gottes.

Glaubens der Selbstentschluss Gottes, den freien und keinen anderen Menschen zu wollen. Liebe ist ohne Freiheit nicht denkbar, weil Liebe nur in der freien Erwiderung durch den Geliebten an ihr Ziel kommen kann. Zwar hat sich die theologische Tradition mit diesem Gedanken stets schwer getan. Doch unterstand Gott in der Tat dann, wenn es seine Schöpfungsabsicht war, ein Ebenbild zu seinem Mitgeliebten zu wollen – *vult habere alios condiligentes* (Duns Scotus)[16] – einer Notwendigkeit: Den Menschen als sein Ebenbild zu seinem Mitgeliebten haben kann Gott nur unter der Bedingung von dessen Freiheit. Von einer durch das Schöpfungsziel bedingten Notwendigkeit für Gott zu reden ist nicht gleichbedeutend damit, Gottes Freiheit zu bestreiten. Denn unter der Voraussetzung, dass Gott der Schöpfung nicht bedurfte, um Gott zu sein, ist Gott frei, wenn er schafft. Die im Schöpfungsakt herrschende Notwendigkeit muss dann als eine Notwendigkeit *sub conditione* interpretiert werden, deren Wahl durch nichts als durch diese Wahl genötigt war und damit als freie Selbstbestimmung Gottes denkbar wird. Bestimmt sich Gott zur Schöpfung, dann ist freilich die Differenz zwischen Gott und Mensch keineswegs aufgehoben. Denn weil der Mensch Geschöpf ist, auch darauf weist Habermas völlig zu Recht hin, ist er Gott niemals ebenbürtig und kann diesem auch niemals ebenbürtig werden. Die in der ursprünglichen Schöpfungsbeziehung gründende Differenz zwischen Schöpfer und Geschöpf bleibt konstitutiv für das Verhältnis von Gott und Mensch. Auch wenn der von Gott mit dem Menschen gesuchte Bund als Grund der Schöpfung benannt wird, bleibt die Differenz zwischen ihm und dem Menschen eine unüberbrückbare. Es ist die Unverfügbarkeit der Initiative, die die Differenz markiert.

Habermas erinnert, warum in der christlichen Theologiegeschichte immer wieder mit größter Entschiedenheit der ausschließlich in seiner Freiheit gründende Entschluss Gottes zur Schöpfung betont wurde. Denn nur so ließ sich der Glaube daran festhalten, dass Gott zu seiner eigenen Vollkommenheit der Schöpfung nicht bedurfte. Aber auch um der Freiheit des Menschen willen muss die Relation von Gott und Mensch als absolute Differenz bestimmbar sein: „Gott bleibt nur so lange ein ‚Gott freier Menschen', wie wir die absolute Differenz zwischen Schöpfer und Geschöpf nicht einebnen. Nur so lange bedeutet nämlich die göttliche Formgebung keine Determinierung, die der Selbstbestimmung des Menschen in den Arm fällt."[17] Habermas weist

---

[16] Duns Scotus, Opus Oxoniense III d.32 q.1 n. 6.
[17] J. Habermas, Glauben und Wissen, 30.

konsequent ein Denken zurück, welches die göttliche und die menschliche Freiheit in einem System von Erst- und Zweitursachen zu verstehen versucht und unausweichlich zu einem Monismus tendiert. Menschliche Freiheit gibt es nur dann, wenn sie in ihrem Selbstvollzug ausschließlich durch sich selbst bestimmt wird. Garantiert wird diese Möglichkeit ursprünglicher Selbstbestimmung aber nur dann, wenn gewährleistet ist, dass die menschliche Freiheit in einer formellen Differenz zu allem anderen existiert – auch zu Gott. Der Philosoph Habermas ist hier problemsensibler als so mancher Theologe vergangener oder heutiger Zeit, der meint, die menschliche Freiheit nicht in dieser Radikalität gegenüber Gott denken zu dürfen, da dies auf eine Gefährdung der Gottheit Gottes und damit seiner Vollkommenheit hinauslaufen würde. Warum man hier eine Gefährdung sah, hing mit der Übernahme bestimmter Denkmuster aus der griechischen Philosophie zusammen.[18] Dies ist aber hier nicht das Thema. Festzuhalten ist an dieser Stelle nur: Wenn Gott den freien Menschen wollte, dann musste auch die über den Schöpfungsakt hinausgehende bleibende Differenz bereits ursprünglich gewollt sein. Damit gerät Gott in die Position dessen, der die absolute Differenz zwischen ihm und seinem Geschöpf setzt und verbürgt. Nicht mehr einsichtig zu machen ist, *wie* ein durch Freiheit sich auszeichnendes göttliches Wesen andere Freiheit zu sich selbst zu ermöglichen vermag. Denn soll Selbstbestimmung des Geschöpfs möglich sein, dann muss diese ihren Grund in der Unbedingtheit und damit der Selbstursprünglichkeit seiner Freiheit haben. Andernfalls müsste wiederum von kausaler Determination und damit nur von vermeintlicher Freiheit gesprochen werden.

Denkt man so entschieden differenztheologisch, so ist der Mensch, der im Gebrauch seiner Freiheit keinerlei kausaler Determination durch die göttliche Freiheit unterliegt, keineswegs bindungs- und maßstabslos. Denn *als* die von Gott gewollte und ermöglichte Freiheit, *als* das Ebenbild Gottes *soll* der Mensch diesem Gott entsprechen. Ihren Maßstab gewinnt die Freiheit damit, theologisch betrachtet, in dem Gott, der sich im Erwählungs- und Exodusglauben Israels manifestiert hat: dem Gott der Barmherzigkeit und der Gerechtigkeit. Der diesem Gott entsprechende Mensch[19] kann sich deshalb nur

---

[18] Vgl. J. Brantschen, Die Macht und Ohnmacht der Liebe. Randglossen zum dogmatischen Satz: Gott ist unveränderlich, in: Freiburger Zeitschrift für Philosophie und Theologie 27 (1980), 224–246.

[19] Vgl. den gleichnamigen Aufsatz von E. Jüngel, Der Gott entsprechende Mensch. Bemerkungen zur Gottebenbildlichkeit des Menschen als Grundfigur theologischer Anthropologie, in: ders., Entsprechungen. Gott – Wahrheit – Mensch. Theologische Erörterungen. München ²1986, 290–317.

durch moralische Sensibilität auszeichnen, die ihren Ausdruck in der unbedingten Achtung der Freiheit des Anderen findet. Auch dieser Gedanke findet sich bei Habermas: „Die ins Leben rufende Stimme Gottes kommuniziert von vornherein innerhalb eines moralisch emp-findlichen Universums. Deshalb kann Gott den Menschen in dem Sinne ‚bestimmen', dass er ihn zur Freiheit gleichzeitig befähigt und verpflichtet."[20] Sich verpflichtet zu wissen auf das Prinzip Freiheit, sich eingebunden zu wissen in ein moralisch empfindliches Universum heißt aber zugleich, alles in den eigenen Möglichkeiten Stehende zu unternehmen, innovativ für den anderen Menschen tätig zu werden – und das heißt dann in ganz grundsätzlicher Weise immer und zu-nächst einmal: dem anderen Menschen Möglichkeiten zuzuspielen, dass er zum einen zum Bewusstsein der eigenen, unbedingt seinsol-lenden Freiheit gelangt und er zum anderen unter Bedingungen exis-tiert und leben darf, die den in der Freiheit liegenden Möglichkeiten zu verbindlicher und kreativer Lebensgestaltung nicht Hohn spotten. Die im neutestamentlichen Zeugnis begegnende Lebenspraxis Jesu will genauso gelesen werden. Anstatt Menschen auf ihre Biographie, auf Schuld und Sünde zu fixieren, ermächtigt er sie durch deren zuvor-kommende Anerkennung zum erneuten Gebrauch ihrer Freiheit. Und dabei gilt seine besondere Sorge den Menschen, die am Rand der Gesellschaft existieren. Der Freigelassene der Schöpfung soll Gott in eigener Autonomie entsprechen. Ein Differenzdenken, welches sich dem Grundsatz der Autonomie verschreibt, integriert so die Intentio-nen einer Alteritätsethik.

II.

Wenn ich bisher sehr lange Wege mit Habermas gegangen bin, so darf dies natürlich nicht täuschen. Um es nochmals zu wiederholen: Habermas soll in diesen Überlegungen nicht als Theologe verein-nahmt werden. Dem Erbe der europäischen Aufklärung und den normativen Ideen der europäischen Moderne, ihrem Menschen-rechtsethos, entschieden verpflichtet, weiß Habermas zwar: Die Herkunft dieser Ideen ist nicht verstehbar zu machen ohne das Bild vom Menschen, wie es die jüdisch-christliche Glaubenstradition verantwortet und historisch zur Geltung gebracht hat.[21] Nichtsdes-

---

[20] J. Habermas, Glauben und Wissen, 30 f.

[21] Vgl. zum Beispiel J. Habermas, Metaphysik nach Kant, in: ders., Nach-metaphysisches Denken. Philosophische Aufsätze. Frankfurt a. M. ²1988,

totrotz denkt Habermas aber konsequent in der Kategorie der Post-säkularisierung, also der Weise einer historisch notwendig geworde-nen Übersetzung des semantischen Potenzials religiöser Sprache in säkulare Sprache. Gegenwärtige auf demokratischen Rechtsprinzi-pien basierende Gesellschaften vollziehen sich für ihn unter den Vorzeichen abgeschlossener Säkularisierung, so dass die gesell-schaftlich-kulturellen Selbstverständigungsprozesse nach dem Prin-zip des *etsi deus non daretur* ablaufen müssen. Um noch allge-meine Resonanz finden zu können, müssen deshalb auch „morali-sche Empfindungen, die bisher nur in religiöser Sprache einen hin-reichend differenzierten Ausdruck" besaßen, in säkulare Sprache übersetzt werden[22] – und das will heißen: Einsicht in das, was mora-lisch sensibel ist und deshalb gültig sein soll, muss unter den Bedin-gungen der Postsäkularisierung ohne den Rekurs auf Gott vermittel-bar sein. So kann das Gebot, den Fremden beheimaten zu sollen,

---

18–34, 23. Daraus folgt dann umgekehrt aber auch, dass Kirche und Theo-logie sich nur um den Preis der Selbstaufgabe des eigenen Erbes gegen die Neuzeit stellen können, weil in dieser in einer normativen Weise Prinzipien in-stalliert werden, die für sie selbst konstitutiv sind. Selbstaufgabe würde nur dann stattfinden, wenn sie sich nicht gegenüber der geschichtsphilosophi-schen Idee einer Ablösung der Religion und damit auch des Christentums durch die beerbende Neuzeit zur Wehr setzte. Eine der wichtigsten Entschei-dungen des Zweiten Vatikanischen Konzils ist denn auch, in der Erklärung über die Religionsfreiheit die Wahrheit, auch die Wahrheit Gottes, an die Freiheit gebunden zu haben – nicht in der Weise, dass die Wahrheit nun ab-hängig würde vom menschlichen Subjekt, wohl aber in der Weise, dass die Einsicht in die Wahrheit und damit die Möglichkeit der Wahrheit, Wahrheit für das Subjekt sein zu können, an die in Freiheit vollzogene Einsicht des Menschen gebunden wird. Nur, aber in dieser Hinsicht dann doch ausdrück-lich, ist auch weiterhin am Diktum Hegels festzuhalten, dass Gott nur „für das Denken ist".

[22] Vgl. J. Habermas, Metaphysik nach Kant, 22. f: „Die Philosophie soll ein ‚bewußtes', durch reflexive Selbstverständigung erhelltes, in einem nicht-dis-ziplinarischen Sinne ‚beherrschtes' Leben ermöglichen. Und in dieser Hin-sicht stellt sich dem philosophischen Denken nach wie vor die Aufgabe, sich die Antworten der Tradition, nämlich das in den Hochkulturen entwickelte Heilswissen der Religionen und das Weltwissen der Kosmologien, im schma-ler und schärfer gewordenen Lichtkegel dessen anzueignen, was davon den Töchtern und Söhnen der Moderne mit guten Gründen noch einleuchten kann. Hinter dem Wortstreit, ob nach Kant ‚Metaphysik' noch möglich sei, verbirgt sich der Sache nach ein Streit über Bestand und Umfang jener alten Wahrheiten, die einer kritischen Aneignung fähig sind, aber auch um die Art und Weise der Transformation des Sinnes, der alte Wahrheiten im Falle einer kritischen Aneignung unterliegen müssen."

nicht mehr durch den Hinweis auf ein Gebot Gottes begründet werden. Solange die Beheimatung des Fremden noch selbstverständlich zum ethischen Kodex einer Gesellschaft gehört, fällt die inzwischen weggefallene Begründung zwar nicht auf. Was passiert aber, wenn eine Gesellschaft sich aus ihren historischen Vorgaben gelöst hat und nun die Normativität dieser Ideen überhaupt in Frage stellt? Wenn die Normativität der im Menschenrechtsethos ausgesagten Egalität aller nicht mehr nur in ihrer theologischen Begründung zur Disposition gestellt wird, sondern ganz grundsätzlich? Wenn die Frage nicht mehr lautet, *was* moralisch geboten sei, sondern *warum überhaupt* ich nach allgemein gültigen, verbindlich ausweisbaren ethischen Maßstäben moralisch handeln soll? Die Leerstelle Gottes will, soll nicht ethische Unverbindlichkeit regieren, neu besetzt sein.

Die Ende des 20. Jahrhunderts in den westlichen Gesellschaften massiv und in einer breiten Öffentlichkeit geführten Diskussionen um die mögliche gentechnologische Zukunft der Menschheit hat vielleicht nur die Spitze eines Problems sichtbar werden lassen, das sich längst in ganz vielen Dimensionen menschlichen Zusammenlebens nachhaltig bemerkbar macht: Dass der Mensch, zunehmend gelöst aus der jüdisch-christlichen Überlieferung und durch nichts mehr gebunden sich fühlend, sich nun zu dem freien Selbstexperiment macht. Der entschiedene Anti-Kantianer Friedrich Nietzsche hat hierin nicht nur die unausweichliche Zukunft des Menschen gesehen, sondern diese ausdrücklich begrüßt.[23] Auch Nietzsche kennt, darin Hegel verwandt, die Vorstellung eines Weltprozesses. Nicht aber kennt er mehr die Vorstellung einer durch logische Notwendigkeiten bedingten Zielgerichtetheit dieses Prozesses, sondern nur noch die eine, ins Unendliche gehende Kreisbewegung.[24] Kein sich in der Geschichte offenbarender Sinn, wie bei Hegel, sondern Einsicht darin, dass alles, auch der Mensch, reines Experiment ungezügelter Lebenskräfte ist – ja schärfer muss man eigentlich sogar sagen: dass der Mensch nur ein Sonderfall eines Lebens ist, in dem dieses jenseits von gut und böse mit sich selbst experimentierend immer neue Gestalten aus sich hervortreibt. Warum dann also nicht

---

[23] Vgl. zum Beispiel F. Nietzsche, Nachgelassene Fragmente 1887–1889 (= Kritische Studienausgabe/Band 13), 618: „Aus seinem Leben selbst ein Experiment machen – das erst ist die F r e i h e i t des Geistes, das wurde mir später zur Philosophie . . .".

[24] Zur Wiederkunftslehre vgl. immer noch aufschlussreich die Untersuchung von K. Löwith, Nietzsches Philosophie der ewigen Wiederkehr des Gleichen. Hamburg ⁴1986.

den Eingriff in die Zufallszusammensetzungen der elterlichen Chromosomensätze tätigen? Wenn die Vorstellung eines reinen Experimentalcharakters menschlichen Daseins erst einmal das Bewusstsein bestimmt –, ließe sich dann nicht auch der Grundsatz der Egalität aller versuchsweise einmal aufgeben? Als vormodern den Historikern der alteuropäischen Menschheit zu überlassen?

Man muss diese Fragen nicht so radikal anspitzen, um einsichtig zu machen, dass eine postsäkulare Gesellschaft unausweichlich die Frage nach ihrem ethischen Fundament aufwerfen muss. Habermas' primäre und nur allzu berechtigte Sorge bezieht sich darauf, dass in dem Moment, wo der Mensch selbst „in die Zufallskombinationen von elterlichen Chromosomensätzen eingreifen würde", der künftige Mensch zum Spielball ihm vorangehender Generationen werden könnte und ja auch faktisch würde. Die Ebenbürtigkeit der Menschen als Gleiche unter Gleichen wäre zerstört, wenn der Mensch an die Stelle Gottes träte, dem Zufall der Natur vorgriffe und künftigen Generationen ihre genetischen Dispositionen vorgäbe und so determinierte. Habermas sieht ganz genau, dass dann, wenn Alterität bei zugleich angenommener Gleichheit herrschen soll, irgendetwas vorausgesetzt werden muss, das in ursprünglicher Weise die Differenz zwischen Menschen setzt und damit nicht nur Verschiedenheit, sondern vor allem Egalität in der Verschiedenheit begründet. Die Gleichheit wird dadurch begründet, dass alle sich in gleicher Weise diesem sie Setzenden, dem die Differenz setzenden Einen, verdanken.

In der Logik der jüdisch-christlichen Theologie ist es der eine Gott, der als die das Leben ins Dasein rufende Macht Egalität dadurch begründet, dass alle Menschen je einzeln zur Freiheit ermöglicht und berufen sind. Diese Funktion nimmt Gott in der theologischen Logik auch da noch ein, wo mit naturwissenschaftlich rekonstruierbaren und vorhersagbaren evolutiven Prozessen des Lebendigen gerechnet wird. Denn immer noch ist es ja der *eine* Gott, dem sich als derjenigen Macht, die *alles* in ursprünglicher Weise ins Dasein ruft, auch alle Regelmäßigkeiten verdanken. Zugleich wird dieser eine Gott als der begriffen, der mittels und in der Evolution des Lebendigen das Wunder menschlicher Freiheit ermöglicht. Nicht nur deren Differenz zu allem anderen, sondern damit auch ihre unverwechselbare Individualität verdankt sich im Horizont einer solchen Schöpfungstheologie dem Schöpfungswillen Gottes. Wenn Habermas, die Prämissen postsäkularen Denkens akzeptierend, Gott diese Funktion nicht mehr zubilligt und der einzelne Mensch diese Funktion nicht einnehmen darf, damit Gleichheit unter Menschen sein kann, dann bleibt nur noch eine Instanz, die Egalität unter Verschiedenen zu begründen imstande ist: die Natur selbst. Sie bleibt deshalb nach dem Tod Gottes als die einzige differenzsetzende Instanz übrig, insofern ein einzelner Mensch oder eine partikulare Gruppe von Menschen diese nicht einnehmen können, als es dann keine Gleichheit mehr unter *allen* Menschen geben könnte. Zumindest im Anfang menschlichen Lebens müssen, wenn überhaupt Egalität unter Menschen herrschen soll, alle gleich sein. Alle müssen durch das gleiche zufällige Zusammentreffen von elterlichen Chromosomensätzen in individueller Weise zu sich selbst ermöglicht sein. Mit dieser Normgebung tappt Habermas keineswegs in die Falle des Naturalismus. Denn es wäre immer noch die menschliche Gemeinschaft, die *sub conditione* einer entsprechenden intersubjektiv verständigten Weise der Natur diese ursprünglich differenzsetzende und egalitätsstiftende Funktion zugestehen würde.[25] Der Preis, den Habermas für seine Lösung aber zu zahlen bereit ist, ist zweifelsohne hoch. Denn selbstverständlich weiß auch er um das Desinteresse der Natur am Menschen. Die Natur kennt keine moralische Sensibilität, sondern organisiert sich nach ausschließlich auf sie selbst bezogenen, blinden Kalkülen.[26] Überlässt man der Natur

---

[25] Auf das Problem, ob es reicht, die im Ideal einer universalen Kommunikationsgemeinschaft vorausgesetzte „Idee einer unversehrten Intersubjektivität" (J. Habermas, Exkurs: Transzendenz von innen, Transzendenz ins Diesseits, in: ders., Texte und Kontexte, 127–156, 145) in konkreten Entscheidungsprozessen in verständigter Weise anzusetzen, oder ob dieses Ideal nicht auch noch einmal geltungstheoretisch in einem unhintergehbaren Grund fixiert werden muss, sei zumindest hingewiesen. Während die theologische Tradition die Unverzwecklichkeit des Menschen, die Unbedingtheit seiner Personwürde über sein Gottebenbildlichkeitsein begründet, so eine autonome Moral, die sich Grundeinsichten Kants anschließt über die in der dritten Fassung des kategorischen Imperativs ausgesagte Selbstzwecklichkeit eines jeden Menschen, die ihn davor schützt, jemals zum Zweck anderer Interessen funktionalisiert zu werden. In letztverbindlicher Weise ist diese Selbstzwecklichkeit des Menschen philosophisch, damit über Kant hinausgehend, aber auch nur dann ausgewiesen, wenn in der Instanz der Freiheit – als einzig der philosophischen Vernunft erreichbares formal Unbedingtes – die Achtung der Selbstzwecklichkeit eines jeden anderen Menschen als Weise der Selbstentsprechung der Freiheit denkbar wird, durch die die Freiheit ihre eigene, in ihr selbst liegende Bestimmung realisiert.

[26] Dass die Sprache hier notwendig anthropomorph bleibt, will ich nur andeuten. Gebunden daran, sich selbst als der Willensbestimmung fähig zu verstehen, liest der Mensch auch naturale Prozesse voluntativ. Dieses in Strukturen der Grammatik sich vollziehende Verstehen nun als durch diese Strukturen selbst determiniert zu begreifen, mit der Konsequenz – die Nietz-

in der Fortzeugung menschlichen Lebens ihr Spiel, nimmt man in Kauf, dass der Mensch auch weiterhin leidet unter ihren Zumutungen. Aber muss dieser Preis nicht gleichwohl gezahlt werden, wenn unter postsäkularen Bedingungen überhaupt noch egalitäre Freiheit unter Menschen sein soll? Nochmals: Der Preis für eine solche postsäkulare Egalitätsoption ist hoch. Die Theologie freilich sollte sich davor hüten, das sich für die postsäkulare Vernunft abzeichnende ethische Dilemma naiv für ihre Zwecke auszuschlachten. Denn eine redliche Theologie ist bereit, einen ähnlich hohen, vielleicht sogar höheren Preis zu zahlen – deshalb nämlich, weil sie den freien Gott als denjenigen zu verstehen versucht, der durch diese nur allzu oft am Wohl des Menschen desinteressierte Natur gleichwohl den Menschen zu dem Zweck zu sich selbst ermöglicht, um sich ihm als Gott erweisen zu können. Wenn Habermas die „ins Dasein rufende Stimme Gottes" präzisierend so bestimmt, dass diese „von vornherein innerhalb eines moralisch sensiblen Universums" kommuniziere, so in einem durch die Theodizeefrage sensibilisierten Bewusstsein, das Gott selbst längst mangelnder moralischer Sensibilität überführt hat. Dass die vielleicht beste aller möglichen Welten für den Menschen vielfältige Geschicke bereithält, an denen der Lebensmut leicht erstirbt, wird man theologisch kaum bestreiten wollen. In Gottes angeblich gute Schöpfung ist von Anfang an vielfältiges Unheil eingezeichnet. Hiob, auch wenn er sich schließlich der Größe des Schöpfergottes unterwirft, zweifelt zwar nicht an der moralischen Sensibilität Jahwes, aber er versteht die Wege Gottes auch nicht, ja er verweigert sich, zu verstehen, wo es kein Verstehen gibt. Die Brutalität der Natur trifft auch den Gerechten; sie nimmt nur allzu oft keine Rücksicht auf die Bedürfnisse des Menschen.

Dieses Nichtverstehen Gottes muss auch auf den Anfang menschlichen Lebens bezogen werden; es muss auf einen Anfang

---

sche dann gezogen hat –, nun auch das Selbstverstehen als freies und der Willensbestimmung fähiges Subjekt als ausschließlich durch die Subjekt-Prädikat-Struktur der Grammatik bedingt zu verstehen, ist nicht einsichtig oder doch zumindest philosophisch nicht zwingend, zumal sich eine solche dekonstruktive Subjekttheorie die Frage nach dem epistemischen Status gefallen lassen muss: Verwickelt sich eine solche Theorie in den performativen Widerspruch, weil sie als nichtexistent erklären will, was sie doch voraussetzen muss, um ihre eigene Möglichkeit erklären zu können? Vgl. hierzu ausführlich: M. Striet, Das Ich im Sturz der Realität. Philosophisch-theologische Studien zu einer Theorie des Subjekts im Anschluss an die Spätphilosophie Friedrich Nietzsches (= ratio fidei/Band 1). Regensburg 1998.

bezogen werden, der eben nicht gleichsam selbstverständlich und damit die Güte Gottes bezeugend das Wunder des beginnenden Lebens und dann allmählichen Erwachens menschlicher Freiheit darstellt, sondern in das beginnende Leben Schmerz einzeichnet. Für moralisch sensible Gemüter, die sich nicht leichtfertig mit der am Ende zudem ja auch menschlich völlig irrelevanten Rede von der Güte des ganz anderen Gottes beruhigen lassen, ist dies unerträglich. Die evolutiven und naturalen Prozesse des Lebendigen bergen Abgründigkeiten, die weder postsäkular noch gläubig lebende Menschen verdrängen können. Die von Habermas vermerkte religiöse Unmusikalität hat in diesen Fragwürdigkeiten des Glaubens an Gott ihre Wurzeln. Die Welt und ihre Geschichte sind unübersehbar dissonant durchstimmt. Das von Franz Schubert in der *Winterreise* herzzerreißend vertonte Ersterben des Herzens im Lied *Erstarrung* („Mein Herz ist wie erstorben . . .") atmet zwar noch den Geist der Romantik, verweist aber bereits auf eine Moderne, die sich am Gottesgedanken zerrieben *hat*.[27] Von Georg Büchner zu Samuel Beckett und Emile Cioran ist es nur ein kurzer Weg. Eine weiterhin gläubige Interpretation der Wirklichkeit wird diese Fraglichkeiten in den Glauben an Gott hinein nehmen, solidarisch mit den religiös unmusikalisch Gewordenen bleibend. Alles andere wäre praktischer Atheismus. In den anstehenden ethischen Diskursen der Gegenwart streitet sie deshalb zum einen Seite an Seite mit allen Menschen guten Willens, die für die Unverzweckbarkeit eines jeden Menschen einstehen. Sie wird aber zum anderen gleichwohl Gott als denjenigen ins Gespräch zu bringen versuchen, der die Weltwirklichkeit einschließlich aller ihrer Gesetzlichkeiten, der die evolutiven Prozesse nicht nur als Ermöglichungsgrund des Lebendigen, sondern menschlicher Freiheit will, damit er dem Menschen Gott sein kann.

III.

Wie sich gezeigt haben dürfte, muss auch unter den Bedingungen postsäkularen Denkens der Gesprächsfaden zwischen Gläubigen und Nichtgläubigen keineswegs abreißen, was die Wahrnehmung des bleibend Prekären des menschlichen Daseins angeht. Das Beispiel Habermas zeigt, wie ein *Commonsense* in ethischen Fragestel-

---

[27] Vgl. hierzu vom Verfasser: Der neue Mensch? Unzeitgemäße Betrachtungen zu Sloterdijk und Nietzsche. Frankfurt a. M. 2000, 124–128.

lungen auch unter differenten Denkvoraussetzungen möglich sein kann – vorausgesetzt nur, dass nicht die letzte Bastion der im jüdisch-christlichen Glauben wurzelnden abendländischen Geistesgeschichte geschleift wird: das Prinzip egalitäter Freiheit – oder schärfer noch: das Prinzip, dass ,egalitäre Freiheit sein soll'[28]. Ob dieses Prinzip ausschließlich aus philosophischen Gründen oder zudem aus theologischen Gründen im öffentlichen Diskurs eingeklagt wird, spielt in den konkreten ethischen Entscheidungsfindungsprozessen keine Rolle mehr – auch wenn die Theologie ihre spezifische Sicht auf die Welt und den Menschen nicht verleugnen darf. Bevor aber die Theologie dies tut, tut sie zunächst einmal im öffentlichen und damit auch im universitären Diskurs gut daran, sich mit den Menschen guten Willens zu solidarisieren, die sich das Wort Freiheit weder wegerklären lassen, noch es, um auch diese Verkürzung zu benennen, auf seine neoliberale Semantik einengen lassen. Sondern die es als den Inbegriff eines Humanen verteidigen, welches keineswegs maßstabslos existiert, sondern auf sein eigenes Wesen verpflichtet verbindliche Bindung übernehmen soll und das gerade so die in ihm selbst liegende Bestimmung realisiert. Dass eine christliche Ausdeutung der Wirklichkeit weitergehender Natur ist als es unter Neuzeitbedingungen eine philosophisch bleibende je sein könnte, will aber gleichwohl nicht verschwiegen sein – dann jedenfalls nicht verschwiegen werden darf, wenn sie von der bleibenden humanen Bedeutung des Evangeliums überzeugt ist. Theologie ist nicht Selbstzweck, sondern angesteckt und ermutigt von dem Gott, der *selbst* das Evangelium des Menschen sein will, indem er ihn mit seiner Liebe erfüllt. Von daher wird die Theologie nicht umhin kön-

---

[28] Vgl. zu dieser Formulierung Th. Pröpper, Autonomie und Solidarität. Begründungsprobleme sozialethischer Verpflichtung, in: ders., Evangelium und freie Vernunft. Konturen einer theologischen Hermeneutik. Freiburg i. Br. u. a. 2001, 57–71, 61. Gegenüber Habermas anzumelden ist eine leichte Skepsis, ob die von ihm mitvollzogene, vermeintlich unausweichliche Wende zur Linguistik dieses Moment der formalen Unbedingtheit der Freiheit noch einzuholen imstande ist. Zumindest müsste genau gesagt werden, wie denn Freiheit denkbar sein soll, wenn „vorsprachliche Subjektivität" den „durch die Struktur sprachlicher Intersubjektivität gesetzten . . . verschränkten Selbstverhältnissen" nicht vorangehen muss, „weil sich alles, was den Namen Subjektivität verdient, und sei's ein noch so vorgängiges Mit-sich-Vertrautsein, dem unnachgiebig individuierenden Zwang des sprachlichen Mediums von Bildungsprozessen verdankt" (Metaphysik nach Kant, 34). Auskunft diesbezüglich hätte man gerade deshalb gern, weil Habermas zugleich auf einem „naturalistisch nicht greifbare(n) Autonomiebewusstsein" besteht (vgl., ders., Glauben und Wissen, 20).

nen, aber auch nicht umhin wollen, die Perspektive einer christlichen Ausdeutung der Wirklichkeit in eine säkular gewordene Moderne einzuschreiben.

Ihre fundamentale Schwierigkeit besteht darin, dass der Begriff Gott selbst fraglich geworden ist: Entspricht diesem Begriff eine Wirklichkeit oder nicht? Schon die Frage nach dem präzisen semantischen Gehalt des Begriffs Gott lässt philosophisch eine gewisse Ratlosigkeit zurück. Habermas zeigt dies zum Beispiel an seiner Kierkegaard-Interpretation auf. Wenn Kierkegaard „in der Auseinandersetzung mit dem spekulativen Denken Hegels auf die Frage nach dem richtigen Leben zwar eine postmetaphysische, aber eine zutiefst religiöse, zugleich eine *theologische* Antwort gegeben"[29] hat, überstrapaziert er in der Analyse von Habermas den philosophischen Möglichkeitshorizont des Wissbaren. Denn „unter Prämissen eines nachmetaphysischen Denkens" können wir „das Unverfügbare, von dem wir sprach- und handlungsfähigen Subjekte in der Sorge, unser Leben zu verfehlen, abhängig sind", „nicht mit dem ‚Gott in der Zeit' identifizieren."[30]

Ich will Habermas, was den philosophischen Befund angeht, mit Nachdruck zustimmen. Zwar lässt sich durch eine philosophische Analyse des endlichen Bewusstseins die Reflexion bis an den Punkt führen, wo die Frage nach einem absoluten Grund unausweichlich wird. Denn wenn überhaupt etwas existiert und die freie Vernunft nach dem Grund dessen fragt, warum überhaupt etwas existiert und so das Kontingenzproblem forciert, sieht sie sich zu der Antwort genötigt, dass auch etwas schlechthin Notwendiges existiert, dem sie ihr eigenes Dasein verdankt. Ob aber dieses von der Vernunft zu denkende schlechthin Notwendige der freie Gott ist oder aber auch nur eine Welt, die sich durch Anfanglosigkeit und Unendlichkeit auszeichnet, vermag die philosophische Vernunft nicht mehr zu entscheiden. Über den Begriff eines notwendig Existierenden ist die Existenz eines freien Gottes, dem die Welt ihr Dasein verdankt und der, wie es das Sinnbedürfnis der einen Vernunft verlangt, zu retten vermag, nicht zu vergewissern. Und auch der Sinnaufweis dieses Gottes, wie er sich in eindrücklichen Grenzreflexionen auf die Antinomien praktischer Vernunft bei Kant, dann etwa bei Walter Benjamin und bei Helmut Peukert findet[31], vermag die Frage nach dem

---

[29] J. Habermas, Die Zukunft der menschlichen Natur, 18.

[30] Ebd., 25.

[31] Vgl. im Kontext seiner praktischen Philosophie bereits I. Kant, Kritik der praktischen Vernunft (= WW; VII). Frankfurt a. M. 1989, A 6 f, wo Kant dem

alles zu sich selbst eröffnenden Grund nicht zu beantworten. Deshalb kann auch die von Habermas zugegebene „brennende Erfahrung eines Defizits", wenn die „universelle Bundesgenossenschaft retroaktiv, nach rückwärts" auf vergangene Generationen erstreckt wird, „noch kein hinreichendes Argument für die Annahme einer ‚absoluten, im Tode rettenden Freiheit'" sein.[32] Ich möchte, was die Differenzierung der Ebenen und die Auswertung des philosophisch Erreichbaren angeht, Habermas ausdrücklich zustimmen. Kants Gottespostulat der praktischen Vernunft hebt die Ergebnisse der Transzendentalen Dialektik nicht auf, sondern fixiert nur kategorial den vom Menschen zu erhoffenden Gott. Der Glaube kann philosophisch kein anderes Resultat aufbieten. Gleichwohl wird er am freien Gott als der alles zu sich selbst eröffnenden Wirklichkeit im öffentlichen Diskurs festhalten können, wie in der Instanz der Philosophie nachweisbar bleibt, dass auch für die Hypothese der Nichtexistenz des von Welt und Mensch unterschiedenen freien Gottes kein zwingender Vernunftgrund aufzubieten ist.[33] Denn ob eine anfangslose und aus sich selbst existierende Welt das gesuchte Absolute ist, vermag die philosophische Vernunft, die sich dem dogmatischen Schlummer verweigert, ebenso wenig zu entscheiden. Der

---

Bedürfnis des Gottespostulates ausdrücklich nicht etwa nur einen hypothetischen, „einer beliebigen Absicht der Spekulation" anheim gestellten Rang zuweist, sondern dieses Bedürfnis als „ein gesetzliches" ausweist, da ohne dieses „nicht geschehen kann, was man sich zur Absicht seines Tuns und Lassens unnachlaßlich setzen soll." Mit gleicher Logik öffnet auch Helmut Peukert [Wissenschaftstheorie – Handlungstheorie – Fundamentale Theologie. Analysen zu Ansatz und Status theologischer Theoriebildung (1976). Frankfurt a. M. 1978, v. a. 308–310. Zitat 315] mittels einer Grenzreflexion auf die Idee universaler anamnetischer Solidarität die Vernunft auf den Gottesgedanken: „Die Frage nach der Möglichkeit geschichtlicher Freiheit im Rahmen einer Theorie kommunikativen Handelns verschärft sich . . . noch einmal bei dem Versuch, *universal solidarisch* zu existieren, wenn sich die Solidarität . . . auf diejenigen richtet, die als Opfer des geschichtlichen Prozesses zerstört und vernichtet worden sind. Kann die Frage nach einer Wirklichkeit, auf die solidarisches kommunikatives Handeln gerade dann zugeht, einfach ausgeschlossen werden? Wenn irgendwo, stellt sich dann nicht hier von einer Theorie kommunikativen Handelns aus die Frage nach der in der Theologie gemeinten Wirklichkeit, einer Wirklichkeit, die für den anderen im Handeln angesichts seines Todes bezeugt wird?"

[32] J. Habermas, Exkurs: Transzendenz von innen, Transzendenz ins Diesseits, 143.

[33] Vgl. ausführlich M. Striet, Offenbares Geheimnis. Zur Kritik der negativen Theologie (= ratio fidei/Band 14), Regensburg 2003, 155–186.

Glaube weiß zwar nicht, aber er hält begründet für wahr, was in seinem Ursprung steht: Offenbarung Gottes durch Gott selbst.

Vermag die Theologie die Möglichkeit eines Gottes, der sich offenbart und dem die Welt ihr Dasein verdankt, ausschließlich philosophisch argumentierend zu zeigen, hat sie der Rechenschaftspflicht des Glaubens Genüge getan. Solange sie dies leistet, kann sie die nur im Glauben akzeptierbare Deutung der Welt als einer *aus dem Nichts* von Gott ins Dasein Gerufenen[34], damit menschliche Freiheit sei, öffentlich vertreten und diese Deutung zugleich von den vielfältigen religionsproduktiven Tendenzen der Gegenwart, deren Mythenfreundlichkeit und Resakralisierungen der Natur unterscheidbar halten. Der Glaube bestimmt dann die Vernunft, ohne dass die Vernunft aus sich heraus die Wahrheit des Glaubens verbürgen könnte.

Umgekehrt kann sich aber auch ein postsäkulares Denken nicht der Frage entziehen, ob es die Nichtexistenz des freien Gottes nur konstatiert oder aus Vernunftgründen als zwingend ansieht. In ein philosophisches Wissen aufgehoben ist der geschichtlich überlieferte Glaube nur dann nicht, wenn eine die Grenzen menschlicher Vernunft anerkennende Philosophie sich des Abschlussgedankens des Absoluten auch in der Form verweigert, dass sie die Möglichkeit des freien Gottes und die Möglichkeit der Begründung dessen, was ist, auf diesen Gott nicht ausschließt. Andernfalls wäre der Glaube in ein Wissen dessen, was ist, transformiert – und müsste sich zutrauen, Antwort zu geben auf die Frage *Warum ist überhaupt etwas und nicht vielmehr gar nichts?*, die dann schlicht lautete: Weil es ist. Hier ist allerdings Vorsicht geboten. Denn diese Frage entspringt nicht einer spekulativen Überheblichkeit der menschlichen Vernunft, sondern der existentiellen Bedürftigkeit des Menschen nach einem Sinnverstehen des Ganzen und dem Verlangen nach Rettung.[35] Habermas ist diesbezüglich denn auch vorsichtig.[36] Ist dann aber nicht,

---

[34] H. Hoping, Creatio ex nihilo. Von der Bedeutung einer schwierigen Unterscheidung für den Begriff des Monotheismus, in: Jahrbuch für biblische Theologie 12 (1997), 291–307.

[35] Vgl. F. W. Schelling, Philosophie der Offenbarung, Darmstadt 1990, Bd. 1, 7.

[36] Vgl. ders., Exkurs: Transzendenz von innen, Transzendenz ins Diesseits, 141: Die Frage, ob von den religiösen Wahrheiten nach dem Zerfall der religiösen Weltbilder nurmehr „„die profanen Grundsätze einer universalistischen Verantwortungsethik gerettet'" werden könnten, müsse aus „der Sicht des rekonstruktiv verfahrenden Sozialwissenschaftlers, der sich hütet, Entwicklungstrends einfach linear fortzuschreiben, ebenso offenbleiben wie aus der Sicht des traditionsaneignenden Philosophen, daß sich Intuitionen, die längst

wenn die Möglichkeit dieses Gottes theoretisch nicht ausgeschlossen werden kann, die am Ende seiner Vernunftreflexionen stehenden Wette Pascals[37] auf den Gott Abrahams, Isaaks und Jacobs nicht doch zu riskieren? Ist dies vielleicht sogar die moralisch gebotenere Alternative, anstatt sich bereits jetzt definitiv mit der einzig und allein verbleibenden Alternative, der reinen Diesseitigkeit, abzufinden?

In seiner *Friedenspreisrede* macht Habermas zwar auf das beunruhigende Problem der „Irreversibilität vergangenen Leidens aufmerksam – auf jenes Unrecht an den unschuldig Misshandelten, Entwürdigten und Ermordeten", „das über jedes Maß menschenmöglicher Wiedergutmachung hinausgeht", konstatiert aber zugleich, dass die semantischen Potenziale der Religion, die als einzige Hoffnung auf Rettung der Toten und damit Trost vermitteln könnte[38], „ausgeschöpft" seien.[39] Dass es solche Ausschöpfungs- und auch Ermüdungssymptome gibt, ist kaum zu bestreiten. Und es wäre hier auch einmal nach den Gründen zu fragen, die in der christlichen Frömmigkeits- und Spiritualitätsgeschichte selbst liegen und die für diese Symptome zumindest mitverantwortlich zeichnen. Viel zu lange wurde die Gott selbst betreffende Fraglichkeit verschwiegen, ja im konkreten Glauben zum Verstummen gebracht.[40] Aber muss die philosophisch reflektierende Vernunft nicht doch trotz des empirisch kaum zu bestreitenden Ausschöpfungspotenzials jüdisch-christlicher Eschatologie den Gottesgedanken offen halten? Das Faktische darf auch hier keine Normativität entwickeln, solange der Gedanke des aus dem Tode rettenden und versöhnenden Gottes denkbar bleibt. Weil der Tod nicht zu ertragen ist, zumal der Tod

---

in religiöser Sprache artikuliert worden sind, weder abweisen noch ohne weiteres rational einholen lassen . . .".

[37] Vgl. das berühmte Fragment 233 in: B. Pascal, Über die Religion und einige andere Gegenstände. Aus dem Französischen von E. Wasmuth. Frankfurt a. M. 1978.

[38] Vgl. J. Habermas, Zu Max Horkheimers Satz: „Einen unbedingten Sinn zu retten ohne Gott, ist eitel", in: ders., Texte und Kontexte, 110–126, 125: „Unter Bedingungen nachmetaphysischen Denkens kann die Philosophie den Trost nicht ersetzen, mit dem die Religion das unvermeidliche Leid und das nicht-gesühnte Unrecht, die Kontingenzen von Not, Einsamkeit, Krankheit und Tod in anderes Licht rückt und ertragen lehrt."

[39] J. Habermas, Glauben und Wissen, 24.25.

[40] Vgl. A. Holzem, „Kriminalisierung" der Klage? Bittgebet und Klageverweigerung in der Frömmigkeitsliteratur des 19. Jahrhunderts, in: Klage (= Jahrbuch für Biblische Theologie/Band 16). Neukirchen – Vluyn 2001, 153–182.

der Entwürdigten und Gemordeten, bleibt die philosophische Vernunft auf den Gottesgedanken verpflichtet. Hier ist die Grenze der Übersetzbarkeit des semantischen Potenzials der Religion. Freilich bleibt für die Vernunft, wenn sie den hypothetischen Gedanken auf den rettenden Gott in eine reale Hoffnung ummünzt, nur der Sprung in den Glauben. Unter welchen subjektiven Bedingungen dieser existentiell möglich ist, entzieht sich der Beurteilung. Hier gerät man in ein Dunkel hinein, welches theologisch als Frage der Theodizee erörtert sein will.

JOHANN REIKERSTORFER

EINE „ÜBERSETZUNG", IN DER „ÜBERSETZTES" NICHT ÜBERFLÜSSIG WIRD

Jüdisch-christliches Erbe in vernunfttheoretischer Bedeutung bei J. Habermas und J. B. Metz[1]

Die Vorherrschaft des Säkularisierungsparadigmas bei der Kennzeichnung der „geistigen Situation" unserer Zeit wird heute immer mehr in Frage gestellt. Und die dafür ausschlaggebenden Veränderungen im gesellschaftlichen Bewusstsein schaffen auch eine neue Gesprächskonstellation zwischen Philosophie und Theologie. Vor allem die Frage nach dem *öffentlichen* Vernunftgebrauch bringt eine Erbschaft des europäischen Geistes auch philosophisch ins Gespräch, die eine Kommunikationskultur in pluralistischer Öffentlichkeit zu inspirieren, zu stimulieren und kritisch zu begleiten vermag.

Denn auch der Vernunftbegriff in seinem aufgeklärt-öffentlichen Gebrauch entzieht sich einer adäquaten Trennung von Genesis und Geltung. Dass religiöse Wurzeln wie das jüdisch-christliche Erbe dieses geschichtliche Ringen – in einem spannungsreichen Ineinander von Inspiration und Kritik – bestimmt haben, konnte solange als bloß historische Entwicklung außerhalb des vernünftigen Selbstverständnisses bleiben, als sich die Vernunft in ihren universalistischen Optionen noch nicht mit einer durch ihre „Entgleisung" bedrohten Moderne konfrontiert sah. Anders jedoch, wenn sie – wie heute – im Pluralismus der Religions- und Kulturwelten hinsichtlich ihrer Pluralitätsfähigkeit herausgefordert ist und als öffentliche Vernunft auf dem Prüfstand steht. Darin ist ihr für ihre Einspruchs- und Widerstandsmöglichkeiten gegen Fehlentwicklungen und Pathologien (auch in den Religionen) und – heute immer mehr schon – gegen die Gefahr der Überwältigung durch eine technische Rationalität eine Selbstvergewisserung abverlangt, die diesen „tiefengeschichtlichen" Zusammenhang erneut ins Bewusstsein ruft.[2]

---

[1] Eine gekürzte Version dieses Beitrags erschien in: Orientierung 70 (2006), 30–34.

[2] Die Moderne – so J. Habermas – zehrt also nicht nur von ihrem religiösen Erbe, sie bleibt angewiesen auf die Übersetzung der noch unabgegoltenen

Woher bezieht heute eine bedrohte Kommunikationskultur mit ihren demokratischen Standards ihre Widerstandskraft gegen die
szientistische Vereinnahmung der kommunikativ-lebensweltlichen
Praxis durch neue Technologien?[3] So steht in unserem Kulturraum
nicht nur das Christentum vor der Frage, ob und wie es sich in das
öffentliche Ringen um den *normativen* Kern der Moderne einzubringen vermag. Auch der Philosoph wird im jüdisch-christlichen Gottesgedächtnis ein geschichtliches *Menschengedächtnis* und in ihm
entgrenzungs- bzw. universalisierungsfähige Potentiale zu entdecken und in „begründender Rede" freizulegen haben, die sich in ihrer kommunikativen Kraft auch mit anderen Kultur- und Religionswelten verbinden lassen und die deshalb nicht ohne Auswirkungen
auf den öffentlichen Vernunftgebrauch bleiben können.[4]
    Anders als unter der Vorherrschaft religiös-metaphysischer Welt-
bilder sind in einem politisch sensiblen Bewusstsein Philosophie und
Theologie auf ein Ringen um eine neue Anerkennungs- und Kom-

Gehalte der jüdisch-christlichen Religion, denn nur „diejenige moderne Gesellschaft, die wesentliche Gehalte ihrer religiösen Überlieferung in die Bezirke der Profanität einbringen kann, vermag auch die Substanz des Humanen zu retten": Die verkleidete Tora. Rede zum 80. Geburtstag von Gershom
Sholem (1978), in: J. Habermas, Politik, Kunst, Religion. Essays über zeitgenössische Philosophen, Stuttgart 2001, 127–143, hier: 141. Und J. Habermas selbst lässt keinen Zweifel daran, dass die „semantischen Potentiale" der
religiösen Rede philosophisch noch nicht erschöpfend in die „Sprache überzeugender Gründe" übersetzt worden sind.

[3] „Die Arbeitsteilung zwischen den integrativen Mechanismen des Marktes,
der Bürokratie und der gesellschaftlichen Solidarität ist aus dem Gleichgewicht geraten und hat sich zugunsten wirtschaftlicher Imperative verschoben,
die einen am je eigenen Erfolg orientierten Umgang der handelnden Subjekte miteinander prämieren. Die Eingewöhnung neuer Technologien, die tief
in die bisher als natürlich angesehenen Substrate der menschlichen Person
eingreifen, fördert zudem ein naturalistisches Selbstverständnis der erlebenden Subjekte im Umgang mit sich selbst", in: J. Habermas, Zwischen Naturalismus und Religion. Philosophische Aufsätze, Frankfurt a. M. 2005 (= Zwischen), 247.

[4] Was also die Philosophie von der Religion in einer „kritischen Anverwandlung" des performativen Sinns religiöser Gebets-, Bekenntnis- und
Glaubenssprache subjekthafter Art lernen kann, „will sie in einem Diskurs
ausdrücken, der von der offenbarten Wahrheit gerade unabhängig ist. Es
bleibt bei jeder philosophischen Übersetzung der performative Sinn des gelebten Glaubens auf der Strecke, auch bei Hegel . . .": J. Habermas, Über
Gott und Welt. Eduardo Mendieta im Gespräch mit Jürgen Habermas, in:
Befristete Zeit. Jahrbuch Politische Theologie Bd. 3 (hg. v. J. Manemann)
Münster 1999, 190–209 (= Gott und Welt), hier: 205.

munikationskultur im heutigen Pluralismus gesellschaftlicher Verhältnisse verpflichtet, den sie kooperativ auf je ihre Weise zu befördern und auch vernunfttheoretisch zu stützen haben.

Die Rede von der „postsäkularen Gesellschaft" (J. Habermas) will offensichtlich ein säkularistisches Verständnis der Säkularisierung in die Schranken weisen und die bislang weltanschaulich verdrängten Religionen in den öffentlichen Diskurs um eine pluralitätsfähige Anerkennungskultur miteinbeziehen, um ein konfliktträchtiges Nebeneinander von Kultur- und Religionswelten in ein produktives Miteinander zu verwandeln.

Dass diese Perspektive eine Philosophie mit neuem Blick auf Religion (J. Habermas) und eine Theologie „mit dem Gesicht zur Welt" (J. B. Metz) bei aller Unterschiedlichkeit der Diskurse in gegenseitiger Nähe erfragbar macht, soll im Folgenden verdeutlicht werden.

1. In der „Dialektik der Säkularisierung"

Ein bislang vorherrschendes liberales Säkularisierungsparadigma, das Religion von vornherein privatisiert, scheint immer mehr einer religiös-weltanschaulich pluralistischen Öffentlichkeit zu weichen, die Religionen der Erwartung einer Bewährung im konstitutionellen Pluralismus der modernen Gesellschaften aussetzt.[5] Die Einbeziehung der Religionen in den öffentlichen Diskurs mutet freilich nicht nur der religiösen Seite auch kognitive Umstrukturierungen zu, denen sie sich nicht länger – wenn zugegebenermaßen auch „phasenverschoben" – verschließen darf. Im Horizont einer selbstreflexiven Moderne werden die nicht-religiösen und religiösen Bürger eines demokratischen Rechtsstaats Einstellungen lernen müssen, in denen sie sich als freie und gleiche Mitglieder ihres Gemeinwesens achten. Aus diesem Grund liegt es im eigenen Interesse des Verfassungsstaates, „mit allen kulturellen Quellen schonend umzugehen, aus denen sich das Normbewußtsein und die Solidarität von Bürgern speisen"[6]. Wie das Reflexivwerden des religiösen Bewusstseins in der Moderne, so hat auch die reflexive Überwindung des säkularistischen Bewusstseins eine „epistemologische" Seite. Im Rahmen einer liberalen politischen Kultur wird nämlich auch von Ungläubigen

---

[5] Vgl. dazu J. B. Metz, Memoria passionis. Ein provozierendes Gedächtnis in pluralistischer Gesellschaft (in Zusammenarbeit mit J. Reikerstorfer), Freiburg i. Br. Basel – Wien 2006, § 13.

[6] J. Habermas, Zwischen (Anm. 3) 116.

„die Einübung in einen selbstreflexiven Umgang mit den Grenzen der Aufklärung" erwartet.[7]

„Postsäkulares Bewusstsein" weist *zum einen* ein säkularistisches Verständnis der Moderne in die Schranken, das Religion von vornherein aus der Öffentlichkeit verbannt und strikt „privatisiert". Es weiß um die Dialektik einer planen Säkularisierung[8] und muss im Wissen um diese Dialektik mit der „Ausdruckskraft" religiöser Traditionen rechnen, wenn sich die säkulare Gesellschaft nicht von wichtigen Ressourcen der Sinnstiftung abschneiden will.[9] Denn auch ungläubige oder andersgläubige Bürger können aus religiösen Beiträgen etwas lernen, wenn sie z. B. in den normativen Wahrheitsgehalten einer religiösen Äußerung eigene, manchmal verschüttete Intuitionen wiedererkennen.[10]

Zum andern bringt die Selbstreflexivität der Moderne in unserem Kulturraum vor allem das Christentum in die Lage, sich den Anforderungen einer religiös-weltanschaulich pluralistischen Öffentlichkeit auszusetzen. Es ist angefragt, ob es sich „durch eine radikalere Ausschöpfung des eigenen normativen Potentials"[11] für eine pluralitätsfähige Kommunikationskultur als inspirierende, als stimulierende und stützende Kraft zu entdecken und einzubringen vermag. Denn die Spannung muss auch zwischen den verschiedenen Kulturen und Weltreligionen ausgehalten werden, soll nicht das Netz des interkulturellen Diskurses zerreißen.[12]

2. Religionsphilosophische Implikationen postsäkularen Bewusstseins?

Welche Bedeutung hat nun die philosophische Arbeit am „religiösen Erbe" für die Selbstverständigung der Moderne und eine Ausdifferenzierung postsäkularen Bewusstseins? Denn der Respekt vor Personen und Lebensweisen ist nicht alles; die Philosophie hat nicht

---

[7] A. a. O. 117.

[8] Vgl. J. Habermas/J. Ratzinger, Dialektik der Säkularisierung. Über Vernunft und Religion (mit einem Vorwort hg. v. F. Schuller), Freiburg i. Br. – Basel – Wien [2]2005.

[9] J. Habermas, Zwischen (Anm. 3) 137.

[10] Ebd.

[11] Ders., Gott und Welt (Anm. 4) 191.

[12] A. a. O. 197.

bloß funktionale Interessen, sondern „inhaltliche Gründe", sich gegenüber religiösen Überlieferungen lernbereit zu verhalten.[13]

Eine philosophische Theorie der Moderne, die im Begriff ihrer selbst ihre eigene „Genealogie" und die ihres Vernunftkonzepts nicht verdrängt, wird freilich auch das Interesse des Theologen erwecken. Auch er muss für seine Glaubensbegründung diesen Horizont der Moderne reklamieren und in ihm seinen Begründungs- oder Universalisierungsanspruch einzulösen suchen. Schließlich lernt sich der Mensch selbst in den Möglichkeiten seines Daseins aus der Geschichte kennen und nicht umgekehrt.

Spätestens hier soll das über viele Jahre hindurch produktiv vorangetriebene „Gespräch" zwischen J. Habermas und J. B. Metz aufgegriffen und vor allem unter vernunfttheoretischen Perspektiven verfolgt werden. Es zeigt auf beiden Seiten gerade in der wechselseitigen Respektierung getrennter Ufer auffällige Annäherungen, Berührungen und Konvergenzen hinsichtlich eines sich unter gewandelten Öffentlichkeitsbedingungen verstehenden öffentlichen Vernunftgebrauchs.

J. Habermas selbst hat religiöses Bewusstsein in immer auffälligerer Deutlichkeit durch „Vermissungen" gekennzeichnet: „Religiöse Überlieferungen leisten bis heute die Artikulation eines Bewußtseins von dem, was fehlt. Sie halten eine Sensibilität für Versagtes wach. Sie bewahren die Dimensionen unseres gesellschaftlichen und persönlichen Zusammenlebens, in denen noch die Fortschritte der kulturellen und gesellschaftlichen Rationalisierung abgründige Zerstörungen angerichtet haben, vor dem Vergessen. Warum sollten sie nicht immer noch verschlüsselte semantische Potentiale enthalten, die, wenn sie nur in begründende Rede verwandelt und ihres profanen Wahrheitsgehaltes entbunden würden, eine inspirierende Kraft entfalten können?"[14] Eine inspirierende Kraft in transformierter Sprache für einen selbstreflexiven Umgang mit den „Grenzen der Aufklärung"? Das in der gesellschaftlichen Öffentlichkeit religiös wach gehaltene Bewusstsein des „Fehls", des „Versagten", des „Zerstörten", des „Unvergesslichen" soll demnach durchaus produktive Auswirkungen für eine aufgeklärte Kommunikationskultur und ein ihr entsprechendes Vernunftverständnis gewinnen können. Denn aus dem geschichtlichen Wissen um die Erfahrung „entbehrter Solidarität und Gerechtigkeit" und um tiefe Verletzungen des solidari-

---

[13] Ders., Zwischen (Anm. 3) 114 f.
[14] Ders., Zwischen (Anm. 3) 13.

schen Bandes der Menschheit erwachsen die Kräfte, „Leiden einer versehrbaren Kreatur zu mildern, abzuschaffen oder zu verhindern".[15]

Weil „die biblische Vision der Rettung nicht nur Erlösung von individueller Schuld bedeutet, sondern auch die kollektive Befreiung aus Situationen des Elends und der Unterdrückung einschließt (und insofern neben dem mystischen immer auch ein politisches Element enthält)" – so Habermas – „berührt sich der eschatologische Aufbruch zur Rettung der ungerecht Leidenden mit Implikationen der Freiheitsgeschichte der europäischen Neuzeit".[16] Von dieser Berührung, die in der Tat den Kern unserer Suchbewegungen trifft, wäre zu reden.

Worin liegt eigentlich die „Normativität" dieses Entbehrungswissens, woraus nährt es sich und was vor allem wäre nach der eingangs erhobenen Forderung einer Mitberücksichtigung der „Genealogie" der Vernunft im Begriff derselben für das Verständnis solcher Normativität zu folgern? Liegt sie etwa in der reflexiv vermittelten (nicht aber durch Reflexion erzeugten) Sprengkraft einer Leidenserinnerung, die in ihrer negativen Form als Vermissungswissen die „Herrschaft des Vergangenen über das Zukünftige" zu brechen und kraft ihrer „Intelligibilität" auch eine in ihrem humanen Kern bedrohte Kommunikationskultur zu fundieren und zu schützen vermag? Dann würde solches Eingedenken fernab aller traditionalistischen oder auch psychologischen Deutung in das „Ethos" einer aufgeklärten Vernunft gehören, die ihr produktives Veränderungspotential in den Gefahren der Verohnmächtigung ihrer selbst nicht verlieren will.

J. Habermas transformiert die „religiöse" Transzendenz in eine „Transzendenz ins Diesseits", die ihre transzendierende Kraft von „innen" zur Erfahrung bringt. So begegnet im „Telos der Verständigung" einer kommunikativen Vernunft die „Macht der Intersubjektivität", über die niemand eine exklusive Verfügung besitzt.[17] Sie äu-

---

[15] Ders., Transzendenz von innen, Transzendenz ins Diesseits (= Transzendenz) , in: ders., Texte und Konztexte, Frankfurt a. M. ²1992, 127–156, hier: 145.

[16] Ders., Israel oder Athen? Wem gehört die anamnetische Vernunft? Johann Baptist Metz zur Einheit in der multikulturellen Vielfalt, in: J. Habermas, Vom sinnlichen Eindruck zum symbolischen Ausdruck. Philosophische Essays, Frankfurt a. M. ²1997, 99.

[17] „Das Moment der Unbedingtheit, das in den Diskursbegriffen der fehlbaren Wahrheit und Moralität aufbewahrt ist, ist kein Absolutes, allenfalls ein

ßert sich, wie es scheint, in der (unverfügbaren) Ermutigung zu intersubjektiv geteiltem Handeln in einer heute durch ihre „Entgleisung"
bedrohten Moderne. Dieser „transsubjektiven Lesart" gemäß zeigt
sich das Unbedingte oder Absolute – bildhaft gesprochen – in der
„schwankenden Schale", die im Meer der Kontingenzen nicht er-
trinkt, auch wenn „das Erzittern auf hoher See der einzige Modus ist,
in der sie Kontingenzen bewältigt".[18] Wenn ich das Bild recht verstanden habe, dann drückt es in der bedrohten Humanität den
„schwachen" (weil nicht aus transzendenter Zuversicht gespeisten)
Impuls („von innen") zu einem ungetrösteten und gleichwohl „nicht-
defaitistischen Widerstand gegen die Götzen und Dämonen einer
menschenverachtenden Welt"[19] aus. Kündigt sich – so meine Frage
– in dieser Ermutigung etwa „die intelligible und kritische Macht der
anamnetischen Basis öffentlicher Diskurse" (J. B. Metz) an, die
durch die jüdisch-christliche Tradition auch in das Vernunftethos der
Menschheit eingedrungen ist? Eine Erinnerung in der Wissensform
des Vermissens, die für die argumentierende Vernunft „in den tiefen
Schichten ihrer eigenen pragmatischen Voraussetzungen die Bedingungen für die Inanspruchnahme eines unbedingten Sinns frei-
legt"[20]? Mehr noch: Habermas fordert die Erschließung jener „normativen Dimension", „in der wir die Züge eines mißglückten und
entstellten, eines menschenunwürdigen Lebens erst identifizieren
und als Entbehrungen überhaupt erfahren können"[21]. Die Frage
nämlich, ob die Vergangenheit letztlich Zukunft beherrscht, die Frage nach zynischer Anpassung, nach melancholischer Unterwerfung
oder Verzweiflung, kann auch den Philosophen „nicht unberührt"
lassen.[22] Auch in „begründeter Enthaltsamkeit" kommt J. Habermas

---

zum kritischen Verfahren verflüßigtes Absolutes. Nur mit diesem Rest von
Metaphysik kommen wir gegen die Verklärung der Welt durch metaphysische
Wahrheiten an – letzte Spur eines Nihil contra Deum nisi Deus ipse." (Ders.,
Die Einheit der Vernunft in der Vielfalt der Stimmen, in: ders., Nachmetaphy-
sisches Denken. Philosophische Aufsätze, Frankfurt a. M. 1992, 153–186
(= Die Einheit), 184 f.).

[18] Ders., Die Einheit (Anm. 17) 185.
[19] Ders., Israel oder Athen (Anm. 16) 106.
[20] Ebd.
[21] Ebd.
[22] Ein sokratischer Denker wird „akzeptieren können, daß der endliche
Geist von Ermöglichungsbedingungen abhängt, die sich seiner Kontrolle entziehen. Die ethisch-bewußte Lebensführung darf nicht als borniete Selbstermächtigung verstanden werden. Der sokratische Denker wird Kierkegaard
auch darin zustimmen, daß die Abhängigkeit von einer unverfügbaren Macht

somit vom Motiv des „Eingedenkens" nicht los, obgleich W. Benjamins „rettendes Eingedenken" mit seinem emphatischen Wahrheitsbegriff noch zu theologisch imprägniert erscheint und sozusagen einer kommunikationstheoretischen „Erdung" bedarf.

Und wäre in diesem Zusammenhang nicht auch an den Schluss des „Benjamin-Aufsatzes" zu erinnern, wo Habermas für eine Theorie der sprachlichen Kommunikation nicht nur die gewaltfreie „Sprache" zu retten sucht, sondern als Zweites auch die Warnung einschärft: „Pessimismus auf der ganzen Linie! Jawohl und durchaus . . . vor allem aber Mißtrauen, Mißtrauen und Mißtrauen in alle Verständigung zwischen den Klassen, zwischen den Völkern, zwischen den Einzelnen . . .".[23] Ist es das erinnerungsgespeiste Misstrauen gegen vorschnelle Versöhnungen mit den Sachzwängen der Realität? Vielleicht das gefühlte Unbehagen am prozeduralen Universalismus einer Vernunft, die im Verlust des Eingedenkens als Leidenserinnerung ihr kritisch-subversives Einspruchpotential zu verlieren droht? Wäre es nicht eine der vornehmsten Aufgaben, das humane Gedächtnis zu schärfen und einem Denken zu widerstehen, das sich zur Sicherung seiner allgemeinen Verbindlichkeit oberhalb oder außerhalb der menschlichen Passionsgeschichten festzumachen sucht? Wie also kann Vernunft überhaupt „humane Vernunft" bleiben?[24]

Ist womöglich — im Blick auf eine zentrale Passage der Friedenspreisrede von J. Habermas (2001)[25] — der (im Übergang von Sünde

---

nicht naturalistisch zu verstehen ist, sondern zunächst ein interpersonales Verhältnis betrifft. Denn der Trotz einer sich aufbäumenden Person, die am Ende verzweifelt sie selbst sein will, richtet sich — als Trotz — gegen eine zweite Person." (J. Habermas, Begründete Enthaltsamkeit. Gibt es postmetaphyische Antworten auf die Frage nach dem „richtigen Leben"? in: Ders., Die Zukunft der menschlichen Natur. Auf dem Weg zu einer liberalen Eugenik, Frankfurt a. M. 2001, 11–33, hier: 25).

[23] Ders., Bewußtmachende oder rettende Kritik. Die Aktualität Walter Benjamins, in: J. Habermas, Politik, Kunst, Religion. Essays über zeitgenössische Philosophen, Stuttgart 2001, 48–89, hier: 89.

[24] Ders., Die Einheit (Anm. 17) 155.

[25] „Als sich Sünde in Schuld, das Vergehen gegen göttliche Gebote in den Verstoß gegen menschliche Gesetze verwandelte, ging etwas verloren. Denn mit dem Wunsch nach Verzeihung verbindet sich immer noch der unsentimentale Wunsch, das Anderen zugefügte Leid ungeschehen zu machen. Erst recht beunruhigt uns die Irreversibilität vergangenen Leidens — jenes Unrecht an den unschuldig Mißhandelten, Entwürdigten und Ermordeten, das über jedes Maß menschenmöglicher Wiedergutmachung hinausgeht. Die verlorene Hoffnung auf Resurrektion hinterlässt eine spürbare Leere. Horkheimers berechtigte Skepsis gegen Benjamins überschwängliche Hoffnung auf die wiedergutma-

in Schuld) konstatierte „Verlust", die Beunruhigung über die „Irreversibilität vergangenen Leidens", die im Schwund zuversichtlicher Rettung zurückbleibende „spürbare Leere" und der damit dennoch verbundene „ohnmächtige Impuls" zur Veränderung am Unabänderlichen: Ist dieser Fächer der Irritationen vergessensgeleiteter „Normalität" nicht Anstoß genug zu einer gedächtnisgeleiteten Kommunikationskultur, die ihrerseits eine Diskursrationalität stützt und schützt und die infolgedessen auch nicht ohne Auswirkungen auf das Selbstverständnis der kommunikativen Vernunft bleiben kann? Wäre schließlich eine von solchen Erfahrungen gespeiste und durchzogene Kultur nicht Ausdruck jener „gefährlichen Erinnerung" (J. B. Metz), die in einer fortwährend sich säkularisierenden Umgebung ein „postsäkulares Selbstverständnis" zu fundieren vermag?[26]

So liefe also die Suche nach einer „normativen Relevanz" solcher Vermissungen auf die Frage hinaus, ob diese erinnerungsgespeiste Wissensform − wie „schwach" auch immer und gegen eine vorschnelle Verdächtigung als pure „Theologie" − eben in negativer Form einen Gerechtigkeits- und Wahrheitshorizont umrandet, den eine humane Vernunft nicht aus sich verdrängen darf.

Vermutlich könnte Habermas in der humanisierenden Kraft des Vermissens Ansätze und erste Umrisse einer im „postsäkularen Bewusstsein" sich suchenden Religionsphilosophie aufspüren, die in der neuen Öffentlichkeit der Religionen eine Religionsfähigkeit des Menschen nicht ausschließt, ohne dabei in die versichernde Sprache der Religion und ihrer Theologie verfallen zu müssen. Es geht lediglich um das Wissen, dass religiöse Orientierungen für das Selbstverständnis des Menschen Bedeutung gewinnen *können*. Diese Religionsfähigkeit macht als Religions*fähigkeit* den bleibenden Unterschied zwischen Philosophie und Theologie in einer weltanschaulich pluralistischen Öffentlichkeit deutlich und enthält dennoch die religionskritische Forderung, dass Religion, wenn überhaupt, nur in Konfrontation und im Zusammenhang mit Vermissungserfahrungen im Raum der Humanität auch *weltliche*, d. h. geschichtliche und gesellschaftliche Bedeutung gewinnen kann.

---

chende Kraft humanen Eingedenkens − ,Die Erschlagenen sind wirklich erschlagen' − dementiert ja nicht den ohnmächtigen Impuls, am Unabänderlichen doch etwas zu ändern." (J. Habermas, Glauben und Wissen, in: ders., Zeitdiagnosen. Zwölf Essays 1980–2001 (= Glauben und Wissen) 258).

[26] Schließlich hat die Rede von der „gefährlichen Erinnerung" und der in gegenseitiger Priorität aus ihr entstehenden „anamnetischen Kultur" bei J. B. Metz nicht nur innertheologische, sondern vorweg schon und grundsätzlich humane Bedeutung.

3. Theologie in der „kooperativen" Übersetzung

Nun hat eine solche geschichtsbewusste Theorie der Moderne mit ihrem religionsphilosophischen Anspruch ein auffälliges Interesse an jener neuen Politischen Theologie (J. B. Metz) genommen, die ihrerseits für die Vernunftarbeit am Glauben den Horizont einer selbstreflexiven Moderne sucht („fides quaerens intellectum"). J. B. Metz reflektiert die Vernunftbedürftigkeit des Glaubens wie auch seine Vernunftfähigkeit angesichts einer in ihrem Freiheitspathos bedrohten Moderne. Wenn auch die *biblische* Theodizeefrage als leidenschaftliche „Rückfrage" an Gott selber den Horizont einer Religionsphilosophie übersteigt, weil sich das in ihr artikulierende „Gottvermissen" in der Geschichte des Bundes verwurzelt weiß, verlangt sie von sich her die Anerkennung der in einem emanzipatorischen Selbstverständnis der Moderne schon früh verdrängten „Autorität der Leidenden", um das „humane Gedächtnis" zu schärfen und sich darin kommunikativ zu vermitteln. Das klassische Axiom „fides quaerens intellectum" hat in dieser politisch sensiblen Entgrenzungsfigur eine neue Gestalt angenommen. Das konsequent vorangetriebene Interesse an der Pluralitätsfähigkeit einer Kommunikationskultur im wachsenden Pluralismus der Religions- und Kulturwelten bekundet im Interesse eines öffentlichen Vernunftgebrauchs das Grundanliegen dieser Theologie „mit dem Gesicht zur Welt".[27]

Nicht nur die „nicht defätistische Vernunft" hat Respekt vor dem „Glutkern der Theodizeefrage"[28] mit ihrem Gerechtigkeitspathos für die unschuldig und ungerecht Leidenden auch der Vergangenheit, der Opfer und Besiegten unserer Geschichte. Das durch nichts zu beruhigende Eingedenken ungesühnter Leiden, das „Leiden an der Negativität einer verkehrten Welt"[29] ist der gesuchte Horizont und

---

[27] Wie auch sollte das „lumen naturale" in heutiger Öffentlichkeit – und nicht zuletzt auch für ein „neues Europa" – überzeugender zur Geltung gebracht werden können, als eben im Ringen um ein pluralitätsfähiges Öffentlichkeitsparadigma, das sich den religiösen Ressourcen Europas nicht von vornherein verschließt. Hier kann nicht den Wandlungen in der Wahrnehmung des klassischen Axioms „fides quaerens intellectum" bis hin zu jener politischen Figur der Glaubensbegründung nachgegangen werden, die über die Entfaltung der in der memoria passionis angelegten Empfänglichkeit für die universale „Autorität der Leidenden" und der darin verwurzelten Pluralitätsfähigkeit des Christentums dem vernunftsuchenden Glauben zu entsprechen sucht.

[28] J. Habermas, Glauben und Wissen (Anm. 25) 260.

[29] Ders., Gott und Welt (Anm. 4) 199.

das „Korrelat" einer solchen theologischen Reformulierung der biblischen Gottesfrage. Sie ist längst nicht mehr die abstrakt-geschichtsferne Frage nach der Vereinbarkeit von Allmacht und Güte Gottes angesichts der Leidenden in der Welt, sondern die aus der Geschichte selbst heraus aufgedrängte Frage, wie angesichts der Katastrophen- und Leidensgeschichten vor allem unschuldig und ungerecht Leidender überhaupt von Gott und dieser Welt als seiner Schöpfung gesprochen werden könne. Habermas selber räumt ein: „Die Frage nach der Rettung der ungerecht Leidenden ist vielleicht das wichtigste Movens, das die Rede von Gott in Bewegung hält."[30] Die „Hiob-Frage nach der Gerechtigkeit Gottes angesichts der existentiellen Erfahrung des Leidens und der Vernichtung in gottverlassener Finsternis"[31] sprengt den partikularen Gottesstandpunkt „zirkulärer" Offenbarungstheologie, in der das menschliche Subjekt mit seinen Fragen, seinen Zweifeln und Ängsten unterzugehen droht. Gott ist kein Entlastungsargument. Er treibt in die „gefährliche" Nähe zu den Leidenden, er verlangt also diesen Preis seiner Bezeugung und schärft dadurch das humane Gedächtnis. Dieses Standhalten wäre die Vermittlungsebene, auf der sich – ohne Verschleierung bleibender Differenzen – theologische Begründung einerseits und philosophische Anverwandlung im Sinne einer fallibilitätsbewusst operierenden Vernunft andererseits treffen und ein kooperatives Verhältnis miteinander eingehen können.

Dieses Vermessungswissen mit seiner Entgrenzbarkeit für die Leidensgeschichten der Menschheit und den daraus erwachsenden Fragen kennzeichnet eine Theologie, die den sterilen Gegensatz von so genannter natürlicher Theologie und übernatürlicher Offenbarungstheologie unterläuft. „Natürlich" ist sie insofern, als sie sich in der Entgrenzung der zumeist christologisch verschlüsselten memoria passionis mit den aus den Passionsgeschichten der Menschheit erwachsenden Erfahrungen und Fragen verbindet, ohne deshalb das „Licht" zu verleugnen, in dem sie diese Verbindung sucht und den „Weltgehalt" der biblischen memoria passionis entfaltet. Nur über diese Ausweitung kann Theologie jene Universalität erreichen, die sie in ihren Operationen sucht.

Die so sich im Horizont der Gerechtigkeitsfrage interpretierende Gottesfrage bleibt als in der „Sprache der Gründe" sich artikulierende Theologie auch für die säkulare Seite „aussagekräftig", weil

---

[30] Ders., Israel oder Athen (Anm. 15) 104.
[31] Ders., Gott und Welt (Anm. 4) 197.

sie gleichsam in negativer Form das Gottesgedächtnis in Vermissungserfahrungen zur Sprache bringt, in denen die biblische Gottesrede ihre Eigenart gewinnt und geschichtliche Erfahrungen ins Blickfeld rückt, die Menschen in unterschiedlichen Kultur- und Religionswelten miteinander verbinden können. Die Vermissungssprache einer solchen Theologie erweist sich darin als kommunikationsfähig, dass sie im Leidensgedächtnis die „Würde" des Menschen gleichsam in negativer Form anerkennt und schützt. Eine Theologie, die „Gott" über die Verantwortung für den in seiner Würde weltweit bedrohten Menschen zu artikulieren sucht, hätte von der selbstreflexiven Moderne zweifellos dies gelernt, dass sie auch diesseits religiöser Sinngebungen Allianzen mit Andersgläubigen und Nichtgläubigen zu begründen vermag, die Kräfte des Widerstands gegen die drohende Menschenleere einer „entgleisenden Modernisierung" vereint.

Primär interessiert in diesem Zusammenhang nicht so sehr die Frage, wie das geschichtliche Gottesgedächtnis der jüdisch-christlichen Tradition die Leidengeschichten dem Abgrund eines anonymen Schicksals entreißt und auf Gott hin in eine hoffnungsvolle Gottesfrage verwandelt (Theologie), vielmehr das in dieser Theologie bei J. B. Metz erkennbare Bemühen, sich dem Leidensgedächtnis der Menschheit auszusetzen, Gott also nicht außerhalb oder oberhalb der Leidensgeschichten anzusiedeln, sondern im Gottesgedächtnis dem „negativen Mysterium" des Menschen standzuhalten und dieses Eingedenken für eine selbstreflexive Moderne und ihr Vernunftkonzept zu ermessen.

Weil die biblische Vision der Rettung nicht nur die Erlösung individueller Schuld einschließt, sondern auch auf eine Gerechtigkeit für die ungesühnten Leiden der Vergangenheit zielt, erzwingt sie gerade im Vernunftdisput den Unterschied zwischen einer primär technisch orientierten und einer erinnerungsgeleiteten Rationalität.[32] Sie widersteht einer Herauslösung menschlicher Identität aus ihren „Geschichten", in denen sich Menschen begegnen und einander in tiefen Verwundungen auch zum Schicksal werden können. In der Negativität der Leidenserinnerung – und nur in ihr – bleibt das Gottesthema unabtrennbar an die „Würde" des Menschen gebunden, mehr noch: Es selbst ist in radikaler Form der Ausdruck ihrer Anerkennung. Das „Gottvermissen" der Theodizeefrage bekräftigt näm-

---

[32] Vgl. dazu § 4, § 11 und § 14 in dem (in Anm. 5) zitierten Buch von J. B. Metz.

lich in negativer Form diese Würde. Wo indes das Menschengedächtnis *als* Leidensgedächtnis versiegt, wo die Anderen in ihrer
vermissten Gerechtigkeit dem Gesichtskreis entschwinden, vollzieht
sich – wie auch immer – die Auflösung des Menschen als eines auch
für Andere verantwortlichen Subjekts.

Deshalb sucht J. B. Metz die Bedeutung der biblischen memoria
passionis nicht nur für die Glaubensgeschichte, sondern über eine
Entgrenzung in die pluralen Lebenswelten der Menschen hinein
schließlich auch für die Vernunftgeschichte hervorzukehren, um in
pluralistischer Öffentlichkeit ein universales Grundkriterium für Diskurse zu finden, das diese innerlich verpflichtet und „wahrheitsfähig" macht. Sie nämlich begründet im „postmetaphysischen Zeitalter" (J. Habermas) einen „negativen Universalismus", der im Stile
„negativer Metaphysik" die Rede von der Würde des Menschen, von
Menschenrechten wie überhaupt – gegen einen postmodernen Pluralismus von Geschichten – von „der" Geschichte als Passionsgeschichte und nicht zuletzt auch von Gott – wie schwach auch immer
– in einer ideologiefreien und nicht totalitätsverdächtigen Form begründet.

J. B. Metz ringt um eine „humane Vernunft", die eine Diskursrationalität zu fundieren und zu binden vermag. Sie will genauer das
Ethos der Diskurse in dem auch selbstkritischen Perspektivenwechsel
eines „Eingedenken fremden Leids" verankern, um ein produktiv-
kritisches Vernunftpotential zu retten, das sich dem Verdacht bloßer
Spiegelung demokratischer Verhältnisse im Vernunftbegriff entwin-
det. Für sie steht alles Fragen nach Sinn im Kontext eines Widerstands gegen Sinnlosigkeit und sie will so auch den *überschießenden* Sinn von „Wahrheit" in der Veränderbarkeit der Verhältnisse
zum Zuge bringen. So bricht das „Leidensapriori" der Vernunft mit
einer allzu affirmativen Rede von Wahrheit und Sinn (in geschichts-
enthobener Idealität), weil ihr die memoria passionis zum Prüfstein
aller Geltungsansprüche unhintergehbar wird. Wie könnte sich eine
prozedurale Diskursrationalität in posttraditionaler Gesellschaft gegen eine „kulturelle Amnesie" wehren, wenn sie nicht in einem an
der Leidensfrage geschärften Erinnerungswissen ihre (normative)
Verankerung fände, das sich seinerseits einer bloß historischen oder
psychlogischen Interpretation entzieht? Wie ließen sich gegen die
wachsende Überwältigung einer technischen Rationalität normative
Ansprüche aufrechterhalten und eine humane Vernunft sichern und
schützen? Bedarf nicht auch die sog. Diskursrationalität einer erin-
nerungsgespeisten Semantik, um sich gegen diese Überwältigung
erfolgreich zu wehren?

So bleibt die Grundfrage des Theologen an Habermas, ob die kommunikative Vernunft mit ihrem „Verständigungsapriori" sich nicht als solche selbst verankern müsste in dem Ethos eines geschichtlichen Eingedenkens, um nicht ihr Einspruchspotential gegen Pathologien und „Entgleisungen der Modernisierung" zu verlieren. Wie anders könnte sich Vernunft in posttraditionaler Gesellschaft gegen eine „kulturelle Amnesie" erfolgreich widersetzen, wenn nicht mit der dialektischen Wissensform eines widerständigen – der vergessensgeleiteten Normalität widerstehenden – Vermissungswissens, das in dieser „Negativität" die Rede von Sinn, von Wahrheit, von freiheitlicher Solidarität usw. erweckt und trägt? Und dies gerade angesichts der Herausforderung durch den Pluralismus der Kultur- und Religionswelten auch für das „neue Europa".

Die durch die Anerkennung „der Autorität der Leidenden" in Pflicht genommene Vernunft will nicht ein Gegenkonzept zur kommunikativen Vernunft entwerfen. Aber sie lässt die Diskursrationalität in einem Gedächtnis als Leidensgedächtnis verwurzelt sein, das in seiner „Universalität" Kommunikation als anspruchsvolle (weil freiheits- und gerechtigkeitsorientierte) Kommunikation in den selbstlaufenden Prozessen der Weltentwicklung zu erhalten vermag. Solange diese Verantwortung durch Erinnerung noch nicht erloschen ist, wird der Mensch auf eine humane Zukunft seiner Welt hoffen können. Diese nicht unmittelbar religiös gespeiste Hoffnung wäre einer erinnerungsgeleiteten Vernunft immanent, die ihre „transzendierende" Kraft „von innen" als Ermutigung zu einer Zukunft des Menschen in ihrer Bedrohtheit erfährt.[33]

Die Habermas'schen Bedenken gegen eine auf theologischer Seite zu „starke", zu „affirmative", weil von gläubiger Zuversicht getragene Reklamation der Anamnese[34] können indes, wie ich meine, im Lichte seiner eigenen Präzisierungen ausgeräumt werden. J. B. Metz liegt eine theologische Fundierung der Diskurstheorie mit der zuversichtsgeladenen „Gegenbewegung einer ausgleichenden Transzendenz aus dem Jenseits"[35] im Rahmen einer theoretisch zwingenden Aporetik gänzlich fern. Er will als Theologe die „aufklä-

---

[33] Vgl. dazu J. B. Metz, Vernunft mit Leidensapriori. Vorschlag zu einem Rationalitätskonzept der Theologie, in: Vernunftfähiger – vernunftbedürftiger Glaube (FS J. Reikerstorfer), hg. v. K. Appel, W. Treitler, P. Zeillinger, Wien 2005, 25–31.

[34] Sozusagen über die Aporetik einer sich in Grenzfragen „verheddernden" Diskurstheorie: vgl. J. Habermas, Transzendenz 142.

[35] Ebd. 142.

rende", die humane und humanisierende Bedeutung der biblisch beheimateten memoria passionis für eine pluralitätsfähige Kommunikationskultur erschließen, die sich ihrerseits von einem entsprechenden Vernunftkonzept getragen weiß, das sie stützt und schützt. Die Autorität der Leidenden formuliert im unhintergehbaren Pluralismus der Kultur- und Religionswelten einen allen Menschen zugänglichen und auch zumutbaren „Universalismus" der menschheitlichen Passionsgeschichte, dem sich kein Sinn- oder Wahrheitsanspruch undialektisch – z. B. durch geschichtsvergessene Überhöhungs- und Kompensationsfiguren – entziehen kann. Indem J. B. Metz die verständigungsorientierte Vernunft mit der provozierenden Kraft des „Leidensgedächtnisses" konfrontiert, suchte er sie mit jener Dialektik vertraut zu machen, die in der „Negativität" des Vermissungsvermissens ihr Vernunftpotential zu entfalten sucht.[36]

4. Zur Grundlagenproblematik postsäkularen Bewusstseins

Nachmetaphysisches Denken stuft in seiner Orientierung an der sprachlichen Kommunikation auch Religionen als „semantische Potentiale" ein. Doch verbirgt sich in solcher Charakteristik auch ein Problem. Jüdisch-christlicher Glaube entfaltet nur in geschichtlicher Exponiertheit, im Raum der Nicht-Identität, seine allemal auch geschichtlich bedrohte Verheißung. Sein Gottesgedächtnis ist in dieser *Ausgesetztheit* selbst ein geschichtliches Gedächtnis, das in der Verantwortung für Andere seinen Preis verlangt. Theologisch jedenfalls ist dieser Religion ein Rückzug aus der Geschichte als dem welthaften Ringen und Lernen für ihr eigenes Gottesverständnis verwehrt. Vor diesem Hintergrund könnte das Ausweichen in eine bloß „semantische" Charakteristik dieser Religion geradezu als gnostische Entwichtigung der Geschichte erscheinen.

An dieser Stelle gerät die verallgemeinernde Rede von Religionen und Religionsgemeinschaften in ein seltsames Zwielicht.[37] Im „post-

---

[36] Vgl. dazu insbesondere § 14 in dem (in Anm. 5 zitierten) Buch von J. B. Metz.

[37] Die undifferenzierte Rede von den monotheistischen Religionen vermag im konfliktgeladenen Miteinander (oder besser: Nebeneinander) derselben heute nicht wirklich weiterzuführen. Wie nimmt sich vor den immer deutlicher hervortretenden Differenzen im Verständnis der monotheistischen Religionen (vor allem hinsichtlich des Islam) die – noch 1988 geäußerte – Vermutung aus, „daß die monotheistischen Traditionen über eine Sprache mit einem

säkularen" Bewusstsein zeigt sich nämlich der sowohl Religionen
wie auch einer säkularen Moderne *zumutbare* Lernprozess selbst als
eine im jüdisch-christlichen Erbes verwurzelte und in das „normative" Selbstverständnis der Moderne „anverwandelt" eingegangene
moralische Forderung lernbereiter Anerkennung. Nicht zufällig ist
der volle Begriff der Religionsfreiheit (als Freiheit „von" und als Freiheit „zur" Religion), wie er das aufgeklärte Verhältnis von Staat und
Religion bestimmt, in dem von jüdisch-christlichen Wurzeln geprägten Kulturraum Europas entstanden.[38]

Dann freilich dürfte das jüdisch verwurzelte Christentum nicht
unterschiedslos im Rahmen der Religionen als Religion angesprochen werden, soll die „Genealogie" der Moderne und ihres Vernunftbegriffs im Begriff der Moderne selber nicht verdrängt und der
spezifische Beitrag des jüdisch-christlichen Erbes für den wechselseitigen Lernprozess zwischen säkularer und religiöser Seite aus
dem Blickfeld geraten. Aus diesem Grund müsste ein differenzierter
Begriff „postsäkularen Bewusstseins" hinsichtlich einer *pluralitätsfä-*
higen Kommunikationskultur ihre geschichtliche Basis wohl stärker
einbringen. Und dies umso mehr, als heute geschichtsbezogene Be-
gründungsfiguren in einem „postmodernen" Religionsverständnis
mit seinen psychologisierenden und ästhetisierenden Tendenzen
überhaupt obsolet zu werden drohen.

---

noch unabgegoltenen Potential verfügen, das sich in weltaufschließender
und identitätsbildender Kraft, in Erneuerungsfähigkeit, Differenzierung und
Reichweite als überlegen erweist" (J. Habermas, Transzendenz 131)?

[38] J. B. Metz im KNA-Interview (8. 8. 2004).

4. RELIGION IN EINER „POSTSÄKULAREN GESELLSCHAFT"

REINHOLD ESTERBAUER

DER „STACHEL EINES RELIGIÖSEN ERBES"

Jürgen Habermas' Rede über die Sprache der Religion

Dass die Philosophie nunmehr die Religion wiederentdeckt hat, mag einerseits an den Geschehnissen von 2001 in New York und an deren Folgen liegen. Andererseits beruht die neuerliche Beschäftigung mit Religion aber auch auf einem weiter reichenden Interesse an der immer größer werdenden Distanz zwischen Säkularisierung und Fundamentalismus im Allgemeinen. Vor diesem Horizont geht Jürgen Habermas bei seiner Auseinandersetzung mit Religion von deren grundsätzlichen gesellschaftlichen Bedingungen in der Moderne aus. Die Blickrichtung, die er dabei wählt, ist nicht die der Religion, die auf die Gesellschaft schaut, in die sie eingebettet ist. Vielmehr bildet für ihn umgekehrt die liberale Gesellschaft den Rahmen, der eine bestimmte Sicht auf Religion, vornehmlich auf das Christentum, freimacht. Religion ist in seinen Reflexionen also nicht so sehr ein Problem, das einem genuinen Interesse an Religion entspringt, sondern eher ein sozialphilosophisches Thema.

In meinen Analysen zu Habermas' Thesen stütze ich mich im Folgenden vornehmlich auf jüngere Reden und Stellungnahmen, zum einen auf seine Dankesrede anlässlich der Überreichung des Friedenspreises des deutschen Buchhandels 2001, zum anderen auf Habermas' Stellungnahme anlässlich seiner Diskussion mit dem damaligen Vorsitzenden der Glaubenskongregation der katholischen Kirche, Joseph Kardinal Ratzinger, 2004 in München, zum Dritten auf seinen Kant-Vortrag im März 2004 in Wien und schließlich auf die Dankesrede anlässlich der Verleihung des Kyoto-Preises im November desselben Jahres. Anhand dieser Texte werde ich versuchen, Habermas' Religionsverständnis zu rekonstruieren und einige der Voraussetzungen herauszuarbeiten, auf denen seine Theorie beruht.

1. Normative Lücken im säkularisierten Verfassungsstaat?

Die Frage, inwieweit der säkularisierte Verfassungsstaat an seine Grenze stoße, weil er seine normativen Voraussetzungen nicht selbst einlösen kann, ist eine Frage, die Jürgen Habermas von Ernst-Wolfgang Böckenförde aufnimmt. Dieser hat sie schon 1967 gestellt. Seine These lautet: *„Der freiheitliche, säkularisierte Staat lebt von Voraussetzungen, die er selbst nicht garantieren kann. Das ist das große Wagnis, das er, um der Freiheit willen, eingegangen ist. Als freiheitlicher Staat kann er einerseits nur bestehen, wenn sich die Freiheit, die er seinen Bürgern gewährt, von innen her, aus der moralischen Substanz des einzelnen und der Homogenität der Gesellschaft, reguliert. Andererseits kann er diese inneren Regulierungskräfte nicht von sich aus, das heißt mit den Mitteln des Rechtszwanges und autoritativen Gebots, zu garantieren versuchen, ohne seine Freiheitlichkeit aufzugeben und – auf säkularisierter Ebene – in jenen Totalitätsanspruch zurückzufallen, aus dem er in den konfessionellen Bürgerkriegen herausgeführt hat.“*[1]

Habermas setzt sich in jüngster Zeit mit dieser These erneut auseinander und versucht auf die Anfrage, die mit Böckenfördes Diktum gestellt ist, aus der Blickrichtung heutiger Bedingungen zu antworten. Seine Stellungnahme fällt differenziert aus und hat mindestens zwei Stoßrichtungen. Zunächst widerspricht er dem ehemaligen Richter am Bundesverfassungsgericht in Deutschland, indem er behauptet, dass das Dilemma sich so gar nicht stelle. Habermas, der einen politischen Liberalismus „in der speziellen Form eines Kantischen Republikanismus" verteidigt,[2] stellt einerseits klar, dass die

---

[1] Böckenförde, Ernst-Wolfgang: Die Entstehung des Staates als Vorgang der Säkularisation, in: ders.: Recht, Staat, Freiheit. Studien zur Rechtsphilosophie, Staatstheorie und Verfassungsgeschichte, Frankfurt/M.: Suhrkamp 1991 (= stw 914), 92–114, 112 f. (Erstveröffentlichung 1967).

[2] Habermas, Jürgen: Stellungnahme anlässlich des Gesprächs in der Katholischen Akademie in Bayern zwischen Jürgen Habermas und Joseph Ratzinger am 19. 1. 2004, in: zur debatte 34/Heft 1 (2004) 2–4, 2. Wieder abgedruckt unter dem Titel „Vorpolitische Grundlagen des demokratischen Rechtsstaates?": in: Habermas, Jürgen/Ratzinger, Joseph: Dialektik der Säkularisierung. Über Vernunft und Religion, Freiburg/Br.: Herder ²2005, 15–37, hier 18; unter demselben Titel nochmals abgedruckt in: Habermas, Jürgen: Zwischen Naturalismus und Religion. Philosophische Aufsätze, Frankfurt/M.: Suhrkamp 2005, 106–118, hier 107. Im Folgenden gebe ich zunächst die Stelle aus „zur debatte" an, dann die Stelle des Wiederabdrucks im Herderverlag und dazu die Stelle des Wiederabdrucks im Suhrkamp-Verlag in Klammern.

Rechtsadressaten bei der Wahrnehmung ihrer Freiheiten natürlich die Grenzen der Gesetze nicht übertreten dürfen. Andererseits billigt er zu, dass aber auch am Gemeinwohl orientierte politische Tugenden notwendig seien, damit der demokratische Rechtsstaat Bestand haben kann. Das heißt, dass eine Zivilgesellschaft in liberalen Staaten auch aus „,vorpolitischen' Quellen"[3] lebt. Aber – und das ist Habermas' Versuch, Böckenfördes Dilemma aufzulösen – zum Auffinden solcher Motivationsquellen brauche ein säkularisierter Verfassungsstaat keine fremden Reservoirs. Habermas: „Daraus [dass eine liberale Gesellschaft auch aus ‚vorpolitischen Quellen' lebt; R. E.] folgt noch nicht, dass der liberale Staat unfähig ist, seine motivationalen Voraussetzungen aus eigenen säkularen Beständen zu reproduzieren."[4]

Habermas weist darauf hin, dass demokratische Praktiken selbst eine politische Dynamik initiieren können. Als Beispiel dafür, wie die Erneuerung der Motivation für Staatsbürgerinnen und Staatsbürger aus den Mitteln des Rechtsstaates allein geschehen kann, führt er das Nachkriegsdeutschland an. Eine „Gedächtnispolitik" habe dort, aber auch anderswo, gezeigt, „wie sich verfassungspatriotische Bindungen im Medium der Politik selbst bilden und erneuern"[5]. Solidarität über das bloße Einhalten von Gesetzesnormen hinaus hat für Habermas also auch dort eine Chance, wo der Verfassungsstaat auf sich allein gestellt ist. Das heißt, dass Bürgerinnen und Bürger nicht nur ihre Rechte in Anspruch nehmen und ihre Pflichten auf ein gerade noch legitimes Maß reduzieren, sondern sich über das Befolgen der Gesetze hinaus einbringen, Gerechtigkeit als fundamentale Tugend akzeptieren und großteils auch danach leben.

Insofern Böckenförde behauptet, dass der säkularisierte Staat die für ihn essentiellen inneren Regulierungskräfte nicht zu erneuern vermöge, widerspricht ihm Habermas, wenn er behauptet, dass politische Tugenden, wenn auch möglicherweise aus „,vorpolitischen' Quellen" gespeist, *durch den Verfassungsstaat allein* revitalisiert werden könnten. Habermas gesteht allerdings ein, dass es externe Gründe geben kann, die die Solidarität minimieren, auf die eine

---

[3] Habermas, Stellungnahme, 3; Habermas, Vorpolitische Grundlagen, 23 (110).

[4] Ebd.

[5] Habermas, Stellungnahme, 3; Habermas, Vorpolitische Grundlagen, 24: Hier steht „erneuern können". (111; in dieser Ausgabe steht: „*selbst* bilden und erneuern").

Demokratie angewiesen ist, ohne sie selbst rechtlich erzwingen zu
können. Er spricht in diesem Zusammenhang immer wieder von
Entgleisung, und zwar genauer von einer „entgleisende[n] Modernisierung der Gesellschaft"[6]. Offenbar geht es Habermas darum aufzuzeigen, dass gesellschaftliche und globale Entwicklungen die Regenerationskraft der Vernunft derzeit so einschränken, dass der demokratische Staat Gefahr läuft, die solidarischen Kräfte diesseits
der Legalität einzubüßen. Begrifflich fasst er dasjenige, was aus seiner Sicht allmählich verloren geht, nicht nur mit den Begriffen „Tugend" und „Solidarität", sondern meistens mit dem allgemeineren
Ausdruck des „normativen Bewusstseins"[7]. Anzeichen dafür, dass
dieses schwindet, sieht Habermas in vielen Bereichen.[8] Die ökonomische Globalisierung zeige auf, dass immer mehr Märkte das Wirt-
schaften prägen, die keiner demokratischen Kontrolle mehr unterworfen sind. Einher geht diese Entwicklung mit dem Schwinden des
Legitimationszwanges von übernationalen Entscheidungsprozessen.
Dieser Schwund wird ermöglicht durch das bisherige Scheitern, das
Völkerrecht zu konstitutionalisieren bzw. weltübergreifende Rechts-
normen verbindlich einzuführen.

    Darüber hinaus führt Habermas an unterschiedlichen Stellen zwei
weitere Gründe an, die weder der Ökonomie noch der Politik oder
dem Recht zugeschrieben werden können, sondern geistesge-
schichtlicher Natur sind. Es liegt für ihn nahe, dass er die Aufsplitte-
rung der einen Vernunft in Vernünfte anprangert und in der Postmoderne das Programm einer „selbstdestruktiven geistigen und gesellschaftlichen Rationalisierung"[9] sieht. Des Weiteren ist es ihm – wie

---

[6] Habermas, Stellungnahme, 3; Habermas, Vorpolitische Grundlagen, 26
(111). Ebenso: Habermas, Jürgen: Die Grenze zwischen Glauben und Wissen. Zur Wirkungsgeschichte und aktuellen Bedeutung von Kants Religionsphilosophie, in: Nagl-Docekal, Herta/Langthaler, Rudolf (Hg.): Recht – Geschichte – Religion. Die Bedeutung Kants für die Gegenwart, Berlin: Akademie Verlag 2004 (= Deutsche Zeitschrift für Philosophie Sonderband 9),
141–160, hier 142 und 157. Eine überarbeitete Fassung dieses Aufsatzes ist
unter demselben Titel abgedruckt in: Habermas, Jürgen: Zwischen Naturalismus und Religion. Philosophische Aufsätze, Frankfurt/M.: Suhrkamp 2005,
216–257, hier 218 und 247. Im Folgenden zitiere ich zunächst die Erstfas-
sung und in Klammer die entsprechende Seitenzahl der Zweitfassung.
[7] Z. B. Habermas, Grenze, 142 (218) und 157 (247).
[8] Zum Folgenden siehe Habermas, Stellungnahme, 3; Habermas, Vorpolitische Grundlagen, 26–28 (111–113).
[9] Habermas, Stellungnahme, 3; Habermas, Vorpolitische Grundlagen, 27
(112).

in der Dankesrede am 11. 11. 2004 anlässlich der Überreichung des Kyoto-Preises – darum zu tun, ein menschliches Selbstverständnis abzuwehren, das dem Naturalismus verpflichtet ist und die Willensfreiheit leugnet.[10] Das Problem einer Naturalisierung des Geistes ist für den Zusammenhang der Selbstregeneration politischer Vernunft insofern von Belang, als dort die Differenz zwischen Beschreibung und Rechtfertigung eingeebnet wird. Das gelänge freilich nur dann, „wenn die Intentionalität des menschlichen Bewusstseins und die Normativität unseres Handelns in einer solchen [naturalistischen; R. E.] Selbstbeschreibung ohne Rest aufgingen"[11]. Dass dies gelingen könnte, versucht er als unmöglich zu erweisen. Der Glaube an eine solche Wissenschaft sei nämlich nicht Wissenschaft, sondern schlechte Philosophie.

Die angeführten ökonomischen, politischen und philosophischen Veränderungen sind für Habermas Gefahren des liberalen Verfassungsstaates *von außen*, die die Befürchtungen Böckenfördes derzeit in einem anderen Licht erscheinen lassen und durch die verän-

---

[10] Habermas, Jürgen: Die Freiheit, die wir meinen. Wie die Philosophie auf die Herausforderungen der Hirnforschung antworten kann, in: Der Tagesspiegel Berlin (14. 11. 2004) 25. Dort findet man den stark gekürzten Text der erwähnten Rede. Der Text ist abrufbar unter: http://archiv.tagesspiegel .de/archiv/14.11.2004/1477636.asp (abgerufen am 10. 3. 2005). Habermas schreibt dort: „Der Reduktionismus, der alle mentalen Vorgänge deterministisch auf die kausalen Einwirkungen zwischen Gehirn und Umwelt zurückführt und dem ‚Raum der Gründe' eine Kraft der Intervention bestreitet, scheint nicht weniger dogmatisch als der Idealismus, der in allen Naturprozessen auch die begründende Kraft des Geistes am Werke sieht." Vgl. dazu: Jürgen Habermas über die Willensfreiheit. Bericht, in: Information Philosophie 32/Heft 5 (2004) 22–24, wo über diejenigen Passagen in der Kyoto-Rede berichtet wird, die die Debatte über die Willensfreiheit betreffen. (Die öffentliche Rede bei der Entgegennahme des Kyoto-Preises am 11. 11. 2004 ist nunmehr abgedruckt als: Habermas, Jürgen: Öffentlicher Raum und politische Öffentlichkeit. Lebensgeschichtliche Wurzeln von zwei Gedankenmotiven, in: ders.: Zwischen Naturalismus und Religion. Philosophische Aufsätze, Frankfurt/M.: Suhrkamp 2005, 15–26. Dort geht es allerdings nicht um die Problematik der Willensfreiheit, sondern um die Verknüpfung von Habermas' Biographie und seiner Philosophie.)

[11] Habermas, Jürgen: Glaube, Wissen – Öffnung. Zum Friedenspreis des deutschen Buchhandels: Eine Dankrede, in: Süddeutsche Zeitung (15. 10. 2001) (http://www.sueddeutsche.de/aktuell/sz/artikel186740.php; abgerufen am 17. 10. 2001). Fast identisch mit der überarbeiteten Fassung: Habermas, Jürgen: Glauben und Wissen. Friedenspreis des Deutschen Buchhandels 2001. Laudatio: Jan Philipp Reemtsma, Frankfurt/M.: Suhrkamp 2001 (= es Sonderdruck), 17.

derte geschichtliche Lage aktuell machen. Habermas verteidigt den liberalen Rechtsstaat und seine Fähigkeit, die für ihn selbst essentiellen Regenerationspotentiale aus eigener Kraft aktivieren zu können, sieht derzeit aber Handlungsbedarf angesichts äußerer Infragestellung. Bei seiner Suche nach Mitteln, wie gegenzusteuern wäre, stößt Habermas unter anderem auf die Religionen, insbesondere auf die für westliche Gesellschaften zentrale christliche Religion mit ihren unterschiedlichen Konfessionen.

Laut Habermas können Religionen angesichts solcher Entwicklungen eine für den demokratischen Rechtsstaat nicht unbedeutende Rolle spielen. Diese These mag auf den ersten Blick befremden. Denn es ist festzuhalten, dass sich liberale Verfassungsstaaten gerade gegen religiöse oder andere nicht-demokratische Legitimationsformen staatlicher Macht erst emanzipieren mussten und bei diesem Unterfangen den Staat zu säkularisieren trachteten. Das Projekt der Säkularisierung, das mit der Moderne untrennbar verknüpft zu sein schien, ist aber neuerdings seinerseits ins Stocken geraten. Davon geht nicht nur Habermas aus, sondern das zeigen auch zahlreiche religionssoziologische Studien. Selbst innerhalb der Theologie wird der Mitgliederschwund etablierter Kirchen heute nicht mehr nur auf Säkularisierung zurückgeführt, sondern auch auf eine Individualisierung von Religiosität. Im „Handbuch Praktische Theologie" schreibt beispielsweise Maria Widl: „Religionssoziologisch ist heute die Säkularisierungsthese von der ‚Individualisierungsthese' abgelöst."[12] Das Erstarken von Religiosität, das zum Erstaunen der in den Kirchen Verantwortung Tragenden mit dem Bedeutungsverlust traditioneller Kirchen einhergeht, weist darauf hin, dass sich Religion nicht vollständig „wegsäkularisieren" lässt. Umgekehrt ist frei flottierende Religiosität, die noch dazu vornehmlich bloß als individualisierte greifbar wird, eher nicht in der Lage, ein allgemein verbindliches normatives Bewusstsein hervorzubringen. In diesem Sinn stecken traditionelle Kirchen und westliche Verfassungsstaaten in ähnlichen Krisen. Während etwa Volker Gerhardt meint, die offiziellen Kirchenvertreter hätten vergessen, „welchen Raum die christliche Lehre für die Individualisierung in der Moderne eröffnet"[13], sieht Ha-

---

[12] Widl, Maria: Religiosität, in: Haslinger, Herbert (Hg.): Handbuch Praktische Theologie. 1. Grundlegungen, Mainz: Matthias Grünewald 1999, 352–362, 353.

[13] Gerhardt, Volker: Wissen und Glauben. Eine philosophische Weihnachtsbetrachtung, in: Christ in der Gegenwart 56/Heft 52 (2004) 429–431, 430.

bermas nicht darin die Stärke des Christentums. Er traut Religionen nämlich zu, dem Verlust politischer Tugenden gegensteuern zu können, allerdings unter Voraussetzungen jenseits der Individualisierung. Seine These ist, dass die in den Religionen durch lange Traditionen aufgebauten Bedeutungspotentiale für die Förderung eines allgemeinen normativen Bewusstseins brauchbar sind und genützt werden sollten.

Um diese These zu stützen, geht es ihm zunächst darum, Säkularisation außerhalb der theologischen Debatte, inwieweit jene nicht selbst christliche Wurzeln habe, als Prozess zu charakterisieren, der stagniert. Dazu kritisiert er zwei Säkularisierungmodelle, die ihm in gleicher Weise falsch zu sein scheinen. Das „Verdrängungsmodell", das Säkularisation positiv sieht und davon ausgeht, dass Religion durch „vernünftige, jedenfalls überlegene Äquivalente" ersetzt werden könne, steht auf der einen Seite. Auf der anderen Seite meint das „Enteignungsmodell", das Säkularisierung ablehnt, dass die Moderne dem Verfall preisgegeben sei, weil „die modernen Denk- und Lebensformen als illegitim entwendete Güter diskriminiert" werden.[14] Habermas setzt solchen Vorstellungen diejenige einer „postsäkularen Gesellschaft" gegenüber, „die sich auf das Fortbestehen religiöser Gemeinschaften in einer sich fortwährend säkularisierenden Gesellschaft einstellt"[15]. Er meint nicht bloß, dass der Prozess der Säkularisierung nicht bis zum Absterben der Religionen fortsetzbar ist, sondern vertritt auch die Position, dass eine solche Elimination der Religion gar nicht anzustreben sei. Der Grund für diese Überzeugung liegt in seiner Vermutung, dass Religionen einen Beitrag für das normative Bewusstsein eines Staates leisten können. Habermas spricht sogar von einer „normative[n] Erwartung, mit der der liberale Staat die religiösen Gemeinden konfrontier[e]"[16].

Religion scheint nach dieser Auffassung zunächst die Rolle einer Lückenbüßerin zu spielen, die auf den Plan gerufen wird, weil der liberale Staat die eigenen Motivationskräfte nicht mehr erneuern kann, welche für das Funktionieren einer Demokratie unumgänglich sind. Doch Habermas schreibt der Religion diese Funktion nicht nur

---

[14] Siehe dazu: Habermas, Glaube, Wissen – Öffnung; vgl. Habermas, Glauben und Wissen, 13: Hier heißt es nicht „diskriminiert", sondern „diskreditiert".

[15] Habermas, Glaube, Wissen – Öffnung; vgl. Habermas, Glauben und Wissen, 13: Hier steht statt „Gesellschaft" der Begriff „Umgebung".

[16] Habermas, Stellungnahme, 4; Habermas, Vorpolitische Grundlagen, 35 (117).

auf eine bestimmte Dauer zu, sodass der Mohr dann wieder gehen könnte, wenn er seine Schuldigkeit getan hätte. Vielmehr erblickt er in der Relation zwischen vernunftgeleiteter Öffentlichkeit und religiösen Überzeugungen eine Win-Win-Situation. Denn im Gegenzug könne Religion dann, wenn sie sich als normative Regenerationsquelle zur Verfügung stellt, eigenen Einfluss geltend machen.[17] In einer postsäkularen Gesellschaft wird der Religion die Aufgabe zugeordnet, den zentrifugalen Kräften entgegenzuwirken, während ihr im Gegenzug zugesichert wird, dass man ihr Gehör schenkt.

2. Habermas' Bild von Religion

Die Haltung, die Habermas jüngst der Religion gegenüber zeigt, ist wohlwollend bis freundlich, was Erstaunen ausgelöst und beispielsweise Thomas Assheuer veranlasst hat, in der „Zeit" anlässlich der Münchner Begegnung zwischen Ratzinger und Habermas am 19. 1. 2004 die beiden zweideutig auf dem „Gipfel der Freundlichkeiten" zu sehen.[18] Isolde Charim spricht in der „taz" anlässlich der Wahl Josef Ratzingers zum Papst sogar von einem „[a]nschwellenden Papstgesang", den Habermas und Slavoj Žižek angestimmt hätten.[19] Habermas' Bewertung von Religion als nützlich für den liberalen Staat ist freilich nicht generell auf Religion, sondern auf eine bestimmte Form von Religion gemünzt. Ihm geht es nicht um irgendeine Religion, sondern um das Christentum, und zwar um ein Christentum mit ganz bestimmten Eigenschaften. Zwei seiner Forderungen möchte ich im Folgenden näher analysieren. Zunächst setze ich mich damit auseinander, dass die von Habermas ins Auge gefasste Religion eine aufgeklärte und daher der Vernunft fähige Religion ist, die zugleich orthodox auf Offenbarung bedacht bleiben soll. Danach geht es mir um das Problem, welches Bild von Religion entsteht, wenn Habermas ihr eine Funktion für den Staat zuschreibt.

---

[17] Vgl. Habermas, Stellungnahme, 4; Habermas, Vorpolitische Grundlagen, 35 (117).

[18] Assheuer, Thomas: Auf dem Gipfel der Freundlichkeiten. Jürgen Habermas und Kardinal Ratzinger diskutieren über Religion und Aufklärung, in: Die Zeit Nr. 5 (22. 1. 2004) 38.

[19] Charim, Isolde: Anschwellender Papstgesang, in: taz Nr. 7646 (22. 4. 2005) 15 (zit. nach http://www.taz.de/pt/2005/04/22/a0193.nf/textdruck [abgerufen am 7. 6. 2005]).

2.1 Eine der Theologie fähige Offenbarungsreligion

Habermas' Kriterium dafür, dass Religion ernst genommen wird, liegt in der Voraussetzung, dass sie bereits durch die Aufklärung gegangen ist. Denn eine sich dem Begriff und der Vernunft verweigernde Religion kann die Funktion, die Habermas ihr zuschreibt, nicht erfüllen. Er setzt vielmehr eine durch die Säkularisierung gereinigte Religion voraus, die zwar metaphysische Implikationen enthält, aber sich umgekehrt bemüht, diese reflektiert für den gesellschaftlichen Diskurs zugänglich zu machen. Zunächst galt es, Religion in die Schranken der Vernunft zu verweisen, damit ein auf demokratischer Verfassung, nicht aber auf metaphysischer Fundierung beruhender Staat entstehen konnte. In einer „entgleisenden Moderne" aber stößt dieser an seine Grenzen und sucht nun wieder bei außervernünftigen Quellen Zuflucht. Freilich taugt dazu nicht jede Religion, sondern vornehmlich die, die bereits in einem solchen Staat zu leben gelernt hat.

Dies führt freilich zu einer Gratwanderung Habermas', denn einerseits braucht es den vernünftigen Glauben, andererseits muss der Glaube er selbst bleiben und darf sich nicht in Vernunft auflösen oder sich aus der gesellschaftlichen Debatte nehmen. Naturgemäß kann die Quelle außervernünftiger Regeneration nicht in christlichen oder außerchristlichen Fundamentalismen liegen, da diese hinter die Aufklärung zurückfallen und ihre Überzeugungen von vernünftigen Rechtfertigungen dispensieren. Religion geht als außervernünftige Quelle jedoch auch dann verloren, wenn sie völlig säkularisiert wird.

Richtung für seine Gratwanderung zwischen den zwei zu vermeidenden Fehlformen sucht Habermas bei Kant.[20] In dessen Religionsphilosophie sieht er beide wichtigen Anforderungen verwirklicht, die auch er selbst an Religion stellt. Gegen eine neuerliche Fundamentalisierung muss eine Religionsphilosophie als *Religionskritik* ankämpfen. Zum anderen hat sie die *konstruktive Aufgabe,*

---

[20] Die Änderung von Habermas' Kant-Rezeption lässt sich an der Überarbeitung des Aufsatzes „Die Grenze zwischen Glauben und Wissen. Zur Wirkungsgeschichte und aktuellen Bedeutung von Kants Religionsphilosophie" aus dem Sammelband: Nagl-Docekal, Herta/Langthaler, Rudolf (Hg.): Recht – Geschichte – Religion. Die Bedeutung Kants für die Gegenwart, Berlin: Akademie Verlag 2004 (= Deutsche Zeitschrift für Philosophie Sonderband 9), 141–160, ersehen, der unter demselben Titel in: Habermas, Jürgen: Zwischen Naturalismus und Religion. Philosophische Aufsätze, Frankfurt/M.: Suhrkamp 2005, 216–257, erschienen ist.

„die Vernunft auf religiöse Quellen hinzuweisen, aus denen wiederum die Philosophie selbst eine Anregung entnehmen und insofern etwas lernen kann"[21]. In der Ausgestaltung der Religionsphilosophie bei Kant sieht Habermas zwar die Transformation des Kirchenglaubens in einen Vernunftglauben positiv, meint aber, dass
Kant die Kraft dieser Übertragung überschätze, solange sie rein
philosophisch sei. Denn im „Reich der Zwecke" zeige sich nur das
„moralisch unverbindliche Ideal eines sittlich verfassten Gemeinwesens"[22]. Damit dieses Ideal faktisch zu konkreten Handlungen motiviert, muss Kant nach Habermas das Gottespostulat zu Hilfe nehmen. Doch selbst dieses reiche nicht aus, neben den Glaubensinhalten auch den „Glaubensmodus"[23] bzw. den Glauben als Vollzug
auf die rein auf Vernunft setzende moralische Selbstgesetzgebung
im Reiche der Zwecke zu übertragen. Erst der darüber hinaus reichende „eschatologische Gedanke eines in die Geschichte eingreifenden Gottes", so Habermas, erlaube es, „die Idee vom Reich der
Zwecke in die innerweltliche Utopie vom Reich Gottes auf Erden zu
übersetzen".[24]
      Habermas folgt Kants Konzeption also insofern, als dieser Reli-
gionskritik mit dem Unterfangen verbindet, Kirchenglauben in Vernunftglauben zu transformieren. Er ist allerdings skeptisch gegenüber Kants Meinung, jener sei bloßes „Vehikel" für das schnellere
Erfassen des „rein moralischen Glaubens", auf den die Menschen
„durch den bloßen Gebrauch ihrer Vernunft [. . .] von selbst hätten
kommen können und sollen"[25]. Habermas wirft Kant vor, diese

---

[21] Habermas, Grenze, 144 (222). Vgl. Habermas, Stellungnahme, 4; Habermas, Vorpolitische Grundlagen, 30 (115), wo Habermas der Philosophie
Gründe zuschreibt, sich religiösen Überlieferungen gegenüber „lernbereit"
(in der Suhrkamp-Ausgabe kursiv) zu verhalten. Ähnlich: Habermas, Glaube,
Wissen – Öffnung; Habermas, Glauben und Wissen, 15.

[22] Habermas, Grenze, 146 (226; hier: „moralisch unverbindliche Ideal des
höchsten Gutes").

[23] Habermas, Grenze, 148 (230; durch Überarbeitung in neuem Zusammenhang).

[24] Habermas, Grenze, 146 (230; hier: „die Idee vom ‚Reich der Zwecke'
aus der transzendentalen Blässe des Intelligiblen in eine innerweltliche Utopie
zu übersetzen"; durch Überarbeitung in neuem Zusammenhang).

[25] Kant, Immanuel: Die Religion innerhalb der Grenzen der bloßen Vernunft, in: ders.: Die Religion innerhalb der Grenzen der bloßen Vernunft.
Die Metaphysik der Sitten. Hg. v. d. Königlich Preußischen Akademie der
Wissenschaften, Berlin: Reimer 1914 (= Kant's gesammelte Schriften 6),
1–202, 155.

„epistemische Abhängigkeit"[26] nicht ausreichend bedacht zu haben. Sofern es Kant nämlich um ein „ethisches Gemeinwesen" mit Tugendgesetzen gehe, sei der Kirchenglaube nicht bloß ein Vehikel, sondern *„eine historische Quelle der Inspiration, aus der die praktische Vernunft im Hinblick auf die Bestimmung des ‚Endzwecks vernünftiger Weltwesen' schöpfen muss"*[27]. Die Metaphysikkritik lässt sich in Bezug auf eine Vernunftreligion nicht bis ans Ende durchhalten, wenn sie den Versuch unternimmt, das metaphysische Erbe der christlichen Religion in praktische Vernunft aufzulösen.

So macht sich Habermas auf die Suche nach einer Konzeption von Religion, die zwar das Grundanliegen Kants aufnimmt, nämlich die Überführbarkeit ihrer Grundgehalte in Vernunft, aber auch der Tatsache Rechnung trägt, dass Religion eine Instanz sui generis ist, die auf einem der Vernunft gegenüber unabhängigen Fundament steht. In Friedrich Daniel Ernst Schleiermacher findet Habermas einen Religionsphilosophen, der die Herausforderung der Moderne so aufnimmt, dass er eine von der Vernunft – auch von der praktischen – unabhängige Basis für Religion sucht und sie im „Gefühl der schlechthinnigen Abhängigkeit"[28] findet. Damit stellt er eine „Alternative zum Aufklärungskonzept der Vernunftreligion" auf, weil er die religiöse Erfahrung im unmittelbaren Selbstbewusstsein situiert und damit für die Religion eine „Gleichursprünglichkeit mit einer Vernunft, die derselben Wurzel entspringt", behaupten kann.[29] Ein solches Konzept hat für Habermas den Vorteil, dass es sowohl einem religiösen Pluralismus gerecht wird als auch religiöse Traditionen in ihrem Recht bestehen lässt. Die Versöhnung, die auf diesem Weg mit der Moderne, ihren Wissenschaften und dem liberalen Staat möglich geworden ist, hat jedoch auch ihren Preis. Wie der Kulturprotestantismus gezeigt hat, führt ein Religionsverständnis wie dasjenige Schleiermachers zwar zur Integration der Kirche in die

---

[26] Habermas, Grenze, 146 (231, vgl. 234).

[27] Habermas, Grenze, 148 (vgl. 234).

[28] Vgl. Schleiermacher, Friedrich Daniel Ernst: Der christliche Glaube nach den Grundsätzen der evangelischen Kirche im Zusammenhang dargestellt, I § 4 These: „Das Gemeinsame aller noch so verschiedenen Äußerungen der Frömmigkeit, wodurch diese sich zugleich von allen anderen Gefühlen unterscheiden, also das sich selbst gleiche Wesen der Frömmigkeit ist dieses, daß wir uns unserer selbst als schlechthin abhängig, oder, was dasselbe sagen will, als in Beziehung mit Gott bewußt sind." (Zit. nach: Schleiermacher, Friedrich Daniel Ernst: Werke. Auswahl in vier Bänden. Neudruck der 2. Aufl. Leipzig 1927. 3, Aalen: Scientia 1967, 641 f.)

[29] Habermas, Grenze, 154 (242).

Gesellschaft, aber auch zur Privatisierung des Glaubens und „beraub[t] den religiösen Bezug zur Transzendenz seiner innerweltlichen Sprengkraft"[30]. Ist Religion nur eine Formation des Bewusstseins, verliert sie ihre normative Kraft und gelangt an den gesellschaftlichen Rand, insofern es ihr schwer fällt, die Gesellschaft zu formen und auf sie Einfluss auszuüben.

Da er bei Schleiermacher zwar die Kompatibilität der Religion mit der Moderne findet, aber in dessen Konzeption von Religion zu wenig Distanz der Moderne gegenüber sieht, ist dieses Modell nicht Habermas' erste Wahl. Bei Kierkegaard hingegen wird er weiter fündig. Kierkegaard geht es nicht um eine Anpassung der Religion an die Moderne, sondern um Religion als Remedium für die Krise der Moderne selbst. An diesem Punkt ist für Habermas entscheidend, dass Kierkegaard zwischen Vernunft und Religion eine Grenze aus der Sicht des Glaubens zieht. „Nicht die Vernunft zieht der Religion Grenzen, sondern die religiöse Erfahrung weist die Vernunft in die Schranken."[31] Für Kierkegaard ist die Vernunft dort an ihrem Ende, wo ein Mensch merkt, dass seine eigene Existenz geschichtlich indiziert ist. Aus der Erfahrung der eigenen Begrenztheit erwächst die verzweifelte Hoffnung, dass sich Erlösung als historisches Faktum ereignet. Religion kann für Kierkegaard nicht primär anthropologisch rückgebunden bleiben, sondern hat ihren Kern im Offenbarungsglauben, der den Menschen auf ein Anderes seiner selbst ausrichtet.

Es ist sichtbar geworden, dass es Habermas vornehmlich um zwei Elemente von Religion geht, die er im Grunde auf das Christentum einschränkt, was nicht weiter verwunderlich ist, da der liberale Staat ja an die Säkularisation des Christentums ex negativo gebunden bleibt. Zum einen sind Religionen, die einer Fundamentalisierung unterliegen, die sich in Irrationalismen erschöpft, für seinen Vorschlag kontraproduktiv. Denn sie gefährden den demokratischen liberalen Rechtsstaat eher, als sie ihn fördern. Hingegen ist ein auf Vernunft setzendes Christentum für Habermas' Anliegen dienlich, da es in demokratische moderne Gesellschaften besser vermittelbar erscheint als vornehmlich auf Mythologisches und Irrationales setzende Religionen. Man könnte dieses Moment auch die Theologisierbarkeit von Religion nennen. Ist Theologie nämlich der Versuch, den Glauben mit den Mitteln wissenschaftlicher Ver-

---

[30] Habermas, Grenze, 154 (243).
[31] Habermas, Grenze, 155 (244; hier: „in ihre Schranken").

nunft auf den Begriff zu bringen, dann leistet sie Vorarbeit für das Unterfangen, das Habermas aus der Perspektive des politischen Philosophen mit ihr vorhat. Besonders geeignet dafür scheint eine Religion zu sein, wenn sie zudem – wie der Katholizismus spätestens seit dem I. Vaticanum – der Vernunft gegenüber wenigstens theoretisch positiv eingestellt ist, auch wenn sie sich mit dem politischen Liberalismus oft immer noch schwer tut,[32] wie Habermas konstatiert.

Zum anderen ist es Habermas um eine Religion zu tun, die genug Distanz zur Vernunft unterhält und der Vernunft gegenüber ein eigenständiges Kriterium aufrechterhält. Das ist der Grund, warum ihm protestantisch ausgerichtete Theologien besonders entgegenkommen, zwar nicht solche, die zum Kulturprotestantismus neigen, aber solche, die ein kritisches Potential der Vernunft gegenüber stark machen. Kierkegaard, der frühe Barth oder auch Bultmann kommen dieser Forderung am besten nach. Im Christentum ist der für eine solche Distanz zentrale Begriff der der Offenbarung. Denn nur ein Christentum, das die Offenbarung als eine zur Vernunft alternative Instanz hochhält, ist für Habermas geeignet, dem liberalen Rechtsstaat auszuhelfen, weil es sonst als schon allzu sehr säkularisiertes dem Staat nichts mehr zu sagen hätte.

So ergibt sich für Habermas' Gratwanderung folgende Situation: Vor dem Hintergrund, dass nur eine theologisierbare, pointiert offenbarungstheologisch ausgerichtete Religion für den liberalen Rechtsstaat fruchtbare Partnerin sein kann, orientiert sich Habermas an zwei Grundsätzen dieser Religion, deren Betonung konfessionell differiert. Den Vernunftbezug macht er am Katholizismus fest, den Offenbarungsbezug am Protestantismus. Die zentrifugalen Kräfte haben das Christentum ja längst selbst erfasst und einen innerreligiösen Pluralismus hervorgebracht. Die Religion, die die Moderne und die Einheit ihrer Vernunft fördern soll, hat selbst ein plurales Gesicht. Das tut Habermas' Unterfangen aber keinen Abbruch, weil nicht mehr eine einzige Religion bzw. Konfession dem Auseinanderdriften oder Versiegen von Motivationskräften entgegenzusteuern hat, sondern die eine Vernunft. Diese kann und muss selbst auf Plurales zurückgreifen, sofern es ihr dient, muss das Divergierende aber so integrieren, dass sie aus diesem Prozess selbst gestärkt hervorgeht. Das heißt im Falle pluraler Quellen normativen Bewusst-

---

[32] So die Einschätzung des Katholizismus durch Habermas. Vgl. Habermas, Stellungnahme, 3; Habermas, Vorpolitische Grundlagen, 27 (112 f.).

seins, dass diese der Vernunft fähig sein müssen, aber nicht deren Eigenmomente sein dürfen. Darüber hinaus müssen sie so beschaffen sein, dass sie sich *nicht restlos* aneignen lassen. Das heißt, dass Vernunft heute konfessionenselektiv mit dem Christentum umzugehen hat, wenn sie dem mit ihr verbundenen liberalen Rechtsstaat dienlich sein will. Zugleich wird daran sichtbar, dass das Christentum, wenn es in der in Aussicht gestellten Win-Win-Situation gesellschaftlich als starker Partner angenommen werden will, unter ökumenischen Druck gerät.[33]

Habermas hat – wie gesagt – ein Interesse am Christentum, solange dieses trotz der Transformierbarkeit vieler seiner Elemente in Vernunft eigenständig bleibt und der Offenbarung einen entsprechenden Stellenwert einräumt. Diese Differenz ist weder nach der einen noch nach der anderen Seite hin zu nivellieren. Religion darf sich nicht in Vernunft auflösen oder den Bezug mit einem transzendenten ganz Anderen aus den Augen verlieren. In diesem Sinn hat Habermas Interesse an einem auf Orthodoxie bedachten Christentum. Denn aus seiner Sicht „zehr[e] die Philosophie nur so lange auf vernünftige Weise vom religiösen Erbe, wie die ihr orthodox entgegen gehaltene Quelle der Offenbarung für sie eine kognitiv unannehmbare Zumutung bleibt"[34]. Umgekehrt darf Philosophie sich nicht an Religion anbiedern und verdeckte Theologumena mitschleppen. So verliere die Vernunft nämlich ihren genuinen Halt und gerate, wie Habermas sagt, „ins Schwärmen"[35].

2.2 Die Religion in ihrer Funktion für den liberalen Staat

Wenn die Philosophie Wegbereiterin des modernen demokratischen Verfassungsstaates ist und heute das Normbewusstsein seiner Bürgerinnen und Bürger erschüttert wird, wäre es primär Aufgabe der Philosophie, die „schwindenden Sensibilitäten für gesellschaftliche Pathologien und verfehltes Leben überhaupt"[36] zu beheben. Doch ist sie dazu offenbar nicht mehr in der Lage. Wenn Religion in die Bresche springt, erfüllt sie – auch wenn sie daraus selbst Nutzen zieht – eine bestimmte Funktion für den Staat, die

---

[33] Vielleicht ist deshalb das derzeitige Movens innerchristlicher Ökumene eher ein gesellschaftliches denn ein religiöses.

[34] Habermas, Grenze, 160 (252; hier: „*auf vernünftige Weise*" kursiv und „entgegengehaltene" statt „entgegen gehaltene").

[35] Habermas, Grenze, 160 (252).

[36] Habermas, Grenze, 157 (248; hier: Statt „und" steht „–".)

Habermas eine Kompensationsleistung nennt.[37] Über diesen
„funktionalen Beitrag"[38] hinaus hat die Philosophie nach Habermas auch ein inhaltliches Interesse an Religion, weil sie sich immer
wieder christliche Inhalte aneignen konnte, die zu genuin philosophischen geworden sind.[39] Arbeiten beide Bereiche in einer postsäkularen Gesellschaft zusammen, die auch der Religion ihr Da-
seinsrecht gibt, müsse man sich in der Folge auch „aus kognitiven
Gründen gegenseitig ernstnehmen"[40]. Dies klingt wie ein Angebot
an die Religion, denn wechselseitiges kognitives Ernstnehmen verläuft heute großteils asymmetrisch.

Richtet man sein Augenmerk auf die Probleme des normativen
Bewusstseins, scheint dort die Asymmetrie verkehrt gelagert zu sein.
Die Ausführungen Habermas' lassen an eine Situation denken, bei
dem jede Seite etwas gibt, dabei nichts verliert, sondern umgekehrt
vom Erhaltenen profitiert. Kognitives Ernstnehmen steht der Förderung des normativen Bewusstseins gegenüber. Da dem Christentum
der zweite Part zugemessen wird, kommt es in der angezielten Win-
Win-Situation als normative Größe in den Blick. Das entspricht der
Rolle, die Gesellschaft heute der Religion zubilligt, beispielsweise
merkbar am gesellschaftlichen Rückhalt für einen konfessionell gebundenen Religionsunterricht, solange er der Förderung des An-
standes dient. Vor der kognitiven Auseinandersetzung geht es auch
Habermas um die normative Kraft von Religion; er nimmt das Christentum vor allem als moralische Größe in den Blick.

Habermas bewertet die normative Funktion der Religion sehr
hoch. Ohne dass ich solche Formulierungen überbewerten möchte,
sei doch darauf hingewiesen, dass sich darüber hinaus ab und zu
Formulierungen mit soteriologischen Anklängen einstellen. Man hat
beinahe den Eindruck, als könne religiöses Sinnpotential, wenn es
übersetzt wird, moderne Gesellschaften befreien. Habermas

---

[37] Vgl. Habermas, Grenze, 157 (248): „Eine nachmetaphysisch ernüchterte Philosophie kann diesen Mangel nicht kompensieren [. . .]". Vgl. mit Bezug auf Hegel: Habermas, Grenze, 146. (In der Neufassung wird Kant vorsichtiger interpretiert und ihm Hegel teilweise nicht unmittelbar entgegenge-
setzt.) Vgl. auch Habermas, Grenze, 150 (237; hier: statt „Verdrängung der
positiven Religion durch Vernunft" steht nun „aus der Perspektive einer schrittweisen Ersetzung der positiven Religion durch den reinen Vernunftglauben".)

[38] Habermas, Stellungnahme, 4; Habermas, Vorpolitische Grundlagen,
33 (116).

[39] Man denke nur an den Personen- oder den linearen Geschichtsbegriff.

[40] Habermas, Stellungnahme, 4; Habermas, Vorpolitische Grundlagen,
33 (117; hier steht „ernst nehmen".).

schreibt: „Moralische Empfindungen, die bisher nur in religiöser Sprache einen hinreichend differenzierten Ausdruck besitzen, können allgemeine Resonanz finden, sobald sich für ein fast schon Vergessenes, aber implizit Vermisstes eine *rettende* Formulierung einstellt."[41] Diese primär theologische Vokabel der Rettung ist hier freilich gebrochen, insofern sie auf die Übersetzung der Sinnpotentiale aus der Religion angewandt wird, Rettung kommt dem normativ ausgedünnten Verfassungsstaat zugute und damit nur indirekt den Bürgerinnen und Bürgern.

Selbst wenn sich das Christentum oder andere Religionen funktionalisieren lassen, ist zu fragen, ob sie das von Habermas Geforderte überhaupt leisten können. Wechselt man nämlich die Perspektive von der des politischen Philosophen zu der der Religionsphilosophie, wird das Problem sichtbar, woher denn die Religion die ihr von Habermas zugeschriebene Regenerationskraft gewinnen soll. Wie gesagt, ist der zentrale Begriff dafür der der Offenbarung. Von deren Verständnis hängt es in der Folge ab, ob das Christentum für den liberalen Verfassungsstaat ein Reservoir für Motivationsschübe sein kann, das sich erschöpft, oder ob der Offenbarungsbegriff die Selbstregeneration unerschöpflich macht. Im ersten Fall geht es um religiöse Potentiale, die „noch nicht ausgeschöpft" sind, aber nicht unbegrenzt zur Verfügung stehen.[42] So kann Religion die ihr von Habermas zugedachte gesellschaftliche Funktion nur für gewisse Zeit erfüllen. Zu fragen bleibt in der Folge, wann die Speicher, die das Christentum angelegt hat, endgültig geleert sind.

Im zweiten Fall liegt es nahe, christlicher Offenbarung zu attestieren, sie sei nicht abgeschlossen, und Gott selbst zuzutrauen, vermittelt über die Gemeinden, normative Erneuerung zu leisten. Dies ist freilich eine theologische Implikation, die Habermas anvisiert, wenn er von der „Erwartung einer fortdauernden Nicht-Überein-

---

[41] Habermas, Glaube, Wissen – Öffnung; ebenso: Habermas, Glauben und Wissen, 29. (Hervorhebung durch R. E.) Vgl. Habermas, Stellungnahme, 4; Habermas, Vorpolitische Grundlagen, 32 (116): „rettende Übersetzung", ebenso: Habermas, Grenze, 150 (237). Mit Bezug auf Kant: „Die Religionskritik verbindet sich mit dem Motiv der *rettenden* Aneignung." (Habermas, Grenze, 142 [218])

[42] Vgl. Habermas, Glaube, Wissen – Öffnung; ebenso: Habermas, Glauben und Wissen, 25: „Die ungläubigen Söhne und Töchter der Moderne scheinen in solchen Augenblicken zu glauben, einander mehr schuldig zu sein und selbst mehr nötig zu haben, als ihnen von der religiösen Tradition in Übersetzung zugänglich ist – so, als seien deren semantische Potentiale noch nicht ausgeschöpft."

stimmung von Glauben und Wissen"[43] spricht. Andererseits legt er mit dem Ausdruck „säkularisierende Entbindung religiös verkapselter Bedeutungspotentiale"[44] eher die erste Interpretation nahe. Da Habermas aber aus der Perspektive des liberalen Staates argumentiert, drängt diese Frage für ihn nicht nach Beantwortung. Es kommt ihm primär darauf an, solche Bedeutungspotentiale *für heute* zu heben. Bemerkenswert hingegen scheint mir, dass jenseits dieser Frage der Offenbarungsbegriff philosophische Bedeutung erhält. Er bleibt natürlicherweise als Erfahrungsquelle mit methodischer Relevanz für die Philosophie bedeutungslos, wird aber indirekt als wünschenswert für eine Religion vorgestellt, die als philosophisch übersetzbare gefragt ist.

3. Zur Kunst des Übersetzens

Wie soll nun ein solcher Motivationsschub von Seiten einer Offenbarungsreligion für das Zusammenleben in der Moderne konkret werden? Habermas führt zwei wichtige Bereiche dafür an. Neben „unbegriffenen Praktiken des Gemeindelebens" sind es „unverstandene religiöse Überlieferungen", die von Interesse sind.[45] In diesen finden sich aus seiner Sicht „auch heute noch Einsichten, Intuitionen, Ausdrucksmöglichkeiten, Sensibilitäten und Umgangsformen, die zwar der öffentlichen Vernunft nicht von Haus aus fremd sind, die aber zu enigmatisch sind, um ohne weiteres in den Kommunikationskreislauf der Gesellschaft im ganzen aufgenommen zu werden"[46]. Hier wird eine Ähnlichkeit zwischen religiösen Äußerungen in der Praxis und sprachlicher Überlieferung konstatiert, die immer mehr in Fremdheit übergegangen ist, aber noch nicht zu völligem Unverständnis geführt hat. Daraus folgt, dass die Traditionen, damit sie wieder etwas zu sagen haben und Bedeutung gewinnen, übersetzt werden müssen. Habermas heftet die Konkretisierung seiner Forderung, normatives religiöses Potential für gegenwärtige Gesellschaften zu heben, an den Übersetzungsbegriff. Er behaup-

---

[43] Habermas, Stellungnahme, 4; Habermas, Vorpolitische Grundlagen, 35 (118).

[44] Habermas, Stellungnahme, 4; Habermas, Vorpolitische Grundlagen, 32 (116). Vgl. Habermas, Grenze, 158 (249).

[45] Habermas, Grenze, 159 (249).

[46] Habermas, Grenze, 159 (250; hier: „im Ganzen").

tet: „Eine Säkularisierung, die nicht vernichtet, vollzieht sich im Modus der Übersetzung."[47]

Als Beispiel für gelungene Übersetzungen führt er die Transformation der Gottesebenbildlichkeit des Menschen in den Begriff der „gleiche[n] und unbedingt zu achtende[n] Würde aller Menschen"[48] an. Auch den Ausdrücken „Positivität", „Entfremdung" oder „Reifizierung" sehe man ihre christliche Herkunft an, da sie sich auf Bilderverbot und Sündenfall bezögen.[49] Darüber hinaus habe Benjamin mit dem Begriff der „anamnetischen Solidarität" einen Begriff eingeführt, der das Fehlen der Hoffnung auf ein Jüngstes Gericht kompensiere und den Begriff des Reiches Gottes von seiner Zukunftsgebundenheit befreit habe.[50] Dieser Begriff hat im Übrigen in die Theologie zurück gewirkt und spielt bekanntlich im Ansatz von Johann Baptist Metz eine bedeutende Rolle. Habermas konstatiert in einem Aufsatz über Metz, der den Untertitel „Wem gehört die anamnetische Vernunft?" trägt, dass der „philosophische Geist der politischen Aufklärung der Theologie die Begriffe [liefere], in denen diese sich den Sinn des Aufbruchs zu einer polyzentrischen Weltkirche klarmacht"[51].

Ist die Übersetzung das Mittel der Wahl, wodurch die Transformation religiöser Begriffe in säkulare vonstatten gehen kann, ist diese aber auch mit den Problemen, die Übertragungen mit sich bringen, belastet. Dazu kommt, dass deren Gelingen zu einem hermeneutischen Problem führt. Habermas billigt der Hermeneutik zu, dass sie für das Fortknüpfen des Fadens religiöser Traditionen wichtig gewesen sei. Neben dem Ausbuchstabieren religiöser Begriffe sei es die Hermeneutik gewesen, die die Tradition überhaupt wach gehalten habe.[52]

---

[47] Habermas, Glaube, Wissen – Öffnung; Habermas, Glauben und Wissen, 29.

[48] Habermas, Stellungnahme, 4; Habermas, Vorpolitische Grundlagen, 32 (115 f.).

[49] Habermas, Grenze, 159 (250).

[50] Habermas, Grenze, 159 (250).

[51] Habermas, Jürgen: Israel oder Athen: Wem gehört die anamnetische Vernunft? Johann Baptist Metz zur Einheit in der multikulturellen Vielfalt, in: ders.: Vom sinnlichen Eindruck zum symbolischen Ausdruck. Philosophische Essays, Frankfurt/M.: Suhrkamp 1997, 98–111, 110 f.

[52] Vgl. Habermas, Stellungnahme, 4; Habermas, Vorpolitische Grundlagen, 31: „über Jahrtausende hinweg subtil ausbuchstabiert und hermeneutisch wachgehalten" (115: „wach gehalten").

Mit dem Ansinnen Habermas' bleibt Hermeneutik allerdings kein innerreligiöses Problem, vielmehr ergibt sich eine ganz neue hermeneutische Situation: Jetzt ist es die Philosophie, die religiöse Begriffe neu deutet. Habermas spricht zwar nicht von hermeneutischer Philosophie, aber immerhin davon, dass Philosophie sich in der „Rolle eines Übersetzers", ja mehr noch, in der „Rolle eines Interpreten" vorfinde.[53]

Eigentümlich für diese hermeneutische Situation ist zweierlei: die veränderte Sicht von Säkularisation als Übersetzungskontext und die Übersetzungsrichtung. Zum einen ist die hermeneutische in eine geschichtliche Situation eingebettet, in der das Übersetzen nicht mehr zugleich das Original in Vergessenheit geraten lassen bzw. außer Geltung setzen soll. Denn Übersetzung im Kontext nicht-vernichtender Säkularisierung gestaltet sich so, dass das Übersetzte das Gebrauchte ist, ohne dass parallel eine Politik der Musealisierung des zu Übersetzenden abliefe. Dies gilt besonders dann, wenn religiösen Traditionen selbst Regenerationskraft zugestanden wird. Tut man dies nicht, bleibt immer noch die Möglichkeit der Neuübersetzung, die – wenn sie kreativ durchgeführt wird – ihrerseits ein Regenerationspotential darstellt. So erschließt Habermas mit der vorsichtigen Integration hermeneutischer Konzeptionen einen weiteren Ort der normativen Regeneration für liberale Staaten. Selbst dann, wenn der theologisch verstandenen Offenbarung keine Selbsterneuerung zugetraut wird, und selbst wenn die religiösen Traditionen bloß als endliche Motivationsreservoirs aufgefasst werden, ist im Vorgang des Übersetzens ein weiterer Ort möglicher Kreativität erschlossen. Denn neue geschichtliche Situationen provozieren neue Horizontverschmelzungen und produzieren dadurch stets neuen Sinn. Wichtig ist nur, dass religiöse Traditionen noch als übersetzenswert erachtet werden. Dass sie das sind, bemüht sich Habermas hervorzustreichen.

Wenn die Übersetzung bzw. die Interpretation religiöser Lebens- und Denkweisen als kreativer hermeneutischer Prozess vorgestellt wird, wie Habermas das tut, ist es zum anderen wesentlich zu fragen, in welche Richtung die Übersetzung läuft. Vordergründig scheint die Antwort einfach: Es wird aus dem Christentum für den Staat übersetzt. Doch wie der Aufsatz über Metz zeigt, kennt Habermas auch die Bewegung retour, allerdings erst nach erfolgter philosophischer Erstübersetzung. Für das Anliegen Habermas' stehen

---

[53] Habermas, Grenze, 158 (249).

solche Fälle nicht im Blickpunkt seines Primärinteresses. Vielmehr sollen Gesellschaften in liberalen Verfassungsstaaten durch Übersetzung normative Identifikationsmöglichkeiten geboten werden. Auch hier führt die These von der nicht-vernichtenden Säkularisierung zu einem weiteren hermeneutischen Problem, nämlich vor folgende Fragen: Wer soll übersetzen? Sind es die Theologinnen und Theologen, um im gesellschaftlichen Diskurs Gehör zu finden? Oder sind es die Philosophierenden, damit die Übersetzung aus der Sicht des Staates funktionsgerecht erfolgt? Habermas bleibt diesbezüglich offen. Einmal sind es die „Gläubigen", „die ihre religiösen Überzeugungen in eine säkulare Sprache übersetzen müssen", besonders dann, wenn „ihre Argumente Aussicht haben [sollen], die Zustimmung von Mehrheiten zu finden".[54] Das andere Mal ist, wie erwähnt, die Philosophie die Übersetzerin und Interpretin. Mir scheint, dass es in der Sicht von Habermas im ersten Fall darum geht, Voraussetzungen für das kognitive Ernstgenommenwerden der Kirchen zu schaffen, im zweiten Fall aber um sein vorherrschendes Anliegen, also um die normative Regeneration moderner Gesellschaften.

Sind es die Philosophinnen und Philosophen, die übersetzen, dann ist die Präsenz von Religion in modernen Staaten, so wie Habermas sie wünscht, nicht genuin theologisch, sondern philosophisch. Theologisches Übersetzen spielt nur die Rolle eines Korrektivs, während die Philosophie den Übersetzungsprimat innehat. Das hat seinen Grund vornehmlich darin, dass Übersetzung immer auch Aneignung ist. Habermas spricht selbst nicht nur vom begrifflichen Einholen religiöser Inhalte,[55] sondern auch direkt vom „[A]neignen" der „semantische[n] Erbschaft religiöser Überlieferungen"[56] und vom Bestreben, sich „das historisch Vorgefundene nach eigenen Maßstäben anzueignen"[57]. Die „eigenen Maßstäbe" der Philosophie, von denen hier die Rede ist, sind wohl von der gesellschaftlichen Funktion bestimmt, die eine solche Übersetzung erfüllen soll.

Analysiert man Habermas' Ausführungen über das Übersetzen religiöser semantischer Felder in eine säkulare Sprache der Vernunft, fällt auf, dass er diesen Vorgang so beschreibt, wie es George

---

[54] Habermas, Glaube, Wissen – Öffnung; Habermas, Glauben und Wissen, 21.

[55] Vgl. Habermas, Grenze, 148 (230; hier ein wenig anders gewertet).

[56] Habermas, Grenze, 142 (218).

[57] Habermas, Grenze, 146 (231; hier: „nach eigenen rationalen Maßstäben").

Steiner in seiner Übersetzungstheorie als gewöhnlich vorstellt. Steiner kennt vier Phasen des hermeneutischen Prozesses der Translation.[58] Die erste Phase liegt im „Vertrauen" darauf, dass das zu Übersetzende Bedeutung genug hat, dass es wert ist, übersetzt zu werden. Und zwar gilt das nach Steiner auch im Hinblick auf das „Vorhandensein von Bedeutung in ganz verschiedenen, vielleicht formal entgegengesetzten semantischen Systemen"[59]. Wie sichtbar geworden ist, tritt Habermas der christlichen Religion mit großem – für manche zu großem – Vertrauen gegenüber. Er will ja in deren Tradition schürfen und die Funde durch Übersetzung neu zugänglich machen. Auch die zweite Phase Steiners scheint mir Habermas vor Augen zu haben. Diese ist diejenige der „Aggression". Steiner charakterisiert sie im Gefolge von Heidegger und Hegel als Aneignung. Wie ich zu zeigen versucht habe, ist es gerade Aneignung, die laut Habermas die Produktivität der Übersetzung religiöser Begriffe ausmacht und die Funktionalisierung von Religion möglich macht.

Steiners dritter Punkt, nämlich die „Einverleibung", ist für Habermas hingegen kaum ein Thema. Er hat nämlich einen fast uneingeschränkt positiven Übersetzungsbegriff vor Augen. Damit blendet er die möglichen negativen Folgen solcher Einverleibung durch Übersetzung eher aus. Steiner hingegen macht darauf aufmerksam, dass „[k]eine Sprache, kein überliefertes Symbolsystem oder kulturelles Ensemble [. . .] ohne das Risiko [importiert], transformiert zu werden"[60]. Die Dialektik solcher Einverleibung mache es sogar möglich, dass man durch Übersetzung „selbst gefressen wird"[61]. Dass sich die Säkularisation über ihre Stagnation hinaus umkehrt und dass die Religion die säkularen Voraussetzungen des liberalen Staates wieder assimiliert – das hat Habermas nicht zu fürchten. Wohl aber scheint mir bedenkenswert zu sein, dass ein Übersetzungsvorgang in dieser Phase scheitern bzw. missglücken kann. Es ist nicht ausgemacht, dass das normative Bewusstsein in der Gesellschaft durch das Vorhaben Habermas' tatsächlich gefördert wird. Es könnte sein, dass mit solchen Übersetzungen antidemokratischen Bestrebungen Vorschub geleistet wird oder eine bestimmte Form von civil religion Platz greift, die für Habermas' Ansinnen kontrapro-

---

[58] Vgl. zum Folgenden: Steiner, George: Nach Babel. Aspekte der Sprache und des Übersetzens. Erweiterte Neuauflage. Deutsch v. Monika Plessner unter Mitwirkung von Henriette Beese, Frankfurt/M.: Suhrkamp 1994, 311 ff.

[59] Steiner, Nach Babel, 311.

[60] Steiner, Nach Babel, 314.

[61] Steiner, Nach Babel, 315.

duktiv ist. Wie Entwicklungen in westlichen Gesellschaften zeigen, sind solche Befürchtungen nicht von der Hand zu weisen. In diesem Sinn scheint mir Habermas zu „übersetzungsgläubig" zu sein. Prinzipiell wäre innerhalb seines Ansatzes nämlich zu fragen, welche Kriterien die Vernunft selbst zur Verfügung stellen kann, die dienliche von kontraproduktiven oder vielleicht sogar gefährlichen Übersetzungen unterscheiden lassen.

Was Habermas freilich kennt, ist Steiners vierte und letzte Phase, nämlich die „Reziprozität". Dabei geht es darum, dass die Übersetzung das Original in einem neuen und anderen Licht erscheinen lässt. Das heißt, dass durch die Übertragung religiöser Begriffe in moralphilosophische auch das religiöse Bedeutungssystem eine Veränderung erfährt. Religionen entwickeln sich nicht nur aus sich selbst, sondern werden auch durch die beschriebenen Prozesse von außen verändert. Auf theoretischer Ebene kann man dafür Habermas eigenes Beispiel des philosophischen Begriffs der „anamnetischen Vernunft" anführen, der theologische Wurzeln hat und auf dem Umweg über Benjamin heute beispielsweise die Metz'sche Theologie prägt.

Der Vergleich von Habermas' Ansatz mit Steiners vier Phasen der Übersetzung macht sichtbar, dass Habermas' Übersetzungsoptimismus überzogen ist: Nicht nur, dass Übersetzung ein für das Anliegen der Übersetzenden gefährliches Unterfangen sein kann, Habermas lässt auch den Gewaltaspekt des Übersetzens selbst unterbestimmt.[62] Er nimmt die Aneignung nicht als Zugriff in den Blick, sondern stellt ihr gleichsam als Gewaltminderung eine Gegenleistung gegenüber, nämlich das Aufheben der kognitiven Bedeutungslosigkeit von Religion. Habermas' Ziel ist die sprachliche Aufhebung religiöser und kirchlicher Fremdheit unter der Bedingung, dass das Ent-

---

[62] Zum Verhältnis von Sprache und Gewalt bei Habermas vgl.: Gürtler, Sabine: Habermas und Lévinas: alteritäts- und diskursethische Bestimmungen zum Verhältnis von Sprache und Gewalt, in: Erzgräber, Ursula/Hirsch, Alfred (Hg.): Sprache und Gewalt, Berlin: Berlin Verlag 2001 (= Studien des Frankreich-Zentrums der Universität Freiburg 6), 201–226. Gürtler fasst Habermas' Konzept so zusammen: „Das gewaltsame, diskriminierende, repressive Sprechen erschöpft sich eben nicht darin, den Anderen in perlokutionären Sprechakten ausschließlich als Mittel zum Zweck zu behandeln und ihn als Objekt propagandistischer Verführung zu mißbrauchen. Seine Eigentümlichkeit hat es darin, daß es auf die symbolische Auslöschung des moralischen Gegenübers abzielt und auch dort, wo es ihm nicht unmittelbar das Recht zu existieren abspricht, den Anspruch des anderen Menschen verhöhnt, verleugnet und vergißt." (226)

gleisen der Modernität gestoppt werden soll, und mit der optimistischen Maxime, dass dies nicht mehr sein soll als eine Hilfeleistung für die im Kern intakte Selbstregenerationskraft des liberalen Verfassungsstaates. Das kreative Potential der Fremdheit religiösen Lebens und Denkens ist also nur als domestiziertes geheuer und erlangt bloß eingeschränkt, nämlich auf einen säkularen Zweck hin, Interesse. Die gesellschaftskritische Kraft der Religionen selbst kommt nicht mehr in den Blick.

Die Entscheidung der Kirchen, ob sie dieses aus ihrer Sicht möglicherweise „unmoralische Angebot" eingeschränkter Rollenverteilung annehmen werden, steht noch aus. Doch wahrscheinlich gibt es für sie nichts anzunehmen oder abzulehnen, denn Copyrights auf religiöse Traditionen sind in modernen säkularen Gesellschaften längst genauso gefallen wie Interpretations- oder Übersetzungsmonopole. Wahrscheinlich wäre eine solche Einladung, wie sie Habermas vordenkt, wenn sie von gesellschaftlichen und politischen Entscheidungsträgerinnen und -trägern an die Kirchen herangetragen würde, derzeit eine ihrer letzten Chancen, nicht in die gesellschaftliche Bedeutungslosigkeit zu versinken. Der Horizont, vor dem eine solche Einladung ausgesprochen würde, wäre im Letzten aber wohl ein rein pragmatischer.

Thomas M. Schmidt

RELIGIÖSER DISKURS UND DISKURSIVE RELIGION IN DER POSTSÄKULAREN GESELLSCHAFT

Das große Interesse, mit dem die Weltöffentlichkeit auf den Tod von Papst Johannes Paul II. reagiert und die Wahl seines Nachfolgers verfolgt hat, veranschaulichte auf besonders einprägsame Weise die paradoxe Gleichzeitigkeit von traditioneller Religion und Moderne. Gerade die elektronischen Massenmedien, die ganz erheblich zur Auflösung der Symbolsprache traditioneller Lebenswelten und zur globalen Standardisierung kultureller Codes beitragen, erschienen als Instrument der medialen Selbstbehauptung, oder freundlicher, des Nachweises der ungebrochenen Vitalität und Attraktivität einer zweitausend Jahre alten religiösen Tradition inmitten der säkularen Gesellschaft. Diese Ereignisse führten eindrucksvoll vor Augen, dass die Gewissheit, die Moderne sei mit säkularer Kultur gleichzusetzen, erschüttert werden kann. Dagegen scheint unleugbarer denn je, dass die moderne Weltgesellschaft eine pluralistische Gesellschaft ist. Pluralismus ist kein vorübergehendes Phänomen, sondern bleibendes Merkmal der emergierenden Weltgesellschaft. Dies schließt auch und gerade die Koexistenz von religiöser und säkularer Kultur ein, eben jene paradoxe Gleichzeitigkeit von traditioneller Religion und moderner Lebenswelt.

Jürgen Habermas hat diese veränderte Situation mit dem Stichwort der postsäkularen Gesellschaft gekennzeichnet.[1] Das Konzept der postsäkularen Gesellschaft trägt der Einsicht Rechnung, dass Säkularisierung nicht als ein „Nullsummenspiel" zu verstehen ist zwischen den produktiven Kräften von Wissenschaft und Technik und den beharrenden Kräften von Religion und Kirche. Sowohl das progressiv-optimistische Verständnis von Säkularisierung als linearem Fortschritt als auch das konservativ-pessimistische Modell von Säkularisierung als Enteignung religiöser Ideen und Symbole pas-

---

[1] J. Habermas, *Glauben und Wissen. Friedenspreis des Deutschen Buchhandels 2001*, Frankfurt am Main 2001.

sen laut Habermas nicht mehr zu einer gesellschaftlichen Wirklichkeit, in der religiöse Gemeinschaften inmitten eines säkularen Milieus fortbestehen.[2] Bedeutet dies zugleich, dass wir uns von der Vorstellung verabschieden müssen, dass zwischen Modernisierung und Säkularisierung ein interner Zusammenhang besteht? Gesellschaftliche Modernisierung wird doch gemeinhin mit Säkularisierung gleichgesetzt. Die maßgeblichen Moraltheorien der Gegenwart gehen, wie Habermas selbst betont hat, von der Annahme aus, dass in modernen, weltanschaulich pluralistischen Gesellschaften „Religion und das darin wurzelnde Ethos als *öffentliche* Geltungsgrundlage einer von allen geteilten Moral"[3] ausgedient habe. Im Laufe der letzten Jahre scheinen sich jedoch die Gewichte im Säkularisierungskonzept von Habermas verschoben zu haben: von einer Gleichsetzung von gesellschaftlicher Modernisierung mit Säkularisierung zu einer vorsichtigen Einschätzung der Gleichzeitigkeit von säkularen und religiösen Überzeugungen.

Dabei ist für Habermas, bei allen möglichen Wandlungen seines Säkularisierungsbegriffs, stets die Vorstellung leitend geblieben, dass gesellschaftliche Modernisierung als Lernprozess zu verstehen ist. Ohne dieses Leitmotiv erschiene die ökonomische, wissenschaftliche, technische und bürokratische Rationalisierung nur als eine halbierte Modernisierung, d. h. als reine Zunahme an instrumenteller Vernunft ohne Zuwachs an Aufklärung und Autonomie. Dies ist eine Grundposition, welche die Kritische Theorie immer mit der Gesellschaftslehre der christlichen Theologie geteilt hat: Gesellschaftlicher Fortschritt erschöpft sich nicht in der Vermehrung von Konsumgütern und Profit und in einem Zuwachs an Naturbeherrschung, sondern bemisst sich ganz wesentlich an der allgemeinen Zunahme der Chancen auf ein Leben in authentischer Freiheit und reziproker Solidarität. Wenn aber die Identifikation von Säkularisierung und gesellschaftlichem Fortschritt aufgegeben wird, woran bemisst sich dann unsere Einschätzung einer gesellschaftlichen Entwicklung als Lernprozess oder Rückschritt? Wie legitimieren wir unsere Interpretationen bestimmter gesellschaftlicher Veränderungen als Fortschritt oder Verfall? Dies ist nicht zuletzt mit der drängenden Frage verknüpft, welche Lernprozesse wir den Bürgern einer postsäkularen Gesellschaft zumuten dürfen, ja müssen.

---

[2] *Glauben und Wissen*, 12 ff.

[3] J. Habermas, „Eine genealogische Betrachtung zum kognitiven Gehalt der Moral", in: ders., *Die Einbeziehung des Anderen. Studien zur politischen Theorie*, Frankfurt am Main 1996, 20.

Ich möchte diesen Fragen im folgenden nachgehen, indem ich einige Entwicklungsschritte der Religions- und Säkularisierungstheorie von Jürgen Habermas nachzeichne. Die Rekonstruktion der wichtigsten seiner Bestimmungen des kognitiven Gehaltes und der moralisch-praktischen Bedeutung religiöser Überzeugungen sollen helfen zu verstehen, wie wir die paradoxe Gleichzeitigkeit von Religion und Moderne verstehen und gestalten können, nach welchen Spielregeln sich säkulare und religiöse Bürger verständigen und ihre Handlungen koordinieren können.

1. Versprachlichung des Sakralen: Zur Religionstheorie der Theorie des kommunikativen Handelns

In seinem Hauptwerk, der *Theorie des kommunikativen Handelns*, hat Habermas in Anknüpfung an Max Weber dem Prozess der Säkularisierung die zentrale Rolle in der Erklärung des okzidentalen Rationalismus zugesprochen. Säkularisierung, verstanden als die Versprachlichung der Bindungskräfte des Sakralen und die Entzauberung der Weltbilder, bildet die Voraussetzungen für die Prozeduralisierung von moralischer Rechtfertigung, politischer Legitimation und sozialer Integration im Sinne diskursiver Rationalität. Der moderne Ausdifferenzierungsprozess folgt einer Entwicklungslogik, die auf eine ständig zunehmende Universalisierung qua Formalisierung von Kompetenzen gerichtet ist. So trägt die Diagnose von der vollständigen Entzauberung der religiösen Weltbilder und der restlosen Versprachlichung des Sakralen die argumentative Hauptlast der These vom unhintergehbar gewordenen, notwendig prozeduralen Charakter nachmetaphysischen Denkens.[4] Diese als Ausdifferenzierung verstandene Genese und Entfaltung des okzidentalen Rationalismus schafft nämlich zugleich die methodischen Voraussetzungen für eine normative Betrachtung der Moderne. Der Sozialtheoretiker kann in der Arbeit rationaler Nachkonstruktion genau deshalb die internen Sinn- und Geltungsbedingungen sozialen Handelns von den je kon-

[4] Vgl. Michael Kühnlein, „Aufhebung des Religiösen durch Versprachlichung? Eine religionsphilosophische Untersuchung des Rationalitätskonzepts von Jürgen Habermas", in: *Theologie und Philosophie* 71 (1996), 390–409; James L. Marsh, „The Religious Significance of Habermas", *Faith and Philosophy* 10 (1993), 521–538; Leonardo Ceppa, „Disincantamento e Trascendenza in Jürgen Habermas", *Paradigmi. Rivista di Critica Filosofica* 16 (1998), 515–534.

kreten Inhalten ablösen, weil sich dieser Ablösungsprozess an jenen Inhalten selbst vollzieht.

Genauer betrachtet stützt sich Habermas' Theorie der säkularisierten Moderne auf eine Kombination der Weberschen Theorie der Ausdifferenzierung der Wertsphären, die durch die protestantische Durchrationalisierung des Religiösen vorangetrieben wird, sowie auf Durkheims These einer Versprachlichung des Sakralen, durch die das im kommunikativen Handeln enthaltene Rationalitätspotential erst entbunden wird. Die kommunikative Verflüssigung des in vormodernen Gesellschaften religiös gestifteten Grundkonsens führt zu einer „Umstellung der kulturellen Reproduktion, sozialen Integration und Sozialisation von Grundlagen des Sakralen auf sprachliche Kommunikation und verständigungsorientiertes Handeln".[5] Die „sozialintegrativen und expressiven Funktionen, die zunächst von der rituellen Praxis erfüllt werden", gehen auf das kommunikative Handeln über, „wobei die Autorität des Heiligen sukzessive durch die Autorität eines jeweils für begründet gehaltenen Konsenses geschützt wird. Das bedeutet die Freisetzung des kommunikativen Handelns von sakral geschützten normativen Kontexten".[6] Die „bannende Kraft des Heiligen wird zur bindenden Kraft kritisierbarer Geltungsansprüche zugleich sublimiert und veralltäglicht"[7] – so die prägnante These von Habermas. Besonderes Gewicht erhält dieses Verständnis von Säkularisierung als zunehmender Ablösung diskursiver Formen kommunikativer Vernunft von traditionaler symbolischer Interaktion nicht allein durch die Kombination von Durkheims These der Versprachlichung des Sakralen mit Webers Theorie der Entzauberung der religiösen Weltbilder, sondern vor allem durch die Verbindung mit Meads intersubjektivistischer Theorie fortschreitender gesellschaftlicher Rationalisierung. Erst in der Kombination der Theorieansätze von Durkheim und Mead lässt sich erklären, wie die Versprachlichung des Sakralen zur Genese postkonventioneller universalistischer Moral führt. Erst durch die Integration von Meads „utopische(m) Entwurf einer ‚rationalen Gesellschaft'"[8] wird der Übergang der Funktionen der kulturellen Reproduktion, der sozialen Integration und der Sozialisation „vom Bereich des Sa-

---

[5] J. Habermas, *Theorie des kommunikativen Handelns,* Bd. 2, Frankfurt am Main 1981 (= TkH 2), 163.

[6] TkH 2, 118 f.

[7] TkH 2, 119.

[8] TkH 2, 139.

kralen auf den der kommunikativen Alltagspraxis"[9] zu einem konti-
nuierlichen Prozess einer gerichteten sozialen Evolution.

An dieser Konzeptualisierung des Modernisierungsprozesses
wurde kritisiert, dass die so gefasste Differenzierung der Normgeltung zu einer dualistischen Trennung von Form und Inhalt führe.
Der Tenor der Kritik lautet, dass hier eine zu starke Unterscheidung
zwischen der Rekonstruktion anonymer Regelsysteme und der kritischen Analyse bestimmender Faktoren konkreter Lebensvollzüge
vorliege. Die Entwicklungslogik von Weltbildern würde zu stark von
der Typologie möglicher Überzeugungsinhalte abgegrenzt. Da unter dieser Voraussetzung der Prozess der Versprachlichung des Sakralen als Hervortreten „kulturinvarianter Geltungsansprüche"[10]
verstanden werde, fasse Habermas den sozialevolutionären Prozess einer „Rationalisierung der Weltbilder" zu stark und einseitig
als Abstraktionsvorgang.[11] Die Aufspaltung von faktischer Geltung
und idealer Gültigkeit schaffe erst jene konzeptuelle Lücke, die
dann von systemischen Formen der Vergesellschaftung besetzt werden können, die sich weder an die semantischen Traditionsbe-
stände einer Gesellschaft noch an die kommunikative Rationalität
verständigungsorientierten Handelns anschließen. Der Trennung
und Gegenüberstellung von kommunikativem Handeln und Lebenswelt einerseits, von Lebenswelt und System andererseits liegt
nach dieser Lesart die starke Dichotomie von Handlungstypen zugrunde, die sich einer zu starken Parallelisierung der Distinktion
zwischen perlokutionären und illokutiönaren Sprechakten mit der
Unterscheidung von strategischem und verständigungsorientiertem
Handeln verdankt.

Auf Einwände dieser Art hat Habermas mit einer Weiterentwicklung der geltungstheoretischen Grundlagen der kommunikativen
Handlungstheorie reagiert, vor allem durch die Abschwächung der
starken Parallelisierung von bedeutungstheoretischen- und handlungstheoretischen Kategorien. Die modifizierte Verhältnisbestimmung von Bedeutung und Geltung artikuliert sich auch in einer veränderten theoretischen Position gegenüber der Religion. Die in der
Theorie des kommunikativen Handelns vorherrschende stark evolu-
tionistische These von der Verflüssigung der Substanz von Religion
weicht einer schwach skeptisch-agnostischen Haltung gegenüber
ihrem noch unausgeschöpften semantischen Potential.

---

[9] TkH 2, 139.
[10] TkH 2, 113.
[11] TkH 2, 134 f.

2. Skeptische Enthaltsamkeit: Differenzierung zwischen unbedingtem Sinn und dem Sinn von Unbedingtheit

Eine der Strategien, mit denen Habermas auf die Kritik an früheren Versionen der kommunikativen Handlungstheorie reagiert hat, besteht in der Lockerung der engen Verknüpfung von Bedeutungsverstehen, Geltungswissen und Handlungskoordinierung. Während in der *Theorie des kommunikativen Handelns* das Verständnis einer Äußerung so eng an die Kenntnis der Geltungsbedingungen gebunden wurde, dass „die Akzeptabilitätsbedingungen mit den Bedingungen illokutionären Erfolges identisch"[12] schienen, wurde später, etwa in *Faktizität und Geltung*, stärker differenziert zwischen semantischer Bedeutungsanalyse, pragmatischer Geltungsanalyse und der eigentlich handlungstheoretischen Analyse der mit dem Medium Sprache verknüpften Koordinierungsleistungen. Neben der stärkeren Differenzierung der unterschiedlichen „Wurzeln der Rationalität" erscheint die differenziertere Verhältnisbestimmung von semantischer Bedeutungs- und pragmatischer Geltungsallgemeinheit in Gestalt eines zweistufigen Idealisierungskonzepts als besonders hervorzuhebende Innovation.[13] Für die Theorie des kommunikativen Handelns gilt grundsätzlich, dass sie die „Spannung zwischen Faktizität und Geltung schon in ihre Grundbegriffe"[14] aufnimmt. Im Vergleich zu früheren Tendenzen zur dualistischen Trennung von faktischer und idealer Normgeltung wird nun aber stärker ihr internes Verhältnis mit Hilfe einer Stufentheorie von Bedeutungs- und Geltungsallgemeinheit entfaltet. Die Idealität der Begriffs- und Bedeutungsallgemeinheit wird klarer von der Idealität der Geltungsbegriffe unterschieden. Während sich auf der Ebene der Bedeutungsallgemeinheit die Unterscheidung von gegebener und bloß unterstellter Bedeutungsidentität nur einem Beobachter zeigt, wird auf der Ebene der Geltungsallgemeinheit die Spannung zwischen Faktizität und Geltung zu einem allen Beteiligten intern zugänglichen Verhältnis. Auf dieser zweiten Stufe der Idealisierung zeigt sich für die Beteiligten selbst der Unterschied zwischen der „beanspruchten

---

[12] TkH 2, 400.

[13] Vgl. J. Habermas, „Sprechakttheoretische Erläuterungen zum Begriff der kommunikativen Rationalität", in: *Zeitschrift für philosophische Forschung*, Bd. 50 (1996), 1/2, 65–91.

[14] J. Habermas, *Faktizität und Geltung. Beiträge zur Diskurstheorie des Rechts und des demokratischen Rechtsstaats*, Frankfurt am Main 1992 (= FG), 22.

Gültigkeit unserer Äußerungen" und der „sozialen Geltung faktisch eingespielter Standards und bloß eingewöhnter oder durch Sanktionsdrohungen stabilisierter Erwartungen"[15]. Die auf diese Weise vorgenommene begriffliche Differenzierung von „rationaler Akzeptierbarkeit" und „Gültigkeit" erlaubt eine Neubestimmung des Verhältnisses von sozialer Geltung faktisch anerkannter Normen und der idealen Geltung anerkennungswürdiger Normen.[16] An die Stelle einer starken „Differenzierung der Normgeltung" tritt die „Verschränkung von Verfahren und Gründen, Form und Inhalt".[17]

Den Schlüsselbegriff dieser veränderten bedeutungstheoretischen Konzeption bildet der Ausdruck „Transzendenz von innen"[18]. Mit ihm wird, etwa in den einleitenden bedeutungstheoretischen Bemerkungen von *Faktizität und Geltung*, die nicht rein semantisch erklärbare Allgemeinheit von Geltungsidealisierungen bezeichnet. „Transzendenz von innen" meint jene pragmatisch rekonstruierte Idealisierungsleistung einer notwendigen Überschreitung lokaler Bedeutungskontexte, die mit der Erhebung von Geltungsansprüchen verbunden ist. Dieser Begriff der immanenten Transzendenz dient nun auch zu einer Neubestimmung des Habermas'schen Religionskonzepts: Eine skeptisch-agnostische Position tritt an die Stelle der linearen Logik sozialer Evolution, wie sie in der *Theorie des kommunikativen Handelns* vertreten wurde. Die zweistufige Idealisierung und das damit verknüpfte Konzept einer Transzendenz von innen wird von Habermas dazu genutzt, Religion und Philosophie mit Hilfe der Begriffe „unbedingter Sinn" und „Sinn von Unbedingtheit" zu unterscheiden. In seinem Kommentar zu Max Horkheimers Diktum: „Einen unbedingten Sinn ohne Gott zu retten, ist eitel"[19], hat Habermas unterschieden zwischen dem philosophischen Sinn von Unbedingtheit und dem unbedingten Sinn, den Religionen stiften. Eine Theorie kommunikativer Rationalität kann am philosophischen Sinn von unbedingter Geltung festhalten ohne in begrün-

---

[15] FG, 36 f.

[16] J. Habermas, „Replik auf Beiträge zu einem Symposon der Cardozo Law School", in: *Die Einbeziehung des Anderen. Studien zur politischen Theorie,* Frankfurt am Main 1996, 355.

[17] ebd. 342.

[18] J. Habermas, „Transzendenz von innen: Lebensweltliche und archaische Bewältigung des Dissensrisikos", in: *Faktizität und Geltung. Beiträge zur Diskurstheorie des Rechts und des demokratischen Rechtsstaats,* Frankfurt am Main 1992, 32–44.

[19] J. Habermas, *Texte und Kontexte,* Frankfurt am Main 1991, 110–126.

dungstheoretischer Hinsicht einen unbedingten Sinn, wie ihn religiöse Überzeugungen stiften, voraussetzen zu müssen. Der philosophische Sinn von ‚Unbedingtheit' kann durch die als „Transzendenz von innen"[20] bezeichnete Idealisierungsleistung bestimmt werden, die in jeder kommunikativen Handlung notwendig vorgenommen wird. Diese Art von immanenter Transzendenz lässt sich durch den doppelten Aspekt einer im konkreten kommunikativen Handeln situierten allgemeinen Rationalität erläutern; sie bezeichnet jene Eigenschaft konkreter, hier und jetzt in kommunikativen Handlungen erhobener Geltungsansprüche, wodurch diese in der Lage sind, ihren jeweiligen situativen Kontext zu überschreiten.

Der Begriff einer solchen immanenten Transzendenz stellt für das Konzept nachmetaphysischer, kommunikativer Rationalität keinen beiläufig gebrauchten Ausdruck dar, der seinen Ort etwa nur in einer speziellen Auseinandersetzung mit religionsphilosophischen oder theologischen Anfragen an die Theorie des kommunikativen Handelns hätte. Wie nicht zuletzt seine Verwendung an hervorgehobener Stelle in *Faktizität und Geltung*[21] deutlich macht, bezeichnet er das systematisch zentrale Verhältnis von faktisch erhobenen Geltungsansprüchen und ihrer kontextüberschreitenden Geltungsallgemeinheit. Genau unter dieser Voraussetzung kann der philosophische Sinn von Unbedingtheit kategorial von jenem unbedingten Sinn unterschieden werden, den Religion stiftet. Habermas betont die Notwendigkeit der Enthaltsamkeit nachmetaphysischer Vernunft, die sich nicht an die Stelle des Glaubens setzen kann. Philosophie kann nicht den Trost ersetzen, den Religion spendet. Dies bedeutet nicht, dass sie in Zynismus oder Indifferentismus verfallen muss. Da die prozedurale, postmetaphysische Vernunft den kognitiven Sinn moralischer Urteile unterstreicht, kann sie sehr wohl am unbedingten Geltungssinn des moralisch Richtigen festhalten. Die Geltung dieser Urteile verdankt sich jener vernünftigen Einsicht, zu der alle Lebewesen fähig sind, die sich sprachlich verständigen können. Aber die unbedingte Bindungskraft, welche die moralische Einsicht zwingend in Handlungsmotivation überführt, kann die postkonventionelle kognitive Moral selbst nicht erzeugen. Nachmetaphysisches Denken kann den kognitiven Geltungssinn der Moral explizieren; die Frage, warum wir überhaupt moralisch sein sollen, kann sie nicht beantworten. Vor diesem Hintergrund halten die religiösen

---

[20] J. Habermas, *Texte und Kontexte*, a. a. O., 125.

[21] FG, 18 f.

Überlieferungen noch ein semantisches Potential bereit, dass Bindungskräfte dieser Art zu generieren vermag. Habermas lässt es hier offen, ob eine vollständige aneignende Übersetzung der religiösen Überlieferung langfristig gelingen wird und die Koexistenz von Religion und nachmetaphysischem Denken daher nur vorläufigen Charakter besitzt. Diese zweite Phase des Habermas'schen Diskurses über Religion ist jedenfalls insgesamt geprägt durch die Haltung einer enthaltsamen Koexistenz. Die Enthaltsamkeit speist sich aus der Einsicht in die Persistenz des bislang noch nicht restlos säkularisierten semantischen Potentials der Religion. Die daraus resultierende friedliche Koexistenz kann sich sogar zu einer Zweckgemeinschaft entwickeln. Religion erscheint dann als willkommener Bündnispartner im Kampf gegen eine einseitig säkularisierte Moderne, wie sie in der einseitigen Dominanz des naturwissenschaftlichen Paradigmas von Rationalität, vor allem in seiner metaphysischen Überhöhung in Gestalt des neuen Naturalismus zum Ausdruck kommt.

In einem weiteren, dritten Schritt, der sich spätestens in den Beiträgen seit der Friedenspreisrede „Glauben und Wissen" deutlich artikuliert, analysiert Habermas nun eingehender die Bedingungen für eine solche Koexistenz von religiösen und säkularen Überzeugungen im Kontext einer pluralistischen Gesellschaft. Aus der Perspektive der nachmetaphysischen Vernunft wird der Religion dabei mehr als ein vorübergehendes Gastrecht eingeräumt; sie erhält vielmehr vollständige Bürgerrechte im Horizont der postsäkularen Gesellschaft. Damit ist die prinzipielle Möglichkeit einer Wahrheitsfähigkeit religiöser Überzeugungen eröffnet. Habermas plädiert nun verstärkt für Selbstanwendung der fallibilistischen Einstellung des nachmetaphysischen Denkens – die endliche säkulare Vernunft stellt sich selbst ausdrücklich unter Irrtumsvorbehalt. Dieser Verzicht auf den Überlegenheitsanspruch der säkularen Vernunft zeigt sich vor allem darin, dass Habermas nun betont, dass der Fallibilismus auch für den säkularen Bürger gelte, der damit rechnen muss, dass auch die religiöse Überzeugung wahr sein könnte.

3. Der Diskurs der Religion unter fallibilistischen Bedingungen: John Rawls und Jürgen Habermas über die Koexistenz von Religion und säkularer Vernunft

Die Friedenspreisrede von Jürgen Habermas erschien vielen als eine Selbstkorrektur seiner früheren Positionen, die stärker von einer internen Verknüpfung zwischen Moderne und Säkularisierung auszugehen schienen. In der *Theorie des kommunikativen Handelns* wurde, wie gesehen, der Prozess der Säkularisierung als Versprachlichung der Bindungskräfte des Sakralen beschrieben und damit als Grundvoraussetzung für die Entstehung einer modernen, rational organisierten und legitimierten Gesellschaft. Habermas zufolge haben uns aber spätestens die Terroranschläge des 11. September die Spannung zwischen Religion und säkularer Gesellschaft in einem neuen Licht sehen lassen. Jene Ereignisse haben, wie die Terroranschläge von Madrid und London, auf grelle Weise eine globale Wirklichkeit beleuchtet, in der religiöse Gemeinschaften nicht nur inmitten säkularer Milieus fortbestehen, sondern einzelne ihrer Mitglieder mit einem gerade für europäische Verhältnisse unvorstellbaren Maß an Gewalt und Fanatismus gegen Zustände protestieren, die sie als Erfahrung der Kränkung und Marginalisierung durch eine säkulare Mehrheitskultur interpretieren. Wenn die Entstehung einer modernen Gesellschaft, in der säkulare und religiöse Überzeugungen dauerhaft koexistieren, dennoch als ein vernünftiges Faktum angesehen werden soll, als eine Entwicklung, die als Lernfortschritt zu begrüßen und nicht als kulturelle Katastrophe zu perhorreszieren ist, dann müssen vernünftige Prinzipien der Gestaltung dieses Faktums anerkannt und durchgesetzt werden können. Es müssen Prinzipien des Rechts und der Gerechtigkeit formuliert werden, die religiösen wie säkularen Bürgern gleichermaßen einleuchten können.

Wie kein zweiter politischer Philosoph und Moraltheoretiker hat sich John Rawls um die Formulierung solcher Kriterien der Gerechtigkeit bemüht, die unter pluralistischen Bedingungen auf rationale Zustimmung aller Bürger rechnen können. Der Vergleich mit seiner Position[22] kann daher helfen, die Pointe der diskurstheoretischen Erwägungen von Habermas zum Verhältnis von Religion und Politik deutlicher hervortreten zu lassen. Rawls hat sich eingehend mit den methodischen Konsequenzen auseinander gesetzt, die sich für eine politische Konzeption von Gerechtigkeit aus dem Umstand ergeben, dass sie gegenüber Bürgern gerechtfertigt werden soll, die in grundlegenden ethischen, politischen und religiösen Fragen divergierende Überzeugungen besitzen. Der Pluralismus ethischer Überzeugungen ist Rawls zufolge Ausdruck der immanenten Grenzen vernünftigen Argumentierens, ein Zeichen der Endlichkeit menschlicher Vernunft. Genau aus diesem Grund geht der politische Liberalismus davon aus, dass es keine erkenntnistheoretische Möglichkeit

---

[22] J. Rawls, *Politischer Liberalismus*, Frankfurt am Main 1998 (= PL).

gibt, eine Gerechtigkeitskonzeption auszuzeichnen, die mit bestimmten Überzeugungen über das Wesen der Person, den Sinn und
das Ziel menschlichen Lebens, kurzum mit einer bestimmten inhaltlichen Idee des Guten verbunden ist. Rawls' Gerechtigkeitskonzeption legt daher die Idee eines Systems der fairen Kooperation zugrunde, nicht die substantielle Vorstellung eines allgemeinen guten
Lebens. Auf der Ebene des Individuums setzt er den politischen Begriff des Bürgers voraus, keine umfassende Theorie menschlicher
Subjektivität und Identität. Diese Theorie ist also nicht nur in dem
Sinne politisch, dass sie auf die politische Sphäre der Gesellschaft
als ihrem ausschließlichen Geltungsbereich eingeschränkt wäre;
vielmehr soll der Begriff einer Gerechtigkeit als Fairness allein aus
politischen Erwägungen, unabhängig von weiteren philosophischen
oder religiösen Gründen, überzeugen können.

Die Gründe für die Zustimmung können bei den verschiedenen
ethischen und religiösen Doktrinen ganz unterschiedlich beschaffen
sein. Entscheidend ist, dass sich ihre Perspektiven in dem Fluchtpunkt einer politischen Gerechtigkeitskonzeption treffen. Rawls
überträgt somit nicht nur das aufklärerische Prinzip der religiösen
Toleranz auf die Philosophie, sondern auch das liberale Prinzip einer Trennung von privatem Bekenntnis und öffentlichen Institutionen. Öffentliche Institutionen und die wesentlichen Elemente einer
politischen Verfassung sind dann gerechtfertigt, wenn sie auf die Zustimmung von vernünftigen Personen zählen können. Der moralische Wahrheitsanspruch, der mit bestimmten politischen Optionen
inhaltlich verbunden ist, bleibt hingegen vollkommen in jene religiösen und metaphysischen Weltbilder eingebettet, die selbst nicht
mehr durch öffentlichen Vernunftgebrauch gerechtfertigt werden
können.

Der politische Liberalismus beansprucht daher auch nicht, religiöse und andere umfassende Lehren „zu ersetzen, noch ihnen eine
wahre Grundlage zu verschaffen"[23]. Gegenüber religiösen und säkularen Überzeugungen soll vielmehr ein gleicher Abstand eingehalten werden. Rawls hält der Habermas'schen Diskurstheorie der
Religion vor, dass sie eine solche Äquidistanz nicht aufbringe. Ihr
liege vielmehr eine geheime geschichtsmetaphysische These im Hegel'schen Sinne zugrunde, welche die säkularen Überzeugungen
als rational überlegen qualifiziere. Dieser Hegelianismus, und damit der rest-metaphysische Charakter der Habermas'schen Theorie

---

[23] J. Rawls, PL, 15.

der Religion, besteht Rawls zufolge in einem vorausgesetzten Begriff einer sich historisch entfaltenden Vernunft, deren Logik aus ihren empirischen Manifestationen erschlossen werden kann. Die Kenntnis dieser Logik biete dann die Voraussetzung für die Aufhebung der substantiellen religiösen und ethischen Vorstellungen in den philosophischen Begriff. Auf den ersten Blick scheint daher die Rawls'sche Konzeptualisierung der Religion den Vorteil der größeren Toleranz und des stärkeren Respekts gegenüber religiösen Überzeugungen zu besitzen, da sie auf den Gestus der Aufhebung oder Beerbung verzichtet. Rawls kann Bedingungen einer vernünftigen Rechtfertigung religiöser Überzeugungen formulieren ohne auf eine starke Säkularisierungsthese zurück zu greifen. Er kann die politischen Prinzipien einer wechselseitigen Achtung säkularer und religiöser Bürger ohne Rückgriff auf metaphysische Annahmen über das Wesen des Menschen oder die Logik des Geschichtsprozesses begründen.

Die Nachteile der Rawls'schen Konzeption liegen allerdings darin, dass der vernünftige übergreifende Konsens abhängig von Wahrheitsansprüchen bleibt, über deren Berechtigung sich der Theoretiker eines Urteils enthält. Aber nicht nur politische Theorie und Moralphilosophie müssen Rawls zufolge hier auf ein begründetes Urteil verzichten; auch den Bürgern selbst steht keine Beurteilung des Wahrheitsanspruches jener Gründe zu, aus denen heraus ihre Mitbürger, die anderen umfassenden Lehren anhängen, der gemeinsamen Gerechtigkeitsvorstellung zustimmen. Diese Trennung zwischen der Vernunft in ihrem öffentlichem Gebrauch und der privaten Wahrheit der umfassenden Lehren hat zur Folge, dass der übergreifende Konsens nur in einer bloßen Überschneidung unterschiedlicher Perspektiven in einem gemeinsamen Fluchtpunkt besteht, nicht aber in einer aus Einsicht gewonnenen, auf der Basis öffentlich geteilter Gründe vollzogenen Zustimmung. Eine Verbindung zwischen moralischer und politischer Rechtfertigung zeigt sich bei Rawls nur in der Binnenperspektive der jeweiligen umfassenden Lehren, die aus ihrer Perspektive zentrale Gehalte der politischen Gerechtigkeitskonzeption als wahr akzeptieren können. Diese Wahrheit des Konsenses ist dem öffentlichen Vernunftgebrauch nicht zugänglich. Der „overlapping consensus" ist ein veröffentlichter, kein *öffentlich vollzogener* Konsens.

Offensichtlich benötigt Rawls aber nun doch auch einen inhaltlichen Maßstab für die Beurteilung der Wahrheit der umfassenden Lehren. Eine umfassende Lehre wird von Rawls nämlich nicht nur dann vernünftig genannt, wenn sie von vernünftigen Personen vertreten wird, sondern wenn sie inhaltlich so beschaffen ist, dass sie die „wesentlichen Merkmale einer demokratischen Ordnung nicht ablehnt"[24]. Gerade das grelle Beispiel fanatischer, antidemokratischer Religionen zeigt, dass Rawls die Trennung zwischen wahr und vernünftig im ursprünglichen Sinn nicht aufrechterhalten kann. „Irrationale und sogar irrsinnige Lehren" müssen nämlich „eingedämmt" werden, damit sie „nicht die Einheit und die Gerechtigkeit der Gesellschaft untergraben"[25]. Daher muss Rawls davon ausgehen, dass vernünftige Bürger stets nur solche umfassenden Lehren bejahen, die ihrem Inhalt nach schon vernünftig sind. Aus der vermeintlichen Trennung zwischen der Vernunft der Bürger und der Wahrheit der umfassenden Lehren wird so unter der Hand die Unterstellung eines Entsprechungsverhältnisses zwischen den vernünftigen Einstellungen von Personen, die bestimmte umfassende Lehren vertreten, und dem vernünftigen Inhalt jener Lehren, die sie vertreten. Rawls kann nicht umhin zu unterstellen, dass „vernünftige Personen nur vernünftige umfassende Lehren bejahen"[26] werden. Wohlgemerkt, es ist nicht der Akt der Zustimmung der vernünftigen Bürger, der eine bestimmte umfassende Lehre zu einer vernünftigen macht, sondern es sind deren wesentliche inhaltlichen Merkmale. Bestimmte umfassende Lehren sind unvernünftig, weil das, was sie aussagen – etwa, dass eine demokratische Ordnung radikal abzulehnen sei – unwahr ist.

Die Tatsache, dass Rawls doch zu einem solchen, mit Bezug auf die Inhalte der Lehren gewonnenen Ausschlusskriterium neigt, legt den Verdacht nahe, dass das öffentlich vorgebrachte politisch-vernünftige Argument doch mit einer heimlichen Metaphysik des Liberalismus verbunden ist, also mit einer bestimmten inhaltlichen Auffassung, die der politische Liberalismus für wahr hält. Diese Auffassung besagt offensichtlich, dass Religionen, mindestens in ihrer unaufgeklärten Form, inhaltlich falsch sind. Sie neigen aufgrund dieser Falschheit zur politischen Intoleranz. Gerade diese Auffassung von der Falschheit der Religion wird vom politischen Liberalismus aber nicht mehr einem allgemeinen Bewährungstest durch öffentlichen Vernunftgebrauch ausgesetzt. Der politische Liberale hält bestimmte umfassende Lehren für falsch, er nennt diese seine Einschätzung aber nicht als vernünftigen Grund ihrer öffentlichen Ab-

---

[24] J. Rawls, PL, 13.
[25] Ebd.
[26] J. Rawls, PL, 133.

lehnung. Hierfür werden vielmehr Argumente angeführt, die sich auf die Art des öffentlichen *Gebrauchs* dieser Überzeugungen beziehen.[27] Über die Unwahrheit bestimmter religiöser Überzeugungen haben sich säkulare Liberale gewissermaßen vorab bereits verständigt, so dass diese Auffassung im öffentlichen Diskurs nicht mehr auf eine Weise mitgeteilt werden muss, die allen vernünftigen Bürgern, unabhängig von ihren umfassenden Lehren, einleuchten können muss. Die säkularen liberalen Bürger setzen dann aber diese Überzeugung, dass Religionen inhaltlich falsch sind, nicht mehr dem diskursiven Test einer kooperativen Wahrheitssuche aus. Sie rechnen offenbar nicht ernsthaft damit, dass die eigenen, säkularen Überzeugungen falsch und die religiösen wahr sein könnten. Sie scheinen nur daran interessiert, dass die religiösen Mitbürger ihre falschen Überzeugungen auf eine politisch vernünftige, d. h. zivilisierte Weise vertreten. Dieser sanft herablassende liberale Paternalismus provoziert einen Protest seitens der religiösen Bürger, die ja in ihrer Überzeugung von der Wahrheit der Religion ernst genommen und respektiert werden wollen. Dieser Protest hat nicht nur den fragwürdigen Charakter des Ressentiments von Modernisierungsverlierern. Es artikuliert sich hierin zugleich der legitime Appell an das moralische Prinzip gleicher Achtung, nämlich als religiöse Person in gleicher Weise als vernünftiges, d. h. zugleich irrtums- und einsichtsfähiges Wesen respektiert zu werden. Dass sich in der religiösen Kritik am politischen Liberalismus auch dieses Element, das in moralischer Hinsicht legitime Insistieren auf gleiche Achtung artikulieren kann, wird von Habermas deutlicher und besser als von Rawls gesehen. Der konsequente Fallibilismus der *nach*metaphysischen Vernunft erweist sich in der Konsequenz als weniger paternalistisch als die *nicht*metaphysische Trennung von Vernunft und Wahrheit. Die Aufforderung, dass der säkulare Bürger in einen Prozess der inhaltlichen Auseinandersetzung und übersetzenden Aneignung der religiösen Gehalte einzutreten bereit sein müsse, stellt einen nachdrücklicheren Verzicht auf den Überlegenheitsanspruch der säkularen Vernunft dar als die Rawls'sche Enthaltsamkeit gegenüber dem Wahrheitsanspruch der Religion.

Damit das Verhältnis wechselseitiger Achtung unter fallibilistischen Bedingungen, wirklich reziprok ist, muss allerdings auch der

---

[27] „Natürlich glauben wir nicht an die Lehre, die von den Gläubigen hier vertreten wird . . . Dennoch, wir bringen nicht mehr von unseren umfassenden Auffassungen vor, als mit Blick auf das politische Ziel eines Konsenses nötig oder hilfreich wäre". J. Rawls, PL, 243.

religiösen Person eine solche fallibilistische Einstellung zugemutet und abverlangt werden können. Genau diese Haltung, eine fallibilistische Einstellung zu den eigenen Grundüberzeugungen, scheint aber mit dem Charakter religiöser Überzeugungen unvereinbar zu sein. Steht eine fallibilistische Einstellung nicht in einem fundamentalen Widerspruch zur unverrückbaren Gewissheit des religiösen Glaubens?

4. Fallibilistische Vernunft und Glaubensgewissheit

Glaubensgewissheit und fallibilistische Einstellung schließen sich nicht notwendig aus. Dies zeigen zu können, setzt eine angemessene Epistemologie religiöser Überzeugungen voraus. So kann etwa auf der Grundlage eines schwachen erkenntnistheoretischen Fundamentalismus die Befürchtung entkräftet werden, die Forderung nach einer kritisch-reflexiven, fallibilistischen, ja hypothetischen Einstellung würde die Gewissheit des religiösen Glaubens untergraben, die Substanz des Glaubens in reines Wissen auflösen. Die Vorteile einer solchen Konzeption eines moderaten erkenntnistheoretischen Fundamentalismus liegen vor allem darin, dass sie dem Charakter unmittelbarer Gewissheit, jenem Anspruch auf unbedingten Sinn, der religiösen Überzeugungen anhaftet, gerecht wird ohne diese Überzeugungen dem philosophischen Sinn von Unbedingtheit, also allgemeinen Kriterien der Rationalität, zu entziehen. Religiöse Überzeugungen sind als basale zwar unmittelbar gerechtfertigt, aber dennoch in ein Netzwerk inferentieller Begründungen eingebunden. Sie können und müssen daher nicht gegen rationale Kritik immunisiert oder allgemeinen Sinn- und Falsifikationskriterien entzogen werden.

Dieser Exkurs zur aktuellen Diskussion in der Epistemologie religiöser Überzeugungen kann an dieser Stelle nicht weiter vertieft werden.[28] Allerdings zeigt schon ein Blick auf traditionelle Bestimmungen des religiösen Glaubens, dass dieser nicht notwendig in einem Gegensatz zum Wissen zu verstehen ist. Glauben, vor allem religiöser Glaube besitzt nämlich mindestens vier Dimensionen, zwei kognitive

---

[28] Vgl. Th. M. Schmidt, „Glaubensüberzeugungen und säkulare Gründe. Zur Legitimität religiöser Argumente in einer pluralistischen Gesellschaft", *Zeitschrift für Evangelische Ethik* (2001), 248–261; ders., „Das epistemische Subjekt", in: G. Krieger/H.-L. Ollig (Hrsg.), *Fluchtpunkt Subjekt*, Schöningh, Paderborn 2001, 105–120.

und zwei non-kognitive Dimensionen. Diese Unterscheidung ist in der Tradition gewonnen worden durch die Verbindung der Unterscheidung von *fides quae* und *fides qua* mit der augustinischen Differenzierung zwischen *credere Deum, credere Deo, credere in Deum.* Als die beiden elementaren non-kognitiven Dimensionen werden gemeinhin Glauben als Vertrauen und Glauben als ethisch und existentiell bedeutsame Grundhaltung verstanden; letztere bildet den Horizont, in dem sich alle maßgeblichen Werturteile und Lebensentscheidungen bilden und rechtfertigen. Kognitiven Charakter besitzt der religiöse Glaube insofern er auch als epistemische Einstellung verstanden werden muss, als das Fürwahrhalten von Propositionen. Die vierte, ebenfalls kognitive Dimension besteht in dem, was traditionell als die *fides quae* gilt, dem propositionalen Gehalt selbst, dem Inhalt der geglaubten Sätze. Dieser propositionale Gehalt der Glaubensüberzeugungen, der in den Glauben als Vertrauen eingebettet ist, kann nun wie jede propositionale Überzeugung einem fallibilistischen Bewährungstest ausgesetzt werden. Auf diese Weise werden zwei Perspektiven unterschieden: die interne Perspektive des Gläubigen und die Außenperspektive einer kritisch-diskursiven Reflexion über das in dieser Einstellung Behauptete. Dies heißt aber nicht, dass diese beiden Einstellungen in einer absoluten Konkurrenz miteinander stehen und wechselseitig den Erklärungsprimat beanspruchen müssten. Diese Unterscheidung wird besser im Sinne einer Differenzierung zwischen zwei explanativen Ebenen verstanden denn als eine absolute Trennung von Innen- und Außenperspektive. Durch ein solches „Zugeständnis einer freien Bewegung zwischen den Ebenen der Religion und der Reflexion über die Religion"[29] werden die beiden Extreme vermieden, entweder unter Berufung auf authentische und unkommunizierbare Erfahrung religiöse Überzeugungen gegen rationale Kritik zu immunisieren oder religiöse Überzeugungen auf eine nichtreligiöse Basis zu reduzieren. Der Grund für den fließenden Übergang zwischen den Ebenen der Religion und der Reflexion über die Religion liegt nicht zuletzt in den speziellen epistemischen Anforderungen, die unter pluralistischen Bedingungen an rationale religiöse Personen gestellt werden, nämlich Kohärenz ihrer religiösen mit anderen, säkularen Überzeugungen herzustellen.

Philip Clayton nennt solche Personen „säkulare Gläubige". Säkulare Gläubige sind Personen, für die religiöse mit säkularen Über-

---

[29] Ph. Clayton, *Rationalität und Religion. Erklärung in Naturwissenschaft und Theologie*, Paderborn u. a. 1992, 160.

zeugungen koexistieren. Sie führen die rationale Reflexion ihrer religiösen Überzeugungen weder vom Standpunkt einer absoluten Gewissheit der Existenz Gottes durch noch stellen sie diese Gewissheit durch einen absoluten Sprung her, durch den sie den Raum der Gründe und intersubjektiven Rationalitätsstandards verlassen würden. Der von ihnen vollzogene ständige reflexive Wechsel zwischen Innen- und Außenperspektive entspricht auch nicht der klassischen Auffassung einer *fides quaerens intellectum*, die einen linearen Lernfortschritt von einem schwachen anfänglichen Glauben zu einem durch intellektuelle Einsicht gefestigten unterstellt. Es handelt sich bei diesem Modell vielmehr um eine ständig neu herzustellende kognitive Balance zwischen Skepsis und Gewissheit, um eine unter dem externen Druck neuer Informationen und Kritik stets zu erneuernde epistemische Kohärenz zwischen säkularen und religiösen Überzeugungen.

Diese Haltung wird den religiösen Personen aber nicht nur von außen, durch die Anpassungszwänge und Konventionen einer säkularen Mehrheitskultur aufoktroyiert. Das Changieren zwischen Innen und Außen entspricht vielmehr einer internen Logik des religiösen Überzeugungssystems selbst. Die epistemische Anforderung, einen reflexiven Wechsel zwischen Binnenperspektive und externer Kritik vorzunehmen, ist nicht radikal neu und ausschließlich auf Personen bezogen, die unter modernen pluralistischen Bedingungen religiöse Überzeugungen vertreten. In einer gewissen Weise wird diese Reflexionshaltung auch dem traditionell Gläubigen immer schon zugemutet, wie die Ausbildung des für die westliche Religion typischen doktrinalen und institutionellen Lehrsystems zeigt.[30] Zurückzuweisen ist deshalb die Auffassung, dass religiöser Glaube stets eine ausdrückliche und vollständige Zustimmung verlange. Auf der individuellen Ebene stellen religiöse Überzeugungen unmittelbar gerechtfertigte Basisüberzeugungen dar. Diese Unmittelbarkeit entzieht diese Überzeugungen jedoch nicht den Anforderungen inferentieller Begründung und diskursiver Rechtfertigung. Die Überzeugungen verlieren in diesen Prozessen der Rechtfertigung nicht notwendig die Eigenschaften der Gewissheit und Unmittelbarkeit, sie werden aber in ein *weites Reflexionsgleichgewicht*[31] mit anderen, säkularen

---

[30] Vgl. L. Honnefelder, „Wissenschaftliche Rationalität und Theologie", in: L. Scheffczyk (Hrsg.), *Rationalität. Ihre Entwicklung und Grenzen*, Freiburg/München 1989, 289–314.

[31] Vgl. R. Audi, *Religious Commitment and Secular Reason*, Cambridge: Cambridge University Press 2000.

Überzeugungen gestellt. Religiöse Überzeugungen mittels eines solchen weiten Reflexionsgleichgewichts in ein kohärentes Verhältnis zu nichtreligiösen zu bringen, ist eine Anforderung, der säkulare Gläubige von sich aus entsprechen. Rationale religiöse Personen bemühen sich bereits in vorpolitischen Kontexten um die Kohärenz ihrer religiösen und nichtreligiösen Überzeugungen. Daher kann eine solche Übersetzung und kognitive Balance auch erwartet und gefordert werden, wenn religiöse Überzeugungen im öffentlichen Diskurs einer pluralistischen Gesellschaft *als* Geltungsansprüche auftreten.

5. Lernprozesse in der postsäkularen Gesellschaft

Aber selbst wenn die Vereinbarkeit der religiösen Gewissheit mit einer fallibilistischen Einstellung, die Möglichkeit einer Kohärenz von Glauben und Wissen gezeigt werden kann, so bleibt immer noch eine tragische Lesart der Konflikte zwischen säkularer und religiöser Kultur möglich. Unter nachmetaphysischen, fallibilistischen Voraussetzungen gibt es keine Garantie, dass die wechselseitigen Vermittlungs- und Übersetzungsprozesse, selbst wenn sie von den Beteiligten gewünscht werden, auch tatsächlich gelingen. Wie kann unter postsäkularen Bedingungen, nach der Verabschiedung einer starken Auffassung von Säkularisierung als eines eindeutigen, linearen und unumkehrbaren Prozesses noch Hoffnung auf geschichtlichen Fortschritt rational verantwortet werden? Hier verläuft offensichtlich die eigentliche Grenze zwischen Glaube und Wissen. Die Überzeugung, dass der Prozess der Modernisierung gerichtet ist, lässt sich nicht rein empirisch oder durch formale Rekonstruktion im Sinne einer starken Theorie der Säkularisierung begründen. An eine Gerichtetheit der gesellschaftlichen Entwicklung kann unter nachmetaphysischen Bedingungen, den Bedingungen radikaler Endlichkeit menschlicher Vernunft nur *geglaubt* werden. Dieser Glaube muss nicht die kritisch-reflexiv bestimmten Grenzen des empirischen Wissens transzendieren. Glaube an geschichtlichen Fortschritt ist nicht notwendig mit religiösem Glauben identisch; auch die Philosophie kann ihren Chiliasmus haben.[32] Allerdings entspringt aus der formalen Rekonstruktion von Problemlösungskompetenzen allein nicht jenes utopische Ideal, dass sich der gesellschaftliche Fortschritt der

---

[32] I. Kant, *Idee zu einer allgemeinen Geschichte in weltbürgerlicher Absicht* (1784). Vgl. P. Kleingeld, *Fortschritt und Vernunft: Zur Geschichtsphilosophie Kants*, Würzburg 1995.

Globalisierungsbewegung eben nicht in der Vermehrung von Konsumgütern und Profit und in einem Zuwachs an Naturbeherrschung erschöpft, sondern die Chancen auf ein Leben in authentischer Freiheit und reziproker Solidarität tatsächlich zunehmen. Das schließt nicht aus, dass diese Glaubensgewissheit wie eine Hypothese überprüft, das heißt in ein reflexives und kohärentes Verhältnis zu falliblem Wissen gebracht werden kann. Das volitionale Moment des Glaubens begründet die Bindungskraft dieser Ideale, die fallible Wissenskomponente die Rationalität dieser Hoffnung. Hier ist das oben genannte, am Fall des religiösen Glaubens entwickelte Modell einer Interdependenz der Haltungen des Glaubens und des Wissens hilfreich. Die dort zugrunde gelegte Unterscheidung zwischen Glauben als Vertrauen und Glauben als Fürwahrhalten von Propositionen durchdringen sich auch im Blick auf die Frage, ob wir ein Gelingen wechselseitiger Lern- und Übersetzungsprozesse zwischen Religion und säkularer Moderne erwarten dürfen. Eine solche Arbeitsteilung und Kooperation zwischen Glaubensgewissheit und dem falliblen Wissen wäre gerade von der endlichen Vernunft her zu verstehen und zu fordern, die sonst ihre eigenen Diskurse nicht reflexiv als Lernprozesse verstehen könnte. Es könnte dann auch nicht mehr einsichtig gemacht werden, warum religiöse und säkulare Bürger mit der Möglichkeit der Falschheit ihrer Überzeugungen rechnen sollten und diese Möglichkeit noch als einen möglichen Gewinn und nicht ausschließlich als Bedrohung und Verlust verstehen sollten.

Über diese rationale Hoffnung hinaus gibt es aber keine, religiösen wie säkularen Bürgern gleichermaßen zur Verfügung stehenden metaphysischen Garantien für das Gelingen der wechselseitig zugemuteten Lernprozesse. Säkulare und religiöse Bürger stehen als endliche Vernunftwesen unter der gleichen Bedingung, ohne transzendente Rückversicherung darauf vertrauen zu müssen, dass die geforderte Übersetzung zwischen ihren basalen normativen Intuitionen und den rationalen Testverfahren wissenschaftlicher Theorie- und politischer Willensbildung auch in Zukunft gelingen wird. Säkulare wie religiöse Bürger müssen ungeschützt und ohne metaphysische Absicherung für die Wahrheit ihrer Überzeugungen einstehen. Dies ist die prekäre Balance der postsäkularen Gesellschaft, die nur durch den fairen Umgang und den wechselseitigem Respekt von religiösen wie nicht-religiösen Bürgerinnen und Bürgern gewahrt werden kann.

MAEVE COOKE

SÄKULARE ÜBERSETZUNG ODER POSTSÄKULARE
ARGUMENTATION?

Habermas über Religion in der demokratischen Öffentlichkeit

Am Ende seiner ersten systematischen Überlegungen zum Begriff des
nachmetaphysischen Denkens, die in der 1988 veröffentlichten Auf-
satzsammlung des gleichen Namens erschienen sind, weist Habermas auf die fortbestehende Koexistenz eines solchen Denkens mit
der religiösen Praxis hin.[1] Die Erklärung, die er dafür bietet, ist die
Einbüßung des Kontakts zum Außeralltäglichen. Die nachmetaphysische Philosophie, die die transzendierende Macht der Vernunft in
den kommunikativen Strukturen der Alltagssprache verortet und daher die Transzendenz rein innerweltlich versteht, bleibt weiterhin abhängig von den inspirierenden Gehalten der religiösen Sprache. Die
vorsichtige Formulierung des einschlägigen Abschnitts lässt jedoch
offen, ob diese Abhängigkeit eine grundsätzliche oder eine vorläufige ist: Einerseits wird nicht ausgeschlossen, dass auch die nachmetaphysische Philosophie grundsätzlich auf die semantischen Gehalte
der Religion angewiesen ist; andererseits wird die gegenwärtige Abhängigkeit als eine möglicherweise bloß vorläufige dargestellt. In einem Beitrag, der um die gleiche Zeit als Replik auf theologische bzw.
religionsphilosophische Kollegen geschrieben wurde, bedient sich
Habermas des Begriffs des methodischen Atheismus, um den aus
seiner Sicht angemessenen Umgang der Philosophie mit den semantischen Gehalten der religiösen Überlieferung zu bestimmen.[2]
Der methodische Atheismus, der unter nachmetaphysischen Bedingungen den Unterschied zwischen einer reflexiv gewordenen *Theologie* und einer reflexiv gewordenen *Philosophie* auszeichnet, ver-

---

[1] J. Habermas, *Nachmetaphysisches Denken*, Frankfurt am Main: Suhrkamp (1988), 60.

[2] J. Habermas, „Exkurs: Transzendenz von innen, Transzendenz ins Diesseits", in: ders., *Texte und Kontexte*, Frankfurt am Main: Suhrkamp (1991),
127–156.

langt eine Übersetzung der Gehalte der religiösen Überlieferung in die neutralisierende Sprache der begründenden Rede.[3] Die kritisch gewordene Philosophie muss die Erfahrungen, die in der Religion ihren Sitz haben, in die Sprache einer wissenschaftlichen Expertenkultur übersetzen und von dort in die Alltagspraxis rückübersetzen. Die kritisch gewordene Theologie kann eine entsprechende Übersetzung nur auf Kosten ihrer eigenen Identität – und der Identität der religiösen Praxis, auf die sie sich bezieht[4] – vollziehen. Würde sie religiöse Erfahrungen nur noch „zitieren", d. h. ihre Wahrheitsansprüche dahingestellt lassen, müsste sie den Anspruch auf eine Wahrheit, die alle bloß lokalen Kontexte überschreitet, aufgeben. Eine frontale Auseinandersetzung mit dem Wahrheitsgehalt der religiösen Praxis scheint jedoch für Habermas nicht in Frage zu kommen, da jene Praxis sich auf ein Offenbarungsgeschehen sowie auf Erfahrungen und Intuitionen bezieht, die sich nicht ohne weiteres rational einholen lassen und daher in der begründenden Rede keinen Platz haben.[5] Habermas sieht keinen einfachen Ausweg aus diesem Dilemma: Will sich die Theologie ihre eigene Identität bewahren und sich zum Wahrheitsgehalt der religiösen Praxis bekennen, so muss sie entweder den „protestantischen" Weg einschlagen und sich auf eine von Vernunft schlechthin unabhängige Quelle der religiösen Einsicht berufen oder den Weg eines „aufgeklärten Katholizismus" verfolgen und sich auf eine Erfahrungsbasis festlegen, die an die Sprache einer bestimmten Tradition gefesselt bleibt und nur innerhalb dieser zu be-

---

[3] Habermas, „Exkurs: Transzendenz von innen, Transzendenz ins Diesseits", 136.

[4] Habermas, „Exkurs: Transzendenz von innen, Transzendenz ins Diesseits", 138.

[5] Habermas, „Exkurs: Transzendenz von innen, Transzendenz ins Diesseits", 136. In meinem im Jahr 2001 verfassten Aufsatz, „ Die Stellung der Religion bei Jürgen Habermas", in: K. Dethloff, L. Nagl, F. Wolfram (Hrsg.), Religion, Moderne, Postmoderne, Berlin: Parerga (2002), 99–119, schrieb ich, dass die argumentative Bewertung religiöser Geltungsansprüche den Rahmen des bisherigen Habermas'schen Konzepts sprengt und eine Revision seiner Argumentationstheorie zu erfordern scheint; vgl. M. Cooke, „Kritische Theorie und Religion", Deutsche Zeitschrift für Philosophie, 47, 5 (1999), 709–734. Obwohl Habermas seitdem eine bedeutende Revision seines Konzepts vorgenommen hat, bin ich immer noch der Meinung, dass seine Sicht der argumentativen Bewertung religiöser Geltungsansprüche zu beschränkt ist. Siehe M. Cooke, „Salvaging and Secularizing the Semantic Contents of Religion: The Limitations of Habermas's Postmetaphysical Proposal", International Journal for the Philosophy of Religion, 60, 1–3, (2006).

werten ist. Im ersten Fall schneidet sie das Band zwischen Wahrheit und *argumentativer* Begründung durch, das zu den wesentlichen Prämissen des Habermas'schen nachmetaphysischen Denkens gehört; im zweiten Fall gibt sie die *universalistische* Ausrichtung eines nichtdefätistischen Wahrheitsanspruchs preis, indem sie sich auf einen lokalen, in sich geschlossenen Begründungskontext einschränkt. In beiden Fällen müsste das Bestreben der kritisch gewordenen Theologie scheitern, in Analogie zur kritisch gewordenen Philosophie einen nachmetaphysischen, doch nichtdefätistischen Wahrheitsanspruch aufrechtzuerhalten.[6]

In seinen jüngsten Schriften befasst sich Habermas nicht nur mit der Frage des angemessenen Umgangs der gegenwärtigen Philosophie bzw. Theologie mit den semantischen Gehalten der Religion,[7] sondern auch mit der Frage, wie sich die nichtgläubigen Bürger einer postsäkularen Gesellschaft zu öffentlichen Diskussionsbeiträgen verhalten sollen, die in religiöser Sprache formuliert sind.[8] Diese Frage scheint vor allem aus zwei Gründen für Habermas eine neue Dringlichkeit bekommen zu haben.[9] Erstens, weil neue Entwicklungen in der Biotechnik tief in die bisher als „natürlich" angesehenen Substrate der menschlichen Person eingreifen; dadurch bahnen sie eine Instrumentalisierung der menschlichen Natur an, die das gattungsethische Selbstverständnis des Menschen gefährdet.[10] In die-

---

[6] Das nachmetaphysische Denken versteht sich als fallibilistisches, aber nicht defätistisches Denken. Siehe J. Habermas, Einleitung zu ders., *Zwischen Naturalismus und Religion,* Frankfurt am Main: Suhrkamp (2005), 12.

[7] Die Frage nach dem Verhältnis der nachmetaphysischen Philosophie zu ihrem religiösen Erbe wird aufgegriffen in J. Habermas, „Die Grenze zwischen Glauben und Wissen. Zur Wirkungsgeschichte und aktuellen Bedeutung von Kants Religionsphilosophie" in: ders., *Zwischen Naturalismus und Religion,* 216–257. Ich setze mich mit Habermas' Behandlung dieser Frage kritisch auseinander in Cooke, „Salvaging and Secularizing the Semantic Contents of Religion".

[8] Die Frage nach dem angemessen Umgang mit religiösen Beiträgen in der demokratischen Öffentlichkeit wird aufgegriffen in J. Habermas „Religion in der Öffentlichkeit. Kognitive Voraussetzungen für den ‚öffentlichen Vernunftgebrauch' religiöser und säkularer Bürger", in: ders., *Zwischen Naturalismus und Religion,* 119–154. Diese Frage steht im Mittelpunkt meiner Überlegungen im Folgenden.

[9] J. Habermas, *Glauben und Wissen,* Frankfurt am Main: Suhrkamp (2001), 9.

[10] J. Habermas, *Die Zukunft der menschlichen Natur. Auf dem Weg zu einer liberalen Eugenik?* Frankfurt am Main: Suhrkamp (2001).

sem Zusammenhang stellt sich die Frage, ob das säkulare Denken über die erforderlichen Ressourcen verfügt, um der angebahnten Instrumentalisierung der menschlichen Natur entgegenzuwirken. Zweitens, weil jene Deutung der Terroranschläge, die seit dem 11. September 2001 immer wieder verübt werden, ernst genommen werden muss, die sie als Reaktion auf eine sich entleerende westliche Modernisierung betrachtet.[11] In diesem Zusammenhang stellt sich die Frage, ob ein entgleisender Prozess der Modernisierung mit bloß säkularen Mitteln gerettet werden kann. Im auffallenden Unterschied zum vorsichtigen Ton seiner früheren Überlegungen spricht nun Habermas ein starkes Plädoyer aus für die Notwendigkeit des öffentlichen Gesprächs zwischen den säkular denkenden Bürgern eines liberalen Verfassungsstaats, die „mit schmalem metaphysischen Gepäck" reisen, und den gläubigen (und anderen) Bürgern, die mit „großem metaphysischen Gepäck" unterwegs sind.[12]

Neu ist nicht allein der Ton seiner jüngsten Überlegungen; neu ist auch die Bezugnahme auf den Begriff einer *postsäkularen* Gesellschaft. Habermas verwendet diesen Begriff normativ, um eine Gesellschaft zu bezeichnen, die sich auf das Fortbestehen der Religion in einer sich fortwährend säkularisierenden Gesellschaft einstellt.[13] Wichtig ist vor allem seine These, dass eine postsäkulare Gesellschaft als Erfolg einer Säkularisierung zu verstehen ist, die sich als gegenseitiger Lernprozess vollzieht.[14] In diesem Lernprozess werden die Traditionen der Aufklärung ebenso wie die religiösen Überlieferungen zur Reflexion auf ihre jeweiligen Grenzen genötigt. Von Seiten der gläubigen

---

[11] „Fundamentalismus und Terror: ein Gespräch mit Jürgen Habermas", in: *Philosophie in Zeiten des Terrors. Jürgen Habermas und Jacques Derrida,* zwei Gespräche geführt, eingeleitet und kommentiert von G. Borradorri, Berlin, Wien: Philo & Philo Fine Arts GmbH (2004), 57–58.

[12] J. Habermas, „Religiöse Toleranz als Schrittmacher kultureller Rechte", in: ders., *Zwischen Naturalismus und Religion,* 258–278 (270).

[13] Habermas, *Glauben und Wissen,* 13; Vgl. J. Habermas, „Vorpolitische Grundlagen des demokratischen Rechtsstaats?", in: ders., *Zwischen Naturalismus und Religion,* 106–118 (116–117). Allerdings ziehen meine Überlegungen im Folgenden diese Definition in Zweifel. Wenn meine Argumentation stichhaltig ist, müsste die Frage offen bleiben, ob eine postsäkulare Gesellschaft mit einer fortwährenden *Säkularisierung* einhergeht.

[14] J. Habermas, „Zur Diskussion mit Kardinal Ratzinger", Information Philosophie im Internet, http://www.information-philosophie.de/philosophie/ HabermasRatzinger2.html; Habermas, Einleitung zu ders., *Zwischen Naturalismus und Religion,* 9–10.

Bürger wird eine dreifache Reflexion verlangt: Sie müssen sich auf das postkonventionelle, positive Recht des Verfassungsstaats einlassen,[15] den weltanschaulichen Pluralismus anerkennen und sich mit dem wissenschaftlich institutionalisierten Weltwissen ins Vernehmen setzen.[16] Von Seiten der säkularisierten Bürger wird eine Offenheit gegenüber dem rationalen Gehalt der religiösen Lehren erwartet: sie müssen bereit sein, an Diskussionen teilzunehmen, in denen religiöse Gründe angeführt werden und einen Sinn für die Artikulationskraft solcher Gründe bewahren bzw. entwickeln;[17] außerdem sollen sie eine selbstkritische Haltung zu den Grenzen der säkularen Vernunft einnehmen.[18] Somit entsteht das Bild einer demokratischen Öffentlichkeit, in der alle Bürger – ob mit schmalem oder schwerem metaphysischem Gepäck – willig sind, sich auf Gespräche einzulassen, in denen religiös formulierte Beiträge ernst genommen und unter dem Gesichtspunkt eines möglichen kognitiven Gehalts kritisch besprochen werden. Laut Habermas hat dieses normative Modell der demokratischen Öffentlichkeit den Vorteil, dass es im Unterschied zum Rawls'schen Konzept der öffentlichen Vernunft die gläubigen Bürger nicht psychisch überbürdet.[19] Bekannterweise revidiert Rawls sein in *Political Liberalism* dargestelltes Konzept dahingehend, dass nun alle Bürger ihre vernünftigen Weltanschauungen („reasonable comprehensive doctrines") in öffentliche Gespräche einführen dürfen; allerdings nur unter dem Vorbehalt, dass „in due course proper political reasons – and not reasons solely given by comprehensive doctrines – are presented that are sufficient to support whatever the comprehensive doctrines introduced are said to support."[20] Habermas wendet ein, dass eine solche Forderung zu einer Destabilisierung der Identität gläubi-

---

[15] An einigen Stellen unterstreicht Habermas, dass das postkonventionelle Recht des Verfassungsstaats auf einer *profanen* Moral beruhen muss (z. B. Habermas, *Glauben und Wissen*, 14). Aus Gründen, die im Laufe meiner Diskussion klar werden sollten, halte ich diese zusätzliche Bestimmung für unnötig.

[16] Habermas, *Glauben und Wissen*, 14; Habermas, Einleitung zu ders., *Zwischen Naturalismus und Religion*, 10–11; Habermas „Religion in der Öffentlichkeit", 143.

[17] Habermas, *Glauben und Wissen*, 22; Habermas, Einleitung zu ders., *Zwischen Naturalismus und Religion*, 11–12; Habermas, „Religion in der Öffentlichkeit", 144–146.

[18] Habermas, „Religion in der Öffentlichkeit", 146.

[19] Habermas, „Religion in der Öffentlichkeit", 124–141.

[20] J. Rawls, „The Idea of Public Reason Revisited", *The University of Chicago Law Review*, 64, 3 (1997), 765–807 (784).

ger Bürger führen würde, da sie eine Aufspaltung der Identität in öffentliche und nichtöffentliche Komponenten verlange. Dabei übersehe Rawls die zentrale Rolle, die eine religiöse Weltanschauung im Leben einer gläubigen Person spiele. Für eine gläubige Person ist ihr Glaube nicht nur eine Lehre mit bestimmtem Inhalt; darüber hinaus stelle er eine Energiequelle dar, die ihr ganzes Leben ernähre und belebe.[21] Daher lege Rawls' Forderung, Meinungen zum Thema Gerechtigkeit letzten Endes ohne Bezugnahme auf religiöse Gründe zu rechtfertigen, den gläubigen Bürgern eine unzumutbare psychische Bürde auf. Habermas will eine solche Überbelastung vermeiden, indem er säkular formulierte Rechtfertigungen nur von denjenigen Bürgern verlangt, die ein öffentliches Mandat einnehmen oder sich darum bewerben.[22]

An dieser Stelle wird klar, dass das oben skizzierte Modell einer demokratischen Öffentlichkeit, in der säkulare und religiöse Diskussionsbeiträge gleich ernst genommen werden, nur einen Teil des Gesamtbilds darstellt. Im Habermas'schen Modell des demokratischen Verfassungsstaats bilden politische Ämter und Institutionen eine Schwelle zwischen dem „wilden" Komplex der demokratischen Öffentlichkeit einerseits und den deliberativen Verfahren des Parlaments und anderen durch Verfahren regulierten politischen Einrichtungen andererseits. Schon in *Faktizität und Geltung* traf Habermas eine wichtige Unterscheidung zwischen den „schwachen" Öffentlichkeiten des Verfassungsstaats, die hauptsächlich der Sensibilisierung für Problemstellungen dienen, und den „veranstalteten" Öffentlichkeiten, deren Funktion hauptsächlich darin liegt, Probleme zu bearbeiten und Entscheidungen zu treffen bzw. rechtfertigen.[23] In seinen jüngsten Schriften wird nun diese Schwelle als Filter dargestellt, der nur *säkulare* Beiträge in die formellen deliberativen Verfahren einfließen lässt.[24] Wegen dieser Einschränkung werden kooperative Übersetzungsleistungen – von nichtgläubigen wie auch von gläubigen Bürgern – erforderlich, damit die religiös artikulierten Beiträge der „schwachen" Öffentlichkeiten in eine säkulare Sprache übertragen werden können.[25] Diese Forderung erinnert an

[21] Habermas, „Religion in der Öffentlichkeit", 132–133.

[22] Habermas, „Religion in der Öffentlichkeit", 133–144.

[23] J. Habermas, *Faktizität und Geltung*, Frankfurt am Main: Suhrkamp (1991), 372–374.

[24] Habermas, „Religion in der Öffentlichkeit", 137.

[25] Habermas, „Religion in der Öffentlichkeit", 135–138.

den methodischen Atheismus, der die nachmetaphysisch verfahrende Philosophie kennzeichnen soll. So wie von der Philosophie im Umgang mit ihrem religiösen Erbe wird nun von den Bürgern des demokratischen Verfassungsstaats eine Übersetzung der semantischen Gehalte der Religion in den profanen Wortschatz der begründenden Rede verlangt.

Mit dieser Forderung wird jedoch eine eigentümliche Kluft eröffnet zwischen den *postsäkularen* „schwachen" Öffentlichkeiten einerseits und den *säkularen* „veranstalteten" Öffentlichkeiten andererseits. Obwohl es nahe liegt, einen postsäkularen Staat als Komplement zur postsäkularen Gesellschaft anzuvisieren, will Habermas von dem Standpunkt nicht abrücken, dass in den demokratischen Verfahren des Verfassungsstaats nur säkulare Beiträge akzeptabel sind. Manche seiner Formulierungen mögen den Anschein erwecken, dass der demokratische Verfassungsstaat bloß weltanschaulich neutral sein muss;[26] doch ist es insgesamt klar, dass er damit meint, dass er einen säkularen Charakter annehmen muss. Diese Meinung wird vor allem an den Textstellen evident, wo er darauf insistiert, dass nur säkulare Gründe in den Beratungs-, Entscheidungs- und Rechtfertigungszusammenhängen des juristischen und parlamentarischen Komplexes gelten dürfen.[27] Auch in seiner kritischen Auseinandersetzung mit Nicholas Wolterstorff wird sie offenkundig: Wolterstorff will den Gründen keine Einschränkung auferlegen, die in die politischen Verfahren des Verfassungsstaats eingeführt werden dürfen; er lässt beispielsweise zu, dass sich die demokratische Gesetzgebung auf religiöse Argumente beruft.[28] Dagegen wendet Habermas ein, dass Wolterstorff nicht nur das Prinzip der staatlichen Neutralität gegenüber konfligierenden Weltanschauungen, sondern auch das demokratische Verfahren selbst untergrabe, indem er eine faire Deliberation verhindere:

„Mit der Öffnung der Parlamente für den Streit um Glaubensgewissheiten kann jedoch die Staatsgewalt zum Agenten einer religiösen Mehrheit werden, die ihren Willen unter Verletzung des demokratischen Verfahrens durchsetzt.

---

[26] Habermas, „Zur Diskussion mit Kardinal Ratzinger", 7. Habermas, „Einleitung zu ders., *Zwischen Naturalismus und Religion*", 8; Habermas, „Religion in der Öffentlichkeit", 133–134, 136, 140.

[27] Habermas, „Religion in der Öffentlichkeit", 136.

[28] R. Audi and N. Wolterstorff, *Religion in the Public Sphere*, Lanham: Rowman and Littlefield (1997), 117–118, zitiert in Habermas, „Religion in der Öffentlichkeit", 139–141.

Illegitim ist natürlich nicht die, wie wir annehmen wollen, korrekt durchgeführte demokratische Abstimmung selbst, sondern die Verletzung der anderen wesentlichen Komponente des Verfahrens – des diskursiven Charakters
der vorangehenden Beratungen."[29]

Aus Habermas' Sicht ist eine solche Verletzung des demokratischen
Verfahrens unvermeidlich, sobald religiöse Beiträge in die formell
verfahrenden Öffentlichkeiten eingelassen werden. Der Grund dafür hängt mit seiner Forderung zusammen, dass auf staatlicher Ebene demokratische Entscheidungen in einer Sprache formuliert werden müssen, die allen Bürgern gleichermaßen zugänglich ist; ebenfalls müssen sie mit Gründen zu rechtfertigen sein, die allen Bürgern
gleichermaßen zugänglich sind.[30] Offensichtlich hängt einiges davon ab, wie diese Forderung nach allgemein zugänglichen Gründen interpretiert wird. Habermas versteht sie als gleichbedeutend
mit einer Forderung nach *säkularen* Gründen.[31]

    Für viele Mitglieder einer liberalen politischen Kultur ist die For-
derung nach säkularen Rechtfertigungen in der formell verfahrenden demokratischen Öffentlichkeit eine Selbstverständlichkeit, die
als Erfolg eines historischen Lernprozesses betrachtet werden soll.
Der Lernprozess soll sich der historischen Erfahrung der europäischen Religionskriege des 16./17. Jahrhunderts verdanken, die
über oft gewaltsame Wege schließlich zur politischen Einsicht führte,
dass die Freiheit zum Andersdenken als demokratisches Grundrecht
anerkannt werden muss.[32] Dieses Grundrecht beinhaltet sowohl die
positive Freiheit zur freien Ausübung der eigenen religiösen bzw. säkularen Weltanschauung, wie auch die entsprechende negative
Freiheit, von der Weltanschauung der anderen nicht belästigt zu
werden.[33] Ich teile diese liberale Ansicht. Gleichzeitig will ich jedoch
an den offenen Charakter eines Lernprozesses erinnern. Aus der
Perspektive des Habermas'schen Konzepts der kommunikativen Rationalität, die ich in dieser Hinsicht auch teile, gehört zum normativen Begriff eines Lernprozesses, dass wir uns im Lichte unserer historischen Erfahrungen mit neuen Situationen argumentativ auseinander setzen müssen, die uns eventuell zur Revision auch derjenigen

---

[29] Habermas, „Religion in der Öffentlichkeit", 139–140.

[30] Habermas, „Religion in der Öffentlichkeit", 140.

[31] Habermas, „Religion in der Öffentlichkeit", 136.

[32] Vgl. Habermas, „Religiöse Toleranz als Schrittmacher kultureller Rechte", 258–264.

[33] Vgl. Habermas, „Religiöse Toleranz als Schrittmacher kultureller Rechte", 261.

Ansichten nötigen, von denen wir lange überzeugt waren. Mit anderen Worten: Lernprozesse dürfen nie als abgeschlossen gelten, sondern müssen eine grundsätzliche Offenheit gegenüber neuen Ereignissen und neuen Kontexten bewahren. Wenn auch die europäische Säkularisierung als Lernprozess gedacht werden soll, müssen daher auch die mit ihr einhergehenden Überzeugungen in den jeweils veränderten historischen Kontexten immer wieder kritisch überprüft werden. In diesem Sinn stellt sich nun für mich die Frage, ob die Argumente für einen säkularen Staat im gegenwärtigen historischen Kontext immer noch standhalten.

Damit komme ich zu der Pointe meiner Überlegungen. Meine These ist, dass Habermas einen Begriff des postsäkularen Staats als Komplement zu seinem Begriff der postsäkularen Gesellschaft herausarbeiten soll. Meines Erachtens sind die einst guten Argumente für den säkularen Staat im gegenwärtigen historischen Kontext von neuen Argumenten überholt worden. Zu diesen neuen Argumenten gehören die von Habermas erwähnten gesellschaftlichen Faktoren: die Gefahr einer Instrumentalisierung der menschlichen Natur, die das ethische Selbstverständnis der Gattung in Frage stellt und der als entgleisend wahrgenommene Prozess der westlichen Modernisierung. Wie Habermas bin ich der Meinung, dass hinsichtlich solcher gesellschaftlichen Entwicklungen die religiöse Überlieferung ein Potential darstellt, das motivierende und orientierende semantische Gehalte bietet.[34] Hinzu kommt die Überlegung, dass sich im Zusammenhang der gegenwärtigen Globalisierung die religiöse Landschaft im Westen auf mehrfache Weise grundlegend verändert hat. Neue Glaubensgemeinschaften, teils aus anderen historisch-kulturellen Kontexten, treten auf, die die historisch-spezifischen Lernprozesse der westlichen Moderne nicht vollzogen haben, aufgrund derer der säkulare Staat einst als gerechtfertigt galt. Diese und verwandte gesellschaftliche Faktoren werfen die Frage auf, ob die durch den säkularen Staat verursachte Beeinträchtigung der politischen Autonomie der gläubigen Bürger, die einst durch Appell an bestimmte historisch-kulturelle Erfahrungen gerechtfertigt werden konnte, immer noch verteidigt werden kann. Darauf komme ich zurück.

Wie gesagt besteht Habermas weiterhin auf der Unverzichtbarkeit des säkularen Staats. Ich vermute, dass die Gründe für seinen

---

[34] Allerdings bin ich der Ansicht, dass Habermas es sich zu einfach macht, wenn er meint, dass die kognitiven Gehalte der Religion „angeeignet" werden können ohne Verlust ihrer semantischen Kraft. Auf diese Frage gehe ich ein in Cooke, „Salvaging and Secularizing the Semantic Contents of Religion".

Standpunkt zum Teil mit seiner Gleichsetzung von „allgemein zugänglichen" und „profanen" Gründen zusammenhängen, die einem an dieser Stelle übermäßig *starren* Argumentationsmodell zu verdanken ist, und zum Teil mit einem übermäßig *starken* Begriff des nachmetaphysischen Denkens. Im ersten Fall weise ich auf die transformative Macht der Argumentation hin und unterstreiche die Möglichkeit der argumentativ herbeigeführten Wahrnehmungsveränderung. Im zweiten Fall schlage ich einen Begriff von *nichtautoritärem* Denken vor, der in wesentlichen Hinsichten mit dem Habermas'schen Begriff des nachmetaphysischen Denkens übereinstimmt, aber sich von dessen *antimetaphysischer* Haltung verabschiedet. In beiden Fällen wird die Notwendigkeit für einen pauschalen Ausschluss religiöser Beiträge aus den Beratungen der formell verfahrenden Öffentlichkeit in Frage gestellt.

Der anvisierte Begriff des postsäkularen Staats steht dem Habermas'schen Denken sehr nah. Der entscheidende Unterschied zwischen dem von mir vorgeschlagenen Konzept und dem Habermas'schen Begriff des säkularen Staats betrifft die Zulassung religiöser Beiträge zu der formell verfahrenden Öffentlichkeit. In meinem Konzept werden solche Beiträge nicht von vornherein ausgeschlossen; allerdings wird von ihren Proponenten eine *nichtautoritäre* Haltung verlangt, die mit der Habermas'schen nachmetaphysischen Haltung viel – aber nicht alles – gemeinsam hat.

Der Unterschied zwischen beiden Ansätzen kann anhand der Übersetzungsthematik veranschaulicht werden. Während ich den Beteiligten an öffentlichen Diskursen in den „schwachen" Öffentlichkeiten das normative Ziel unterstelle, eine *gemeinsame* Sprache zu finden, verlangt Habermas von ihnen die Übersetzung ihrer deliberativ gewonnen Einsichten in eine säkulare Sprache mit der Begründung, dass nur eine solche Sprache allgemein zugänglich ist. Wie ich nun zeigen will, hat diese Gleichsetzung einer allgemein zugänglichen mit einer säkularen Sprache die unerfreuliche Konsequenz, dass der Anspruch gläubiger (und anderer metaphysisch eingestellten) Bürger auf politische Autonomie beeinträchtigt wird.

Habermas' Bereitschaft, religiöse Äußerungen zur informellen politischen Öffentlichkeit zuzulassen, ist zu begrüßen. Indem er für die öffentliche Thematisierung von Überzeugungen Platz macht, die im Leben einer gläubigen Person eine integrale und energiespendende Rolle spielen, vermag er die psychologisch belastende Aufspaltung der Identität zu vermindern, die im Rawls'schen Modell der öffentlichen Vernunft entsteht. Dadurch, dass das Problem der Identitätsaufspaltung auf die Ebene der demokratischen Gesetzgebung und Entscheidungsverfahren verlegt wird, wird es weniger gravierend, weil nur diejenigen Bürger betroffen sind, die innerhalb der staatlichen Institutionen öffentliche Mandate einnehmen oder dafür kandidieren. Außerdem werden wohl die Gläubigen unter diesen Bürgern die Kluft zwischen den verschiedenen Identitätsaspekten als psychisch erträglich empfinden, weil sie die Notwendigkeit einer Selbstdistanzierung als den Preis akzeptieren, den sie für das Privileg eines öffentlichen Mandats bezahlen. Dennoch hat die Kluft zwischen der politischen und religiösen Identität auch auf der Ebene der demokratischen Gesetzgebung und Entscheidungsverfahren negative Folgen. Diese Folgen sind weniger psychologischer als normativer Art und betreffen die politische Autonomie gläubiger Bürger.

Nach Habermas besteht die Kernintuition der politischen Autonomie darin, dass sich Bürger gemeinsam als Autoren derjenigen Gesetze verstehen können, denen sie als Adressaten unterworfen sind.[35] Zentral für seine Vorstellung ist auch der Zusammenhang zwischen politischer Autonomie und Argumentation: Bürger können sich nur dann als gemeinsame Autoren der Gesetze verstehen, denen sie als Adressaten unterworfen sind, wenn sie diese Gesetze aus Gründen akzeptieren können, die sich in öffentlichen Diskursen als allgemein gültig bewiesen haben. In diesem Zusammenhang ist vor allem wichtig, dass die erstrebte allgemeine Gültigkeit in einem kognitiven Sinn verstanden wird, der einen kontexttranszendierenden Rationalitätsbegriff impliziert.[36] Demnach verlangt die politische Autonomie eine rational fundierte Einsicht in die Gültigkeit von Gesetzen und politischen Entscheidungen, die nicht auf die faktisch geltenden Vorstellungen von Legitimität reduziert werden kann.[37] Unter den komplexen Bedingungen moderner, pluralistischer Staaten wird dieser Anspruch freilich nur indirekt und oft nicht einmal annäherungsweise erfüllt. Dennoch funktioniert der Begriff der politischen Autonomie als eine regulative Idee, die die Bürger eines de-

---

[35] J. Habermas, „Versöhnung durch öffentlichen Vernunftgebrauch", in: ders., *Die Einbeziehung des Anderen*, Frankfurt am Main: Suhrkamp (1996), 65–94 (92).

[36] Zum kontexttranszendieren Moment des Habermas'schen Rationalitätsbegriffs siehe M. Cooke, *Language and Reason*, Cambridge, MA: MIT Press (1994).

[37] J. Habermas, „Zur Architektonik der Diskursdifferenzierung. Eine kleine Replik auf eine große Auseinandersetzung", in: ders., *Zwischen Naturalismus und Religion*, 84–105 (100).

mokratischen Staats in ihrem Bestreben ermutigt, die richtigen Gesetze zu erlassen und die richtigen politischen Entscheidungen zu treffen.

Politische Autonomie setzt die Einsicht der Bürger in die Gültigkeit jener Gründe voraus, auf denen die für richtig gehaltenen Gesetze und politischen Entscheidungen beruhen. Welche Arten von Gründen sind hier im Spiel? Laut Habermas besteht die moralische Autonomie in der Freiheit, sich Normen und Prinzipien zu unterwerfen, die aus moralischen Gründen für richtig gehalten werden; auf ähnliche Weise besteht die ethische Autonomie in der Freiheit, Lebensprojekte zu entwerfen bzw. zu verfolgen, die aus ethischen Gründen für gut gehalten werden. Es liegt daher nahe, anzunehmen, dass die politische Autonomie in der Freiheit besteht, sich Gesetzen zu unterwerfen, die aus politischen Gründen für legitim gehalten werden. Was sind politische Gründe? In *Faktizität und Geltung* präzisiert Habermas sein früheres Modell moralisch-praktischer Diskurse dahingehend, dass nun zwischen moralischen Diskursen einerseits und politischen Diskursen andererseits unterschieden wird.[38] Während in moralischen Diskursen weiterhin nur moralische Gründe zählen dürfen, gelten in politischen Diskursen moralische, ethische und pragmatische Gründe. Die drei verschiedenen Arten von Gründen bilden einen Zusammenhang von Geltungsdimensionen, der die Einheit der praktischen Vernunft in der demokratischen Deliberation zum Vorschein bringt.[39] Angesichts der Tatsache, dass Habermas nun für die Zulassung religiöser Äußerungen zur politischen Öffentlichkeit plädiert, wäre zu erwarten, dass auch religiöse Gründe beim Zusammenspiel der Geltungsdimensionen in politischen Diskursen mitwirken. Doch ist laut Habermas die politische Geltung durch das demokratische Prinzip bestimmt, das allgemeine Akzeptabilität in einem kognitiven Sinn verlangt. Dieses Prinzip besagt, dass nur denjenigen Gesetzen und politischen Entscheidungen legitime

---

[38] Habermas, *Faktizität und Geltung*, 154–155, 190–207. Allerdings scheint Habermas an manchen Stellen (z. B. 207) ein Modell der rationalen, politischen Willensbildung vor Augen zu haben, in dem sog. „ethisch-politische" Diskurse und „juristische" Diskurse als separate Diskursarten konzipiert werden. Seitdem distanziert er sich explizit von einem solchen Modell und unterstreicht das Zusammenspiel pragmatischer, ethischer und moralischer Gründe im Prozess der politischen Willensbildung. Zu diesem Gedanken eines Zusammenspiels der verschiedenen Momente der praktischen Vernunft passt meines Erachtens der Terminus „politischer Diskurs" am besten.

[39] Habermas, *Faktizität und Geltung*, 193.

Geltung zukommt, die in einem rechtlich verfassten diskursiven Prozess die Zustimmung aller Bürger finden können.[40] An dieser Stelle wird eine potentielle Spannung deutlich. Einerseits sollen in politischen Diskursen moralische, ethische und politische – und vielleicht sogar religiöse – Gründe gelten, andererseits herrscht das demokratische Prinzip, das besagt, dass nur diejenigen Gründe zählen dürfen, die die Zustimmung aller Bürger finden können. Die Spannung rührt daher, dass Habermas zwischen universalen und nicht-universalen Verwendungen der verschiedenen Modi der praktischen Vernunft unterscheidet: Während moralische Gründe dank ihres Bezugs auf verallgemeinerbare Interessen einen universalen Charakter haben, sind ethische und pragmatische Gründe immer auf jeweilige Interessen, Vorstellungen des Guten und Lebensgeschichten bzw. -entwürfe bezogen.[41] Wie schon oben angedeutet, gehören wohl auch religiöse Gründe in die Kategorie der nicht-universalen Gründe. Die Spannung soll allerdings dadurch entschärft werden, dass die weltanschauliche Neutralität als zusätzlicher Grundsatz eingeführt wird.[42]Dieses Prinzip wird als die Forderung verstanden, dass in der demokratischen Gesetzgebung und im demokratischen Entscheidungsverfahren nur diejenigen Gründe allgemeine Gültigkeit beanspruchen dürfen, die sich eines Urteils über die Wahrheit von ethischen und religiösen Überzeugungen enthalten. Sie lässt sich auch als die Forderung nach Gründen verstehen, die mit dem nachmetaphysischen Denken im Einklang stehen. Indem das Prinzip der Neutralität eine nachmetaphysische Einstellung befürwortet, ist es offensichtlich nicht ganz unparteilich; insofern lässt sich seine Kernintuition eher als eine metaphysische Enthaltsamkeit denn als eine weltanschauliche Unparteilichkeit beschreiben. Die Übersetzungsleistungen, die nach Habermas notwendig sind, damit religiöse Gründe in eine allgemein zugängliche Sprache formuliert werden können, sind auf diese Forderung nach metaphysischer Enthaltsamkeit zurückzuführen.

Die Einführung eines Neutralitätprinzips, das eine nachmetaphysische Einstellung verlangt, hat zur Folge, dass nur diejenigen Bürger, die sich einer nachmetaphysischen Weltanschauung verpflich-

---

[40] Habermas, *Faktizität und Geltung*, 141.

[41] J. Habermas, „Vom pragmatischen, ethischen und moralischen Gebrauch der praktischen Vernunft", in: ders., *Erläuterungen zur Diskursethik*, Frankfurt am Main: Suhrkamp (1991). Vgl. Habermas, *Faktizität und Geltung*, 192–207.

[42] Habermas, „Religion in der Öffentlichkeit", 133–134.

ten, den Anspruch erheben dürfen, sich *aus rationaler Einsicht* Gesetzen und Entscheidungen zu unterwerfen. An dieser Stelle ist es
wichtig, eine Unterscheidung zu treffen zwischen der rationalen Einsicht in die in einem bestimmten historisch-kulturellen Kontext begründete Notwendigkeit, metaphysisch enthaltsame Gesetze und
politische Entscheidungen zu akzeptieren, und der rationalen Einsicht in die Richtigkeit (Legitimität) jener Gesetze und Entscheidungen. Die rationale Selbstbindung, die für die politische Autonomie
erforderlich ist, begnügt sich nicht mit der rationalen Einsicht in die
in einem spezifischen Kontext begründete Notwendigkeit von bestimmten Gesetzen und politischen Entscheidungen, sondern verlangt eine rationale Einsicht in ihre im kontexttranszendierenden
Sinn verstandene Legitimität. Nur nachmetaphysisch eingestellte
Bürger können eine rationale Selbstbindung dieser Art anstreben.
Damit wird die politische Autonomie derjenigen Bürger beeinträchtigt, deren Weltanschauungen metaphysisch ausgerichtet sind.
Denn ihnen wird die Möglichkeit grundsätzlich abgesprochen, den
einschlägigen Gesetzen bzw. politischen Entscheidungen aus Gründen zustimmen zu können, die auf Einsicht in ihre im kontexttranszendierenden Sinn verstandende Legitimität beruhen. Wie schon
oben angedeutet, soll ja im Habermas'schen Konzept die allgemeine Gültigkeit, die für legitime Gesetze bzw. politische Entscheidungen beansprucht wird, einen kontexttranszendierenden, kognitiven Sinn haben. Während nachmetaphysisch eingestellte Bürger
den kontexttranszendierenden Sinn von Legitimität rein *innerweltlich*
verstehen, wird er von metaphysisch eingestellten Bürgern als auf
ein jenseitiges Objekt hinweisend aufgefasst. Das Gleiche gilt für
die anderen Begriffe der kontexttranszendierenden Geltung, derer
sie sich bedienen. Für metaphysisch eingestellte Bürger sind „Legitimität", „moralische Richtigkeit", „das Gute" usw. Begriffe, die sich
auf ein jenseitiges, transzendentes Objekt beziehen, das sie „Gott",
„die Wahrheit", „das Absolute", „das Universale" usw. nennen. Die
Gründe, die aus ihrer Sicht rationale Gründe sind, beziehen sich
ebenfalls auf ein solches transzendentes Objekt. Mit anderen Worten: dem Rationalitätsbegriff gläubiger und anderer metaphysisch
eingestellter Bürger wohnt ein jenseitig gedachter, kontexttranszen-
dierender Sinn inne. Dieser Rationalitätsbegriff hindert sie daran,
Gesetzen und politischen Entscheidungen aus rationaler Einsicht zustimmen zu können, für die nur metaphysisch enthaltsame Gründe
zur Verfügung stehen. Die Legitimität von Gesetzen und politischen
Entscheidungen kann daher für sie keinen kontexttranszendierenden, kognitiven Sinn haben; bestenfalls hat sie den kontextspezifi-

schen Sinn, dass sie einem Prinzip der metaphysischen Enthaltsamkeit entspricht, das im gegebenen historisch-kulturellen Kontext aus pragmatischen Gründen gerechtfertigt werden kann.[43] Daher lässt sich sagen, dass das Prinzip der metaphysischen Enthaltsamkeit – das so genannte Neutralitätsprinzip – gläubigen und anderen metaphysisch eingestellten Bürgern verbietet, ihre Akzeptanz von Gesetzen und politischen Entscheidungen als eine einsichtige Selbstbindung des Willens zu betrachten.

Die unerfreuliche Folge dieses Umstands ist, dass die regulative Kraft des Begriffs der politischen Autonomie für gläubige und andere metaphysisch orientierte Bürger beeinträchtigt wird. Die Untergrabung des Anspruchs auf politische Autonomie droht ihre politische Loyalität zu schwächen; außerdem wird dadurch eine Ungleichheit in das politische System eingebaut, die die solidarischen Bindungen zwischen gläubigen und nichtgläubigen Bürgern gefährdet. Denn mit Habermas teile ich die Ansicht, dass der Verfassungsstaat „nur dann seine religiösen wie nicht religiösen Bürger voreinander in Schutz nehmen [kann], wenn diese im staatsbürgerlichen Umgang miteinander nicht nur einen Modus Vivendi finden, sondern aus Überzeugung in einer demokratischen Ordnung zusammenleben. Der demokratische Staat zehrt von einer rechtlich nicht erzwingbaren Solidarität von Staatsbürgern, die sich gegenseitig als freie und gleiche Mitglieder ihres politischen Gemeinwesens achten."[44]

Dass die Beeinträchtigung der politischen Autonomie bislang keine maßgebliche Unterminierung der Solidarität der gläubigen Bürger im säkularen Staat zur Folge hatte, hängt damit zusammen, dass sie *gemeinsam* mit ihren nichtgläubigen Mitbürgern den oben erwähnten Lernprozess vollzogen haben und insofern die säkulare Sprache des demokratischen Verfassungsstaats aus kontextspezifischen Gründen bejahen konnten. Dies ist aber im gegenwärtigen historischen Kontext infolge von Faktoren wie einer drohenden Instrumentalisierung der menschlichen Natur, einem als entgleisend wahrgenommenen Prozess der Modernisierung im Westen und der Migration gläubiger Gemeinschaften aus anderen historisch-kultu-

---

[43] Damit wird noch nichts über den Inhalt der einschlägigen Gesetze und politischen Entscheidungen gesagt. Der Inhalt der aus der Sicht metaphysisch eingestellter Bürger im kontextspezifischen Sinn begründeten Gesetze und Entscheidungen mag mit dem Inhalt der aus der Sicht nachmetaphysisch eingestellter Bürger im kontexttranszendierenden Sinn begründeten Gesetze und Entscheidungen durchaus übereinstimmen.

[44] Habermas, Einleitung zu ders., *Zwischen Naturalismus und Religion*, 9.

rellen Kontexten nicht mehr gewährleistet. Angesichts solcher gesell-schaftlichen Veränderungen muss die Integrationsleistungen des „neutral" verfahrenden, demokratischen Verfassungsstaats neu überprüft werden. Mein Vorschlag, ein Modell des postsäkularen Staats herauszuarbeiten, ist in diesem Zusammenhang zu verstehen.

Habermas' Gleichsetzung einer „allgemein zugänglichen" mit ei-ner „säkularen" Sprache, die eine Beeinträchtigung der politischen Autonomie gläubiger und anderer metaphysisch eingestellter Bürger zur Konsequenz hat, lässt sich unter anderem auf ein Modell der Argu-mentation zurückfuhren, das in Bezug auf religiöse Beiträge die in-terne Beziehung zwischen Argumentation und Wahrnehmungsverän-derung zu wenig beachtet. Der starre Charakter dieses Argumenta-tionsmodells ist besonders auffallend, weil Habermas an anderer Stelle die transformative Dimension der Argumentationspraxis hervor-hebt. Er lässt sich veranschaulichen anhand eines knappen Vergleichs zwischen den einschlägigen Zügen des Argumentationsbegriffs, den Habermas an dieser Stelle zu vertreten scheint, und den entsprechen-den Zügen des Argumentationsbegriffs, den ich vertrete.

Das von mir vertretene Argumentationsmodell stützt sich unter anderem auf den Gedanken der ethischen Autonomie, der eine Orientierung an „allgemein zugänglichen" Gründen impliziert. Ethi-sche Autonomie kann als die Freiheit des Einzelnen verstanden wer-den, seine eigenen Vorstellungen des Guten zu entwerfen bzw. zu verfolgen aus Gründen, die er als *seine eigenen Gründe* betrachten kann. (Die Analogie mit dem von Habermas befürworteten Begriff der politischen Autonomie liegt auf der Hand.) Wie ich an anderer Stelle zeige,[45] gehört zu diesem Gedanken die Bereitschaft, sich ar-gumentativ mit anderen Personen auseinander zu setzen, wenn sie die jeweiligen Gründe in Frage stellen. Wenn sich die Argumenta-tionsteilnehmer als ethisch autonome Menschen verstehen können sollen, müssen sie unterstellen, dass die Argumentation darauf zielt, ein Einverständnis über die Gültigkeit eines umstrittenen Sachver-halts zu erreichen, die sie aus eigener Einsicht – d. h. aus Gründen, zu denen sie affektiven und kognitiven Zugang haben – akzeptieren können. Diese normative Unterstellung bezieht sich jedoch auf das *Ziel* der Argumentation und nicht auf deren Ausgangssituation: sie heißt natürlich nicht, dass die Gründe, die ein jeder Teilnehmer in die Argumentation einbringt, *von Anfang an* für die anderen Teil-nehmer zugänglich sein müssen. Diese Bedingung würde den be-

---

[45] Cooke, *Re-Presenting the Good Society*, Kapitel 6.

grifflichen Zusammenhang zwischen Argumentation und Wahrnehmungsveränderung verleugnen.[46] Denn in Argumentationen geht es
darum, die anderen Teilnehmer von der Wahrheit einer kontroversen These, von der Gerechtigkeit einer umstrittenen Norm, von der
Notwendigkeit einer zur Debatte stehenden politischen Maßnahme,
von den Vorzügen einer ins Vergessen geratenen oder experimentellen Lebensweise, usw. zu überzeugen. Von einem Argument überzeugt werden, heißt eine Wahrnehmungsveränderung erleben und
einen *neuen* Wissens- oder Handlungsgrund bekommen: das Potential von Gründen, das den Einzelnen jeweils zur Verfügung steht,
wird durch die neue Sichtweise um einen neuen Grund bereichert –
oder zumindest verändert.[47] Ferner ist die Forderung nach allgemein zugänglichen Gründen keine Bedingung, die *faktisch* erfüllt
werden muss, *bevor* die Ergebnisse der Argumentation als gültig
betrachtet werden können; sie ist vielmehr eine normative Unterstellung, an der sich die Argumentationsteilnehmer *orientieren* und die
insofern als regulative Idee funktioniert. Wie viel Übereinstimmung
nötig ist, damit ein Ergebnis als gerechtfertigt gelten darf, hängt
vom jeweiligen Begründungskontext ab. In den formell verfahrenden Beratungen des demokratischen Verfassungsstaats wird beispielsweise meistens auf ein Mehrheitsprinzip rekurriert, um die
Gültigkeit von politischen Entscheidungen zu bestimmen, während
in den Begründungszusammenhängen der Naturwissenschaften
meistens ein Konsens unter den Mitgliedern der jeweiligen wissenschaftlichen Gemeinde verlangt wird, bevor eine umstrittene These
den Status einer gerechtfertigten Aussage beanspruchen darf.

Kurz: in dem Argumentationsmodell, das ich vertrete, soll die normative Forderung nach einer allgemein zugänglichen Sprache nicht
als *faktisch* zu erfüllende Bedingung, sondern als regulative Idee verstanden werden; außerdem bezieht sie sich auf den *Abschluss* der Argumentation und nicht auf deren Anfang. Sowohl der erste wie auch
der zweite Punkt stehen mit grundlegenden Intuitionen der Habermas'schen Theorie im Einklang. Der kontrafaktische Sinn der Forderung, dass die am Diskurs Beteiligten eine allgemeine Sprache finden
müssen, stimmt mit dem kontrafaktischen Sinn der idealisierenden
Unterstellungen überein, auf denen laut Habermas die Argumentationspraxis beruht. So schreibt er in dieser Hinsicht, dass sich die am
Diskurs Beteiligten „an der Idee der ‚einzig richtigen Antwort' orientie-

---

[46] Cooke, „ Die Stellung der Religion bei Jürgen Habermas", 116–118.
[47] Cooke, „ Die Stellung der Religion bei Jürgen Habermas", 116.

ren, obwohl sie wissen, dass sie über eine ‚ideal gerechtfertigte Akzeptabilität' von Aussagen nicht hinaus gehen können."[48]
   Auch der Hinweis auf den transformativen Aspekt der Argumentationspraxis stimmt mit einer grundlegenden Intuition der Habermas'schen Theorie überein. Gerade diesen Aspekt hebt er in seiner
Moraltheorie hervor, wenn er den moralischen Diskurs als ein Verfahren moralischer Urteils*bildung* begreift und schreibt, dass die
„Explikation von Gerechtigkeit als gleichmäßige Berücksichtigung
der Interessen eines jeden . . . nicht am Anfang, sondern am Ende
[des Verfahrens steht]."[49] Um so erstaunlicher daher, dass Habermas die Forderung nach einer allgemein zugänglichen Sprache als
eine Bedingung zu verstehen scheint, die am Anfang der Deliberation schon erfüllt werden muss. Der Verdacht einer zu starren Vorstellung der Argumentation wird durch die merkwürdige Ambivalenz
verstärkt, die in seiner Beschreibung der postsäkularen Deliberationen der „schwachen" Öffentlichkeiten zum Vorschein kommt. Einerseits fordert Habermas von den nichtgläubigen Teilnehmern eine
Haltung der Offenheit gegenüber dem rationalen Gehalt religiöser
Geltungsansprüche. Andererseits scheint er es für unwahrscheinlich
zu halten, dass sie vom diesem rationalen Gehalt je überzeugt werden könnten. Während er hinsichtlich der säkularen Beratungen der
„veranstalteten" Öffentlichkeiten die Orientierung an einem rationalen Konsens voraussetzt,[50] schreibt er den postsäkularen Deliberationen der „schwachen" Öffentlichkeiten die Erwartung eines rationalen *Dissenses* zu.[51] Nur die Erwartung eines gemeinsamen Einverständnisses kann jedoch die Motivation bilden, sich an einem
Gespräch zu beteiligen, in dem es um eine rationale Auseinandersetzung mit der Gültigkeit eines umstrittenen Sachverhalts geht;
sonst würde die Argumentationsteilnahme subjektiv keinen Sinn machen. Das Gleiche gilt für das Selbstverständnis der Bürger in ihrer
Rolle als Argumentationsteilnehmer: Nur diejenigen Bürger können
sich als Argumentationsteilnehmer beschreiben, die für die Möglichkeit offen sind, dass sie im Laufe der Deliberation ihre Meinungen ändern und eine neue Sichtweise des einschlägigen Sachver-

---

[48] J. Habermas, „Richtigkeit versus Wahrheit. Zum Sinn der Sollgeltung
moralischer Urteile und Normen", in: ders., *Wahrheit und Rechtfertigung*,
Frankfurt am Main: Suhrkamp (1999), 271–318 (295).

[49] Habermas, „Richtigkeit versus Wahrheit", 309.

[50] Habermas, *Faktizität und Geltung*, 371.

[51] Habermas, Einleitung zu ders., *Zwischen Naturalismus und Religion*, 11;
Habermas, „Religion in der Öffentlichkeit", 146.

halts entwickeln. Das heißt natürlich nicht, dass Wahrnehmungsveränderung *nur* argumentativ herbeizuführen ist. Die in Argumentationen herbeigeführten Veränderungen werden in der Regel auf lebensweltliche Erfahrungen zurückgeführt, die für das – sich immer im Fluss befindliche – Potential von Gründen sorgen, das jeder ethisch autonomen Person zur Verfügung stehen muss, um aus eigener Einsicht ihre Vorstellungen des guten Lebens entwerfen bzw. verfolgen zu können. Wie oben schon angedeutet, verlangt das Überzeugtwerden von einem Argument, dass dieses in Übereinstimmung gebracht wird mit dem Potential von Gründen, das zur Identität der jeweiligen Person gehört.[52] Ob diese Übereinstimmung zustande kommt, hängt von einer Reihe kontingenter Faktoren ab, die zum Teil mit der Kraft der in der Deliberation verwendeten Argumente und zum Teil mit den lebensweltlichen Erfahrungen zusammenhängen, die für die Identität der jeweiligen Argumentationsteilnehmer kognitiv und affektiv prägend sind.[53]

Ein Argumentationsbegriff, der den internen Zusammenhang zwischen Argumentation und Wahrnehmungsveränderung ernst nimmt, muss mit der Möglichkeit rechnen, dass nichtgläubige Teilnehmer von der Wahrheit religiöser Geltungsansprüche und gläubige Teilnehmer von der Wahrheit profaner Geltungsansprüche überzeugt werden können.[54] Diese Möglichkeit besteht sowohl in den formell verfahrenden wie auch in den informellen Deliberationen des demokratischen Verfassungsstaats. Ein solcher Argumentationsbegriff stellt daher den Habermas'schen Standpunkt in Frage, dass für ein faires demokratisches Deliberationsverfahren die Übersetzung der in religiöser Sprache artikulierten Beiträge in eine säku-

---

[52] Die Resonanz, die jedes neue Argument bei dem schon bestehenden Komplex von subjektiven Gründen finden muss, bevor es als überzeugend akzeptiert werden kann, deutet auf den holistischen Aspekt profaner wie auch religiöser Weltanschauungen hin. Meines Erachtens wird bei Habermas dieser Aspekt bei religiösen Weltanschauungen überbetont und bei profanen Weltanschauungen zu wenig beachtet.

[53] Cooke, „ Die Stellung der Religion bei Jürgen Habermas", 114–118; Cooke, *Re-Presenting the Good Society*, Kapitel 6.

[54] In Cooke, „Salvaging and Secularizing the Semantic Contents of Religion", gehe ich auf weitere mögliche Gründe für Habermas' Unterstellung ein, dass nur ein rationaler *Dissens* zu erwarten ist, wenn gläubige und nichtgläubige Bürger miteinander im Gespräch sind. Zu diesen Gründen gehört seine meines Erachtens zu starke These, dass sich religiöse Gewissheiten einem Offenbarungserlebnis verdanken, das die kritische Erörterung religiöser Geltungsansprüche verbietet.

lare Sprache erforderlich ist und bereitet den Weg für ein Modell des postsäkularen Staats, in dem auf allen deliberativen Ebenen religiöse wie nicht religiöse Äußerungen erlaubt wären.

Meines Erachtens wäre das Hauptmerkmal des anvisierten postsäkularen Staats seine *antiautoritäre* Ausrichtung. In dem postsäkularen Staat, den ich vor Augen habe, sind religiöse Gründe zu den Beratungen der formell verfahrenden Öffentlichkeiten zugelassen, jedoch nur unter der anspruchsvollen Bedingung, dass die Rechtfertigungszusammenhänge, in denen sie angeführt werden, weder epistemisch noch ethisch autoritär sind. Wie der von Habermas befürwortete säkulare Staat, beruft sich auch der hier vorgeschlagene postsäkulare Staat auf Gründe, die einen Anspruch auf allgemeine Zugänglichkeit erheben. Im Unterschied zur Habermas'schen Vorstellung wird jedoch dieser Anspruch als eine Forderung nicht nach profanen, sondern nach *gemeinsamen* Gründen und als ein Verbot nicht gegen religiöse, sondern gegen *autoritäre* Gründe gedeutet. Sowohl religiöse wie auch säkulare Gründe können daher diesem Anspruch genügen; in beiden Fällen werden jedoch Denkweisen vorausgesetzt, die gewisse Reflexionsschübe vollzogen haben, die in der Geschichte der westlichen Moderne das kollektive und individuelle Selbstverständnis geprägt haben – Reflexionsschübe, die natürlich auch Habermas vor Augen hat, wenn er die Säkularisierung der westlichen Moderne als Lernprozess begreift. Zu den bedeutendsten dieser Reflexionsschübe gehören die durch die Aufklärung verbreitete Überzeugung, dass alle Menschen frei sind und gleiche Achtung verdienen aufgrund bestimmter universaler Eigenschaften wie etwa des Vernunftsvermögens oder des Sinns für Moral; die „linguistische Wende" der modernen Philosophie, die die Zugänglichkeit einer Wahrheit jenseits der geschichtlich bedingten Sprache verneint; und die durch Nietzsche – und später Foucault – vermittelte Einsicht in den subjektiven, parteilichen und kontextgebundenen Charakter menschlicher Werturteile. Diese und verwandte Reflexionsschübe haben dazu beigetragen, dass die gegenwärtige Philosophie durch einen Impuls motiviert wird, den Habermas „nachmetaphysisch" nennt, aber der meines Erachtens besser als „antiautoritär" zu bezeichnen ist.[55]

---

[55] M. Cooke, „Avoiding Authoritarianism: On the Problem of Justification in Contemporary Critical Social Theory", *International Journal of Philosophical Studies*, 13, 3 (2005): 379–404; Cooke, *Re-Presenting the Good Society*, Kapitel 5–7.

Der antiautoritäre Impuls der gegenwärtigen Philosophie verlangt einen normativen Begriff der Deliberation, der durch Rechtfertigungsprozesse gekennzeichnet ist, die weder epistemisch noch ethisch autoritär sind. *Epistemisch* autoritäre Deliberationen rekurrieren auf eine unbedingte Wahrheit, die von geschichtlich situierten Menschen – sei es durch die Anstrengungen der Vernunft oder durch ein Offenbarungsgeschehen – als ein für alle Mal gültig in Besitz genommen werden kann. Diese Auffassung ist autoritär, weil sie bestimmte, geschichtlich bedingte Aussagen über die Gültigkeit eines Sachverhalts als autoritative Aussagen begreift, die keinen Widerspruch dulden; deswegen steht sie mit denjenigen Elementen des westlich-modernen Selbstverständnisses in Konflikt, die vom sprachlich vermittelten Charakter des menschlichen Wissens sowie von seiner Geschichtlichkeit und Kontextgebundenheit ausgehen. Eine autoritäre Einstellung dieser Art scheint Habermas vor Augen zu haben, wenn er an manchen Stellen dem religiösen Glauben eine Entdifferenzierung von Wahrheit und Gewissheit zuschreibt.[56] Gegen eine solche Verschmelzung besteht er auf dem Unterschied zwischen dogmatisch begründeten Glaubensgewissheiten, die sich einer öffentlichen Argumentation entziehen, und öffentlich bestreitbaren Geltungsansprüchen.[57] Allerdings wird hier eine Einstellung verallgemeinert, die ein Merkmal einiger, aber nicht aller Arten des religiösen Glaubens ist. Die von Habermas mit Recht verworfene Entdifferenzierung von Wahrheit und Gewissheit kennzeichnet eine epistemisch autoritäre Haltung, die den Besitz eines infalliblen Wissens für möglich hält. Während wohl manche gläubige Personen eine solche Haltung einnehmen, ist sie kein notwendiger Bestandteil des religiösen Glaubens. Notwendig ist nur die Orientierung an einem transzendenten, meist als jenseitig gedachten Objekt, das „Gott", „das Absolute", „die Wahrheit", „das Universale" usw. genannt wird. Dieses Objekt ist in dem Sinn jenseitig, dass es durch Attribute wie Vollkommenheit, Unveränderbarkeit und Unbedingtheit gekennzeichnet wird und insofern jenseits der Geschichte liegt. Die Verschmelzung von Wahrheit und Gewissheit folgt jedoch nicht automatisch aus der Orientierung an einem solchen Objekt, da diese Orientierung noch nichts darüber aussagt, ob geschichtlich situierte Menschen ein infallibles Wissen über die Wahrheit besitzen

---

[56] Habermas, „Wann müssen wir tolerant sein? Über die Konkurrenz von Weltbildern, Werten und Theorien", Festvortrag zum Leibniztag der Berlin-Brandenburgischen Akademie der Wissenschaften (im Juni, 2002), 3.

[57] Habermas, „Religion in der Öffentlichkeit", 149.

können. Wie ich an anderer Stelle zeige, gehört eine solche Orientierung sogar unvermeidlich zum Begriff der kontexttranszendierenden Geltung;[58] insofern verbindet sie die kontexttranszendierenden Geltungsansprüche der Philosophie mit denjenigen der Theologie bzw. Religion. Will man der Intuition gerecht werden, dass das Prädikat „wahr" eine „unverlierbare" Eigenschaft bezeichnet – Habermas selber nimmt diese Intuition ernst[59] – dann liegt es nahe anzunehmen, dass sich jeder Wahrheitsanspruch auf ein transzendentes Objekt bezieht, das jenseitig gedacht wird.[60] Diese Vorstellung wird aber nur dann epistemisch autoritär, wenn Wahrheit nicht nur als ein jenseitiges, sondern auch als ein für geschichtlich situierte Menschen zugängliches Objekt begriffen wird. Weder eine Philosophie noch eine Theologie noch eine religiöse Weltanschauung, die die oben genannten Reflexionsschübe vollzogen hat, wird sich jedoch einer solchen autoritären Vorstellung verschreiben.

In den Wissensbereichen, die unmittelbare praktische Relevanz haben,[61] geht die epistemisch autoritäre Verschmelzung von Wahrheit und Gewissheit mit einem *ethischen* Autoritarismus einher, der mit westlich-modernen Intuitionen bezüglich der menschlichen Freiheit und des Gebots der gleichen Achtung in Konflikt steht. Deliberationen können als ethisch autoritär beschrieben werden, wenn sie Gründe anführen, die Menschen zu Handlungsweisen auffordern, die sie aus eigener Einsicht weder akzeptieren noch zurückweisen (noch dahingestellt lassen) können. Damit verstoßen sie gegen die ethische Autonomie, die einen Kernbestandteil des westlich-modernen Selbstverständnisses bildet. Wie oben schon angedeutet, lässt sich die ethische Autonomie als die Freiheit des Individuums verstehen, seine eigenen Vorstellungen des Guten zu entwerfen bzw. zu verfolgen aus Gründen, die es als *seine eigenen Gründe* betrachten kann; ferner impliziert diese Forderung die Bereitschaft, sich argumentativ mit anderen Personen auseinander zu setzen, wenn sie die jeweiligen Gründe in Frage stellen. Auch in dieser Hinsicht sollen keine voreiligen Schlussfolgerungen gezogen werden. In den praktischen Wissensbereichen führt der Anspruch auf Gültigkeit erst dann zu einer ethisch autoritären Haltung, wenn

---

[58] Cooke, *Re-Presenting the Good Society,* Kapitel 5–7.

[59] Zumindest im Falle der propositionalen Wahrheit nimmt er sie ernst. Siehe Habermas, „Richtigkeit vs. Wahrheit", 288.

[60] Cooke, *Re-Presenting the Good Society,* Kapitel 5–7.

[61] Dazu gehören die profanen Wissensbereiche des Rechts, der Ethik und der Moral, ebenso wie der Wissensbereich der Religion.

er mit dem Anspruch einhergeht, die Wahrheit ein für alle Mal besitzen zu können, und den Adressaten die Möglichkeit verweigert,
sich aus Gründen, die sie als ihre eigenen betrachten können, für
oder gegen bestimmte Handlungsweisen zu entscheiden bzw. sich
zu enthalten. Wie im Fall der epistemisch autoritären Haltung, die
auf einen von der Sprache unvermittelten Zugang zur Wahrheit
Anspruch erhebt, wird sich jedoch weder eine Philosophie noch
eine Theologie noch eine religiöse Weltanschauung, die die oben
genannten Reflexionsschübe vollzogen hat, zu einem solchen
ethisch autoritären Standpunkt bekennen.

Ich stimme mit Habermas in der Ansicht überein, dass nur ein argumentativer Deliberationsbegriff dem epistemisch und ethisch
antiautoritären Impuls gerecht wird, der das gegenwärtige Denken
motiviert.[62] Folglich soll der nichtautoritäre Deliberationsbegriff als
ein nichtautoritärer Argumentationsbegriff spezifiziert werden, der
inklusive, offene, faire und öffentliche Rechtfertigungsprozesse verlangt, in denen sich die Teilnehmer zum Ziel setzen, die in einem
kontexttranszendieren Sinn einzig richtige Antwort auf die zur Debatte stehende Frage zu finden.

Das oben skizzierte, nichtautoritäre Rechtfertigungsmodell steht
auch mit einem zweiten Grundzug des Habermas'schen Begriffs des
nachmetaphysischen Denkens im Einklang: mit der metaphysischen
Enthaltsamkeit im Hinblick auf verbindliche Stellungnahmen zum Inhalt einer guten Lebensführung.[63] Wie wir gesehen haben, bekennt
sich ein Rechtfertigungsmodell, das dem Gedanken der ethischen
Autonomie gerecht werden will, zu einem ethisch nichtautoritären
Prinzip, das jede Person für ihre persönliche Lebensführung verantwortlich macht in dem Sinn, dass sie bereit sein muss, ihre Hand-
lungs- und Lebensweisen aus eigener Einsicht gegenüber Einwänden zu rechtfertigen. Hier ist es unwesentlich, ob die einschlägige
Weltanschauung metaphysisch „leicht" oder „schwer" beladen ist,
denn religiöse Weltanschauungen können es durchaus der Autonomie des Individuums überlassen, die von der positiven Religion vermittelten Vorstellungen des richtigen Lebens aus eigenen Gründen
zu befürworten bzw. abzulehnen. In einem Aufsatz, in dem er Kierkegaards ethische Schriften aufgrund ihrer metaphysischen Enthaltsamkeit preist, macht Habermas deutlich, dass er in dieser Hinsicht

---

[62] Cooke, *Re-Presenting the Good Society*, Kapitel 6.

[63] J. Habermas, „Begründete Enthaltsamkeit. Gibt es postmetaphysische
Antworten auf die Frage nach dem ‚richtigen Leben'", in: ders., *Die Zukunft
der menschlichen Natur*, 11–33 (9).

keinen grundsätzlichen Konflikt zwischen dem nachmetaphysischen
Denken und dem religiösen Glauben sieht: Kierkegaard wird für
seinen nachmetaphysischen Ansatz gelobt, der keine bestimmte Lebensweise vorschreibt und auch einen Begriff des Selbstseinkönnens
entwickelt, der hinreichend formal ist, um für den Pluralismus der
Weltanschauungen offen zu sein.[64]

Dennoch: An einem wichtigen Punkt nimmt ein nichtautoritärer
Argumentationsbegriff vom Habermas'schen Begriff des nachmetaphysischen Denkens Abschied. Während dieser darauf besteht, die
transzendierende Macht von Geltungsansprüchen rein innerweltlich, ohne Bezug auf ein „Absolutes" zu verstehen,[65] ist jener mit
dem metaphysischen Standpunkt kompatibel, dass sich kontext-
transzendierende Geltungsansprüche auf ein transzendentes Objekt
beziehen, das jenseits der Geschichte liegt. Meines Erachtens gibt
es gute Gründe für die These, dass der Bezug auf ein solches jenseitiges, transzendentes Objekt unvermeidlich ist, wenn man dem dy-
namischen Moment von kontexttranszendierenden Geltungsansprüchen gerecht werden will; dieses Moment drückt sich in der fallibilistischen Sichtweise aus, dass faktisch als gerechtfertigt geltende Aussagen über die Gültigkeit eines Sachverhalts grundsätzlich in Frage
gestellt werden können.[66] Dagegen ist Habermas davon überzeugt,
dass unter den Prämissen des nachmetaphysischen Denkens der
Sinn des Unbedingten gerettet werden muss und zwar derart, dass
der Bezug auf Gott oder ein Absolutes vermieden wird. Seiner Meinung nach wird der Kierkegaard'sche Ansatz nur dann konsequent
nachmetaphysisch, wenn die „unverfügbare Macht", die Kierkegaard postuliert, eine postreligiöse, deflationistische Deutung bekommt und im Logos der Sprache verortet wird. Ich möchte an dieser Stelle die Frage dahingestellt lassen, ob der kontexttranszendie-
rende Wahrheitsgedanke ohne Bezug auf ein jenseitiges, transzendentes Objekt zu retten ist. Für meine jetzigen Zwecke genügt es, zu
zeigen, dass die gegenwärtige Philosophie auf ein solches Objekt –
auf so etwas wie die Kierkegaard'sche „unverfügbare Macht" –
nicht verzichten *muss*. Mit anderen Worten: ich beschränke mich
auf die These, dass Habermas eine „postreligiöse" Sicht nicht

---

[64] Habermas, „Begründete Enthaltsamkeit", 9, 17–18.

[65] J. Habermas, „Zu Max Horkheimers Satz: ‚Ein unbedingten Sinn zu retten ohne Gott ist eitel'", in: ders., *Texte und Kontexte,* 125; Habermas, „Begründete Enthaltsamkeit", 110–126 (25).

[66] Cooke, „Avoiding Authoritarianism", 385–386; Cooke, *Re-Presenting
the Good Society,* Kapitel 5–7.

braucht, um den epistemischen und ethischen Autoritarismus zu vermeiden, der sich auch aus der Warte seines Begriffs des nachmetaphysischen Denkens als verwerflich darstellt; folglich braucht ein
nichtautoritäres Rechtfertigungsmodell religiöse Geltungsansprüche
nicht von vorneherein auszuschließen. Wenn diese These richtig ist,
spricht einiges dafür, Habermas' starken, antimetaphysischen Begriff des nachmetaphysischen Denkens durch einen schwächeren
Begriff des nichtautoritären Denkens zu ersetzen. Mit diesem Zug
würde das Argument entfallen, dass nur säkulare Rechtfertigungsprozesse mit einem dem Selbstverständnis des gegenwärtigen Denkens angemessenen Rechtfertigungsbegriff kompatibel sind. Damit
wäre die Tür noch ein Stück weiter geöffnet für einen Begriff des
nichtautoritären, doch nicht *postreligiösen* Staats als Komplement
zum Habermas'schen Begriff der postsäkularen Gesellschaft.

Abschließend möchte ich noch einmal betonen, dass der Begriff
des nichtautoritären Denkens dem Habermas'schen Begriff des
nachmetaphysischen Denkens sehr nahe steht. Die politischen Tugenden, die dem nichtautoritären Denken gemäß von den Bürgern
eines postsäkularen Staats verlangt werden, sehen kaum anders aus
als die politischen Tugenden, die gemäß dem nachmetaphysischen
Denken von den Bürgern eines säkularen Staats verlangt werden.
Die postsäkulare Version hat dennoch den bedeutenden Vorteil,
dass auch gläubige Bürger erwarten dürfen, dass sie sich als Autoren derjenigen Gesetze sehen könnten, denen sie als Adressaten
unterworfen sind; dadurch können sie sich in einer politischen Kultur und in einer Staatsform integriert fühlen, die sie mit ihren nichtgläubigen Mitbürgern gemeinsam gestalten.

5. REPLIK

Jürgen Habermas

REPLIK AUF EINWÄNDE, REAKTION AUF ANREGUNGEN

Ich stehe in der Schuld von herausragenden Kollegen, die sich auf eine scharfsinnige, intensive und sorgfältig-kritische Auseinandersetzung mit meinen Gedanken einlassen. Das verdanken wir Rudolf Langthaler und Herta Nagl-Docekal, die eine konzentrierte und spannende Tagung vorbereitet haben. Die Lektüre der in diesem Band versammelten Konferenzbeiträge erinnert mich an die produktiven Einwände und neuen Impulse, die ich an jenem Wiener Wochenende empfangen habe. Nun komme ich ganz in den Genuss des reziproken Vorteils, den ich aus dem hermeneutischen Vorzug meiner kritischen Leser ziehe, die ihren Autor besser verstanden haben, als dieser sich selbst. Der Gewinn, den ich aus dem Anregungspotential eines gedankenreichen Austausches gezogen habe, wird in meiner trockenen Replik nicht gebührend gewürdigt. Die Regeln unseres akademischen Sprachspiels verlangen Argument und Entgegnung. Dabei steht mir auch noch eine Asymmetrie im Wege, die sich daraus ergibt, dass ich mit den Arbeiten vieler meiner Kritiker weniger vertraut bin als das umgekehrt der Fall ist.

Ich orientiere mich an der Reihenfolge der Referate. Dabei kann sich meine gleichmäßige Hochschätzung für die wissenschaftliche Qualität der Beiträge nicht in der Pedanterie eines gleichmäßigen Umfangs meiner Repliken ausdrücken. Ich habe einfach zu einigen Themen weniger zu sagen als zu anderen. Manchmal hat eine Verständigung über größere Distanzen hinweg auch den größeren Reiz. Ich verspüre ein gewisses Bedauern über den Umstand, dass die Theologen, die sich (im dritten Teil des Bandes) *als* Theologen äußern, numerisch von den Religionsphilosophen so stark in den Schatten gestellt werden.

Wenn ich mir die Interessenlagen vergegenwärtige, die die Teilnehmer dieser Runde zum Thema Religion hingeführt haben mögen, fühle ich mich ein wenig als der Exot. Die meisten in diesem Kreise stützen sich, auch in ihrer akademischen Tätigkeit, auf religiöse Erfahrungen und haben mir die andauernde Vertrautheit mit der Praxis einer Glaubensgemeinschaft voraus. Gewiss, in meiner

Generation sind auch noch die säkularen Gemüter so aufgewachsen, dass sie von Erinnerungen an eine religiöse Sozialisation zehren können. Außerdem mag ein liberal-protestantisches Elternhaus ein gewissermaßen irenisches Verhältnis zu Kirche und Theologie befördert haben. Für militante Formen der Ablehnung gibt es heute, im ideologisch entspannten Milieu der zeitgenössischen westeuropäischen Gesellschaften, ohnehin keinen Anlass mehr.

Zudem habe ich nicht vergessen, dass es zu meiner Studienzeit vor allem Theologen waren, in meinem Fall akademische Lehrer wie Gollwitzer und Iwand, die sich während der Nazizeit nicht hatten korrumpieren lassen und daher in der frühen Bundesrepublik den Mut hatten, gegen einen erdrückenden Konformismus mit ununterbrochen fortdauernden Mentalitäten den Mund aufzumachen. Wenn wir aber von solchen Theologen – eher als von anderen – einen moralisch aufrechten Gang lernen konnten, ließ sich auch die Tradition, aus der sie lebten, nicht polemisch beiseite schieben. Das mag erklären, warum das Interesse, das mich zur Beschäftigung mit religionsphilosophischen Fragen motiviert, nicht im strengen Sinne *religionsphilosophischer Art* ist. Mir geht es nicht darum, religiöse Rede und Erfahrung auf einen angemessenen philosophischen Begriff zu bringen. Ebenso wenig leitet mich die apologetische Absicht, eine begründende Kontinuität zwischen Grundüberzeugungen der christlichen Lehre und zeitgenössischen philosophischen Diskursen herzustellen. Andererseits kommen mir solche Argumentationen, wenn ich ihnen begegne, entgegen. Auf diese Weise trifft man sich in dem gemeinsamen Interesse an strittigen Erbschaftsverhältnissen von Glauben und Wissen.

Sowohl Glaube wie Wissen gehören zur Genealogie des nachmetaphysischen Denkens, und das heißt: zur Geschichte der Vernunft. Deshalb wird sich die säkulare Vernunft selber nur verstehen lernen, wenn sie ihre Stellung zum reflexiv gewordenen religiösen Bewusstsein der Moderne klärt und den gemeinsamen Ursprung dieser beiden komplementären Gestalten des Geistes aus dem kognitiven Schub der Achsenzeit begreift. Auf diese Weise kann man, von Kant ausgehend, zu einer Hegelschen Fragestellung fortschreiten, ohne die Kantische Denkungsart aufzugeben.

I. Zur Kantischen Religionsphilosophie

(1) Einverstanden bin ich mit der Interpretation, die Christian Danz sowohl von Kants Religionsphilosophie wie auch von meiner Rekonstruktion ihrer wichtigsten Intentionen gibt. Die Moral lässt sich aus

praktischer Vernunft *allein* begründen. Der Übergang zur Religions-philosophie verdankt sich der „Selbstdeutung des praktischen Selbstbewusstseins" moralisch handelnder Personen: „In der Religion thematisiert das endliche Bewusstsein nicht die Konstitution der Freiheit, sondern deren Realisierung". Mit der Auskunft, dass Gott Naturnotwendigkeit und Sittlichkeit in Einklang bringt, antwortet Kants Religionsphilosophie auf die Beunruhigung vernünftiger Weltwesen, denen die Folgen ihres moralischen Handelns unmöglich gleichgültig sein können – weder im Hinblick auf den subjektiven Endzweck, die eigene Glückseligkeit, noch hinsichtlich des objektiven Endzwecks, des höchsten in der Welt möglichen Gutes, der Glückseligkeit *aller* tugendhaften Menschen.

Nicht nur der Laie, auch der Philosoph, der Kantianer und moralisch handelndes Subjekt zugleich ist, reflektiert die Frage, wie es in der Welt, also der Sphäre der Erscheinungen unter Naturgesetzen, mit den beabsichtigten Folgen der moralischen Handlungen *im Ganzen* bestellt ist. Darauf antwortet die „Kritik der Urteilskraft" mit Überlegungen zum Endzweck einer Natur, die so betrachtet wird, *als sei* sie ein System der Zwecke. Aus dieser Perspektive bietet sich wiederum die Annahme einer „verständigen Welturache" an, die wir nicht bloß als eine für die Natur gesetzgebende Intelligenz, sondern zugleich als „gesetzgebendes Oberhaupt in einem moralischen Reich der Zwecke denken."[1]

Meine Kritik an dieser Theorie bezieht sich in erster Linie darauf, dass Kant die Grenzen „bloßer" Vernunft zu weit zieht, wenn er suggeriert, er könne die Annahme von der Existenz Gottes oder eines intelligenten Welturhebers, der die mögliche Zusammenstimmung von Gerechtigkeit und Glückseligkeit verbürgt, *in einem mit* der Moral begründen. Es geht mir um *die Grenzen nachmetaphysischen Denkens*, die auch unter Kants eigenen Prämissen deutlich zu machen sind. Kants Religionsphilosophie steht im heuristischen Duktus ihrer Überlegungen, wie auch Christian Danz betont, der Natur- und Geschichtsphilosophie näher als der Moralphilosophie. Sie versucht nämlich, das verständliche Bedürfnis nachdenklicher Aktoren zu befriedigen, die innehalten, um die Zwecke und die möglichen Ergebnisse eigenen moralischen Handelns im Kontext einer vernünftigen Weltgeschichte oder – wie in der Naturphilosophie – eines zweckmäßig betrachteten Weltganzen zu betrachten.

---

[1] I. Kant, Kritik der Urteilskraft, Werke in sechs Bänden, Hg. v. W. Weischedel, Bd. V, 569.

Diese von der reflektierenden Urteilskraft heuristisch angeleiteten Als-ob-Überlegungen – als ob Geschichte und Natur teleologisch verfasst wären – sind *ersatzmetaphysische* Überlegungen: Sie dürfen nicht mit theoretischem Wissen, aber auch nicht mit moralischen Einsichten der praktischen Vernunft verwechselt werden.

Mit dieser Kritik scheint Christian Danz weniger Probleme zu haben als Rudolf Langthaler und Herta Nagl-Docekal. Ihn irritiert vielmehr die Konsequenz, die ich aus der Kritik an einem vereinnahmenden Konzept der Vernunftreligion ziehe. Wenn sich Kant, wie ich meine, aus den religiösen Überlieferungen topoi wie das „Reich Gottes auf Erden" philosophisch zu Eigen macht, ohne sich diese Abhängigkeit von inspirierenden Geschichtsquellen methodisch einzugestehen, muss die Intention einer selbstkritischen Abgrenzung der Vernunft von Religion auf eine andere, nämlich hermeneutisch behutsamere Weise vorgenommen werden. Christian Danz stößt sich an der These, dass der uneingeholte Bedeutungsüberschuss der religiösen Überlieferungen für die säkulare Vernunft zugleich Zumutung und Herausforderung ist. Die von mir betonte Heterogenität des Glaubens soll ein „substantialistisches" Missverständnis von Religion und eine „Zweideutigkeit" der von mir geforderten „Aneignung" ihrer semantischen Potentiale verraten. Dazu drei Bemerkungen:

(a) Wenn wir die Grundbausteine für die Zivilisation der Alten Reiche durchmustern, sind die Weltreligionen das einzige Element, das sich in modernen Gesellschaften Vitalität und Geistesgegenwart bewahrt hat. Die Religion überlebt nicht nur als ein Relikt aus der Achsenzeit, sondern ist eine historisch bewegende Kraft geblieben. Das gilt freilich nur für die „starken" Traditionen, die einen Heilsweg anbieten und ein Erlösungsversprechen glaubhaft machen, nicht für die griechische Metaphysik, die sich in der Arbeitsteilung mit dem Christentum aus der Verwaltung kontemplativ erstrebter Heilsgüter zurückgezogen und auf kognitive Aufgaben spezialisiert hat. In gewisser Weise ragt also mit einer Religion, die auch unter den veränderten kognitiven Bedingungen der Moderne lebendig geblieben ist, etwas Archaisches in die Gegenwart herein. Diese dissonante Zeitgenossenschaft der lebendig gebliebenen Religion stelle ich nicht nur als eine soziologische Tatsache fest. Weil sich religiöse Gewissheiten Glaubwürdigkeit bewahrt haben und mit eindrucksvollen Zeugnissen authentischer Lebensläufe verbinden, nehme ich die gegenwärtige Konstellation von Glauben und Wissen nicht nur als einen empirischer Befund, sondern auch als ein Faktum innerhalb der Geschichte der Vernunft ernst.

Das nachmetaphysische Denken wird solange keinen angemesse-
nen Begriff von sich selbst ausbilden, wie es ihm nicht gelingt, aus der
Genealogie der Vernunft selbst die Beziehung zur Religion *als einem
ihm äußeren Element* durchsichtig zu machen. Das Aufklärungskonzept der Vernunftreligion ist nicht weniger ein Beispiel der vorschnellen
Assimilierung des Fremden ans Eigene wie heute, auf eine viel krudere
Weise, die neurologische Auflösung religiöser Meditationen in die
Gehirnströme betender Mönche. Wenn man sich vor dieser falschen
Art der Familiarisierung hüten möchte, empfiehlt sich eine Grenzziehung, die nicht zu einem substantialistischen Missverständnis und einem vernunftfeindlichen Religionsverständnis verleiten muss. Ich spreche nur aus philosophischer Sicht über die Grenze zwischen Glauben
und Wissen; dafür ist „Fideismus" schon deshalb das falsche Wort,
weil es ein bestimmtes theologisches Selbstverständnis der Religion
ausdrückt. Und wie sich die Religion unter Bedingungen der Moderne
selbst verstehen kann, ist nicht Sache der säkularen Vernunft. Der Philosophie kommt es entgegen, wenn Theologen den Anspruch bekräf-
tigen, den christlichen Glauben als fides quaerens intellectum auszuweisen: „Daran ist auch nach der Entflechtung der Symbiose von
Christentum und philosophischer Metaphysik uneingeschränkt festzuhalten, wenn das Christentum nicht auf das Niveau der Esoterik absin-
ken soll." Theologen wie Markus Knapp, die versuchen, „auch unter
den Prämissen eines sich selbst als nachmetaphysisch verstehenden
Denkens ihrer Begründungspflicht nachzukommen"[2], finden meine
volle Zustimmung.

b) Christian Danz macht bei mir, als Kehrseite des substantialistischen Missverständnisses, einen instrumentalisierenden Umgang
mit Religion aus. Das passt schlecht zu der intrinsischen Bedeutung,
die ich ihr als einer *kontemporären* Gestalt des Geistes zuschreibe.
Nach der Erschöpfung der sozialutopischen Energien und dem
Rückzug zukunftsgerichteter Phantasien in Videowelten, Science Fic-
tion und kalifornische Visionen vom „neuen Menschen" ist es unge-
wiss, ob sich das normative Selbstverständnis einer neoliberal okku-
pierten, auf verbesserte Technologien und beschleunigte Kapital-
flüsse zusammenschrumpfenden Moderne noch aus eigenen Beständen regenerieren kann. Diese Befürchtung mag auch unter säkularen Bürgern den Sinn für das Unabgegoltene in religiösen
Überlieferungen geschärft haben. Aus nachmetaphysischer Sicht

---

[2] M. Knapp, Verantwortetes Christsein heute. Theologie zwischen Metaphysik und Postmoderne, Freiburg 2006, 247 u. 100.

stehen religiöse Lehren zwar Seite an Seite mit anderen identitätssichernden Konzeptionen des guten Lebens. Allerdings unterscheiden sie sich von ethischen Lebensentwürfen profaner Herkunft durch eine interne Verknüpfung mit Wahrheitsansprüchen (einer eigenen Art): Religionen sind Weltanschauungen, keine Wertsysteme. Das begründet einen kognitiven Gehalt und eine Motivationskraft, die profanen Lebensanschauungen abgeht.

Auch diese Sicht kann man mit der Frage konfrontieren, ob nicht doch die Religion nur als ein „Lückenbüßer" für die fehlenden moralischen Motivationen einer erschöpften Moderne betrachtet wird. Eine aus praktischer Vernunft allein begründete Moral der Gerechtigkeit kann die Frage „Warum überhaupt moralisch sein?" nicht mehr rational beantworten. Zwar gibt es zum egalitär-individualistischen Universalismus Kantischer Provenienz keine vernünftige Alternative mehr. Aber die drohende Alternative, die sich heute anbahnt, ist das Absterben des Normbewusstseins als solchen – des Bewusstseins, dass der Geist eine normative Struktur hat. Die Aktualität der Kantischen Religionsphilosophie sehe ich in der Intention, auf dem Wege einer kritischen Aneignung des religiösen Erbes nach Argumenten für die „Selbsterhaltung der Vernunft" zu suchen. Das hermeneutisch geschärfte Bewusstsein, mit dem wir diese Intention heute aufnehmen, kann uns davor bewahren, den „Kirchenglauben" pejorativ als bloßes „Vehikel" zur Beförderung des „Vernunftglaubens" zu begreifen. Aus agnostischer Sicht bleibt das Schicksal der Religion selbst gleichwohl dahingestellt. Denn das Interesse der Vernunft ist auf sich selbst gerichtet, wenn sie aus religiösen Überlieferungen semantische Potentiale entbindet, die für *die gattungsethische Einbettung* unseres moralischen Selbstverständnisses als verantwortlich handelnder Personen eine Rolle spielen. Auf dieser tiefer liegenden anthropologischen Ebene, wie wir uns als Gattungswesen verstehen wollen, entscheidet sich die Frage, ob so etwas wie moralische Gebote, oder Normen überhaupt, noch zählen können und sollen.

(c) Die Diagnose des falschen Substantialismus reizt mich zu einer Gegenfrage. Dazu muss ich einen kleinen Umweg einschlagen. Ich habe den Eindruck, dass Christian Danz mit meinem Vorschlag zu einer nachmetaphysisch enthaltsamen Grenzziehung zwischen Glauben und Wissen nicht einverstanden ist, weil er die Spekulationen von Fichte für den theologischen Hausgebrauch retten möchte. Es scheint so, als ob die Philosophie nicht auf die falsche, sprich nachmetaphysische Seite geraten darf, wenn die Theologie nur noch mit ihrer Hilfe der Herausforderung durch den religiösen Pluralismus begegnen kann. Christian Danz möchte nämlich die theologische Frage „nach einem konstruktiven Umgang mit den unterschiedlichen religiösen Lebensformen" – ähnlich wie Schleiermacher – an die Religions*anthropologie* weiterreichen. Die Theologie, die sich „als eine Vollzugtheorie der endlichen Freiheit" versteht, bietet mit der Formel „Religion als Selbstbewusstsein endlicher Freiheit" einen *philosophischen Begriff von religiösem Bewusstsein* an: dieses macht „die Durchsichtigkeit der individuellen endlichen Freiheit für diese selbst"[3] möglich.

Die Tatsache des religiösen Pluralismus beschäftigt natürlich auch die Philosophie und die Rechtswissenschaften; aber die Antworten, die diese mit einer „Moral der gleichen Achtung" und der „weltanschaulichen Neutralität der Staatsgewalt" geben, beziehen sich auf Forderungen, die die säkulare Gesellschaft an die Religionsgemeinschaften stellt, nicht auf die religiöse *Selbst*reflexion dieser Gemeinschaften. Das religiöse Bewusstsein kann eine „Modernisierung des Glaubens" nicht im Bewusstsein der Anpassung an säkulare Forderungen, sondern (wie John Rawls mit dem Bild des ‚Moduls' veranschaulicht) nur *von innen*, im hermeneutischen Anschluss an *eigene* Prämissen vollziehen. Dabei muss die Theologie, wenn sie – wie es in der westlichen Welt der Fall war – die Rolle eines glaubwürdigen Schrittmachers spielt, die Arbeit an der dogmatischen Rekonstruktion der Glaubensinhalte aus der Sicht des praktizierten Gemeindeglaubens vornehmen. Weil aber diese Sicht der Philosophie verwehrt ist, muss Danz auch von dem Theologen, der die eigene Gemeinde *nur noch mit philosophischen Argumenten* zur Anerkennung der Tatsache des religiösen Pluralismus bringen kann, eine Distanzierung von der gelebten Religion verlangen.

Aus dieser Argumentationslage erkläre ich mir die Aussage, dass die theologische Dogmatik nur durch eine „Selbstunterscheidung von der gelebten Religion"[4] das Bewusstsein der eigenen Kontingenz erwerben kann. Auf diesem Wege soll sie erkennen, dass die reflexive Beschreibung der jeweils eigenen Glaubenstradition *eine unter mehreren* möglichen Beschreibungen von Religiosität überhaupt darstellt. Wenn ich recht verstehe, kann sich der christliche

---

[3] Ch. Danz, Religion und Theologie unter den Bedingungen pluraler Gesellschaften, in: K. Dethloff et al. (Hg.), Orte der Religion im philosophischen Diskurs der Gegenwart (= Schriften der Österreichischen Gesellschaft für Religionsphilosophie Bd. 5), Berlin 2004, 341–362, hier 356 f.

[4] Ebd., 359.

Theologe mit der Tatsache des religiösen Pluralismus durch die philosophische Einsicht versöhnen, dass die verschiedenen Religionen ebenso viele, gleichermaßen gültige Variationen auf denselben Modus des „Sich-Gegebenseins endlicher Freiheit" darstellen. Proviert das nicht die Gegenfrage, ob nicht eine Theologie, die derart die Seiten wechselt und religionsanthropologisch den eigenen Wahrheitsanspruch einklammert, ihr Spezifisches einbüßt? Oder verrät diese Frage wiederum ein substantialistisches Missverständnis von Religion?

(2) Als Kant-Philologe ist Rudolf Langthaler so gut gerüstet, dass er den Kantinterpreten, der anderer Meinung ist, jederzeit mit elegant geführtem Florett entwaffnen kann. Ich weiß, worauf ich mich einlasse, wenn ich ihm trotzdem widerspreche. Freilich stehen wir auch im Streit der Interpreten nur vermeintlich auf festem Boden. Wer mit so viel hermeneutischer Leidenschaft, argumentativem Scharfsinn und spekulativem Gespür wie Rudolf Langthaler einen Text versteht, der will sich die Sache selbst kritisch aneignen und die Erbschaft systematisch nutzen. Das wollen wir beide. Dabei laufen unsere Intentionen bis zu einem gewissen Punkt parallel. Allerdings trennt uns der Dissens über den genauen Verlauf der Grenzen nachmetaphysischen Denkens. Langthaler meint, dass aus Kant mehr als nur schwache geschichtsphilosophische Gründe gegen einen Defätismus der Vernunft zu gewinnen sind. Kants Interesse an der „Selbsterhaltung der Vernunft" lasse sich eben nicht auf die begründete Orientierung am höchsten *politischen* Gut reduzieren. Kant habe die religiöse Hoffnungsdimension von der geschichtlichen Hoffnungsperspektive unterschieden. Deshalb möchte er die Spekulationen, die um den Endzweck der Schöpfung und das höchste Gut kreisen, als ein „metapraktisches Sinnpotential" entziffern, das auf ein der praktischen Vernunft „fremdes Angebot" verweist. Langthaler spricht in diesem Zusammenhang von „praktischem Grenzwissen", „transmoralischem Sinnpostulat" oder „Sinnüberschuss", von einer „moralisch begründeten Sinnperspektive", einer Sinndimension also, die durch Ansprüche der praktischen Vernunft „vermittelt" und „freigelegt" wird.

Mit dieser Lesart habe ich, *als Kantinterpretation* verstanden, keine Schwierigkeit. Wohl aber, wenn sie uns als ein heute noch gangbarer Weg zur nachmetaphysischen Begründung des Vernunftglaubens an eine „Verheißung des moralischen Gesetzes" präsentiert wird. Wir streiten uns über die Schlüssigkeit des Argumentes, das Kant für die Aussicht auf ein glückseliges, in Proportion zur tugendhaften Befolgung des Sittengesetzes gewährtes Leben entwickelt. Die Dialektik der reinen praktischen Vernunft ist der Ort, an dem Kant mit der Lehre vom höchsten Gut eine systematische Lücke füllt: seine spröde deontologische Moral gibt ja *als solche* keine Antwort auf die Frage, die die antiken Weisheitslehren als die ethische Kernfrage des guten oder glückseligen Lebens behandelt haben. Die Streitfrage ist, wie (und in welchem Sinne) „vernünftig" eine solche, ihre Inhalte aus der christlichen Überlieferung schöpfende Ethik sein kann, wenn sie zwar aus einer vernünftig begründeten Moral „hervorgeht", aber „über den Begriff der Pflicht, den die Moral enthält" gleichwohl „hinausgeht, und aus dieser also analytisch nicht entwickelt werden kann"[5].

Sollen wir den Satz „die Moral führt unumgänglich zur Religion" so verstehen, dass sich der Vernunftglauben allein aus *der Einsicht ins Moralprinzip* (das ich in Gestalt einer diskursethischen Lesart der Gesetzesformel selber für gerechtfertigt halte) *begründen* lässt? Ich habe das bestritten (a). Rudolf Langthaler setzt sich mit dieser Kritik wiederum auseinander (b) – aber so, dass ich nicht sicher bin, was diese Metakritik am Ende wirklich leisten soll (c).

(a) Die Begründungsleistung des Kantischen Moralprinzips erschöpft sich darin, die Verallgemeinerbarkeit von Normen zu prüfen (wobei ich den pragmatischen Sinn von „Verallgemeinerbarkeit" als eine aus Sicht der möglicherweise Betroffenen diskursiv geprüfte „Anerkennungswürdigkeit" verstehe). Im Rahmen dieser deontologischen Konzeption können Zwecke oder erstrebenswerte Güter nur mittelbar, nämlich in der Weise moralisch beurteilt werden, dass man fragt, ob sie sich aus der Befolgung gültiger Normen rechtfertigen lassen. Es ist sinnlos, im Lichte dieses Moralprinzips nach einem *weitergehenden* Zweck für die Befolgung moralisch verpflichtender Normen zu fragen: „So bedarf es für die Moral zum Rechthandeln keines Zwecks, sondern das Gesetz, welches die formale Bedingung des Gebrauchs der Freiheit überhaupt enthält, ist ihr genug"[6]. Das moralische Gesetz muss als „alleiniger Bestimmungsgrund" des reinen Willens genügen; denn ein übergeordneter Zweck, dem die Moral selber diente, ist mit einem deontologischen Verständnis, also der unbedingten Geltung moralischer Gebote, unvereinbar.

---

[5] I. Kant, Die Religion innerhalb der Grenzen der bloßen Vernunft, Werke, Bd. IV, 652 (Anm.).

[6] Ebd., 650.

Kant achtet penibel darauf, dass ein Gut jenseits der Moral, um dessen willen die Moral befolgt würde, „jederzeit Heteronomie hervorbringen und das moralische Prinzip (als Bestimmungsgrund des Willens) verdrängen würde"[7]. Wenn Kant Glückseligkeit im Verein mit der Tugend als höchstes Gut einführt, nimmt er zwar als anthropologischer Realist Rücksicht auf die Doppelnatur des Menschen als „vernünftigen, aber endlichen Wesens"; aber er weiß auch, dass er die Idee des höchsten Gutes „im Urteil der unparteiischen Vernunft" rechtfertigen muss. Diese Idee soll als *Ergänzung zum* moralischen Gesetz ihren Ursprung in der praktischen Vernunft haben, „weil es der Vernunft unmöglich gleichgültig sein (kann) . . ., was aus unserm Rechthandeln herauskomme."[8] Es ist dieses „natürliche Bedürfnis", zum Ganzen unserer moralischen Handlungen „irgendeinen Endzweck, der vor der Vernunft gerechtfertigt werden kann, zu denken", dem die Idee des höchsten Gutes abhilft. Ohne solche Abhilfe würde das Bedürfnis „ein Hindernis der moralischen Entschließung sein".

Wie rechtfertigt sich nun der Endzweck „vor" der Vernunft? Gewiss nicht aus „der Natureigenschaft des Menschen, sich zu allen Handlungen noch einen Zweck denken zu müssen". Jede zusätzliche, aus einem solchen „Bedürfnis" zum freien Willen hinzutretende Motivation käme dem Sittengesetz als dem alleinigem Bestimmungsgrund moralischen Handelns in die Quere. Vielmehr muss die Idee des höchsten Gutes aus der Moral selbst „hervorgehen". Zwischen Rudolf Langthaler und mir besteht Dissens darüber, was dieses ominöse „Hervorgehen" bedeutet. Die Idee des höchsten Gutes und die religiöse Substanz des Vernunftglaubens, der sich um diese Idee rankt, erhalten nämlich eine mehr oder weniger weit reichende Begründung je nachdem, ob die Frage des „moralischen Hervorgehens" vor dem Gerichtshof der „Kritik der Urteilskraft" oder dem der „Kritik der praktischen Vernunft" verhandelt wird.

Wenn die moralisch handelnde Person über ihre Stellung im Ganzen der Welt und über die Bedingung reflektiert, unter der das Zusammenwirken aller moralisch handelnden Personen das höchste Gut befördern könnte, wird sie auf das Erfordernis eines intelligenten Welturhebers hingewiesen, der das Ganze so einrichtet, dass das moralische Gesetz mit der Kausalität eines blinden Naturgeschehens harmoniert. Freilich steht *dieser* Gottesgedanke unter

---

[7] Ebd., 237.
[8] Ebd., 651.

dem heuristischen Vorbehalt der teleologischen Urteilskraft, die eine zweckmäßige Einrichtung der Welt *hypothetisch* annimmt. Ein solcher Vernunftglaube dient der ethischen Selbstverständigung der moralisch handelnden Person und reiht sich, wie wir heute sagen würden, in den Pluralismus gleichberechtigter „Selbstdeutungen des praktischen Selbstbewusstseins" (Danz) ein. Einen ganz anderen Status könnte er beanspruchen, wenn er im Rahmen der „Kritik der praktischen Vernunft" *als Bestandteil* des moralischen *Wissens* ausgewiesen würde.

Diese Alternative stützt sich auf die Annahme einer aus dem Sittengesetz begründeten Pflicht zur Beförderung des höchsten Gutes: „wir *sollen* das höchste Gut zu befördern suchen"[9]. Diese Pflicht wird in der Religionslehre sogar zu dem Gebot der gutwilligen Kooperation erweitert, „im Verein mit anderen" auf ein Ganzes hinzuwirken, „wovon wir nicht wissen können, ob es als ein solches auch in unserer Gewalt stehe."[10] Auf diese Pflicht stützt sich das *Postulat* vom Dasein Gottes. Weil vom Einzelnen moralisch nichts gefordert werden darf, als was er aus eigener Kraft auch realisieren könnte, ist eine „Pflicht" zur Beförderung des höchsten Gutes nur zumutbar, wenn wir einen intelligenten Welturheber postulieren; denn ohne dessen Wirken kann die Ausführung des moralischen Gebotes nicht als möglich gedacht werden.

Der Einwand liegt auf der Hand: Das Problem, wie die Verwirklichung des höchsten Gutes als möglich gedacht werden kann, spricht weniger *für* das Gottespostulat als vielmehr *gegen* den vorangehenden und durch nichts gerechtfertigten Schritt zur Annahme einer problematischen Pflicht, die durch eine überschwängliche Zielsetzung das Problem erst erzeugt. Über den problematischen Status dieser Pflicht war sich Kant in seiner Antwort an Garve auch im Klaren. Die Pflicht, „auf das höchste in der Welt mögliche Gut . . . nach allem Vermögen hinzuwirken", adressiert sich an eine „Willensbestimmung *von besonderer Art*" – denn dabei muss „sich der Mensch nach Analogie mit der Gottheit" denken[11]. Da diese überschwängliche Pflicht „über die Beobachtung des moralischen Gesetzes" hinausgeht und nicht selbst aus diesem begründet werden kann, bietet das moralische „Wissen" auch keine *hinreichende*

---

[9] Ebd., 255.

[10] Ebd., 757.

[11] I. Kant, Über den Gemeinspruch: Das mag in der Theorie richtig sein, taugt aber nicht für die Praxis, Werke, Bd. VI, 133. Siehe dazu bei Langthaler Anm. 4.

Grundlage, aus der die Idee des höchsten Gutes (und in der Folge das Postulat vom Dasein Gottes) in einem irgend argumentativ zwingenden Sinne „hervorgehen" könnten.

(b) Rudolf Langthaler verteidigt Kant gegen diesen Einwand mit der These, dass die Lehre vom höchsten Gut die antike Weisheitslehre fortsetze und insofern über die Moraltheorie hinausführe, „ohne damit jedoch die begründete Enthaltsamkeit gegenüber einem metaphysisch aufgeladenen ‚vorkritischen' Anspruch des ‚richtigen' und ‚guten' Lebens stillschweigend aufzukündigen."[12] Das trifft zu, ist aber nicht die ganze Wahrheit: die Postulatenlehre verwischt die Grenze zwischen den Zuständigkeiten von praktischer Vernunft und teleologischer Urteilskraft. Zwar möchte Langthaler dieser Misslichkeit dadurch entgehen, dass er die Begründungsleistungen der praktische Vernunft *von vornherein* über den Bereich einer Gerechtigkeitsmoral hinaus auf „den ganzen Zweck der praktischen Vernunft" ausdehnt. Dabei verwickelt er sich jedoch in zweideutige Formulierungen, wenn er beispielsweise sagt, dass in der Idee des höchsten Gutes „eine zwar moralisch begründete (!) – weil gerechtigkeits-inspirierte –, zuletzt aber doch transmoralische (!) Sinndimension in den Vordergrund tritt"[13].

Streitpunkt ist die „Begründung" dieser Idee aus einer „Pflicht" zur Beförderung des Weltbesten an uns und anderen. Einerseits attestiert Langthaler diesem Gebot den Rang und damit das „starke Sollen" einer moralischen Pflicht; andererseits sollen sich mit dem Endzweck der praktischen Vernunft nur „kritisch-grenzbegrifflich eröffnete Sinnansprüche" verbinden, die sich nicht in Begründungsfragen erschöpfen.[14] Diese Unklarheit scheint ihren Grund darin zu haben, dass Langthaler die moralisch-praktische Frage „Was soll ich tun?" so ausdehnt, dass sie die in der Religionsphilosophie behandelte Frage „Was darf ich hoffen?" *einschließt*.[15] So kann er mit Hilfe

---

[12] Langthaler, in diesem Band: 49.

[13] Langthaler, ebd., 46.

[14] S. Langthaler, ebd., „Demnach war es Kant nicht darum zu tun, ‚die Hervorbringung des höchsten Guts in der Welt in den Rang einer moralischen Pflicht zu erheben' (Zitat aus meinem Text), sondern ausschließlich um die vernünftige Ausweisbarkeit jenes gerechtigkeits- und sinn-orientierten ‚Endwecks der praktischen Vernunft' für ‚vernünftige, endliche Wesen'".

[15] Nach meiner Meinung findet dieser Zug keine Grundlage im Text der Kantischen Tugendlehre. Das moralische Gebot der Nächstenliebe im Sinne der Forderung, „sich das Wohl und Heil des anderen zum Zweck zu machen" und „die fremde Glückseligkeit" zu befördern, gehört zu den positiven Pflich-

der kognitiven Autorität einer vernünftig begründeten Moral den Fragen *und Antworten* einer docta spes eine vernünftige Rückendeckung geben, die über den Geltungsanspruch einer bloß ethischen Selbstverständigung hinausreicht.

(c) Eine Beschränkung auf diese strittigen Aussagen wird der eigentlichen Substanz von Langthalers Ausführungen freilich nicht gerecht. Ich bewundere die Benjamin'schen Schätze, die eine so inständig betriebene Kantlektüre aus Tiefen der transmoralischen Sinndimension ans Tageslicht fördert. Wir teilen das Interesse an Kant als dem unvergleichlichen Vorbild für philosophische Versuche der vernünftigen Aneignung religiöser Gehalte. Langthaler hat mich davon überzeugt, dass Kant selbst sich dieser Rolle durchaus bewusst war. Bei Gelegenheit eines Kommentars zur Übersetzung der christlich verstandenen *fides* in den moralisch motivierten *Vernunftglauben* bemerkt Kant: „Aber das ist nicht der einzige Fall, da diese wundersame Religion in der größten Einfalt ihres Vortrages die Philosophie mit weit bestimmteren und reineren Begriffen der Sittlichkeit bereichert hat, als diese bis dahin hatte liefern können, die aber, wenn sie einmal da sind, von der Vernunft frei gebilligt und als solche angenommen werden."[16] Dem fügt Kant allerdings noch den Relativsatz hinzu: „. . . Begriffe, auf die sie wohl von selbst hätte kommen und sie einführen können und sollen." An diesem Zusatz entzünden sich meine Zweifel: Kann die Philosophie nicht erst aus der Retrospektive, nachdem sie die Begriffe an fremdem Strande aufgesammelt hat, zu der kontrafaktischen Überzeugung gelangen, sie hätte das auch selbst erfinden können?[17]

---

ten. Sie fügt sich in die grammatische Form normaler Pflichten ein. Weil das Maß der Erfüllung unbestimmt bleiben muss, reichen positive Pflichten in ihrem Anspruch über die negativen Achtungspflichten hinaus. Sie haben aber keineswegs – wie die Pflicht zur Beförderung des höchsten Gutes – einen überschwänglichen Charakter, sondern fordern von der einzelnen Person Gehorsam *im Rahmen des Möglichen.* Sie erlegen der einzelnen Person keine Verpflichtung auf, die sie nicht nach Lage der Umstände aus eigener Kraft realisieren könnte. Langthaler selbst macht auf die Struktur dieser Pflichten mit dem Zitat aufmerksam: „Ohne daran zu denken, dass wir . . . nie mehr als unsere Schuldigkeit tun können, so ist es auch nur unsere Pflicht, dem Armen Gutes zu tun." (I. Kant, Über Pädagogik, Werke, Bd. VI, 752.)

[16] I. Kant, Kritik der Urteilskraft, Werke, Bd. V, 603 (Anm.).

[17] Vgl. meine Untersuchung zum Begriff Individualität: J. Habermas, Individuierung durch Vergesellschaftung, in: ders., Nachmetaphysisches Denken, Frankfurt/Main 1988, 187–241, bes. 192 ff.

(3) Herta Nagl-Docekal erweist sich auch in dieser Frage nicht nur als souveräne Kant-Interpretin, sondern als eine leidenschaftliche Kantianerin: Sie verteidigt das Aufklärungskonzept der Vernunftreligion. Demnach ist die Philosophie nicht auf die welterschließende Artikulationskraft religiöser Sprachen angewiesen, um sich des vernünftigen Gehalts der Religion zu vergewissern. So könnte sie auch ohne Rückgriff auf die von der Tradition vorgeschossenen semantischen Potentiale z. B. den Begriff eines „ethischen Gemeinwesens" entwickeln. Die Philosophie braucht sich nicht erst von der Einbildungskraft religiöser Bilder und Narrative, in denen die Klagen, Sehnsüchte und Hoffnungen der Beleidigten und Erniedrigten einen bewegenden Ausdruck finden, an die Gestalten eines zerbrechlichen solidarischen Zusammenlebens erinnern zu lassen. Die praktische Vernunft kann sich zutrauen, über die Begründung einer Moral der Gerechtigkeit *hinauszugehen* und aus eigener Kraft die Idee eines gelungenen, Sittlichkeit mit Glückseligkeit vereinigenden Lebens zu konstruieren. Die Religionsphilosophie kann in den Metaphern von „Gottesherrschaft" und „Gottesreich" den rationalen Kern eines ethischen Gemeinwesens freilegen, weil sie über diesen Begriff einer exemplarischen Lebensform apriori verfügt.

Diese Auffassung stützt sich auf eine Lesart der Dialektik der reinen praktischen Vernunft, mit der ich mich im Kontext des vorangehenden Beitrages schon auseinander gesetzt habe. So wenig wie Rudolf Langthaler zögert Herta Nagl-Docekal, die Konzeption des „Reichs der Tugend" aus jenem „Bedürfnis der praktischen Vernunft nach einem Sinnganzen" zu rechtfertigen, das sich angesichts der „Unverfügbarkeit der Folgen unseres Handelns" einstellt. Über die Tragfähigkeit dieses Arguments will ich nicht erneut streiten. Ich sehe nach wie vor nicht, wie sich aus Kants individualistisch angelegter Moralkonzeption eine Verpflichtung auf Ziele, die nur kooperativ erreicht werden können, begründen lassen soll. Nach meiner Auffassung ist es erst das historische Selbstverständnis der Kirchengemeinde als der Antizipation des Gottesvolkes, das den Moralphilosophen dazu anregt, nach einem Vernunftäquivalent für die Errichtung des Gottesreiches zu fahnden.

Nur so erklärt sich die erstaunliche, weil von der moralischen Gesetzgebung der praktischen Vernunft keineswegs gedeckte Aussage: „Es ist von der moralisch gesetzgebenden Vernunft außer den Gesetzen, die sie jedem einzelnen vorschreibt, noch überdem eine Fahne der Tugend als Vereinigungspunkt für alle, die das Gute lieben, ausgesteckt, um sich darunter zu versammeln."[18] Diese Pflicht

---

[18] I. Kant, Religion, 752.

fällt aber nicht nur wegen des kollektiven Adressaten, sondern auch wegen des zu verfolgenden Zweckes, der Einrichtung eines ethischen Gemeinwesens aus dem Rahmen. Denn dieser „ethischbürgerliche Zustand" fügt sich nicht der durch die „Architektonik der Vernunft" vorgezeichneten Alternative, entweder – wie das Reich der Zwecke – in der noumenalen Welt beheimatet oder – wie ein politisches Gemeinwesen – eine Republik von dieser Welt zu sein.[19]

Gestehen wir einmal arguendo zu, dass der Vernunftglaube in der moralisch-praktischen Vernunft selbst „angelegt" ist. Aus dieser Prämisse lässt sich schließen, dass der Kirchenglaube nach Maßgabe des Vernunftglaubens ausgelegt werden muss, um dann die Frage zu stellen, welche Rolle die Philosophie denn heute in den politisch zugespitzten Konflikten zwischen den Weltreligionen spielen sollte. Im Hinblick auf diese Frage verteidigt Herta Nagl-Docekal den Primat der Vernunft gegenüber dem religiösen Pluralismus nicht etwa in der Form eines doktrinär von außen eingreifenden Urteils. Die Philosophie soll auch nicht nur als Dolmetscher im interreligiösen Dialog auftreten. Vielmehr erwartet Herta Nagl-Docekal von der Philosophie, dass sie allen Religionsgemeinschaften den Weg zu einer internen Aufklärung über den vernünftigen Gehalt ihrer je eigenen Tradition weist. Denn das Konzept der Vernunftreligion begründet die Erwartung, dass sich auf diesem Wege der Selbstaufklärung in allen Weltreligionen derselbe, von der Philosophie als vernünftig erwiesene Kerngehalt herausschälen wird.

Ist diese Konzeption der heutigen Situation wirklich angemessen? Die Philosophie kann und soll sich gewiss zum Anwalt und Interpreten der Forderung machen, dass sich alle Religionsgemeinschaften nicht nur auf einen modus vivendi mit dem Selbstverständnis moderner Gesellschaften einlassen, sondern aus der Innenperspektive ihrer eigenen Glaubensüberzeugungen Anschluss an die normativen Grundlagen ihrer säkularen Umgebung suchen.[20] Aber die Forderung darf nicht aus der paternalistischen Sicht einer Philosophie erhoben werden, die im Voraus weiß, worin der Wesenskern aller religiösen Überlieferungen besteht. Eine gewissermaßen „modernisierende" Selbstaufklärung des religiösen Bewusstseins kann ernsthaft nur in jeweils eigener Regie gelingen, weil am Ende die Gemeinde der Gläubigen selbst darüber entscheiden muss, ob der re-

---

[19] Zu meinem Interesse an dieser theologischen Thematik vgl. M. Knapp, Gottes Herrschaft als Zukunft der Welt, Würzburg 1993.

[20] Das ist die Intuition, die John Rawls mit dem Konzept des überlappenden Konsenses verbindet.

flexiv gewordene und „reformierte" Glaube noch der „wahre" ist. Die in der Aufklärung wurzelnde philosophische Auffassung des Verhältnisses von Glauben und Wissen kann dem prophetischen Ursprung und der Positivität überlieferter Lehren, also dem proprium gelebten Glaubens nicht gerecht werden, weil sie das Konto nachmetaphysischen Denkens überzieht und mehr von der Religion zu wissen behauptet als ihr zusteht.[21]

Aus nachmetaphysischer Sicht lässt die Philosophie die Vernünftigkeit religiöser Überlieferungen dahingestellt. Als Kriterien für die Abgrenzung des Wissens vom Glauben genügen die allgemeine Zugänglichkeit der Sprache und die öffentliche Akzeptabilität der zugelassenen Gründe. Nur eine Philosophie, die den Glauben nicht präjudiziert, ist hinreichend unparteiisch, um den Boden für die *gegenseitige* Toleranz zwischen gläubigen, andersgläubigen und ungläubigen Bürgern zu bereiten. Einerseits hält sie sich dafür offen, von religiösen Überlieferungen in der Weise zu lernen, dass sie bestimmte Glaubensinhalte aus der religiösen Bekenntnisrede in öffentliche Diskurse übersetzt. In Begriffen der politischen Theorie erwartet sie andererseits von den Religionsgemeinschaften die Anerkennung des religiösen Pluralismus, des Rechts und der Moral von Verfassungsstaat und säkularer Gesellschaft, sowie der innerweltlichen Autorität der Wissenschaften.

Postscriptum: Die Grenzen nachmetaphysischen Denkens ziehe ich enger als meine beiden Wiener philosophischen Kollegen, weil ich die Tatsache des Pluralismus, der zwischen konkurrierenden Weltanschauungen keine rationale Entscheidung zulässt, auch auf ethische Fragen beziehe. Aber vielleicht gibt es für die vernünftige Moral tatsächlich ein hintergründiges ethisches Motiv, ein Bedürfnis, das erklärt, warum Kant die praktische Vernunft nicht ganz auf das Vermögen moralischer Gesetzgebung einschränken wollte. Im engen Lichtkegel des moralischen Gesichtspunktes gelten nur noch Gerechtigkeitsfragen als rational entscheidbar, nicht mehr die Fragen des guten oder nicht-verfehlten Lebens. Diese Privilegierung des Gerechten gegenüber dem Guten verdankt sich der Übertragung des binären „wahr-falsch"-Codes von assertorischen Aussagen (über das was der Fall ist) auf das Gebiet von Werturteilen. Denn erst mit diesem scharfen Schnitt zwischen wahrheitsfähigen und nicht wahrheitsfähigen Aussagen wird aus der Menge der eva-

---

[21] Vgl. die glänzende Interpretation von Pierre Bayle bei R. Forst, Toleranz im Konflikt, Frankfurt/Main 2003, 312–351.

luativen Aussagen eine Teilmenge herausgehoben – eben die der kategorischen Sollaussagen, die „richtig" oder „falsch" sein können. Allerdings scheint die moderne Vernunftmoral diesen keineswegs trivialen Schritt aus ihrem deontologischen Bewusstsein verdrängt zu haben. Der anhaltende Streit, den Aristoteliker und Empiristen mit Kantianern über einen offenbar doch nicht ganz so zwingenden *Schritt zum Kognitivismus* führen, erinnert uns an diese Schwelle.[22]

Etwas salopp lässt sich die Hartnäckigkeit des Streites aus einer Genealogie erklären, die man sich ungefähr wie folgt vorstellen kann. Moralische Aussagen haben ihre Wahrheitsfähigkeit zunächst dem historischen Umstand der Einbettung in religiös-metaphysische Weltbilder verdankt. Mit der Tatsache des Pluralismus ergab sich dann die Notwendigkeit, moralische Aussagen aus diesen „wahrmachenden" kosmologischen bzw. eschatologischen Einbettungskontexten von Wesensaussagen herauszulösen. Viele Philosophen haben aus dieser Erschütterung der Geltungsgrundlagen die Konsequenz gezogen, den Geltungssinn moralischer Urteile konventionalistisch zu bestimmen und auf kulturelle Werte oder Gefühle und subjektive Präferenzen umzustellen. Allein die Kantianer haben die postreligiöse Moral auf eine Grundlage prozeduraler Rationalität umgestellt, sodass sie am binären Code von „richtigen" und „falschen" moralischen Urteilen festhalten konnten. Nun meine Interpolation: vielleicht war es weniger eine zwingende Einsicht als vielmehr ein einsichtiges Motiv, das ihnen diesen Weg nahe gelegt hat. Sie wollten nicht auf den aus homogen religiösen Gesellschaften bekannten Modus eines Zusammenlebens verzichten, das durch moralische Einsichten geregelt und durch rechtfertigungsfähige moralische Gefühle gesteuert wird. Erst recht wollten sie kein Leben im moralischen Vakuum in Kauf nehmen. Aber dieses „Wollen" ist kein gesolltes.

In Erinnerung an die normativ bestimmten Beziehungen in religiös geprägten Kulturen hatten sie gute ethische Gründe – wohlgemerkt: keine moralischen Gründe, sondern ein „Bedürfnis" – sich angesichts der epistemischen Verlegenheit des religiösen Pluralismus weder auf einen ethnozentrischen Wertrelativismus noch auf Mitleid oder egozentrische Nutzenkalküle zurückzuziehen. Wenn wir von einer solchen Genealogie ausgehen, hätten moderne Gesell-

---

[22] Zum Folgenden vgl. J. Habermas, Richtigkeit versus Wahrheit. Zum Sinn der Sollgeltung moralischer Urteile und Normen, in: ders., Wahrheit und Rechtfertigung, Frankfurt/Main 1999, 271–318, hier 315 ff.

schaften die Praktiken der Lebenswelt und der politischen Gemeinschaft auf wahrheitsfähige Prämissen der Vernunftmoral und der Menschenrechte umgestellt, weil sie ein *ethisches Worumwillen* im Blick hatten – nämlich das Ziel, mit einer profanen Moral der gleichen Achtung für jeden die gemeinsame Basis für ein menschenwürdiges Dasein *über radikale weltanschauliche Differenzen hinweg* zu schaffen.

II. Religionsphilosophische Einwände und Anregungen

Mich interessieren die folgenden Beiträge weniger im Hinblick auf die richtige Interpretation und sachliche Bedeutung der Kantischen Religionsphilosophie. Trotz vieler Bezüge zu Kants Konzeption erkenne ich darin eher Versuche, philosophische Ansätze des 20. Jahrhunderts und der Gegenwart für eine Deutung des religiösen Phänomens und des Verhältnisses von Glauben und Wissen systematisch fruchtbar zu machen.

(4) Wilhelm Lütterfelds' Blick auf Kant und die Religion ist wesentlich durch eine kontextualistische Lesart von Wittgensteins späten Notizen „Über Gewissheit" bestimmt.[23] Darin argumentiert Wittgenstein ungefähr folgendermaßen: Alle Versuche, eine Aussage philosophischer oder wissenschaftlicher oder trivial-alltäglicher Art zu begründen, machen uns auf den unüberschreitbaren Kontext der Sprachspiele, Praktiken und Weltbilder aufmerksam, worin wir uns immer schon bewegen. Irgendwann stoßen wir auf das Gestein, wo „sich der Spaten biegt". Wir halten bei unumstößlichen Gewissheiten inne, die keiner Begründung fähig sind – bei Sätzen wie: „ich weiß, dass das meine Hand ist", „dass 2 mal 2 gleich 4 ist", „dass ich noch nie auf dem Mond gewesen bin", „dass die Erde auch gestern schon existiert hat" usw. Es ist die erdrückende Kohärenz mit allen sonst noch für wahr gehaltenen Sätzen, also die Einbettung in den Kontext eines im Ganzen für wahr gehaltenen Bildes von der Welt, die solchen Prämissen *Gewissheit* – und nicht etwa ihren bezweifelbaren Wahrheitswert – verleiht. In unserer Lebenswelt bewegen wir uns immer schon auf dem Glaubensboden eines semantisch geschlossenen Universums, worin alle Rationalitätsstandards, alle Maßstäbe für das, was für uns als wahr und falsch, gut und böse, schön und hässlich gilt, selbstbezüglich definiert sind.

---

[23] R. J. Bernstein, Beyond Objectivism and Relativism, Philadelphia 1983.

Wenn es nun mehrere oder viele dieser holistisch verfassten und angeblich semantisch geschlossenen Universen gibt, und wenn sich alles kulturelle Leben in jeweils einem dieser Universen abspielt, gibt es keinen dritten oder neutralen Ort der interkulturellen Verständigung – keinen „Gottesstandpunkt" – von dem aus ein Interpret Äußerungen (Sätze und Handlungen) in Universum A mit Äußerungen in Universum B vergleichen könnte. Das ist die These der umstrittenen „Inkommensurabilität" von Weltbildern, die man damals – die 70er Jahre waren die hohe Zeit dieser Kontroverse – aus Wittgensteins Text herausgelesen hat (obwohl sich die These, wie Davidson und Gadamer gezeigt haben, einer problematischen Reifizierung von begrifflichen Schemata oder Sprachen verdankte): Es sollte eine Übersetzung aus und in fremde Sprachen, die ein wechselseitiges Verstehen ermöglicht, nicht geben können. Unter dieser Prämisse begegnen sich Interpreten nicht wie Gesprächspartner als erste und zweite Personen, vielmehr beobachten sie sich gegenseitig wie Boten von fremden Planeten. Mit dieser kontraintuitiven Annahme wird das hermeneutische Übersetzungsmodell beiseite geschoben.

Ich habe diesen Hintergrund skizziert, weil er die Kant-Interpretation von Wilhelm Lütterfelds verständlich macht. Wenn man Kants „Vernunftglauben" im Sinne des Kontextualismus als „Weltbild" und zugleich als eine (für Anhänger dieses Weltbildes) plausible Deutung von Religion überhaupt begreift, ergeben sich allerdings missliche Konsequenzen sowohl für die Interpretation von Kants Religionsphilosophie (a) wie auch für die Deutung des Religionsphänomens im Allgemeinen (b).

(a) Wenn wir den Vernunftglauben nach dem Sprachspielkonzept des späten Wittgenstein modellieren, verlieren die geglaubten religiösen Inhalte den Status von wahrheitsfähigen Annahmen (den sie ja nach Kants eigenem Verständnis auch noch als theoretisch nicht begründbare Vernunftpostulate behalten). Auf dieselbe pragmatische Weise, wie etwa die Praxis des Kaufmanns erst den Glauben an die Realität eines möglichen Gewinns erzeugt, so „begründet" auch die Glaubenspraxis vernünftiger Weltwesen die Ideen von Gottes Existenz und unsterblicher Seele. Mit dieser pragmatistischen Sicht schleicht sich ein gewisser Funktionalismus ein. Die Postulate werden im Hinblick auf den Gebrauch definiert, der von Begriffen wie Gott, Seele und Freiheit im Sprachspiel ethischer Selbstverständigung gemacht wird. Die Frage nach der Existenz Gottes verliert jedenfalls ihren ontologischen Sinn, wenn die Bedeutung der prag-

matisch unterstellten Existenz Gottes *in der Rolle aufgeht*, die diese Unterstellung für die moralische Beförderung der eigenen wie der allgemeinen Glückseligkeit spielt. Nach meinem Eindruck wird der reine Religionsglaube auf diese Weise an einen identitätsstiftenden Lebensentwurf assimiliert, der sich Wahrheitsfragen entzieht, weil er sich allein nach den Kriterien eines William James'schen Pragmatismus „bewähren" kann.

Andere Konsequenzen ergeben sich aus der holistischen Verfassung des Vernunftglaubens. In einer solchen Konzeption kann das Sittengesetz (entgegen eindeutigen, von Kant auch in der Religionsphilosophie immer wieder bekräftigten Aussagen) keine vom Hintergrund der Postulatenlehre unabhängige Geltung mehr beanspruchen: „Insofern liegt aller Wahrheit, aber auch aller Falschheit des moralischen Wissens die praxeologische Wahrheit und Falschheit eines praktischen Glaubens der Vernunft zugrunde."[24] Weil das moralische Sprachspiel nur im Kontext und auf dem Boden des reinen Religionsglaubens funktionieren kann, muss der deontologische Geltungssinn von moralischen Geboten, die allein aus Einsicht verpflichten, unter den Tisch fallen. In der Annahme, dass „alles Wissen durch einen pragmatischen Glauben begründet ist"[25], bezieht Wilhelm Lütterfelds das kategorische Sollen verpflichtender Normen selbst noch auf den Endzweck des Einklangs der Sittlichkeit mit der Glückseligkeit. Das summum bonum wird, *pace* Kant, *zum Inhalt der Moral selbst* befördert.[26]

(b) Wenn man das Phänomen des Glaubens aus der Wittgenstein'schen Perspektive versteht, gelangt man zu einer erstaunlichen Einebnung der Merkmale, die für den religiösen Glauben spezifisch sind. Wenn die Religion nur ein Sprachspiel unter anderen ist und wenn alles zum Dogma wird, wird auch der Unterschied zwischen Glauben und Wissen nivelliert. Die semantische Geschlossenheit der inkommensurablen Sprachspiele räumt esoterischen Lehren einen gleichberechtigten Platz neben Religionen und naturwissenschaftlichen Theorien ein. Mit diesem Zug kann zwar die sog. „reformierte Epistemologie" ihr Spiel beginnen, aber in der Nacht, in

---

[24] Lütterfelds, in diesem Band: 138.

[25] Lütterfelds, ebd., 138.

[26] Abgesehen davon, wie das mit Kants Text zusammenpasst, verstehe ich nicht ganz, warum einer Verfahrensmoral, die sich nicht an letzte Zwecke bindet, Inhalt und inhaltliche Kriterien fehlen sollten. Nach Kants Auffassung lässt sich die moralisch urteilende Person die Inhalte in Gestalt strittiger Maximen vorgeben, um dann zu prüfen, welche der einschlägigen Handlungsnormen gleichermaßen gut für alle ist.

Jürgen Habermas

der alle Kühe grau sind, verliert die Religionsphilosophie den Gegenstand ihres eigentlichen Interesses aus den Augen. Wenn sich die Geltungsmodi von Wissenschaft und Philosophie, von Recht und Moral, von Kunst und Kritik, Aberglauben und Religion auf dem alltäglichen Boden pragmatisch eingelebter Gewissheiten aneinander angleichen, wird auch jener Glaubensmodus, der in einer Gebetspraxis verankert ist, trivial.

Auf den ersten Blick scheint die Inkommensurabilität der Weltbilder wenigstens eine Lösung für das theologische Problem anzubieten, wie der jeweils eigene Wahrheitsanspruch angesichts des religiösen Pluralismus zu verstehen ist. Auch dieser Schein trügt. Denn die Internalisierung der Vernunft in inkommensurable Weltbilder wird damit erkauft, dass der Wahrheitsanspruch der Religion auf die Ebene der „Bewährung" eines identitätssichernden Ethos zurückgenommen werden muss. Nicht weniger misslich sind die philosophischen Konsequenzen.

Entweder man verstrickt sich in einen Relativismus, der nicht ohne Selbstwiderspruch zu vertreten ist, weil der Relativist nicht sagen kann, von wo aus er selber spricht, wenn er sich auf eine Metaebene begibt, die er doch gerade leugnet. Oder man begegnet diesem Einwand mit Rortys methodischem Ethnozentrismus, wonach wir, wenn wir andere Weltbilder verstehen wollen, den fremden Sinn an unsere eigenen Rationalitätsmaßstäbe assimilieren müssen. Oder man konzipiert mit McIntyre einen wechselseitig ethnozentrischen Kampf um Proselyten mit der Möglichkeit der Konversion zu den überlegenen Rationalitätsmaßstäben der anderen Seite. Wilhelm Lütterfelds möchte der Intuition, dass die eigenen Wahrheitsansprüche mit der Forderung gegenseitiger Toleranz vereinbar sind, gerecht werden. Er mildert die Beschränkungen, die dem Verstehen durch die semantische Geschlossenheit der Weltbilder auferlegt sind, dadurch ab, dass er mit Peter Winch gemeinsame pragmatische Berührungspunkte auf der kulturübergreifenden Grundlage elementarer Handlungsweisen – von Essenspraktiken bis Begräbnisriten – zulässt. Freilich sehe ich nicht die Schranke, die im Verkehr zwischen semantischer und pragmatischer Ebene einen Transfer von Bedeutungen aufhalten könnte.

Demgegenüber verteidige ich nach wie vor das hermeneutische Modell des Verstehens, wonach die pragmatischen Universalien der Sprechsituation (mit reziproken Sprecher- und Hörer-, Teilnehmer- und Beobachterperspektiven, mit wechselseitigen Rationalitätsunterstellungen und entsprechenden Referenzsystemen) eine hinreichend gesicherte Ausgangsbasis für eine *gegenseitige* Verständigung bereitstellen. Die Philosophie kann im Streit der religiösen Weltbilder und kulturellen Lebensformen gerade deshalb eine Moderatorenrolle übernehmen, weil sie sich in den Grenzen nachmetaphysischen Denkens auf den Universalismus von Recht und Moral beschränkt und auf die Auszeichnung *eigener* Konzeptionen des Guten verzichtet.

(5) Auf eine ganz andere Weise als Wilhelm Lütterfelds macht Julius Schneider von Wittgensteins Sprachtheorie Gebrauch. Er spitzt den Pluralismus der Sprachspiele nicht auf eine Inkommensurabilitätsthese zu. Über ein Sprachkonzept, das Inhalt und Modus von sprachlichen Äußerungen entdifferenziert, gelangt er vielmehr zu einer speziellen, an Wittgensteins mystische Neigungen angelehnten[27] Deutung religiöser Ausdrucksformen. Die Wittgenstein'sche Lesart von William James' „Varieties of Religious Experience" führt am Ende zu einer Definition des Religiösen, das sich in den großen Weltreligionen auf verschiedene Weise ausprägt. Die Berufung auf Wittgenstein provoziert die Frage nach dem Status desjenigen Sprachspiels, das hier der Analytiker selbst in Anspruch nimmt: Bewegt sich die Charakterisierung eines bestimmten Verständnisses von Religiosität (des Bewusstseins von Endlichkeit, Ohnmacht und Errettung, aber ohne erlösungsreligiöse Hoffnung) in den Grenzen religiöser Sprachspiele selbst? Handelt es sich bei dieser Rekonstruktion um das Durchsichtigmachen der Grammatik eines bestimmten, z. B. zenbuddhistischen Sprachspiels aus dessen eigener Perspektive?

Wittgenstein untersuchte philosophische Sprachspiele als Philosoph und konnte daher seine phänomenologischen Sprachuntersuchungen als therapeutische Selbstaufklärung der Philosophie verstehen. Hingegen muss Julius Schneider seine Explikation als gläubiger Anhänger einer bestimmten religiösen Tradition aus dieser selbst heraus vornehmen, oder als Philosoph aus dem Umkreis der religiösen Rede heraustreten – wie es wohl seine Absicht ist. Sonst dürfte er die dogmatische Konkurrenz zwischen Wahrheitsansprüchen verschiedener religiöser Herkunft nicht so neutralisieren, wie er es im Anschluss an William James für selbstverständlich hält. In der Rolle des philosophischen Beobachters von Religion müsste Schneider jedoch eine Übersetzung aus religiösen Sprachspielen in das generalisierende Sprachspiel der Philosophie in einer Weise vornehmen, die mit Wittgensteins Vorstellung einer reflektierenden Selbstexplikation nicht zu vereinbaren ist.

Julius Schneider lässt sich, wenn ich recht sehe, von der religionsphilosophischen Absicht leiten, zu religiösen Erfahrungen im Allge-

---

[27] L. Wittgenstein, Vortrag über Ethik, Frankfurt/Main 1989, 9–19.

meinen einen philosophischen Kommentar zu geben (und darüber hinaus vielleicht sogar eine bestimmte religiöse Tradition als vernünftig zu rechtfertigen). Dabei stellt sich ihm eine Reihe von Fragen: „Kann man über eine ‚Sicht aufs Ganze' philosophisch argumentieren? Haben die Artikulationen einer solchen Sicht einen argumentativ zugänglichen Gehalt? Ist es nötig (und möglich), die religiösen Sprachformen für die Zwecke der Philosophie zu verlassen, und müssen wir die Aussagen der Religion so übersetzen, dass sie eine propositionale Form erhalten, die nicht nur eine Sache der Oberfläche ist?"[28] Schneider bejaht diese Fragen, weil er die Aufgabe der philosophischen Übersetzung in dem apologetischen Sinne versteht, für die Sichtweise religiöser Weltbilder eine rationale Erklärung anzubieten. Dieser *religionsphilosophische* Versuch, sich auf religiöse Sprachspiele einen philosophischen Vers zu machen, lässt das Selbstverständnis der Religion weniger intakt als meine Idee einer Übersetzung religiöser Bedeutungspotentiale in eine öffentliche Sprache, die Julius Schneider als vergeblichen Versuch einer „Wertstofftrennung" kritisiert. Hier zielt die Übersetzungsabsicht nicht auf den Sinn des religiösen Glaubensmodus, sondern auf die kritische Aneignung bestimmter Glaubensinhalte – das muss die religiöse Rede selbst nicht berühren.

Partielle Übersetzungen aus religiösen, in der Glaubenspraxis einer Gemeinde verankerten Lehren in eine öffentlich zugängliche Sprache sind vergleichsweise triviale Vorgänge. Beispielsweise stoßen wir auf ganz unauffällige Infiltrationen der Alltagssprache, wenn wir den semantischen Zusammenhängen von „beten" und „bitten", von „Zeugnis ablegen" und „bezeugen", von „heilig" und „heil" nachspüren, oder wenn wir auf den sakralen Ursprung von Vokabeln wie anbeten und verfluchen, lobpreisen und schmähen, verehren und verurteilen reflektieren. Die Vokabulare von Schuld und Sühne, von Befreiung, menschlicher Würde und Erniedrigung, die Rede von Solidarität und Verrat, die Sprache der moralischen Gefühle, der Ängste und Sehnsüchte haben oft einen religiösen Hintergrund und bewahren Konnotationen, auf die wir rhetorisch zurückgreifen können, um verblasste Bedeutungen zu revitalisieren.

Aber es geht nicht nur um die Erneuerung des evaluativen Vokabulars, sondern um die Öffnung der säkularen Sprachen und Begrifflichkeiten für empfindliche Semantiken nicht-alltäglicher Herkunft. Solche Semantiken werden im Zuge der dogmatischen Fortbildung einer religiösen Lehre umso feinfühliger ausdifferenziert, je

---

[28] Schneider, in diesem Band: 184.

häufiger und je länger die Traditionssicherung unter dem Bewäh-
rungsdruck wechselnder historischer Umstände und neuer Erfahrungen stehen, die die Artikulationskraft und die hermeneutische
Anstrengung der Interpreten herausfordern. Mit einem Hegelschen
Blick auf die Philosophiegeschichte entdeckt man leicht die zahllo-
sen Anleihen bei, und Übersetzungen aus der jüdisch-christlichen
Überlieferung. In unseren Tagen war es interessant zu beobachten,
wie in der Folge des 11. September eine Fülle von philosophischen Büchern über „das Böse" erschienen ist: Auch hier geht es
um die irritierenden Bedeutungsdifferenzen zwischen „böse" und
„schlecht", „Sünde" und „Schuld", also um aktualisierte Bedeu-
tungsnuancen, die wir noch nicht in eine säkulare Rede eingeholt
haben.[29]

Für die Zielsprache, in die übersetzt werden soll, genügt das einfache Kriterium der Öffentlichkeit: zugelassen sind alle Aussagen,
die sich nicht nur gegenüber Mitgliedern einer partikularen Sprach-
gemeinschaft, sondern im Prinzip gegenüber einem unbeschränkten
Kreis von Adressaten verteidigen lassen sollen. In säkularen Lebens-
bereichen wie dem Alltagsleben moderner Gesellschaften oder der
Sphäre der Wissenschaft sind Aussagen dann nicht akzeptabel,
wenn für deren Gültigkeit Offenbarungswahrheiten, also Sätze mit
einem historischen Index, angeführt werden müssen, die sich auf
die personale Autorität eines Lehrers berufen. Ich erinnere an Kierkegaards eindrucksvollen Vergleich zwischen den auf Jesus mit den
auf Sokrates zurückgehenden „Wahrheiten".

Genau diese Unterscheidung zwischen den epistemischen Mo-
dalitäten des Glaubens und des Wissens wird verwischt, wenn wir
mit dem späten Wittgenstein die Differenzierung zwischen den
Geltungsansprüchen einebnen, die wir für assertorische, normative, evaluative oder expressive Sätze erheben. Julius Schneider geht
auf die pragmatische Sprachtheorie, die ich aus einer Kritik an
Grice, Searle und Dummett entwickelt habe, nicht ein.[30] Daher
lasse ich die sprachphilosophischen Erörterungen bis auf die eine
Differenz, die in unserem Zusammenhang relevant ist, auf sich beruhen: Ich teile Michael Dummetts Kritik an einer Gebrauchstheo-

---

[29] R. J. Bernstein, Radical Evil, Cambridge 2002.

[30] J. Habermas, Nachmetaphysisches Denken, Teil II: Pragmatische Wende, Frankfurt/Main, 63–149; ders., Wahrheit und Rechtfertigung, Teil I: Von
der Hermeneutik zur formalen Pragmatik, Frankfurt/Main 1999, 65–137;
ders., Kommunikatives Handeln und detranszendentalisierte Vernunft, in:
ders., Zwischen Naturalismus und Religion, Frankfurt/Main 2005, 27–83.

rie der Bedeutung, die Freges Trennung zwischen Inhalt und Modus rückgängig macht. Der späte Wittgenstein vernachlässigt zusammen mit dem Weltbezug propositional ausdifferenzierter Sprechhandlungen die kognitive Dimension des Aussageinhalts. Mit der Auszeichnung der illokutionär-propositionalen Doppelstruktur geht auch die Sonderstellung des rationalen Diskurses verloren. In diesem Argumentationsspiel werden die gemeinhin naiv erhobenen und attestierten Geltungsansprüche als solche thematisiert und mit Gründen pro und contra dem Schmelztiegel der Kritik ausgesetzt.

Das Reflexionsgefälle zwischen Argumentationsspiel und kommunikativem Handeln unterscheidet auch den theologischen Diskurs von der Glaubenspraxis der Gemeinde. Aber die Theologie bleibt von der geglaubten Lehre in der Weise abhängig, dass sie im Gegensatz zur Philosophie nicht alle Geltungsansprüche vorbehaltlos der Kritik ausliefern kann. Für diesen prozeduralen Unterschied zwischen *offener* und *gebundener Argumentation* bleibt eine Theorie unempfindlich, die die Modusabhängigkeit aller Aussageinhalte behauptet. Die Theologie als Hüterin des Glaubens unterscheidet sich von der Philosophie keineswegs dadurch, dass die eine auf die Artikulation einer „Sicht aufs Leben" spezialisiert ist, während sich die andere auf propositionales Wissen konzentriert. Zweifellos zehren prophetische Lehren von ihrer Kraft innovativer Welterschließung in besonderer Weise; aber philosophische Sprachen können, wie die eigenwillige Terminologie der großen Philosophen belegt, die Augen für radikal neue Welten öffnen. Die Differenz zwischen Glauben und Wissen liegt nicht in dieser Dimension. Das verkennen Sprachkonzeptionen, die die produktive Leistung der Artikulation neuer Weltsichten gegenüber dem Eigensinn propositionaler Gehalte verselbständigen. In dieser Hinsicht trifft sich der späte Wittgenstein mit dem späten Heidegger.

(6) Verdienstvoll finde ich Ludwig Nagls Versuch, die philosophische Aufmerksamkeit auf den christlichen Erfahrungs- und Motivationshintergrund des amerikanischen Pragmatismus zu lenken. Die Verwurzelung im Transzendentalismus des frühen 19. Jahrhunderts macht sich noch im Denken religiös unmusikalischer Pragmatisten wie John Dewey oder Richard Rorty bemerkbar. Wenn man von Rorty's physikalistischer Frühphase absieht, hat die Erinnerung an Emerson's geschwisterliches Verhältnis zur Natur alle Pragmatisten — trotz der gelegentlich starken Neigung zu einem funktionalistischen Verständnis der Vernunft und einem instrumentalistischen Begriff der

Erkenntnis – von einem krude wissenschaftsgläubigen Naturalismus abgehalten.

Aus den religiös konnotierten Grundbegriffen des Pragmatismus hebt Ludwig Nagl mit Recht „community" als das Motiv hervor, das die Gedankenbewegung im ganzen prägt. Bei Josiah Royce sind die christlichen Konnotationen der Gemeinde noch explizit zu greifen; aber von Charles Sanders Peirce über William James und George Herbert Mead bis John Dewey teilen *alle* Pragmatisten die Hegelsche Intuition einer – vom Heiligen Geist inspirierten – Vergesellschaftungsform des konkreten Allgemeinen. Dieselbe Intuition drückt sich in dem Satz aus, der auf dem Campus der Harvard University als Inschrift am Eingang zur James Hall angebracht ist: The community stagnates without the impulse of the individual, the impulse dies away without the sympathy of the community.

Die „Gemeinschaft" bettet den Individualismus von Kants egalitär-universalistischer Achtungsmoral in eine Lebensform ein, die Nähe und Zuwendung des solidarischen Beziehungsnetzes garantiert, ohne Eigensinn, Distanz und Andersheit zu gefährden. Mit dem Begriff einer *individuierenden Vergesellschaftung* verbindet sich die Idee der Ausrichtung auf eine „ever wider community". Der Gemeinschaft wohnt ein Logos inne, der zugleich über die Grenzen jeder partikularen Gemeinschaft hinausweist.

Diese Idee hat nicht nur die bis heute maßgebenden pragmatistischen *Praxis-Konzeptionen* – von Alltags- und Forschungspraxis – bestimmt und damit für intersubjektivistische Ansätze in Moral- und Sprachphilosophie, Erkenntnis- und Wissenschaftstheorie den Weg gewiesen. Über die Theorien von Mead und Dewey hat die Gemeinschaftskonzeption auch eine gesellschaftspolitische Bedeutung gewonnen. In Europa gab es eine frühe Parallele bei den Junghegelianern – von Feuerbachs Liebeskommunismus bis zum naturalistischen Humanismus des jungen Marx. Diese intersubjektivistischen Ansätze zu einer Kommunikations- und Gesellschaftstheorie haben jedoch hier keine traditionsbildende Kraft entfalten können. Das zeigt sich beispielsweise an der Habilitationsschrift von Michael Theunissen aus dem Jahre 1962. Unter dem Titel „Der Andere" muss sich der Autor beim junghegelianisch inspirierten Habilitanden Karl Löwith und bei Martin Buber Beistand holen, um gegen die subjektphilosophischen Konzeptionen von Husserl und Heidegger die verschütteten Wurzeln einer „dialogischen Philosophie" mühsam freizulegen. Der Pragmatismus ist in Deutschland, trotz Scheler und Gehlen, erst in meiner Generation, vor allem angestoßen durch Karl-Otto Apels Pionierleistung, vorbehaltlos rezipiert worden.[31]

Ich stimme der beziehungsreichen Interpretation von Ludwig Nagl zu, würde nur an einigen Stellen die Akzente etwas anders setzen:

– Im Gegensatz zu Hegels herber Kritik an seinem gesellschaftlich erfolgreicheren Konkurrenten schätze ich die Argumentation des späten Schleiermacher (in den einleitenden Paragraphen seiner „Dogmatik" von 1830) höher ein: Man muss die geniale Trennung der philosophischen Rechtfertigung des religiösen Gefühls – als eines anthropologisch Allgemeinen – von der theologischen Dogmatik als der Auslegung einer besonderen religiösen Tradition unter anderen Traditionen aus der Innenperspektive einer kirchlich organisierten Glaubensgemeinschaft würdigen, die in der modernen, weltanschaulich pluralistischen Gesellschaft ihren Platz finden will.

– Charles Sanders Peirce ist für eine religionsphilosophische Fährtensuche unter allen Pragmatisten – wenn man von Royce absieht, bei dem die Zusammenhänge manifest sind – die ergiebigste Figur. Gerade das Modell der Interpretationsgemeinschaft, die allein der Logik einfallsreicher Lernprozesse unterworfen ist, inspiriert diesen denkmächtigsten Pragmatisten, und zwar kontinuierlich von seinen ersten Schriften an bis zu seiner späten, zeichentheoretisch begründeten Metaphysik der Erstheit, Zweitheit und Drittheit.

– Richard Rorty schließlich, der sich sonst William James am nächsten fühlt, schließt sich in Sachen Religion an Dewey an. Er teilt dessen humanistische Hoffnung auf die kollektive Beförderung einer „besseren" Welt. Andererseits sind für ihn religiöse Glaubensrichtungen nichts anderes als ethische Lebensentwürfe, die wesentlich privater Natur sind und daher schmerzlos aus der politischen Öffentlichkeit verschwinden können. In dieser Hinsicht unterschätzt Rorty nicht nur den kognitiven Sinn religiöser Geltungsansprüche, der eine schiedlich-friedliche Privatisierung verbietet. Er setzt sich damit auch in Widerspruch zu seinen Zugeständnissen an Vattimos postmodern aufgeweichtes Christentum. Diese Art von „lauwarmer" Religion, die sich in psychologischen Impulsen zu mitleidensfähigem Verhalten auflöst und jeden kognitiven Stachel verliert, wird in der Welt nichts mehr bewegen. Eine solche Religion ist auch für die Reproduktion jener „unbegründbaren Hoffnung", die auf eine Veränderung der öffentlichen Zustände abzielt, irrelevant – obwohl sie doch nur um dieses Zieles willen toleriert werden soll.

---

[31] J. Habermas, Amerikanischer Pragmatismus und deutsche Philosophie, in: ders., Zeit der Übergänge, Frankfurt/Main 2001, 155–172.

(7) Im Großen und Ganzen bin ich der Darstellung von Klaus Müller mit Zustimmung gefolgt. Mein zunächst von Hegel bestimmter Blick auf eine Religion, die in der modernen Welt einer dialektischen Aufhebung zusteuert, hat sich tatsächlich geändert. Die Indikatoren für ein Fortbestehen der Religion in der gesellschaftlichen Moderne haben sich inzwischen verdichtet. Aus den Anzeichen einer erneuten Vitalität religiöser Energien (vor allem in anderen Regionen der Welt) kann man freilich eine *kognitive* Herausforderung für die Philosophie nur dann herauslesen, wenn man die empirisch festgestellte Tatsache als Symptom für das Fortbestehen einer *Gestalt des Geistes* interpretiert. Allein unter dieser Beschreibung bedeutet „Fortexistenz" ein Fortbestehen aus internen oder vernünftigen Gründen. Dieser neue Akzent hat weniger mit der Veränderung meiner persönlichen Einschätzung der Religion zu tun (zumal der politische Missbrauch der religiösen Fundamentalismen im Westen wie im Osten abschreckend genug ist), sondern eher mit einer skeptischeren Einschätzung der Moderne. Sind die geistigen Potentiale und gesellschaftlichen Dynamiken, die eine global gewordene Moderne *aus sich selbst heraus* aufbieten kann, stark genug, um ihre selbstdestruktiven Tendenzen, in erster Linie die Zerstörung ihres eigenen normativen Gehaltes, aufzuhalten?

Dieser Zweifel ist allerdings kein neues Motiv, wie mein Aufsatz über Benjamins „rettende Kritik" aus dem Jahre 1972 zeigt; aber er ist stärker geworden (vielleicht nur ein Alterspessimismus). Benjamin hatte der Kunstkritik die Aufgabe zugemutet, das Schöne ins Medium des Wahren zu überführen. Dabei versteht er, wie er im „Ursprung des deutschen Trauerspiels" sehr Heideggerisch anmerkt, Wahrheit „nicht (als) Enthüllung, die das Geheimnis vernichtet, sondern (als) Offenbarung". Seit meiner ersten Begegnung mit Benjamins Texten im Jahre 1956 hat mich der Gedanke der profanen Entbindung von semantischen Potentialen, die sonst „dem messianischen Zustand verloren gehen", fasziniert: „Benjamins Kritik des leeren Fortschritts zielt gegen einen freudlosen Reformismus, dessen Sensorium längst abgestumpft ist gegen die Differenz zwischen der verbesserten Reproduktion des Lebens und einem erfüllten Leben, sagen wir: einem Leben, das nicht verfehlt ist."[32]

---

[32] J. Habermas, Walter Benjamin: Bewusstmachende oder rettende Kritik (1972), in: ders., Philosophisch-politische Profile, erw. Aufl., Frankfurt/Main 1981, 336–376, hier 374.

Klaus Müller trifft deshalb mit dem Thema „Athen und/oder Jerusalem" einen Nerv. Die Vernunft – in der gegenwärtigen Gestalt eines nachmetaphysischen Denkens – versteht sich selbst nicht, solange sie sich ihre Genealogie nicht vollständig vergegenwärtigt hat. Sie muss aus der Teilnehmerperspektive, also gewissermaßen „von innen", die Stellung der griechischen Philosophie im achsenzeitlichen Entstehungskontext der übrigen Weltreligionen klären und ihre eigenen Lernprozesse einholen, die sie unter Verzicht auf den eigenen Heilsweg (einer Kontemplation des Guten) arbeitsteilig, eben in Kooperation und Auseinandersetzung mit Glaubenspraxis und Lehre (vor allem, wenn auch nicht nur) des Christentums durchlaufen hat. Im Rückblick auf die wechselseitigen Lernprozesse muss die Vernunft das von ihrer Seite *intransparente Verhältnis* zu religiösen Geltungsansprüchen zu begreifen suchen. Dieser Versuch muss keineswegs Kant oder Hegel in der Absicht folgen, die Intransparenz *zu tilgen* und die religiöse Form der Erfahrung als solche *obsolet zu machen*. Für die Selbstvergewisserung der Vernunft in der Moderne ist es etwas anderes, am unbegriffenen Fremden religionskritisch die eigenen Maßstäbe zu bestätigen oder sich diesen Sachverhalt selbstkritisch zu vergegenwärtigen.

Was nun die freundschaftliche Diskussion betrifft, die ich bei Gelegenheit mit dem verehrten Johann Baptist Metz geführt habe, kann ich meine Intentionen in der Darstellung von Klaus Müller wiedererkennen. Ungern sehe ich mich allerdings in die Rolle des Philosophen gedrängt, der in einer *theologischen* Kontroverse gegen Metz Stellung bezieht und der von ihm bekämpften Konzeption einer „mit dem Glauben verschwisterten Vernunft" *philosophisch* Schützenhilfe leistet. In einem so sehr von Missverständnissen belagerten Terrain muss man wissen, von wo aus man spricht. Zu dem zwischen Metz und Ratzinger umstrittenen Satz, dass der christliche Glaube eine durch Christus vermittelte Synthese aus dem Glauben Israels und dem griechischen Geist sei, kann ich aus nicht-theologischer Sicht gar nichts sagen. Aus philosophischer Sicht würde ich freilich eine Präsupposition des Streites in Frage stellen: ich glaube nicht, dass die Philosophie „nach Kant" überhaupt noch die theologische Erwartung einer metaphysischen Begründung des universalen Geltungsanspruchs der christlichen Gottesrede erfüllen könnte. Auch Joseph Ratzinger meint, dass die philosophische Grundlage des Christentums, „durch das ‚Ende der Metaphysik' problematisch geworden ist."[33] Sofern die metaphysische Rede vom Absoluten das

---

[33] J. Ratzinger, Glaube – Wahrheit – Toleranz, Freiburg 2003, 132; dazu M. Knapp (2006), 51 ff. Mit Bezugnahme auf die Enzyklika von Johannes

Ziel der fides quaerens intellectum ist, muss das nachmetaphysische Denken passen.

Die Tatsache der Symbiose von israelischem Glauben und griechischer Philosophie ist als solche unstrittig. Die christliche Erlösungsbotschaft ist mit metaphysischen Denkmitteln erst dogmatisch durchgearbeitet und ausgestaltet, im Max Weber'schen Sinne „rationalisiert" worden. Zugleich haben aber die heterogenen Inhalte einer monotheistischen Schöpfungs- und Heilsgeschichte (die, wie die trinitarische Struktur Gottes oder die Schöpfung aus dem Nichts, dem kosmologischen Denken der Griechen fremd sind)[34] auf dem langen Wege der argumentativen Durcharbeitung und Assimilierung auch ihrerseits eine subversiv-umgestaltende Kraft auf das metaphysische Begriffsgerüst ausgeübt.[35] Der innertheologische Streit geht um die Frage, ob die Hellenisierung des Christentums eher eine platonisierende *Entfremdung* von den existentiellen Motiven der urchristlichen Heilserwartung, der kommenden Gottesherrschaft, der Theodizeefrage und des Jüngsten Gerichts bedeutet; oder ob diese Symbiose nicht vielmehr eine Bereicherung darstellt – ob sie den vernünftigen Charakter des Glaubens erst explizit gemacht und für die mystische Gotteserfahrung (die eher in den asiatischen Religionen zu Hause ist) einen legitimen Platz geschaffen hat.

Aus philosophischer Sicht ist die Frage, ob man in der Bewertung eher Metz oder eher Ratzinger folgt, nicht so interessant wie die andere Frage: welche Stellung denn die moderne Philosophie, als Denken nach der Metaphysik, ihrerseits zu Athen und Jerusalem einnimmt. Ich bin mir nicht sicher, ob Klaus Müller die Differenz dieser beiden Fragestellungen genau genug beachtet. In der Arbeitsteilung mit der Theologie hat die Philosophie auf Heilswissen definitiv verzichtet. Sie kann nicht trösten, bestenfalls ermutigen. Es ist nicht das geringste Verdienst der Kantischen Religionsphilosophie, ge-

---

Paul II „Fides et Ratio" spielt Magnus Striet (siehe o. 265, Fußnote 11) diese Frage mit der Bemerkung herunter, die Aufgabe einer vernünftigen Rechtfertigung des Glaubens mache die christliche Theologie von Philosophie abhängig, jedoch „ohne (sie) auf eine bestimmte, historisch gewachsene Gestalt von Metaphysik zu verpflichten".

[34] M. Lutz-Bachmann, Hellenisierung des Christentums?, in: C. Colpe, L. Honnefelder, M. Lutz-Bachmann (Hg.), Spätantike und Christentum, Berlin 1992, 77–98.

[35] Papst Benedikt XVI demonstriert in der Enzyklika DEUS CARITAS EST am griechischen Wortfeld für „Liebe" (Eros, Philia und Agape) die Sprengkraft des biblischen Gedankens der Gottesliebe – des Gottes, der mit seiner Liebe zu den Menschen dem Andenken der Menschen an Gott „zuvorkommt".

zeigt zu haben, dass das nachmetaphysische Denken zwar keine
Zuversicht wecken, aber die praktische Vernunft vor Defätismus
schützen kann.

Wenn ich gegen Metz die christlichen Motive betone, die sich die
Philosophie ihrerseits angeeignet und in das Universum begründender Rede eingemeindet hat, geht es mir um die Streitfrage, die Dieter
Henrich und Michael Theunissen in entgegengesetztem Sinne beantworten:[36] Ob sich in der Moderne eher der Gehalt des metaphysisch-
kosmologischen Denkens oder der der monotheistischen Überlieferung erschöpft hat.[37] Die Richtung meiner Antwort hat Klaus Müller
richtig skizziert. Er selbst scheint den Gegensatz zwischen Kosmotheismus und Monotheismus eher entschärfen zu wollen, um der Metaphysik, allerdings in Gestalt der Bewusstseinsphilosophie des Deutschen
Idealismus, eine Zukunft zu sichern. Mein Einwand wird ihn nicht wun-
dern. Wenn sich das Absolute, wie bei Henrich, über die meditative
Auflösung der Selbstbewusstseinsproblematik in ein ursprüngliches
Mit-sich-vertraut-Sein erschließen soll, meldet sich in dieser Botschaft
die ursprüngliche Verwandtschaft des Platonismus mit fernöstlichen
Weltreligionen zu Wort. Wer von hier aus eine Brücke zum Christentum schlägt, wird am anderen Ufer bestenfalls die mystischen Unter-
strömungen dieser Tradition erreichen.

III. Gespräch mit der zeitgenössischen Theologie

Das Thema „Athen und Jerusalem" leitet schon zum Gespräch mit
den Theologen über. Es ist mehr als eine façon de parler, wenn ich
mich für Denkanstöße aus den Diskussionen bedanke, in die mich
seit den 70er Jahren insbesondere katholische Theologen verwi-

---

[36] Ob das für Theunissen auch heute noch, d. h. nach der Veröffentlichung
seines großen Werkes zu Pindar (Menschenlos und Wende der Zeit, München 2000) uneingeschränkt gilt, lasse ich dahingestellt; vgl. meine Einführung zu: M. Theunissen, Schicksal in Antike und Moderne, Carl-Friedrich von
Siemens Stiftung, München 2004.

[37] Müllers Referenz auf die jüngste Debatte zwischen Henrich und Theunissen gibt einen wichtigen Hinweis. Die Philosophie in Deutschland hat der
angelsächsischen Philosophie, gegenüber der sie sonst ins Hintertreffen geraten ist, nur eines voraus: die Sensibilität für die Art von Fragen, die nicht
schon dadurch verschwunden sind, dass sie nicht mehr metaphysisch beantwortet werden können. Das ist gewiss ein Erbe der Tradition von Kant bis Hegel und Marx; andererseits autorisiert dieser Umstand nicht per se zur Fortsetzung dieser Tradition *auf der Augenhöhe spekulativen Denkens*.

ckelt haben.[38] Die Auseinandersetzung mit Religionsphilosophen mag noch so anregend und lehrreich sein; aber dabei bewegt man sich im Raum bekannter Argumente und bezieht sich auf gemeinsame Lektüren. Bei der Begegnung mit Theologen verlässt man den heimischen Boden. Während man Einwände und Appelle aufnimmt, muss man zugleich über eine Differenz von Sprachspielen nachdenken, die in der gewohnten akademischen Umgebung eher undeutlich bleibt. Hinzu kommt die einschmeichelnde Resonanz, die biblische Bilder und theologische Denkfiguren immer noch in säkularisierten Geistern, die ja in einer christlich geprägten Kultur ausgebildet worden sind, hervorrufen können. Diese Resonanz bietet freilich auch eine hermeneutische Brücke für den erwünschten Bedeutungstransfer in beiden Richtungen. An diesen „Übersetzungen" könnten beide Seiten interessiert sein – und sei es nur zum Zwecke der politischen Verständigung in pluralistischen Öffentlichkeiten.

(8) Mir kommt der Vorschlag von Walter Raberger entgegen, die trinitarische Formel des Konzils von Chalzedon auf den speziellen Fall von Vernunft und Offenbarung in der Moderne anzuwenden. Das Verhältnis des nachmetaphysischen Denkens zu einem Offenbarungsglauben, der sich seinerseits von affirmativer Metaphysik gelöst hat, lässt sich als „unvermischt", aber „ungetrennt" begreifen.[39] Freilich mag dieselbe Formel aus nicht-theologischer Sicht etwas anderes bedeuten als aus theologischer. Nach meiner Auffassung bezieht sich das Prädikat „ungetrennt" rückblickend auf den gemeinsamen Ursprung aus der Weltbild-Revolution der Achsenzeit sowie auf eine Genealogie der Vernunft, die Philosophie und Monotheismus miteinander verwoben hat. Im Hinblick auf unsere Gegenwart ist das Prädikat „ungetrennt" jedoch ein Problemtitel für ungeklärte Erbschaftsverhältnisse: Das nachmetaphysische Denken darf den Faden zu den unabgegoltenen semantischen Potentialen einer ihm äußerlich *bleibenden* Religion nicht abreißen lassen. Es ist daher, mit Rabergers Kant gesprochen, nicht im Interesse der Vernunft, „der Religion unbedenklich den Krieg anzukündigen".

---

[38] Das Interesse beschränkt sich nicht auf die katholische Seite; vgl. u. a. die vorzüglichen Studien von H. Düringer, Universale Vernunft und partikularer Glaube, Leuven 1999 und J. Glebe-Möller, A Political Dogmatic, Philadelphia 1987.

[39] Anhand dieses Leitfadens interpretiert H. Düringer (1999) das Verhältnis der Theorie des kommunikativen Handelns zur protestantisch verstandenen jüdisch-christlichen Überlieferung.

Adorno hat die kritische Aneignung der noch ungeborgenen Potentiale wie Kant – aus der ausgreifenden Perspektive der Geschichtsphilosophie – als eine gesellschaftliche Dynamik der „Annäherung an das Reich Gottes auf Erden" betrachtet. Aber die Zustimmung zu dem Satz „Nichts an theologischem Gehalt wird unverwandelt fortbestehen; ein jeglicher wird der Probe sich stellen müssen, ins Säkulare, Profane einzuwandern" sollte nicht über den Dissens in der Frage hinwegtäuschen, was sich in diesem Assimilationsvorgang radikaler verwandelt: die Gestalt des Profanen oder die des Heiligen. Größer noch ist die Differenz unter den Philosophen selber. Wenn wir, nach der Metaphysik, auch noch auf die philosophische Nachahmung der negativ-theologischen Denkfiguren verzichten, entfällt selbst die geschichtsphilosophische Rückendeckung für das, was von der messianischen Hoffnung bei Adorno, vielleicht auch bei Derrida, übrig geblieben war.

Die Ernüchterung geht so weit, dass die fallible, in sprachlichen Praktiken verkörperte Vernunft nur noch auf dem Wege der Vergewisserung ihrer Reproduktionsbedingungen aus dem idealisierenden Überschuss unvermeidlicher Kommunikationsvoraussetzungen gegen den in ihr selbst angelegten Defätismus, wenn schon keine Zuversicht, so doch Ermutigung schöpfen kann. Die Ermutigung wurzelt darin, dass auch noch in den pathologisch verzerrten Kommunikationsformen der Stachel von Wahrheitsansprüchen steckt, sodass sich keine Verblendung ohne diesen Stachel reproduzieren – und daher auch nicht definitiv gegen ihn abschirmen – kann. In der kommunikativen Verfassung unserer Lebensform ist eine Transzendenz von innen wirksam. Diese ist nur ein schwaches Echo jener Transzendenz, deren Selbstoffenbarung Walter Raberger als „Einsage" versteht – als Einsage gegen das „Faktum der menschlichen Verblendungsgeschichte und der daraus resultierenden Vernichtung von Opfern". Immerhin hat die Transzendenz von innen Kant zur Konstruktion einer „Verstandeswaage" genügt.

Die nachmetaphysische Ermäßigung der eschatologischen Hoffnung könnte nicht besser exemplifiziert werden als durch das erwärmende Bild, das Walter Raberger aus Kants „Träumen eines Geistersehers" in einer Fußnote zitiert. Das Zitat ist zu schön, um nicht eine Wiederholung im Text zu verdienen: „Die Verstandeswaage ist doch nicht ganz unparteiisch, und ein Arm derselben, der die Aufschrift führet: *Hoffnung der Zukunft*, hat einen mechanischen Vorteil, welcher macht, dass auch leichte Gründe, welche in die ihm angehörige Schale fallen, die Spekulationen von an sich größerem Gewichte auf der anderen Seite in die Höhe ziehen. Dies ist die einzige

Unrichtigkeit, die ich nicht wohl heben kann, und die ich in der Tat auch niemals heben will."[40] Wenn man sich nach Maßgabe der Chalzedonischen Formel auf einen Dialog über klar gezogene Grenzen hinweg einlässt, muss freilich eine Balance eingehalten werden, die einem gegenseitigen Paternalismus vorbeugt. Wie andere Kollegen entdeckt Walter Raberger in meiner Bestimmung des Verhältnisses von nachmetaphysischem Denken und Offenbarungsglauben „Momente der Vereinnahmung". Ich würde stattdessen sagen: Die Versuche verraten eine unvermeidliche Asymmetrie insofern, als dieser Dialog unter der Bedingung einer *eingeschränkten* Perspektivenübernahme stattfindet. Während der katholische Theologe mit dem Ziel, seinen Glauben vor der Vernunft zu rechtfertigen, alle Register des philosophischen Denkens ziehen kann, darf sich der Philosoph schon aus methodischen Gründen nicht auf Offenbarungswahrheiten einlassen. Eine Kritik der Religion kann ich deshalb auch nicht, wie Raberger meint, „im Modus eines genetivus subjectivus" üben. Ebenso unbegründet ist der Verdacht, dass sich das säkulare Denken durch die Theologie „vertreten" lassen wolle, wenn es um die Funktion des Tröstens geht, die „nur mit der Unterstellung einer Transzendenz ins Diesseits angedacht werden könne"[41]. Nach meinem Verständnis zielt auch die „Übersetzung" aus der religiösen in eine allgemein zugängliche Sprache nicht auf die Art von säkularer Selbstverständigung, die „eine religiöse Grundoption" in den eigenen Horizont „überträgt".

Aber hat das asymmetrische Verhältnis der Philosophie zum Offenbarungswissen nicht genau den Paternalismus zur Folge, den Raberger beargwöhnt? An dieser Stelle ist es wichtig, die beiden Perspektiven auseinander zu halten, die wir jeweils wählen, wenn wir entweder *über* gläubige Mitglieder einer Religionsgemeinschaft sprechen oder *mit* ihnen. Der normativ urteilende politische Philosoph nimmt in ähnlicher Weise die objektivierende Einstellung eines Außenstehenden ein wie der deskriptiv verfahrende Historiker oder Soziologe. Der eine beschreibt die Anpassung des religiösen Bewusstseins an moderne Lebensbedingungen als eine Art „Modernisierung", während der andere unverzichtbare normative Erwartungen begründet, die sich an alle, religiöse wie nicht-religiöse Bürger eines demokratischen Verfassungsstaates, gleichermaßen richten. In beiden Fällen sind Praktiken und Überzeugungen von Religions-

---

[40] I. Kant, Träume eines Geistersehers, erläutert durch Träume der Metaphysik, Werke, Bd. I, 961.

[41] Raberger, in diesem Band: 253.

gemeinschaften Gegenstand, nicht Partner einer Untersuchung; das Gewicht von Einwänden, auch solchen von religiöser Seite, bemisst sich ausschließlich an den Regeln der jeweiligen Disziplin. Das hat mit Paternalismus nichts zu tun. Demgegenüber kann sich in der dialogischen Beziehung zu zweiten Personen sehr wohl eine Tendenz zur Vereinnahmung bemerkbar machen. Das ist immer dann der Fall, wenn die säkulare Person im Gespräch mit dem Gläubigen zugleich diagnostisch über ihn spricht – ihm beispielsweise das Verfallsdatum seiner religiösen Überzeugung mitteilt. Dann weist die erste Person, der Sprecher, dem Angesprochenen als der zweiten Person – über die sie etwas weiß und von der sie etwas enthüllen kann, was diese selbst (angeblich) nicht wissen kann – *zugleich* die inferiore Stellung einer dritten Person an.

Der Zeitindex des (von mir in bestimmten Kontexten behaupteten) „Noch" der Koexistenz des nachmetaphysischen Denkens mit der Religion scheint den Verdacht zu bestätigen, dass sich hier ein Philosoph anmaßt, über das Ende des „vorerst" unabgeschlossenen Prozesses der Übersetzung unabgegoltener semantischer Potentiale Bescheid zu wissen. Ich gebe zu, dass die von Raberger herangezogenen Aussagen diese Deutung nicht ausschließen. Aber ich habe sie in einem agnostischen Sinne gemeint. Wenn man sich geschichtsphilosophische Überlegungen – mit welchen epistemischen Vorbehalten auch immer – zum Telos der Geschichte nicht mehr zutraut, kann man nicht wissen, ob sich die Deutungskraft der religiösen Semantik im Lichte künftiger Lebensumstände und des dann verfügbaren Wissens erschöpfen wird, und ob dann in ähnlicher Weise vom „Absterben der Religion" die Rede sein wird wie heute schon vom „Ende der Metaphysik". Ebenso gut können Glaubenspraxis und Weltwissen als verschiedene Gestalten des Geistes – oder als differente Sprachspiele – neben einander bestehen bleiben. Diese Alternative ist ganz unabhängig von der anderen Frage, ob und in welchem Umfang religiös gebundene semantische Potentiale für das sittliche Bewusstsein der politischen Öffentlichkeit und zum Nutzen des im ganzen säkular verfassten politischen Gemeinwesens entbunden werden können. Ein Nullsummenspiel ist schon deshalb ausgeschlossen, weil die „intellektualistische" Erwartung, religiöse Erfahrungsgehalte, die in der Kult- und Gebetspraxis einer Gemeinde verwurzelt sind, ließen sich *ohne Rest* in Inhalte einer öffentlichen Diskurs- und Begründungspraxis überführen, abwegig ist.

(9) Ich weiß nicht recht, warum ich die theologischen Ausführungen von Magnus Striet bei allem Agnostizismus mit großer Zustimmung

lese. Vielleicht ist das nur die selbstgefällige Replik auf das großzügige Angebot, einigen meiner rhapsodischen Bemerkungen eine schöpfungstheologische Tiefendimension zu geben, die mich angesichts meines theologischen Unwissens nur beschämen kann. Unsere Übereinstimmung bezieht sich zunächst auf die Deutung des religiösen Gehalts von Hegels System: „Die Verheißungs- und Exoduserfahrungen widerstreben ihrer gnostischen Beruhigung." Der enzyklopädische Kreislauf des Geistes, der für die Offenheit und Kontingenz der Heilsgeschichte am Ende unempfindlich ist, kontrastiert eigentümlich mit dem Selbstverständnis der Person des Autors als eines (nun ja: gläubigen?) Lutheraners.

Striets intersubjektivistischer Ansatz, der die Schöpfung im Lichte der Bundestheologie auf die Absicht Gottes bezieht, sich in einem Alter Ego wieder zu erkennen, kommt meiner Sicht der Schelling'schen Weltalter-Philosophie entgegen. Wenn Gott eine Beziehung *reziproker Anerkennung* – also eine dem Menschen, bei allem „Zuvorkommen" der Liebe Gottes, verständliche interpersonale Beziehung – herstellen will, muss das in dieser Weise ausgezeichnete Geschöpf mit „Freiheit" in einem radikalen Sinne begabt werden: „Der Freigelassene der Schöpfung soll Gott in eigener Autonomie entsprechen." Ebenso leuchtet mir die theologische Bestimmung von Glauben und Wissen ein, wenn es vom christlichen Glauben heißt, er suche „das Verstehen, auch wenn er insofern heterogen gegenüber der Vernunft bleibt, als er sich das nur im Glauben zugängliche Faktum vom fleischgewordenen Logos voraussetzt". In den Umrissen dieser Freiheitstheologie erkenne ich ein Komplement, das in der begrifflichen Anlage zum nachmetaphysischen Denkens gut passt, denn beide teilen die Prämisse, dass „die gesellschaftlich-kulturellen Selbstverständigungsprozesse nach dem Prinzip *etsi deus non daretur* ablaufen müssen."

Im spannendsten Teil des Textes entwickelt Magnus Striet sodann die Frage, welche Folgen sich aus einer möglichen Selbstinstrumentalisierung des Menschen für dessen Selbstverständnis ergeben können. Bisher sichert die naturwüchsige Struktur unserer Lebensform eine Unverfügbarkeit der eigenen Natur, von der, wie sich nun herausstellt, die Umgangsformen des individualistisch-egalitären Universalismus gezehrt haben. Heute nähern wir uns den technischen Möglichkeiten, in die Zufallsverbindung der elterlichen Chromosomensätze einzugreifen, die bisher dem Zeugungsakt überlassen war. Damit droht eine Verletzung der kommunikativen Verfassung unserer Lebensform bis in moralische Tiefenschichten hinein. Magnus Striet positioniert die Gottesfrage in diesem Kontext. Wenn die

Frage nicht mehr lautet, was moralisch geboten ist, sondern warum
wir überhaupt noch moralisch handeln sollen (zumal nach den neu-
esten Bekundungen von neurologischer Seite nicht einmal mehr garantiert zu sein scheint, dass wir verantwortlich handeln *können*),
muss dann nicht, „wenn nicht ethische Unverbindlichkeit herrschen
soll, die Leerstelle Gottes . . . neu besetzt" werden? Die Antwort, die
die rhetorische Frage suggeriert, leuchtet mir nicht ein, weil im konkreten Fall der Zulässigkeit von Embryonenforschung oder liberaler
Eugenik die von Kant inspirierten Antworten auch nicht viel anders
ausfallen als die theologisch motivierten.

Angesichts der neuen bioethischen Herausforderungen zeichnen
sich Allianzen ab, die sich nicht nach religiösen und säkularen „La-
gern", sondern eher entlang der innerphilosophischen Fronten zwischen Hume und Kant formieren. Eine Situation, die dem Menschen
die Wahl lässt, ob er auch um den Preis des Prinzips der gleichen
Achtung für jeden mit seiner eigenen Natur experimentieren
möchte, lässt sich differenztheologisch als gottgewollte Herausforderung und letzte Konsequenz der Schöpfungsabsicht deuten: *Die
Menschheit muss sich entscheiden.* Wollen wir das eigene kulturelle
Leben Nietzscheanisch als „Experiment ungezügelter Lebenskräfte"
verstehen und die Verantwortung für die Folgen unseres Handelns,
sei es als Libertäre an anonyme Marktkräfte abtreten oder, als Natu-
ralisten, ganz verabschieden? Oder sollen wir die Entwicklung und
die Nutzung neuer, durch Gentechnik, Neurologie und künstliche
Intelligenz möglicherweise erweiterten Optionsspielräume wie bisher unter moralischen Gesichtspunkten politischen und rechtlichen
Regelungen unterwerfen? Die Entscheidung dieser Alternative kann
ebenso gut ohne wie mit explizitem Bezug auf Gott begründet werden. Die eigentliche Entscheidung wird ohnehin auf der Metaebene
zwischen bewusster politischer Entscheidung und einer Praxis der
Nicht-Entscheidung fallen, die den naturwüchsigen Antriebskräften
einer kapitalistischen Ökonomie folgt.

Magnus Striet betont zu Recht die neue Größenordnung jener
bioethischen Fragen, die in der Folge eines rechtlich erlaubten, moralisch vielleicht sogar gebotenen, jedenfalls politisch gewollten
und geförderten und faktisch so oder so unvermeidlichen wissenschaftlichen und technischen Fortschritts unausweichlich auf uns zukommen. Mit der Reichweite des prognostischen Wissens und der
Tiefe der Eingriffe wächst das moralische Gewicht des „kleineren"
Übels, das den verantwortlich entscheidenden Individuen und Bürgern aufgebürdet wird – ob sie nun diese Verantwortung religiös
verstehen oder nicht. Die reflexive Entscheidung, ob wir uns über-

haupt noch als verantwortlich handelnde Personen verstehen „wollen", mag den Kantianer mehr bedrängen als den religiösen Mitbürger. Denn das ist keine moralische Frage mehr, keine Frage, die nach Maßstäben des moralischen Sollens eindeutig beantwortet werden kann. Die Antwort hängt vielmehr vom Kontext eines gattungsethischen Selbstverständnisses ab, das nur noch im Plural auftritt.[42] Im Kreis der Gattungsethiken treten inzwischen naturalistische Selbstbeschreibungen auf, die mit einem normativen Selbstverständnis verantwortlich handelnder Personen nicht mehr vereinbar sind. Mit einem Sieg des szientistischen Naturalismus würde die Selbstverständlichkeit, „dass egalitäre Freiheit sein soll", erschüttert und damit „die letzte Bastion der im jüdisch-christlichen Glauben wurzelnden abendländischen Geistesgeschichte geschleift."[43]

In einem Diskursuniversum, wo solchen Positionen das gleiche Recht auf Mitsprache zusteht, können wir nicht mit moralischen Gründen operieren und müssen uns, solange wir nicht auf trügerische metaphysische Sicherheiten oder religiöse Gewissheiten zurückgreifen, mit der geringeren Durchschlagskraft ethischer Argumente begnügen. Daraus resultiert die Beunruhigung, dass wir ausgerechnet in Ansehung der existenziellen Frage, wie wir uns als Gattungswesen verstehen sollen, vernünftigerweise mit einem fortbestehenden Dissens rechnen müssen. Aus theologischer Sicht mag diese Beunruhigung zunächst nicht bestehen, weil die religiöse Gewissheit auch im Diskurs mit anderen „umfassenden Doktrinen" einen Wahrheitsanspruch für die jeweils eigene Lehre reklamiert. Aber auch für den religiösen Bürger stellt sich die Beunruhigung spätestens dann ein, wenn er sich an den Verzicht auf die politische Durchsetzung religiöser Wahrheitsansprüche erinnert, den alle Religionsgemeinschaften im Verfassungsstaat als Preis für die rechtlich gesicherte religiöse Toleranz entrichten. Religiöse und nicht-religiöse Bürger sitzen im selben schwankenden Boot, wenn sie in der politischen Öffentlichkeit ihre Stimme erheben.

Darüber wird kein Dissens bestehen. Bestehen bleibt ein Unterschied der Perspektiven, aus denen sich die Frage nach Existenz oder Nicht-Existenz Gottes für Theologen und Nicht-Theologen jeweils stellt. Magnus Striet setzt sich zum Ziel, den Glauben nicht zwar „aus", aber „vor" der Vernunft zu rechtfertigen. Die Theologie soll die Möglichkeit der Existenz „eines Gottes, der sich offenbart",

---

[42] J. Habermas, Die Zukunft der menschlichen Natur. Auf dem Weg zu einer liberalen Eugenik? Frankfurt/Main 2001, 70 ff. u. 151 ff.

[43] Striet, in diesem Band: 277.

mindestens e contrario begründen, indem sie mit philosophischen
Mitteln die Gründe entkräftet, die für die Hypothese seiner Nicht-
Existenz vorgebracht werden. Ich frage mich, ob in dieser Sache
Theologen und Philosophen über dasselbe sprechen. Hier scheint
mir Wittgensteins Mahnung, auf die Differenz der Sprachspiele zu
achten, angebracht zu sein. Die ontologische Deutung des Existenz-
quantors ändert sich mit dem Anwendungsbereich. „Es gibt" Zahlen
und semantische Gehalte nicht in demselben Sinne wie symbolische
Äußerungen oder physische Gegenstände.

Wenn nun die Existenz Gottes durch jene Art von „Vertrauen" bezeugt würde, das seine zuvorkommende Liebe im Gemüt empfäng-
licher, um ihr Wohl besorgter Personen weckt; und wenn sich dieses
Vertrauen auf die Zusage eines Beistandes richtete, der alles innerweltliche Geschehen transzendiert; wäre es dann nicht verständlich,
dass Aussagen über die „Existenz" eines solchen Gegenübers, das
allein in der Dimension von Zuwendung und Verheißung präsent ist,
„eine gewisse Ratlosigkeit"[44] hinterlassen? Das ist zwar nicht mein
Problem, aber als Warnung vor falschen oder voreiligen Analogien
könnte diese Ratlosigkeit für alle heilsam sein, die sich am Streit
über die „Existenz Gottes" beteiligen. In dieser Hinsicht kann ich die
Vorsicht einer negativen Theologie verstehen, die für eine konsequente Vermeidungsstrategie lieber die paradoxe Struktur des Gedankens in Kauf nimmt.

(10) Johann Reikerstorfer baut mir einladende Brücken. Als einge-
streute Zitate begegnen mir die eigenen Worte im ganz anderen
Kontext einer negativ-theologischen Gottesrede. Der Appell an das
„Eingedenken ungesühnter Leiden" rührt zudem an das Grund-
thema von Walter Benjamin. Intention, Sprachgestus und Wortwahl
bezeugen nicht nur eine gewisse Nähe zur vertrauten Theologie
von Johann Baptist Metz, sie erinnern auch an den Gedankenduktus der Lehrer, die mir aus Frankfurt vertraut sind. Aber ich gestehe, dass ich diese suggestiven Interpretationen auch ein wenig als
bedrängend empfinde. Einerseits bestärkt mich gerade diese praktische Theologie der Klage über das in der Normalität der gesellschaftlichen Moderne Vermisste, Verfehlte und Versagte darin, religiöse Überlieferungen als Palliative gegen die Abstumpfung aller
normativen Sensibilitäten nicht von vornherein „abzuschreiben".
Andererseits kann die *theologische* Rekonstruktion dieses verschüt-

---

44 Striet, ebd., 278.

teten „Vermissungswissens" aus der Passionsgeschichte Jesu *für einen säkularen Philosophen* kein Grund sein, um „die kommunikative Vernunft mit ihrem ‚Sprachapriori' . . . an ein ‚Leidensapriori' zurückzubinden."

Unter dem „Sprachapriori" verstehe ich einen Begriff kommunikativer Vernunft, der sich aus dem normativen Gehalt unvermeidlich idealisierender Voraussetzungen des kommunikativen Handelns und der Argumentation entwickeln lässt. Dieser Begriff expliziert unvermeidliche Bedingungen der diskursiven Einlösung kritisierbarer Geltungsansprüche im allgemeinen. Bei Johann Reikerstorfer ist hingegen von sehr speziellen Geltungsansprüchen die Rede, die sich nur „im Horizont der Leidensgeschichte der Menschheit als wahrheitsfähig erweisen können"[45]. Die Idee der Sühne für begangenes Unrecht und der Wiedergutmachung von vergangenem Leiden verbindet sich mit so belasteten Intuitionen, dass sich daraus (in meiner Terminologie)[46] keine starken „moralischen", sondern nur schwache „ethische" Geltungsansprüche ableiten lassen.[47] Damit will ich gar nicht leugnen, dass ich für den theologischen Ansatz von Metz eine gewisse „Sympathie" empfinde – aber nur in der halbherzig-ambivalenten Weise eines Außenstehenden, der weiß, dass wir in unseren Breiten vom biblischen Erbe leben und über der Profanisierung dieses Erbes die moralischen Sensibilitäten nicht verlieren dürfen, die einmal allgemein religiös eingeübt worden sind.

Metz nimmt die Frage der Theodizee im Angesicht von Auschwitz ernst und rückt damit die alttestamentarische Frage nach der Ungerechtigkeit der Gesellschaft ins Zentrum. Seine negative Theologie nimmt ihren Ausgang von den Phänomenen dessen, was fehlt; sie hält die Sensibilität für die Möglichkeit eines radikal anderen Zustandes wach, wobei das Bilderverbot den Rückfall in die falsche Positivität selbstbezogener Sehnsüchte und Utopien untersagt. Aber die Eingemeindung der kommunikativen Vernunft in eine negativ-theologisch vergegenwärtigte Heilsgeschichte bleibt eine Zumutung auch für ein Philosophieren, das sich seines „Zeitkerns" bewusst bleibt.

---

[45] So Reikerstorfer in seinem Vortragsmanuskript.

[46] J. Habermas, Vom pragmatischen, ethischen und moralischen Gebrauch der praktischen Vernunft, in: ders., Erläuterungen zur Diskursethik, Frankfurt/Main 1991, 100–118.

[47] Dagegen L. Wingert, Haben wir moralische Verpflichtungen gegenüber früheren Generationen?, in: Babylon, H. 9, 1991, 78–94.

Während der Vorbereitung zu seiner imponierenden wissen-
schaftstheoretischen Untersuchung[48] hat Helmut Peukert in den frühen 70er Jahren Kontakt zu mir aufgenommen. Dieser glückliche
Umstand war der Beginn eines fruchtbaren Dialogs mit vielen Schü-
lern von Johann Baptist Metz – was diesen in seinen skeptischen
Vorbehalten nicht milder gestimmt hat. Er bringt die anamnetische
Vernunft immer wieder in Stellung gegen die Zeitunempfindlichkeit
der kommunikativen Vernunft. Aber ohne den Glauben an einen
„Gott in der Geschichte" führt die radikale Historisierung der Vernunft zur Preisgabe der Vernunft selbst, nämlich zur Lähmung der
reflexiven Kraft, temporär von allem Distanz zu gewinnen und zeit-
weise jeden Kontext zu überschreiten. Natürlich trifft mich der –
auch von anderer Seite erhobene[49] – Vorwurf, dass ich den Zivilisationsbruch des 20. Jahrhunderts trotz aller politischen Bemühungen
philosophisch nicht ernst nehme, also „Auschwitz" nicht wie Adorno
oder Levinas zum Kristallisationspunkt *allen* Nachdenkens mache.
Da ich mich gegenüber solchen Vorwürfen eigentümlich hilflos
fühlte, war ich froh, als mir Jan Philipp Reemtsma eines Tages eine
Antwort anbot: „Obwohl Denken dem Zivilisationsbruch ernstlich
nur begegnen kann, wenn es, des Schreckens innewerdend, sich
der Illusion entschlägt, ihn irgendwie denkerisch ‚bewältigen' zu
können, muss es doch auch, will es nicht selber zum Ritual regredieren, dem Umstand intellektuell wie emotionell Rechnung tragen,
‚dass es weiter geht' und dass dies zwar die Katastrophe fortleben
lässt, aber, trotz Benjamin, nicht nur *als* Katastrophe."[50] Was aus
den falschen Ritualen der Philosophie werden kann, lässt sich am
pseudoreligiösen Jargon des späten Heidegger ablesen.

Helmut Peukert hat mich schon bei der ersten Begegnung mit
der Frage konfrontiert, die auch die Zweifel von Johann Reikerstorfer motivieren: Ob man denn den Verantwortungsuniversalismus,
der in der Negativität der memoria passionis angelegt ist, erschöpfend in eine Diskurstheorie der Moral aufheben könne? Sicher
nicht im biblischen Sinne „erschöpfend", weil dem nachmetaphysischen Denken das Vertrauen in die retroaktiv wiedergutmachende
und wiederherstellende Macht eines Erlösergottes fehlt. Aus der

[48] H. Peukert, Wissenschaftstheorie, Handlungstheorie, Fundamentale
Theologie, Düsseldorf 1976.
[49] M. Pensky, J. Habermas and the Antinomies of the Intellectual, in:
P. Dew (Ed.), Habermas – A Critical Reader, Oxford 1999, 211–237.
[50] J. Ph. Reemtsma, Laudatio, in: Glauben und Wissen. Friedenspreis des
Deutschen Buchhandels 2001, Sonderdruck, Frankfurt/Main 2001, 47.

bloßen Wünschbarkeit einer solchen Instanz kann man nicht auf deren Wirken schließen. Das sind alte Argumentationsmuster und Konstellationen, aus denen ich mich nicht lösen kann. Ich verstehe die Unzufriedenheit nicht: Eine unmissverständliche Grenze zwischen Glauben und Wissen dient doch auch dem gegenseitigen Verständnis.

IV. Die Stellung der Religion in der postsäkularen Gesellschaft

Die drei letzten Beiträge beschäftigen sich im Wesentlichen mit Argumenten, die ich zur Ethik des Umgangs zwischen religiösen und säkularen Bürgern in der politischen Öffentlichkeit entwickelt habe.[51] Dabei geht es auch um den funktionalen Beitrag, den Religionsgemeinschaften, wenn die Dynamik des demokratischen Prozesses erlahmt, zur Reproduktion des Staatsbürgerethos leisten können. Aber diesen Beitrag untersuche ich zunächst aus dem normativen Blickwinkel der politischen Theorie. Die normativen Erwartungen eines solchen zivilen Umgangs setzen freilich bestimmte kognitive Einstellungen schon voraus. Die politische Theorie stößt also auf Mentalitäten und Lernprozesse, die aus einer anderen theoretischen Perspektive untersucht werden müssen. Fragen des Naturalismus sind erkenntnistheoretischer Natur, während mit der Selbstaufklärung des religiösen Bewusstseins unter modernen Lebensbedingungen Fragen theologischer Natur ins Spiel kommen. Das erklärt, warum ich mich für Schleiermacher, Kierkegaard und die Theologie des 20. Jahrhunderts interessiere, obwohl ich davon noch viel zu wenig verstehe. Das Thema des Verhältnisses von Glauben und Wissen in postsäkularen Gesellschaften führt mich schließlich über diese Fragen der politischen Ethik und der Erkenntnistheorie zu dem mehrfach erwähnten Problemkreis einer Genealogie der Vernunft zurück. Aus der Perspektive der Selbstverständigung interessiert mich die Stellung der Philosophie zur Gegenwart eines theologisch aufgeklärten Bewusstseins, das sich auch unter Bedingungen der Moderne zu behaupten scheint. Deshalb führe ich ohne irgendwelche strategischen Hintergedanken ein akademisches Gespräch mit Theologen und Religionsphilosophen.

---

[51] Siehe die Beiträge in Teil II und IV von J. Habermas, Zwischen Naturalismus und Religion, Frankfurt/Main 2005.

(11) Diese Vorbemerkung ist angebracht, weil Reinhold Esterbauer den Wechsel zwischen verschiedenen theoretischen Perspektiven, aus denen ich in entsprechenden Kontexten jeweils bestimmte Aussagen über religiöse Lehren (oder deren theologische Deutungen) mache, souverän ignoriert. Er stilisiert mich zu einer Art Foucault, der sich unter funktionalistischen Gesichtspunkten die Religion als eine machtausübende Wissensform vornimmt. Angeleitet von einer Hermeneutik des Verdachts schreibt er mir ein skurriles Bild der Religion zu. Als sei mir nicht klar, dass weder der politische Gesetzgeber noch irgendeine Philosophie, nicht einmal die Theologie, sondern einzig die Glaubenspraxis der Gemeinde selbst darüber entscheidet, was jeweils als „wahre" Religion gilt. Mir als Außenstehendem kommt es gewiss nicht in den Sinn, christliche Offenbarungswahrheiten gegenüber religiösen Wahrheitsansprüchen anderer Herkunft auszuspielen oder gar eine christliche Konfession gegenüber der anderen auszuzeichnen.

Mit dieser Bemerkung möchte ich mich nicht gegen den Einwand immunisieren, einen falschen Begriff von Religion zu verwenden. Auf den Vorwurf des substantialistischen Missverständnisses von Religion bin ich in der Replik auf Christian Danz schon eingegangen. Es bleibt der Generaleinwand gegen eine funktionalistische Betrachtungsweise, die den Gehalt religiöser Lehren auf ihren potentiellen Beitrag zur Stabilisierung der Gesellschaft reduziert. Wie mehrfach betont, erklärt sich mein Interesse am Verhältnis von Glauben und Wissen, Kantisch gesprochen, aus dem philosophisch selbstbezüglichen Interesse an der „Selbsterhaltung der Vernunft". Aber diese Konstellation zwischen geistigen Gestalten lässt sich nur aus der Teilnehmerperspektive aufklären, nicht aus der Sicht des beobachtenden und funktionalistisch urteilenden Machtheoretikers. Und solange wir uns im Horizont nachmetaphysischen Denkens bewegen, sind der falliblen Vernunft insbesondere bei Extrapolationen künftiger Konstellationen enge Grenzen gezogen. Ganz abgesehen von der Unsicherheit aller *empirischen Voraussagen*[52] muss offen bleiben, welche Denkströmung unter den Alternativen, die sich heute abzeichnen, aus *intrinsischen Gründen Recht behalten* könnte.

---

[52] Die empirischen Tendenzen weisen innerhalb des Westens in die Richtung der kalifornischen Individualisierung einer entkirchlichten Religiosität (F. G. Graf, Die Wiederkehr der Götter, München 2004), während weltweit die dezentralisierten Netzwerke der evangelikalen Strömungen des Protestantismus und des Islam auf dem Vormarsch sind (Peter L. Berger (Hg.), The Desecularization of the World, Washington 1999).

Prima facie fällt mir dazu nicht mehr als ein ziemlich dürres Szenario mehr oder weniger zufällig aufgelesener Alternativen ein, das keinen Anspruch auf Vollständigkeit erhebt:

– Obgleich vieles für eine begriffliche Grenze der naturalistischen Selbstobjektivierung handelnder Personen spricht, können wir uns im Zuge der Globalisierung unkontrollierter Märkte und entfesselter Produktivkräfte den unwiderstehlichen Durchgriff von Praktiken der Selbstmanipulation vorstellen, die unter dem Dach eines naturalistischen Weltbildes ein normativ entkerntes Selbstverständnis der Menschen bestärken werden.

– Statt des szientistischen Naturalismus könnte auch die Modernisierungstheorie Recht behalten: nach einer erneut gelungenen politischen Zähmung der Energieströme, die sich heute durch die gleichermaßen entstaatlichten kapitalistischen und religiösen Netzwerke ergießen,[53] könnte die im ganzen pazifizierte Weltgesellschaft verschiedene Versionen von Vernunftreligion oder nachreligiösem Menschenrechtshumanismus fördern und *allen* Religionen, auf dem Sockel einer durch und durch säkularisierten Weltkultur, das Schicksal des liberal ausgedünnten Kirchenprotestantismus bereiten.

– Aus den „kalten", heute schon weitgehend säkularisierten Gesellschaften Europas sind kaum noch nennenswerte Impulse und Gegenbewegungen angesichts globaler Turbulenzen zu erwarten, es sei denn, das nachmetaphysische Denken könnte aus dem semantischen Haushalt religiöser Überlieferungen neue Energien schöpfen und die normative Substanz eines aufgeklärten, aber *politisch und gesellschaftlich engagierten* Selbstverständnisses regenerieren – und zwar ohne die Religionen zu verdrängen oder mit der Folge, dass beide Seiten in Dialog und gemeinsamer gesellschaftlicher Praxis ihre Gestalt verändern.

– Ebenso wenig auszuschließen ist die Variante einer Entkoppelung der Wissenschaftskultur von weltanschaulicher Produktivität, was eine weitere Verbreitung von Esoterik und kalifornischem Schnickschnack oder eine breitenwirksame Rückkehr zu kosmotheistischen

---

[53] Der missionarische Erfolg, den global vernetzte Religionsgemeinschaften wie die Evangelikalen und der Islam, selbst der römische Katholizismus im Vergleich zu den staatlich verfassten protestantischen Kirchen gegenwärtig erzielen, inspiriert H. Brunkhorst (Die Wiederkehr alter Probleme – Kapitalismus und Religion in der Weltgesellschaft, Ms. 2006) zu interessanten Vergleichen der gegenwärtigen Problemkonstellationen mit denen der frühen europäischen Neuzeit.

und schöpfungstheologischen Weltbildern im Fernen Osten wie im Westen zur Folge haben könnte (sodass das Vordringen von ‚intelligent design' ins Schulcurriculum nicht Ausdruck eines rückwärts gewandten Kulturkampfes, sondern Vorzeichen künftiger Entwicklungen wäre).

Ich habe den Eindruck, dass Reinhold Esterbauer meine Fragestellung missversteht. Der spekulativ-geschichtsphilosophische Blick auf solche unentscheidbaren, weil von der *Durchsetzung intrinsischer Geltungsansprüche* abhängigen Alternativen soll nur die Perspektive andeuten, aus der ich mich für das Verhältnis von Glauben und Wissen in postsäkularen Gesellschaften interessiere.

(12) Man lernt am meisten von ehemaligen Studenten, mit denen der Kontakt weit über die Zeit der Dissertation hinaus erhalten bleibt. So bin ich erst durch Thomas M. Schmidt auf die amerikanische Diskussion über die politische Stellung der Religion im Verfassungsstaat aufmerksam geworden. In der Diskussion mit ihm habe ich meine Überlegungen zu den „kognitiven Voraussetzungen für den ‚öffentlichen Vernunftgebrauch' religiöser und säkularer Bürger" entwickelt.[54] Daraus erklärt sich, dass wir die wichtigsten Meinungsverschiedenheiten schon ausgetragen haben. Ich kann mich auf zwei Bemerkungen beschränken.

(a) Der Schlussteil des vorliegenden Textes ist für mich besonders erhellend. Aus der Analyse eines Glaubens, der sich aus einem kognitiven Bestandteil des Fürwahrhaltens von ‚p . . .' und einem volitionalen Bestandteil des Vertrauens auf die Zusage von ‚h . . .' zusammensetzt, entwickelt Thomas M. Schmidt den Begriff einer rational zu verantwortenden Hoffnung auf „geschichtlichen Fortschritt". Diese umschreibt er zurückhaltend negatorisch als die Erwartung, dass sich die Globalisierung „nicht in der Vermehrung von Konsumgütern und Profit und in einem Zuwachs an Naturbeherrschung erschöpft". Diese rationale Hoffnung kann Gläubigen und Ungläubigen eine gemeinsame Basis für wechselseitige Lern- und Übersetzungsprozesse bieten. Allerdings muss sich auch auf säkularer Seite für die Komponente der Glaubensgewissheit ein Äquivalent finden, das sich mit der Wissenskomponente verbindet – „auch die Philosophie kann ihren Chiliasmus haben". So erklärt sich Schmidt die Suche des nachmetaphysischen Denkens nach einem Äquivalent für

---

[54] J. Habermas, Zwischen Naturalismus und Religion, Frankfurt/Main 2005, 119–154.

den Kantischen „Vernunftglauben" – nach einer begründeten Ermutigung, die gegen Defätismus feit, ohne Zuversicht einzuflößen zu
können.

Vielleicht bietet sich der Vernunft die Erforschung der eigenen
Genealogie als eine solche Weise der Selbstvergewisserung an.
Wie das Selbstvertrauen der Vernunft (das dieser Analyse zufolge
dem Vertrauen auf Gott funktional entsprechen müsste) begründet
werden kann, lässt Thomas M. Schmidt offen. Sein Interesse richtet
sich auf die Seite der religiösen Glaubensgewissheit. Auch diese soll
„wie eine Hypothese überprüft, das heißt in ein reflexives und kohärentes Verhältnis zu falliblem Wissen gebracht werden"[55] können.
Schmidt entwirft das Bild eines „säkular Gläubigen", der im ständigen reflexiven Wechsel von Innen- und Außenperspektive seine
Glaubensüberzeugungen der dissonanten Umgebung einer pluralistischen Gesellschaft aussetzt: „Die Überzeugungen verlieren in
diesen Prozessen der Rechtfertigung nicht die Eigenschaften der Gewissheit und Unmittelbarkeit, sie werden aber in ein weites Reflexionsgleichgewicht [Robert Audi] mit anderen, säkularen Überzeugungen gestellt."[56] Zu dieser Selbstcharakterisierung des gläubigen
Intellektuellen in der wissenschaftlich aufgeklärten Moderne kann
ich mich nicht äußern. Kontrovers ist jedoch eine Schlussfolgerung
aus diesem reflektierten Glaubensverständnis.

(b) Aus der Debatte über das Staatsbürgerethos, das der liberale
Staat von seinen religiösen Bürgern erwarten darf, hatte mich eines
der revisionistischen Argumente beeindruckt. Demnach darf der liberale Staat, der Religionsfreiheit gewährt, von seinen religiösen
Bürgern nicht verlangen, ihren Geist in private und öffentliche Anteile aufzuspalten, um für den öffentlichen Gebrauch religiös motivierten Stellungnahmen nach säkularen Übersetzungen und Begründungen zu suchen. Thomas M. Schmidt verteidigt die Gegen-
position von Robert Audi, der das für zumutbar hält, mit dem Argument: der säkulare Staat dürfe von allen religiösen Bürgern verlangen, dass sie sich religiöser Äußerungen in der politischen Öffentlichkeit enthalten, denn in der pluralistischen und auf Weltwissen basierten Gesellschaft seien auch die religiösen Gewissheiten
in ein Netzwerk inferentieller Begründungen eingebunden, sodass
diese immer schon mit Überzeugungen der säkularen Umgebung
kommunizieren.

---

[55] Schmidt, in diesem Band: 340.
[56] Schmidt, ebd., 338 f.

Das mag für den „säkular gläubigen" Bürger zutreffen. Aber darf der demokratische Verfassungsstaat, normativ betrachtet, seine religiösen Bürger ausnahmslos unter diese Beschreibung der „säkular Gläubigen" subsumieren? Schraubt die Theorie des Verfassungsstaates die Forderungen an das Ethos der Staatsbürger nicht zu hoch, wenn sie *allen* religiösen Bürgern, ob sie nun Intellektuelle sind oder nicht, das Recht bestreitet, auch in der politischen Öffentlichkeit die Sprache zu benutzen, in der sie angesichts schwieriger moralischer Sachverhalte (z. B. „Tötung auf Verlangen") mit sich und ihren Nächsten zu Rate gehen? Ich habe den Fall eines religiösen Bürgers vor Augen, der sich vorbehaltlos auf die politischen Beiträge seiner säkularen Mitbürger einlässt, aber in einer hoch kontroversen Frage von den öffentlich verhandelten Argumenten seine eigene, mit starken moralischen Gefühlen besetzte Intuition nicht getroffen sieht. Dieser Bürger muss, meine ich, das Recht haben, seine Intuition (die aus seiner Sicht relevant ist und gleichwohl in der öffentlichen Debatte verfehlt wird) in religiöser Sprache auszudrücken – wenn er sie nur so zur Sprache bringen kann.

Von diesem Recht muss er allerdings in dem Wissen Gebrauch machen, dass er auf die Kooperation der anderen (religiösen oder nicht-religiösen) Bürger angewiesen bleibt, weil seine Stellungnahmen im politischen Entscheidungsprozess der Parlamente, Gerichte und Regierungen erst „zählen" können, wenn deren relevanter Gehalt in eine öffentlich zugängliche Sprache übersetzt worden ist.

(13) Gegen diese Einschränkung wendet sich der Beitrag von Maeve Cooke. Im Gegensatz zu Thomas M. Schmidt findet sie den Übersetzungsvorbehalt, den ich für alle institutionalisierten Beratungs- und Entscheidungsprozesse anmelde, zu restriktiv. Sie schließt sich amerikanischen Hardlinern wie Nicolas Wolterstorff mit der Forderung an, der religiösen Rede auch innerhalb der staatlichen Institutionen freien Lauf zu lassen. Sie nimmt die Abschaffung der säkularisierten Staatsgewalt mit dem Argument in Kauf, dass sich im Westen, seit der Beendigung der Religionskriege in der frühen Neuzeit, die historische Lage geändert habe: „Neue Glaubensgemeinschaften, teils aus anderen historisch-kulturellen Kontexten, treten auf, die die spezifischen Lernprozesse der westlichen Moderne nicht vollzogen haben."[57] Aber legen die Intensivierung und Vervielfältigung des religiösen Pluralismus nicht die entgegengesetzte Konsequenz nahe? Der liberale Staat muss alle religiösen Minderheiten kompromisslos

---

[57] Cooke, in diesem Band: 349.

mit der Erwartung konfrontieren, dass sie erforderlichenfalls lernen, mit den einsichtig begründeten Prinzipien des Verfassungsstaates, dem sie selbst ihre Freiheiten verdanken, aus der Innenperspektive ihrer eigenen religiösen Lehre zurecht zu kommen.

Es gibt gute Gründe für Immigranten und Minderheitskulturen, dieser Erwartung zu entsprechen. Sie wären nämlich die ersten Opfer einer Liquidierung der weltanschaulich neutralen Staatsgewalt, weil die Freisetzung der religiösen Rede in Kombination mit dem Verfahren der demokratischen Mehrheitsentscheidung nur den Weg zur politischen Herrschaft einer konfessionellen Mehrheitskultur ebnet. Sobald die politischen Vertreter der Mehrheitskultur in ihrer eigenen exklusiven Sprache Gesetze beschließen, Gerichtsurteile fällen und Verordnungen erlassen, wird die Staatsgewalt für die Implementierung von Regeln und Maßnahmen in Anspruch genommen, die für Andersgläubige und Ungläubige unverständlich formuliert sind und diesen gegenüber auch nicht verständlich gerechtfertigt werden können. Damit würde sich eine rechtsstaatlich konstituierte Mehrheitsherrschaft in die autoritäre Herrschaft einer klerikalen Mehrheit verwandeln. Das ist natürlich nicht das Bild des „postsäkularen Staates", das Maeve Cooke vorschwebt. Aber ich kann in ihrem Text keine Bestimmung entdecken, die einer solchen Degenerierung vorbeugen würde. Ich bin ratlos und muss wohl etwas missverstanden haben. Es kann ja nicht mit dem blauäugigen Appell sein Bewenden haben, dass sich Parlamentarier, Richter, Minister und Beamte (hinter deren Beschlüssen die Staatsgewalt steht), bitteschön, eines „nicht-autoritären Denkens" befleißigen sollen.

Maeve Cooke führt für die Abschaffung der säkularen Staatsgewalt drei Argumente an, die mich nicht überzeugen:

— Erstens soll die Bedingung, dass die politisch verwendete Sprache für alle Bürger gleichermaßen zugänglich ist, auch von nicht-säkularen Sprachen erfüllt werden können. Ich will mich nicht um Worte streiten. Aber in jeder modernen Gesellschaft mit einem mehr oder weniger großen Anteil an säkularen Bürgern sind Vokabulare und Begründungsmuster einer auf diesen oder jenen Propheten zurückgehenden Überlieferung nicht allgemein zugänglich.

— Der politische Diskurs dürfe zweitens nicht in ein Sprachkorsett gepresst werden, das den Gebrauch welterschließender Vokabulare ausschließt. Dieser Gesichtspunkt spricht auch nach meiner Auffassung für die Zulassung der religiösen Rede zur politischen Öffentlichkeit, denn darin geht es um die Mobilisierung eines möglichst breiten Spektrums fruchtbarer Themen und Beiträge. Aber was für die Öffentlichkeit gut ist, qualifiziert dieselben Sprachen nicht auch

schon für den Gebrauch in politischen Institutionen, von deren Beschlüssen alle Bürger gleichermaßen betroffen sind.

Die staatsbürgerliche Autonomie gläubiger Bürger, die sich in der
politischen Öffentlichkeit einer religiösen Sprache bedienen dürfen,
werde drittens eingeschränkt, wenn sie sich Regelungen und Maßnahmen unterwerfen müssten, die nur in einer säkularen Sprache
formuliert sind und gerechtfertigt werden können. Aber auch religiöse Bürger verstehen sich, wenn sie eine liberale Ordnung anerkennen, als Mitglieder einer sich selbst regierenden Gemeinschaft
von Freien und Gleichen, die unter Bedingungen des religiösen Pluralismus einen weltanschaulich neutralen Gebrauch staatlicher Gewalt erwarten.[58] Auch sie müssen wollen können, dass ihre religiösen Äußerungen in der Öffentlichkeit, *um der gleichen politischen
Autonomie aller Bürger willen*, unter dem Übersetzungsvorbehalt
stehen.

---

[58] Ein viertes Argument, das für religiöse Bürger *die Möglichkeit* einer starken metaphysischen Begründung politischer Entscheidungen einklagt, beruht
wohl auf einem Missverständnis: alle politischen Fragen sind aus der Sicht religiöser Bürger unvermeidlich „vorletzte" Fragen.

AUTORINNEN UND AUTOREN

MAEVE COOKE, Professorin für Philosophie am University College Dublin. Buchveröffentlichungen: Language and Reason. A Study of Habermas' Pragmatics (1994); On the Pragmatics of Communication (hg. 1998); Re-Presenting the Good Society (2006).

CHRISTIAN DANZ, Professor für Systematische Theologie an der Evangelisch-Theologischen Fakultät der Universität Wien. Vorsitzender der Deutschen Paul-Tillich-Gesellschaft e. V. Buchveröffentlichungen: Die philosophische Christologie F. W. J. Schellings (1996); Religion als Freiheitsbewußtsein (2000); Gott und die menschliche Freiheit. Studien zum Gottesbegriff in der Neuzeit (2005); Einführung in die Theologie der Religionen (2005); Theologie als Religionsphilosophie. Studien zu den problemgeschichtlichen und systematischen Voraussetzungen der Theologie Paul Tillichs (hg. 2004); Große Theologen (hg. 2006). Edition: F. W. J. Schelling. Philosophie der Mythologie in drei Vorlesungsnachschriften (München 1837 u. Berlin 1842), (mithg. 1996); Fichtes Entlassung. Der Atheismusstreit vor 200 Jahren (mithg. 1999); System als Wirklichkeit. 200 Jahre Schellings ‚System des transzendentalen Idealismus' (mithg. 2001); Religion zwischen Rechtfertigung und Kritik. Perspektiven Philosophischer Theologie (2005); Theologie der Religionen. Positionen und Perspektiven evangelischer Theologie (mithg. 2005); Wie viel Vernunft braucht der Glaube? Internationales Jahrbuch für die Tillich-Forschung Bd. 1 (mithg. 2005); Kritische und absolute Transzendenz. Religionsphilosophie und Philosophische Theologie bei Kant und Schelling (mithg. 2006).

REINHOLD ESTERBAUER, Professor für Philosophie an der Katholisch-Theologischen Fakultät der Universität Graz. Buchveröffentlichungen: Kontingenz und Religion. Eine Phänomenologie des Zufalls und des Glücks (1989); Transzendenz-„Relation". Zum Transzendenzbezug in der Philosophie Emmanuel Levinas' (1992); Verlorene Zeit. Wider eine Einheitswissenschaft von Natur und Gott (1996); Ökonomie – Ökologie – Ethik. Vom Wissen zum richtigen Handeln (mithg.1997); Cyberethik. Verantwortung in der digital vernetzten Welt (mithg. 1998; Übers. ins Brasil. 2001); Theologie im Umbruch. Zwischen Ganzheit und Spezialisierung (mithg. 2000); Anspruch und Entscheidung. Zu einer Phänomenologie der Erfahrung des Heiligen (2002); Orte des Schönen. Phänomenologische Annä-

herungen (hg. 2003); Spiel mit der Wirklichkeit. Zum Erfahrungsbe-
griff in den Naturwissenschaften (mithg. 2004); Phänomenologie
und Systemtheorie (mitgh. 2006).

JÜRGEN HABERMAS, Professor Emeritus der J. W. Goethe-Universität
Frankfurt am Main; Gastprofessor an der Northwestern University in
Chicago. Neuere Buchveröffentlichungen: Theorie des kommunikativen Handelns. Band 1: Handlungsrationalität und gesellschaftliche Rationalisierung, Band 2: Zur Kritik der funktionalistischen Vernunft (1981); Der philosophische Diskurs der Moderne (1985);
Nachmetaphysisches Denken. Philosophische Essays (1988); Faktizität und Geltung. Beiträge zur Diskurstheorie des Rechts und des
demokratischen Rechtsstaats (1992); Die Einbeziehung des Anderen. Studien zur politischen Theorie (1996); Die postnationale Konstellation. Politische Essays (1998); Wahrheit und Rechtfertigung.
Philosophische Aufsätze (1999); Die Zukunft der menschlichen Natur. Auf dem Weg zu einer liberalen Eugenik? (2001); Glauben und
Wissen (2001); Zeitdiagnosen (2003); Zwischen Naturalismus und
Religion. Philosophische Aufsätze (2005); Dialektik der Säkularisierung. Über Vernunft und Religion (gem. mit Joseph Ratzinger,
2005).

RUDOLF LANGTHALER, Professor für Philosophie an der Kath.-Theol.
Fakultät der Universität Wien. Buchveröffentlichungen: Kritischer
Rationalismus. Eine Untersuchung zu Aufklärung und Religionskritik
in der Gegenwart (1988); Kants Ethik als System der Zwecke
(1991); Organismus und Umwelt. Die biologische Umweltlehre im
Spiegel traditioneller Naturphilosophie (1992); Nachmetaphysisches Denken? Kritische Anfragen an Jürgen Habermas (1997);
„Gottvermissen" – eine theologische Kritik der reinen Vernunft? Die
neue Politische Theologie im Spiegel der Kantischen Religionsphilosophie (2000); Theologie als Wissenschaft. Ein Linzer Symposium
(hg. 2000); System der Philosophie? Festgabe für Hans Dieter Klein
(mithg. 2000); Was ist der Mensch? Ein interdisziplinäres Gespräch
zwischen Lebenswissenschaften, Philosophie und Theologie. Ein
Wiener Symposium (mithg. 2004); Orte der Religion im philosophischen Diskurs der Gegenwart (mithg. 2004); Recht – Geschichte –
Religion. Die Bedeutung Kants für die Gegenwart (mithg. 2004);
Kritische und absolute Transzendenz. Religionsphilosophie und Philosophische Theologie bei Kant und Schelling (mithg. 2006).

WILHELM LÜTTERFELDS, Professor für Philosophie an der Universität
Passau und Vize-Präsident der Deutschen Ludwig Wittgenstein Gesellschaft e. V. (DLWG). Ausgewählte Buchveröffentlichungen: Kants

Dialektik der Erfahrung (1977); Bin ich nur eine öffentliche Person? (1982); Fichte und Wittgenstein (1989); Transzendentale oder evolutionäre Erkenntnistheorie? (hg. 1987); Evolutionäre Ethik zwischen Naturalismus und Idealismus (hg. 1993); Eine Welt – Eine Moral? (mithg. 1997); Der Konflikt der Lebensformen in Wittgensteins Philosophie der Sprache (mithg. 1999); Globales Ethos – Wittgensteins Sprachspiele interkultureller Moral und Religion (mithg. 2000); „Wir können uns nicht in sie finden" – Probleme interkultureller Verständigung und Kooperation (mithg. 2001); Erinnerung an Wittgenstein: „kein Sehen in die Vergangenheit"? (hg. 2004); Die Welt ist meine Welt – Globalisierung als Bedrohung und Bewahrung kultureller Identität? (mithg. 2004); Wahr oder tolerant? Religiöse Sprachspiele und die Problematik ihrer globalen Koexistenz (mithg. 2005); im Druck: Das Erklärungsparadigma der Dialektik – Zur Struktur und Aktualität der Denkform Hegels.

KLAUS MÜLLER, Professor für Philosophische Grundfragen der Theologie an der Katholisch-Theologischen Fakultät der Universität Münster. Buchveröffentlichungen: Thomas von Aquins Theorie und Praxis der Analogie. Der Streit um das rechte Vorurteil und die Analyse einer aufschlußreichen Diskrepanz in der „Summa theologiae" (1983); Wenn ich „ich" sage. Studien zur fundamentaltheologischen Relevanz selbstbewußter Subjektivität (1994); Homiletik. Ein Handbuch für kritische Zeiten 1994); (gem. m. B. Stubenrauch): Geglaubt – bedacht – verkündet. Theologisches zum Predigen (1997); Gott am Rande. Ansprachen zu Advent und Weihnachten (1999); (gem. m. S. Wendel): Philosophische Grundfragen der Theologie. Eine propädeutische Enzyklopädie mit Quellentexten (2000); Gottes Dasein denken. Eine philosophische Gotteslehre für heute (2001); Gott erkennen. Das Abenteuer der Gottesbeweise (2001); GegenSchattenMacht. Ein Predigt-Lesebuch zum Osterfestkreis (2003); Homiletyka. Na trudne czasy (2003; Polnische Übersetzung einer überarb. und erw. Aufl. von „Homiletik. Ein Handbuch für kritische Zeiten." 1994); An den Grenzen des Wissens. Einleitung in die Philosophie für Theologinnen und Theologen (2004); Vernunft und Glaube: Eine Zwischenbilanz zu laufenden Debatten (2005); Streit um Gott. Politik, Poetik und Philosophie im Ringen um das wahre Gottesbild (2006); Hoffnung, die Gründe nennt. Zu Hansjürgen Verweyens Projekt einer erstphilosophischen Glaubensverantwortung (mithg. 1996); Fundamentaltheologie – Fluchtlinien und gegenwärtige Herausforderungen (mithg. 1998); Natürlich: Nietzsche! Facetten einer antimetaphysischen Metaphysik (hg. 2002); TheoLiteracy. Impulse zu Studienreform – Fachdidaktik – Lehramt in der Theologie (mithg. 2003); Grundkurs Phi-

losophie. Brennpunkte philosophischer Theologie. Bd. 1: Grundlagen (mithg. 2004); Dogma und Denkform. Strittiges in der
Grundlegung von Offenbarungsbegriff und Gottesgedanke (mithg.
2005); Christus predigen in der Vielfalt theologischen Fragens (hg.
2006).

LUDWIG NAGL, A. o. Universitätsprofessor am Institut für Philosophie
der Universität Wien. Ausgewählte Buchveröffentlichungen: Gesellschaft und Autonomie. Historisch-systematische Studien zur Gesellschaftstheorie von Hegel bis Habermas (1983); Charles Sanders
Peirce (1992); Pragmatismus (1998); Zur Kantforschung der
Gegenwart (mithg. 1981); Filmästhetik (hg. 1999); Nach der Philosophie. Essays von Stanley Cavell (mithg., 2. Aufl., 2001); Wittgenstein's Legacy: Pragmatism or Deconstruction (mithg. 2001); Essays
zu Jacques Derrida and Gianni Vattimo, Religion (hg. 2001); Religion nach der Religionskritik (hg. 2003); Film/Denken (mithg.
2004); Systematische Medienphilosophie (mithg. 2005); „Die
Grenze des Menschen ist göttlich". Beiträge zur Religionsphilosophie (mithg., im Erscheinen).

HERTA NAGL-DOCEKAL, Professorin am Institut für Philosophie der
Universität Wien und wirkl. Mitglied der Österreichischen Akademie
der Wissenschaften. Ausgewählte Buchveröffentlichungen: Die Objektivität der Geschichtswissenschaft (1982); Postkoloniales Philosophieren: Afrika (mithg. 1992); Jenseits der Geschlechtermoral
(mithg. 1993); Der Sinn des Historischen (hg. 1996); Politische
Theorie. Differenz und Lebensqualität (mithg. 1996); Continental
Philosophy in Feminist Perspective (mithg. 2000); Feministische Philosophie (2000, engl.: Feminist Philosophy 2004); Freiheit, Gleichheit und Autonomie (mithg. 2002); Geschichtsphilosophie und Kulturkritik. Historische und systematische Studien (mithg. 2003);
Recht – Geschichte – Religion. Die Bedeutung Kants für die Gegenwart (mithg. 2004); Orte der Religion im philosophischen Diskurs
der Gegenwart (mithg. 2004).

WALTER RABERGER, Em. Universitätsprofessor für Dogmatische Theologie an der Kath.-Theol. Privatuniversität Linz. Er hat u. a. zu den
tagungs-bezogenen Themen folgende Arbeiten veröffentlicht: „Ich
benötige keinen Grabstein" – oder: Über den Umgang mit angst-
machender und sinnstiftender Erinnerung, in: Theologisch-Praktische Quartalschrift 151 (2003, 17–28); Überlegungen zu Horkheimers Satz: „Man wird das Theologische abschaffen. Damit ver-
schwindet das, was wir Sinn nennen, aus der Welt", in: Hofer, P. (Hg.
im Auftrag des ProfessorInnenkollegiums der Kath.-Theol. Privatuni-

versität Linz), Aufmerksame Solidarität. Festschrift für Bischof Maximilian Aichern (2002, 227–242); „Wahrer Zuschauer könnte nur ein Gott sein, und der will nicht einmal dies": Autonomiegewinn und Kommunikationsverlust, in: Sauer, H./Gmainer-Pranzl, F. (Hg.), Leben – Erleben – Begreifen. (2001, 107–121); Welt – Kirche: Weltkirche. Vom Umgang mit dem „Außeralltäglichen" oder: Von der „Weigerung, zu vergessen, was sein könnte". In: Theologisch-Praktische Quartalschrift 148 (2000, 12–24); Theologie: Denken und Glauben im Kontext aktueller Lebenswelten. Anmerkungen zu einer möglichen Kritik sowohl einer funktionalistischen wie auch einer fragmentierten Vernunft, in: Langthaler, R. (Hg.) Theologie als Wissenschaft (2000, 123–138); „Religion kann man nicht säkularisieren, wenn man sie nicht aufgeben will." In: Theologie der Gegenwart 43 (2000, 162–172); Theologie: kritische und selbstkritische Reflexionsgestalt einer Erinnerungsgemeinschaft, in: Salzburger Theologische Zeitschrift 2 (1998, 21–44); „Einen unbedingten Sinn zu retten ohne Gott, ist eitel." In: Löffler, W./Runggaldier, E. (Hg.), Dialog und System (1997, 115–131); „Alles Leben ist Problemlösen." In: Pracher, Ch./Strunz, H. (Hg.) Wissenschaft um der Menschen willen. (2003, 129–141); Art. „Mythos" In: Eicher, P. (Hg.), Neues Handbuch theologischer Grundbegriffe (2005 (Neuausgabe), Bd. 3, 161–171).

JOHANN REIKERSTORFER, Professor für Fundamentaltheologie an der Katholisch-Theologischen Fakultät der Universität Wien. Buchveröffentlichungen: Offenbarer Ursprung. Eine Interpretation der Anthropologie Carl Werners (1971); Die zweite Reflexion. Über den Begriff der Philosophie bei Anton Günther (1974); Kritik der Offenbarung. Die „Idee" als systemtheoretisches Grundprinzip einer Offenbarungstheologie: Anton Günther in Begegnung mit Johann Sebastian von Drey (1977); Befreiter Mensch. Von der heilsgeschichtlichen Erfahrung (hg. 1976); Zeit des Geistes. Zur heilsgeschichtlichen Herkunft der Kirche (hg.1977); Anton Günther, Späte Schriften. Mit einem Anhang von Joseph Pritz (hg. 1978); Glaubenspraxis (hg. 1981); Gesetz und Freiheit (hg. 1983); Philosophia perennis. Erich Heintel zum 80. Geburtstag. 2 Bde (mithg. 1993); Vom Wagnis der Nichtidentität. Johann Baptist Metz zu Ehren (hg. 1998); Zum gesellschaftlichen Schicksal der Theologie. Ein Wiener Symposium zu Ehren von Johann Baptist Metz (hg. 1999); J. B. Metz (in Zusammenarbeit mit J. Reikerstorfer), Memoria passionis. Ein provozierendes Gedächtnis in pluralistischer Gesellschaft. Freiburg-Basel-Wien 2006; Mitherausgeber der Reihe Religion – Geschichte – Gesellschaft. Fundamentaltheologische Studien (1996 ff.); Mitherausgeber der Reihe Religion – Kultur – Recht (2002 ff.).

THOMAS SCHMIDT, Professor für Religionsphilosophie am Fachbereich Katholische Theologie der Goethe-Universität in Frankfurt am Main. Buchveröffentlichungen: Anerkennung und absolute Religion. Formierung der Gesellschaftstheorie und Genese der spekulativen Religionsphilosophie in Hegels Frühschriften (1997); Religionsphilosophie – Historische Positionen und systematische Reflexionen (mithg. 2000); Scientific Explanation and Religious Beliefs. Methodological, Practical and Political Issues (mithg. 2005).

HANS JULIUS SCHNEIDER, Professor für theoretische Philosophie am Institut für Philosophie der Universität Potsdam. Buchveröffentlichungen: Historische und systematische Untersuchungen zur Abstraktion (1970); Pragmatik als Basis von Semantik und Syntax (1975); Phantasie und Kalkül. Über die Polarität von Handlung und Struktur in der Sprache (1992); Über das Schweigen der Philosophie zu den Lebensproblemen. Konstanzer Universitätsreden Nr. 97 (1979); Teilautorschaft (mit R. Hesse, P. Janich, F. Kambartel und F. Koppe): Por uma Filosofia Critica da Ciência, Goiânia (Universidade Federal de Goias 1987); Enteignen uns die Wissenschaften? Über das Verhältnis zwischen Erfahrung und Empirie (hg. 1993); Metapher, Kognition, Künstliche Intelligenz (hg. 1996); Mit Sprache spielen. Die Ordnungen und das Offene nach Wittgenstein (mithg. 1999); Mitherausgeber der Deutschen Zeitschrift für Philosophie.

MAGNUS STRIET, Professor für Fundamentaltheologie an der Katholisch-Theologischen Fakultät der Universität Freiburg/Br. Buchveröffentlichungen: Das Ich im Sturz der Realität (2000); Der neue Mensch? Unzeitgemäße Betrachtungen zu Sloterdijk und Nietzsche (2000); Offenbares Geheimnis. Zur Kritik der negativen Theologie (2003); Grundkurs Philosophie. Ein Arbeitsbuch der Erwachsenenbildung für theologisch Interessierte. Bd. 1: Grundlagen (hg. 2004). Katholische Theologie studieren: Themen und Disziplinen (mithg. 2000); Endliche Autonomie. Interdisziplinäre Perspektiven auf ein theologisch-ethisches Programmwort (mithg. 2004); Monotheismus Israels und christlicher Trinitätsglaube (hg. 2004); Kant. Theologische Perspektivierungen seiner Philosophie (mithg. 2005); Dogma und Denkform. Dokumentation des Symposions anlässlich der Emeritierung von Thomas Pröpper (mithg. 2005); Hans Urs von Balthasar – Vermächtnis und Anstoß für die Theologie (mithg. 2005).

PERSONENREGISTER

Da der ganze Band der Auseinandersetzung von Jürgen Habermas mit dem Thema Religion gewidmet ist, wird sein Name im Personenregister nicht angeführt.